U0481594

2017 中国 500 强企业发展报告

顾　问　袁宝华　张彦宁　李德成

主　编　王忠禹

副主编　朱宏任　王基铭　李建明

2017 中国 500 强企业发展报告

中国企业联合会
中国企业家协会 编

企业管理出版社

图书在版编目（CIP）数据

2017 中国 500 强企业发展报告 / 中国企业联合会，中国企业家协会编.
—北京：企业管理出版社，2017.8
ISBN 978－7－5164－1566－5

Ⅰ.①2… Ⅱ.①中… ②中… Ⅲ.①企业发展—研究报告—中国—2017
Ⅳ.①F279.2

中国版本图书馆 CIP 数据核字（2017）第 190492 号

广告经营许可证：京海工商广字第 8127 号

书　　名：	2017 中国 500 强企业发展报告
作　　者：	中国企业联合会　中国企业家协会
责任编辑：	张　平　田　天
书　　号：	ISBN 978－7－5164－1566－5
出版发行：	企业管理出版社
地　　址：	北京市海淀区紫竹院南路 17 号　邮编：100048
网　　址：	http：//www.emph.cn
电　　话：	编辑部（010）68701638　发行部（010）68701816
电子信箱：	qyglcbs@emph.cn
印　　刷：	北京联兴盛业印刷股份有限公司
经　　销：	新华书店
规　　格：	210 毫米×285 毫米　16 开　28 印张　674 千字
版　　次：	2017 年 8 月第 1 版　2017 年 8 月第 1 次印刷
定　　价：	300.00 元

版权所有　翻印必究·印装有误　负责调换

加快企业创新发展 着力振兴实体经济

中国企业联合会、中国企业家协会会长 王忠禹

2016年年底召开的中央经济工作会议提出要着力振兴实体经济，坚持以提高质量和核心竞争力为中心，坚持创新驱动发展，扩大高质量产品和服务供给。十二届全国人大五次会议通过的《政府工作报告》又强调，要深入实施创新驱动发展战略，推动实体经济优化结构，不断提高质量、效益和竞争力。

早在2015年，习近平总书记就指出，要深入实施创新驱动发展战略，推动科技创新、产业创新、企业创新、市场创新、产品创新、业态创新、管理创新等，加快形成以创新为主要引领和支撑的经济体系和发展模式。以上这些创新，与每个企业都密切相关。其中，科技创新和管理创新更是企业创新的重点内容。我们过去就常讲，推动企业发展的两个"轮子"，一个是科技，一个是管理。只有这两个"轮子"转得好，才能推动企业更快、更好发展。

一、加快科技创新，做强实体经济

创新驱动是振兴实体经济的重要引擎。改革开放以来，我国实体经济取得了快速发展，企业的发展动能正从主要依靠资源和低成本劳动力等要素驱动转向创新驱动。但也要看到，在实体经济中，低端供给过剩、中高端供给不足的结构性失衡问题仍然很突出；产品结构还无法适应消费结构升级变化，高品质、个性化、高附加值产品的供给能力不足；传统制造业中的关键装备、核心零部件和基础软件严重依赖进口。只有加快科技创新，才能尽快改变这种状况，适应和引领经济发展新常态，推进供给侧结构性改革。习近平总书记在参加十二届全国人大五次会议上海代表团讨论时，从创新驱动的高度，提出了明确的要求。一是要以全球视野、国际标准，提升科学中心集中度和显示度，在基础科技领域做出大的创新，在关键核心技术领域取得大的突破。二是要突破制约产、学、研相结合的体制机制瓶颈，让机构、人才、装置、资金、项目都充分活跃起来，使科技成果更快推广应用转化。三是要大兴识才、爱才、敬才、用才之风，改革人才培养使用机制，借鉴运用国际通行、灵活有效的办法，推动人才政策创新突破和细化落实，真正聚天下英才而用之，让更多千里马竞相

奔腾。这三个方面，既是推进企业科技创新的方向，也是加快企业科技创新的内容。华为公司经过20多年持续高投入的创新研发，已经突破技术跟随者的发展阶段，成为以科技产品引领世界潮流的中国企业，也是世界100个知名品牌中，唯一的中国知名品牌。国家电网强化创新意识，稳步推进成果转化，在重大科技攻关、科技示范工程、特高压和智能电网建设、电网标准制定等领域取得一系列重大科研成果，实现了很多世界第一，成为中国500强排名第一、世界500强排名第二的国际一流企业。

二、加强管理创新，做优实体经济

管理创新是做优实体经济的重要手段。改革开放以来，我国企业管理工作有了较大提升。但总体上看，企业管理水平不高，管理能力还很不适应新形势发展的需要，仍存在管理思想和体制机制不适应改革发展的要求，管理手段落后、管理基础薄弱、管理较为松弛等问题，以致于造成产品质量不稳定、核心竞争力不强。中央经济工作会议提出，坚持以推进供给侧改革为主线，坚持以提高发展质量和效益为中心，深化创新驱动，为企业管理创新提出了新的方向，也对企业加强管理创新提出了更高的要求。企业要紧紧围绕推进供给侧结构性改革，提高质量和效益，增强核心竞争力，进一步加强管理创新。一是要充分运用现代化管理手段，将网络、大数据、物联网等新型信息技术等运用到管理的各个环节；利用云计算、大数据等技术，深度挖掘客户需求；有序实施生产装备的智能化改造，对简单重复、安全风险高、作业环境差、劳动强度大等岗位，实施机器人替代的科学管理。二是着力推进商业模式创新，以创造客户价值最大化为目标，以平台企业为中心，整合企业内外资源，建立持续盈利的经营模式；积极发展电子商务等互联网营销渠道，合理调整业务流程、组织架构和管理模式；推进跨界协同，通过组建联盟、投资合作等方式，实现资源共享。三是要探索多种形式的管理创新，持续推进精益管理，加强内部成本管控，强化资源能源集约管理和优化配置，创新内部市场化经营机制；发展大规模个性化定制、网络协同制造、云制造等新型生产模式；加强供应链管理，采用国际标准和行业先进标准，推进上下游企业横向联合和纵向整合。海尔集团不断更新企业管理的认知与思路，从"日事日毕，日清日高"的OEC管理模式，到面向市场的"市场链"管理，再到快速推进的"人单合一"，创造了新管理模式，成为世界排名第一的家电制造商，零售量已8次蝉联全球第一。张瑞敏同志提出要创符合中国国情的管理3.0，他形象的比喻福特是1.0，丰田是2.0，我们预祝他成功。邯钢面对新常态、新任务，积极探索"直面市场优化供给，对标一流效益否决"的新做法，通过抓市场、抓产品，以客户结构优化和满足高端客户需求，倒逼产品档次提升和品种结构调整，显著增强了竞争实力。在钢铁行业产能严重过剩、不少大中型企业亏损的情况下，邯钢2016年实现营业收入720亿元，利润6.2亿元。

三、推进产业结构优化，做实实体经济

深化供给侧结构性改革是做实实体经济的重要举措。近年来，推动供给侧结构性改革取得初步成效。但不容忽视的是，一些企业和经济领域出现"脱实向虚"倾向；不少企业热衷于炒作房地产，热衷于开银行、办信托、炒股票；还有的热衷于上市"圈钱"，反复定向增发、减持套现、抽逃资本。在中央强调做好稳增长、促改革、调结构、惠民生、防风险各项工作的新形势下，要通过深入推进"三去一降一补"，进一步做好产业结构调整，做实实体经济。一是要运用行政手段与市场手段，大力淘汰落后产能、化解过剩产能；通过技术标准、能耗标准、环境标准、资源利用与消耗标准，通过技术改造淘汰落后设备，调整产品结构，提高技术水平。二是要突出主业、做强主业，围绕主业打造高附加值的产业链；大力压缩管理层级，不断提高企业运行质量和效率实力；推动资金、技术、人才等各类资源向核心业务和效益贡献高的业务集中；坚决退出无协同优势的非主业经营业务。三是要加快培育发展战略性新兴产业，突破重点领域核心关键技术，大力发展更加适应市场需求的新技术、新业态、新模式等，促进"中国制造"上升为"中国高端制造"。北京三聚环保公司，以技术为核心、以金融为手段、以资本为纽带，推动建立涵盖煤化工、石油炼制、石油化工企业链的产业联盟，通过技术创新、工程服务、产业投资、物流物联等方式，对联盟企业实施多种方式的改造，有力推动了我国煤化工和石油化工企业的结构性改革和产品升级。

四、深化企业改革，做活做大实体经济

深化企业改革是做活做大实体经济的关键。近年来，受经济发展方式转型等多重因素影响，我国实体经济发展遭遇瓶颈，表现在企业数量增长放缓、规模以上工业增加值增长速度大幅下降、企业效益明显下滑等方面都很突出。在全球经济一体化的形势下，企业要在全球竞争中立于不败之地，必须通过深化改革，加强资源配置和整合，做活做大实体经济。一是要推动混合所有制经济发展，大力推进股权多元化改造，实现国有企业和民营企业优势互补、资源共享、共同发展。二是要加强整合重组，通过收购、兼并、强强联合、大小联合、内联外合、资产重组、产业链延伸、品牌联盟等方式，形成一批对行业发展起引领示范作用的龙头企业。三是要加快"走出去"步伐，深入落实"一带一路"倡议，依靠两种市场、两种资源，加大对品牌、核心技术、营销渠道的开发力度，深化与其他国家跨国公司的合作。中国建材集团通过混合所有制改革，已经稳居全球第二大建材企业和最大水泥制造商。联想先后收购IBM和摩托罗拉，在品牌、技术、管理、产品、战略联盟和运营等各方面，极大提升了联想实力，业务已经拓展到世界上160多个国家和地区，连续多年稳居全球PC市场的龙头地位。

实体经济是创造物质财富、提升国家综合国力的基础。中央已就着力振兴实体经济做出重大决

策和部署,各地、有关部门也陆续出台一系列政策措施。希望企业和企业家,进一步弘扬"敢为天下先"的精神,坚定信心,勇于担当,通过创新,在管理模式和发展方式上实现新突破,推动实体经济快速发展、不断壮大,为实现国民经济平稳健康发展做出积极的贡献!

(本文摘自作者2017年3月25日在全国企业管理创新大会上的讲话)

目　录

第一章　2017中国企业500强分析报告……………………………………………（1）

一、2017中国企业500强的规模特征 ……………………………………………（1）

二、2017中国企业500强的效益特征 ……………………………………………（6）

三、2017中国企业500强的所有制格局和发展特征 ……………………………（12）

四、2017中国企业500强的行业特征 ……………………………………………（18）

五、2017中国企业500强的总部分布特征 ………………………………………（33）

六、2017中国企业500强的创新特征 ……………………………………………（35）

七、2017中国企业500强的国际化特征 …………………………………………（38）

八、2017中国企业500强的兼并重组活动 ………………………………………（41）

九、新的历史条件下中国大企业成长的新命题以及存在的差距和问题………（42）

十、现阶段对中国大企业做优做强以及做伟大企业的几点建议………………（44）

第二章　2017中国制造业企业500强分析报告 ………………………………（48）

一、2017中国制造业企业500强规模特征分析 …………………………………（48）

二、2017中国制造业企业500强利税状况分析 …………………………………（52）

三、2017中国制造业企业500强创新投入与产出分析 …………………………（55）

四、2017中国制造业企业500强所有制比较分析 ………………………………（58）

五、2017中国制造业企业500强行业比较分析 …………………………………（61）

六、2017中国制造业企业500强区域分布特征分析 ……………………………（67）

七、2017中国制造业企业500强国际化经营分析 ………………………………（70）

八、制造业大企业面临的挑战与机遇……………………………………………（72）

九、促进制造业大企业持续健康发展的建议……………………………………（81）

第三章 2017中国服务业企业500强分析报告 ……………………………………（89）

一、2017中国服务业企业500强的规模特征分析 ………………………………（89）

二、2017中国服务业企业500强的经济效益情况分析 …………………………（93）

三、2017中国服务业企业500强的行业情况分析 ………………………………（101）

四、2017中国服务业企业500强的地域分布特征 ………………………………（110）

五、服务业大企业成长趋势与特点………………………………………………（113）

六、促进服务大企业健康成长的建议……………………………………………（117）

第四章 2017中国跨国公司100大分析报告 ……………………………………（121）

一、中国对外投资和企业国际化取得积极进展…………………………………（121）

二、2017中国跨国公司100大及跨国指数 ………………………………………（124）

三、2017世界跨国公司100大及跨国指数 ………………………………………（139）

四、中国跨国公司国际化的主要差距……………………………………………（143）

五、提升企业国际化经营水平的几点建议………………………………………（145）

第五章 2017中国企业效益200佳分析报告……………………………………（150）

一、2017中国企业效益200佳盈利增长分析 ……………………………………（157）

二、2017中国企业效益200佳规模增长分析 ……………………………………（158）

三、2017中国企业效益200佳的行业、地区、所有制结构分析 ………………（158）

第六章 2017中外500强企业对比分析报告……………………………………（163）

一、2017世界500强的最新格局及中国上榜企业发展特征 ……………………（163）

二、2017世界、美国、中国企业500强的总体发展态势比较 …………………（169）

三、中国企业的差距和优势：几个行业领域的比较……………………………（181）

第七章 2017中国500强与世界500强行业领先企业主要经济指标对比 …………（189）

表7-1 2017中国500强与世界500强钢铁业领先企业对比 ……………………（190）

表7-2 2017中国500强与世界500强计算机、办公设备业领先企业对比 ………（190）

表 7-3　2017 中国 500 强与世界 500 强工程与建筑业领先企业对比 ……………………（190）
表 7-4　2017 中国 500 强与世界 500 强银行业领先企业对比 ………………………………（191）
表 7-5　2017 中国 500 强与世界 500 强航空航天业领先企业对比 …………………………（191）
表 7-6　2017 中国 500 强与世界 500 强防务业领先企业对比 ………………………………（191）
表 7-7　2017 中国 500 强与世界 500 强公用设施业领先企业对比 …………………………（192）
表 7-8　2017 中国 500 强与世界 500 强电子、电气设备业领先企业对比 …………………（192）
表 7-9　2017 中国 500 强与世界 500 强矿业、石油采掘业领先企业对比 …………………（192）
表 7-10　2017 中国 500 强与世界 500 强化学品业领先企业对比 …………………………（193）
表 7-11　2017 中国 500 强与世界 500 强建材、玻璃业领先企业对比 ……………………（193）
表 7-12　2017 中国 500 强与世界 500 强炼油业领先企业对比 ……………………………（193）
表 7-13　2017 中国 500 强与世界 500 强贸易业领先企业对比 ……………………………（194）
表 7-14　2017 中国 500 强与世界 500 强汽车与零部件业领先企业对比 …………………（194）
表 7-15　2017 中国 500 强与世界 500 强财产和意外保险业领先企业对比 ………………（194）
表 7-16　2017 中国 500 强与世界 500 强电信业领先企业对比 ……………………………（195）
表 7-17　2017 中国 500 强与世界 500 强邮件、包裹及货物包装运输业领先企业对比 ……（195）
表 7-18　2017 中国 500 强与世界 500 强制药业领先企业对比 ……………………………（195）
表 7-19　2017 中国 500 强与世界 500 强网络通信设备业领先企业对比 …………………（196）
表 7-20　2017 中国 500 强与世界 500 强能源业领先企业对比 ……………………………（196）
表 7-21　2017 中国 500 强与世界 500 强人寿和健康保险业领先企业对比 ………………（196）
表 7-22　2017 中国 500 强与世界 500 强工业机械业领先企业对比 ………………………（197）
表 7-23　2017 中国 500 强与世界 500 强多元化金融业领先企业对比 ……………………（197）
表 7-24　2017 中国 500 强与世界 500 强船务业领先企业对比 ……………………………（197）
表 7-25　2017 中国 500 强与世界 500 强航空业领先企业对比 ……………………………（198）
表 7-26　2017 中国 500 强与世界 500 强网络服务和零售业领先企业对比 ………………（198）
表 7-27　2017 中国 500 强与世界 500 强专业销售业领先企业对比 ………………………（198）

第八章　2017 中国企业 500 强数据 ……………………………………………………（199）

表 8-1　2017 中国企业 500 强 ……………………………………………………………（200）
表 8-2　2017 中国企业 500 强新上榜企业名单 …………………………………………（215）
表 8-3　2017 中国企业 500 强各行业企业分布 …………………………………………（217）
表 8-4　2017 中国企业 500 强各地区分布 ………………………………………………（226）
表 8-5　2017 中国企业 500 强净利润排序前 100 名企业 ………………………………（233）
表 8-6　2017 中国企业 500 强资产排序前 100 名企业 …………………………………（234）
表 8-7　2017 中国企业 500 强从业人数排序前 100 名企业 ……………………………（235）

表 8-8　2017 中国企业 500 强研发费用排序前 100 名企业 …………………………………（236）

表 8-9　2017 中国企业 500 强研发费用所占比例排序前 100 名企业 ……………………（237）

表 8-10　2017 中国企业 500 强净资产利润率排序前 100 名企业 …………………………（238）

表 8-11　2017 中国企业 500 强资产利润率排序前 100 名企业 ……………………………（239）

表 8-12　2017 中国企业 500 强收入利润率排序前 100 名企业 ……………………………（240）

表 8-13　2017 中国企业 500 强人均营业收入排序前 100 名企业 …………………………（241）

表 8-14　2017 中国企业 500 强人均净利润排序前 100 名企业 ……………………………（242）

表 8-15　2017 中国企业 500 强人均资产排序前 100 名企业 ………………………………（243）

表 8-16　2017 中国企业 500 强收入增长率排序前 100 名企业 ……………………………（244）

表 8-17　2017 中国企业 500 强净利润增长率排序前 100 名企业 …………………………（245）

表 8-18　2017 中国企业 500 强资产增长率排序前 100 名企业 ……………………………（246）

表 8-19　2017 中国企业 500 强研发费用增长率排序前 100 名企业 ………………………（247）

第九章　2017 中国制造业企业 500 强数据 ………………………………………………（248）

表 9-1　2017 中国制造业企业 500 强 …………………………………………………………（249）

表 9-2　2017 中国制造业企业 500 强各行业企业分布 ………………………………………（264）

表 9-3　2017 中国制造业企业 500 强各地区企业分布 ………………………………………（271）

表 9-4　2017 中国制造业企业 500 强净利润排序前 100 名企业 ……………………………（278）

表 9-5　2017 中国制造业企业 500 强资产排序前 100 名企业 ………………………………（279）

表 9-6　2017 中国制造业企业 500 强从业人数排序前 100 名企业 …………………………（280）

表 9-7　2017 中国制造业企业 500 强研发费用排序前 100 名企业 …………………………（281）

表 9-8　2017 中国制造业企业 500 强研发费用所占比例前 100 名企业 ……………………（282）

表 9-9　2017 中国制造业企业 500 强净资产利润率排序前 100 名企业 ……………………（283）

表 9-10　2017 中国制造业企业 500 强资产利润率排序前 100 名企业 ……………………（284）

表 9-11　2017 中国制造业企业 500 强收入利润率排序前 100 名企业 ……………………（285）

表 9-12　2017 中国制造业企业 500 强人均营业收入排序前 100 名企业 …………………（286）

表 9-13　2017 中国制造业企业 500 强人均净利润排序前 100 名企业 ……………………（287）

表 9-14　2017 中国制造业企业 500 强人均资产排序前 100 名企业 ………………………（288）

表 9-15　2017 中国制造业企业 500 强收入增长率排序前 100 名企业 ……………………（289）

表 9-16　2017 中国制造业企业 500 强净利润增长率排序前 100 名企业 …………………（290）

表 9-17　2017 中国制造业企业 500 强资产增长率排序前 100 名企业 ……………………（291）

表 9-18　2017 中国制造业企业 500 强研发费用增长率排序前 100 名企业 ………………（292）

表 9-19　2017 中国制造业企业 500 强行业平均净利润 ……………………………………（293）

表 9-20　2017 中国制造业企业 500 强行业平均营业收入 …………………………………（294）

表 9-21	2017中国制造业企业500强行业平均资产	（295）
表 9-22	2017中国制造业企业500强行业平均纳税总额	（296）
表 9-23	2017中国制造业企业500强行业平均研发费用	（297）
表 9-24	2017中国制造业企业500强行业人均净利润	（298）
表 9-25	2017中国制造业企业500强行业人均营业收入	（299）
表 9-26	2017中国制造业企业500强行业人均资产	（300）
表 9-27	2017中国制造业企业500强行业人均纳税总额	（301）
表 9-28	2017中国制造业企业500强行业人均研发费用	（302）
表 9-29	2017中国制造业企业500强行业平均资产利润率	（303）

第十章　2017中国服务业企业500强数据　（304）

表 10-1	2017中国服务业企业500强	（305）
表 10-2	2017中国服务业企业500强各行业企业分布	（320）
表 10-3	2017中国服务业企业500强各地区企业分布	（327）
表 10-4	2017中国服务业企业500强净利润排序前100名企业	（334）
表 10-5	2017中国服务业企业500强资产排序前100名企业	（335）
表 10-6	2017中国服务业企业500强从业人数排序前100名企业	（336）
表 10-7	2017中国服务业企业500强研发费用排序前100名企业	（337）
表 10-8	2017中国服务业企业500强研发费用所占比例排序前100名企业	（338）
表 10-9	2017中国服务业企业500强净资产利润率排序前100名企业	（339）
表 10-10	2017中国服务业企业500强资产利润率排序前100名企业	（340）
表 10-11	2017中国服务业企业500强收入利润率排序前100名企业	（341）
表 10-12	2017中国服务业企业500强人均净利润排序前100名企业	（342）
表 10-13	2017中国服务业企业500强人均营业收入排序前100名企业	（343）
表 10-14	2017中国服务业企业500强人均资产排序前100名企业	（344）
表 10-15	2017中国服务业企业500强收入增长率排序前100名企业	（345）
表 10-16	2017中国服务业企业500强净利润增长率排序前100名企业	（346）
表 10-17	2017中国服务业企业500强资产增长率排序前100名企业	（347）
表 10-18	2017中国服务业企业500强研发费用增长率排序前100名企业	（348）
表 10-19	2017中国服务业企业500强行业平均净利润	（349）
表 10-20	2017中国服务业企业500强行业平均营业收入	（350）
表 10-21	2017中国服务业企业500强行业平均资产	（351）
表 10-22	2017中国服务业企业500强行业平均纳税总额	（352）
表 10-23	2017中国服务业企业500强行业平均研发费用	（353）

表 10-24　2017 中国服务业企业 500 强行业平均人均净利润 …………………………………（354）
表 10-25　2017 中国服务业企业 500 强行业平均人均营业收入 ………………………………（355）
表 10-26　2017 中国服务业企业 500 强行业平均人均资产 ……………………………………（356）
表 10-27　2017 中国服务业企业 500 强行业平均人均纳税总额 ………………………………（357）
表 10-28　2017 中国服务业企业 500 强行业平均人均研发费用 ………………………………（358）
表 10-29　2017 中国服务业企业 500 强行业平均资产利润率 …………………………………（359）

第十一章　中国部分地区企业 100 强数据 ……………………………………………（360）

表 11-1　　2017 天津市企业 100 强 ……………………………………………………………（361）
表 11-2　　2017 上海市企业 100 强 ……………………………………………………………（362）
表 11-3　　2017 重庆市企业 100 强 ……………………………………………………………（363）
表 11-4　　2017 山东省企业 100 强 ……………………………………………………………（364）
表 11-5　　2017 湖北省企业 100 强 ……………………………………………………………（365）
表 11-6　　2017 浙江省企业 100 强 ……………………………………………………………（366）
表 11-7　　2017 广东省企业 100 强 ……………………………………………………………（367）
表 11-8　　2017 广西壮族自治区企业 100 强 …………………………………………………（368）
表 11-9　　2017 安徽省企业 100 强 ……………………………………………………………（369）
表 11-10　 2017 黑龙江省企业 100 强 …………………………………………………………（370）

第十二章　2017 世界企业 500 强数据 …………………………………………………（371）

表　2017 世界企业 500 强 ………………………………………………………………………（372）

第十三章　中国 500 强企业按照行业分类名单 …………………………………………（388）

表　中国 500 强企业按照行业分类 ……………………………………………………………（389）
　　农林牧渔业 ……………………………………………………………………………………（389）
　　煤炭采掘及采选业 ……………………………………………………………………………（389）
　　石油、天然气开采及生产业 …………………………………………………………………（389）
　　房屋建筑 ………………………………………………………………………………………（389）
　　土木工程建筑 …………………………………………………………………………………（391）
　　电力生产 ………………………………………………………………………………………（391）
　　农副食品 ………………………………………………………………………………………（392）
　　食品 ……………………………………………………………………………………………（392）

饮料 …………………………………………………………………………………… (393)

酒类 …………………………………………………………………………………… (393)

轻工百货生产 ………………………………………………………………………… (393)

纺织印染 ……………………………………………………………………………… (393)

服装及其他纺织品 …………………………………………………………………… (394)

家用电器制造 ………………………………………………………………………… (394)

造纸及包装 …………………………………………………………………………… (395)

石化及炼焦 …………………………………………………………………………… (395)

轮胎及橡胶制品 ……………………………………………………………………… (396)

化学原料及化学品制造 ……………………………………………………………… (396)

化学纤维制造 ………………………………………………………………………… (398)

药品制造 ……………………………………………………………………………… (398)

医疗设备制造 ………………………………………………………………………… (398)

水泥及玻璃制造 ……………………………………………………………………… (399)

其他建材制造 ………………………………………………………………………… (399)

黑色冶金 ……………………………………………………………………………… (399)

一般有色 ……………………………………………………………………………… (401)

贵金属 ………………………………………………………………………………… (402)

金属制品加工 ………………………………………………………………………… (402)

锅炉及动力装备制造 ………………………………………………………………… (403)

机床制造 ……………………………………………………………………………… (403)

物料搬运设备制造 …………………………………………………………………… (403)

工程机械及零部件 …………………………………………………………………… (403)

工业机械及设备制造 ………………………………………………………………… (404)

电子、电气设备制造 ………………………………………………………………… (404)

电线、电缆制造 ……………………………………………………………………… (405)

风能、太阳能设备制造 ……………………………………………………………… (405)

计算机及办公设备 …………………………………………………………………… (405)

通信设备制造 ………………………………………………………………………… (406)

半导体、集成电路及面板制造 ……………………………………………………… (406)

汽车及零配件制造 …………………………………………………………………… (406)

摩托车及零配件制造 ………………………………………………………………… (407)

轨道交通设备及零部件制造 ………………………………………………………… (407)

航空航天 ……………………………………………………………………………… (407)

兵器制造 ……………………………………………………………………………… (407)

船舶制造 ………………………………………………………………………（408）

综合制造业 ……………………………………………………………………（408）

电网 ……………………………………………………………………………（409）

水务 ……………………………………………………………………………（409）

综合能源供应 …………………………………………………………………（409）

铁路运输 ………………………………………………………………………（410）

公路运输 ………………………………………………………………………（410）

水上运输 ………………………………………………………………………（410）

港口服务 ………………………………………………………………………（411）

航空运输 ………………………………………………………………………（411）

航空港及相关服务业 …………………………………………………………（411）

邮政 ……………………………………………………………………………（411）

物流及供应链 …………………………………………………………………（411）

电信服务 ………………………………………………………………………（412）

广播、电视服务 ………………………………………………………………（412）

软件和信息技术（IT）…………………………………………………………（412）

互联网服务 ……………………………………………………………………（413）

能源矿产商贸 …………………………………………………………………（413）

化工医药商贸 …………………………………………………………………（414）

机电商贸 ………………………………………………………………………（414）

生活消费品商贸 ………………………………………………………………（415）

农产品及食品批发 ……………………………………………………………（415）

生产资料商贸 …………………………………………………………………（416）

金属品商贸 ……………………………………………………………………（416）

综合商贸 ………………………………………………………………………（417）

连锁超市及百货 ………………………………………………………………（417）

汽车、摩托车零售 ……………………………………………………………（418）

家电及电子产品零售 …………………………………………………………（419）

医药及医疗器材零售 …………………………………………………………（419）

商业银行 ………………………………………………………………………（419）

保险业 …………………………………………………………………………（421）

证券业 …………………………………………………………………………（421）

多元化金融 ……………………………………………………………………（421）

住宅地产 ………………………………………………………………………（422）

商业地产 ………………………………………………………………………（423）

园区地产 ……………………………………………………………………（424）

多元化投资 …………………………………………………………………（424）

商务中介服务 ………………………………………………………………（425）

人力资源服务 ………………………………………………………………（425）

科技研发、规划设计 ………………………………………………………（425）

国际经济合作（工程承包）………………………………………………（425）

旅游和餐饮 …………………………………………………………………（425）

文化娱乐 ……………………………………………………………………（425）

综合服务业 …………………………………………………………………（426）

后　记 ………………………………………………………………………（427）

The Development Report on 2017 China Top 500 Enterprises
Contents

Prologue: Accelerating the enterprise innovation and focusing on reviving the real economy

Chapter Ⅰ: **Analysis of Top 500 Enterprises of China in 2017**

    Scale Features on Top 500 Enterprises of China in 2017

    Performance Features on Top 500 Enterprises of China in 2017

    Ownership Distribution Features on Top 500 Enterprises of China in 2017

    Industry Distribution Features on Top 500 Enterprises of China in 2017

    Head Quarters Features on Top 500 Enterprises of China in 2017

    Innovative Features on Top 500 Enterprises of China in 2017

    International Features on Top 500 Enterprises of China in 2017

    Merger and reorganization situation on Top 500 Enterprises of China in 2017

    Prospects, challenges and obstacles in the progress of big Chinese enterprises under new historic conditions

    Some suggestions for the future Chinese large enterprises to do the best

Chapter Ⅱ: **Analysis of Top 500 Manufacturers of China in 2017**

    Scale Features on Top 500 Manufacturers of China in 2017

    Analyses of Profit and tax on Top 500 Manufacturers of China in 2017

    Analyses of Innovation input and output on Top 500 Manufacturers of China in 2017

    Ownership Distribution Features on Top 500 Manufacturers of China in 2017

    Industry Distribution Features on Top 500 Manufacturers of China in 2017

    Region Distribution Features on Top 500 Manufacturers of China in 2017

    International Operation on Top 500 Manufacturers of China in 2017

    Challenges and opportunities in the progress in Manufacturers of China in 2017

    Some suggestions to promote the sustainable and healthy development of Manufacturers Enterprises

Chapter III: Analysis of Top 500 Service Enterprises of China in 2017
  Scale Features on Top 500 Service Enterprises of China in 2017
  Performance Features on Top 500 Service Enterprises of China in 2017
  Industry Distribution Features on Top 500 Service Enterprises of China in 2017
  Region Distribution Features on Top 500 Service Enterprises of China in 2017
  The growth trend and characteristics of large enterprises in the Service sector
  Some suggestions to promote the sustainable and healthy development of Service Enterprises

Chapter IV: Analysis report on 2017 China Multinational Enterprises

Chapter V: Analysis report on 2017 China Top 200 performance Enterprises

Chapter VI: Comparison Analysis on 2017 China Top500 Enterprises with 2017 Fortune Global Top 500 and China Top 500 Enterprises

Chapter VII: Comparison on Major Indicators of Leading Enterprises in Industries between Global Top 500 and China Top 500

Chapter VIII: Data of 2017 China Top 500 Enterprises

Chapter IX: Data of 2017 China Top 500 Manufacturers

Chapter X: Data of 2017 China Top 500 Service Enterprises

Chapter XI: Data of 2017 China's Local Top 100 Enterprises

Chapter XII: Data of 2017 Fortune Global 500 Enterprises

Chapter XIII: Industrial Lists of 2017 China Top 500 Enterprises, 2017 China Top 500 Manufacturers and 2017 China Top 500 Service Industry Enterprises

第一章
2017 中国企业 500 强分析报告

2017 中国企业 500 强是由中国企业联合会、中国企业家协会连续第 16 次向社会公开发布的"中国企业 500 强"排行榜。在经济新常态下，中国经济结构、能源结构、产业结构深刻调整，新兴的互联网经济、中高端服务业以及智能制造快速增长，企业更加积极主动适应新常态、引领新常态，更加注重深化供给侧结构性改革以提高增长的质量和效益。当然，转型升级并非一朝一夕之功。中国企业需要以"十八大"确定的全面深化改革为指导，持续深化以市场化为导向的体制机制改革，加强管理创新和技术创新，引领行业技术发展和时代进步，实现企业增长动力的转换和提升，为提高综合国力，全面建成小康社会贡献力量。

一、2017 中国企业 500 强的规模特征

1. 入围门槛达到历史新高，门槛提升幅度史上最大

2017 中国企业 500 强的入围门槛为 283.11 亿元，较上年大幅提升了 39.65 亿元，提升幅度是自 2002 年首次发布中国企业 500 强以来最大的（见图 1-1）。从 2013 年到 2017 年，中国企业 500 强的入围门槛共提升了 84.41 亿元，平均每年提升 21.10 亿元，年均增长 7.34%。

图 1-1 中国企业 500 强历年入围门槛（2002—2017）

2. 营业收入总额和资产总额增速同向上升

2017中国企业500强的营业收入总额首次突破60万亿元，达到了64.00万亿元，较上年中国企业500强增长了7.64%，扭转了连续两年下滑的态势（见图1-2）。2013—2017年，中国企业500强营业收入总额共增长了13.98万亿元，年均增长5.05%，低于这期间的GDP增长速度。

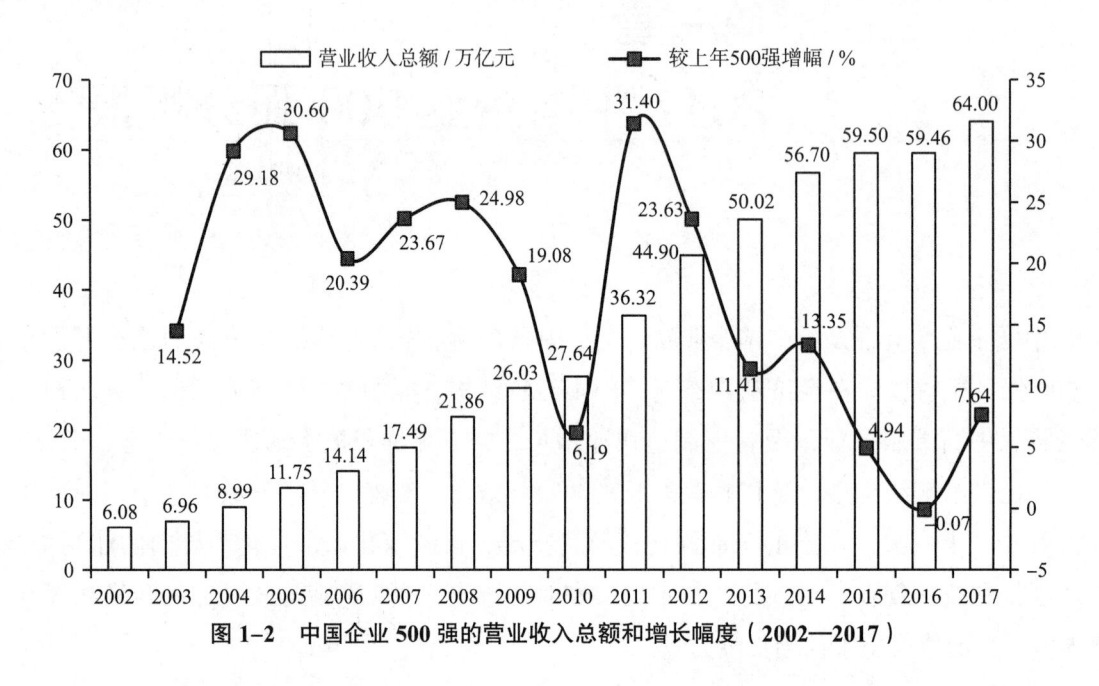

图1-2 中国企业500强的营业收入总额和增长幅度（2002—2017）

2017中国企业500强资产总额达到256.13万亿元，同口径同比增长了13.38%；较上年500强资产总额223.27万亿元增长了14.76%，连续两年增长（见图1-3）。从趋势上看，近两年的资产总额增长速度扭转了自国际金融危机以来的波动式下跌的趋势，有企稳回升的迹象。

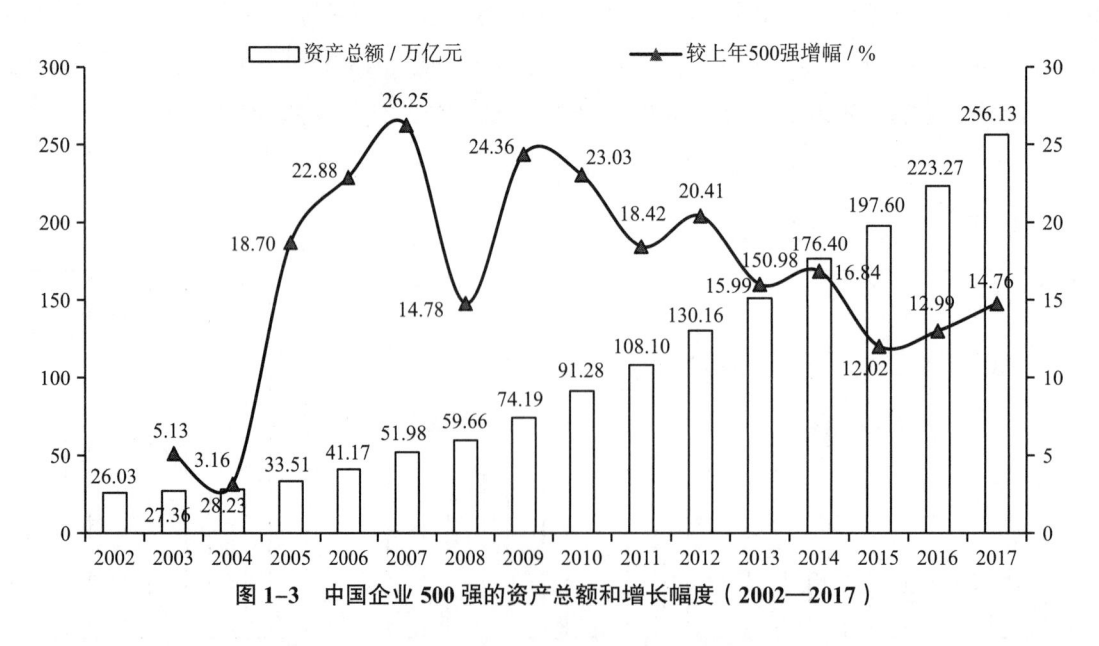

图1-3 中国企业500强的资产总额和增长幅度（2002—2017）

在256.13万亿元资产总额中，34家具有高负债经营特征的银行、保险、多元化金融企业的资产合计达到167.20万亿元，占500强资产总额的65.28%，占比较上年提高了0.53个百分点，非金融资产约占 1/3。随着中国保险企业、多元化金融企业日渐增多，中国企业 500 强资产总额中的金融资产占比未来可能超过 2/3。

3. 超千亿元的大企业群体继续扩容

2017 中国企业 500 强中，营业收入超过 1000 亿元的共有 157 家，较上年增加 5 家，继续扩容。其中，仍然只有 4 家超过 1 万亿元的大企业，即国家电网公司（20939.72 亿元）、中国石油化工集团公司（19692.20 亿元）、中国石油天然气集团公司（18719.03 亿元）、中国工商银行（10152.66 亿元）。这 4 家万亿级企业中，营业收入增长的只有国家电网公司（1.09%），其他 3 家均有不同程度减少，特别是中国石油天然气集团公司、中国石油化工集团公司的营业收入已经连续三年下降（见表 1-1、图 1-4）；在 2013—2015 中国企业 500 强中，中国石油化工集团公司、中国石油天然气集团公司的营业收入都曾经接近 3 万亿元，但在近两年的国际油价大跌背景下，两家公司的营业收入都降到了 2 万亿元以下，净利润也大幅缩水（见图 1-5）。国家电网公司成为中国唯一一家营业收入超过 2 万亿元的企业。

表 1-1 2017 中国企业 500 强中营业收入超万亿的企业

排名	企业名称	营业收入/亿元	营收增幅/%	资产/亿元	资产增幅/%	净利润/亿元	净利润增幅/%
1	国家电网公司	20939.72	1.09	34041.26	9.55	635.86	-0.82
2	中国石油化工集团公司	19692.20	-3.81	21593.91	4.90	83.57	-63.01
3	中国石油天然气集团公司	18719.03	-7.18	40697.59	0.88	124.07	-72.16
4	中国工商银行股份有限公司	10152.66	-5.98	241372.65	8.68	2782.49	0.40

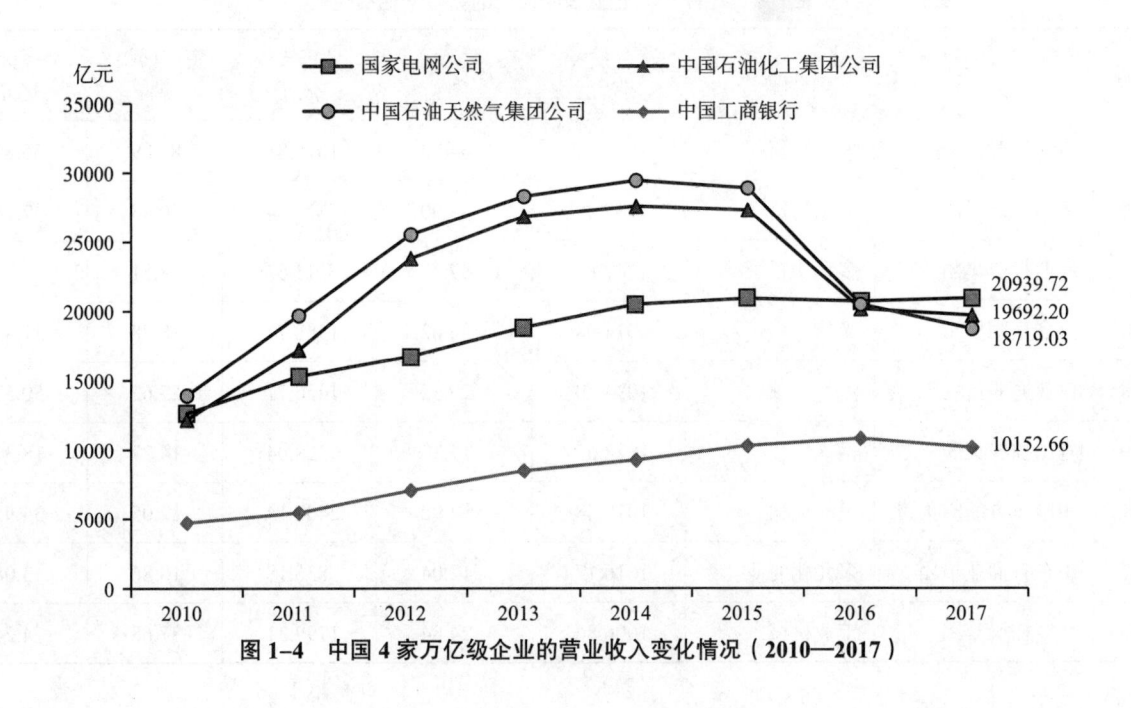

图 1-4 中国 4 家万亿级企业的营业收入变化情况（2010—2017）

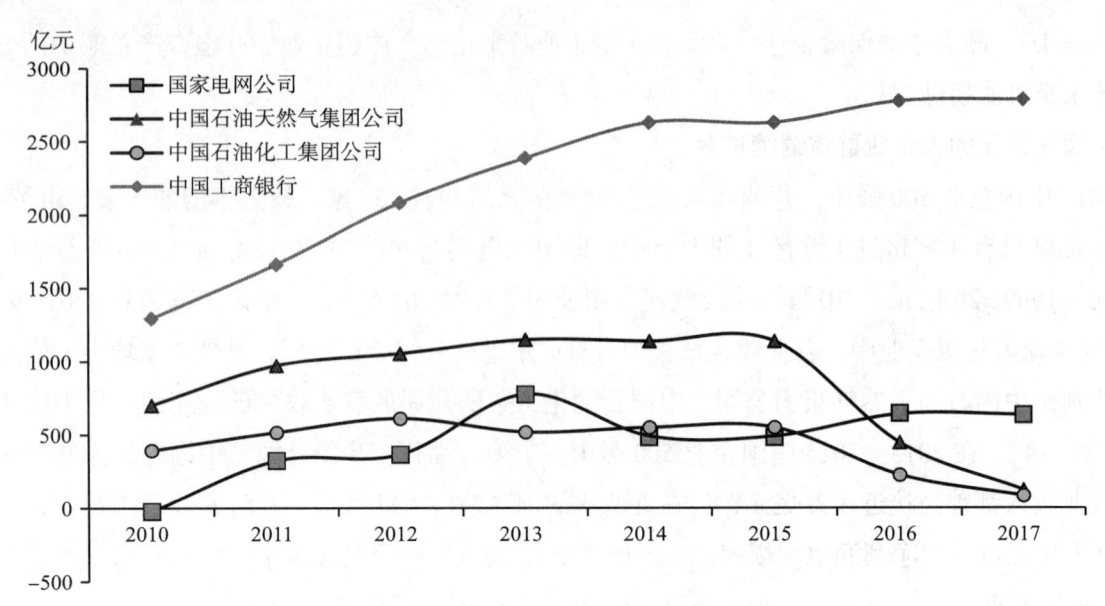

图 1-5 中国 4 家万亿级企业的净利润变化情况（2010—2017）

其他营业收入超过 1000 亿元的大企业有 153 家，比上年净增 5 家。2016 年，9 家企业在快速成长之下新晋为千亿级企业（见表 1-2），其主要特点是布局实业，创新商业模式，做行业龙头。雪松控股集团深耕大宗商品交易领域，成立了大宗商品闭环供应链平台——供通云供应链集团，以"'互联网+'、'物联网+'、大数据"为驱动，以线上电商交易平台为纽带，构筑集上下游企业、仓储、物流、咨询、期货、保险于一体的大宗商品闭环解决方案。比亚迪公司从充电电池起步，逐渐构建起一个横跨信息技术、汽车制造、新能源、轨道交通的创新型企业，是世界上目前唯一一家同时掌握电池、电机、电控、充电基础设施以及整车技术的车企。

表 1-2 2017 中国企业 500 强中的新晋千亿级企业

排名	企业名称	行业	营业收入/亿元	营收增幅/%	资产/亿元	资产增幅/%	净利润/亿元
105	雪松控股集团	大宗物资	1570.19	164.72	1018.81	86.09	55.81
130	厦门象屿集团	大宗物资	1239.38	88.90	729.64	50.93	7.26
135	广西投资集团	多元化投资	1169.86	37.37	3111.62	28.51	1.21
144	协鑫集团	光伏	1074.08	34.62	1582.71	18.78	37.41
148	比亚迪股份	汽车	1034.70	29.32	1450.71	25.62	50.52
149	青山控股集团	钢铁	1028.62	17.30	328.04	14.77	18.31
151	中国东方航空集团	民航运输	1018.48	4.92	2407.14	12.05	34.95
152	山东省商业集团	多元化商业	1016.17	12.04	836.18	18.86	3.08
155	潍柴控股集团	工业机械	1006.86	24.84	1799.31	37.68	4.24

4. 新入围企业的三大特征

企业在经营过程中有的增长，有的下降，这是正常现象。因此，在中国最大500家企业排行榜中，有企业退出，有企业新晋，一定程度的换榜是经济活力的表现。2017中国企业500强中有55家企业新入围，保持历年正常的换榜水平。

新入围企业第一大特征是成长速度快。只有成长快，才可能赶上中国企业500强的门槛提高步伐，或者不被挤下去。2016年，55家新入围企业共实现营业收入31879.6亿元，同比增长了37.06%，远高于2017中国企业500强的平均成长速度。在营业收入增长幅度最大的前十家企业中，增长最快的神州数码集团股份有限公司，2016年实现了405.31亿元的营业收入，增长幅度达到8748.43%，净利润增幅也达到1790.45%，主要原因是该集团在2016年借壳上市后进行了大规模的资产重组，成为中国最大的、涉及领域最广的IT领域分销商之一。

表1-3 2017中国企业500强新入围企业中营业收入增长幅度最大前十名

排名	企业名称	行业领域	总部所在地	营业收入/亿元	营收增幅/%	净利润/亿元	净利润增幅/%
350	神州数码集团股份有限公司	信息技术	北京	405.31	8748.43	4.04	1790.45
356	武汉金融控股（集团）有限公司	多元化	湖北	398.48	196.13	3.67	-16.95
105	雪松控股集团有限公司	大宗物资贸易	广东	1570.19	164.72	55.81	135.27
171	浙江省交通投资集团有限公司	基建投资运营	浙江	875.35	149.28	17.31	90.16
30	安邦保险股份有限公司	保险	北京	4139.7	127.90	258.02	6.64
457	上海找钢网信息科技股份有限公司	钢铁电子商务	上海	313.54	103.08	0.35	扭亏为盈
346	上海钢联电子商务股份有限公司	钢铁电子商务	上海	412.79	93.28	0.22	扭亏为盈
38	海航集团有限公司	多元化	海南	3523.32	89.65	18.53	25.51
130	厦门象屿集团有限公司	供应链	福建	1239.38	88.90	7.26	90.96
266	甘肃省公路航空旅游投资集团有限公司	基建投资运营	甘肃	571.68	86.97	14.3	-14.53

新入围企业第二大特征是专注实业，传统实业企业在转型，新实业企业蓬勃发展。一些长期专注传统实业、深耕工商领域的企业第一次入围中国企业500强，很显然，在新的时代背景下，传统实业企业都不同程度面临新形势和新挑战，有的企业如上海仪电集团实现了成功转型，也有的企业从港交所退市正在艰难转型。上海仪电集团，前身可追溯到20世纪20年代的中国亚浦耳灯泡厂，经过近百年来在仪器仪表、电子信息设备制造等领域的发展，在2015年将企业定位于"智慧城市综合解决方案提供商与运营商"，通过聚焦智能安防、智能照明、智能溯源、智能视频会议系统、智能远程医疗和远程教育、合同能源管理、车联网、云计算和云安全等"7+1"产业，从传统的电子制造商向物联网方案提供商转型。深圳顺丰泰森控股（集团）有限公司则是中国快递物流企业的代表，

以顺丰为代表的快递物流企业群体是中国电子商务领先全球的支撑力量。

表 1-4 2017 中国企业 500 强中的新入围企业：专注实业

排名	企业名称	行业领域	总部所在地	营业收入/亿元	营收增幅/%	净利润/亿元	净资产收益率/%
105	雪松控股集团有限公司	大宗物资	广东	1570.19	164.72	55.81	15.75
218	中国林业集团公司	森林资源	北京	698.45	36.13	1.71	4.02
230	中融新大集团有限公司	焦化、物流等	山东	651.17	55.49	469.53	72.00
265	深圳顺丰泰森控股（集团）有限公司	快递物流	广东	574.83	19.50	51.72	9.95
341	上海仪电（集团）有限公司	电子信息	上海	422.01	6.58	9.48	9.50
342	百丽国际控股有限公司	鞋业服装	广东	417.07	2.25	24.03	9.08
411	中天科技集团有限公司	电缆	江苏	345.07	33.09	5.79	11.71
426	传化集团有限公司	化工等	浙江	330.45	40.01	4.94	5.18
461	江苏华宏实业集团有限公司	化纤等	江苏	312.66	38.41	2.14	5.07
471	河南森源集团有限公司	电气设备	河南	307.86	36.90	6.17	7.06
472	通鼎集团有限公司	光纤通信	江苏	306.34	18.68	11.73	28.50
478	华仪集团有限公司	电气设备	浙江	302.85	47.17	7.74	17.82
483	山东创新金属科技有限公司	金属科技	山东	300.85	65.29	5.65	38.12

注：中融新大集团有限公司的净利润包括了 460.49 亿元的营业外收入。

新入围企业第三大特征是金融、房地产企业仍然快速成长。新入围的保险公司有 3 家：安邦保险、富德生命人寿保险、前海人寿保险股份有限公司。新入围的银行有 3 家：盛京银行股份有限公司、恒丰银行股份有限公司、上海农村商业银行股份有限公司。新入围的多元化金融企业有 3 家：阳光金融控股、武汉金融控股集团、中国信达资产管理股份有限公司。新入围的房地产企业有 9 家：碧桂园控股有限公司、世茂房地产控股有限公司、金地（集团）股份有限公司、龙湖地产有限公司、华夏幸福基业股份有限公司、广州富力地产股份有限公司、雅居乐地产控股有限公司、北京江南投资集团有限公司、北京首都开发控股（集团）有限公司。

二、2017 中国企业 500 强的效益特征

从 2017 中国企业 500 强绩效看，近年来亏损面、亏损额持续扩大的态势得到了遏制，制造业企业的利润占比下滑态势得到扭转。当然，这只是深化企业改革的初步成效，500 强大企业存在的问题还很多，增长的质量和效益仍然需要提高。

1. 净利润总额持续上升，但增速连续三年下降

2017 中国企业 500 强的净利润总额达到 28273.4 亿元，同口径同比增长了 4.12%，较上年 500 强的净利润总额 27402 亿元增长了 3.18%，净利润增速保持在较低水平上（见图 1-6）。2013 年以来，

中国企业500强的净利润总额持续上升，从21700亿元增长到28273亿元，年均增长5.43%；从趋势上看，净利润年增长速度"先升后降"，特别是近三年连续下降，尽管净利润总额每年都增长，但每年增长的差额从2014年的2331亿元逐渐下降到2017年的871亿元。

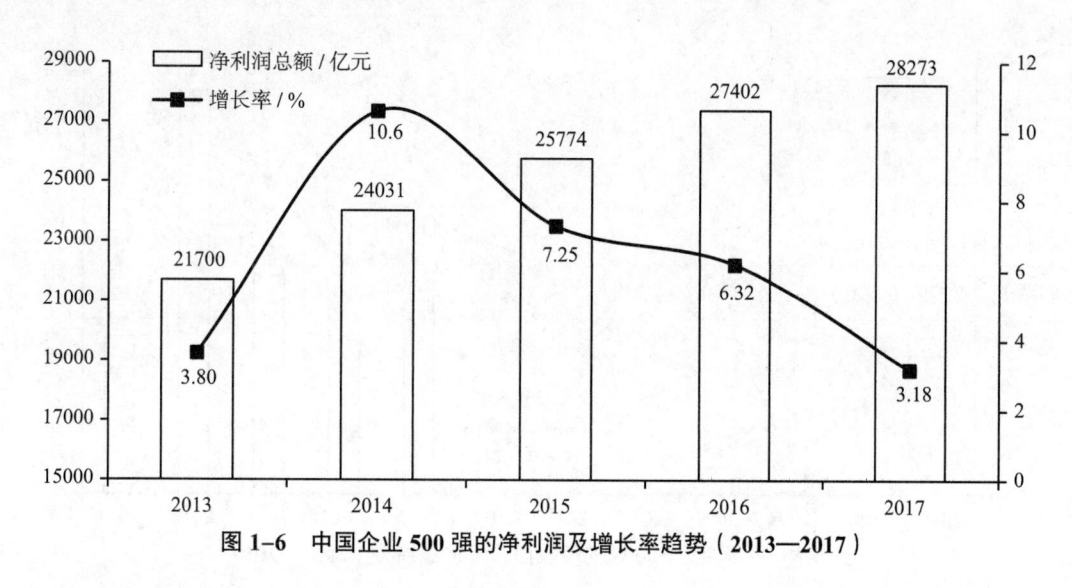

图1-6 中国企业500强的净利润及增长率趋势（2013—2017）

2. 资产利润率连续六年下滑，为十年来最低水平

收入利润率和资产利润率是衡量企业盈利的重要指标。2017中国企业500强的收入利润率为4.42%，较上年500强同一指标下降了0.19个百分点，处于十年来的较低水平；资产利润率为1.10%，连续6年下降，目前的资产利润率是近十年来最低的（见图1-7）。

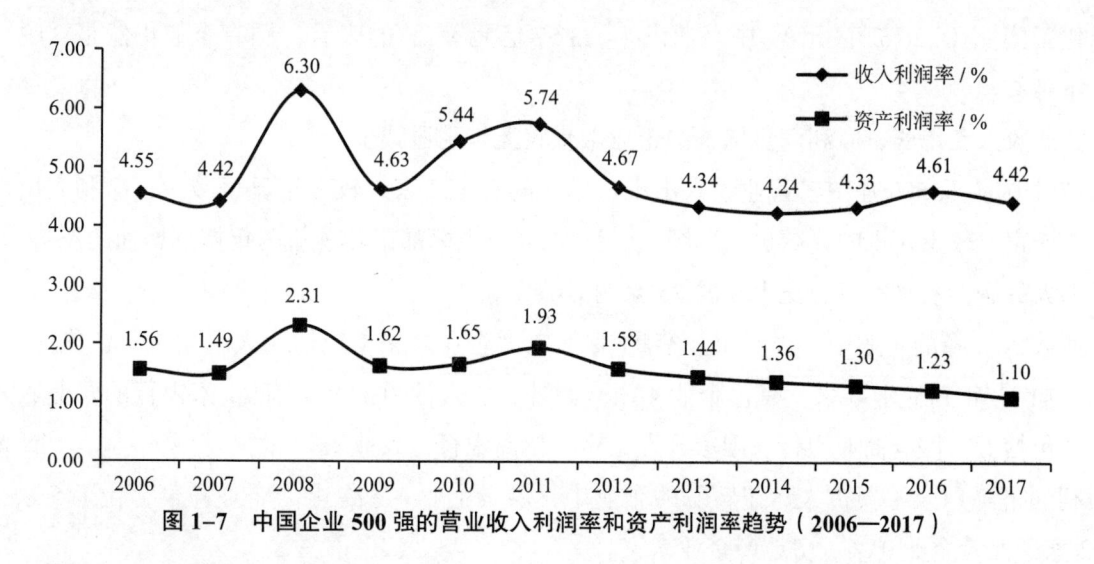

图1-7 中国企业500强的营业收入利润率和资产利润率趋势（2006—2017）

3. 亏损面和亏损额近五年来首次大幅减少

2017中国企业500强中，亏损企业有43家，亏损面为8.6%，亏损面较上年的14.4%大幅下降；43家企业的亏损额达到576.23亿元，较上年也大幅下降（见图1-8）。2013年以来，中国企业500强的亏损面和亏损额都持续上升，亏损企业主要集中在钢铁、煤炭、有色、建材等行业，为此，中央制定了煤炭、钢铁等重点行业的"去产能"政策，通过2015—2016年两年的狠抓落实，重点行业

的亏损现象有所遏制。这43家亏损企业中，煤炭企业10家（较上年减少7家）、钢铁企业8家（较上年减少13家）、有色企业8家（较上年减少3家），都较上年有所减少。更重要的是，多数煤炭、钢铁亏损企业的亏损额显著减少。

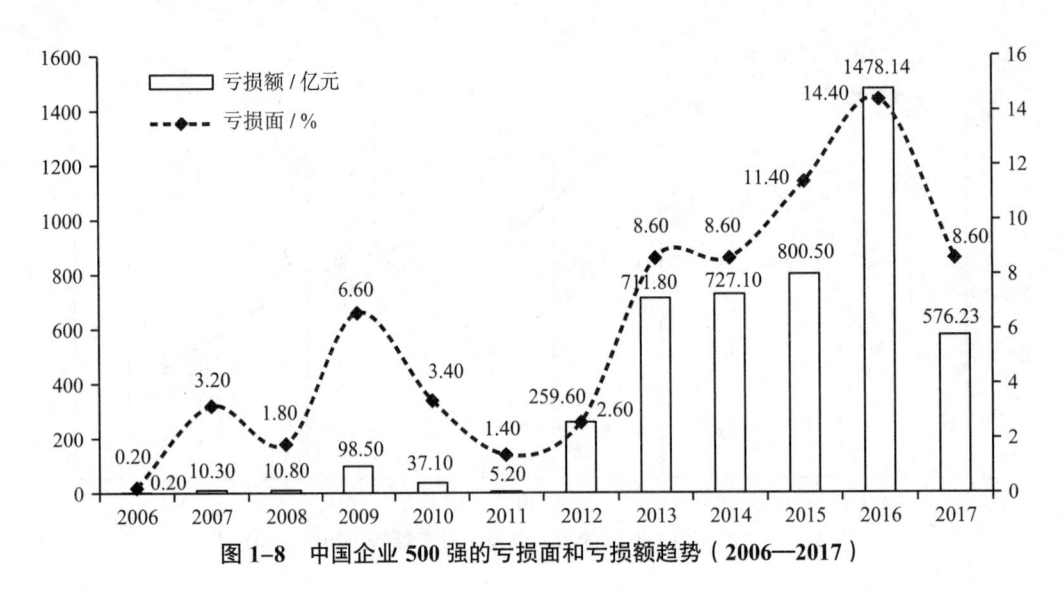

图 1-8 中国企业 500 强的亏损面和亏损额趋势（2006—2017）

43家亏损企业中，有4家民营企业、9家中央国有企业、30家地方国有企业。亏损额最大的10家企业分别是：鞍钢集团（归属母公司所有者的净利润为-67.81亿元，下同）、河南能源化工集团（-51.04亿元）、山东钢铁集团（-44.73亿元）、包头钢铁集团（-43.86亿元）、京东（-38.67亿元）、金川集团（-35.85亿元）、云南冶金集团（-30.89亿元）、中国五矿集团（-29.68亿元）、中国平煤神马能源化工集团（-26.62亿元）、中兴通讯（-23.57亿元）。总的来看，国有企业仍然是"脱困"的主要工作对象。

4. 营业收入负增长、净利润负增长的企业数量较上年明显减少

2017中国企业500强中，营业收入出现负增长的有102家，较上年显著减少；净利润出现负增长的有115家，较上年也明显减少（见图1-9）。这两个指标都扭转了前两年持续增加的态势。此外，亏损额加大的企业有7家，也比上年的25家明显减少。

营业收入下降的企业中，煤炭企业有11家，电力企业5家（包括四大电力央企：华能、国电、华电、大唐），钢铁企业8家，有色企业4家。此外，引人注目的是，有11家银行的营业收入出现负增长，包括五大国有商业银行、国家开发银行、招商银行、兴业银行等。

净利润下降以及亏损扩大、盈转亏的企业中，煤炭企业4家，电力企业4家，化工5家、建筑企业12家，保险企业9家，房地产企业7家。

5. 净资产收益率连续5年下降

2017中国企业500强的平均净资产收益率为9.20%，较上年500强的该指标进一步降低了0.4个百分点，连续6年下降（见图1-10）。2013—2017年中国企业500强的净资产收益率从11.42%下降到9.20%，净减少了2.42个百分点。这一趋势现在显然还没有得以扭转。

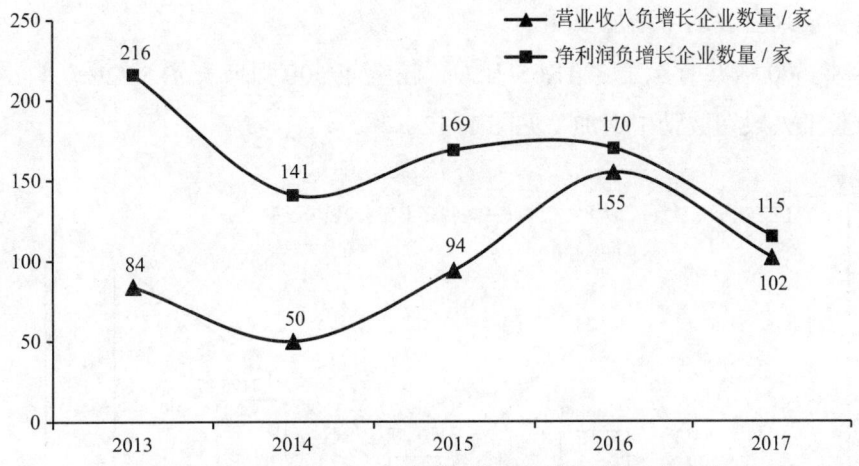

图1-9 中国企业500强中营业收入和净利润出现负增长的企业数量（2013—2017）

图1-10 中国企业500强的净资产收益率变化趋势（2012—2017）

6. 缴税贡献五年来第一次负增长

2017中国企业500强的纳税总额为3.88万亿元，同口径同比增长了2.65%；较上年500强企业纳税总额4.04万亿元下降了4.12%，五年来第一次出现负增长；500家大企业的缴税总额（9家未提供缴税数据）占2016年我国税收收入13.03万亿元的29.73%，占比连续7年下降（见图1-11）。

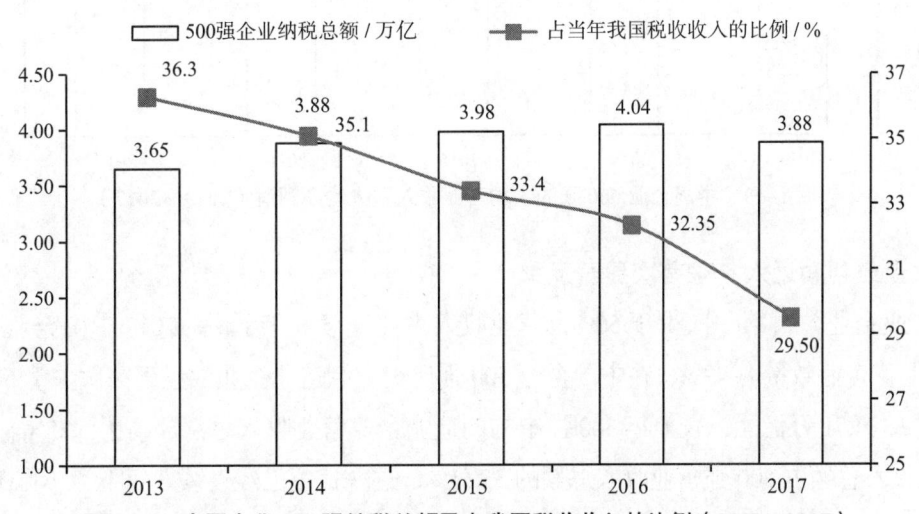

图1-11 中国企业500强纳税总额及占我国税收收入的比例（2013—2017）

7. 职工总数 5 年来在波动中增加

2017 中国企业 500 强共有职工 3341.65 万人，较上年 500 强增长了 5.22%。自 2013 年以来，中国企业 500 强的职工人数在波动中增加（见图 1-12）。

图 1-12 中国企业 500 强的员工人数及其增长率（2013—2017）

2017 中国企业 500 强的人均营业收入为 191.52 万元，较上年 500 强该指标略有增加；2013 年以来，中国企业 500 强的人均营业收入总体增加，但最近两年增加态势显著减弱。2017 中国企业 500 强的人均净利润为 8.46 万元，较上年 500 强略有下降，近 5 年有较大起落（见图 1-13）。

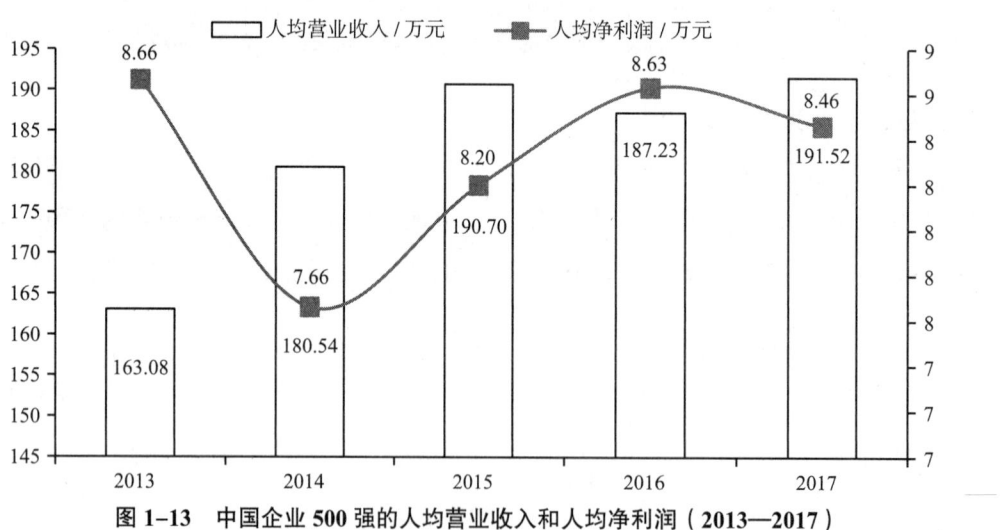

图 1-13 中国企业 500 强的人均营业收入和人均净利润（2013—2017）

8. 制造业企业利润近六年来首次显著反弹

（1）制造业企业数量第一次少于 50%，营业收入占比连续 6 年下滑。2017 中国企业 500 强中，有 245 家制造企业，企业数量占 49%，在中国企业 500 强历史上制造业企业数量第一次少于 50%；245 家企业合计营业收入 24.51 万亿元，较上年 500 强中的制造业企业营业收入总额提高了 5.25%。但是，245 家制造企业营业收入总额占 500 强营业收入总额的 37.61%，这一比值已经连续 6 年下滑（见图 1-14）。

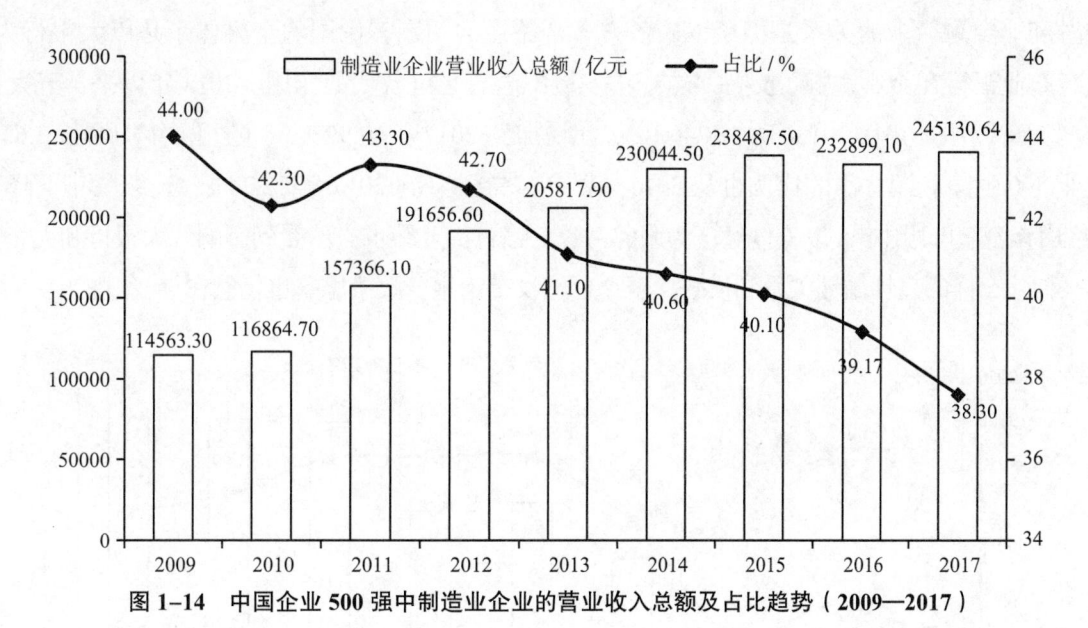

图1-14 中国企业500强中制造业企业的营业收入总额及占比趋势（2009—2017）

注：2009—2017中国企业500强分别有294、279、279、272、268、260、266、261、245家制造企业。

（2）制造业企业净利润占比近6年来首次显著反弹。2017中国企业500强中的245家制造业企业，共实现净利润5493.10亿元，占500强净利润总额的19.42%，较上年提高了近2.34个百分点，一改过去五年间净利润占比连续下降的态势（见图1-15）。同时，较上年500强的261家制造业企业的净利润总额显著增长（18.03%），这一现象是可喜的。过去三年来，中国对于钢铁、有色、煤化工等重化工行业实施了去产能、提质增效、转型升级等政策措施，现在看已经起到了一定作用。

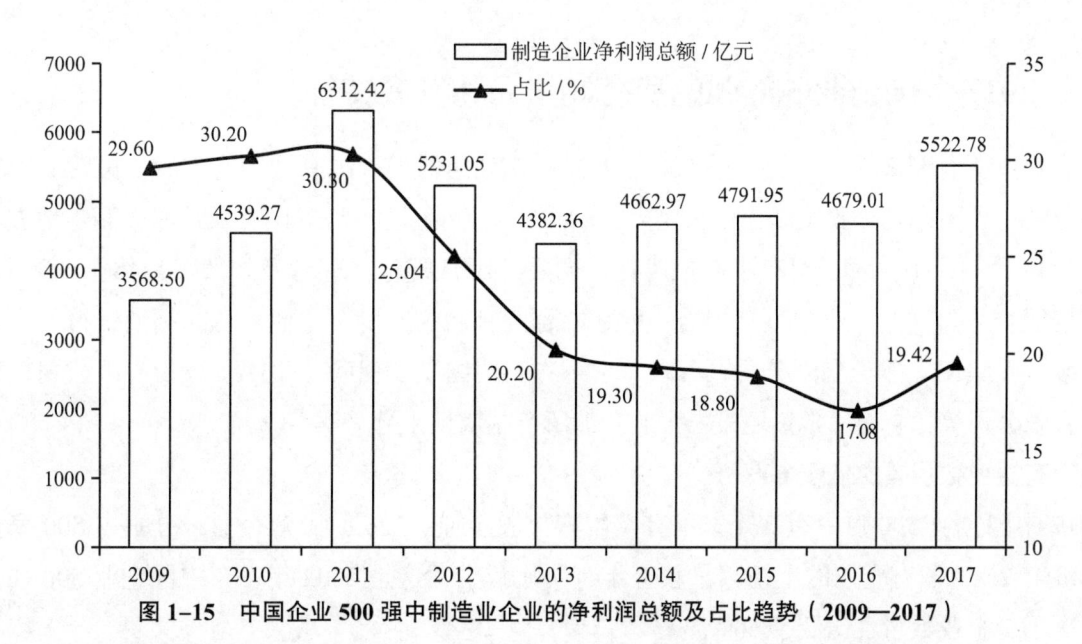

图1-15 中国企业500强中制造业企业的净利润总额及占比趋势（2009—2017）

注：2009—2017中国企业500强分别有294、279、279、272、268、260、266、261、245家制造企业。

9. 五大国有银行的合计净利润仍在增加，但在500强的占比连续三年下降

金融和非金融企业的关系是多年以来各方非常关注的问题。中国的金融体系是以大银行为主的，五大国有商业银行在企业融资、支持实体经济发展中起着无可替代的作用。2013年以来，五大银行的合计净利润持续增加，从2013年的7746.10亿元增加到2017年的9257.38亿元，年均增长3.63%；占中国企业500强净利润总额的比例也从2014年的35.7%下降到2017年32.74%，连续三年下降（见图1-16）。实体经济出现困难，以实体经济为服务对象的银行的业绩也必然受到影响。大银行和大企业究竟该建立一种什么样的良性循环关系和模式，至今仍然没有定型，政策思路也仍然在寻找过程中。

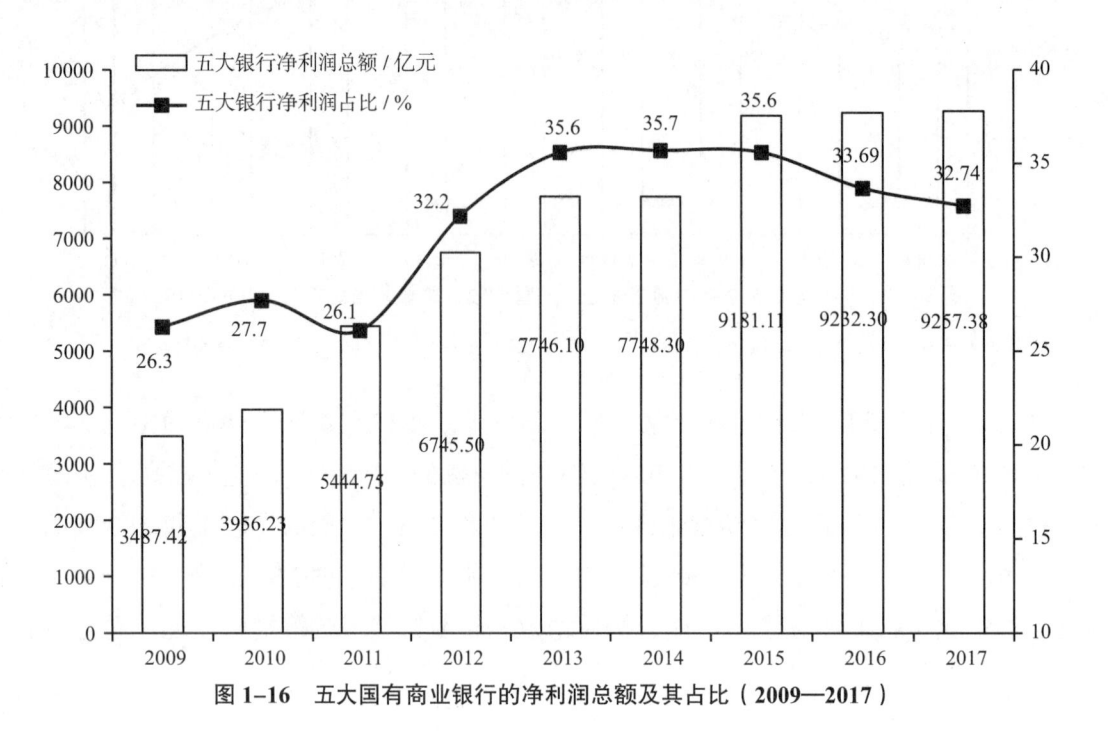

图1-16 五大国有商业银行的净利润总额及其占比（2009—2017）

三、2017中国企业500强的所有制格局和发展特征

按照企业所有制属性，中国企业500强大概可以分为两类：国有及国有控股、民营。国有及国有控股包括中央国有及控股（涵盖中央金融、中央非金融企业）、地方国有及控股（涵盖地方政府控股、高校控股、兵团控股、国有法人控股等）两类。民营则包括私营及控股、集体企业等非外资、非国有控股企业。这些企业中，有相当一批是混合所有制的股份制企业，比如招商银行、中国国际海运集装箱（集团）股份有限公司、万科、京东方、中国平安保险（集团）股份有限公司、玖隆钢铁物流有限公司等，它们通常按照第一大股东的所有制属性来划分。

1. 国有企业数量首次低于60%

2017中国企业500强中有274家国有及国有控股企业、226家民营企业，分别占500家企业的54.8%和45.2%，国有企业的上榜数量较上年有明显减少，这是2002年发布中国企业500强榜单以来第一次国有企业数量占比低于60%。

"十八大"以来，中央及地方政府在推动企业兼并重组方面下了很大力气，比如南北车合并为中车，宝钢集团和武钢集团合并为宝武钢铁集团，中远和海运合并为中远海运集团，中国建材集团与中材集团实施战略重组，五矿和冶金科工集团战略重组，港中旅集团和国旅集团战略重组为中国旅游集团，招商局集团和中外运长航集团实施战略重组，国机集团和二重合并重组等，这导致一部分国有大企业在榜单上"消失"；与此同时，民营大企业近年来的确高速成长，平均增长速度高于国有大企业，加上一些国有企业由于在煤炭、钢铁等产能过剩行业布局过多、负担过重而导致它们经营压力非常大，最终不得不退出中国企业500强（见图1-17）。

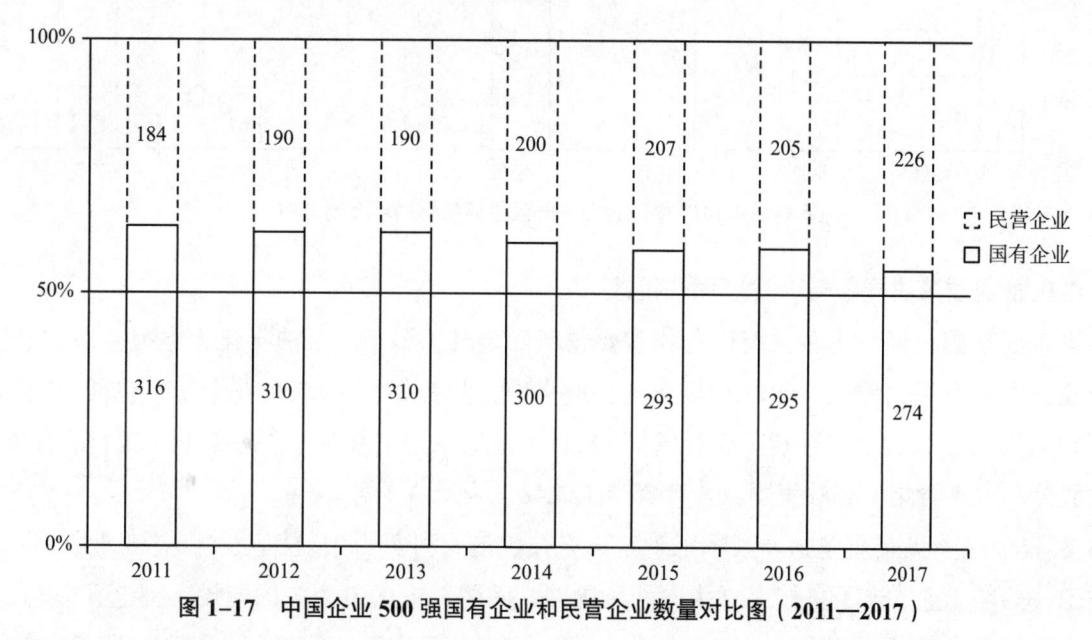

图1-17 中国企业500强国有企业和民营企业数量对比图（2011—2017）

尽管国有及国有控股企业的数量降到了60%以下，但它们在中国企业500强的其他指标上仍然占主体地位。2017中国企业500强中，国有企业在营业收入、资产、净利润、纳税、职工人数等指标上，分别占71.83%、86.19%、71.76%、85.87%、74.72%，占了中国企业500强"总盘子"的大多数；民营企业的上述指标分别占28.17%、13.81%、28.24%、14.13%、25.28%（见表1-5、图1-18）。从2017中国企业500强来看，国有经济对国民经济的控制力、影响力没有削弱。

表1-5 2017中国企业500强按所有制主要总量指标

所有制	企业数	营业收入/亿元	净利润总额/亿元	资产总额/亿元	所有者权益/亿元	纳税总额/亿元	员工数/万人
全国	500	640049.89	28273.35	2561331.32	307257.16	38757.11	3341.65
中央企业	81	293244.64	16291.75	1720047.41	200102.27	24448.22	1634.01
地方企业	193	166481.46	4288.68	490513.19	52446.01	8687.21	857.45
民营	226	180323.79	7985.08	353606.70	56270.84	5476.05	844.69

图 1-18　2017 中国企业 500 强主要指标的所有制分布

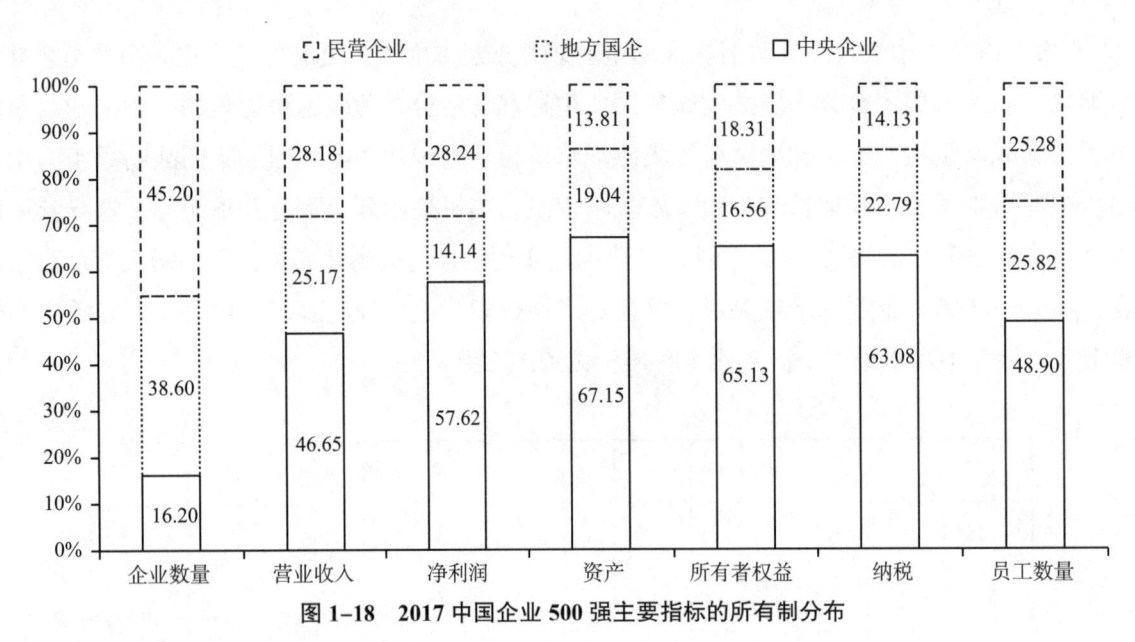

2. 中央企业改革进展缓慢，发展面临挑战

中央企业在国民经济诸多关键行业和重要领域如金融、军工、石油石化、电力电网、电信、基础设施建设等占有突出地位。2017 中国企业 500 强中，共有 81 家中央企业上榜，包括 67 家由国务院国资委监管的非金融中央企业（合计资产 48.24 万亿元）、14 家中央金融企业（银行、保险公司、金融控股公司，不含中国邮政集团，合计资产 123.48 万亿元）。

68 家非金融中央企业包括 8 家军工（航天科技、航天科工、中航工业、兵器工业、兵器装备、船舶重工、船舶工业、电子科技）、2 大电网（国网、南网）、6 大电力（国电投、国电、华电、华能、大唐、中广核）、3 大石油石化企业（中石化、中石油、中海油）、3 家电信（移动、联通、电信）、3 大钢铁企业（宝武、鞍钢、新兴际华）、3 大有色（中铝、中国有色、中国黄金）、2 大煤炭（神华、中煤）、2 大汽车（东风、一汽）、8 大建筑（中国建筑、中国化学工程、中国铁路工程、中国铁道建筑、中国能源建设、中国交通建设、中国电力建设、中国核工业建设）、4 家工业设备（东电、哈电、恒天、中车）、7 家多元化（中国通用技术、中粮、中化、国开投、国机集团、华润、保利）、3 家大宗贸易（中航油、五矿、珠海振戎）、3 大航空（中航、东航、南航），其他还有农林（中国林业）、电子（中国电子信息产业集团）、建材（中建材）、化工（中国化工）、医药（中国医药集团）、房地产（华侨城）、旅游（中国旅游）、海运（中国远洋海运）、咨询（中智）、邮政（中国邮政）各 1 家。

从经营指标看，中央非金融企业现在面临的问题还很严峻。

（1）营业收入负增长的企业有 21 家，虽然较上年的 35 家明显减少，但仍然接近 1/3。珠海振戎、中国有色、国家开发投资公司、中国化学工程股份公司、中国通用技术集团、中国远洋海运集团等企业的营业收入都出现了超过 10% 以上的降幅。中国联通也在移动互联网冲击下少见的出现营业收入下降，且出现了亏损。

（2）盈利能力还是很弱。大部分中央企业都是行业龙头，但中央企业的总体盈利能力仍然不高。68 家中央企业的净利润总额只有 4670.50 亿元，还不如中国工商银行和中国建设银行的合计净利润

（5097.09亿元）。鞍钢集团、五矿、中铝是长期亏损的"老大难"问题。中石油集团、中石化集团、中海油集团、中国兵器装备集团、华电集团、国电集团、恒天集团、中船重工集团、哈尔滨电气集团、中航工业集团等企业都出现了净利润"腰斩"或"断崖式下跌"（见表1-6）。

（3）改革进展缓慢，效果不及预期。十八届三中全会以来，中央对国有企业改革特别是央企改革制定了顶层设计和制度安排，但社会普遍观感其改革效果未达到预期的效果。央企改革确实很复杂，涉及到行业体制和政策改革、国资管理体制改革、国有企业改革等，思想观念冲突严重，但如果不按照十八届三中全会决定的中央精神大力推进分类改革，只能坐失中央企业发展的良好机遇。

表1-6　2017中国企业500强中净利润大幅下降的中央企业

排名	公司名称	行业	营业收入/亿元	营业收入增长率/%	净利润/亿元	净利润增长率/%
2	中国石油化工集团公司	石油石化	19692.20	-3.81	83.57	-63.01
3	中国石油天然气集团公司	石油石化	18719.03	-7.18	124.07	-72.16
24	中国海洋石油总公司	石油石化	4377.41	2.74	116.42	-59.80
21	中国兵器装备集团公司	军工	4726.77	7.32	38.55	-58.77
37	中国航空工业集团公司	军工	3711.97	6.05	30.84	-40.09
51	中国船舶重工集团公司	军工	2800.11	27.05	32.27	-46.49
90	中国华电集团公司	电力	1873.71	-5.16	23.96	-68.27
93	中国国电集团公司	电力	1785.28	-6.91	17.85	-65.33
338	中国恒天集团有限公司	工业设备	434.56	6.31	1.15	-49.68
425	哈尔滨电气集团公司	工业设备	331.97	18.81	0.21	-85.51

3. 地方国有企业经营绩效较上年明显好转

2017中国企业500强中有193家地方国有企业。地方国有企业包括三类：由地方政府作为最终控制人的国有企业（占多数）、由教育部高校作为最终控制人的国有企业（2家：清华控股集团、北大方正集团）、国有股占多数的混合所有制企业（若干家，不隶属于各省市国资委）。这193家地方国有企业合计资产49.05万亿元，超过68家国务院国资委所属中央企业的资产。这一块庞大的国有资产分布在27个省级行政区以及教育部，超过10家的有：北京（21家）、广东（18家）、上海（17家）、山东（14家）、安徽（12家）、天津（10家）；分布在国民经济的各个行业领域（以传统产业为主，比如钢铁15家、有色10家、煤炭16家、汽车制造10家、建筑20家、银行9家），其改革和发展的决策主体比较分散，改革进度参差不齐。

从经营绩效看，193家地方国有企业在2016年以490513.19亿元的资产规模，共实现营业收入166426.63亿元，同口径同比增长了5.95%；实现净利润4288.68亿元，同口径同比增长了26.96%；

实现纳税总额 8687.21 亿元，同口径同比增长了 7.44%。从亏损面看，共有 30 家企业亏损，亏损面 15.5%，合计亏损额 399.83 亿元，亏损企业、亏损面和亏损额都较上年有显著下降。

地方国有企业中也有一批重视创新、善于经营的企业，比如格力电器、清华控股集团、京东方、上海电气等（见表 1-7）。在非金融地方国有企业中，格力电器以 154.21 亿元的净利润成为净利润最高的企业，在高度激烈竞争的空调市场"一枝独秀"，这里的主要原因是格力电器在国有民营管理模式下，善于发挥职业高管的企业家精神，以市场化的方式激励企业家团队和技术骨干，在董事长董明珠的带领下，采取聚焦战略，大力进行技术研发和创新。京东方创立于 1993 年，开始专注于显示器产业，从 2002 年就入围中国企业 500 强，但随着显示器产业的跨越式技术进步，京东方只能选择转型升级，在经过海外并购、消化吸收再创新，成功转型为一家具有世界领先水平的半导体平板生产创新企业，汤森路透《2016 全球创新报告》将京东方列为半导体领域全球第二大创新公司。根据 2017 年第 1 季度市场数据，京东方的智能手机液晶显示屏、平板电脑显示屏、笔记本电脑显示屏出货量均位列全球第一，显示器显示屏出货量居全球第二，液晶电视显示屏出货量居全球第三。在格力电器、京东方的成功案例中，有机的政府和市场相结合的机制、市场化的激励和约束机制（比如高管年薪制、员工持股）、卓越的企业家精神，是它们共同的特征，对于其他国有企业的混合所有制改革具有启示意义。

表 1-7 2017 中国企业 500 强中的地方国有企业：部分具有创新力的企业

排名	公司名称	行业	营业收入/亿元	营业收入增长率/%	净利润/亿元	净利润增长率/%	研发强度/%
154	中兴通讯股份有限公司	电子信息	1012.33	1.04	-23.57	盈转亏	12.61
163	清华控股有限公司	电子信息	956.33	35.57	14.88	-1.72	6.95
210	浪潮集团有限公司	电子信息	710.25	12.38	19.83	22.32	6.78
220	京东方科技集团股份有限公司	电子信息	688.96	41.69	18.83	15.05	5.67
341	上海仪电（集团）有限公司	电子信息	422.01	6.58	9.48	13.21	2.38
243	利华益集团股份有限公司	石化焦化	611.16	21.82	13.79	14.21	5.05
429	奇瑞汽车股份有限公司	汽车	329.64	17.50	6.15	256.14	4.78
227	江铃汽车集团公司	汽车	653.38	22.23	12.92	73.61	4.41
280	安徽江淮汽车集团控股有限公司	汽车	531.70	13.00	3.60	24.32	4.06
156	海信集团有限公司	家电	1003.31	1.33	52.50	17.28	4.06
141	珠海格力电器股份有限公司	家电	1101.13	9.50	154.21	23.05	3.41
146	四川长虹电子控股集团有限公司	家电	1047.55	3.21	4.77	933.12	2.54
160	上海电气（集团）总公司	工业设备	978.04	1.33	12.55	6.94	3.54

续表

排名	公司名称	行业	营业收入/亿元	营业收入增长率/%	净利润/亿元	净利润增长率/%	研发强度/%
155	潍柴控股集团有限公司	工业设备	1006.86	24.84	4.24	扭亏	2.51
455	广西玉柴机器集团有限公司	工业设备	313.72	−7.52	6.10	30.74	2.39

4. 民营企业成长远快于500强平均增速

民营大企业是我国改革开放的重大成果。2017中国企业500强里，有226家民营企业，较2013年时增加了36家，创造了历史新高。其中，营业收入超过1000亿元的有39家，进入2017财富世界500强的达到23家。民生银行、平安保险集团、安邦保险、恒大集团、海航集团、大连万达集团的资产均超过了1万亿元，其中资产规模最大的两家民营金融企业民生银行、平安保险集团的资产规模分别达到5.90万亿元、5.58万亿元，均较上年大幅增加。营业收入最大的是平安保险集团，2016年实现营业收入7744.88亿元，较上年增长了24.92%。

226家民营企业中，亏损的有4家，其余全部盈利（大连万达集团未提供净利润数据）。226家民营企业的营业收入总额达到180323.79亿元，同口径同比增长了18.23%；资产总额达到353606.70亿元，同口径同比增长了26.81%；利润总额达到7985.08亿元，同口径同比增长了12.33%。几项指标都显著高于500强以及国有企业的平均增速。

民营企业中，有一批着眼于电子信息设备制造、互联网、汽车、家电、新能源的企业，它们已经具备了在全球市场进行竞争的实力。中国具有代表性的非金融民营企业是华为投资控股有限公司，它在2016年的营业收入首次突破5000亿元，净资产收益率达到26.46%，目前华为在全球电信设备制造领域居于领先地位，成为中国民族企业的代表和骄傲。中国具有代表性的民营汽车制造企业吉利控股集团在收购沃尔沃汽车后，采取了恰当的战略战术，努力提高自身的技术创新水平和品牌竞争力，目前是中国率先在轿车、SUV、电动汽车、电动货车等领域具有初步参与国际竞争能力的自主汽车品牌。中国具有代表性的电动汽车生产企业比亚迪潜心研发汽车电池技术，在电动汽车、电动客车等领域取得全球领先地位，同时还进入轨道交通领域，创新发明了"云轨"技术。BATJ（百度、阿里巴巴、腾讯、京东）为代表的中国互联网企业已经在电子商务、移动支付、大数据、云计算和人工智能等方面具备了全球领先或并跑的地位。这些企业都为中国参与新工业革命、为实现全面建设小康社会贡献了力量。

表1-8 2017中国企业500强中的高技术民营企业

排名	公司名称	营业收入/亿元	营业收入增幅/%	净利润/亿元	净利润增幅/%	净资产收益率/%
17	华为投资控股有限公司	5215.74	32.04	370.66	0.43	26.46
45	联想控股股份有限公司	3069.53	−0.93	48.59	4.29	9.30
59	北京京东世纪贸易有限公司	2601.22	43.50	−38.67	亏损减少	−11.41

续表

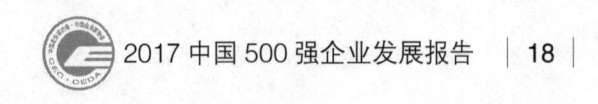

排名	公司名称	营业收入/亿元	营业收入增幅/%	净利润/亿元	净利润增幅/%	净资产收益率/%
78	浙江吉利控股集团有限公司	2087.99	26.31	84.09	366.86	20.52
81	海尔集团公司	2016.09	6.84	166.77	12.86	28.56
103	阿里巴巴集团控股有限公司	1582.73	56.48	436.75	−38.88	15.67
109	腾讯控股有限公司	1519.38	47.71	410.96	46.32	23.53
144	协鑫集团有限公司	1074.08	34.62	37.41	−1.42	11.43
148	比亚迪股份有限公司	1034.70	29.32	50.52	78.94	16.67
213	百度网络技术有限公司	705.49	6.28	110.74	−65.75	12.76

四、2017中国企业500强的行业特征

中国作为一个经济总量超过10万亿美元的超大型经济体，必然有一批大型企业来支撑和保障其运行；同时，中国经济在从传统型经济、不断转型升级的过程中，这个大企业群体也必然随之变化，越来越多新行业的大企业进入，越来越多传统行业的大企业退出。从近几年中国企业500强的行业分布特征能清晰观察到这一演变趋势。

1. 互联网经济的企业群

以互联网企业为代表的新经济崛起，是最近十年中国经济发展的突出特征。如果回看十年前的中国企业500强榜单，会发现现在著名的互联网公司，如阿里巴巴、腾讯、京东、百度那时都还没上榜，观察十年来的中国企业500强榜单，能清晰地发现互联网企业在榜单上的数量越来越多，排名越来越高。很显然，互联网经济较传统经济拥有更高的成长速度。广义上的互联网经济是一个涵盖互联网应用层、软硬件支撑层、基础设施层的立体型经济体，它在制造业、第三产业、农林牧渔业甚至政府服务（电子政务）都有广泛的应用。

（1）互联网应用层企业群：茁壮成长。

2017中国企业500强中，互联网应用层的企业有6家，包括4家平台型互联网公司：百度、阿里巴巴、腾讯、京东（被简称为BATJ），以及2家垂直电商公司：钢联电子商务、找钢网（见表1-9）。京东、阿里巴巴、腾讯经过2016年的超高速成长（50%左右的营业收入增长率），全部进入2017世界500强；阿里巴巴、京东的庞大电子商务平台和信用体系，大幅降低了消费者的信息搜寻成本和交易成本，使市场供给和需求更容易的实现"惊险的一跳"，同时它们也使中国强大的购买力在全球发挥影响力；阿里巴巴的支付宝、腾讯的微信支付使中国跨过信用卡时代而进入准无现金社会。作为垂直型电商的代表，唯品会、钢联电子商务、找钢网分别成立于2008年、2000年、2012年的公司，它们都凭借短短十余年甚至几年的高速成长，第一次荣登中国企业500强之列，显示出垂直电商在中国的蓬勃发展态势。

表1-9 2017中国企业500强中的互联网应用层企业

排名	公司名称	领域	营业收入/亿元	营业收入增幅/%	净利润/亿元	净利润增幅/%
59	北京京东世纪贸易有限公司	电子商务物流	2601.22	43.50	−38.67	亏损减少
103	阿里巴巴集团控股有限公司	电子商务互联网金融	1582.73	56.48	436.75	−38.88
109	腾讯控股有限公司	社交媒体互联网金融	1519.38	47.71	410.96	46.32
213	百度网络技术有限公司	网络搜索人工智能	705.49	6.28	110.74	−65.75
279	唯品会（中国）有限公司	垂直电商	537.12	33.60	26.66	66.74
346	上海钢联电子商务股份有限公司	垂直电商	412.79	93.28	0.22	扭亏为盈
457	上海找钢网信息科技股份有限公司	垂直电商	313.54	103.08	0.35	扭亏为盈

（2）互联网软硬件支撑层企业群：大有希望。

互联网经济的运行离不开软硬件设备的支撑。中国以华为、浪潮、京东方为代表的硬件设备支撑层企业面临着高度激烈的国际竞争和国内竞争，比如华为要在全球与爱立信、诺基亚等进行竞争，浪潮集团要与IBM、甲骨文等进行竞争，京东方要与三星、LG等进行竞争。它们在竞争中具备了一定国际竞争力，这是在跨国企业的夹缝中成长起来的一批企业，难能可贵。2017中国企业500强中，互联网软硬件支撑层企业有14家（当然广义的支撑层还应该包括卫星制造、卫星发射、卫星导航系统维护和运行等），它们在激烈竞争中取得了不同的业绩（见表1-10）。相对而言，互联网软硬件支撑层的企业利润要远低于以轻资产为基本特征的互联网应用层的企业。

表1-10 2017中国企业500强中的互联网软硬件支撑层企业

排名	公司名称	领域	营业收入/亿元	营业收入增幅/%	净利润/亿元	净利润增幅/%
17	华为投资控股有限公司	通信设备、终端及芯片制造	5215.74	32.04	370.66	0.43
154	中兴通讯股份有限公司	通信设备及终端制造	1012.33	1.04	−23.57	盈转亏
45	联想控股股份有限公司	电子产品制造	3069.53	−0.93	48.59	4.29
82	中国电子信息产业集团有限公司	集成电路与电子元器件等	1993.65	0.59	93.06	1.07
157	天津中环电子信息集团有限公司	计算机通信和网络控制系统	1000.88	−17.64	38.37	34.48
210	浪潮集团有限公司	IT软硬件品整体解决方案	710.25	12.38	19.83	22.32
220	京东方科技集团股份有限公司	显示器及显示终端产品	688.96	41.69	18.83	15.05
440	研祥高科技控股集团有限公司	工业级和军工级计算机	322.07	28.64	27.74	5.32

续表

排名	公司名称	领域	营业收入/亿元	营业收入增幅/%	净利润/亿元	净利润增幅/%
388	蓝思科技股份有限公司	电子消费品零部件	367.82	−11.25	13.28	−14.39
260	亨通集团有限公司	光纤、光网等	586.33	22.07	4.15	−52.67
472	通鼎集团有限公司	光纤、光缆	306.34	18.68	11.73	74.67
350	神州数码集团股份有限公司	IT系统应用软件、系统集成等	405.31	8748.43	4.04	1790.45
163	清华控股有限公司	信息技术、能源环境等	956.33	35.57	14.88	−1.72
184	北大方正集团有限公司	电子出版、PC、医疗等	820.05	1.86	3.77	−69.94

（3）电信基础运营商企业群：挑战前所未有。

当然，互联网经济的高速成长离不开电信基础运营商的支持，特别是通信服务的技术升级（比如从3G到4G，将来到5G）、提速降费。2016年，中国移动、中国联通、中国电信的4G用户分别达到5.35亿户、1.046亿户、1.22亿户，宽带用户数分别达到7762.4万户、6664.9万户、1.2312亿户。三家运营商一方面要互相竞争，另一方面也要应对互联网高速成长带来的冲击，比如微信的活跃用户已经超过9亿人，这对三大运营商的短信、通话等业务产生了重大冲击。2016年，中国联通的营业收入有负增长，出现亏损。基础运营商将如何处理与互联网、社交媒体的关系，这是一个挑战。

表1-11　2017中国企业500强中的电信基础运营商企业

排名	公司名称	营业收入/亿元	营业收入增幅/%	净利润/亿元	净利润增幅/%
11	中国移动通信集团公司	7116.11	6.06	638.71	0.19
29	中国电信集团公司	4144.58	6.72	117.23	8.73
53	中国联合网络通信集团有限公司	2757.35	−0.94	−2.31	盈转亏

2. 国防工业企业群：挑战和机遇并存

经过60多年积累和改革，中国形成了11大军工企业集团，分别是两核（中核工业、中核建设）、两航天（航天科技、航天科工）、两船舶（船舶工业、船舶重工）、两兵器（兵器工业、兵器装备）、中电科、中航工业、中航发。2017中国企业500强中有9家上榜，只有中核工业、中航发没有申报。这些军工集团伴随着经济改革和发展，多数都转变为军民结合的企业，比如中核建设的核电建设业务量越来越多，兵器装备的汽车板块（中国长安汽车集团）和摩托车板块（建设、嘉陵、济南轻骑、洛阳北方）占相当大的比重等，因此这些企业的军工业务比重和业绩也有所差异（见表

1-12)。当前，军工类中央企业面临着国资国有体制改革、行业体制改革以及国防和军队改革等方面的挑战和机遇，军工类中央企业拥有良好的基础条件，只要改革的方向对、力度够，未来完全有可能成长为与洛克希德–马丁、波音媲美的全球领先的防务企业。

表1-12　2017中国企业500强中的军工类企业

排名	公司名称	领域	营业收入/亿元	营业收入增幅/%	净利润/亿元	净利润增幅/%
344	中国核工业建设股份有限公司	核军工、核电工程建造	415.09	1.24	8.09	1.32
73	中国航天科技集团公司	航天科技	2132.10	11.04	132.61	13.89
80	中国航天科工集团公司	航天科技	2031.66	16.01	95.91	3.76
37	中国航空工业集团公司	军机制造	3711.97	6.05	30.84	-40.09
83	中国船舶工业集团公司	军舰制造	1984.82	4.65	24.42	-11.37
51	中国船舶重工集团公司	军舰制造	2800.11	27.05	32.27	-46.49
32	中国兵器工业集团公司	常规武器	4074.06	5.20	56.67	12.28
21	中国兵器装备集团公司	汽车、摩托车、特种装备	4726.77	7.32	38.55	-58.77
92	中国电子科技集团公司	雷达、信息	1813.08	9.23	107.06	5.80

3. 基础设施建设企业群体：能力超强，运行平稳

中国在高速工业化、城镇化过程中，培育了一批专注于基础设施建设的企业群体；它们包括港口、桥梁隧道、铁路、高速公路、电站（水电站、核电站、火电站等）建设、机场建设、化学工程建设、冶金工程建设、煤炭工程建设、市政工程建设等方面的建筑企业，它们以中央企业为主，地方国有企业和民营企业也有参与；它们拥有强大而庞大的设计、施工和建造能力，保障了三峡工程、中国高铁、洋山深水港、港珠澳大桥、西气东输工程等超级工程上马完工，也提供了满足中国经济运行的城市建设、超级交通网络、电力供应、工业产能等能力。2017中国企业500强中有47家建筑类企业上榜，其中多数是以房屋建筑、房地产为主，以基础设施建设为主业（或双主业之一）的大概有12家企业（见表1-13）。其中，中国铁路工程总公司和中国铁道建筑总公司以铁路及桥梁隧道建设为主，中国交通建设集团以港口建设为主，中国电力建设集团有限公司和中国能源建设集团有限公司以水电建设为主，中国化学工程股份有限公司以石油石化、化工建设为主等，都是全球领先的基础建设企业。从某种意义上来说，与其说"一带一路"为中国钢铁、建材等材料工业提供了机会，不如说为中国庞大的基础设施建设能力提供了机会。现在，中国的基建企业的业务已经广泛分布在全球的各地区，建设港口、铁路、桥梁、电站。2016年，上述12家基建企业虽有差异，但总体运行平稳。

表 1-13　2017 中国企业 500 强中的基础设施建设企业

排名	企业名称	所有制	领域	营业收入/亿元	营收增幅/%	净利润/亿元	净利润增幅/%
5	中国建筑股份有限公司	中央企业	工民建	9597.65	8.99	298.70	14.61
13	中国铁路工程总公司	中央企业	轨道交通建设	6442.61	3.10	61.39	-0.64
14	中国铁道建筑总公司	中央企业	轨道交通建设	6302.97	4.85	79.21	13.99
19	太平洋建设集团有限公司	民营	城市基础设施	4957.86	8.00	210.47	4.49
22	中国交通建设集团有限公司	中央企业	港口及城市基础设施	4700.22	10.37	95.09	-11.45
42	中国电力建设集团有限公司	中央企业	水电、新能源	3246.52	13.18	70.26	-4.53
68	中国能源建设集团有限公司	中央企业	水电、核电、电网	2254.07	7.96	27.97	-17.57
282	中国化学工程股份有限公司	中央企业	化工、石化	530.75	-16.46	17.70	-37.70
344	中国核工业建设股份有限公司	中央企业	核军工、核电	415.09	1.24	8.09	1.32
449	天元建设集团有限公司	民营	工民建	317.57	14.80	6.04	14.46
467	北京市政路桥集团有限公司	地方国有	市政基础设施	310.71	3.17	4.55	10.85
484	四川公路桥梁建设集团有限公司	地方国有	公路桥梁	298.86	-2.40	11.39	5.50

4. 原材料工业企业群体

原材料工业是国民经济的基础工业，包括钢铁、有色、建材、石化、化工等，体现的是国民经济的重化工特征。计划经济时期整个国民经济的发展曾经"以钢为纲"，可见其重要性。现在原材料工业普遍面临产能过剩，似乎重要性下降了，其实不是。比如，现在被称为新四大发明的共享单车之所以能一夜之间遍布大中城市，就与中国充足的钢铁供应有关；中国近年来大大小小数十艘军舰下水，没有充足的高品质钢铁供应也是不可能实现的。当然，原材料工业所出现的问题，这些行业中的 500 强企业还是需要面对和解决的。

（1）钢铁企业群体：整体扭亏，情况好转。

自从中国放开民营资本进入钢铁工业，中国钢铁企业如雨后春笋般诞生和成长。当然其背景是中国的高速城镇化和工业化进程对于钢铁的巨大需求。在中国企业 500 强的 16 年历史上，钢铁企业都上榜最多，2005 年时达到最高的 70 家之多，在四万亿政策的刺激下，国有、民营钢铁产能几乎各占半壁江山，这种"繁荣"一度使中国人非常担忧全球三大铁矿石企业对中国钢铁行业的"控制"。在经济新常态之下，钢铁行业的产能过剩愈发突出，企业利润大幅缩水甚至出现一度全行业亏损，有的中国 500 强钢铁企业或倒闭，或被收购，在中国企业 500 强榜单上的钢铁企业数量越来越少，到 2017 年中国企业 500 强时已经减少到 43 家，营业收入总额从 3.95 万亿元（2013 中国企业 500 强时数据）下降到 3.29 万亿元，在 500 强营业收入总额中的占比也下降到 5.14%（见图 1-19）。从这一点上来说，中国国民经济长期令人忧心的"去重型化"已见成效。

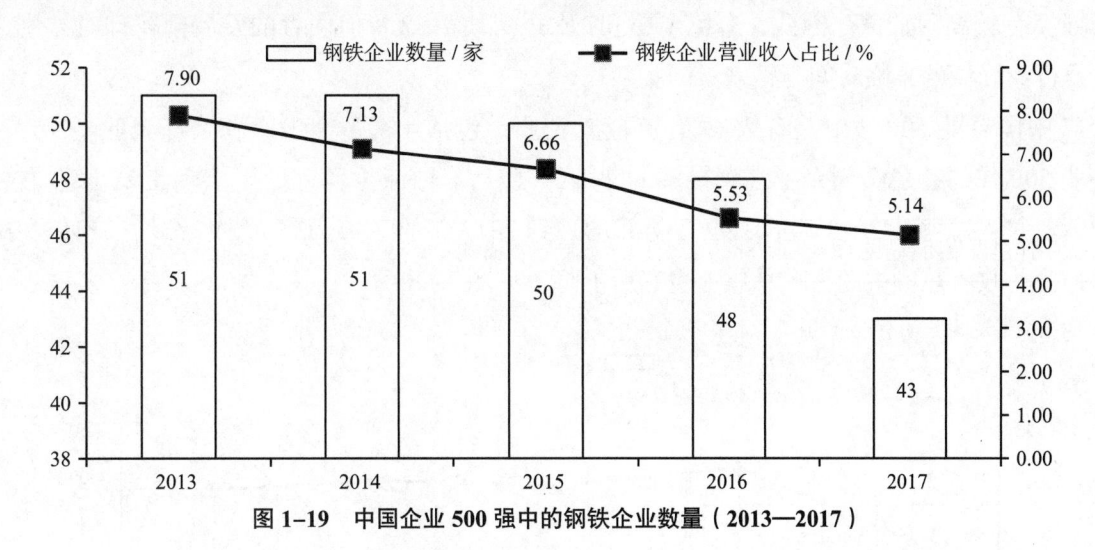

图 1-19 中国企业 500 强中的钢铁企业数量（2013—2017）

43 家钢铁企业中，亏损企业和营业收入下降的各有 8 家，其中只有首钢总公司这两种情况同时存在；亏损面、亏损额都较上年有大幅下降（上年亏损面达到 43.8%）；43 家企业的营业收入达到 4.29 万亿元，同口径同比增长了 3.63%（上年该指标为 -12.59%）；43 家企业归属母公司的净利润总额达到 172.25 亿元，而上年这些企业该指标是 -554.60 亿元。总体形势较上年明显好转。为期两年的钢铁"去产能"还是起到了一定作用。

表 1-14 2017 中国企业 500 强中的钢铁企业前 10 名（按营业收入）

排名	企业名称	所有制	营业收入/亿元	营收增幅/%	净利润/亿元	净利润增幅/%
44	中国宝武钢铁集团有限公司	中央企业	3096.21	-6.49	29.42	扭亏为盈
49	河钢集团有限公司	地方国有	2907.72	2.22	8.91	639.63
70	新兴际华集团有限公司	中央企业	2203.85	7.68	29.77	3.98
84	江苏沙钢集团有限公司	民营	1983.85	-3.61	23.39	162.70
120	鞍钢集团公司	中央企业	1392.55	7.36	-67.81	亏损减少
121	首钢总公司	地方国有	1348.71	-0.24	-6.26	亏损减少
149	青山控股集团有限公司	民营	1028.62	17.30	18.31	53.27
150	山东钢铁集团有限公司	地方国有	1025.37	0.42	-44.73	亏损加大
153	中天钢铁集团有限公司	民营	1013.36	1.17	7.92	103.56
161	东岭集团股份有限公司	民营	964.06	26.66	5.03	149.80

注：东岭集团是以钢铁、煤炭及其贸易为主业的多元化企业。

（2）有色企业群体：整体扭亏，但仍惨淡经营。

有色金属主要包括铜业、铝业、稀土等重轻金属，以及黄金、白银等贵金属。有色金属在国民经济中的使用范围虽然没有钢铁广泛，但却属于关键性行业，尤其在航空航天、高速列车、家用电器等领域拥有较高附加值。因此，有色金属和钢铁虽都是冶金，但两者的发展规律却有差别，人均消费量及行业峰值的来临时间与钢铁不同。

2017中国企业500强中共有25家有色金属企业，包括4家黄金生产和冶炼企业。2013、2014中国企业500强的有色金属企业达到最多的29家，此后有所减少，近三年维持在25家左右；这些企业的营业收入总额从2013年的1.99万亿元增长到2017年的2.49万亿元，持续增长，但在中国企业500强营业收入总额中的占比总体上也有所下降（见图1–20）。

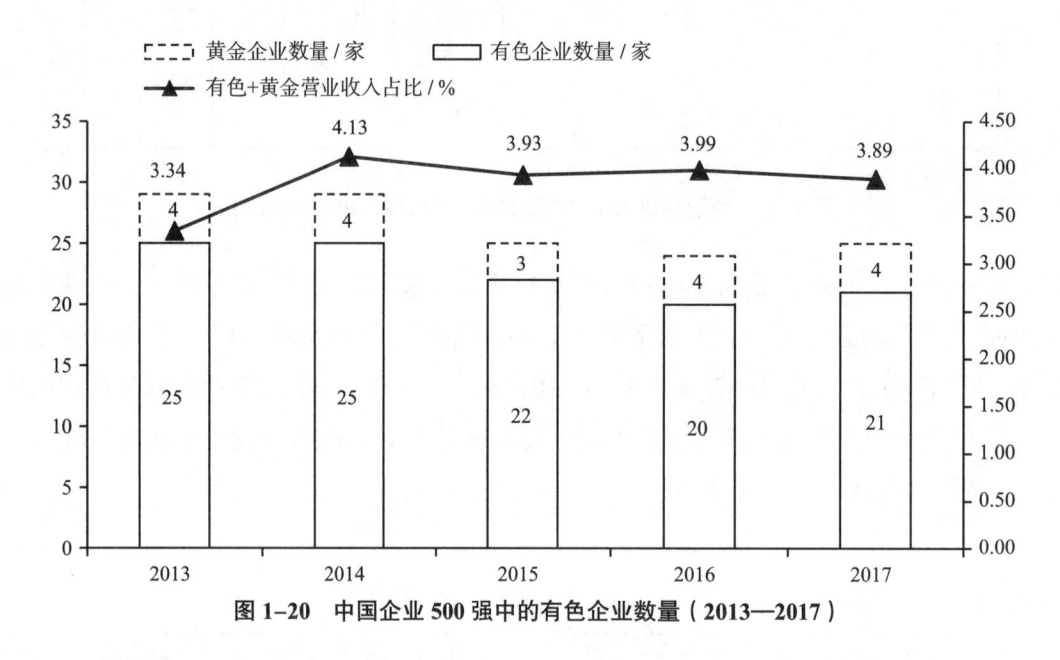

图1–20 中国企业500强中的有色企业数量（2013—2017）

25家有色企业共拥有21375.24亿元的资产，共实现营业收入24897.39亿元，同口径同比增长了4.18%，有小幅增长；共实现归属母公司的净利润总额96.51亿元，较上年的–45.28亿元显著好转；亏损企业有9家，较上年减少3家，亏损额达到–121.26亿元，较上年的–202.62亿元明显减少。以超过2万亿的资产仅仅实现不到100亿元的利润，情况虽略有好转，但仍属惨淡经营。

表1–15 2017中国企业500强中的有色企业前10名（按营业收入）

排名	企业名称	所有制	营业收入/亿元	营收增幅/%	净利润/亿元	净利润增幅/%
41	正威国际集团有限公司	民营	3300.19	9.87	79.71	11.22
56	中国铝业公司	中央企业	2675.80	12.06	–18.77	亏损减少
76	江西铜业集团公司	地方国有	2104.59	6.13	1.35	扭亏为盈
88	金川集团股份有限公司	地方国有	1931.32	–12.38	–35.85	亏损减少

续表

排名	企业名称	所有制	营业收入/亿元	营收增幅/%	净利润/亿元	净利润增幅/%
110	海亮集团有限公司	民营	1502.71	6.87	8.71	19.50
111	铜陵有色金属集团控股有限公司	地方国有	1495.53	2.89	-3.01	亏损减少
118	中国有色矿业集团有限公司	中央企业	1409.54	-17.51	-4.00	亏损减少
128	陕西有色金属控股集团有限责任公司	地方国有	1241.21	6.84	2.15	-527.16
143	中国黄金集团公司	中央企业	1078.84	-2.58	-4.49	亏损增加
165	南山集团有限公司	民营	936.16	13.86	52.30	-9.46

（3）建材企业群体：经营情况良好。

2017中国企业500强中有6家建材企业，较上年减少1家（中材集团与中国建筑材料集团合并重组为中国建材集团），没有企业亏损（见表1-16）。6家企业合计营业收入5355.40亿元，同口径同比增长了4.08%；合计净利润62.95亿元，同口径同比增长了38.17%。总体看，建材企业经营情况良好。

表1-16　2017中国企业500强中的建材企业

排名	企业名称	营业收入/亿元	营收增幅/%	净利润/亿元	净利润增幅/%
58	中国建材集团有限公司	2612.33	-3.83	4.95	扭亏为盈
158	安徽海螺集团有限责任公司	986.52	6.00	30.52	0.85
204	北京金隅集团有限责任公司	729.43	54.44	13.69	40.85
393	吉林亚泰(集团)股份有限公司	362.04	-9.49	1.52	-180.14
406	天瑞集团股份有限公司	350.03	10.99	11.70	11.23
453	沂州集团有限公司	315.06	1.37	0.57	-75.29

5. 能源企业群体

一个超大型经济体的运行需要庞大的能源系统来支撑。2016年，中国能源消费总量约为43.6亿吨标准煤，是全球最大的能源消费国；其中，发电量约6万亿千瓦时，约是美国发电量的1.5倍，全球第一；石油消耗量、进口量分别约5.56亿吨和3.8亿吨，均为全球第一；煤炭消费量约35亿吨，消费量占全球的一半以上；光伏电站装机容量约77吉瓦，全球第一；风电累计装机容量约1.7亿千瓦时，全球第一；建成并发电的核电机组36台，次于美国（99台）、法国（58台）、日本（42台），但在建核电机组21台，数量和装机容量都居全球第一。此外，中国还拥有全球规模最大的统一大电网。全球最大的能源系统必然由一个庞大的能源企业群体来支撑。当然，中国能源结构和能源企业群体仍然存在自身的问题，这仍然需要下力气去解决。

（1）煤炭企业群体：整体扭亏，但旱涝不均。

煤炭是中国的主要能源，中国也是工业革命以来第三个由煤炭驱动而实现经济起飞的大国。1989年中国成为历史上第一个煤炭产量超过10亿吨的国家，并在2004、2009年成为第一个也是唯一一个年产量超过20亿吨和30亿吨的国家，2013年中国煤炭年产量一度达到39.74亿吨，接近40亿吨/年，产量占全球产量的50%，是排名第二的美国年产量的4倍多。长期而超大规模的煤炭消耗带来了严重的空气污染问题，同时也产生严重的产能过剩、全行业亏损问题，因此中国政府决定大力优化能源结构，压减煤炭消耗量和比重。

2016中国企业500强的26家煤炭企业出现了整体亏损，净利润总额为-145.95亿元。在中央强有力的煤炭"去产能"政策作用下，煤炭企业群体终于实现了整体扭亏。2017中国企业500强的21家煤炭企业共实现了19.31亿元的净利润，大部分企业出现"扭亏为盈""亏损减少"或"盈利增加"，但很显然旱涝不均，除了神华集团"一枝独秀"（盈利127.34亿元）外，其他企业的情况都不太好。这些煤炭企业拥有超过4万亿元的资产（4.65万亿元），却仅仅在高强度"去产能"政策下实现"不亏损"，这一行业性问题该怎么解决，需要认真思考和研究。

表1-17 2017中国企业500强中的煤炭企业前10名（按营业收入）

排名	企业名称	营业收入/亿元	营收增速/%	净利润/亿元	净利润增速/%
61	神华集团有限责任公司	2479.40	4.87	127.34	45.70
69	冀中能源集团有限责任公司	2216.58	-6.73	-10.23	亏损减少
74	陕西煤业化工集团有限责任公司	2120.95	11.27	-16.90	亏损增加
87	山东能源集团有限公司	1946.41	23.22	2.60	扭亏为盈
95	大同煤矿集团有限责任公司	1701.42	-15.22	-14.27	亏损增加
96	山西焦煤集团有限责任公司	1668.97	-14.44	-0.66	盈转亏
98	开滦（集团）有限责任公司	1627.77	-5.19	-3.48	亏损减少
99	阳泉煤业（集团）有限责任公司	1613.28	-9.32	0.74	扭亏为盈
100	山西潞安矿业（集团）有限责任公司	1600.20	-11.10	-7.10	亏损减少
108	山西晋城无烟煤矿业集团有限责任公司	1519.64	-12.30	0.20	扭亏为盈

（2）石油企业群体：地炼企业快速成长。

石油被誉为工业的血液。作为一个超大型经济体，中国经济的运行每年需要5亿吨以上的石油消耗，其中自产的不足2亿吨，每年需要进口3亿吨以上的石油。这些石油主要由号称"三桶油"的中石油集团、中石化集团、中海油集团进行勘采、炼制和销售，同时也有数量众多的地方炼油企业从事炼油和成品油零售业务。2017中国企业500强中，共有16家石油炼油、零售及贸易企业上榜，主要分为三类：国有大型一体化企业3家（中石油集团、中石化集团、中海油集团），地方炼油企业

10家,石油贸易企业3家(见表1-18)。从经营业绩看,三家中央石油企业效益普遍不好,效益下滑,而10家地方炼油企业总体经营情况良好,甚至快速成长。中国石油体制、国有石油企业未来如何改革,值得高度关注。

表1-18 2017中国企业500强中的石油企业

排名	企业名称	类别	所有制	营业收入/亿元	营收增幅/%	净利润/亿元	净利润增幅/%
2	中国石油化工集团公司	一体化	中央企业	19692.20	-3.81	83.57	-63.01
3	中国石油天然气集团公司	一体化	中央企业	18719.03	-7.18	124.07	-72.16
24	中国海洋石油总公司	一体化	中央企业	4377.41	2.74	116.42	-59.80
64	陕西延长石油(集团)有限责任公司	地炼	地方国有	2352.92	6.52	-1.50	亏损减少
169	山东东明石化集团有限公司	地炼	民营	886.89	9.19	10.64	67.15
243	利华益集团股份有限公司	地炼	地方国有	611.16	21.82	13.79	14.21
281	山东京博控股股份有限公司	地炼	民营	531.03	5.81	16.82	52.09
295	山东海科化工集团有限公司	地炼	民营	508.32	6.13	8.11	0.90
318	宝塔石化集团有限公司	地炼	民营	469.76	14.77	7.86	20.70
382	山东金诚石化集团有限公司	地炼	民营	371.39	10.36	11.94	48.12
435	富海集团有限公司	地炼	民营	325.47	80.63	11.47	125.98
470	金澳科技(湖北)化工有限公司	地炼	民营	309.44	66.84	6.07	80.22
491	万通海欣控股股份有限公司	地炼	民营	293.69	9.48	13.34	37.89
48	中国华信能源有限公司	贸易	民营	2909.50	10.56	49.22	29.84
358	深圳光汇石油集团股份有限公司	贸易	民营	392.30	-14.11	1.69	-0.53
494	珠海振戎公司	贸易	中央企业	288.61	-28.43	1.18	扭亏

(3)新能源企业群体:持续快速发展。

在优化能源结构、大力发展清洁能源和可再生能源政策推动下,中国新能源企业获得了广阔的发展空间。2017中国企业500强榜单中,有3家光伏企业、2家动力电池企业上榜,分别是光伏领域的协鑫(集团)控股有限公司(以下简称协鑫集团)、晶龙实业集团有限公司、常州天合光能有限公司,以及动力领域的超威电源有限公司、天能电池集团有限公司。风电领域的金风科技有限责任公司2017年没有进入中国企业500强。近几年,这5家企业都获得了高速成长,其中协鑫集团已经成长为全球第一家、目前也是唯一一家营业收入超1000亿元的光伏企业。协鑫集团深耕新能源领域,打造了从硅材料到光伏装备制造、系统集成、太阳能电站建设运营的光伏一体化产业链,形成了天然气开发到液化、储运到最后供给天然气发电的清洁能源一体化产业链,建设了"四网、一云",即协鑫集团的电网、热网、天然气管网、信息网,以及大数据能源互联网云平台,成为全球领先的新能源企业。此外，两家动力电池生产企业也获得了高速成长，2016年营业收入均超过900亿元，2017年有可能成为新的千亿级企业。

表1-19　2017中国企业500强中的光伏和动力电池企业

排名	名称	行业	营业收入/亿元	营收增速/%	净利润/亿元	净利润增速/%	净资产收益率/%
144	协鑫集团有限公司	光伏	1074.08	34.62	37.41	-1.42	11.43
427	晶龙实业集团有限公司	光伏	330.27	14.59	11.07	-12.93	5.96
431	常州天合光能有限公司	光伏	329.16	5.00	11.60	-11.84	10.60
162	超威电源有限公司	电池	956.54	27.58	7.11	87.51	16.10
167	天能电池集团有限公司	电池	929.68	28.42	8.42	30.01	23.45

（4）电力电网企业群体：经营压力很大。

经过2002年电力体制改革，中国形成了发电和电网两类电力企业。发电企业群体主要是五大中央国有发电企业（国电投、国电、华电、华能、大唐）和一些地方电力及综合能源企业，电网主要是国家电网、南方电网两大中央企业以及一些地方独立电网企业，规模较大的是内蒙古电力。2015年，中共中央、国务院出台《关于进一步深化电力体制改革的若干意见》，要进一步深化电力体制改革，解决制约电力行业科学发展的突出矛盾和深层次问题。因此，在电力过剩、电煤价格上涨、环保执法更严、电改全面推进的背景下，发电企业2016年压力加大，特别是火电企业面临巨大考验，除了拥有核电板块的中广核、国家电投的营业收入有增长外，其他发电企业营业收入均有不同程度的下降。

表1-20　2017中国企业500强中的电力及综合能源企业

排名	企业名称	所有制	营业收入/亿元	营收增速/%	净利润/亿元	净利润增速/%
63	中国华能集团公司	中央企业	2460.71	-8.26	-5.70	盈转亏
86	国家电力投资集团公司	中央企业	1959.35	1.98	29.01	69.39
90	中国华电集团公司	中央企业	1873.71	-5.16	23.96	-68.27
93	中国国电集团公司	中央企业	1785.28	-6.91	17.85	-65.33
102	中国大唐集团公司	中央企业	1583.61	-4.56	16.20	40.46
226	中国广核集团有限公司	中央企业	657.92	30.01	64.18	24.32
354	广东省粤电集团有限公司	地方国有	400.34	-14.36	20.14	-43.80
1	国家电网公司	中央企业	20939.72	1.09	635.86	-0.82
20	中国南方电网有限责任公司	中央企业	4732.81	0.82	154.78	10.82
252	内蒙古电力（集团）有限责任公司	地方国有	598.44	-5.75	5.78	-9.56

6. 交通运输设备企业群体

交通运输设备主要包括铁路设备（列车）、公路设备（汽车）、航空设备（飞机）、水路设备（轮船）、管道设备等方面。在中国企业500强中，铁路设备制造有1家，汽车制造19家，飞机制造、民用船舶制造、管道设备制造都没有企业上榜。

（1）汽车制造企业群体：自主品牌快速成长。

汽车制造业可以分为乘用车（轿车、SUV、MPV等）和商用车（卡车、客车）制造。2017中国企业500强中，共有19家汽车生产企业上榜，其中包括2家重型汽车、1家客车企业、1家低速汽车生产企业、1家汽车零部件生产企业、14家整车生产企业（见表1-21）。2016年，19家汽车制造企业共实现营业收入36153.91亿元，同口径同比增长了13.93%，保持较高增长速度；净利润合计1060.94亿元，同口径同比增长了18.05%。尤其是广汽、吉利控股、长城汽车、比亚迪、江淮汽车、奇瑞等凭借自主品牌汽车的畅销而实现了快速增长，值得称赞，它们也是中国汽车工业突破"自主品牌缺失、核心技术缺失、中高端品质缺失"困境和"天花板"的希望。

表1-21 2017中国企业500强中的汽车制造企业

排名	企业名称	所有制	营业收入/亿元	营收增速/%	净利润/亿元	净利润增速/%
9	上海汽车集团股份有限公司	地方国有	7564.16	12.82	320.09	7.43
16	东风汽车公司	中央企业	5726.13	10.02	94.00	1.08
27	中国第一汽车集团公司	中央企业	4303.82	8.96	160.19	-21.63
34	北京汽车集团有限公司	地方国有	4061.04	17.64	83.75	21.42
52	广州汽车工业集团有限公司	地方国有	2761.00	27.57	36.67	17.17
78	浙江吉利控股集团有限公司	民营	2087.99	26.31	84.09	366.86
94	华晨汽车集团控股有限公司	地方国有	1727.32	7.59	3.02	43.33
140	万向集团公司	民营	1107.18	-4.02	35.31	317.01
142	江苏悦达集团有限公司	地方国有	1099.87	8.03	0.38	-104.95
148	比亚迪股份有限公司	民营	1034.70	29.32	50.52	78.94
159	长城汽车股份有限公司	民营	986.16	29.70	105.51	30.92
217	中国重型汽车集团有限公司	地方国有	700.30	13.57	18.65	77.02
227	江铃汽车集团公司	地方国有	653.38	22.23	12.92	73.61
280	安徽江淮汽车集团控股有限公司	地方国有	531.70	13.00	3.60	24.32
376	重庆力帆控股有限公司	民营	378.81	11.45	7.27	13.97
379	郑州宇通集团有限公司	民营	376.85	-1.35	26.88	-18.57

续表

排名	企业名称	所有制	营业收入/亿元	营收增速/%	净利润/亿元	净利润增速/%
387	陕西汽车控股集团有限公司	地方国有	368.12	22.63	-0.07	亏损减少
397	山东时风（集团）有限责任公司	民营	355.76	4.03	12.01	2.83
429	奇瑞汽车股份有限公司	地方国有	329.64	17.50	6.15	256.14

（2）铁路设备制造企业：业绩有所下滑。

铁路设备制造业只有中国中车一家企业上榜，中国中车也是目前国内唯一一家生产铁路机车、城市轨道车辆的企业，也承担着中国高铁参与国际竞争的重任。但从业绩看，2016年，中国中车营业收入和净利润都有所下滑。

表1-22 2017中国企业500强中的铁路设备制造企业

排名	企业名称	所有制	营业收入/亿元	营收增速/%	净利润/亿元	净利润增速/%
66	中国中车股份有限公司	中央企业	2297.22	-5.04	112.96	-4.42

7. 金融企业群体

金融企业在中国企业500强中虽然数量不多，但地位非常突出。首先是资产规模庞大，其次是利润规模和占比尤其高。金融是国民经济的血脉，金融稳定对于国民经济和社会发展至关重要，对于实体经济发展更不可或缺。2017中国企业500强中，有34家金融企业上榜，包括17家商业银行（不含中国邮政集团）、11家保险机构、6家多元化金融控股集团。

（1）商业银行群体：营业收入普遍下滑。

上榜的17家商业银行共实现营业收入58293.45亿元，同口径同比下降了3.69%；实现净利润13254.37亿元，同口径同比增长了2.05%；资产累计136.98万亿元，同口径同比增长了12.49%（见表1-23）。五大国有商业银行及国家开发银行的营业收入全部出现负增长，这六家银行的资产超过100万亿元，虽然不良贷款率都不太高，但不良贷款余额合计仍然超过9000亿元，需要高度重视。

表1-23 2017中国企业500强中的商业银行

排名	名称	营业收入/亿元	营业收入增幅/%	资产规模/亿元	资产增幅/%	净利润/亿元	净利润增幅/%
4	中国工商银行股份有限公司	10152.66	-5.98	241372.65	8.68	2782.49	0.40
6	中国建设银行股份有限公司	8480.52	-8.41	209637.05	14.25	2314.60	1.45

续表

排名	名称	营业收入/亿元	营业收入增幅/%	资产规模/亿元	资产增幅/%	净利润/亿元	净利润增幅/%
7	中国农业银行股份有限公司	7790.98	-7.08	182484.70	10.07	1839.41	1.86
10	中国银行股份有限公司	7554.02	-1.80	181488.89	7.93	1645.78	-3.67
15	国家开发银行股份有限公司	5887.55	-1.10	143405.00	13.64	1090.46	6.83
39	交通银行股份有限公司	3511.92	-1.90	84031.66	17.44	672.10	1.02
47	招商银行股份有限公司	2975.60	-2.07	59423.11	8.54	623.80	7.52
50	兴业银行股份有限公司	2851.50	-2.31	60858.90	14.85	538.50	7.26
54	上海浦东发展银行股份有限公司	2700.30	2.55	58572.63	16.12	530.99	4.93
55	中国民生银行股份有限公司	2684.50	0.38	58958.77	30.42	478.43	3.76
147	华夏银行股份有限公司	1047.46	-0.38	23562.35	16.61	196.77	4.20
174	北京银行	869.22	-1.09	21163.39	14.71	178.02	5.72
331	渤海银行股份有限公司	445.02	1.73	8561.20	12.02	64.73	13.80
361	盛京银行股份有限公司	391.60	15.65	9054.83	29.05	68.65	10.52
404	重庆农村商业银行股份有限公司	352.44	-4.75	8031.58	12.05	79.45	9.99
454	恒丰银行股份有限公司	313.85	30.56	12085.19	13.14	91.17	13.49
499	上海农村商业银行股份有限公司	284.32	3.02	7108.81	21.10	59.02	4.77

（2）保险公司群体：繁荣中有隐忧。

中国在全面建设小康社会的过程中，中产阶层家庭快速增加，高净值人群规模庞大。这给人身保险、财产保险、责任保险、信用保险、投资保险等保险业务发展带来前所未有的机遇。然而在高速发展的一片繁荣深处，保险公司也存在受复杂利率环境和资本市场波动的影响而普遍出现投资收益大幅下滑的困境。比如2017中国企业500强中11家保险公司营业收入总额增长了18.66%，资产总额增长了21.74%，但净利润总额却下降了37.77%（见表1-24）。

表1-24 2017中国企业500强中的保险企业

排名	企业名称	所有制	营业收入/亿元	营业收入增幅/%	净利润/亿元	净利润增幅/%	资产规模/亿元
12	中国人寿保险（集团）公司	中央金融	6963.43	9.41	10.79	-95.88	33567.92
23	中国人民保险集团股份有限公司	中央金融	4433.23	9.19	142.45	-27.11	9321.49
30	安邦保险股份有限公司	民营	4139.70	127.90	258.02	6.64	29885.65

续表

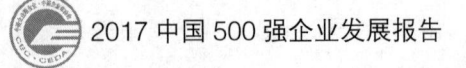

排名	企业名称	所有制	营业收入/亿元	营业收入增幅/%	净利润/亿元	净利润增幅/%	资产规模/亿元
57	中国太平洋保险（集团）股份有限公司	中央金融	2670.14	8.01	120.57	−31.99	10206.92
114	新华人寿保险股份有限公司	地方国有	1461.73	−7.75	49.42	−42.54	6991.81
123	富德生命人寿保险股份有限公司	民营	1304.09	16.72	38.81	−62.18	4558.97
126	中国太平保险集团有限责任公司	中央金融	1274.80	14.75	19.46	−30.52	4554.96
127	泰康保险集团股份有限公司	民营	1251.04	−5.45	84.11	−20.62	6294.31
181	阳光保险集团股份有限公司	民营	826.26	29.21	27.23	−14.43	2463.48
335	前海人寿保险股份有限公司	民营	436.75	38.60	40.45	30.56	2441.06
368	中华联合保险控股股份有限公司	地方国有	385.46	−0.85	7.95	−64.29	643.07

（3）多元化金融公司群体：业绩差异巨大。

中国金融企业发展越来越有"金控化"的趋势，拥有多个甚至全部金融牌照的企业越来越多。2017中国企业500强上有7家多元化金融控股公司（见表1-25），其中包括两类：一类是金融混业经营的，如中国平安保险集团、中国光大集团、中国华融资产管理股份有限公司等；另一类是产融结合的多元化金融控股公司，如中信集团、阳光金融控股、武汉金融控股等。它们的多元化程度不同、产融结合程度不同，业绩也有较大差异。

表1-25 2017中国企业500强中的多元化金融公司

排名	名称	所有制	营业收入/亿元	营收增幅/%	净利润/亿元	净利润增幅/%	净资产收益率/%
8	中国平安保险（集团）股份有限公司	民营	7744.88	24.92	623.94	15.11	16.27
40	中国中信集团有限公司	中央金融	3511.14	−0.12	215.00	−9.10	7.40
71	中国光大集团股份有限公司	中央金融	2156.46	2.35	124.75	−1.28	11.46
104	阳光金融控股投资集团有限公司	民营	1571.61	17.85	10.58	−56.65	7.91
164	中国华融资产管理股份有限公司	中央金融	952.08	26.29	196.13	35.43	17.02
168	中国信达资产管理股份有限公司	中央金融	916.57	16.40	155.12	10.58	11.14
356	武汉金融控股（集团）有限公司	地方国有	398.48	196.13	3.67	−16.95	3.17

五、2017 中国企业 500 强的总部分布特征

中国企业 500 强中的大多数企业业务遍布全国，其中一部分业务也遍布世界，但总体上，企业总部所在地和业务范围有较高拟合性。

1. 500 强企业总部的总体分布情况

2017 中国企业 500 强分布在中国 30 个省市自治区。按照多年来使用的企业总部所在地划分标准，呈现 2017 中国企业 500 强的地区分布（见表 1-26、表 1-27）。2017 年上榜企业最多的是广东省，达到 51 家。广东作为中国经济第一大省，2016 年 GDP 达到 7.95 万亿元，人均 GDP 达到 7.28 万元（约合 1.1 万美元），出口导向型经济发达，理应诞生更多的大企业。近两年，广东省、深圳市等都对新入围中国企业 500 强的企业进行鼓励和奖励，这在客观上对广东省企业申报 500 强产生激励作用；当然，广东省经济在"十八大"以来实施"腾笼换鸟"、转型升级，许多企业着眼于产融结合、向产业链中高端进军，成效明显，这是广东省企业增多的主要原因。

表 1-26　2017 中国 500 强企业地域分布

四大板块	八大区域	所包括的省区市
东部（365）	环渤海（187）	北京（104）、天津（14）、河北（23）、山东（46）
	泛珠三角（52）	广东（51）、海南（1）
	长三角（119）	上海（29）、江苏（47）、浙江（43）
	海西经济区（9）	福建（9）
东北（14）	东北（14）	辽宁（9）、吉林（3）、黑龙江（2）
中部（58）	中部（57）	山西（9）、安徽（14）、江西（6）、河南（9）、湖北（11）、湖南（8）
西部（63）	西南（41）	重庆（12）、广西壮族自治区（6）、四川（15）、贵州（1）、云南（7）、西藏自治区（0）
	西北（21）	陕西（7）、甘肃（5）、青海（1）、宁夏回族自治区（2）、新疆维吾尔自治区（2）、内蒙古自治区（4）

表 1-27　2017 中国 500 强企业各地区企业的总量指标

名称	企业数	营业收入/亿元	净利润/亿元	资产/亿元	纳税总额/亿元	职工数/万人
全国	500	639995.06	28273.39	2561331.4	38757.17	3341.65
北京	104	297082.81	16384.12	1770096.5	22852.1	1634.21
广东	51	64603.13	4143.35	221634.49	3753.07	427.53
江苏	47	35589.03	755.84	26041.31	909.49	185.24

续表

名称	企业数	营业收入/亿元	净利润/亿元	资产/亿元	纳税总额/亿元	职工数/万人
山东	46	31601.93	1354.19	46469	1112.92	124.34
浙江	43	29467.46	1031.88	26560.11	1123.64	108.15
上海	29	40303.47	2298.81	206696.8	2670.05	116.52
河北	23	16090.92	289.42	12106.62	382.42	64.22
四川	15	7443.44	233.86	11571.98	365.74	38.76
天津	14	12516.21	217.65	20097.02	280.39	29.04
安徽	14	7338.22	79.03	10560.58	332.99	43.36
重庆	12	4701.72	193.8	15965.54	263.66	33.14
湖北	11	11149.13	146.51	7866.15	543.55	41.76
辽宁	9	10044.61	57.73	27299.49	798.05	65.54
河南	9	5924.25	19.21	7366.83	160.73	54.72
山西	9	10723.06	−18.94	17026.17	430.19	91.09
福建	9	10539.64	625.02	67766.94	536.31	25.37
湖南	8	4035.63	8.62	4313.98	80.44	19.46
陕西	7	8599.99	−3.03	10287.97	527.81	37.72
云南	7	4044.43	−0.88	8072.49	112.5	15.96
江西	6	4468.53	34.74	2490.77	110.02	13.85
广西壮族自治区	6	3402.6	32.06	5325.94	112.77	34.11
甘肃	5	4379.6	−5.42	6114.97	83.38	15.14
内蒙古自治区	4	1997.13	20.49	4146.09	120.53	15.19
吉林	3	5056.69	164.98	4507.17	658.82	15.52
黑龙江	2	1546.44	−8.58	2647.87	45.11	52.5
宁夏回族自治区	2	1069.88	32.47	1226.7	10.02	3.51
新疆维吾尔自治区	2	1957.32	40.53	3163.00	72.12	9.70
贵州	1	439.00	127.14	1397.3	189.62	3.05
青海	1	355.51	0.24	482.28	9.87	0.89
海南	1	3523.32	18.53	12029.26	108.89	22.03

2. 500强中的江西企业

江西省是地处中国东南的内陆省份，面积约16.7万平方公里，常驻人口约4592.3万人，经济总量约18364.4亿元，人均GDP约40106元。2017年上半年，江西省GDP达到8961.2亿元，同比增长9.0%，高于全国2.1个百分点。总体上，江西相较周边的长三角、珠三角地区，其经济发展和企业成长稍显落后，长期以来属于人口流出大省，主要流入珠三角、长三角，地处两大经济中心之间，江西经济发展需要更好定位。2017中国企业500强中，江西有6家企业，包括4家国企、2家民企，主要分布在冶金、汽车、饲料、建筑领域（见表1-28）。

表1-28 2017中国企业500强中的江西企业

排名	企业名称	所有制	行业领域	营业收入/亿元	营收增幅/%	净利润/亿元	净利润增幅/%	净资产收益率/%
76	江西铜业集团公司	地方国有	有色	2104.59	6.13	1.35	扭亏为盈	0.66
463	新余钢铁集团有限公司	地方国有	钢铁	311.89	14.44	1.75	扭亏为盈	3.14
227	江铃汽车集团公司	地方国有	汽车	653.38	22.23	12.92	73.61	15.24
390	江西省建工集团有限责任公司	地方国有	建筑	365.79	1.64	4.73	6.84	24.13
238	正邦集团有限公司	民营	饲料	620.13	19.18	12.95	94.81	24.08
347	双胞胎（集团）股份有限公司	民营	饲料	412.75	6.88	1.03	-17.64	10.00

六、2017中国企业500强的创新特征

发达经济体基本上都有自己的一批创新型大企业，以欧美日最为突出。观察世界500强名单能够发现，凡是落后经济体，其大企业基本上都是以资源、能源为主；凡是发达经济体，都有一批位居全球产业链和价值链高端的创新型、引领型大企业。它们也是国力的重要标志。然而，企业创新是一项有成本和收益的综合性、市场性活动，包括管理创新、商业模式创新、技术创新、组织模式创新等多个方面，不同行业、不同发展阶段的企业的侧重点也有所不同，但最重要的是，企业创新最后要以盈利为目的。从这一点上来说，企业创新不同于科学家发明创造，前者更侧重的是发明创造的产品化、商业化和长期可持续盈利。对于全世界大多数的跟随型企业来说，企业创新就是对标行业的引领者，然而跟随模仿，这通常被称作"引进消化吸收再创新"；而对于引领型企业来说，已经没有对标的对象了，它只能在"无人区"（任正非语）中探索。对于中国企业500强来说，目前绝大多数企业的创新活动还是跟随型的，只有极个别领先型的企业如华为、阿里巴巴等具备了引领型、创新型大企业的条件。

企业创新有软投入和硬投入两类，管理创新、商业模式创新很难用费用来衡量，算作软投入，而技术创新则需要一定强度的研发费用作为支撑，因此产业界通常用研发经费及其占比作为衡量企业技术创新投入的指标。2017中国企业500强共有414家企业提供了研发数据，它们的营业收入总额达到50.76万亿元，占2017中国企业500强营收总额的79.3%，它们的创新行为能够反映我国大企业的基本特征。

1. 五年来研发投入持续增长

414家企业共投入研发资金7359.3亿元，同口径同比增长了11.02%；2013—2017年，中国企业500强的研发经费投入不断增加，年均增长6.28%；平均研发强度（研发投入与营业收入的百分比）为1.45%，较上年下降了0.03个百分点，但从2013—2017榜单看，五年来中国企业500强的研发强度总体上是上升的（见图1-21）。

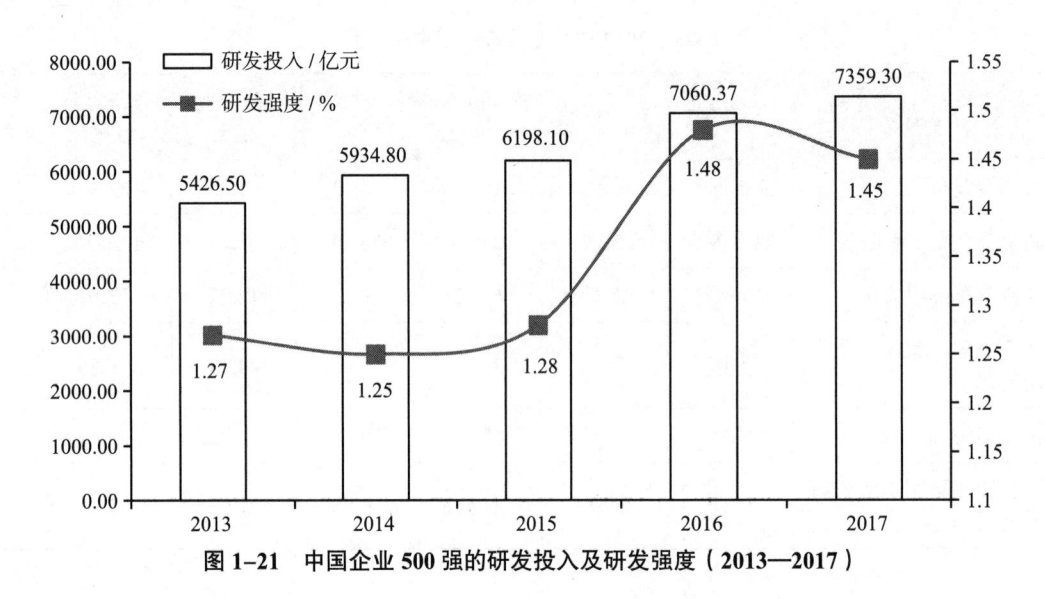

图1-21 中国企业500强的研发投入及研发强度（2013—2017）

2. 创新产出情况

企业创新产出最重要的是专利数量以及新产品销售收入。鉴于目前数据的可获得性，我们只能使用企业专利数量和标准数量来衡量企业创新产出。2017中国企业500强中有373家企业提供了专利数据（没有部分知名企业如华为的专利数据），合计拥有专利73.72万件，其中发明专利22.94万件。表1-29和表1-30是2017中国企业500强中拥有专利数量、发明专利数量最多的10家企业。

表1-29 2017中国企业500强中拥有专利项数最多的10家企业

排名	公司名称	研发费用/亿元	研发强度/%	拥有专利数量/项	发明专利数量/项
1	国家电网公司	102.97	0.49	62036	12200
2	中国石油化工集团公司	87.64	0.45	26609	18626
101	美的集团股份有限公司	60.00	3.75	26153	2628
3	中国石油天然气集团公司	225.54	1.20	23490	6217
37	中国航空工业集团公司	189.72	5.11	20725	9994
81	海尔集团公司	60.01	2.98	20310	9281
26	中国五矿集团公司	55.61	1.28	20135	5861
80	中国航天科工集团公司	227.28	11.19	16528	8935

续表

排名	公司名称	研发费用/亿元	研发强度/%	拥有专利数量/项	发明专利数量/项
156	海信集团有限公司	40.73	4.06	15906	7078
141	珠海格力电器股份有限公司	37.54	3.41	15862	1852

表1-30　2017中国企业500强中拥有发明专利项数最多的10家企业

排名	公司名称	研发费用/亿元	研发强度/%	拥有专利项数/项	发明专利项数/项
2	中国石油化工集团公司	87.64	0.45	26609	18626
1	国家电网公司	102.97	0.49	62036	12200
11	中国移动通信集团公司	239.56	3.37	10847	10047
37	中国航空工业集团公司	189.72	5.11	20725	9994
81	海尔集团公司	60.01	2.98	20310	9281
80	中国航天科工集团公司	227.28	11.19	16528	8935
46	中国化工集团公司	57.37	1.91	10810	8292
156	海信集团有限公司	40.73	4.06	15906	7078
220	京东方科技集团公司	39.04	5.67	12036	6402
3	中国石油天然气集团公司	225.54	1.20	23490	6217

标准竞争日益成为市场竞争的一个新特征，也是企业建立核心竞争优势的一个重要途径。从创新活动的标准制定看，2017中国企业500强中有323家企业提供了标准数据，它们共参与制定标准数39393项，其中国内标准37487个、国际标准1403个。其中，有6家企业参与制定标准数量超过1000个。表1-31是制定标准最多的10家企业。

表1-31　2017中国企业500强中制定标准最多的10家企业

排名	公司名称	研发费用/亿元	研发强度/%	标准总数/项	国内标准/项
72	中国机械工业集团有限公司	28.50	1.33	8395	8379
32	中国兵器工业集团公司	107.16	2.63	1982	1982
51	中国船舶重工集团公司	40.94	1.46	1848	1832
46	中国化工集团公司	57.37	1.91	1421	1348
66	中国中车股份有限公司	94.71	4.12	1298	1200
113	中国通用技术（集团）控股有限责任公司	4.53	0.31	1190	1185

续表

排名	公司名称	研发费用/亿元	研发强度/%	标准总数/项	国内标准/项
68	中国能源建设集团有限公司	28.75	1.28	927	927
35	中国中化集团公司	9.28	0.23	915	913
226	中国广核集团有限公司	15.87	2.41	900	900
11	中国移动通信集团公司	239.56	3.37	836	495

七、2017 中国企业 500 强的国际化特征

从 2017 中国企业 500 强的海外数据来看，中国大企业的海外收入、海外资产、海外职工数量都显著增加。

1. 海外营业收入有所增加

2017 中国企业 500 强中，有 284 家企业提供了海外营业收入数据。2016 年，284 家企业共实现营业收入 43.94 万亿元，其中海外营业收入 5.89 万亿元，同口径同比增长 5.81%。海外营业收入占营业收入比例超过 40% 的企业有 19 家（见表 1-32）。

表 1-32 2017 中国企业 500 强中海外营业收入占比超过 40% 的企业

排名	公司名称	营业收入/亿元	海外收入/亿元	海外收入占比/%
494	珠海振戎公司	288.61	279.86	96.97
431	常州天合光能有限公司	329.16	292.91	88.99
35	中国中化集团公司	3954.95	3155.24	79.78
399	浙江省国际贸易集团有限公司	354.91	272.96	76.91
78	浙江吉利控股集团有限公司	2087.99	1452.97	69.59
46	中国化工集团公司	3001.27	2043.27	68.08
45	联想控股股份有限公司	3069.53	2058.54	67.06
220	京东方科技集团股份有限公司	688.96	422.04	61.26
276	上海纺织（集团）有限公司	541.82	285.28	52.65
85	中国远洋海运集团有限公司	1975.94	1022.37	51.74
24	中国海洋石油总公司	4377.41	2145.66	49.02
388	蓝思科技股份有限公司	367.82	178.08	48.41
97	中国航空油料集团公司	1633.47	778.28	47.65

续表

排名	公司名称	营业收入/亿元	海外收入/亿元	海外收入占比/%
155	潍柴控股集团有限公司	1006.86	463.30	46.01
287	济宁如意投资有限公司	519.30	238.36	45.90
208	新华联集团有限公司	718.99	324.20	45.09
145	TCL集团股份有限公司	1064.74	473.34	44.46
253	淮南矿业（集团）有限责任公司	597.65	252.95	42.32
154	中兴通讯股份有限公司	1012.33	426.83	42.16

2. 海外资产同比显著增长

2017中国企业500强中，有279家企业提供了海外资产数据，这些企业的资产总额达到154.51万亿元，其中海外资产总额达到13.32万亿元，同口径同比增长了21.46%；海外资产占比为8.62%。其中，海外资产占总资产比例超过30%的企业有17家。其中深圳光汇石油集团股份有限公司的占比最高，达到95.48%；中化集团、常州天合光能、浙江吉利控股集团有限公司占比次之，分别为79.10%、76.77%、62.50%（见表1-33）。

表1-33 2017中国企业500强中海外资产占比超过30%的企业

排名	公司名称	营业收入/亿元	海外资产/亿元	海外资产增长/%	海外资产占比/%
358	深圳光汇石油集团股份有限公司	392.30	329.82	14.18	95.48
35	中国中化集团公司	3954.95	3159.96	14.88	79.10
431	常州天合光能有限公司	329.16	279.71	49.77	76.77
78	浙江吉利控股集团有限公司	2087.99	1292.03	24.83	62.50
46	中国化工集团公司	3001.27	2121.31	18.37	56.17
155	潍柴控股集团有限公司	1006.86	954.65	62.42	53.06
414	广州越秀集团有限公司	341.22	1973.97	69.51	52.79
287	济宁如意投资有限公司	519.30	275.33	88.42	52.18
85	中国远洋海运集团有限公司	1975.94	3335.73	7.94	50.64
230	中融新大集团有限公司	651.17	687.89	5172.02	49.04
24	中国海洋石油总公司	4377.41	4948.60	3.33	42.74
56	中国铝业公司	2675.80	2089.63	12.58	40.04

续表

排名	公司名称	营业收入/亿元	海外资产/亿元	海外资产增长/%	海外资产占比/%
118	中国有色矿业集团有限公司	1409.54	445.71	19.73	37.26
32	中国兵器工业集团公司	4074.06	1333.24	29.19	36.10
26	中国五矿集团公司	4354.50	2438.55	10.62	32.09
494	珠海振戎公司	288.61	4.76	−88.74	30.29
140	万向集团公司	1107.18	253.95	30.07	30.21

3. 海外职工人数显著增加

2017 中国企业 500 强共有 267 家企业填报了海外职工人数，这些企业共有海外员工总数为 103.74 万人，同口径同比增长了 13.54%。单个企业看，海外员工人数占企业职工数量最多的是中国石油天然气集团公司和中国电力建设集团有限公司，海外员工人数分别达到 11.33 万人、10.68 万人。

表 1–34　2017 中国企业 500 强中海外员工人数占比超过 20% 的企业

排名	公司名称	营业收入/亿元	海外员工数/人	海外人数占比/%
42	中国电力建设集团有限公司	3246.52	106848	56.89
140	万向集团公司	1107.18	15262	54.22
269	雅戈尔集团股份有限公司	563.34	21415	50.68
46	中国化工集团公司	3001.27	55130	49.60
358	深圳光汇石油集团股份有限公司	392.30	617	48.47
78	浙江吉利控股集团有限公司	2087.99	26546	43.72
155	潍柴控股集团有限公司	1006.86	33401	42.26
229	银亿集团有限公司	652.51	6170	42.21
48	中国华信能源有限公司	2909.50	11236	37.91
81	海尔集团公司	2016.09	25792	35.30
89	大连万达集团股份有限公司	1892.21	47435	30.43
420	天狮集团有限公司	335.42	1445	29.66
287	济宁如意投资有限公司	519.30	8103	26.89
480	卧龙控股集团有限公司	302.46	4083	25.23
267	广东省广新控股集团有限公司	570.96	6243	25.12
192	紫金矿业集团股份有限公司	788.51	5912	24.95
493	重庆轻纺控股（集团）公司	288.66	5389	22.87

八、2017 中国企业 500 强的兼并重组活动

2017 中国企业 500 强共有 148 家企业实施了 1497 次兼并重组活动，比 2016 年 500 强的 688 次有大幅上升，单位企业实施了 10.11 次兼并重组活动，显示出在经济持续下行条件下企业间的兼并重组活跃度有显著提高（见图 1-22）。从兼并重组的行业看，兼并重组活动发生在多个行业，没有一致的特征（见表 1-35）。

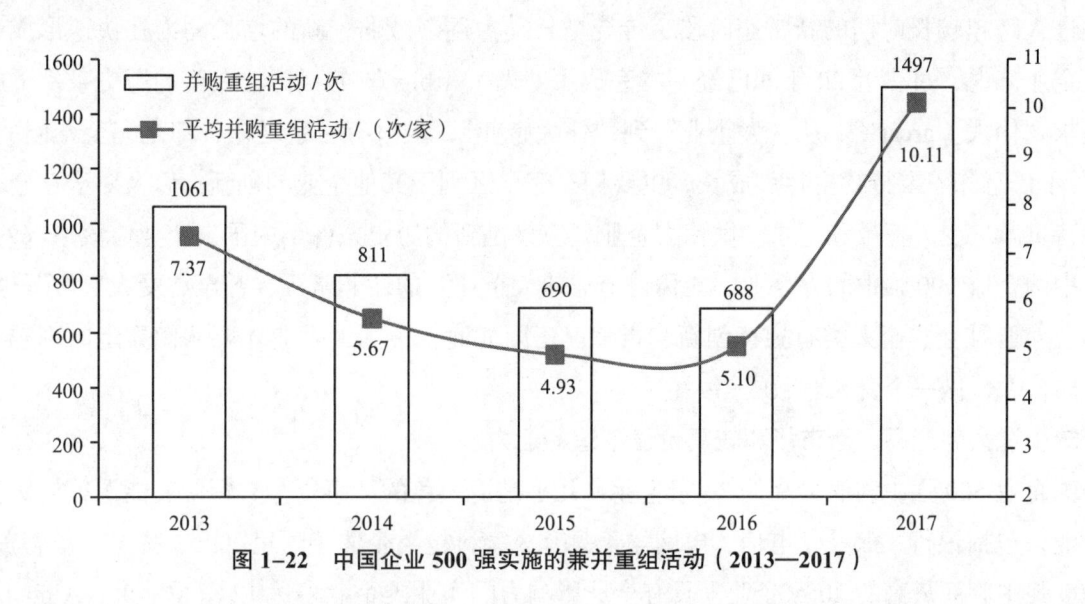

图 1-22 中国企业 500 强实施的兼并重组活动（2013—2017）

表 1-35 2017 中国企业 500 强中兼并重组最多的 10 家企业

排名	公司名称	所有制	行业	营收增速/%	资产增速/%	利润增速/%	并购重组企业数
58	中国建材集团有限公司	中央企业	建材	-3.83	2.60	扭亏	476
248	中国旅游集团公司	中央企业	旅游	8.42	19.91	32.12	262
67	万科企业股份有限公司	民营	房地产	17.06	35.89	16.02	135
230	中融新大集团有限公司	民营	石化焦化	55.49	132.22	2644.11	81
261	深圳市怡亚通供应链股份有限公司	民营	贸易	45.95	29.16	5.34	24
5	中国建筑股份有限公司	中央企业	建筑	8.99	29.50	14.61	22
238	正邦集团有限公司	民营	农副食品	19.18	31.73	94.81	20
189	腾邦集团有限公司	民营	贸易	20.84	33.89	117.45	20
291	天津泰达投资控股有限公司	地方国有	房地产	-2.40	2.08	-71.03	20
341	上海仪电（集团）有限公司	地方国有	电子	6.58	53.97	13.21	19

九、新的历史条件下中国大企业成长的新命题以及存在的差距和问题

曾几何时,中国人非常羡慕西方国家拥有许多有全球竞争力的大企业,期望中国企业能够做大做强。随着中国经济的起飞,大量的大企业诞生,中国企业500强的门槛不断提高,进入世界500强的中国大企业也越来越多。2017中国企业500强,入围门槛已经提高到了280多亿元;进入世界500强的中国(不含港澳台地区)企业也多达105家,未来也拥有更大的潜力。与此同时,中国经济发展也进入跨越较长时期的新常态阶段,传统增长动力逐渐减弱,新的增长动力在快速形成。对于中国大企业来说,过去近20年间已经基本完成了"做大(big)"的目标,在新的历史条件下应该进一步追求"伟大(great)"。从"大企业"到"伟大企业",虽只有一字之差,却是完全不同的目标。"伟大"不仅意味着要持续生存和成长,更要拥有完全区别于其他企业的创新力以及对全社会、全人类的独特贡献,受人尊敬和记录。做伟大企业,应该是新的历史条件下中国大企业应该追求的目标。今天,中国企业500强中的大企业,能称得上"伟大企业"的还非常少,甚至"受人尊敬"也不多,更谈不上对全社会、全人类有独特创新和贡献。正因如此,中国大企业才要从优秀走向卓越,再从卓越走向伟大,做一个受人尊敬的伟大企业。

1. 缺少重大新产品、新市场和较高价值创造的能力

中国企业500强中利润最高的20家企业,几乎是清一色的从事资金、资源、能源等初级生产要素的企业,包括银行、保险、电信、电网等,只有3家科技类企业(阿里巴巴、腾讯、华为);美国企业500强中利润最高的20家企业,具有全球影响力的实业类企业多达12家(苹果、Alphabet、微软、强生、高特利、沃尔玛、吉利德、IBM、思科、宝洁、英特尔、Facebook)。中国A股市场中市值最大的企业和美国市值最大的企业也存在这种迥然不同的差异。美国企业拥有这样一批能够创造重大新产品、发现新市场以及为人类社会创造更大价值的伟大企业,它们在世界500强中拥有首屈一指的盈利能力,同时也拥有很高的净资产收益率(见图1-23)。迄今为止,多数中国大企业仍然是靠资源能源等大进大出模式实现了规模扩张,部分企业在成为伟大企业的路途上才刚刚起步。

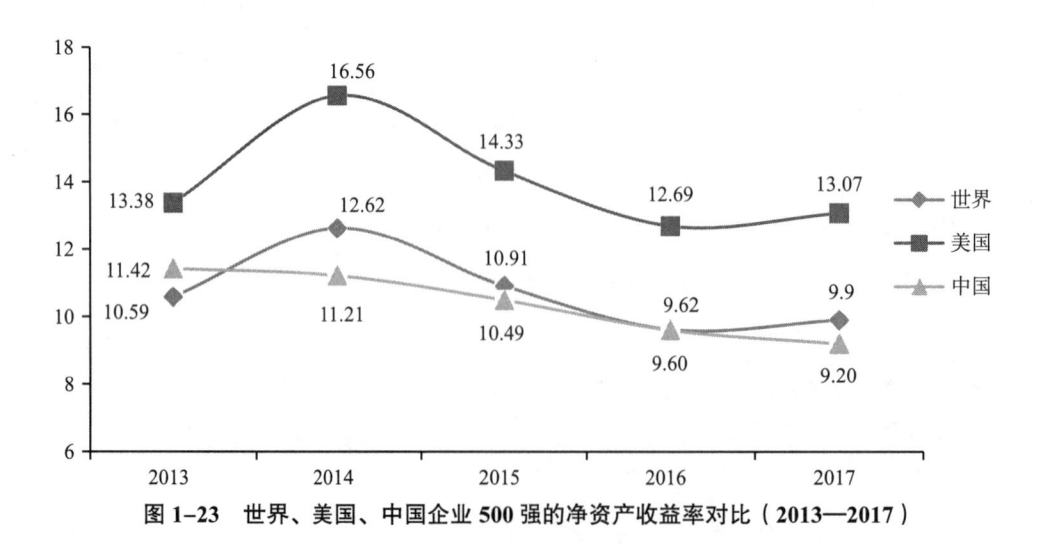

图1-23 世界、美国、中国企业500强的净资产收益率对比(2013—2017)

2. 处在全球价值链的中低端，需要突破"低端锁定"困境

20世纪90年代后，经济全球化浪潮进入新阶段，主要特征是跨国公司突破了国家地理界限，将价值链各主要环节在全球布局，吸纳和整合全球最优质资源，成为具有全球竞争力的公司，全球公司的海外资产、海外员工、海外销售额的比重均超过半数；与此同时，企业价值链延伸到全球，形成全球价值链，全球公司通常将设计研发、数据控制、营销服务等部门放在具有比较优势的发达国家，而后发国家往往因为劳动力成本低而成为全球公司制造环节的布局地。比如亚欧的比利时、荷兰、瑞士、挪威、新加坡、爱尔兰等都诞生了一批有全球影响力的世界500强企业。21世纪初加入WTO后中国以低劳动力成本嵌入全球价值链，成为世界工厂，众多中国企业由此获得高速成长，但很显然，中国企业在全球竞争中与西方跨国公司的地位是不平等的，后者牢牢控制着全球价值链的高端环节，中国企业仅能靠低劳动力成本赢得一点微薄的加工费，中国企业想向全球价值链的高端迈进时，很难突破"低端锁定"的困境。比如在互联网、信息技术、制药、汽车、军工、半导体及芯片等领域，中国在高端环节、核心零部件都缺乏与西方先进企业进行竞争的能力，比如进入世界500强的五大国有汽车企业，都很难突破西方跨国汽车企业留下的"20万元天花板"，甚至在制药、半导体等领域里中国没有一家能与西方跨国企业相提并论的企业。中国科学家屠呦呦发明了治疗疟疾的青蒿素，但中国制药企业桂林制药厂并未因此崛起，相反却成为瑞士诺华公司的原料药提供商。

3. 业务分布过度多元化，难以"力出一孔"

观察那些全球领先型的大企业，基本上都是有限的、有关联的多元化，企业利润也多来自于主业，而且实业企业很少兼营金融业。比如美国微软公司长期聚焦于计算机操作系统和办公软件开发；德国拜耳集团成立150多年来持续专注于化学药物研发，发明或人工合成了阿司匹林、海洛因等十多个原创性的化学药物或化学品；韩国最大的企业三星电子将主要精力放在半导体、电子消费品领域，现在是全球最大的半导体制造商、最大的智能手机和功能手机制造商；美国可口可乐公司、耐克公司、麦当劳，日本的普利司通、丰田汽车，中国台湾的台积电、鸿海精密等全球领先型企业，无一不是聚焦主业，做精做专主业，把核心业务做到全球最好，最终获得几乎无可替代的市场地位。反观中国许多大企业，主业不突出甚至没有主业，企业横跨十几个甚至几十个领域，什么都做，什么都没做精做透，加起来规模不小，但却严重缺乏市场竞争力。还有更多的中国实业企业，近年来纷纷进入金融领域，想做产融结合型的金融控股集团，这虽然出于资本逐利的本性，但却缺少了实业精神、工匠精神，企业资源分散在十几个甚至几十个领域，难以聚焦、突破和超越。

4. 管理水平仍然粗放，"大企业病"问题突出

成为具有全球竞争力的世界一流企业，是很多中国大企业的目标。世界上有许多一流企业，比如美国通用电气公司、国际商业机器公司、ABB公司、西门子公司、丰田汽车公司等，它们凭借世界一流的管理模式和管理水平独步全球，比如丰田汽车的精益管理，美国通用电气公司的六西格玛方法，西门子的工业4.0。与之相比，许多中国大企业的管理水平仍然很粗放，与国际先进企业有很大差距。第一，管理层级非常多，股权关系极为复杂，管理成本非常高。很多大企业子孙公司多达10级左右，拥有数家或十余家上市公司，管理架构叠床架屋，股权关系极为复杂，有的大企业热衷于搞"××系"，有的企业规模才一两百亿就产生了严重的"大企业病"。第二，战略管理水平不高，甚至缺少商业常识。一些企业为了走出去而走出去，为了响应号召而走出去，有的甚至政治算计高于商业常识。第三，一些大企业的领导人热衷于哲学层次上的管理思路和经营战略的思考，将精力过度集中于空泛、高深的理论之上，有的领导人热衷于从易经、道德经、金刚经、孙子兵法中寻找管理的灵感，而十分缺乏对具体管理方法的研究，企业缺乏行之有效、可操作性强的管理思想，在管理实践过程中经常出现形式主义；企业内使用了世界上最先进的信息管理系统，但企业竞争力却没有实质性的提高，管理停留在"差不多"的层次。第四，企业内管理制度虽多，但仍存在重大漏洞，以致产生重大腐败或不合规问题。近年来中央纪检部门对国有企业反腐成果表明，尽管国有企业内部、外部的管理制度层层叠叠，但其实都沦为形式，仍然管不住一些领导人的严重腐败。

5. 国际化水平仍然很低，真正的全球公司少之又少

经过30多年改革开放和走出去，尽管一些企业的国际化水平已经有所提高，但大多数中国大企业的国际化水平仍然很低。2017中国企业500强中，海外营业收入超过10亿元的有215家，近六成的500强企业的海外营业收入低于10亿元或没有海外营业收入；海外营业收入占比超过50%的只有10家，海外资产占比超过50%的只有9家，海外员工占比超过50%的只有3家；中国跨国公司100大的跨国指数最近几年没有显著的提高，仍远远低于世界平均水平。换言之，多数中国大企业并没有真正走出国门，走向国际市场。一方面，这是因为中国市场在很多方面是全球最大的增量市场，有理由在中国市场投入更多资源和布局，另一方面是因为更习惯于在中国政策环境中发展，而对走出去缺少梦想和信心，同时对国外的政治商业环境、法律及文化环境不甚了了，尽职调查不充分，成本收益及风险管控缺乏预案，有的甚至有很大盲目性，从而发生了很多损失和教训。

十、现阶段对中国大企业做优做强以及做伟大企业的几点建议

如果说做大作为中国企业此前的主要目标已经基本完成，那么做优做强以及做伟大企业将是中国大企业下一阶段的主要目标。客观地说，做优做强和做伟大企业不是一蹴而就能完成的，而应该是中国大企业的中长期目标和方向。现阶段，中国大企业处在从传统增长动力向新增长动力转换的关键时期，既要抬头看远方，树立做优做强、做伟大企业的长远目标，又要低头看脚下，处理好企业存在的突出问题，特别是掌握好动力转换的节奏和力度。

1. 要树立做优做强、做伟大企业的愿景目标

中国大企业正处在一个伟大的时代，有前所未有的历史机遇来实现做优做强以及做伟大企业的愿景。一方面，中国经济到了从8000美元向13000美元快速提升的过程，中产家庭和人群的总体规模和购买力都急剧增加，消费及产业结构升级为中国大企业做优做强、做伟大企业提供了必备的需求侧条件；另一方面，国家大力实施供给侧结构性改革，简政放权，税制改革，国企改革，等等，都大幅减少了束缚生产力发展的体制机制障碍；同时，全球第三次工业革命的浪潮已经汹涌而至，

中国大企业前所未有地与发达国家先进企业几乎处在同一起跑线上。中国大企业到了从单纯"做大"走向"做优做强"、做伟大企业的阶段。第一，做伟大企业要"顺潮流而动"，制定远大而不虚无缥缈的愿景和战略目标。阿里巴巴集团的愿景目标是构建未来的商务生态系统，让天下没有难做的生意，让客户相会、工作和生活在阿里巴巴，并持续发展最少102年。阿里巴巴集团正是因为拥有高超的战略眼光和独到的战略定位，才能制定出这样的愿景和战略目标，改变了中国人的消费习惯、支付方式，将互联网科技、互联网金融、实体经济有机融合在一起，形成了新实体经济。第二，要瞄准全中国乃至全世界未来若干年的重大需求进行创新攻关。华为的愿景和战略目标是共建更美好的全联接世界，其服务范围涵盖全联接移动体验、全联接政府、全联接金融、全联接媒体、全联接铁路、全联接城市、全联接电网、全联接体育等各领域。为此，华为投入重金大力攻关研发5G核心网技术以及华为海思芯片，为5G时代的"万物互联"提前若干年进行产业布局和研发，目前已经取得了突破性的成果。中国在高端通用芯片及基础软件、极大规模集成电路装备制造、新一代移动通信技术、原创新药、清洁能源和可再生能源等领域还存在影响国民经济和社会发展的短板产业，中国大企业要有使命感、责任感，以产业报国为己任，在满足国民经济重大需求的同时实现企业的做优做强做伟大的目标。

2. 要锐意改革，建立有活力的企业体制机制

企业改革是供给侧结构性改革的微观方面。中央已经发出了"将改革进行到底"的决心，制定了全面深化改革、推动商事制度和审批改革、国有企业改革的顶层设计和一系列制度安排，可以说，新一轮的企业改革已经箭在弦上，主要目的就是要建立有活力的企业体制机制，增强在市场竞争中的自生能力和国际竞争力。第一，国有大企业要加大力度、锐意改革、增强活力、做优做强。国有大企业掌握着国民经济命脉、关键环节和重要领域，但长期以来的体制机制改革并没有进行到底。国有大企业要按照党中央、国务院关于分类改革的原则思想为指导，尤其是充分竞争行业和领域的国有企业要抓住机遇，完成公司制改革，清理"僵尸企业"，完成"三供一业"移交工作，该重组的重组，该剥离的剥离，大幅降低闲置资源、低效无效资源，同时要建立市场化导向的激励约束机制，做大"活化资源"，发挥国有企业资源多、人才多、科技积累多的优势。第二，民营大企业也要锐意改革，建立更有活力的内部管理体制。毋庸讳言，民营大企业在长期成长过程中也积累了一定的"官僚作风"和"惰性"，企业内机构繁杂，层层叠叠，内部管理成本很高，"大企业病症"突出，尤其是集团总部对于市场信号反应慢，漏掉稍纵即逝的市场机会。如果对于市场中可能出现的颠覆性创新不敏感、反应慢，则就有可能被打倒。第三，要充分利用现代信息技术、互联网技术提升管理水平，进行"扁平化""平台化"方向的组织创新。全球最大的白色家电制造企业海尔集团，其领导人张瑞敏深信"没有成功的企业，只有时代的企业"，面对互联网时代的到来，决心打破传统的工业生产逻辑，从制造企业向互联网企业转型，其创造的"人单合一"模式有可能成为继福特模式、丰田模式之后的第三种工业模式，目前海尔的COSMO智能制造平台是全球唯一一个用户参与交互的工业互联网平台，已经开始对外输出模式。

3. 要将有限的资源聚焦到少数领域，实现核心技术的重大突破

多元化和归核化一直是企业战略管理理论的争议话题，在不同阶段，为了应对不同的战略目标，大企业的战略不应一成不变，而要具有灵活性。从目前阶段看，相当多大企业存在的业务过度多元化、资源配置分散的问题，而有限的、有关联的多元化，将有限的资源聚焦到少数关键领域，是中国大企业实现在少数领域进行突破的关键。第一，利用有限而尽可能多的企业资源，围绕核心关键技术进行攻关。全球最大的电信设备制造企业华为，其成立28年来坚持只做一件事，就是坚持不懈地只对准一个城墙口冲锋，现在十几万人还是对着一个城墙口冲锋，密集炮火，饱和攻击，每年1000多亿的"弹药量"炮轰这个城墙口（研发500亿元，市场服务500亿~600亿元），最终在大数据传送上领先了世界。全球最大的空调企业格力，拥有中国空调领域最多的研发人员、实验室和专利技术，仍然在基础和核心科技领域上加大投入，相继攻克热回收数码多联、超低温数码多联、离心式冷水机等缠绕空调业多年的技术难题，其中超高效离心式冷水机组、低频转矩控制技术等多项技术被国家权威部门鉴定为"国际领先"水平。第二，要擅长取长补短，内外融合，引进消化吸收再创新，最终自主化。中国大企业在很多方面较国外先进企业有很多的技术、商业模式的差距。以汽车制造为例，中国多数大型汽车制造企业本质上都是为跨国汽车集团"代工"的企业。如何在较短时间内克服这种"鸿沟"，中国最大的民营汽车集团吉利控股，在涉足汽车制造领域的短短20年内，就认识到仅仅依靠自主创新，在短时间内是不可能实现跨越式发展、实现对跨国集团的赶超的；在收购沃尔沃轿车之后，吉利控股集团不但持续加大对沃尔沃轿车的支持和创新，更加快了吉利汽车和沃尔沃轿车的内外融合，在轿车、越野车、MPV、电动货车等领域都取得了快速的进步，2017年销售量超过100万辆没有问题，自主品牌的形象和价值都得到大幅提升。第三，要警惕新经济、新概念中存在的陷阱，回归企业成长的基本原理和规律。互联网经济时代，生态圈的概念和盈利模式十分诱人，但不可违背企业成长的基本原理和行业发展规律，资产负债率过高仍然会破产；要循序渐进地扩大生态范围，知道哪些能做哪些不能做，不可"冒进"和"跃进"。

4. 要优化业务和产品结构，强化供给质量及其商业化水平

在全面建成小康社会的过程中，消费者的购买能力快速提高，消费结构快速升级，尤其在互联网消费模式大行其道的背景下，固守工业时代的业务模式、产品结构已经变得不合时宜。第一，要优化业务和产品结构，适应新的时代消费特征。在移动互联时代，传统的基础电信运营商的业务量受到很大冲击，特别是传统的短信、电话及其他增值服务辉煌不再，面对流量时代的到来，中国移动、中国电信、中国联通决定于2017年9月1日起取消国内长途漫游费，降低互联网专线资费，降低国际及中国港澳台地区资费；中国电信推行了全流量计费，即电话、短信折合为流量、统一计费；2017年3月，中国电信与中国联通联合发布了推广"六模全网通终端"的五大行动举措，希望能够降低六模终端成本，降低消费者购买成本。第二，"要顺潮流而动，略有超前，快半步"，这是新希望集团刘永好董事长的名言。实际上，吉利集团在早期发展中就敏感地发现中国社会中潜藏的庞大汽车消费需求，于是决定进入从摩托车制造转向汽车制造；随着时代发展，吉利集团实施从低价战略转向实施精品战略，进一步优化产品结构，开发出紧凑型轿车"帝豪"、中级轿车"博瑞"、紧凑型SUV"博越"等车型，都成为爆款车型，"帝豪"轿车成为中国轿车销量前20中唯一的一款自主品牌轿车；LINY&CO互联网共享汽车、"远程"电动货车等车型都越来越贴近中国消费升级的大潮流。第三，要提高国产品牌的商业化水平。其实在很多领域，国产品牌、产品的制造水平具有与国外先进品牌一较高下的实力,但不得不说,中国企业的商业化水平还不够高。比如中国的"北斗"卫星导向系统,其技术精度高于美国GPS,但GPS在商业化应用方面远远领先于中国"北斗"、欧洲"伽利略"、俄罗斯"格洛纳斯"。再比如中国在高速铁路、桥梁隧道、港口机场等基础设施方面的建设能力也拥有世界级的水准,但其建设往往"不计成本",这不是以盈利为主要目的的企业应该做的事情。好的东西如何对外说好,这是中国大企业的重要短板之一。

5. 要稳步理性推动国际化、全球化战略,讲求实效

中国大企业的国际化进程经过了自发零散进行的1.0阶段、火热推进的2.0阶段,目前该进入稳步理性推动的3.0阶段了。第一,要认真理性思考自己的企业是不是真的需要国际化。毋庸讳言,一些企业是为了走出去而走出去,为了响应号召而走出去,而不是为了企业业绩走出去,它们对国外市场的情况不甚了解,对国外的政府政策不甚了解,对国外的工会社团、宗教民族冲突、地缘政治不甚了解,这种情况必须改变,切不可盲目走出去,对于民营企业来说造成国家外汇占款压力,对于国有企业来说造成国有资产流失。第二,要审慎思考、制定适合自己的全球化战略,处理好中国市场和全球市场的关系。预则立不预则废。如果没有制定全球化战略,没有做好准备,轻率地走出去,很容易折戟沉沙。青建集团是中国第一批走出国门的建筑工程承包和施工企业,30多年来,青建集团先后在东南亚、中东、非洲、大洋洲、欧洲等30多个国家和地区开展过国际工程承包和劳务合作业务,承接的业务也从最初单一的建筑施工,延伸到地产、资本运营、现代物流以及设计咨询等资本运营领域,建立了"产融双驱"的运营模式,打造了"专业化运营,多元化发展"的全产业链商业模式。第三,要讲求实效,以盈利为目的。无论在国内经营,还是在国外经营,企业的目的都是盈利,虽然有的项目可能会出现战略性亏损,但这一出发点都要坚守。要吸取国际化过程中失败的教训,不能让学费白交,总结经验,进而制定更科学、更有效的国际化战略。

第二章
2017 中国制造业企业 500 强分析报告

2017 中国制造业企业 500 强是中国企业联合会、中国企业家协会连续第 13 次向社会发布的中国制造业最大 500 家企业年度排行榜。与 2016 中国制造业企业 500 强相比，2017 年中国制造业企业 500 强营业收入与入围门槛均有所回升。在《财富》公布的 2017 世界 500 强榜单中有 105 家内地企业入围，其中包含 32 家 2017 中国制造业企业 500 强。

2017 中国制造业企业 500 强中，有 245 家企业入围 2017 中国企业 500 强，比 2016 年减少 16 家，入围中国 500 强的制造业企业数量持续下降。13 年来，入围中国企业 500 强的制造业企业数量由最初的 280 家，发展到最多时的 2008 年的 294 家，此后总体上呈现逐年减少态势。这 245 家企业的营业收入总额为 24.51 万亿元，占 2017 中国企业 500 强总营业收入的 38.30%，在 2016 年下降了 6.11 个百分点的基础上，再次下降了 0.87 个百分点；实现净利润 8135.26 亿元，占 2017 中国企业 500 强净利润的 23.19%，这一数值比 2016 年（18.98%）提升了 4.21 个百分点；归属母公司净利润总额为 5493.10 亿元，占 2017 中国企业 500 强归属母公司净利润总额的 19.43%，这一数值比 2016 年（17.08%）提升了 2.38 个百分点。

一、2017 中国制造业企业 500 强规模特征分析

中国制造业企业 500 强已经成为中国规模以上工业企业的主体，经过多年发展，前 500 大制造业企业已经成为一个包括 30933 家全资和控股子公司、7238 家参股子公司、5880 家分公司的大企业群体。在 2016 年，这些大型制造企业共完成了 878 次并购重组，与上年的 439 次相比，并购重组活跃度明显上升。

1. 营业收入增速与入围门槛双双回升

中国制造业企业 500 强营业收入实现正增长。2017 中国制造业企业 500 强共实现营业收入 28.25 万亿元，同比增长 7.44%。与 2016 中国制造业企业 500 强营业收入相比，增长了 6.54%，扭转了制造业企业 500 强营业收入增速连续三年下滑的趋势，并在上年首次出现负增长的基础上，实现增速由负转正。中国制造业企业 500 强营业收入增速变化具体见图 2-1。2016 年全国规模以上工业企业主营业务收入为 115.2 万亿元，中国制造业企业 500 强营业收入总额占其 24.52%，将近 1/4，与上年相比增长了 0.49 个百分点。

中国制造业企业500强入围门槛再次提升。2017中国制造业企业500强第500位的营业收入为67.85亿元，与上年相比提高了3.75亿元，再次实现了入围门槛的提升。但总体上看，自2013中国制造业企业500强以来，入围门槛总体上呈现波动下降趋势；2017年的入围门槛，仍低于2013年和2015年榜单入围门槛，但高于2014年和2016年入围门槛。入围门槛变化情况（见图2-2）。

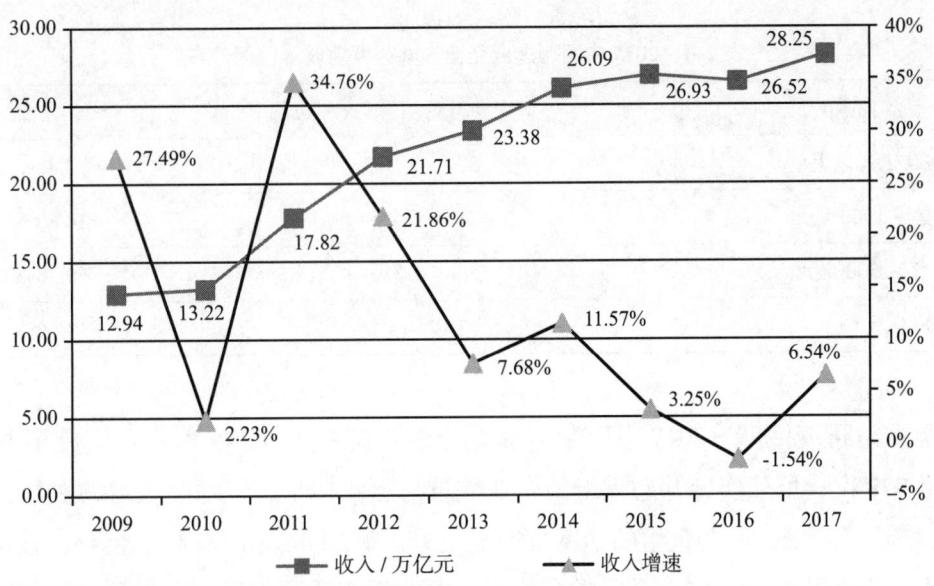

图2-1 2009年以来中国制造业企业500强营业收入总额及增速变化

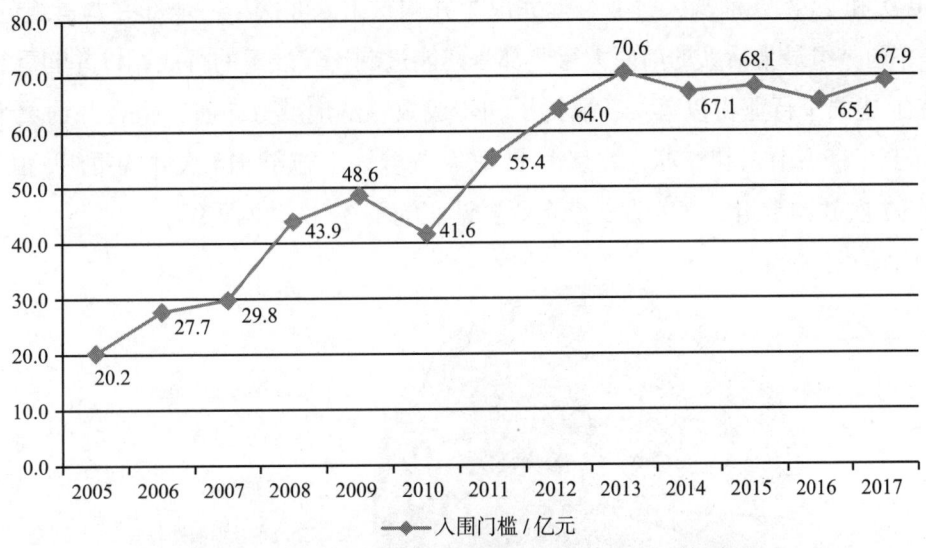

图2-2 2005年以来中国制造业企业500强入围门槛变化

2. 千亿营收规模企业有所减少，并购重组再度活跃

制造企业千亿营收俱乐部成员企业有所减少。2017中国制造业企业500强中有62家企业的营业收入超过了1000亿元，成为千亿俱乐部成员。其中17家为民营企业，其他45家为中央企业或地方国有企业。排名首位的中国石油化工集团公司2016年营业收入为1.97万亿元，接近于两万亿元；但与前两年相比，受原油大宗商品价格大幅下降影响，公司营业收入已经连续大幅下滑。与上年相比，制造业千亿俱乐部成员企业数量减少了1家。62家千亿俱乐部企业实现营业收入15.56万亿元,占全部2017中国制造业企业500强营业收入的55.06%。2017中国制造业企业500强共有296家企业的营业收入处于100亿～500亿元区间,占全部企业数的59.20%,是营业收入分布最为密集的区间。详见表2-1。从资产规模看,资产总额超过1000亿元的企业有70家,同样比上年减少了1家。

表2-1 2017中国制造业企业500强营业收入区间分布

企业营收区间	企业数量	百分比
1000亿元以上	62	12.40%
500亿～1000亿元	74	14.80%
100亿～500亿元	296	59.20%
100亿元以下	68	13.60%

企业并购重组再度活跃。2017中国制造业企业500强中共有119家企业实施了并购重组,共完成并购重组878次;虽然实施并购重组的企业数量与上年持平,但并购重组的次数比上年增加了439次,恰好增长了一倍,并购重组的活跃度明显上升。其中46家国有制造企业实施了614次并购重组,占全部并购重组的69.93%。从行业角度看,并购重组主要发生在水泥及玻璃制造、石化及炼焦、农副食品、汽车及零配件制造、电力电气设备制造五大行业,并购重组次数分别为491次、85次、43次、30次和29次,前五大行业合计完成了并购重组678次,占全部并购重组的77.22%。具体见图2-3。并购重组最为活跃的前两大行业都是产能过剩比较严重的行业,以并购重组促进去产能的政策显然在上述两个行业得以落实,取得了初步成效。从地域分布看,报告并购重组次数居前的企业主要分布于北京、山东和江苏;北京市11家企业合计实施了514次并购重组,山东省14家企业合计实施了97次并购重组,江苏省9家企业合计实施了32次并购重组。

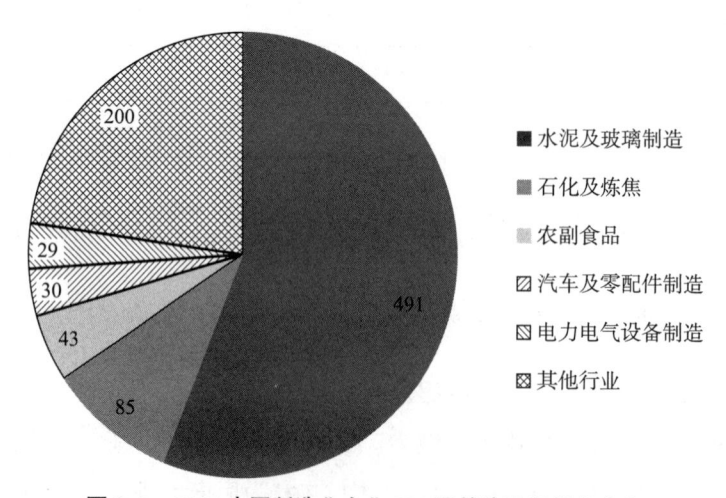

图2-3 2017中国制造业企业500强并购重组行业分布

3. 资产规模扩张放缓，去杠杆进程有所受阻

中国制造业企业 500 强的资产规模继续扩张，但扩张速度快速放缓。2017 中国制造业企业 500 强总资产为 31.33 万亿元，比 2016 年中国制造业企业 500 强资产总量增长了 7.75%，但增速大幅下降了 5.55 个百分点。2008 年以来，中国制造业企业 500 强资产增速总体上呈现出波动放缓态势。中国制造业企业 500 强资产及资产增速变化情况见图 2-4。从相对占比看，2017 中国制造业企业 500 强资产总额占 2016 年全国规模以上工业企业资产总量的 29.31%，与 2016 年相比提高了 0.23 个百分点。

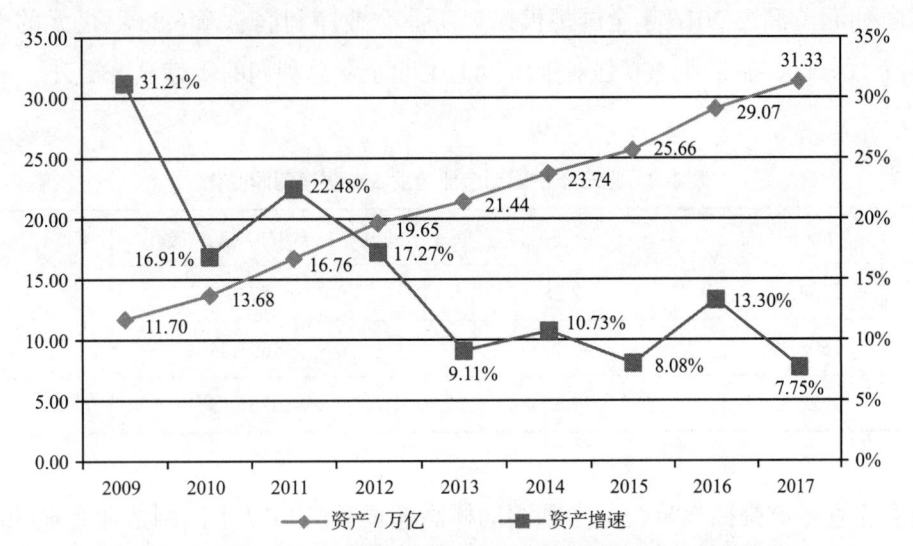

图 2-4　2009 年以来中国制造业企业 500 强资产及资产增速变化

中国制造业企业 500 强去杠杆进程有所受阻，资产负债率微幅回升，但整体仍处于较低水平。2017 中国制造业企业 500 强资产总额为 31.33 万亿元，净资产为 11.43 万亿元，平均资产负债率为 63.52%，与 2016 年相比微幅回升了 0.11 个百分点。2014 年以来，制造业 500 强资产负债率连续两年下降，制造业企业去杠杆取得初步成效，企业资产质量水平明显改善。但 2016 年制造企业的资产负债率却在中央大力推进"三去一降一补"五大关键任务大背景下不降反升，走势出乎意料（见图 2-5）。

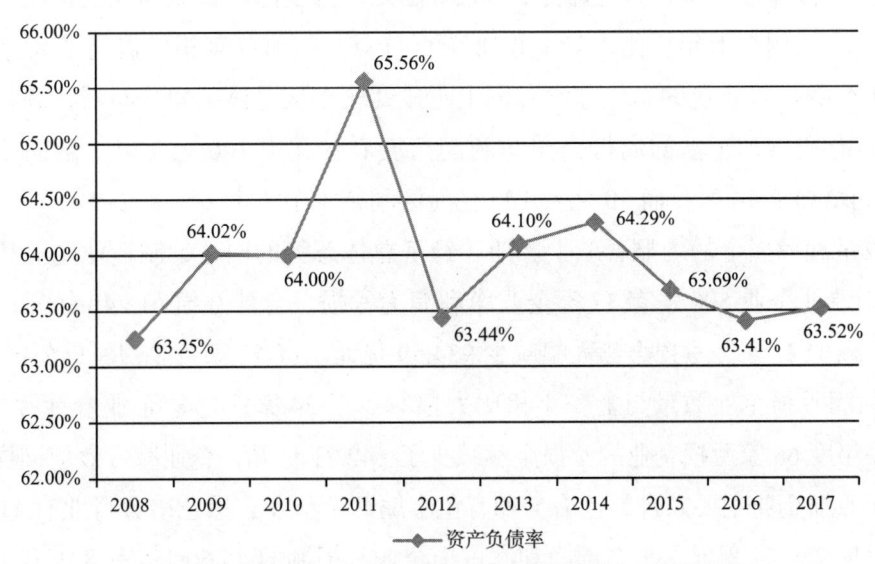

图 2-5　2008 年以来中国制造业企业 500 强资产负债率变化

二、2017中国制造业企业500强利税状况分析

1. 净利润与归属母公司净利润均实现高速增长

中国制造业企业500强净利润总额高速增长。受2016年三季度以来市场形势持续好转推动，2017中国制造业企业500强共实现净利润9728.87亿元，与上年制造业500强相比净利润大幅增长了29.57%，一举扭转了2015年以来连续两年净利润负增长的趋势。具体见表2-2。2017中国制造业企业500强净利润总额占2016年全国规模以上工业企业净利润总额6.88万亿元的14.14%，较上年提高了2.33个百分点，制造业500强对规模以上工业企业总利润的贡献显著提升。

表2-2 近三年中国制造业企业500强净利润变化

	净利润/亿元	利润增速	归属母公司净利润/亿元	归属母公司净利润增速
2015	7754.52	-2.28%	5737.4	2.27%
2016	7508.49	-3.17%	5691.03	-0.81%
2017	9728.87	29.57%	6861.13	20.56%

中国制造业企业500强归属母公司净利润同样高速增长。2017中国制造业企业500强共实现归属母公司净利润6861.13亿元，同比增长35.07%；与上一年制造业500强归属母公司净利润5691.03亿元相比，增长了20.56%，同样也扭转了上一年制造业500强归属母公司净利润微幅下跌的态势。

2. 利润高度集中于少数企业，亏损企业数量减少

中国制造业企业500强利润贡献主要来自少数盈利强势企业。2017中国制造业企业500强中有24家企业净利润总额超过100亿元，24家企业净利润合计为4848.38亿元，占全部制造业500强企业净利润的49.84%。2017中国制造业企业500强中有14家企业归属母公司的净利润总额超过100亿元，14家企业归属母公司净利润合计为2594.31亿元，占全部制造业500强企业归属母公司净利润的37.81%；这一比例与上年相比上升了0.28个百分点，与前两年相比提高了8.77个百分点，净利润高度集中于少数优势企业的态势并没有发生明显变化。从总体区间分布看，高盈利水平区间分布企业数量总体有所增加，从归属母公司净利润角度看，其中100亿元以上区间增加了3家，10亿~50亿元区间增加了14家；而50亿~100亿元区间减少了4家（见表2-3）。

亏损企业数量和亏损金额均显著减少。随着经济总体态势的回暖，制造业企业扭亏效果十分显著。2017中国制造业企业500强有37家企业净利润为亏损，合计亏损615.49亿元；净利润亏损企业数比上年显著减少21家，亏损金额大幅减少934.59亿元。有42家企业归属母公司净利润为亏损，归属母公司净利润亏损企业数量与上一年相比大幅减少了24家；42家企业合计亏损541.89亿元，亏损金额比上一年度66家亏损企业的亏损金额减少了642.21亿元，企业减亏效应同样显著。从行业角度看，净利润亏损企业主要来自黑色冶金和有色金属两个行业；黑色冶金行业有11家企业净利润为亏损，合计亏损280.64亿元，占全部净利润亏损企业亏损额的45.60%；有8家有色金属企业净利

润为亏损，合计亏损 116.20 亿元，占全部净利润亏损企业亏损额的 18.88%。

表 2-3 2015—2017 中国制造业企业 500 强归属母公司净利润分布情况表

	100 亿元以上	50 亿~ 100 亿元	10 亿~ 50 亿元	0 ~ 10 亿元	亏损企业	未填报企业
2017	14	17	123	304	41	1
2016	11	21	109	271	66	22
2015	8	16	113	316	46	2

3. 资产周转率持续下降，资产收益率水平有所改善

资产周转率持续下降。2017 中国制造业企业 500 强的资产周转率为 0.90 次 / 年，与上年制造业 500 强相比，资产周转率下降了 0.02 次 / 年。从国际金融危机以来，制造业 500 强的资产周转率总体上就呈现出持续下降态势；2008 中国制造业企业 500 强的资产周转率为 1.14 次 / 年，为近 10 年来的最高值，与 2008 中国制造业企业 500 强相比，2017 年上榜企业的资产周转率降低了 0.24 次 / 年，资产周转速度下降了 21.05%（见表 2-4）。

表 2-4 2008 年以来资产周转与资产收益情况

	收入 / 亿元	净利润 / 亿元	资产 / 亿元	资产周转率 / 次 / 年	资产利润率 / %	净资产利润率 / %
2008	101460.75	5074.34	89204.55	1.14	5.69%	15.48%
2009	129350.47	4147.14	117044.24	1.11	3.54%	9.85%
2010	132239.72	5244.53	136831.93	0.97	3.83%	10.65%
2011	178200.19	7332.11	167593.25	1.06	4.37%	12.70%
2012	217147.75	8649.22	196529.37	1.10	4.40%	12.04%
2013	233822.59	7081.22	214424.08	1.09	3.30%	9.20%
2014	260872.85	7935.15	237436.03	1.10	3.34%	9.36%
2015	269339.94	7754.52	256609.04	1.05	3.02%	8.32%
2016	266479.00	7508.49	290739.35	0.92	2.58%	7.06%
2017	282535.98	9728.87	313272.92	0.90	3.11%	8.51%

资产利润率反转上升。从净资产角度看，2017 中国制造业企业 500 强的净资产利润率为 8.51%，与上年制造业 500 强相比上升了 1.45 个百分点，资产收益情况明显好转；与 2017 年上榜企业同口径相比，净资产利润率提高了 1.63 个百分点，资产收益情况提升同样比较显著。但从长期趋势看，中国制造业企业 500 强的净资产利润率总体上呈现出波动下降态势，2017 年上榜企业净资产利润率与 2008 年上榜企业相比低 6.97 个百分点。近 10 年来，2017 年上榜企业的净资产利润率仅仅高于 2016

年与2015年上榜企业。从总资产角度看，基本态势和净资产收益态势及变化趋势相近；2017中国制造业企业500强的资产利润率为3.11%，与上年制造业500强相比上升了0.53个百分点，资产收益情况明显好转；与2017年上榜企业同口径相比，资产利润率提高了0.62个百分点，资产收益情况提升同样比较显著。但从长期趋势看，中国制造业企业500强的资产利润率总体上同样呈现出波动下降态势，2017年上榜企业资产利润率与2008年上榜企业相比低2.58个百分点，近10年来，2017年上榜企业的资产利润率仅高于2016年与2015年上榜企业（见表2-4）。

4. 人均盈利水平大幅好转

人均利润与人均营业收入状况均出现大幅好转。2017中国制造业企业500强的人均净利润为7.49万元，与上年制造业500强相比，人均净利润增加了1.72万元，增幅十分显著；与2017年上榜企业同口径相比，人均净利润增加了2.13万元，增幅更为显著。显然，在企业盈利水平大幅提升的贡献下，人均盈利得到显著改善。从长期趋势看，国际金融危机以来，中国制造业企业500强人均净利润总体上呈现出波动上升态势；2017年上榜企业的人均净利润不仅扭转了2014年榜单以来的连续下滑趋势，更是创下了近10年来的新高。营业收入方面的变化态势与人均净利润相似；2017年制造业企业500强人均营业收入为217.40万元，比上年制造业500强提高了13.60万元；人均营业收入同样是总体呈上升态势，并创下了近10年来的新高（见表2-5）。

表2-5 2008年以来中国制造业企业500强人均收入与利润

	人均营业收入/万元	人均净利润/万元
2008	112.39	5.62
2009	123.61	3.96
2010	124.48	4.94
2011	155.49	6.40
2012	172.24	6.86
2013	184.93	5.60
2014	203.66	6.19
2015	210.04	6.05
2016	203.80	5.77
2017	217.40	7.49

5. 综合税负与税利比均显著下降

综合税负明显下降，创下近10年最低。2017中国制造业企业500强纳税总额为14631.15亿元，相当于全部500家制造业企业营业收入的5.18%；综合税负强度与上一年制造业500强相比，下降了1.50个百分点，税负下降十分明显；与2017年上榜企业同口径相比，综合税负也下降了0.11个百分点，表明2016年中央政府减税降费政策在制造业企业确实取得了明显效果。从长期趋势看，国际金融危机以来，中国制造业企业500强的综合税负水平呈现出先升后降态势，前三年在波动上升，而后自2010年以来总体上呈现出波动下降态势，并在2017年创下近10年制造业500强综合税负最低水平（见表2-6）。

表2-6 2008年以来中国制造业企业500强税负情况

	收入/亿元	利润/亿元	纳税/亿元	综合税负	税利比
2008	101460.75	5074.34	7063.22	6.96%	1.39
2009	129350.47	4147.14	8515.16	6.58%	2.05
2010	132239.72	5244.53	10211.05	7.72%	1.95
2011	178200.19	7332.11	12623.20	7.08%	1.72
2012	217147.75	8649.22	15252.55	7.02%	1.76
2013	233822.59	7081.22	15913.57	6.81%	2.25
2014	260872.85	7935.15	16881.33	6.47%	2.13
2015	269339.94	7754.52	16972.03	6.30%	2.19
2016	266479.00	7508.49	17791.42	6.68%	2.37
2017	282535.98	9728.87	14631.15	5.18%	1.50

税收与企业净利润的相对比大幅下降。受企业盈利状况明显改善，以及中央政府减税降费取得成效影响，2017中国制造业企业500强全部纳税总额与企业净利润的相对比值为1.50，与上年制造业500强相比，显著下降了0.87。从长期趋势看，2017年上榜企业的税利比在近10年中仅高于2008年上榜企业。

三、2017中国制造业企业500强创新投入与产出分析

1. 研发投入增速放缓，研发强度再次回落

研发投入增速大幅度放缓，增速为近10年最低，仅实现小幅增长。2017中国制造业企业500强共有473家企业提供了研发数据，合计共投入研发费用5542.19亿元。与上年制造业500强相比，总研发投入只增长了3.02%，增速出现大幅度回落，回落了8.71个百分点；与近10年的最高增速30.33%相比，不及最高增速的1/10，创下近10年研发投入增速最低值。具体见表2-7。从企均研发投入看，2017中国制造业企业500强企均研发费用投入为11.72亿元，比上年的企均研发投入11.24亿元增加了0.48亿元，增幅为4.27%。但从2017年上榜企业同口径比较看，2017中国制造业企业500强在2016年完成的研发投入比这些企业在2015年完成的研发投入4957.94亿元增长了11.78%，实现了较快增长。

表 2-7 2008 年以来中国制造业企业 500 强研发投入情况

	研发费用 / 亿元	研发费用增速	研发强度 / %
2008	2113.49		2.13
2009	2422.51	14.62%	1.95
2010	2619.36	8.13%	1.63
2011	3413.93	30.33%	1.99
2012	3922.38	14.89%	1.87
2013	4273.59	8.95%	1.87
2014	4500.03	5.30%	1.78
2015	4814.65	6.99%	1.86
2016	5379.61	11.73%	2.10
2017	5487.01	3.02%	2.07

企业研发强度再次小幅回落。2017 中国制造业企业 500 强 473 家有完整数据企业的平均研发费用投入占企业营业收入的比重为 2.07%，与上一年制造业 500 强相比，平均研发强度略有回落，下降了 0.03 个百分点；但这 473 家制造企业 2015 年的研发投入总额为 4957.94 亿元，占当年营业收入的 1.99%，2016 年的研发强度同口径同比提高了 0.08 个百分点。但从长期趋势看，2017 年上榜制造业企业的研发强度在近 10 年尚处于较高水平，为近 10 年研发强度的第三高位值，只低于 2016 年、2008 年。总体上看，国际金融危机以来我国大型制造企业研发投入强度一直处于波动状态，2017 年已经是近 10 年来制造业 500 强研发强度第三次回落。

2. 专利与发明专利增速均不同程度回落，专利质量持续改善

专利拥有数量和发明专利拥有数量增速都不同程度回落。2017 中国制造业企业 500 强共有 448 家企业提供了专利数据，共申报拥有专利数量 560967 件，专利拥有数量与上年制造业 500 强相比增长了 12.77%，专利增速回落 5.38 个百分点。2017 中国制造业企业 500 强共申报发明专利 179851 件，发明专利拥有数量与上一年制造业 500 强相比增长了 16.78%，发明专利增速同样出现明显回落，下降了 11.18 个百分点（见表 2-8）。

表 2-8 2008 年以来中国制造业企业 500 强专利数据

	拥有专利项数	发明专利项数	专利增速	发明专利增速	发明专利占比
2008	127300	28584			22.45%
2009	135736	49121	6.63%	71.85%	36.19%
2010	46262	15339	−65.92%	−68.77%	33.16%

续表

	拥有专利项数	发明专利项数	专利增速	发明专利增速	发明专利占比
2011	188228	46714	306.87%	204.54%	24.82%
2012	224261	62057	19.14%	32.84%	27.67%
2013	278427	75055	24.15%	20.95%	26.96%
2014	381166	107582	36.90%	43.34%	28.22%
2015	421044	120356	10.46%	11.87%	28.59%
2016	497457	154009	18.15%	27.96%	30.96%
2017	560962	179851	12.77%	16.78%	32.06%

企业专利质量持续改善。2017中国制造业企业500强发明专利占全部专利数量的32.06%，占比将近1/3；与2016制造业500强发明专利占全部专利的占比相比，提升了1.10个百分点。这已经是2013中国制造业企业500强以来，发明专利占比持续第4年提升，制造业企业500强的专利质量实现了持续改善。近10年来，发明专利的这一占比数据位居第三高位，仍低于2009年上榜企业和2010年上榜企业专利质量水平。

3. 专利高度集中于前十行业与前十企业

前十行业贡献了专利与发明专利的3/4。2017中国制造业企业500强专利数量行业排名前十的行业共拥有专利420403件，占全部制造业500强专利总数的74.94%；其中专利数量最多的行业是家用电器制造业，共有专利104293件，占全部制造业500强专利总数的18.29%。2017中国制造业企业500强发明专利数量行业排名前10的行业共拥有发明专利132807件，占全部制造业500强发明专利总数的73.84%；其中发明专利数量最多的行业是家用电器制造业，共有发明专利26995件，占全部制造业500强发明专利总数的15.01%（见表2-9）。

表2-9 2017中国制造业企业500强专利与发明专利前十行业

序号	专利项数	行业	序号	发明专利项数	行业
1	104293	家用电器制造	1	26995	家用电器制造
2	84404	汽车及零配件制造	2	19210	石化及炼焦
3	47191	黑色冶金	3	18929	航空航天
4	37253	航空航天	4	13516	汽车及零配件制造
5	29878	综合制造业	5	13192	化学原料及化学品制造
6	28759	电力、电气设备制造	6	9655	黑色冶金
7	28598	石化及炼焦	7	8954	电力电气设备制造
8	24182	兵器制造	8	8234	兵器制造

续表

序号	专利项数	行业	序号	发明专利项数	行业
9	18577	化学原料及化学品制造	9	7095	综合制造业
10	17268	船舶制造	10	7027	船舶制造

专利与发明专利主要来自前10企业。2017中国制造业企业500强专利数量排名前10的企业共拥有专利191053件，占全部制造业500强专利总数的34.06%，贡献了全部制造业500强专利总数的1/3还多。在发明专利中，2017中国制造业企业500强发明专利数量排名前10的企业共有发明专利86738件，占全部制造业500强发明专利的48.23%，贡献了全部制造业500强发明专利的将近半数。其中中国石油化工集团公司拥有专利26609件，拥有发明专利18626件，分别位居2017中国制造业企业500强专利与发明专利排行榜第一位，分别占专利数与发明专利数的4.74%、10.36%（见表2-10）。

表2-10 2017中国制造业企业500强专利与发明专利前十企业

序号	公司名称	拥有专利项数	序号	公司名称	发明专利项数
1	中国石油化工集团公司	26609	1	中国石油化工集团公司	18626
2	美的集团股份有限公司	26153	2	中国航空工业集团公司	9994
3	中国航空工业集团公司	20725	3	海尔集团公司	9281
4	海尔集团公司	20310	4	中国航天科工集团公司	8935
5	中国五矿集团公司	20135	5	中国化工集团公司	8292
6	中国航天科工集团公司	16528	6	海信集团有限公司	7078
7	海信集团有限公司	15906	7	京东方科技集团股份有限公司	6402
8	珠海格力电器股份有限公司	15862	8	中国船舶重工集团公司	6168
9	中国兵器装备集团公司	14477	9	中国中车股份有限公司	6101
10	北京汽车集团有限公司	14348	10	中国五矿集团公司	5861

四、2017中国制造业企业500强所有制比较分析

1. 国有企业数量持续减少，主要指标占比不同程度下降

国有企业入围制造业500强企业数量持续减少，民营企业入围数量不断增加。2017中国制造业企业500强中，有国有企业166家，比2016减少了17家，比2010年榜单入围企业数量减少了59家；与此相对应，2017中国制造业企业500强中民营企业入围数量为334家，比2016增加了17家，比2010年增加了59家。一升一降，变化显著。具体见图2-6。民营企业排名最靠前的是华为投资控

股有限公司，2016 年实现营业收入 5215.74 亿元，居 2017 中国制造业企业 500 强第 4 位。另一家进入前 10 的民营企业是山东魏桥创业集团有限公司，2016 年实现营业收入 3731.83 亿元，居 2017 中国制造业企业 500 强第 10 位。尽管在 2017 中国制造业企业 500 强中，国有企业在数量上已经只占 33.20%，但在收入、资产与净资产、纳税、研发及专利方面，仍占全部制造业 500 强的半数以上，制造业 500 强中国有企业仍占据重要地位，发挥着重要影响与作用。

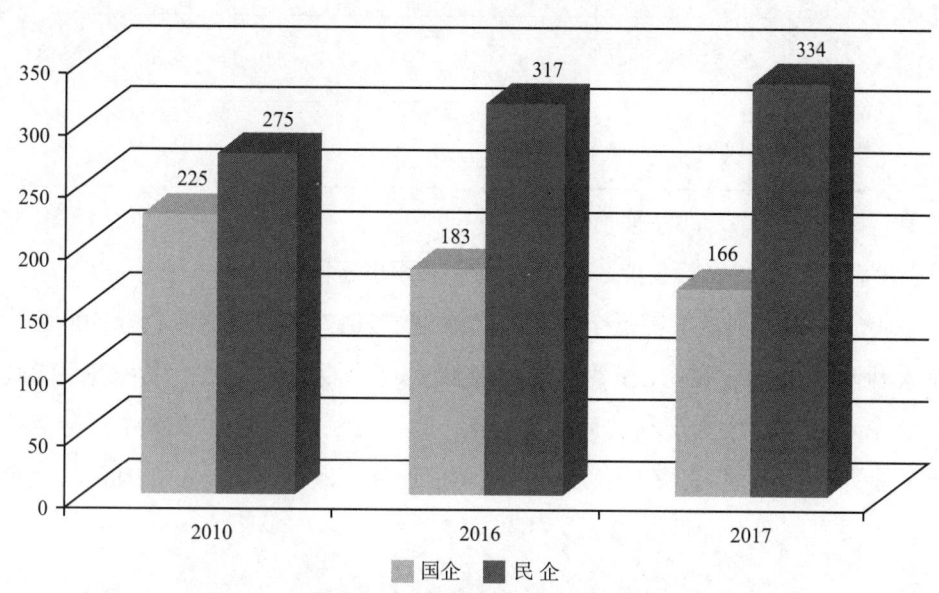

图 2-6 中国制造业 500 强中国有企业与民营企业数量变化

国有企业在主要指标中的占比有不同程度下降。2017 中国制造业企业 500 强中 166 家国有企业共实现营业收入 16.26 亿元，占全部制造业 500 强营业收入的 57.56%；与上年相比，收入占比下降了 2.65 个百分点，与 2010 年相比收入占比下降了 11.69 个百分点。166 家国有制造企业共实现利润 4242.18 亿元，占全部制造业 500 强利润总额的 43.60%，与上一年相比利润占比下降了 2.34 个百分点，下降幅度小于收入；与 2010 年相比，利润占比下降了 16.94 个百分点。166 家国有制造企业共完成研发投入 2959.64 亿元，占全部研发投入的 53.40%，与上年相比，研发投入占比下降了 4.20 个百分点，下降速度快于收入占比。在专利与发明专利方面，2017 中国制造业企业 500 强中国有企业共有专利 387359 件，其中发明专利 132722 件，分别占制造业 500 强的 69.05% 和 73.80%，与上年相比，占比分别下降了 0.31 个百分点和 4.46 个百分点（见表 2-11）。

表 2-11 国有企业与民营企业主要指标占比及其变化 （单位：%）

	企业数量	收入	利润	资产	所有者权益	纳税	研发费用	拥有专利项数	发明专利项数
2010 国企占比	45.00	69.25	60.55	78.34	78.08	85.45	69.90	62.69	46.36
2016 国企占比	36.60	60.21	45.94	69.40	68.92	81.54	57.60	69.36	78.26
2017 国企占比	33.20	57.56	43.60	66.63	63.65	76.55	53.40	69.05	73.80

续表

	企业数量	收入	利润	资产	所有者权益	纳税	研发费用	拥有专利项数	发明专利项数
2010民企占比	55.00	30.75	39.45	21.66	21.92	14.55	30.10	37.31	53.64
2016民企占比	63.40	39.79	54.06	30.60	31.08	18.46	42.40	30.64	21.74
2017民企占比	66.80	42.44	56.40	33.37	36.35	23.45	46.60	30.95	26.20
2017/2016国企占比增减值	−3.40	−2.65	−2.34	−2.78	−5.27	−4.99	−4.20	−0.31	−4.46
2017/2010国企占比增减值	−11.80	−11.69	−16.94	−11.71	−14.43	−8.90	−16.50	6.37	27.44

2. 国有企业盈利水平不如民营企业，民营企业亏损面小于国有企业

国有制造企业的主要盈利指标都低于民营制造企业。2017中国制造业企业500强中166家国有企业的平均收入利润率为2.61%，比民营制造企业低1.97个百分点；资产利润率为2.03%，比民营制造企业低3.22个百分点；净资产利润率为5.83%，比民营制造企业低7.38个百分点。从人均指标看，国有制造企业人均收入为197.87万元，比民营制造企业低53.12万元；国有制造企业人均净利润为5.16万元，比民营制造企业低6.32万元（见表2-12）。

表2-12 国有企业与民营企业利润指标比较

	收入利润率	资产利润率	净资产利润率	人均净利润/万元
国有企业	2.61%	2.03%	5.83%	5.16
民营企业	4.58%	5.25%	13.21%	11.49

国有制造企业亏损面高于民营制造企业，亏损金额大于民营制造企业。2017中国制造业企业500强中共有37家亏损企业，其中国有企业27家，民营企业10家。166家国有企业中有27家亏损，亏损面为16.27%；334家民营企业中有10家亏损，亏损面为2.99%；国有制造企业亏损面远高于民营制造企业。27家国有亏损企业合计亏损502.44亿元，企业平均亏损18.61亿元；10家民营企业合计亏损112.84亿元，企业平均亏损11.28亿元；国有制造企业亏损总金额、企均亏损金额均大于民营制造企业。

3. 国有企业综合税负和税利比均显著高于民营企业

国有制造企业的综合税负显著高于民营制造企业。2017中国制造业企业500强中166家国有制造企业的纳税总额为1.12万亿元，比上年减少了22.80%；占全部营业收入的6.89%，综合税负率比2016年国有制造企业下降了2.15个百分点；334家民营制造企业纳税总额为3431.25亿元，比2016年增加了4.46%；占全部营业收入的2.86%，综合税负率比2016年民营制造企业下降了0.24个百分点。总体上看，国有制造企业和民营制造企业综合税负都有不同程度下降，但国有制造企业下降更为明显，不过仍维持着显著高于民营制造业的综合税负水平（见图2-7）。

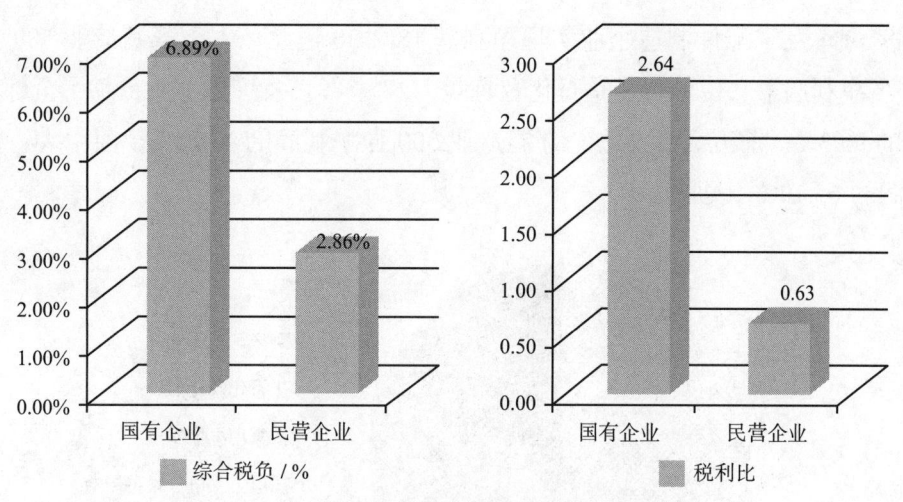

图 2-7　国有企业与民营企业税收负担比较

国有制造企业税利比依然明显高于民营制造企业。2017 中国制造业企业 500 强中 166 家国有制造企业的纳税总额相当于其净利润总额的 2.64 倍，这一税利比虽然比上一年降低了 1.57 倍，但仍然显著高于民营制造企业。334 家民营制造企业的税收只相当于其净利润总额的 0.63 倍，税利比不及国有制造企业的 1/4；与 2016 年相比，民营制造企业的税利比同样有一定幅度下降，2016 年民营制造企业的税利比为 0.81 倍，稍高于 2017 年。

五、2017 中国制造业企业 500 强行业比较分析

1. 汽车及零配件制造在收入与利润贡献最为突出，石化及炼焦纳税居于首位

行业重化工特征依然突出，利润贡献中呈现出一些积极亮点，汽车及零配件制造行业是收入与利润的最大贡献者。2017 中国制造业企业 500 强排名前五的行业，仍然是典型的重化工行业。其中共有 31 家汽车及零配件制造企业，共实现营业收入 3.75 万亿元，占全部制造业 500 强营业收入的 13.27%；第二位为黑色冶金行业，72 家黑色冶金企业占全部营业收入的 13.10%；前五大行业占全部制造业 500 强营业收入的 49.16%，前十大行业占全部制造业 500 强营业收入的 66.83%（见图 2-8）。利润贡献中呈现出一些先进制造的亮点，电力电气设备制造与通信设备制造进入行业净利润

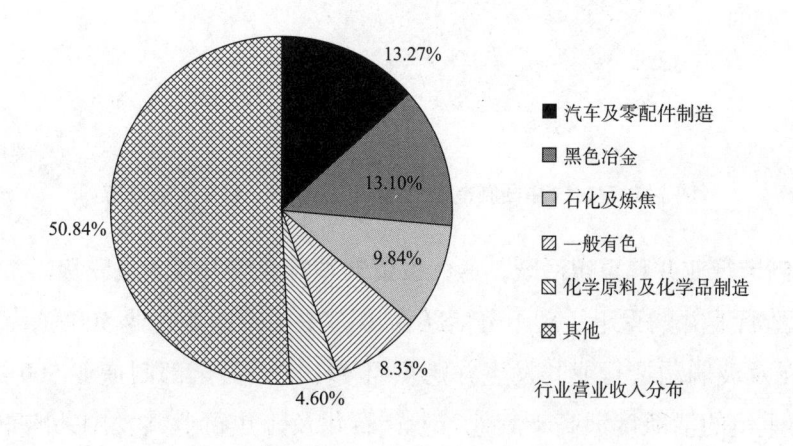

图 2-8　2017 中国制造业企业 500 强营业收入的行业分布

排名前五。31家汽车及零配件制造企业实现净利润1881.30亿元，占全部制造业500强净利润总额的19.34%；排名净利润第二位的行业是石化及炼焦，27家石化及炼焦企业贡献了全部500家制造企业净利润总额的9.93%；前五大行业占全部制造业500强净利润的47.55%，前十大行业占全部制造业500强净利润的65.10%（见图2-9）。

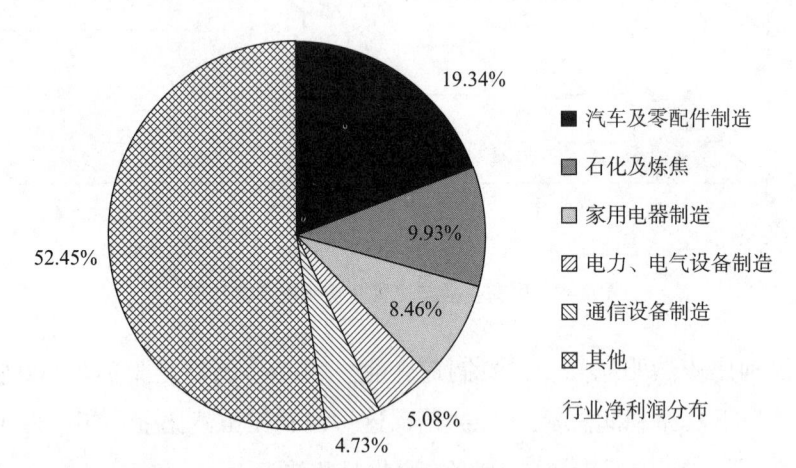

图2-9 2017中国制造业企业500强净利润的行业分布

石化及炼焦在纳税贡献中作用突出。2017中国制造业企业500强27家石化及炼焦企业共纳税3784.40亿元，占全部制造业500强纳税总额的25.87%，石化及炼焦企业对全部制造业500强的纳税贡献超过了1/4；石化及炼焦行业的综合税负为26.19%，仅次于酒类的18.48%，远高于其他行业（见图2-10）。纳税贡献前五大行业共贡献了制造业500强纳税总额的64.66%，前十大行业共贡献了制造业500强纳税总额的78.06%。

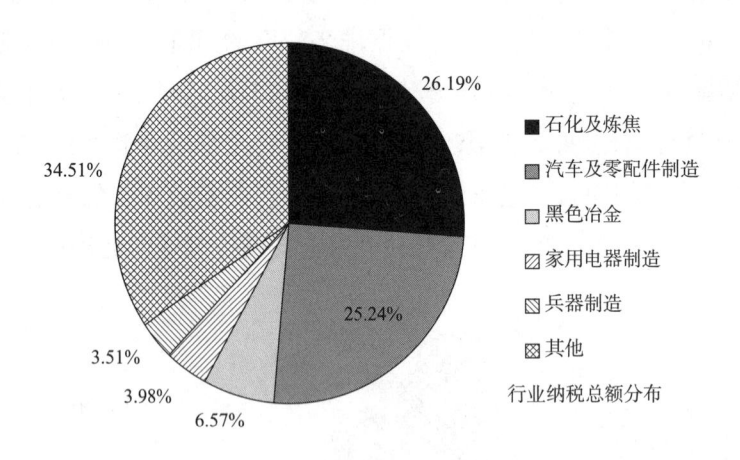

图2-10 2017中国制造业企业500强纳税总额的行业分布

2. 水泥及玻璃制造行业并购重组活跃，通信设备制造行业研发投入最积极

水泥及玻璃制造行业并购重组活动十分活跃。2017中国制造业企业500强共发生878次并购重组，其中12家水泥及玻璃制造行业共发生并购重组491次，占全部制造业500强并购重组总量的55.92%，行业并购重组的活跃度远高于其他行业；石化及炼焦行业共发生并购重组85次，占比为9.68%；前五大行业的并购重组共占全部制造业500强并购重组总量的77.22%，前十大行业的并购重组共占全部制造业500强并购重组总量的87.02%（见图2-11）。

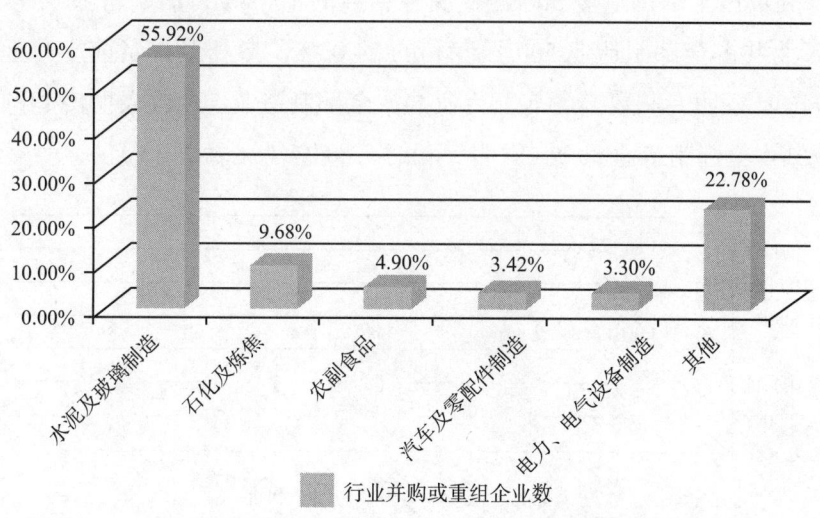

图2-11 2017中国制造业企业500强行业并购重组分布情况

通信设备制造行业最为重视研发投入。2017中国制造业企业500强中9家通信设备制造企业共完成研发投入954.12亿元，企均研发费用投入为106.01亿元，是全部制造业500强企均研发投入的9.66倍；通信及设备制造行业研发投入占全部制造业500强研发投入的17.22%，居于第一位；汽车及零配件制造行业研发投入占全部制造业500强的14.73%，居于第二位。排名前五的行业研发投入合计占全部制造业500强研发投入的52.85%，排名前十的行业合计占全部制造业500强研发投入的73.74%。具体见图2-12。从研发强度看，通信及设备制造行业的平均研发投入强度为11.87%，远高于排名第二位的航空航天行业的5.83%，也远高于制造业500强的2.07%（见图2-13）。

3. 家用电器行业专利排名领先，兵器制造在标准制定领域居首

家用电器制造行业在拥有专利数和发明专利数均排在行业第一。2017中国制造业企业500强中有15家家用电器制造企业，共拥有专利104293件，其中发明专利26995件，分别占制造业500强专利与发明专利的18.59%、15.01%，在专利行业排名和发明专利行业排名中均居于第一位。汽车及

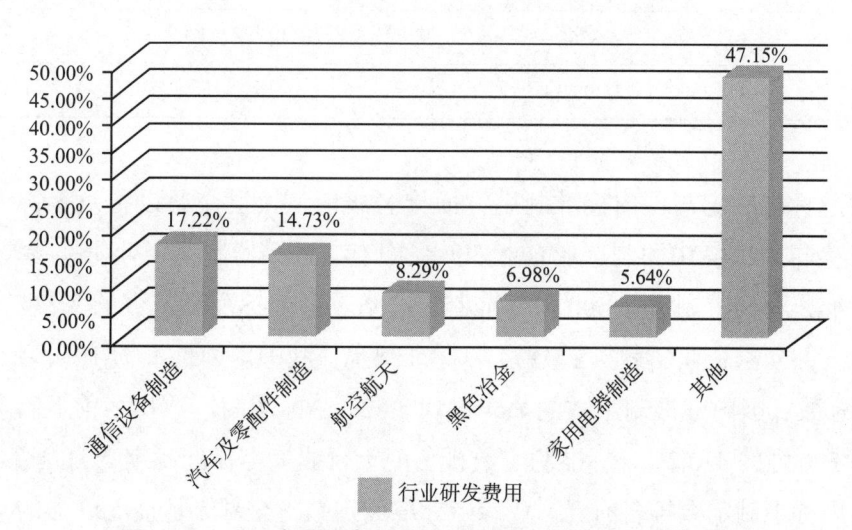

图2-12 2017中国制造业企业500强行业研发投入分布情况

零配件制造行业拥有专利数占全部制造业500强专利数的15.05%，居于行业专利排名第二位；石化及炼焦拥有发明专利数占全部制造业500强发明专利数的10.68%，居于行业发明专利排名第二位。专利数排名前五行业共占全部制造业500强专利的54.02%，专利数排名前十行业共占全部制造业500强专利的74.94%；发明专利数排名前五行业共占全部制造业500强发明专利的51.07%，发明专利数排名前十行业共占全部制造业500强发明专利的73.84%（见表2-13）。

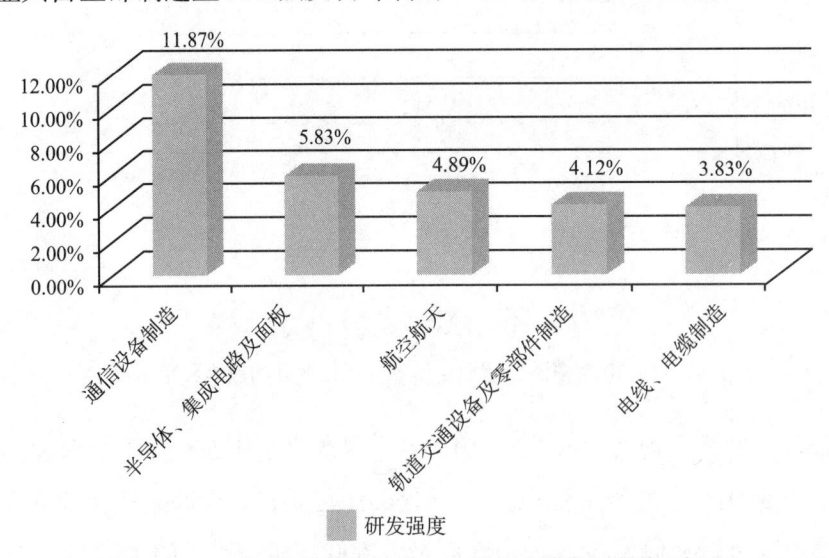

图2-13　2017中国制造业企业500强行业研发强度前五行业

表2-13　2017中国制造业企业500强行业专利与发明专利占比及排名

行业	拥有专利项数	行业	发明专利项数
家用电器制造	18.59%	家用电器制造	15.01%
汽车及零配件制造	15.05%	石化及炼焦	10.68%
黑色冶金	8.41%	航空航天	10.52%
航空航天	6.64%	汽车及零配件制造	7.52%
综合制造业	5.33%	化学原料及化学品制造	7.33%
其他	45.98%	其他	48.93%

兵器制造在总标准制定与国内标准制定方面排名居前，轨道交通设备及零部件制造在国际标准制定方面积极参与。2017中国制造业企业500强中有2家兵器制造企业，共参与2029项标准制定，均为国内标准，分别占制造业500强标准制定总数、国内标准制定数的8.77%和9.15%；其次为船舶制造行业，共4家企业，参与了1974项标准制定，其中国内标准为1956项，分别占制造业500强标准制定总数、国内标准制定数的8.54%和8.82%；标准制定数排名前五行业参与标准制定数占全部制造业500强的41.62%，标准制定数排名前十行业参与标准制定数占全部制造业500强的67.87%；参与国内标准制定数排名前五行业参与标准制定数占全部制造业500强的42.08%，标准制

定数排名前十行业参与标准制定数占全部制造业 500 强的 68.05%。在国际标准制定参与方面，轨道交通设备及零配件制造行业的作用最为突出，行业虽然只有 1 家企业，但却参与了 98 项国际标准的制定，占全部制造业 500 强参与国际标准制定数量的 17.69%；其次是家用电器行业，参与制定国际标准数占全部制造业 500 强的 15.34%；排名前五行业共参与了 53.61% 的国际标准制定，排名前十的行业共参与了 77.08% 的国际标准制定（见表 2-14）。

表 2-14　2017 中国制造业企业 500 强行业标准占比及排名

行业	总标准数	行业	国内标准数	行业	国际标准数
兵器制造	8.77%	黑色冶金	9.15%	轨道交通设备及零部件制造	17.69%
船舶制造	8.54%	一般有色	8.82%	家用电器制造	15.34%
化学原料及化学品制造	8.45%	贵金属	8.61%	电力、电气设备制造	8.48%
一般有色	8.40%	金属制品加工	8.20%	黑色冶金	6.50%
电力、电气设备制造	7.46%	锅炉及动力装备制造	7.30%	风能、太阳能设备制造	5.60%
其他	58.38%	其他	57.92%	其他	46.39%

4. 酒类在营收利润率与人均利润方面领先，家用电器净资产利润率最优

酒类营收利润率最高，家用电器净资产利润率最优。2017 中国制造业企业 500 强的 39 个行业中，除机床制造行业整体亏损外，其他 38 个行业均实现了不同程度的正利润；其中酒类等 24 个行业营收利润率高于制造业 500 强总体平均营收利润率 3.44%，酒类、饮料、医疗设备制造、家用电器制造、其他建材制造位居行业营收利润率前五。饮料等 24 个行业的资产利润率高于制造业 500 强总体平均资产利润率 3.11%，饮料、医疗设备制造、家用电器制造、酒类、农副食品位居资产利润率前五。家用电器制造等 23 个行业净资产利润率高于制造业 500 强总体平均净资产利润率 8.51%，家用电器制造、饮料、通信设备制造、物料搬运设备制造、医疗设备制造位居净资产利润率前五（见表 2-15）。

表 2-15　2017 中国制造业企业 500 强行业主要利润率指标排名

行业	营收利润率	行业	资产利润率	行业	净资产利润率
酒类	15.51%	饮料	14.95%	家用电器制造	23.48%
饮料	10.36%	医疗设备制造	10.38%	饮料	22.26%
医疗设备制造	10.27%	家用电器制造	7.88%	通信设备制造	17.16%
家用电器制造	8.24%	酒类	7.31%	物料搬运设备制造	16.02%
其他建材制造	8.09%	农副食品	6.95%	医疗设备制造	15.85%

续表

行业	营收利润率	行业	资产利润率	行业	净资产利润率
轨道交通设备及零部件制造	6.06%	其他建材制造	6.36%	农副食品	15.29%
通信设备制造	5.73%	通信设备制造	5.94%	汽车及零配件制造	14.80%
药品制造	5.34%	物料搬运设备制造	5.93%	酒类	13.70%
风能、太阳能设备制造	5.33%	轮胎及橡胶制品	5.77%	计算机及办公设备	13.61%
农副食品	5.28%	服装及其他纺织品	5.67%	纺织印染	13.52%

酒类在人均净利润方面明显领先，兵器制造行业企业均净利润占明显优势。2017中国制造业企业500强的人均利润为7.49万元，共有酒类等18个行业人均利润高于制造业500强人均利润水平；酒类企业的人均利润为20.29万元，高居行业人均利润第一位，相当于制造业500强人均利润的2.71倍；医疗设备制造、饮料、汽车及零配件制造、家用电器制造分居第二至第五位，人均净利润分别为17.27万元、14.59万元、13.51万元和13.50万元。2017中国制造业企业500强的企均净利润19.46亿元，只有兵器制造等13个行业的企均净利润高于制造业500强企均净利润；兵器制造行业的企均净利润为171.66亿元，在行业企均净利润排名中遥遥领先，高居第一位，企均净利润相当于制造业500强平均水平的8.82倍；轨道交通设备及零部件制造、航空航天、汽车及零配件制造、家用电器制造分居企均净利润排名第二至第五位，企均净利润分别为139.10亿元、131.77亿元、60.69亿元和54.89亿元（见表2-16）。

表2-16　2017中国制造业企业500强行业人均利润与企业均利润排名

行业	人均净利润/万元	行业	企均净利润/万元
酒类	20.29	兵器制造	1716568.00
医疗设备制造	17.27	轨道交通设备及零部件制造	1390991.00
饮料	14.59	航空航天	1317672.00
汽车及零配件制造	13.51	汽车及零配件制造	606870.29
家用电器制造	13.50	家用电器制造	548920.33
风能、太阳能设备制造	13.44	通信设备制造	511249.00
造纸及包装	12.98	酒类	509458.86
通信设备制造	12.20	石化及炼焦	357959.30
石化及炼焦	11.37	医疗设备制造	345309.00
轮胎及橡胶制品	11.19	饮料	331888.40

六、2017中国制造业企业500强区域分布特征分析

1. 东部地区入围企业数量占绝大多数，东北地区企业数量持续减少

2017中国制造业企业500强总部所在地涉及了30个省、自治区、直辖市，只有西藏没有企业入围2017中国制造业企业500强。这500家企业在各个地区的分布同以往一样，呈现出不均衡性。其中东部地区有348家企业，占69.60%；中部地区有72家企业，占14.40%；西部地区有63家企业，占12.6%；东北地区有17家企业，占3.40%（见图2-14）。总体上看，东部地区和中部地区企业数量均有增加，中部地区企业数量没有变化，东北地区企业数量持续减少。

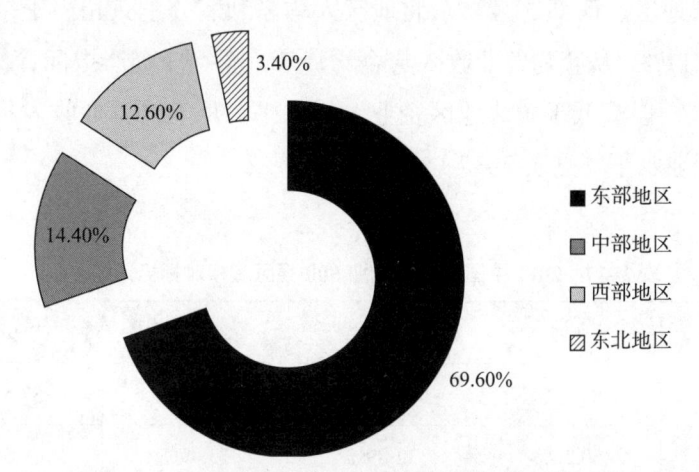

图2-14 2017中国制造业企业500强区域分布百分比

2017中国制造业企业500强入围企业具体区域分布如下：

东部地区：东部地区10省市共有348家企业入围，与上年入围企业数量相比增加2家，海南省今年再次有企业入围。广东省成为2017年入围企业数量增加最多的省份，共增加了10家入围企业；河北则成为企业数量减少最多的省份，入围企业数量共减少了7家。其中浙江89家，减少3家；山东77家，增加1家；江苏47家，增加4家；广东34家，增加9家；河北32家，减少7家；北京32家，减少2家；天津18家，增加2家；上海14家，持平；福建4家，减少3家；海南1家。

中部地区：中部地区6省区共有72家企业入围，比上年增加3家。其中安徽16家，增加1家；湖北15家，减少2家；河南13家，增加1家；湖南13家，增加4家；江西12家，减少1家；山西3家，与上年持平。

西部地区：西部地区11个省市共有63家企业进入2017中国制造业企业500强，与上年持平。其中四川15家，增加1家；重庆14家，增加1家；广西9家，与上年持平；云南5家，减少3家；陕西4家，与上年持平；新疆4家，与上年持平；甘肃4家，增加1家；青海3家，增加1家；内蒙古2家，与上年持平；宁夏2家，与上年持平；贵州1家，减少1家。

东北地区：东北地区3省共有17家企业进入2017中国制造业企业500强，在上年减少了3家的基础上持续减少，入围企业再次减少5家。东北地区大企业的这一表现，在很大程度上折射出了

东北地区经济发展的困境。其中辽宁13家，减少了4家；黑龙江2家，减少了1家；吉林2家，与上年持平。

2. 东部地区企均人均利润指标领先，东北地区税负压力最大

东部地区企业的企均净利润、人均净利润指标均遥遥领先于其他地区，但资产指标与收入指标各有优劣。2017中国制造业企业500强中，东部地区企业的企均净利润为23.47亿元，中部地区、西部地区与东北地区企均净利润分别为11.15亿元、7.72亿元、16.10亿元，中部地区、西部地区与东北地区企均净利润分别只相当于东部地区企均净利润的47.54%、32.89%和68.60%。东部地区企业的人均净利润为8.31万元，中部地区、西部地区与东北地区人均净利润分别为6.18万元、3.69万元、4.92万元，中部地区、西部地区与东北地区人均净利润分别只相当于东部地区人均净利润的74.31%、44.40%和59.17%。从企均营业收入与企均资产、企均净资产指标看，东部地区企业明显高于中部地区与西部地区，但却低于东北地区企业企均水平。从人均营业收入指标看，东部地区企业也明显高于其他地区企业水平（见表2-17）。

表2-17 2017中国制造业企业500强区域相对指标比较（1）

与东部相对比		营业收入	净利润	资产总额	净资产	缴纳税款
企均指标相对值	中部/东部	63.32%	47.54%	55.31%	57.57%	48.96%
	西部/东部	60.26%	32.89%	73.99%	68.60%	50.32%
	东北/东部	98.99%	68.60%	113.13%	112.20%	187.85%
人均指标相对值	中部/东部	98.98%	74.31%	86.46%	89.99%	76.53%
	西部/东部	81.37%	44.40%	99.90%	92.62%	67.94%
	东北/东部	85.38%	59.17%	97.58%	96.77%	162.02%

东北地区企业的税负压力明显高于其他地区企业。2017中国制造业企业500强中17家东北地区企业共缴纳了税收1045.54亿元，占全部制造业500强纳税总额的7.15%；东北地区企业平均纳税额为61.50亿元，相当于制造业500强企均纳税额的2.10倍。以东部地区企业为基准，中部地区、西部地区企业企均纳税额只相当于东部地区企业的48.96%和50.32%，而东北地区企均纳税额则相当于东部地区企业的187.85%；中部地区、西部地区企业人均纳税额只相当于东部地区企业的76.53%和67.94%，而东北地区企业人均纳税额则相当于东部地区企业的162.02%。具体见表2-17。很显然，国家对中西部地区企业给予了税收优惠，而东北地区企业则没有能够享受到经济落后地区应有的税收优惠，或者说，中央政府推行的减税降费政策效应在各地区之间存在显著差异。

3. 东部地区企业并购重组与创新更为活跃，标准制定方面各有优劣

东部地区企业在并购重组、研发投入与专利方面都呈现出更为活跃的态势。2017中国制造业企业500强中东部地区348家企业共完成了772次并购重组，占全部制造业500强并购重组总数的87.93%；与东部地区相比，中部地区、西部地区、东北地区企业的企均并购重组数分别只相当于东部地区的47.58%、17.17%和15.91%，东北地区企业并购重组最不活跃。在研发投入上，348家东部地区企业共投入研发费用4431.05亿元，占全部制造业500强研发投入的80.76%；与东部地区相比，中部地区、西部地区、东北地区企业的企均研发投入分别只相当于东部地区的57.70%、42.25%和86.87%，中部地区、西部地区、东北地区企业的人均研发投入分别只相当于东部地区的88.27%、55.83%和73.32%，西部地区企业的研发投入力度最弱。从专利与发明专利看，东部地区企业专利、发明专利分别为425379件和147511件，分别占全部制造业500强的78.65%和84.78%；与东部地区相比，中部地区、西部地区、东北地区企业的企均专利分别只相当于东部地区的57.24%、62.60%和81.16%，中部地区、西部地区、东北地区企业的人均专利分别只相当于东部地区的87.56%、82.72%和68.51%；中部地区、西部地区、东北地区企业的企均发明专利分别只相当于东部地区的40.77%、35.11%和64.65%，中部地区、西部地区、东北地区企业的人均发明专利分别只相当于东部地区的62.37%、46.39%和54.57%（见表2-18）。

表2-18 2017中国制造业企业500强区域相对指标比较（2）

与东部相对比		并购或重组企业数	当年研发费用	拥有专利项数	发明专利项数	总标准数	国内标准数	国际标准数
企均指标相对值	中部/东部	47.58%	57.70%	57.24%	40.77%	67.99%	69.04%	41.89%
	西部/东部	17.17%	42.25%	62.60%	35.11%	79.30%	76.50%	72.42%
	东北/东部	15.91%	86.87%	81.16%	64.65%	103.45%	107.06%	27.29%
人均指标相对值	中部/东部		88.27%	87.56%	62.37%	104.01%	105.61%	64.08%
	西部/东部		55.83%	82.72%	46.39%	104.79%	101.09%	95.70%
	东北/东部		73.32%	68.51%	54.57%	87.32%	90.37%	23.04%

在标准制定的参与方面，东中西部与东北地区企业各有优劣，东部地区企业并不占有绝对优势。2017中国制造业企业500强中东部地区企业共参与了17345项标准制定，其中参与国内标准制定16644项，参与国际标准制定453项，分别占全部制造业500强的75.00%、75.06%和81.33%。在企均标准制定参与方面，东部地区企业多于中部地区与西部地区企业，但少于东北地区企业；在人均标准制定参与方面，东部地区企业高于东北地区企业，但低于中部地区企业和西部地区企业。具体见表2-18。总体上看，东北地区企业虽然在当前研发投入与创新成果方面不如东部地区企业，但基于其长期以来的工业基础地位，在国内行业标准制定方面积累了一定话语权。

4. 中部地区企业资产质量最好，西部地区企业资产经营效率最差

中部地区企业的资产质量相对最好，资产经营效率最高。中部地区企业的平均资产负债率为

61.87%，低于全部制造业 500 强平均资产负债率，也分别低于东部地区、西部地区和东北地区企业平均资产负债率；与之相对应，西部地区企业资产负债率为 66.04%，为四大区域企业平均资产负债率的最高值，企业去杠杆的压力显然要大于东部地区企业，更加大于中部地区企业。从资产周转率的角度看，中部地区企业同样明显占据优势；中部地区企业的平均资产周转率为 1.04 次 / 年，明显高于其他几个地区企业平均资产周转率；其中西部地区企业平均资产周转率最低，只有 0.74 次 / 年，只相当于中部地区企业平均资产周转率的 71.13%（见表 2-19）。

表 2-19　2017 中国制造业企业 500 强区域企业资产负债率及资产周转率比较

	资产负债率	资产周转率 / 次 / 年
东部地区	63.37%	0.91
中部地区	61.87%	1.04
西部地区	66.04%	0.74
东北地区	63.67%	0.80
总计	63.52%	0.90

七、2017 中国制造业企业 500 强国际化经营分析

1. 参与国际化经营企业有所增加，国际化经营指数略有下降

参与国际化经营的企业数量有所增加。2017 中国制造业企业 500 强中共有 266 家企业申报了海外收入数据，与上一年相比增加了 9 家，表明有更多制造业企业开始涉足国际化经营，致力于拓展国际市场。266 家参与国际化经营的制造企业共实现海外收入 3.10 万亿元，占 266 家企业营业收入的平均比重为 15.63%，同口径相比下降了 0.12 个百分点，表明企业在国际化经营过程中遇到了一定阻力，国际市场销售情况不如国内市场；但从绝对值看，266 家企业 2016 年海外收入与 2015 年相比增加了 5.11%，表明企业国际业务仍在继续增长，只是增速慢于国内市场，从而导致海外收入占比下滑。

国际化经营指数有所下降。2017 中国制造业企业 500 强国际化经营三项指标均有不同程度下降，其中海外收入比为 15.63%，比上年下降了 0.75 个百分点；海外资产比为 13.07%，比上年下降了 0.63 个百分点；海外人员比为 5.90%，比上年下降了 0.26 个百分点。以简单平均法计算的 2017 中国制造业 500 强中国际化经营企业的国际化指数为 11.53%，比上年值下降了 0.55 个百分点（见表 2-20）。若排除掉所有缺失项，以三项数据齐全企业进行测算，2017 中国制造业企业 500 强中海外经营三项数据齐全的企业为 189 家，2016 中国制造业企业 500 强中海外经营三项数据齐全的企业为 175 家，分别计算得出的国际化经营指数数据见表 2-21。据此计算的 2017 中国制造业企业 500 强 189 家制造业国际化经营指数为 12.09%，比 2016 年 175 家制造企业国际化经营指数 11.94% 提升了 0.15 个百分点。

表 2-20 2017 中国制造业企业 500 强国际化指数变化

2016 制造业 500 强		2017 制造业 500 强		占比变动值
海外收入比	16.38%	海外收入比	15.63%	-0.75%
海外资产比	13.70%	海外资产比	13.07%	-0.63%
海外人员比	6.16%	海外人员比	5.90%	-0.26%
国际化指数	12.08%	国际化指数	11.53%	-0.55%

表 2-21 2017 中国制造业企业 500 强国际化指数变化（排除缺失项测算表）

2016 制造业 500 强		2017 制造业 500 强		占比变动值
海外收入比	15.81%	海外收入比	15.00%	-0.81%
海外资产比	14.07%	海外资产比	14.64%	0.57%
海外人员比	5.94%	海外人员比	6.64%	0.70%
国际化指数	11.94%	国际化指数	12.09%	0.15%

2. 国际化经营企业绩效指标不佳，但在国际标准制定方面发挥了重要作用

国际化经营企业在三项利润率指标与人均净利润指标上表现不佳。参与国际化经营的 266 家制造企业，其营业收利润率为 2.86%、资产利润率为 2.40%、净资产利润率为 6.87%，分别比 2017 中国制造业企业 500 强的营收利润率、资产利润率、净资产利润率低 0.58 个百分点、0.71 个百分点和 1.64 个百分点，企业盈利能力不如制造业 500 强的总体水平。这一事实可能表明企业国际化经营在国际市场渠道拓展等方面发生了大量成本投入，拉低了企业的整体盈利水平，这可能是企业参与国家化经营初级阶段的必然结果。我国制造企业总体上看，尚处于国际化经营的初级阶段，国际市场尚待大力拓展，需要为开展国际业务投入大量市场开发费用。而且由于我国制造企业技术上处于相对劣势，制成品的国际附加价值不高，也必然带来国际业务收益不佳的经营结果。从人均净利润看，国际化经营企业的人均净利润为 5.95 万元，也低于制造业 500 强总体人均净利润 7.49 万元的平均水平；但在企业平均净利润上，国际化经营企业的平均净利润为 21.34 亿元，比制造业 500 强的企均净利润高 1.88 亿元。这可能从一个侧面反映了参与国际化经营的企业，在规模上都比较大，所以尽管其利润率指标并不好，但总利润量却比较大（见表 2-22）。

表 2-22 国际化经营企业与制造业 500 强整体的比较

	国际化经营企业	制造业 500 强
营收利润率	2.86%	3.44%
资产利润率	2.40%	3.11%

续表

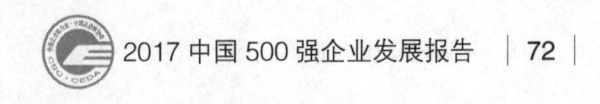

	国际化经营企业	制造业 500 强
净资产利润率	6.87%	8.51%
人均净利润/万元	5.95	7.49
企均净利润/万元	21.34	19.46
并购重组数/次	732	878
国际标准数/次	451	557

国际化经营企业积极参与并购重组，并在国际标准制定方面发挥了重要作用。266 家参与国际化经营的制造业企业共实施了 732 次并购重组，占全部制造业 500 强并购重组数 878 次的 83.37%，2017 中国制造业企业 500 强中国际化经营制造企业的并购重组明显要比非国际化经营企业更为积极活跃。在国际标准制定方面，266 家参与国际化经营的制造企业共参与了 451 项国际标准的制定，占全部制造业 500 强参与国际标准制定项目数的 80.97%。国际标准既国际话语权，参与国际标准的制定，既是企业参与国际化经营的重要表现，也是企业国际化经营的关键支撑；2017 中国制造业企业 500 强中国际化经营制造企业的国际标准制定参与程度明显要高于非国际化经营企业。

八、制造业大企业面临的挑战与机遇

（一）面临的主要挑战

1. 产能过剩压力未见明显缓解

产能利用率的合理区间是 80% 左右，但目前我国主要行业产能利用率均在 70% 以下，低于产能利用率合理区间 10 个百分点以上，产能过剩已经成为当前我国经济发展中的突出问题。总体上看，我国产能过剩领域集中于钢铁、煤炭、水泥、化工、电解铝、玻璃等传统重化工业。供给侧结构性改革是 2016 年宏观政策的主轴，全年主要经济工作任务就是围绕"去产能、去库存、去杠杆、降成本、补短板"这五大任务展开。从实际执行结果看，去产能取得了显著成效，2016 年全年退出钢铁产能超过 6500 万吨、煤炭产能超过 2.9 亿吨，均超额完成了年度目标任务。从公开数据测算，2016 年中国钢铁行业的产能利用率大幅提升至 76%，已经提前实现了工信部提出的到 2020 年将钢铁行业产能利用率提升至 75% 的目标。但实际情况并没有如此乐观，市场对 2016 年钢铁去产能数据普遍存在质疑：一是对下半年去产能的突然加速存在有疑惑，二是认为不少企业存在利用长期闲置停产的"僵尸产能"完成去产能任务的现象。从钢铁行业的实际情况，2016 年去产能虽然取得了一定进展，但真实的产能利用率可能只是从 71% 小幅提升至 72%，产能利用状况略微有所改善。也正是因为钢铁行业的产能过剩情况仍然非常严峻，所以 2017 年的政府工作报告提出要在今年继续削减 5000 万吨钢铁产能以缓解钢铁行业供应过剩，改善行业盈利状况以及债务杠杆率。

除钢铁领域外，有色金属、船舶制造、炼化与建材等领域的产能过剩压力也不容小觑，国家发改委和国资委都在积极推动相关行业企业开展去产能工作。国资委要求中央企业在2017年要化解595万吨钢铁过剩产能，同时积极在有色金属、船舶制造、炼化、建材等产能过剩行业开展去产能工作。有色金属方面，2013年和2014年，中国电解铝产能利用率分别为68.9%和71%，2015年回升至80%左右，2016年前三季度约为81%，2017年电解铝产量将达到3600万吨，全年过剩产量133万吨。2015年，锌冶炼行业的产能利用率估计在70%~80%，精铜冶炼产能利用率为75.4%。船舶制造方面，据工信部预测，"十三五"期间，全球新船年均需求在8000万~9000万载重吨，而我国现有的造船产能就有约6500万载重吨；而且我国造船业的产能过剩是结构性的，在散货船等中低端船型产能过剩的同时，高技术、高附加值的LNG船、油轮、海洋平台等高端船型却严重供给不足。炼化领域，据中国石油经济技术研究院数据，截至2016年年底中国炼油能力已达7.5亿吨/年，占全球炼油能力的15%；其中过剩产能超过1亿吨，2016年地方炼厂开工率虽已处于历史高位，但也只有51.8%。中国石化联合会数据显示，重点石化产品的产能利用率尽管呈现企稳回升态势，但2016年石化联合会监测的原油加工、煤制油、煤制天然气等25种主要产品的平均产能利用率仍只有69.1%；其中原油加工2016年虽淘汰落后产能5808万吨，但由于企业技术改造扩能和新建项目投产统计口径变化，原油加工统计能力不降反增，达到8.04亿吨。一次原油加工量5.41亿吨，同比增长3.6%，平均产能利用率为67.2%。

汽车产业的产能过剩问题也日益暴露，产业发展压力持续上升。数据显示，2017年我国主要汽车企业的整车产能为3585万辆，假如2017年汽车市场有10%的增长，可以销售3080万辆，尚有500万辆产能闲置。到2018年中国的汽车产能将达到4000万辆，到2020年将达到5000万辆，而销量增长将进一步放缓，产能过剩程度将进一步加剧。新能源汽车领域，动力电池也出现产能过剩，一方面是因为新能源汽车近来销量出现下滑，另一方面也与动力电池企业大幅扩产有关；2016年国内动力电池新增产能是2015年的近3倍，而同期产量仅同比增长了82%，2017年动力电池将呈现产能整体过剩局面。

2. 严格执法将进一步推动制造企业环境成本内部化

长期以来，环境保护与环保治理投入一直都被很多制造企业所忽略，这也就在事实上导致了企业环境治理成本的外部化：产生污染物的制造企业并不承担环境治理成本，转而由社会来负担环境治理支出。尽管近年来我国已经充分认知到这一现象的不合理性，国家与社会公共的环境保护意识也在持续增强，对环境保护与环境治理日趋重视，并且在2014年修订出台了更为严厉的新《环保法》，先后颁布了《大气污染防治法》与《水污染防治法》，推出了环保公益诉讼制度，制定了《大气污染防治行动计划》《水污染防治行动计划》《土壤污染防治行动计划》，但实际所取得的效果远不如预期。制造企业违法排污，对环境检测数据弄虚作假的情况，全国各地都有发生。据环境保护部通报数据，2017年6月9日至15日是环保部开展大督查的第10周，期间28个督查组共检查3178家企业（单位），发现2272家企业存在环境问题，存在"散乱污"问题的750家。各地环保部门2017年1~4月执行《环境保护法》配套办法及移送环境犯罪案件总数为8614件；其中，按日连续处罚案件共299件，罚款数额达42014.92万元；查封扣押案件3735件；限产停产案件1941件；移送行政拘留1955起；涉嫌犯罪移送公安机关案件684起。与2016年1~4月相比，各类案件数量均有所上升；这一方面表明环保部门的执法力度在持续加大，另一方面也反映了环保相关法律与执法的震慑力不够，没有对企业产生强大的强制约束力。一些企业更是屡罚不改，反复以身试法，如台州市浩宇电镀有限公司在2015年8月5日因所排废水中的铜指标超标被椒江环保分局立案处罚，2016年9月18日再次因所排废水铜指标超标被椒江环保分局立案处罚，2017年3月3日台州市椒江环保分局执法人员会同台州市环境监测中心人员对企业开展执法检查，发现该公司废水标排口总镍指标超出《电镀污染物排放标准》（GB21900-2008）表2排放浓度限值。2016年3月，西安发生了给环境监测设备空气采样器戴口罩的恶性案件。2017年3月，深圳市人居环境委执法人员发现，深圳市浩天源环保科技有限公司、深圳市世纪明亮科技有限公司均存在在线监测设备数据造假行为。

令人欣慰的是，我国环保执法力量不足所导致的执法不力、执法不严等问题正在逐步得到解决，企业环境违法逃脱处罚的可能性在逐步下降，环境违法的成本显著上升，企业敢于环境违法的侥幸心理逐渐有所遏制。4月5日，环保部在京召开视频会议，决定根据《2017—2018年京津冀及周边地区大气污染防治强化督查方案》，从全国抽调5600名环境执法人员，组成28个督查组，2017年4月7日起，对京津冀大气污染传输通道确定的"2+26"城市开展为期一年的大气污染防治强化督查。这一环境执法力度，前所未有，对所覆盖区域的企业显然产生了足够的震慑作用，前期督查已经发现和纠正了大量环境违法问题。海南等地对环境保护条例进行了修改，加大了环境违法处罚力度。执法力度的加大，违法成本的增加，显然将对制造企业强化环保意识、增加环境治理投入产生积极影响，环保领域劣币驱良币的不正常现象将逐渐消除，重视环保投入的企业将得到市场认可，恶意破坏环境的企业将逐渐被市场所淘汰。但与此同时，随着环境治理成本的不断内部化，企业制造成本将进一步增加，中国制造企业长期以来所依赖的成本优势将日益弱化，企业将被迫去重新构建新的竞争优势，这对大多数创新能力不强的制造企业来说，无疑是一个十分严峻的挑战。如在钢铁领域，严格遵守环保要求的钢企每吨钢铁的环境成本在200元左右，如果企业恶意违法不进行环保投入，原来每吨可以节省200元的成本，但随着执法力度加大，违法空间变窄，所有钢铁企业最终都将被迫加大环境治理投入，严格规范守法经营，这对那些本来就已经盈利微薄的钢铁企业来说，显然是一个严峻的生存挑战。也许将有一批钢铁企业在环境治理过程中，逐渐被市场所淘汰，或者是被优势钢企所并购重组。

3. 平台化给大型制造企业的规模优势与存续发展带来新挑战

随着互联网技术的广泛普及应用，平台已经成为一种重要的社会现象、经济现象、组织现象。越来越多的企业开始往平台化的方向发展，试图将企业打造成"大平台＋小前端"的新组织模式，以增强企业对市场的敏捷反应能力和适应能力。平台化的企业通过把"客户"集中到平台上，以新形式为客户创造价值；企业角色转变为平台建设者，服务于平台与平台用户，主要工作就是搭建平台、维护平台、发展平台，制定平台各项管理规则，使平台上各种"需求"能够得到最大程度的满足。平台企业的价值嫁接在平台上的客户价值之上，在平台上的客户数量越多，客户结构越复杂，价值交换越频繁，平台企业的竞争力越强，平台化战略越成功。目前有一批企业通过平台化战略的实施，在经济结构转型过程中异军突起，在发展平台服务经济方面取得了突出成就；以亚马逊和阿里巴巴为代表的电子商务平台改变了商品交易的形式，以Google和百度为主导的搜索引擎平台改变了我们获取信息的方式，以苹果手机和腾讯微信为典型的沟通平台改变了我们参与移动社交的动机。

平台化有着不同的发展模式，总体上可以分为两大类。一种是企业以自身品牌、技术、资本等为依托，打造一个能发挥员工创新创业精神、支持员工自由发展的企业平台组织。另一种则是企业仅提供发展平台，一切其他服务全部交由资源供给双方来实现。海尔发展的是第一种类型的平台。原来的海尔只是一个简单制造产品、交由分销商销售的传统家电生产企业。2014年，张瑞敏在描述海尔商业模式变革目标时首先提到了平台化，提出只有将海尔变成一个平台化企业，才能够摆脱最终被淘汰的危机。2014年1月，海尔宣布推行基于互联网思维的"三化"改革，即"企业平台化、员工创客化、用户个性化"；其中的企业平台化，就是通过变革努力将海尔打造成为一个突破企业界限的开放性平台，促使海尔由传统的家电生产销售企业转变为互联网平台企业。转型后的海尔，不再局限于制造产品，而是潜心于孵化创客。为适应企业平台化发展的需要，海尔一方面打破了企业内部的组织方式，孵化了3800个节点小微与转型小微、200多个创业小微以及上百万微店，企业则成为小微发展的依托平台，企业原来的内部职能、业务与产业之间的内部关系，转换成了众多小微之间的市场化的外部关系；另一方面，也逐步完成了企业组织结构从金字塔模式向倒三角模式的转换，裁减了一万多名原有的中间管理人员，显著压缩了管理层级，实现了从"用户听员工的，员工听管理层的"向"员工为用户服务，管理层为员工服务"的转变。随着企业向平台化发展转型的完成，交易方式也跟随发生了转变，海尔线上交易量持续快速增长。2015年，海尔线上交易量约1600亿元，比2014年迅猛增长1052亿元；2016年线上交易额2727亿元，同比增长73%，再次比上年增长超过1000亿元。这一交易额数据不仅包括销售海尔家电产生的交易额，也包括了海尔B2B/B2C社会化线上平台的交易额，以及海尔涉足的互联网金融领域的第三方支付及线上财富管理产生的交易额。后两者无疑是平台化成果的体现。

在肯定平台化发展战略贡献的同时，也不应忽视平台化对大型制造企业所带来的潜在挑战。一方面，平台化所带来的小型化趋势可能对制造企业的规模化扩张形成新挑战。平台化带给企业组织的一个重大变化之一，是企业规模的小型化，越来越多的小型企业围绕平台进行生长，从而形成小微企业聚集的商业生态圈。在平台经济模式下，规模优势的重要性显著下降，灵活性优势的地位日益突出；小前端的发展，在事实上推动了企业内部组织的重构，大体量的制造企业被拆分为众多相对独立的自主经营单位。而且平台化所带来的个性化定制，也在一定程度上约束了制造企业规模的无限扩张。对制造企业来说，通过并购重组来扩张规模可能已经不再具有先前的诱惑力，相反，通过建设平台来完善生态圈，吸引更多或者是孵化更多小微企业紧密围绕在平台企业周围进行聚集生长，更有可能成为未来制造企业的优先选项。另一方面，平台化可能对处于核心位置的大型制造企业的存续发展形成挑战。新平台的出现，或者是旧平台吸引力的弱化，都可能在一夜之间导致整个企业生态圈的崩塌，原本依附于平台生长的所有小微企业，都将纷纷离开平台另谋发展，这对核心企业来说，无疑会造成致命的冲击。因此，如何有效维持平台优势或创建平台新优势，对平台的核心制造企业来说至关重要。

（二）持续发展的关键机遇

1. "一带一路"与国际产能合作加速中国制造"走出去"

"一带一路"倡议给中国制造业走出去带来了历史性机遇，将显著加快中国制造业全球布局的完成。随着中国制造业的逐步成长壮大，其竞争优势日益提升，国际化布局与经营必然成为其现实选择；"一带一路"倡议的提出与落实，正好迎合并推动了中国制造业走出国门进行全球化布局的进程。2013年9月和10月，习近平总书记在出访中亚和东南亚国家期间，先后提出共建"丝绸之路经济带"和"21世纪海上丝绸之路"的重大倡议，得到国际社会高度关注。党中央和国务院高度重视"一带一路"倡议落实，一方面在国内层面召开了工作推进会议，出台了相关政策文件；2015年2月1日，推进"一带一路"建设工作会议在北京召开；2015年3月，制定并发布了《推动共建丝绸之路经济带和21世纪海上丝绸之路的愿景与行动》；2017年6月，国家发改委、国家海洋局发布了《"一带一路"建设海上合作设想》。另一方面，在国际层面也多次组织多边会议，与相关国家签署合作协议；与部分国家签署了共建"一带一路"合作备忘录，与一些毗邻国家签署了地区合作和边境合作的备忘录以及经贸合作中长期发展规划；2017年5月14日至15日，第一届"一带一路"国际合作高峰论坛在北京举行，是"一带一路"提出3年多来最高规格的论坛活动。2016年11月17日，第七十一届联合国大会通过一项决议，欢迎"一带一路"等经济合作倡议，敦促各方面通过"一带一路"倡议等加强阿富汗及地区经济发展，呼吁国际社会为"一带一路"倡议建设提供安全保障环境。截至目前，已经有100多个国家和国际组织积极支持和参与"一带一路"建设，我国已先后与60多个国家和国际组织签署了共建"一带一路"合作协议。随着"一带一路"倡议国际认同度的不断提升，越来越多的国家逐步加入到了"一带一路"国际合作框架之下，这些国家进一步对中国资本敞开了投资大门，为中国制造业进入沿线国家，参与东道国经济社会建设，提供了历史性发展机遇。近三年来，中国对"一带一路"沿线国家的对外投资已超500亿美元；未来五年，预计中国对沿线国家投资将达到1500亿美元。2016年我国对外投资继续加快增长，中国已经成为净资本输出国，其中"一带一路"沿线国家成为拉动中国对外投资增长主要动力。2016年中国企业在"一带一路"沿线国家的总投资达145亿美元，并且这些项目进展情况及效果良好，超出预期。中国企业已经在沿线20多个国家建立了56个经贸合作区，累计投资超过185亿美元，为东道国增加了近11亿美元的税收和18万个就业岗位。对中国制造业来说，在工业原料、机械、建筑工程、家电制造与轻纺工业等多领域已经取得了世界级的发展成就，在高速铁路、航空航天、电力装备、海洋工程等多领域也具有国际竞争优势，相关产业在"一带一路"国家寻找投资发展机会，推进国际装备制造合作，无疑具有十分广阔的空间。

国际产能合作加快推进，为我国制造企业通过双边产能合作，在国际产能转移与制造产能国际布局中化解产能过剩压力创造了新机会。2015年，国务院印发了《关于推进国际产能和装备制造合作的指导意见》提出，将钢铁、有色、建材、铁路、电力、化工、轻纺、汽车、通信、工程机械、航空航天、船舶和海洋工程等作为开展国际产能合作的重点行业，分类实施，有序推进。我国针对亚欧大陆国家加速工业化进程、提高自主发展能力的现实需求，鼓励我国企业发挥自身技术、装备和融资优势，积极开展国际产能合作，为提升沿线国家发展水平、应对世界经济下行压力注入了强劲动力，同时也将促进我国制造企业化解产能过剩压力、加快进行国际化布局进程。《十三五规划纲要》和政府工作报告都对开展国际产能合作做出了重要部署；国家正在编制《"十三五"国际产能合作规划》，该规划和《关于推进国际产能和装备制造合作的指导意见》等文件，将成为我国深化国际产能合作的重要指南。两年多来，中国已与20多个国家签署相关协议，开展机制化的产能合作，一大批合作项目已在多国开花结果。为加快推进国际产能合作，我国为此而设立了各类多双边产能合作基金，目前基金规模已超过1000亿美元。中国与哈萨克斯坦是国际产能合作的先行者，目前已形成52个早期收获项目，总投资270亿美元，开创了国际产能合作新模式。2016年以来，国家开发银行为30多个国际产能重大合作项目发放贷款290亿美元，为支持和推动国际产能合作做出了突出贡献。在国际经贸合作区建设上，包括"一带一路"沿线国家在内，我国已经与50多个国家建成了118个经贸合作区，还有25个国家希望与我国合作建设36个境外合作区。这些合作区的建设，显然为我国制造企业走出去提供了重要机会和广阔发展空间。

2.《中国制造2025》与"互联网+"战略深入推进将迎来智能制造大发展

《中国制造2025》的加快落实，将全面推动制造业装备水平提升，智能制造将成为中国制造业未来发展的主方向。《中国制造2025》是我国实施制造强国战略的第一个十年行动纲领，文件明确我国制造业的发展将围绕先进制造和高端装备制造，重点实现包括机器人、节能与新能源汽车等十大战略领域的突破。2016年是《中国制造2025》发布以来真正进入落实阶段的第一年，总体上看，相关工作进展比较顺利，战略落实取得了较好成效。2016年，工信部提出全面启动实施"中国制造2025"，明确了围绕"中国制造2025"实施的四项具体工作。4月下旬，工信部办公厅印发了《关于开展2016年智能制造试点示范项目推荐的通知》，规定了智能制造试点示范项目推荐的基本条件、推荐程序、申报要求等内容。6月中旬，国家发展改革委、工信部、国家能源局联合印发了《中国制造2025——能源装备实施方案》，提出了15个领域的能源装备发展任务，涉及煤炭绿色智能采掘洗选装备、深水和非常规油气勘探开发装备、清洁高效燃煤发电装备、先进核电装备、水电装备、太阳能发电装备、储能装备、先进电网装备、智能电网、能源互联网关键装备等相关技术攻关及应用推广。10月下旬，工信部先后印发了《关于发布2016年工业转型升级（中国制造2025）重点项目指南的通知》和《关于组织申报2016年国家工业转型升级（中国制造2025）重点项目的通知》，正式启动了年度重点项目的申报工作，并明确了2016年全年主要支持产业共性技术公共服务平台及设施、重点领域关键问题解决方案两个方面共18个重点任务。"1+X"规划体系编制方面，2016年工信部推进得比较顺利，基本完成了相关任务。开展以城市（群）为载体的《中国制造2025》试点示范工作是创建有利于制造业转型升级生态环境的重要探索，是推动《中国制造2025》系统落地的重要抓手；工信部年内先后批复了5个城市和3个城市群开展城市（群）试点示范。浙江宁波获批成为首个"中国制造2025"试点示范城市，武汉、泉州、成都等成为第二批"中国制造2025"试点示范城市。广东省珠江西岸六市一区，以及镇江、南京、常州、无锡和苏州等苏南五市被批准成为"中国制造2025"试点示范城市群。制造业创新中心建设、智能制造、工业强基、绿色制造和高端装备创新等五大工程率先启动实施，一批重大标志性项目取得突破性进展。首家国家制造业创新中心——动力电池创新中心挂牌成立，国家增材制造创新中心进入创建阶段，19家省级制造业创新中心开始培育建设。工业强基工程重点支持了84个示范项目，确定了19家产业技术基础公共服务平台。智能制造试点示范项目加快推进，北京大豪科技股份有限公司的缝制设备远程运维服务试点示范等63个项目成为2016年度智能制造试点示范项目。

"互联网+"是这一两年来不断催生新业态、促进我国经济动能转换与结构升级的重要因素之一，也是促进我国制造业转型升级，打造智能车间、智能制造与智能生态的关键手段。作为国家层面的重大发展战略，2016年以来，国务院常务会议中有6次会议都提到了"互联网+"战略落实问题：包括推动《中国制造2025》与"互联网+"融合发展，部署推进"互联网+流通"行动，部署推动制造业与互联网深度融合，通过互联网+医疗更好满足群众需求，部署推进互联网+物流，推进"互联网+政务服务"。在2016年工作总体部署中，李克强总理提出要深入推进"中国制造+互联网"，建设若干国家级制造业创新平台，实施一批智能制造示范项目，启动工业强基、绿色制造、高端装备等重大工程。《关于深化制造业与互联网融合发展的指导意见》（国发〔2016〕28号）中，也指出要打造制造企业互联网"双创"平台以及推动互联网企业构建制造业"双创"服务体系，支持制造企业与互联网企业跨界融合。这不仅是"中国制造2025"和"互联网+行动"两大国家战略无缝对接的重要标志，而且是以产业升级为导向的实体经济与虚拟经济有机结合的关键步骤。2016年，工信部按照国务院部署，组织实施制造业与互联网融合发展试点示范、智能制造试点示范和智能制造专项，推动基于互联网的"双创"平台快速成长，智能控制与感知、工业核心软件、工业互联网、工业云和工业大数据平台等新型基础设施快速发展，网络化协同制造、个性化定制、服务型制造新模式不断涌现；出台了一系列促进智能硬件、大数据、人工智能等产业发展的政策和行动计划，协同研发、服务型制造、智能网联汽车和工业设计等新业态新模式快速发展，制造业数字化、网络化、智能化发展水平不断提高。

3. 消费升级与"三同"要求落实成为促进制造业转型升级新推手

制造业是实体经济的主体，进一步推进制造业转型升级，是促进我国实体经济振兴发展的关键着力点所在。制造业发展国际国内环境的恶化，成为倒逼我国制造业进行改革开放以来第四次转型升级的关键推动因素。金融危机以来，全球制造业都遭遇了较大困难，再工业化成为各国政府振兴制造业的新选择、新目标。我国各级政府也都将促进制造业转型升级发展当做新时期经济工作的关键任务之一，并为促进制造业转型升级发展制定了一系列政策举措。制造企业自身也在转型升级的道路上进行了大量探索，一批优秀制造企业已经顺利完成了转型升级，迎来了加快发展的新阶段；但与此同时，更多制造企业，尤其是中小型制造企业仍处于转型升级发展的道路探索之中。在当前经济新常态下，制造业转型升级除了面临着全球制造业复苏乏力的普遍压力之外，中国消费市场的消费升级与政府对内外销企业所提出的"同线同标同质"要求的落实，成为促进制造业转型升级发展的新推手。

消费升级的到来，要求制造企业为消费者提供更高品质、更高档次的产品，而这些产品的提供，要求制造企业必须进行转型升级。改革开放以来，基于当时工业化水平现状，以及消费者品质要求普遍很低的现实，我国制造业走的是低端化发展道路，并且在随后很长一段时间内甚至是强化了低端化发展道路的锁定格局，低品质与低价格成为了我国消费市场和生产者所共同追逐的目标。但随着经济的持续发展与居民收入水平的不断提高，以及境外消费的示范效应的扩展，我国消费者的消费意识逐渐发生了一些可喜的变化，越来越多的消费者开始从片面关注价格转向于更多关注产品品质。而新一轮产能过剩的加剧，更是加速了我国消费者整体消费理念的变化，消费升级新时代正式到来；消费者开始从简单追求满足使用价值转向追求体验与感受，从应付生活转变为经营生活、享受生活，传统的生存型、物质型消费开始让位于发展型、服务型等新型消费，娱乐、通信、教育、医疗保健、旅游等领域的消费出现爆发式增长，从品质和数量两方面对供给侧形成牵引，从而充分发挥了消费促进产业转型升级的关键作用。2014—2016年，城镇居民用于医疗、教育、娱乐、旅游、交通等服务性消费的支出占比由35.7%上升到41%，上升了5.3个百分点；用于居住的支出占比也上升了1个百分点，而用于商品消费（食品和服装）的支出占比由43.2%下降到36.8%，下降4.4个百分点。2016年，彰显消费升级趋势的运动型多用途乘用车（SUV）产量增长51.8%，新能源汽车增长40.0%，工业机器人增长30.4%，集成电路增长21.2%，智能电视增长11.1%，智能手机增长9.9%。2017年1～5月，汽车消费升级持续推进，SUV销量同比增长19.6%，明显高于乘用车销量总体增速。消费者更加注重技术革新所带来的生活智能化，智能电视终端渗透率达80%以上；更加注重技术革新带来的品质提升与营养价值提升，曲面电视成为客厅的新宠，IH电饭煲深受消费者追捧；更加注重健康与卫生，空气净化器、净水设备、按摩椅、扫地机器人等市场需求不断快速增长。

"三同"要求的全面落实，将推动制造企业加快转型升级步伐。在短缺经济时代，受供应严重短缺与消费能力不足等因素影响，企业为满足国内低层次消费需求，采取了差异化经营战略，分别为国际国内市场提供不同品质的产品。但在当今市场供需态势已经根本性逆转、消费需求升级换代的环境下，企业继续选择性忽略国内消费者对产品品质的更高要求，显然已经不合时宜。为此，李克强总理要求质检部门采取措施，促进企业在同一生产线、按相同标准生产同样质量水准的内外销产品，并将扩大内外销产品"三同"要求实施范围写入了2017年的政府工作报告，预计未来"三同"要求的落实将进入提速阶段。首先，落实"三同"要求，需要企业进行技术改造，或者购置新装备，全面升级生产装备，以装备升级实现产品升级。短缺经济时代内外销产品质量差异的形成，一方面是由于国内消费能力不足，另一方面也是由于国内装备制造能力欠缺。生产企业广泛采用的国产生产装备受技术条件限制，只能生产出质量相对较差的产品供国内市场销售；外销产品则不得不引进国外昂贵成套设备，而在此设备上生产出来的质优价高产品也只能销售给购买能力强的国际用户并以此换取宝贵外汇。要落实"三同"要求，企业必须先行对现有落后装备进行技术改造或更换，使其具备生产高品质要求外销产品的能力。事实上随着我国装备制造水平的快速提升，已大大缩小了与发达国家装备制造水平之间的差距，通过技术改造或装备更新在同一条生产线上以较低成本同时生产内外销产品早已成为可能，以装备升级实现产品升级的条件已完全成熟。其次，落实"三同"要求，企业必须确立"质量兴企"的经营理念，以创新提升产品品质，以产品升级满足消费升级需要。消费需求的成熟将迫使企业密切跟踪需求变化趋势，并通过创新持续优化产品结构；同时强化产品品质管理，更多向国内市场投放满足国际用户严格品质要求的中高端产品。行业龙头企业更应在"三同"要求落实方面发挥示范引领作用，应着力推动行业标准修订，积极向国际先进标准靠拢，尽可能统一内外销产品质量标准，以标准提升倒逼全行业推进转型升级与品质改善；同时主动对标国际领先企业的先进质量管理模式与经验，优化企业内部品质监控工作。各级质检部门也要加强质量监督，建立与完善产品质量追溯体系，加大处罚力度，倒逼企业严格按照"三同"要求开展生产经营活动，确保内外销产品符合统一的品质要求。

4. 发展实体经济与供给侧结构性改革为制造业发展注入新动力

我国已经是世界制造业强国，诸多产业已经在全球享有突出地位，多达220种以上的工业制成品位居全球产量第一；部分制造业的技术突破也取得显著进展，成为全球技术领先企业。但我国制造业发展所面临的问题依然不少，制造业持续发展的动力有所衰减，增速连续下滑，对国际金融危机以来我国经济复苏的贡献远不如服务业突出。2016年中央经济工作会议提出进一步深化供给侧结构性改革，并将振兴实体经济作为供给侧结构性改革的新内容，必将为新时期制造业的发展注入新动力。

中央高度重视实体经济发展，将有助于扭转经济现实中"脱实入虚"、金融过度繁荣的资金错配格局，强化金融对制造业发展的扶持，更好发挥金融为制造业造血输血的功能。当前我国制造企业普遍面临着资金紧缺问题，尤其是中小制造企业，融资难融资贵问题始终未见缓解。据国家统计局数据，自2017年3月反映资金紧张的企业比重升至41.1%以来，反映资金紧张企业的比重已经连续四个月超过四成。其实我国总体资金供给并不少，货币政策总体上属于稳中偏松，但大量资金游离于实体经济之外，在金融体系中自我循环；这不仅减少了实体经济的资金供给，而且增加了实体经济的融资成本。实体经济是国民经济的基石，关系到国家的长治久安，必须高度重视并采取具体举措，推动实体经济持续繁荣发展。2016年中央经济工作会议提出要大力振兴实体经济，要坚持以提高质量和核心竞争力为中心，坚持创新驱动发展，扩大高质量产品和服务供给。2017年4月20日，习总书记在南宁考察时指出，我国必须发展实体经济，不断推进工业现代化、提高制造业水平，不能脱实向虚。国务院近年来也先后发布了《降低实体经济企业成本工作方案》《关于加快众创空间发展服务实体经济转型升级的指导意见》等促进实体经济发展的文件。围绕制造业发展，国务院印发了《中国制造2025》《关于深化制造业与互联网融合发展的指导意见》；工信部制定了相应配套落实文件，大力推进智能制造试点，并与发改委联合落实了制造业升级改造重大工程包。这些举措的落实，显然将为制造业发展提供更好政策环境，激发制造业发展活力，增强制造发展动力。信贷政策也在进一步加强对制造业发展的扶持；截至2016年年底，银行业金融机构对实体经济发放人民币贷款余额为105.19万亿元，较上一年度增加12.44万亿元，同比增长13.4%。2017年1~5月，对实体经济发放人民币贷款增加6.76万亿元，比上年同期多增5925亿元。

"三去一降一补"等供给侧结构性改革任务的推进，也将给新时期制造业加快发展注入新动力。供给侧结构性改革的目标是以需求为导向增加有效供给，路径是以市场为导向增加资源要素的配置效率，动力是以改革为引擎增加有效制度供给。供给侧结构性改革既做"加法"，也做"减法"，其主要内容包括去除无效供给，改造传统落后供给，增加新供给。党中央国务院推出的"三去一降一补"五大任务，即去产能、去库存、去杠杆、降成本、补短板，是供给侧结构性改革内容的具体体现。2016年，"三去一降一补"五大任务初见成效；2017年相关改革将继续深入推进，将加快破解改革难点，力争"三去一降一补"取得实质性进展。对制造企业来说，去产能可以降低制造成本，同时优化资源配置，并减少无效供给，促进供需平衡，提升市场价格，进而双向改善企业盈利；去库存可以减少企业资金占用积压，降低库存减值风险，加快生产与资金流转，提高企业资金使用效率，增强企业运营效益；去杠杆可以降低企业资产负债率，改善企业资产质量，减少企业利息支出，增加企业收益；降成本则可以直接减少企业支出，增加企业利润；补短板的关键是创新，通过创新可以完善企业制度环境，增强企业技术竞争优势，提升企业产品档次，增厚企业产品的附加价值，强化企业竞争能力与获利水平。因此，"三去一降一补"无论哪一方面任务的推进落实，对制造企业增强活力、强化动力，都具有突出的积极贡献。供给侧结构性改革，是新时期制造业发展新动力的重要来源之一，尤其是创新，是推动制造业持续发展的关键动力所在。

九、促进制造业大企业持续健康发展的建议

（一）拓展国际视野，深化国际化经营

企业走向国际化是经济全球化的必然趋势，是企业成长到一定阶段的必然选择。早期基础相对薄弱的中国制造企业，更多是为了满足国内消费需求，但随着市场的成熟与企业技术的进步，企业不得不开始将经营触角逐渐伸向国际市场。中国制造企业"走出去"，充分利用国际和国内两类资源和两个市场，不仅有利于企业结构调整与新增长点培育，而且有利于国家发展；不仅是中国制造企业在国内产能过剩与市场饱和压力下寻求新发展的突破口，也是中国"和平崛起"战略中极为重要和关键的一环，是中国在全球化竞争中实现国家利益最大化的重要手段。在国家大力推动和企业自身利益驱动的共同作用下，我国制造企业的国际化经营迎来了加入WTO以来的持续快速发展，实现了对外投资从量到质的飞跃。虽然目前出现了"不要让企业家跑了"和"对外投资其实就是变相资本外逃"等杂音，而且确实也有少数存在安全担忧的企业家通过虚构对外投资变相转移资产，但并不能因此而改变支持企业积极开展国际化经营的政策目标。已经茁壮成长起来的大国制造企业，不应继续局限于国内市场的经营，必须树立、拓展、强化国际视野，加快走出国门，积极经营全球市场；应努力构筑全球优势，深度参与全球竞争，以全球资源服务全球用户，推动企业持续做大做强，打造具有国际竞争力的中国杰出企业，将中国由制造大国建设成制造强国。

推动制造企业深度参与国际化经营，一方面需要政府加强国际化经营支持，另一方面更需要中国制造企业自身加强国际化经营能力建设。在国家层面，一是必须继续坚定执行支持中国制造企业"走出去"的国家战略，并逐步完善支持企业"走出去"的政策环境，强化国际化经营支撑体系建设，更好为中国制造企业国际化经营提供政策支持与服务；二是政府在国际交往活动中，应加强中国制造形象宣传与塑造，主动为中国制造产品与企业走向国际市场提供国家背书，并利用国际交往机会促进中国制造业向外输出产品与资本，促进中国制造业进入当地市场；三是要加强对中国制造企业国际化经营的监督与指导，确保中国制造企业安全稳妥地开展国际化经营，帮助降低国际化经营风险。2017年6月下旬，银监会要求银行对万达、复星、海航等公司所涉及并购贷款、内保外贷等跨境业务风险进行重点排查，包括有关企业授信和债务融资风险情况。这些工

作很有意义，有助于推动相关企业自觉加强国际并购敞口风险管理，从而更为稳妥地开展国际并购重组。

面对全球化发展大趋势，我国制造企业应当进一步强化国际视野与国际思维，将企业国际化布局上升到更为重要的战略层面，持续加强自身国际化经营能力建设，加快国际化经营步伐，提升国际化经营收入与利润占比，将更多中国制造企业打造成全球化企业。为此，一是企业领导人要进一步强化国际视野与国际思维，站在全球化视角来谋划企业发展方向，制定企业发展战略，布局企业生产网点，配置企业经营要素与资源。二是要加强国际化经营人才培养与储备，确保研发、营销与管理人才都能够具备国际化经营能力，胜任国际化经营岗位，并为国际化经营人才制定与之相适应的薪酬体系。三是进行国际化研发布局，根据本行业国际技术人才与研究机构分布情况，借助于现代信息技术，创建全球化研发网络，整合全球技术创新资源，打造全球开放创新平台。四是积极开展对外投资，尤其是要契合当前"一带一路"倡议，积极加强与沿线国家合作，在当地进行投资发展；要结合国际产能合作积极向外转移产能，通过合作快速进入当地市场；要积极稳妥地开展国际并购，通过国际并购快速占有技术、经验与市场。五是要加强国际整合能力建设，包括国际资源整合利用能力、国际市场协同发展整合能力，以及国际并购完成后的企业文化、技术、资产、人员等综合整合能力的建设。六是要加强国际化经营风险管控能力建设，要加强国际化经营风险的预先调研与预测，提前制定风险应对方案，尽力避免或弱化国际化经营风险。目前国内已经有一大批优秀企业在国际化经营方面取得了成功经验，值得其他企业总结与学习。

（二）强化品牌意识，打造国际知名品牌

在现代经济中，品牌是产品的核心内容，品牌识别已取代产品识别成为消费者选择产品的主要依据；品牌是一种战略性资产，是核心竞争力的重要源泉，品牌竞争力已经成为提升企业形象及增加企业盈利的关键所在。一个成功品牌的价值不仅在于品牌能够保证将来的收入，增加顾客对公司产品的需求，更在于企业出现危机时能给予企业以支持，确保企业可持续发展。品牌建设的重要性已经日益受到企业和政府的高度重视。2009年，商务部等八部委联合印发了《关于推进国际知名品牌培育工作的指导意见》；2011年工信部下发了《关于加快我国工业企业品牌建设的指导意见》；2013年年底，国务院国资委出台了《关于加强中央企业品牌建设的指导意见》。习近平总书记2014年5月在河南考察时提出，"推动中国制造向中国创造转变、中国速度向中国质量转变、中国产品向中国品牌转变"。2016年6月20日，国务院办公厅发布《关于发挥品牌引领作用推动供需结构升级的意见》，提出设立"中国品牌日"；2017年5月2日，国务院同意自2017年起，将每年5月10日设立为"中国品牌日"。中国制造企业在国际知名品牌建设方面积极行动，并且取得了较好成效。2016年中国500最具价值品牌榜单中，中航工业连续第五年入榜，品牌价值1118.56亿元，名列第25位；品牌价值比2012年的598.67亿增长了86.8%，排名提升了两位。中国大型制造企业品牌在国际主要品牌排行榜中的进步也十分显著。在Interbrand发布的2016年全球最具价值品牌100强排行榜中，有华为和联想两个中国制造品牌上榜；在2016年BrandZ全球最具价值品牌百强榜上，有15个中国品牌上榜，其中包括华为等5个制造品牌；在由世界品牌实验室（World Brand Lab）发

布的 2016 年《世界品牌 500 强》榜单，有 36 个中国品牌入选，其中制造业品牌有 12 个；在 Brand Finance 发布的"2017 年度全球最具价值品牌 500 强排行榜"，中国有 55 家企业上榜，其中华为等 15 家为制造企业。

制造业是我国经济发展的基石，政府要在中国制造业品牌建设中积极作为，为品牌建设打造良好政策与制度环境。一是制定并落实自主品牌建设国家战略；应在国家层面出台鼓励民族自主品牌建设的文件，把自主品牌建设上升到国家战略高度，以全面调动国家资源，通过 10 年左右的努力，在我国制造业中打造 500 个国际知名品牌；确保实现习总书记"三个转变"目标，"形成一批拥有国际知名品牌和核心竞争力的优势企业"、探索培育一批能与国际顶尖品牌相媲美的"中国制造"高端品牌。二是加强品牌、商标、知识产权的法律保护；应及时研究品牌侵权案件中的新现象、新趋势，加快完善与品牌建设有关的立法，切实堵住品牌保护的法律漏洞，不给不良企业提供任何非法钻营获利的机会；尤其是要加强知识产权以及基于当前网络技术的品牌延伸产品的立法保护，加大违法侵权惩罚力度，提高侵权打击的法律震慑力。三是打造企业积极参与品牌建设的良好氛围；应加大宣传力度，创新宣传方式，拓宽宣传渠道，为推进商标品牌建设、增强商标运用和保护意识营造良好氛围。四是在国际知名品牌打造过程中，积极为企业站台，为企业品牌背书。五是强化外资并购活动中的产业安全审查，加强对民族知名制造品牌的保护，严防外资借助品牌并购恶意控制我国战略资源，控制终端市场，进而摧垮我国民族产业。六是做好知名品牌的认证与管理，严格控制认证数量，加强认证后产品品质复查，确保"驰名商标"能够真正反映产品品质。

企业是品牌建设的主体，也是品牌效应的直接分享者。对小型制造企业来说，品牌的重要性可能并不突出。但大型制造企业必须高度重视品牌建设，因为企业在品牌建设上的投入与努力程度，直接影响着企业未来收入。因此，制造企业应多维度投入加强品牌建设。一是加大企业品牌建设投入，包括利用各类媒体进行品牌宣传推广，积极参加或支持社会公益活动，大力提升企业品牌的社会认知度，塑造良好社会形象。二是高度重视技术、品质、文化、售后服务等品牌支撑要素建设；努力加大创新投入，持续提升技术优势，为打造强势制造品牌提供有力支撑；大力弘扬工匠精神，不断追求卓越品质，以优质产品助力品牌价值提升；注重品牌文化的提炼与升华，以增强消费者的情感体验；加强售后服务体系建设，提升品牌美誉度、忠诚度。三是突出品牌个性打造，构建品牌差异，锁定个性化消费者；同时加强品牌维护，做好品牌宣传，尤其是要加强中国品牌的海外营销推广。四是主动加强品牌保护；包括加强国内市场假冒、仿冒产品打击工作，保护企业品牌不受非法侵害；合理利用国际商标注册机制，积极开展品牌国际注册，做好品牌延伸保护，避免企业商标及与品牌有关的其他衍生产品遭遇恶意抢注。五是积极探索品牌建设新路径，利用新思维，借助移动互联和社交媒体新工具，来创建品牌、发展品牌。

（三）坚持创新驱动，从跟跑向领跑转变

创新是企业持续发展的不竭动力，是经济与社会发展的关键引擎，是国际竞争的重要手段与核心载体，也是实现从跟跑向领跑转变的前提。中国制造业经过几十年的快速发展，已经完成了前期的技术与资本积累，在不少技术领域已经成为国际领先者，具备了实现弯道超车、从技术跟跑者向

技术领跑者转变的扎实基础。当然，要最终完成这一重大转变，企业加大研发投入，坚持持续创新，尤其是关键领域的重大创新，必不可少。对企业来说，抓创新就是抓发展，谋创新就是谋转变、谋未来。创新包括技术创新、管理创新、文化创新、商业模式创新等多个方面，但企业投入最大、最为引人关注、最受政府部门重视的，最终能够推动企业实现涅槃的，是技术创新。尤其是对制造企业来说，技术创新的意义更为重要，强大的技术创新实力，是制造企业构建持续竞争优势的关键基础，也是实现技术领跑的必然要求。

近年来，中央高度重视创新发展，在完善创新发展制度供给方面采取了诸多举措。"十八大"明确提出："科技创新是提高社会生产力和综合国力的战略支撑，必须摆在国家发展全局的核心位置"；强调要实施创新驱动发展战略，着力增强创新驱动发展新动力，加快形成经济发展新方式，推动经济社会科学发展、率先发展；要坚持走中国特色自主创新道路，要以全球视野谋划和推动自主创新。党中央、国务院先后印发了《关于深化体制机制改革加快实施创新驱动发展战略的若干意见》《国家创新驱动发展战略纲要》《深化科技体制改革实施方案》《促进科技成果转移转化行动方案》等文件，对实施创新驱动发展战略以及科技成果转化提出了具体举措和要求。相关政策举措已经取得了较好成效，但仍有可进一步改进的空间。为更好促进制造企业加大创新投入，实现创新驱动发展，建议国家政策围绕以下方面进行发力：一是围绕关键技术、核心技术确立国家重大技术研发专项，并加强有关技术研发公共平台建设，为整合全球创新资源突破关键技术与核心技术瓶颈提供便利；二是完善技术创新税收优惠政策，扩大创新研发投入税前加计抵扣范围，提高税前加计抵扣比例；三是优化国家财政创新研发投入分配方式，提高企业参与度，将更多公共研发支出以问题为导向向企业倾斜，尤其是要向自主创新倾斜和基础研发倾斜，增加对引领式创新的支持，减少对模仿式创新的支持；四是加强公共研发支出的结果考核，促进研发效率提升与研发成果转化，确保研发投入能带来更多新产品或现有产品品质的提升；五是多渠道帮助企业降成本，提升制造企业盈利能力，增强制造企业技术创新投入能力；六是完善人才管理制度和薪酬体系，鼓励制造企业灵活聘用技术创新人才；七是加强技术交易体系建设，促进技术交易发展，便利企业创新成果价值实现。

企业向技术领跑者跃进，加大研发投入势在必行。目前我国企业在研发投入中的地位日益提升，已经是全国研发总支出中的绝对主体；尤其是大型企业，更是我国研发投入的关键力量所在；2015年，制造业企业500强的研发经费为5379.6亿元，占全国研发投入的38.0%，占全部企业研发投入的49.4%，制造业大企业在全国研发投入中的地位十分关键。2000年以来，企业在全国研发总支出中的占比持续提升，2006年超过了70%，2015年更是提升到了77.4%。这一占比已经超过了美国；2013年美国研发总支出为4561亿美元，其中企业研发投入达到3225亿美元，占总支出的71%；2003年至2013年，企业研发投入占全美研发总投入的比例均在68%~74%。但从研发投入总量与企业研发投入强度指标看，我国企业与欧美先进企业相比仍有较大差距；据统计，2016年我国所有制药企业的研发投入，还不及世界上最大的一家制药企业的研发经费；制造业企业500强研发强度虽然近几年连续回升，但仍不及2008年以前，更是远低于欧美先进制造企业5%以上的水平。进一步鼓励中国制造企业加大创新投入，除了需要政府进一步完善制度供给之外，制造企业自身也必须采取具体行动。一是具备有雄厚技术积累的大型制造企业必须确立技术领跑战略，调整技术创新方向，加强基础性研究与原创性研发投入力度。二是所有制造企业必须彻底转变传统发展理念，创新发展方式，坚持走创新驱动发展道路；必须纠正过去将创新作为企业利润调节器的错误做法，始终坚持进行创新投入，尤其是在行业和整体经济环境低迷时期，更应该通过加大创新投入，来构建技术优势；从中长期看，至少需要将大型制造企业研发强度从当前的2%提高到4%以上，使企业研发投入初步达到或接近具有国际竞争力的水平。三是创新人才管理模式，强化创新激励；要加大创新人才引进投入，在全球范围内灵活引进创新人才；完善技术创新成果转化与分享机制，提高创新人才分享比例，允许创新人才通过员工持股等方式参与创新成果转化应用；完善与拓宽创新人才晋升通道，提高研发创新人员薪酬标准；确保创新人才积极性得到有效激发，能力得到充分发挥。四是树立开放创新理念，搭建共享创新平台，整合利用全球创新资源，提高创新资源产出效率。五是努力开源节流，努力增加企业利润，夯实企业创新投入财力基础。

（四）严守环保红线，实现可持续发展

在当前和未来，无论是否存在《巴黎气候协议》，无论是否需要履行加强环境保护的国际义务，对我国政府和企业来说都必须持续加强对人类赖以生存环境的严格保护，企业一切生产经营活动，都必须以尽可能少地污染环境为前提，进一步减少向环境中排放、废气、废水废渣等生产性废弃物，应该成为企业对自身的必然要求；各级政府也要切实履行自身职责，督促企业严格遵守环保规定，绝不逾越环境红线，从而实现可持续发展。

政府是环境保护的监守人，是推动企业自觉履行环保责任的关键外部力量。虽然社会公众、新闻媒体、公益机构等都可以对企业遵守环保规定的情况进行监督，但显然政府的监督管理责任更重，而且不可推卸；做好环境治理与管理，是政府公共管理职能不可或缺的一部分。对各级政府部门来说，应当从以下几个方面采取有力措施，倒逼制造企业尤其是大中型制造企业切实履行环保义务与责任。一是推动立法部门加快环境保护立法，尤其是要加快新型环境污染问题的探索研究，确保做到立法全覆盖，不留立法死角；同时要提高环境违法处罚标准，加大企业环境违法成本，削弱企业环境违法动机。二是加强环境执法队伍建设，积极探索组建综合性的联合执法队伍，加大执法检查力度；同时利用现代信息技术切实做好大型制造企业远程环境检测监测，加大对企业环境违法行为与监测数据弄虚作假打击力度，以提高执法效率，增强执法震慑作用。三是加强环保法律与意识的宣传教育，探索建立环境违法企业黑名单制度，并将环境违法责任人纳入失信名单管理，提高企业领导人员守法经营意识。四是借鉴日韩等国环境监管制度，探索在我国大型制造企业试点环境管理专员制度。五是加强环境治理督查，强化不作为、乱作为问责，保持中央政策高压态势，坚决遏制地方政府"不治理、假治理"现象。

制造业大企业应当在保护环境、坚持可持续发展方面发挥关键作用。据统计，工业源污染物排放占排放总量比重较高，工业领域是主要污染物减排的重点也是难点，工业企业二氧化硫、氮氧化物、烟粉尘排放量分别占全国污染物排放总量的90%、70%和85%左右。制造业是工业的主体部分，显然在污染排放中有着关键影响；尤其是其中的大型制造企业，更是污染排放的核心责任主体。严守环境红线，实现可持续发展，必须抓住制造业大企业这个"牛鼻子"；大型制造企业自身也要强化

担当意识，自觉抓好企业污染治理工作，切实履行企业环境保护与治理责任。一是严格遵循环保法律法规，落实环评要求，确保企业生产制造过程符合环保规定，并确保企业环保设备及环保监测设施正常运行。二是发挥行业龙头企业模范带头作用，积极响应工信部绿色生产与循环经济倡议，主动进行制造设备升级改造，严格控制污染物排放，实现与环境协同发展。三是主动履行企业社会责任，一方面要借助大型制造企业的资金与技术优势，加大环保投入，强化环境技术研发，不断提高企业环境治理能力，并通过制定严格企业标准，明确比国家强制执行标准更为严苛的环保要求，主动承担更多环境保护与治理责任；另一方面是要利用企业对产业链与市场的掌控力，加强对制造环节上下游企业的指导，引领更多中小制造企业自觉履行环境保护与治理责任。

（五）优化产业组织结构，完善市场秩序

一个公平、规范、有序的市场，是行业持续健康发展的前提。良好市场秩序的建立，必须以所有企业共同遵守的市场规则为基础，包括市场准入规则、市场竞争规则和自愿、平等、公平、诚实守信的市场交易规则。改革开放以来，随着我国市场经济的逐步发展，市场规则从无到有，一直都在逐步完善之中。但不可否认的是，我国目前尚处于社会主义市场经济建设的初级阶段，对市场经济现象及其规律的理解与把握并不深刻，包括市场规则在内，很多方面还有待于进一步探索与完善。在现实经济生活中，由于企业数量众多，市场集中度普遍不高，再加上政府市场监管能力不足，导致企业之间的竞争往往趋向于无序化，恶性价格竞争等现象时有发生，不少行业假冒伪劣商品泛滥成灾；尤其是电商平台的过度扩张，而平台监管能力又显著不足，更加加剧了假冒伪劣商品的滋长。此外，市场在资源配置中的决定性作用远未得到充分发挥，行政权力对市场行为的不合理干预也广泛存在，不公平竞争现象并不少见。显然，完善市场秩序，政府和企业都还有很大的可作为空间。

政府部门应在完善市场秩序方面发挥重要作用。政府不应该过多干预企业市场化行为，但并不表示政府应该在市场活动中无所作为。政府部门以及行业协会组织天然地承担着市场规则制定职责，并且有义务监督、督促企业遵循落实市场规则。一是加强假冒伪劣商品打击力度，强化专利、品牌等知识产权维护，确保制造企业合法权益不受损害。二是要继续深化去产能，有效化解当前制造业领域产能过剩压力，根除"地条钢"等痼疾，引导供需平衡。三是切实加强社会信用建设，大力建立健全社会信用体系，尤其要加快建立完善企业信用监督和失信惩戒制度，引导所有企业诚信经营，为广大用户提供优质制造产品。四是加强公平竞争审查，严格规制与避免优势企业滥用市场优势地位。五是深化国企改革，清除并购重组政策障碍与行政壁垒，积极推动产业集中度持续提升。六是深化行业协会改革，引导行业协会在产业规范发展中积极发挥作用。

制造企业，尤其是大型制造企业应该在产业规范发展中积极作为；产业组织结构的持续优化，以及产业市场秩序的规范完善，都需要全行业企业的共同努力，大型制造企业更需在其中发挥引领作用。制造业龙头企业应在如下几个方面采取行动，以推进产业组织结构优化与市场秩序规范完善：一是加快推进并购重组，持续提升行业集中度，强化龙头企业在行业市场秩序规范完善中的影响力。二是依法合理利用自身优势地位，形成行业内大中小企业稳定协同发展的非正式的产业组织机制，

实现龙头制造企业对产业内中小制造企业市场行为的规范约束。三是持续推进技术进步，不断提升企业标准，加强产品品质管理，为中小制造企业指明技术发展方向，明确产品标准与品质要求。四是强化企业自律，严格遵循市场规则与行业规范，为中小制造企业发挥模范引领作用；同时积极配合政府与行业协会组织维护市场竞争秩序，有效约束中小制造企业市场行为。

（六）落实国家重大战略，大力发展新制造

以"互联网+"为制造业创新发展的工具载体，以"中国制造2025"为制造业创新发展的战略指引，大力发展新制造，将成为未来中国制造业发展的根本方向。从内涵看，未来新制造包含两方面的内容：一是借助互联网技术，完成传统制造业的转型升级，走智能化制造道路，从"中国制造"走向"中国智造"；二是以技术进步与消费升级为基础，发展新能源汽车、现代生物医药、人工智能产品等新型、新兴制造领域，以战略性新兴产业发展创造和满足新需求。目前我国制造业整体发展水平仍然不高，推进我国制造业转型升级是当前我国制造业政策发力的主要目标之一。为加快我国制造业转型升级进程，国家先后提出了《中国制造2025》和"互联网+"两个重大战略。"互联网+"是两化融合的升级版，旨在利用信息通信技术以及互联网平台，让互联网与传统行业进行深度融合，充分发挥互联网在社会资源配置中的优化和集成作用，将互联网的创新成果深度融合于经济、社会各域之中，提升全社会的创新力和生产力，形成更广泛地以互联网为基础设施和实现工具的经济发展新形态。《中国制造2025》则提出通过"三步走"实现制造强国的战略目标：第一步是到2025年迈入制造强国行列；第二步是到2035年中国制造业整体达到世界制造强国阵营中等水平；第三步是到新中国成立一百年时，综合实力进入世界制造强国前列。对制造业来说，"互联网+"战略的实施，是促进制造业加快技术创新步伐、拓展商业模式创新方向和实现制造智能化的重要支撑，也是落实"中国制造2025"的重要保障。对战略新兴产业发展的促进，则是国家制造业政策的另一个关键目标之所在。国务院印发《关于加快培育和发展战略性新兴产业的决定》6年多来，国务院及各部委出台了550多项有关战略性新兴产业的政策；每个省区市也发布了培育与发展战略性新兴产业的政策，形成了较为系统的战略性新兴产业政策体系。战略性新兴产业正逐步成为引领中国经济增长的新引擎，到2017年年底，战略性新兴产业增加值占GDP比重有望达10%左右。根据《"十三五"期间战略性新兴产业发展规划》，"十三五"期间新一代信息技术、高端制造、生物、绿色低碳、数字创意等五大战略性新兴产业将达到50万亿元以上的产值规模。

目前各级政府在落实"中国制造2025"和"互联网+"战略以及发展战略性新兴产业方面出台了诸多政策举措，取得了初步政策成效；但有些方面还有不尽完善之处，尤其是公共财政资金的投入产出与预期效果之间存在明显偏差，财政投入方式有待改进。在新制造发展的环境与制度供给方面，政府部门也需要积极作为，以推动新制造更快更好发展。一是变"补过程"为"奖结果"；即改变当前对战略性新兴产业、"互联网+"项目、"中国制造2025"专项扶持项目"撒胡椒面式"的补贴方式，转向于对成功实施"互联网+"改造和"中国制造2025"专项的经典项目和投资发展战略性新兴产业的企业进行奖补，以提高资金使用效果，拉动企业自发落实"互联网+"战略和"中国制造2025"战略，自主进行战略性新兴产业投资。二是围绕新制造，积极探索创新

监管方式，加强投资引导，避免新制造领域盲目无序发展，形成新的产能过剩。三是加大基础研发投入，设立新制造重大科技专项，大力发展新制造技术公共研发平台，加快推动新制造技术突破。四是探索成立新制造发展基金，发挥财政资金引导作用，推动更多社会资金扶持传统制造领域转型升级与新型、新兴制造领域企业发展。五是借助政府采购等手段培育新市场新消费，支持新制造领域企业发展。

新制造领域将是制造业未来发展的机会与方向，制造业大企业应当在新制造发展中积极发挥引领作用。一方面，新制造领域发展存在较大不确定性，中小企业的相对不足的资金实力决定了它们难以承受较大风险，这些不确定性较高的新制造领域需要由大型制造企业来承担投资发展风险；另一方面，新制造领域对技术具有较强依赖性，需要大规模技术研发作为持续发展的基础，大型制造企业显然更有实力与能力进行大规模的技术研发投入。对制造业大企业来说，发展新制造需要从以下几个方面着手：一是要有大局意识与看齐意识，结合企业自身情况，围绕国家制造业重大发展战略，制定企业中长期发展规划，坚定落实国家重大战略。二是明确企业长远发展路径，选择通过技术改造或新工具利用实现转型升级发展，或是培育新的制造业增长点，积极投资发展战略性新兴制造业。三是加强新制造领域技术研发与储备，抢占新制造领域技术制高点，创造并把握中国制造业弯道超车、变道超车机会，推动中国从制造大国加快向制造强国转变。四是主动承担新制造领域发展趋势、技术方向与产业政策研究责任，积极为国家完善新制造产业政策建言献策，助力新制造领域更快更好发展。

第三章
2017中国服务业企业500强分析报告

2017中国服务业企业500强是由中国企业联合会、中国企业家协会连续第十三次向社会发布的我国服务业大企业榜单。过去几年，新一轮技术进步和产业变革，特别是以云、大、智、物、移为代表的新一代信息技术改写了我国经济的运行格局、联通格局，更改变着服务业的发展格局，推动着服务企业快速成长。服务业大企业正由提供单一的产品向提供一种关系服务转变，从IT（信息）时代向DT（数据）时代转变，从对资金流的传输向对资金流的掌控转变，并出现企业的平台化、数据化和金融化的趋势。服务业中的传统与新兴部分正由对抗走向融合，服务业大企业也由配角向产业整合者转变。从宏观指标看，服务业连续五年居于GDP贡献的第一位，我国经济已经开始从"工业"时代逐渐向"服务业"时代过渡。

综合近几年中国服务业企业500强榜单可以看出以下特点：第一，规模持续扩大，营收总额突破30万亿元，增速连续5年超过制造业500强。第二，规模分布由金字塔形向橄榄形转变，60亿~100亿元或成为服务业企业成长突破的关键。第三，净利润继续保持增长，但增速回落至10年中一个低点，仅为5%；人均利润7年间首次下降；资产利用状况持续下降，服务业大企业成长或将迎来一个拐点。第四，行业表现出重大分化，传统贸易零售和交通运输等企业占比持续走低，互联网、供应链等新兴服务业企业快速崛起，产业结构持续优化。第五，服务业大企业包含门类众多，各行业的痛点与特征不一：交通运输企业进入整合联盟时代，抱团提高竞争力；传统贸易巨头历经市场洗礼，纷纷转型；商超百货企业近年来的平均收入利润率一直在1%~1.5%，面对互联网时代的机遇与挑战，商业模式亟待转型；互联网服务企业入围18家，从消费互联到产业互联全面开花；物流及供应链服务企业已成气候，供应链思维逐渐被广大企业所接受；银行占比持续下降，其他金融企业快速发展。第六，服务业企业500强分布在29个地区，少数区域不断集中的趋势明显，东北部入围企业数持续减少；广东在服务业领域持续发力，入围数量稳居第一位，浙江、江苏服务业大企业成长相对缓慢，6年间入围企业数量分别减少25家和15家。

一、2017中国服务业企业500强的规模特征分析

近年来，中国服务业企业500强增长强劲，营业收入增速连续3年提高，并连续5年超过制造业500强。2017中国服务业企业500强营收总额突破30万亿元，大幅赶超制造业。入围门槛、资产、

员工等规模类指标较上年均实现两位数增长。

1. 中国服务业企业 500 强规模情况

2017 中国服务业企业 500 强的规模增长依然显著，实现营业收入总额达 307888 亿元，资产总额达到 2234710 亿元，与 2016 中国服务业 500 强企业（以下简称上年）相比较，分别增长 13.60% 和 17.96%。员工人数持续增加，达到 1593 万人，增长 18.62%。过去 5 年，营业收入总额由 20.48 万亿元增加到 30.79 万亿元，复合增长率高达 10.73%（见图 3-1）。

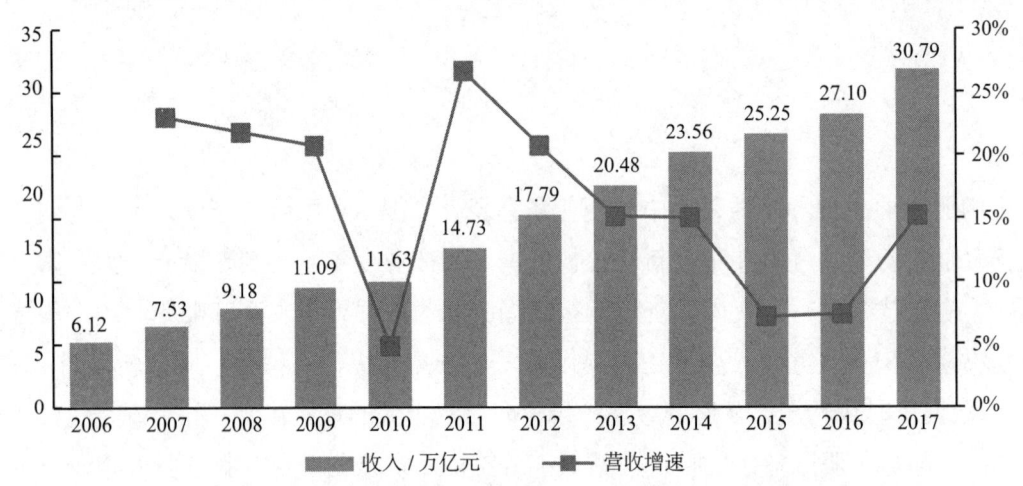

图 3-1 中国服务业企业 500 强营业收入及增速（2006—2017）

2017 中国服务业企业 500 强入围门槛为 39.51 亿元，较上年增长 36.15%。10 年来，由不足 9.85 亿元到如今的近 40 亿元，增长 3 倍，期间服务业企业经历金融危机的冲击，入围门槛也大起大落，近 5 年来逐渐趋稳，入围门槛增长率保持在 7% 左右，2017 年的榜单出现大幅度增长（见图 3-2）。

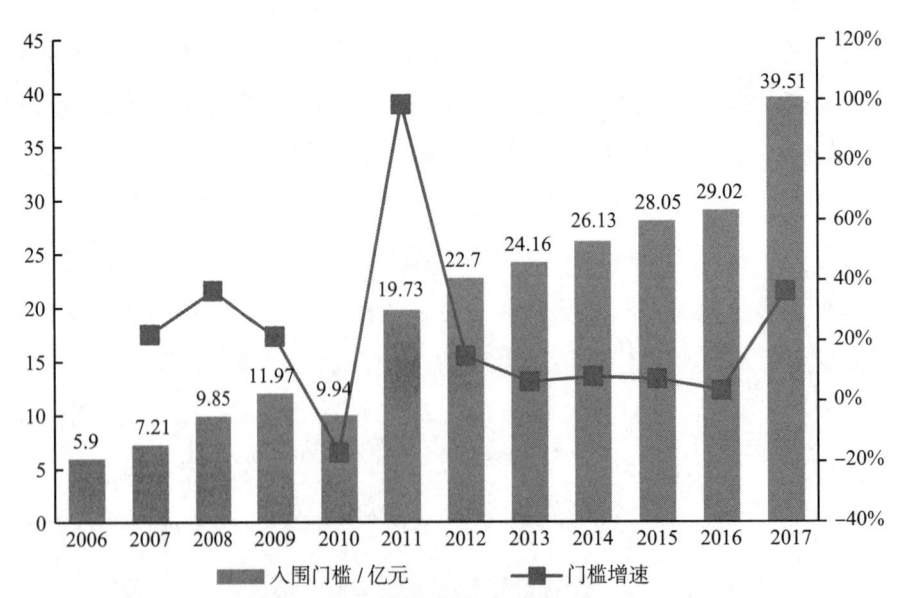

图 3-2 中国服务业企业 500 强入围门槛及增速（2006—2017）

2. 营收增速连续 5 年超过制造业

2017 中国制造业企业 500 强的营收总额和入围门槛为 278196 亿元和 68.97 亿元，分别相当于服务业 500 强企业的 91.77% 和 174.89%。

从过去十几年的情况来看，无论是入围门槛还是营收总额，和中国制造业企业 500 强相比较，服务业企业 500 强都始终处于追赶状态，尤其是在 2012 年的榜单中，制造业 500 强营收总额相当于服务业 500 强的 122%，但这一情况在 2016 年实现了反转，2017 年更加突出。曾经，制造业企业 500 强的入围门槛相当于服务业的 468.68%，如今只剩下 174.89% 的优势。历经 2006—2017 榜单，服务业大企业快速成长，12 年的时间，补上了近 3 倍的差距（见图 3-3）。

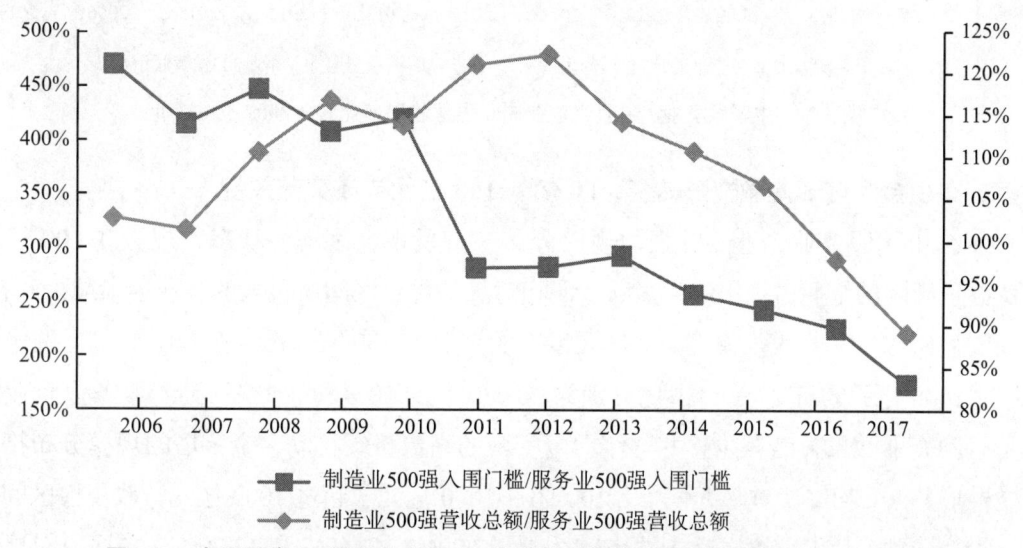

图 3-3　中国制造业/服务业企业 500 强营收总额和入围门槛比较（2006—2017）

中国服务业企业 500 强的集体快速成长，除了入围门槛差距的不断缩小，还体现在 500 家企业的整体营收增速连续 5 年超过制造业，并呈现不断扩大的态势。2013 年，服务业企业 500 强营收以 15.13% 的高速度，超过制造业的 7.68%，2017 年，前者仍保持在 13.6% 的高速度，后者却下滑到 6.54%（见图 3-4）。

本报告大部分的时间序列数据大都是从 2006 年开始，来观察服务业以及相关企业的成长逻辑和特点，这是因为 2006 年至今，已经超出 10 年，这在经济学已经包含着一个完整的朱格拉周期，经历经济繁荣、衰退、萧条和复苏的中周期，时间足够长来观察一个大产业中大企业群体的发展变化。也是因为过去 12 年中，2008 年金融危机的爆发，给世界经济和中国经济都以重创，我国的贸易、房地产、金融等服务业企业因此受到巨大冲击，而"四万亿"刺激和互联网新技术也带来了重大机遇，企业在复苏中前行。这些外部"重大事件"，让我们能够去比较，制造业企业和服务业企业的差异，甚至是差距。服务业企业在商业模式、价值创造等"内功"修炼方面的不断进取，相比于制造业大企业，服务业大企业复苏更快，走得也更稳更好！

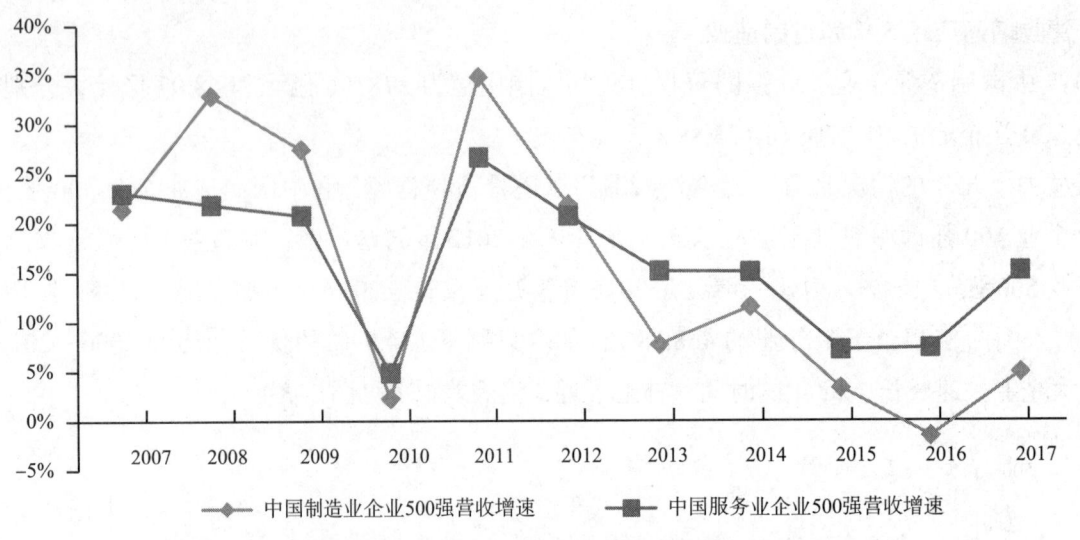

图 3-4 中国服务业/制造业企业 500 强营收增速比较（2007—2017）

3. 规模分布由金字塔形向橄榄形转变，60 亿～100 亿元或成突破关键

过去多年，中国服务业企业 500 强的规模分布一直呈现金字塔的状态，规模在 100 亿元以下的企业，即低数量区间的企业占据了绝大多数，而相对高的数量区间所包含的企业逐渐减少。在 2010 服务业企业 500 强榜单中，营收规模在 100 亿元以下的企业有 350 家，100 亿～1000 亿元的企业数量有 123 家，超过 1000 亿元的有 27 家，占比分别为 70.00%、24.60% 和 5.40%。随着服务业企业的不断成长，低数量区间企业数量显著减少，并逐年向金字塔的高数量级移动，金字塔的规模分布格局，也逐渐转变为橄榄形。2017 年，100 亿元以下、100 亿～1000 亿元、超过 1000 亿元营收规模区间的企业数量分别为 186 家、248 家和 66 家，占比相应变化为 37.20%、49.60% 和 13.20%，并且中间规模企业数量首次超过低规模企业数量 12.4 个百分点，橄榄形规模分布格局形成见表 3-1，图 3-5。

表 3-1 中国服务业企业 500 强企业营收规模分布（2010—2017） （单位：家）

	100 亿元以下	100 亿～1000 亿元	超过 1000 亿元
2010	350	123	27
2011	319	151	30
2012	302	159	39
2013	280	174	46
2014	264	188	48
2015	257	190	53
2016	228	213	59
2017	186	248	66

如果将 1000 亿元营业收入作为中国服务业大企业的"世界级"的标准，8 年间由 27 家增加到

66家，年均6家。那么100亿元的规模可以被视为"健将级"的标准，2010—2017年期间，达到这一标准的由150家达到314家，8年中增加了164家，年均增加23家。相对而言，服务业企业成为"健将级"相对容易，这可能是由于广阔的市场空间能够支撑企业的快速扩张，但跨越千亿元则需要更大的管理能力、资源匹配的智慧，并非易事。

进一步分析营收规模在100亿元以下的企业数量变化，在2010—2017年这8年中，服务业企业500强中包含的60亿元以下的企业数量急剧减少，由295家减少到100家，年均减少28家，而60亿～100亿元之间的企业数量却变化不大，一直保持在80家左右。60亿～100亿元的营收规模很可能是服务业企业成长的"中等陷阱"，不容易跨越，而一旦跨越超过100亿元，企业将迎来下一个成长高峰（见图3-5）。

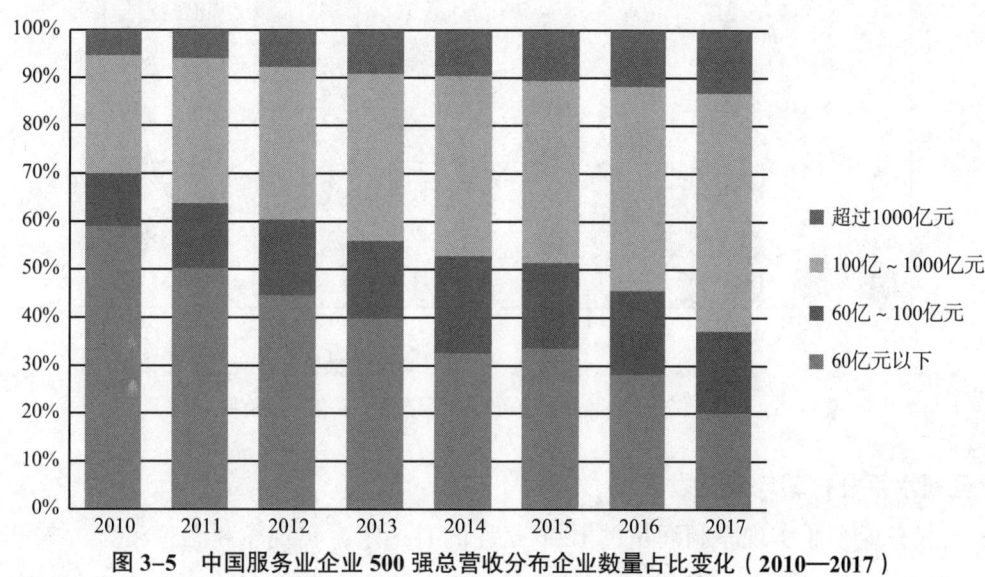

图3-5 中国服务业企业500强总营收分布企业数量占比变化（2010—2017）

二、2017中国服务业企业500强的经济效益情况分析

2017中国服务业企业500强实现的净利润继续保持增长，但增幅却出现明显的下降，仅为5%。经历2008年金融危机，我国服务业大企业快速复苏，净利润紧跟营业收入增长的步伐，2012—2016中国服务业企业500强增速保持在10%左右，但2017中国服务业企业500强增速回落，成为过去12年间，除了金融危机导致2008年净利润出现负增长后的又一个低点。另外，2017年的企业平均利润增长率、收入利润率、资产利用水平也都出现了不同程度的下滑。服务业大企业或将迎来成长的一个拐点。

1. 净利润总体保持增长，但增速回落至10年中一个低点

2017中国服务业企业500强实现净利润（指归属母公司所有者净利润，下同）总额为23140亿元，增长5.02%，增幅较前两年相比有所回落。2008年金融危机，服务业企业500强的净利润实现出现了大起大落的过山车式的变化，自2012年开始出现平稳态势，2012—2016榜单一直保持在10%左右，具体分别为：11.94%、13.62%、15.20%、9.72%和12.62%。但2017年的榜单中，利润首次跌落到5%，成为12年间中国服务业企业500强净利润增长的另一个低点（见图3-6）。

这和另一个指标营业收入的增长走势形成明显差异。2017中国服务业企业500强的营收增速由个位数7.35%到两位数15.19%，增加1倍。可能恰恰是营收的扩张带来了利润的下降，服务业企业进行了"薄利多销"式的扩张式发展。在云、大、智、物、移（即云计算、物联网、移动互联网、大数据、智能制造）等概念和技术的快速更新迭代的发展中，快速占领市场，获得入口优势和先发优势，放弃短期的利润可能正成为服务业企业的一种战略选择。

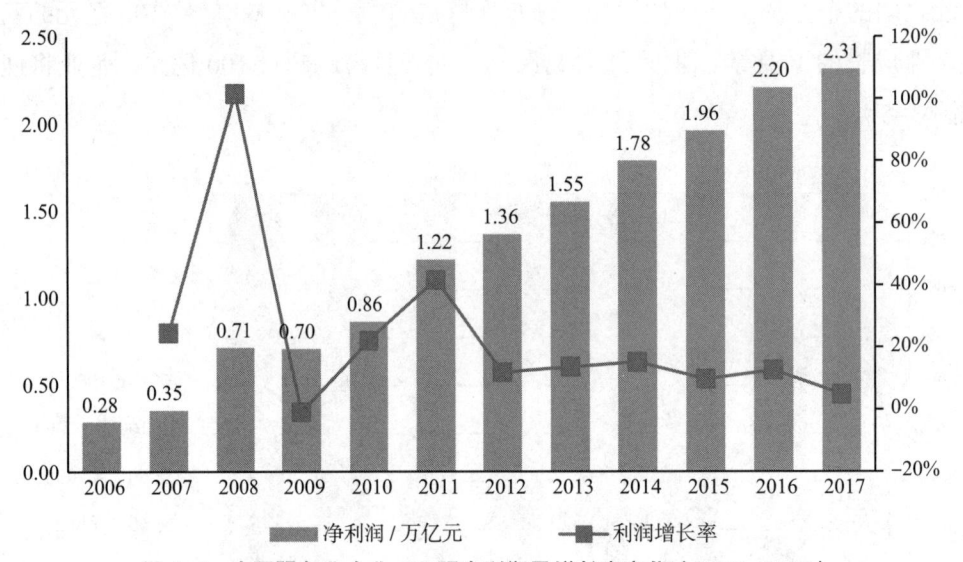

图3-6 中国服务业企业500强净利润及增长率变化（2006—2017）

2. 企业盈利水平分布朝均衡化发展

2017中国服务业企业实现净利润超过1000亿元的有5家，实现净利润总额为9672.74亿元，占比41.85%。超过100亿元的企业有32家，较上年减少2家，实现净利润总额18236.2亿元，占榜单企业净利润总额的比重为78.91%，在这32家企业中，有21家金融机构（其中银行13家）、2家电网公司、2家房地产公司、2家电信公司、3家互联网公司。在10亿~100亿元之间的企业有140家，较上年的93家增加47家，净利润在0~10亿元以上的企业数合计为308家，较上年减少15家，另有18家企业亏损，亏损企业数量显著减少（见表3-2）。

表3-2 中国服务业企业500强净利润分布企业数量变化（2011—2017）

利润	2011	2012	2013	2014	2015	2016	2017
100亿元以上	18	19	22	23	29	34	32
10亿~100亿元之间	86	83	83	93	92	93	140
0~10亿元之间	380	381	370	363	344	323	308
亏损	11	10	24	17	32	37	18

观察近几年的情况，服务业企业获利的绝对值在显著增加，尤其是在10亿~100亿元这个区间，企业数量由2011年的86家增长到2017年的140家，100亿元以上的从18家增加到32家，而0~10亿元这一区间的企业数量由2011年的380家减少到2017年的308家。总体而言，企业净利润在较高区间的企业数在增加，低区间的企业数在减少，企业的获得净利润水平的区间分布更加均衡（见表3-2、图3-7）。

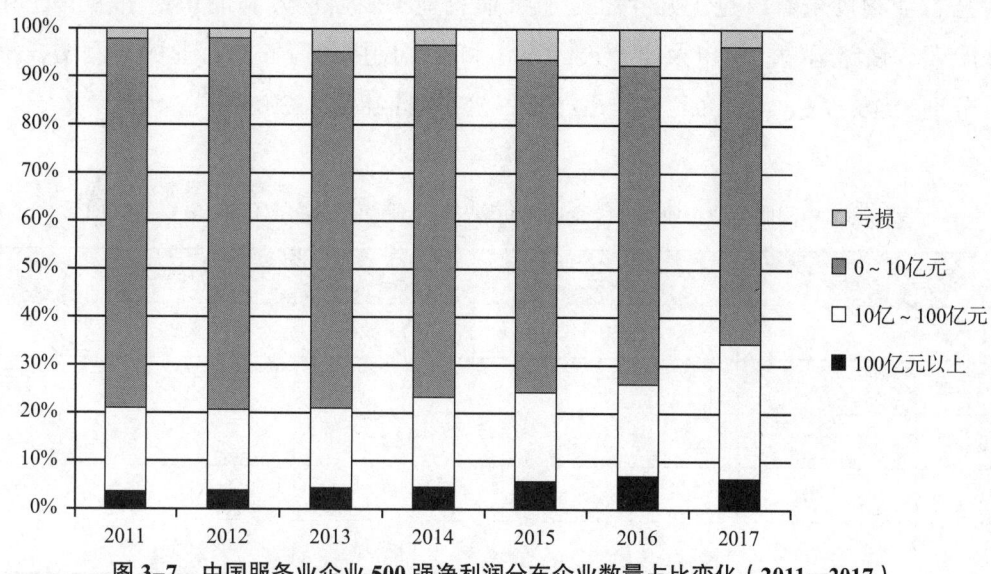

图3-7 中国服务业企业500强净利润分布企业数量占比变化（2011—2017）

3. 企业净利润增长水平急速下滑

2017中国服务业企业500强利润平均增长率为0.89%，较上年的9.98%迅速下降，并滑落至近7年来的最低水平，较之2011中国服务业企业500强利润平均增长率34.44%下降了34个百分点（见图3-8）。

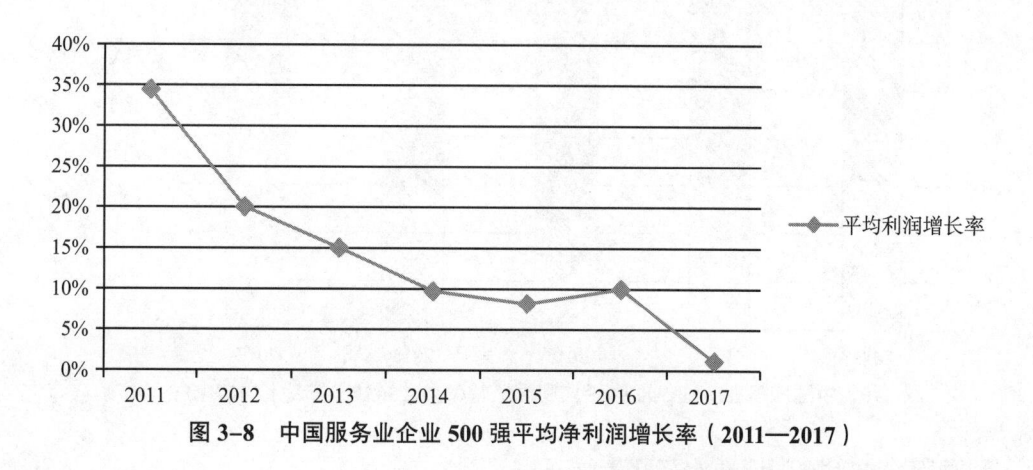

图3-8 中国服务业企业500强平均净利润增长率（2011—2017）

从分布情况来看，增长率高达50%以上的企业数量为80家，增长率30%~50%之间的企业数量为44家，在10%~30%增长率之间的企业数量为100家，0~10%利润增长率的企业数量为95家，利润负增长的企业数量为147家。

近几年，中国服务业企业 500 强利润平均增长率的分布也有所变化，即高增长区间的企业数量在减少，低增长区间的企业数量在显著增加。在 2013—2017 年期间，利润增长率在 30%～50% 水平的企业数量由 64 家减少为 44 家，利润增长率在 10%～30% 水平的企业数量由 87 家减少为 100 家，利润增长率在 0～10% 水平的企业数量由 80 家减少为 95 家。这是导致服务业企业 500 强利润平均增长率整体下降的一个原因（见表 3-3、图 3-9）。

另外，从行业角度来看，过去几年推动服务业企业 500 强整体利润快速上涨的证券、化工医药商贸、保险业、铁路运输、家电及电子产品零售和互联网服务等 6 个行业的利润增长率都下降了 20% 以上，分别为 45.99%、41.13%、37.76%、31.45%、24.38%、23.09%。

表 3-3　中国服务业企业 500 强企业利润增长率企业数量分布变化（2013—2017）

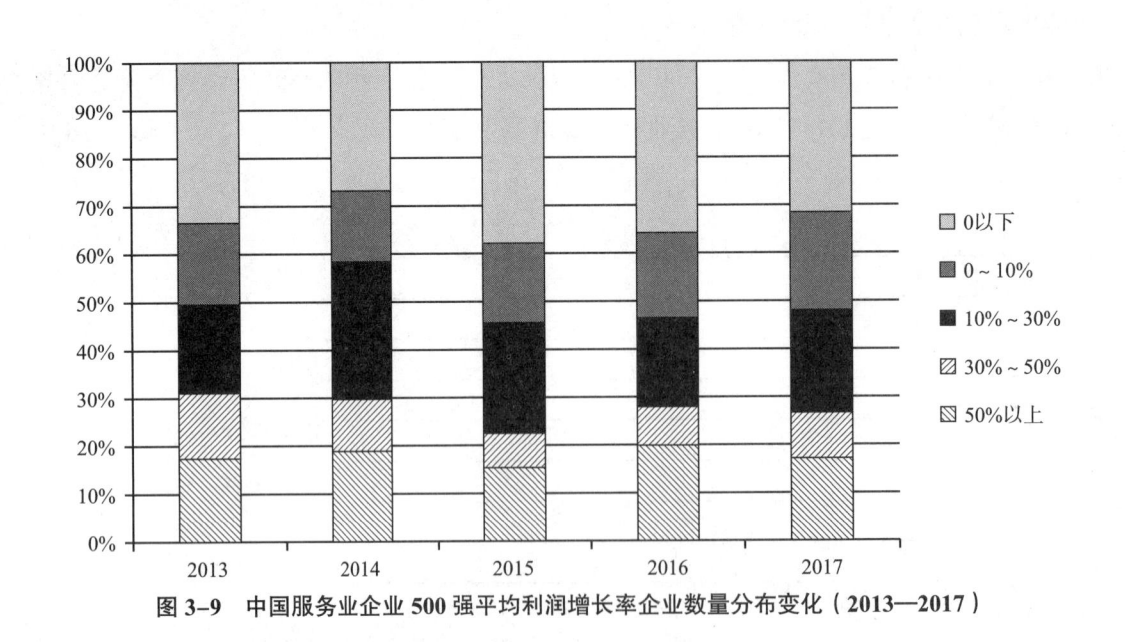

利润增长率	2013	2014	2015	2016	2017
50% 以上	82	91	73	92	80
30%～50%	64	52	34	37	44
10%～30%	87	138	110	86	100
0～10%	80	71	79	82	95
0 以下	157	129	180	165	147

图 3-9　中国服务业企业 500 强平均利润增长率企业数量分布变化（2013—2017）

4. 收入利润率稳中有降，证券业获利最强

2017 中国服务业企业 500 强的平均收入利润率为 7.56%，较上年的 8.16%，下降了 0.6 个百分点。综合近几年的情况看，这一指标维持在 7%～8% 之间，未出现较大波动（见图 3-10）。

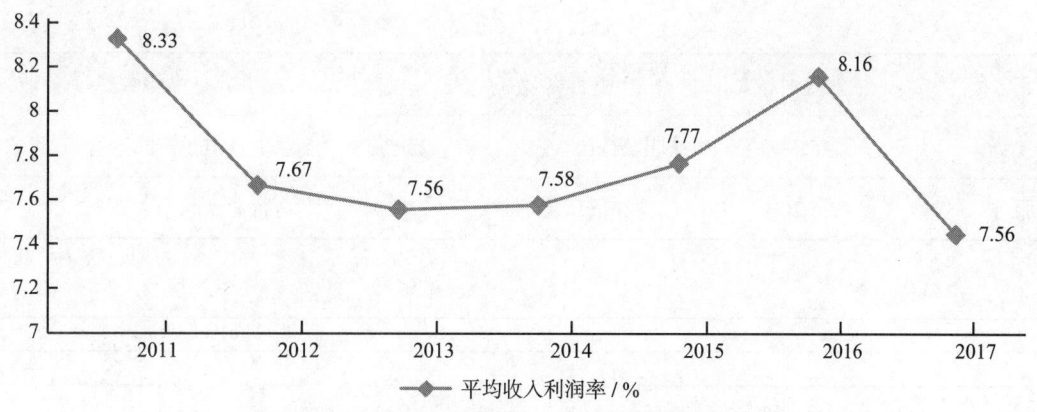

图 3-10　中国服务业企业 500 强收入利润率情况变化（2011—2017）

从分布情况来看，企业之间和行业之间出现较大的差异。收入利润率达到 30% 以上的企业有 7 家，比上年减少 5 家。它们分别是：重庆三峡银行、分众传媒、广发证券、重庆银行、无锡交通产业集团、九江银行、汉口银行。从行业来看，证券业的平均收入利润率最高为 24.61%，其次是商业银行 22.63%、航空港及相关服务业 13.08%、互联网服务 11.28%、园区地产 11.12%、铁路运输 9.66%、文化娱乐 9.25%、多元化金融 8.43% 和邮政 7.59%，其他 32 个行业均未达到 2017 中国服务业企业 500 强的平均收入利润率，且不足 1% 的有 9 个行业，大都为传统贸易性行业，现有 41 个行业的利润率出现巨大差异（见表 3-4、图 3-11）。

表 3-4　2017 中国服务业企业 500 强企业各行业收入利润率比较

行业名称	收入利润率	行业名称	收入利润率	行业名称	收入利润率
证券业	24.61%	水上运输	4.89%	航空运输	1.87%
商业银行	22.63%	广播电视服务	4.80%	医药及医药器材零售	1.46%
航空港及相关服务业	13.08%	水务	3.28%	汽车、摩托车零售	1.37%
互联网服务	11.28%	保险业	3.17%	连锁超市及百货	1.26%
园区地产	11.12%	电网	3.03%	国际经济合作	0.93%
铁路运输	9.66%	公路运输	2.96%	化工医药商贸	0.86%
文化娱乐	9.25%	商业地产	2.67%	农产品及食品批发	0.72%
多元化金融	8.43%	旅游和餐饮	2.57%	人力资源服务	0.65%
邮政	7.59%	生活消费品商贸	2.55%	金属品商贸	0.64%
住宅地产	7.28%	多元化投资	2.54%	生活资料商贸	0.60%
港口运输	6.21%	研发、规划设计	2.31%	综合商贸	0.57%
综合能源供用	6.14%	物流及供用链	2.09%	能源矿产商贸	0.44%

续表

行业名称	收入利润率	行业名称	收入利润率	行业名称	收入利润率
电讯服务	5.38%	机电商贸	2.08%	家电及电子产品零售	0.31%
商务中介服务	5.20%	软件和信息技术	2.00%	全行业	7.45%

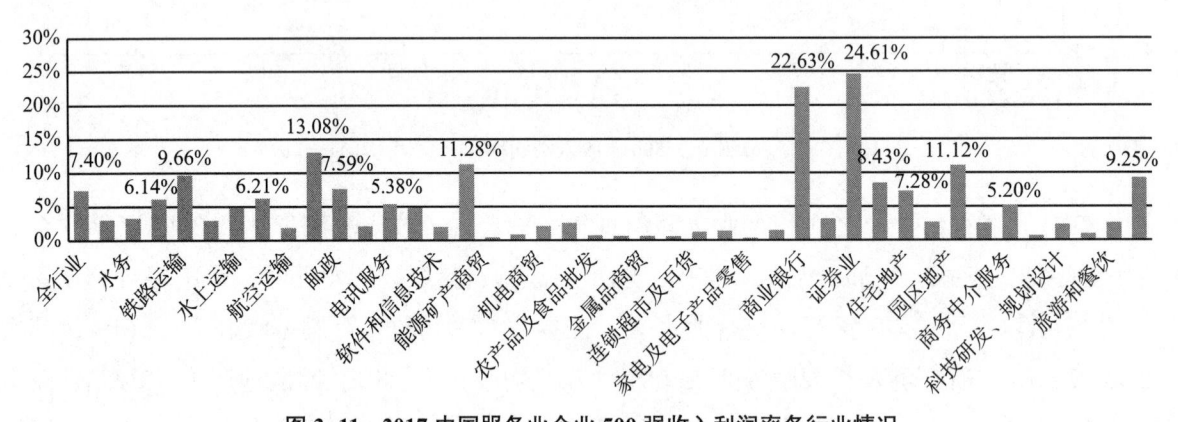

图 3-11 2017 中国服务业企业 500 强收入利润率各行业情况

5. 人均利润 7 年间首次下降，商业银行人均利润最高

2017 中国服务业企业 500 强的人均利润为 14.6 万元，较上年的 16.47 万元下降 12.80%，这也是近 7 年来首次出现下降。

从行业来看，商业银行的人均利润最高为 63.52 万元，其次是证券业 58.75 万元、铁路运输 49.33 万元、互联网服务 27.25 万元、金属品商贸 22.57 万元、住宅地产 22.55 万元、园区地产 18.89 万元、文化娱乐 15.25 万元。和上年相比较，证券业的人均利润减少 56.47 万元，降幅 49.24%，互联网服务减少 64.61 万元，降幅高达 68.11%，铁路运输减少 21.71 万元，降幅高达 30.58%，商业银行减少 2.58 万元，降幅 4.2%，而这四个行业的利润构成了 500 家服务业企业利润的 70%。或许正是这些行业人均利润的下滑导致了 2017 中国服务业企业 500 强整体水平的下降。剩余其他 33 个行业的平均人均利润均低于服务业企业 500 强的整体水平，其中家电及电子产品零售行业的人均利润最低，不足 1 万元。各行业之间差距很大。但也不乏亮点，文化娱乐业的人均利润上年仅为 8.54 万元，增长了 78.54%（见表 3-5、图 3-12、图 3-13）。

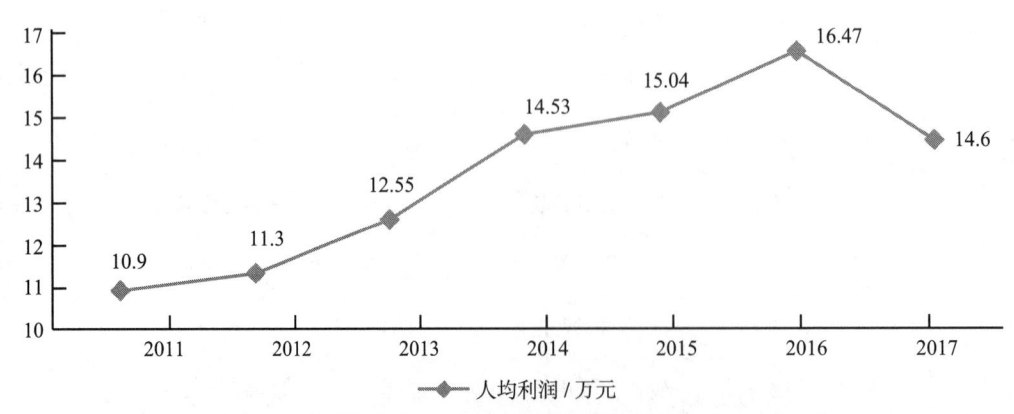

图 3-12 中国服务业企业 500 强人均利润变化（2011—2017）

表 3-5　2017 中国服务业企业 500 强企业各行业人均利润比较

行业名称	人均利润/万元	行业名称	人均利润/万元	行业名称	人均利润/万元
商业银行	63.52	多元化金融	7.83	商业地产	3.70
证券业	58.75	多元化投资	7.12	综合商贸	3.58
铁路运输	49.33	生活资料商贸	7.11	邮政	3.58
互联网服务	27.25	生活消费品商贸	6.94	广播电视服务	3.56
金属品商贸	22.57	电讯服务	6.55	公路运输	3.42
住宅地产	22.55	机电商贸	6.40	国际经济合作	2.95
园区地产	18.89	电网	6.05	农产品及食品批发	2.85
文化娱乐	15.25	化工医药商贸	5.39	软件和信息技术	2.78
全行业	14.31	保险业	5.03	旅游和餐饮	2.77
综合能源供用	10.65	汽车、摩托车零售	4.25	航空运输	2.69
航空港及相关服务业	10.16	水务	4.17	人力资源服务	2.21
商务中介服务	9.47	医药及医疗器材零售	3.93	连锁超市及百货	1.68
港口运输	9.22	科技研发、规划设计	3.87	能源矿产商贸	1.41
水上运输	8.95	物流及供用链	3.70	家电及电子产品零售	0.94

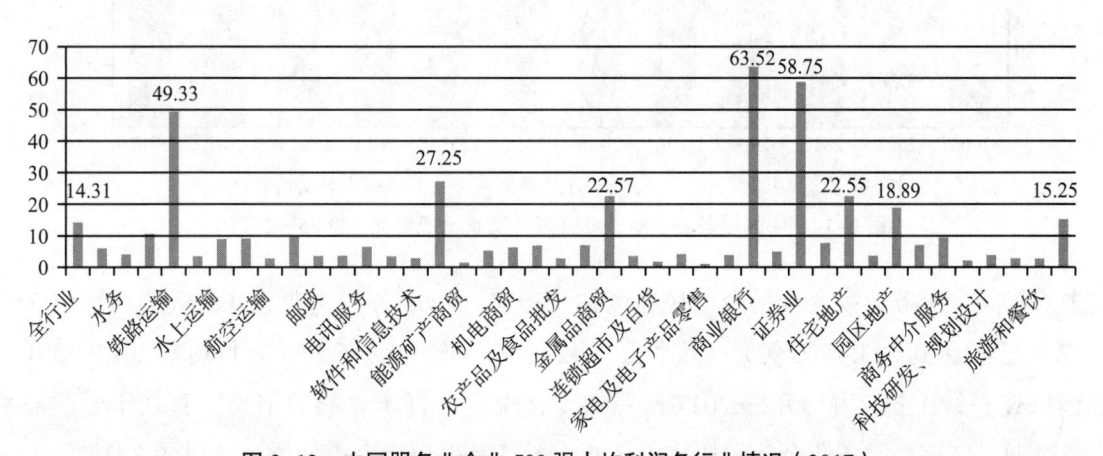

图 3-13　中国服务业企业 500 强人均利润各行业情况（2017）

6. 资产利用状况持续下降，或与快速扩张有关

2017 中国服务业企业 500 强企业平均资产利润率为 1.04%，较上年 1.16% 降低了 0.12 个百分点；平均净资产利润率为 10.08%，较上年下降了 1.13 个百分点；平均资产周转率为 0.138 次/年，较上年下降 2.82%。

近年来，中国服务业企业 500 强的平均资产利润率、平均净资产利润率和平均资产周转率都呈现出持续下降的态势，6 年间，已经分别下降 0.25 个百分点、3.18 个百分点和 2.71 个百分点。这需要引起足够的重视，是什么原因导致服务业企业资产利用状况的持续下滑？我们尝试分析其中的原因（见表 3-6）。

表 3-6　中国服务业企业 500 强企业资产利用情况变化（2012—2017）

	平均资产利润率 / %	平均净资产利润率 / %	资产周转率 /（次 / 年）
2012	1.29	13.23	0.166
2013	1.25	12.95	0.165
2014	1.21	12.76	0.159
2015	1.19	12.06	1.153
2016	1.16	11.21	0.142
2017	1.04	10.08	0.138

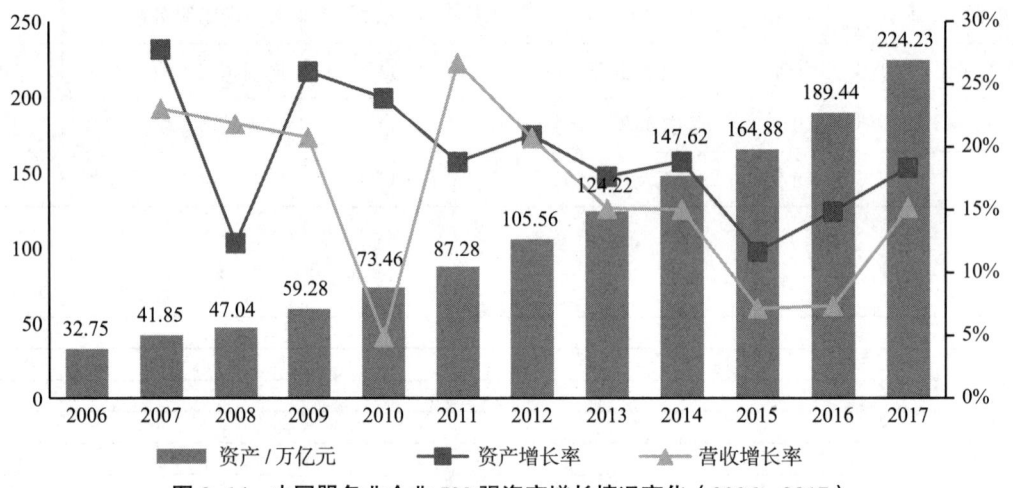

图 3-14　中国服务业企业 500 强资产增长情况变化（2006—2017）

过去 6 年间，服务业大企业的资产快速增加。2012 中国服务业企业 500 强资产总额 105.56 万亿元，2017 年已经达到 223.47 万亿元，增长了 1.12 倍，年均增长 16.26%，尤其是 2015—2017 榜单，资产总额增速直线上扬。从 2012—2017 榜单的变化来看，资产总额的增速一直快于营收总额的增速。这个时期，应该是服务业企业的快速扩张期，尤其是表现为资产的增长（见图 3-14）。

另从服务业 500 强企业并购的情况来看，近 3 年，无论是并购的主体还是被并购的企业数量都出现了大幅增长。2015 中国服务业企业 500 强中，共有 99 家企业并购了 518 家企业，而在 2017 中国服务业企业 500 强中，企业并购主体数量已经达到 121 家，被并购企业 906 家，分别增长了 1.22 倍和 1.75 倍（见表 3-7）。

大规模的并购促进了企业资产规模的快速扩张，而企业的营收能力、获利能力并没有跟上资产扩张的速度，因而导致了资产利用水平的持续下降。

表 3-7 中国服务业企业 500 强并购情况（2015—2017）

发布年份	企业数量	重组并购个数
2015	99	518
2016	151	634
2017	121	906

三、2017 中国服务业企业 500 强的行业情况分析

2017 中国服务业企业 500 强共分布在 42 个小类行业，11 个中类行业。排在前 3 位的中类行业是：批发贸易包含 99 家企业、零售业包含 70 家企业、金融业包含 66 家企业（见表 3-8）。

表 3-8 2017 中国服务业企业 500 强行业情况

中类行业	企业数量
公用事业服务	37
交通运输业	40
邮政和物流	26
电信及互联网信息服务	31
批发贸易	99
零售业	70
金融业	66
房地产	53
商务服务	44
旅游、餐饮及文化娱乐	17
综合服务业	17

观察 2006—2017 的 12 年榜单，我们发现，伴随着传统贸易零售和交通运输等企业的持续走低，互联网、供应链等新兴服务业企业快速崛起，中国服务业企业所在行业表现出重大分化，产业结构持续优化。

在 2006 中国服务业企业的榜单中，批发贸易、零售、交通运输三大类行业涉及 313 家，占比 62.6%，而历经 12 年变迁，这三类企业日渐式微，减少到 209 家，占比也下降为 41.8%。与此相对应的，金融、物流及供应链、互联网服务等行业的企业却日渐强大，由 2006 年榜单中的 49 家攀升至 109 家，占比也由不足 10% 增加至 21.8%。当然，也有研发规划、文化娱乐和房地产等领域的大

企业占比在12年间的榜单中并未出现明显的变化。因此，在2006—2017年间，中国服务业企业500强的行业明显地分化出下降型、上升型和趋稳型（见图3-15、图3-16）。

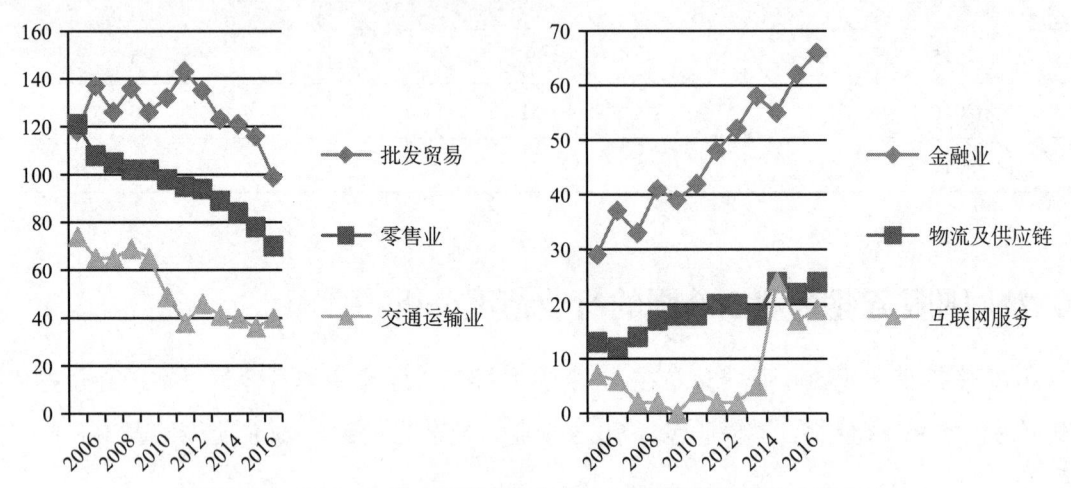

图3-15　2006—2017中国服务业企业500强行业情况变化（1）（2）

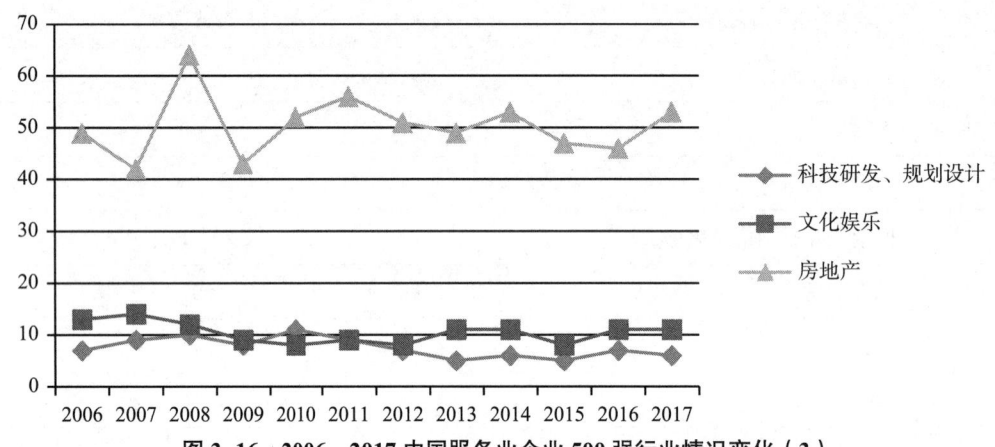

图3-16　2006—2017中国服务业企业500强行业情况变化（3）

1. 交通运输业进入整合联盟时代

铁路运输、公路运输、水上运输、港口服务、航空运输等交通运输行业是传统服务业的代表，更是重资产、重资源的行业，在经营上有着一定的天然垄断性和高门槛优势，因此，除非经历巨大宏观经济波动，交通运输行业在行业格局上一般较为稳定。然而，在2006—2017榜单中，还是有34家交通运输类企业消失于榜单，我们将其中的原因归结为行业内部对现有资源进行了大范围的整合和调整，而历经这一过程，交通运输企业也正变得更具竞争力。

首先，以铁路运输为例，2006年的榜单包含有19家铁路运输及辅助企业，而随着铁路体制改制，铁路实行政企分开，2013年中国铁路总公司成立，曾经活跃于榜单的各地铁路局（集团）也自此逐渐消失，并呈现出近两年来只有1~2家入围的局面。

其次，水上运输业。2009年，中外运当年与长航重组；2015年，中外运长航整体并入招商局；2016年，中国远洋与中国海运重组。这些标志性事件勾画了我国水上运输业的整合态势，而在经历一系列重组整合之后，中远海运集团和招商局集团成为航运业的最后两家央企。中远海运集团成为全球运力规模最大的综合航运公司，规模优势和综合实力得到显著提升，迅速实现了"4个世界第一"和"6个世界前列"。

第三，港口企业。目前中国已经成为全球第一港口大国，全球货物吞吐量前10大港口中，中国占8席，全球集装箱吞吐量前10大港口中，中国内地占6席。但仍面临竞争无序、建设相对过剩、腹地重叠、货物单一、经济结构同质化、相互合作协调少等问题。例如，唐山港、天津港、日照港等位居前列的港口企业，其运输产品基本均以煤炭和矿石等大宗物资为主，较为依赖腹地的外贸实力和本地工业竞争力，在金融、法律、保险等产业链条服务方面仍存在较大差距。因此，通过兼并重组进行规模化经营；以联盟、合作进行一站式、精细化服务成为近两年港口企业发展的一大趋势。例如，浙江省整合省内五大港口公司组建海港集团；京津冀联合组建渤海津冀港口投资公司；江苏将8家省属港航企业整体并入新近成立的江苏省港口集团，都是意在统筹区域港口资源整合和综合利用，提升竞争实力。而在"走出去"的过程中，港口企业也几乎毫无例外地选择了"抱团出海"。

第四，铁水联运呼声不断。不仅每一细分类型的交通运输行业进行着整合，在行业间的联盟也出现了更大的需求。自2011年《关于加快铁水联运发展的指导意见》发布至今，各地铁路公司、港口企业、船舶公司都进行了诸多的尝试，尽管诸多示范项目没有达到预期目标，但交通运输行业进行全面的大联合，以此提高流通的效率和效果已然成为趋势。

2. 传统贸易巨头历经市场洗礼，纷纷转型

出身于特定历史环境的外贸类企业，在服务业企业500强占据重要位置，一度无限风光。2006年，对GDP贡献高达20%左右的出口格局促进了贸易企业在当年的榜单中占据23.6%的席位。"不生产一吨钢，只做钢铁企业服务商"的中钢集团彼时正如日中天，并成为当时中国最大的前30家企业之一。国机集团、中粮集团、中化集团、中航油等大型央企在机电、粮油、化工、能源等也在贸易细分领域占据"巨无霸"的位置。

12年过去，外贸权从中央到地方，对各品类商品，各所有制企业全面放开，大型贸易类企业的专项经营权优势丧失，贸易企业遍地开花，竞争激烈，市场也鱼龙混杂、乱象丛生。而随着"中国制造"竞争力优势减弱，金融危机后世界经济的萧条对外贸易领域产生了重大冲击，并且越来越多的制造企业选择自营贸易，国际贸易市场困境重重，大型贸易类企业纷纷转型，向多元化、全产业链发展，提升竞争能力。中粮从大健康需求出发，践行"从农田到餐桌"的全产业链发展。当然更多外贸企业还是以贸易优势为起点，向集合了物流、资金流、信息流和商流等全服务业的现代物流甚至供应链服务领域发展。如物产中大（原浙江物产）加快实施"流通4.0"，实现从轻资产模式为主向"轻重高"结合的产业格局转变，全力构建以流通集成服务为主体、以金融与高端制造业为两翼的产融互动业务格局。然而，也有诸多企业在残酷的竞争中出局，在近年的榜单中难觅其身影。2017服务业企业500强中，贸易类企业进一步从上年的116家减少到99家。

3. 商超百货的商业模式亟待转变

2006—2017中国服务业企业500强榜单，还有一类企业遭遇着严重的下滑，那就是商超百货企业，由91家显著减少为35家。分析其中的原因，既有互联网时代，服务可以跨越时空，生产和消费之间的传统渠道逐渐被互联网替代，百货商场、连锁超市这些兴起于20世纪90年代传统渠道商受到较大影响，也有曾经在榜单中活跃过，但偏安一隅的地方性百货大楼、连锁超市在相当一个时期内并没有突破地域上的成长，没有在全国乃至世界范围内获得规模上的扩张，而消失于榜单，如南宁百货和京客隆超市。

在服务业企业500强的诸多行业中，获利能力和水平一直存在较大差距，而商超百货企业正是属于一直远低于全行业平均水平，并在低位徘徊的那一类。2017中国服务业企业500强中商超百货企业的平均人均利润为1.68万元，全行业的水平为14.6万元；收入利润率为1.26%，全行业水平为7.56%。观察2012—2017榜单，商超百货企业的平均收入利润率一直在1%~1.5%，甚至在上一年还突破了1%，仅为0.89%（见表3-9、图3-17）。

表3-9 中国服务业企业500强中商超百货收入利润率情况（2012—2017）

	商超百货平均收入利润率	全行业平均收入利润率
2012	1.16%	7.67%
2013	1.42%	7.56%
2014	1.41%	7.58%
2015	1.57%	7.77%
2016	0.89%	8.16%
2017	1.26%	7.56%

商超百货企业整体上的式微所反映出的很可能是商业模式的问题，尤其是在互联网连接一切、便捷一切的时代，通过专柜收分成的获利方式受到严峻考验，传统购物转型迫在眉睫。互联网颠覆了实体、门店原本存在的意义，商超百货店面一度被认为是鸡肋并有沦为体验中心或者仓储场所的趋势，然而互联网也确实为这种转型提供了难得的机遇和技术条件。

近几年，百货商超企业在转型方面也进行了诸多尝试，主要有三种方式，一是，向购物中心转型，如王府井2013年开始"去百货业态"，重点拓展购物中心与奥特莱斯。二是，向社区便利店转型，如华润万家2015年首次公布了在小业态发展方面的规划，将新开30家VANGO便利店。三是拥抱互联网，打通线上线下，转型新零售，如大商集团的电商平台天狗网，重庆百货的"世纪购"平台，还有早在2006年就成立电子商务公司的百联集团，天虹商场、山东家家悦、上海城市超市、北京超市发、武汉南浦等传统商超百货抱团上线，与步步高打造的"全球联采众筹平台"，更有以生鲜为主打产品的永辉超市与京东联合提供2小时内送到家服务，线上线下加速融合的O2O模式在零售业已是大势所趋。

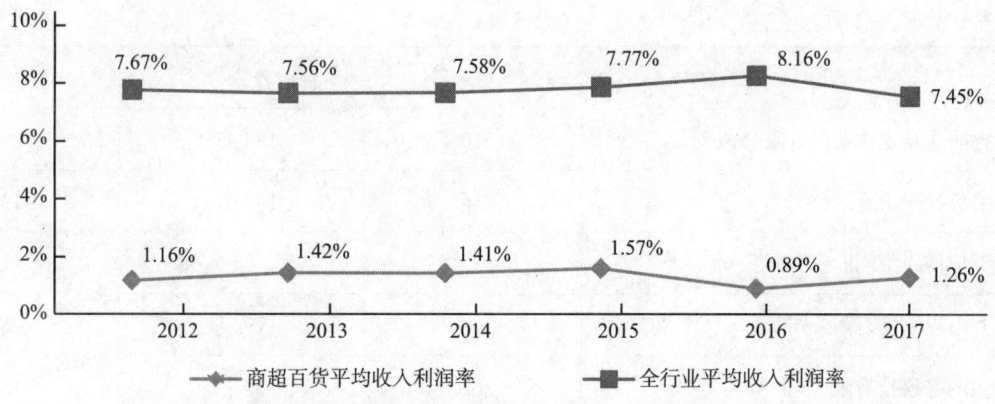

图 3-17 中国服务业企业 500 强中商超百货收入利润率情况（2012—2017）

然而，不得不说，许多百货企业的线上业务更多流于形式，O2O 的融合仍是表面功夫。未来，传统商超百货无论在地域空间还是网络渠道的拓展；发挥门店的体验功能，完善门店的数据采集、分析功能以提高个性化、精准化服务能力；利用新技术改造供应链体系，强化自营能力等方面都不容忽视。既然触网不可避免，那么就从功能定位、流程改造、模式创新等方面全面、积极拥抱。

4. 从消费互联到产业互联全面开花

2017 中国服务业企业 500 强榜单中包含互联网服务企业 18 家，而这一数据在 2011 年的榜单中是 4 家，分别为腾讯、百度、阿里巴巴、新浪，涉及社交、搜索、购物，娱乐等消费领域。2017 年榜单中的 18 家互联网服务企业除了消费互联的继续扩容，增加了京东、唯品会、三只松鼠等购物平台，也出现了鹏博士、网宿科技等网络技术公司，以及完美世界等网络娱乐公司。在产业互联领域也有如上海钢联和找钢网进入榜单。这在很大程度上意味着，从消费互联到产业互联领域的企业已经逐步开花结果，并达到相当的规模（见表 3-10）。

表 3-10 2017 中国服务业 500 强中互联网服务企业入围情况

企业名称	总排名	营业收入 / 亿元	净利润 / 亿元
北京京东世纪贸易有限公司	32	2601.22	-38.67
阿里巴巴集团控股有限公司	45	1582.73	436.75
腾讯控股有限公司	49	1519.38	410.96
百度网络技术有限公司	88	705.49	110.74
唯品会（中国）有限公司	112	537.12	26.66
上海钢联电子商务股份有限公司	135	412.79	0.22
上海找钢网信息科技股份有限公司	168	313.54	0.35
通鼎集团有限公司	171	306.34	11.73
乐视网络信息技术（北京）股份有限公司	199	219.87	1.25

续表

企业名称	总排名	营业收入/亿元	净利润/亿元
上海东方明珠新媒体股份有限公司	210	194.45	29.34
同程网络科技股份有限公司	216	186.69	-13.71
鹏博士电信传媒集团股份有限公司	339	88.5	7.67
上海东方电视购物有限公司	361	79.38	-0.02
广州华多网络科技有限公司	362	79.32	18.67
完美世界股份有限公司	397	61.59	11.66
湖南新长海发展集团有限公司	469	44.88	6.84
网宿科技股份有限公司	472	44.47	12.5
三只松鼠股份有限公司	473	44.24	2.23

消费互联企业发端于提供资讯为主的门户网站，随着移动终端的多样化，智能终端的普及，在购物、娱乐游戏、社交、资讯、出行、订餐等领域诞生了多个让人耳熟能详的独角兽企业，当然这些巨头的诞生也经历了"百团大战""新美大""快的、滴滴补贴大战"以及现在如火如荼的"共享单车彩虹家族"等行业竞争、洗牌，诸多新兴企业成为了很快会被市场忘记的"分母"，并走向企业成长的终点。如今的消费互联领域基本"太平"，资本的想象空间也在逐渐缩小。

相比而言，产业互联企业以生产者为用户，以互联网、云计算和大数据为技术手段，改造生产、交易、融资、流通等全产业链条、全生命周期中的各个环节，对原有产业价值链、分工协作体系甚至社会生产组织方式进行革命性重塑，极大地解决了行业痛点，提升了行业价值。目前，以"互联网+金融+物流仓储+各个垂直领域"的商业模式所形成的产业互联网企业逐渐成气候，成立于2012年的找钢网，为解决钢铁行业中的交易难、融资难、物流贵等问题，变革钢铁流通贸易模式，开展网上"撮合交易"与自营业务，将原先流通环节的5个环节缩减至2个，促进行业从较混乱的"批发制"变革为较先进的"零售制"，找钢网也正在打造一站式交易、仓储加工、第四方物流、互联网金融、国际电商等全产业链业务。随之而来的是在塑料、化纤、棉纺、煤炭等领域都诞生了大量"找×网"。

近年来，互联网对产业的影响已经凸显，随着工业化、信息化、互联化的全面融合，在产业互联领域大企业的诞生、成长更值得期待。

5. 物流及供应链服务企业已成气候

入围2017中国服务业企业500强榜单的物流及供应链企业共有25家，相较于2006年的榜单增加了12家，以怡亚通为代表的一大批总部为深圳的供应链公司和顺丰、圆通、申通、韵达等快递企业的入围尤为抢眼（见表3-11）。

表 3-11　2017 中国服务业 500 强中物流及供应链企业入围情况

企业名称	总排名	营业收入/亿元	净利润/亿元
厦门建发集团有限公司	50	1471.17	18.61
腾邦集团有限公司	81	796.91	7.83
深圳市怡亚通供应链股份有限公司	102	582.9	5.19
深圳顺丰泰森控股（集团）有限公司	103	574.83	41.8
深圳市飞马国际供应链股份有限公司	113	521.63	15.32
河北省物流产业集团有限公司	114	520	1.08
玖隆钢铁物流有限公司	130	442.91	1.06
深圳市信利康供应链管理有限公司	182	277.46	0.29
深圳市富森供应链管理有限公司	195	229	0.86
山西能源交通投资有限公司	200	217.25	0.93
深圳市年富供应链有限公司	205	206.89	1.08
广西交通投资集团有限公司	229	175.75	4.98
德邦物流股份有限公司	236	170.01	3.8
圆通速递股份有限公司	239	168.18	13.72
深圳市朗华供应链服务有限公司	245	160.6	0.32
福建省交通运输集团有限责任公司	294	110.86	1.78
申通快递股份有限公司	315	98.81	12.62
浙江华瑞集团有限公司	350	84.62	1.33
韵达控股股份有限公司	372	73.5	11.77
重庆长安民生物流股份有限公司	384	68.38	1.13
武汉商贸国有控股集团有限公司	387	67.83	1.43
青海省物资产业集团总公司	398	61.35	0.19
深圳市英捷迅实业发展有限公司	423	54.35	0.02
四川安吉物流集团有限公司	456	47.94	0.63
深圳市九立供应链股份有限公司	491	41.28	0.3

从鞋企 Nike 的外包策略到香港供应链企业利丰的成功，再到深圳市有 8 家供应链服务企业成为中国服务业企业 500 强，越来越多的实践表明，这个时代已经不是企业之间的竞争，而是供应链之间的一种竞争，供应链思维逐渐被广大企业所接受。供应链服务本质上是提供一套解决方案，实现商品从原材料到成品到需求终端的全过程中物流、信息流、资金流、商流的高效、高速传递。

对"四流"服务的各自侧重又决定了供应链服务的不同阶段和不同层次：一是，侧重物流解决方案的物流/快递企业，如入围榜单的河北物流产业集团、德邦物流、顺丰快递，这一类企业大多为重资产的仓储运输公司，也有少量的轻资产代理公司。完善的物流网络、强大的信息系统和完备的仓储/中转设施是这一类企业的核心竞争能力，近几年，劳动密集、技术密集和资金密集成为物流企业的三大特质，随着中国邮政EMS、圆通等开始拥有自有飞机、京东重金在自建全国物流体系，"一向不差钱"的顺丰也在资本市场谋求发展重资产布局，抢占市场先机。随着消费互联的快速发展，快递业迎来了迅猛发展。2016年，我国的快递业务量为313.5亿件，同比增长51.7%，连续6年增速超过50%。而顺丰在2010年的销售额为120亿元，到2016年已经达到574.83亿元，6年增长了近5倍。

二是，提供商流解决方案的贸易商。这一类企业的优势在于掌握的货源、厂商资源和渠道支持，尤其是跨境烦琐的贸易交易中，能提供完善的服务。

三是提供资金流解决方案的供应链金融企业，在入围榜单中尚没有见到此类企业。

四是，由物流企业或者贸易商逐步转型升级为提供物流、信息流、资金流、商流中"多流"服务的供应链公司。如以贸易起家的厦门建发集团、以物流起家的腾邦集团，其中建发集团的供应链业务的收入在2016年已经达到1149.24亿元。

五是，将"四流"融为一体，进行全流程、全方位服务的真正意义上的供应链服务公司，如怡亚通。怡亚通从广度供应链业务到深度供应链服务，一直深耕于供应链。其以380平台为手段，颠覆了传统交易结构和渠道模式，破解我国流通领域小、散、乱的难题。20年来，怡亚通倾力打造"全球整合型供应链服务平台"，将物流、信息流、资金流、商流等高效进行传递，甚至增值，逐渐由产业格局中的配角成为主角，近6年来，营业收入的复合增长率高达45.84%。

6. 银行占比持续下降，其他金融企业快速发展

商业银行的利润占比在中国服务业500强榜单中一直居于60%~70%的高位，但近三年出现了逐渐下降的趋势，各项指标也都出现了不同程度的下滑。2017服务业企业500强中，商业银行共有42家，实现的营收、净利润、资产、纳税分别为60800.08亿元、13761.16亿元、1435917.41亿元、5739.33亿元，从业人数为216.6万人，占比分别为8.40%、19.47%、59.54%、64.04%、31.37%和13.42%。虽然仍然具有一成左右的企业数量和员工贡献了六成左右的利润和资产，这一特点仍旧显著。然而，自2014年，净利润和资产两个指标占比持续下降，2015年开始，营收和从业人数两个指标也出现了显著的下降（见表3-12、图3-18）。

表3-12 中国服务业500强中银行业各项指标占比（2009—2017）

	企业个数占比	营业收入占比	净利润占比	资产占比	纳税总额占比	从业人数占比
2009	4.80%	17.51%	58.04%	68.59%	31.68%	14.76%
2010	4.80%	16.51%	54.12%	69.61%	26.51%	14.08%
2011	5.00%	15.86%	54.40%	70.77%	35.76%	16.07%

续表

	企业个数占比	营业收入占比	净利润占比	资产占比	纳税总额占比	从业人数占比
2012	6.80%	18.89%	63.97%	70.50%	36.65%	15.61%
2013	7.80%	21.61%	67.50%	71.27%	40.45%	16.65%
2014	8.60%	22.94%	70.95%	72.35%	39.45%	17.94%
2015	8.20%	24.36%	67.62%	71.24%	38.81%	17.50%
2016	9.00%	23.84%	61.50%	69.34%	38.15%	16.55%
2017	8.40%	19.47%	59.54%	64.04%	31.37%	13.42%

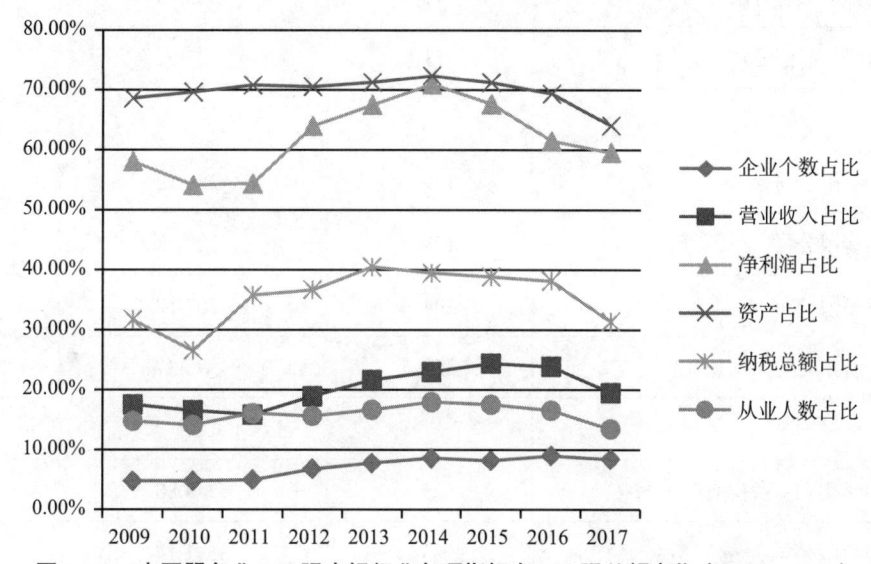

图 3-18 中国服务业 500 强中银行业各项指标占 500 强总额变化（2009—2017）

2017 服务业企业 500 强中，非银行金融企业有 24 家，包含保险公司 12 家，证券公司 4 家，多元化金融机构 8 家。相比于 2015 年和 2016 年的榜单分别增加了 10 家和 7 家。非银行金融的崛起也打破了银行业一家独大的局面，多元化的金融发展，不但是金融业健康发展应有之局面，也是对中国经济发展的有力支撑（见表 3-13）。

表 3-13 2017 中国服务业 500 强中非银行金融企业

	总排名	营业收入/亿元	净利润/亿元
保险			
中国人寿保险（集团）公司	8	6963.43	10.79
中国人民保险集团股份有限公司	12	4433.23	142.45
安邦保险股份有限公司	17	4139.7	258.02
中国太平洋保险（集团）股份有限公司	31	2670.14	120.57

续表

	总排名	营业收入/亿元	净利润/亿元
新华人寿保险股份有限公司	52	1461.73	49.42
富德生命人寿保险股份有限公司	55	1304.09	38.81
中国太平保险集团有限责任公司	58	1274.8	19.46
泰康保险集团股份有限公司	59	1251.04	84.11
阳光保险集团股份有限公司	78	826.26	27.23
前海人寿保险股份有限公司	131	436.75	40.45
中华联合保险控股股份有限公司	141	385.46	7.95
渤海人寿保险股份有限公司	353	82.51	0.68
证券			
海通证券股份有限公司	179	280.12	80.43
兴华财富集团有限公司	198	220.33	9.39
广发证券股份有限公司	204	207.12	80.3
中泰证券股份有限公司	351	83.37	24.52
多元化金融			
中国平安保险（集团）股份有限公司	5	7744.88	623.94
中国中信集团有限公司	23	3511.14	215
中国光大集团股份有限公司	36	2156.46	124.75
中国华融资产管理股份有限公司	68	952.08	196.13
中国信达资产管理股份有限公司	69	916.57	155.12
武汉金融控股(集团)有限公司	137	398.48	3.67
中国万向控股有限公司	207	203.1	4.44
广州金融控股集团有限公司	331	91.79	23.68

四、2017中国服务业企业500强的地域分布特征

1. 企业向少数区域不断集中，东北部入围企业数持续减少

2017中国服务业500强企业榜单中，企业分布在29个地区。近5年来，服务业大企业向少数区域不断集中的趋势显著。2012中国服务业企业500强榜单中排名前三位的地区所拥有的企业数量

为173家（浙江61家、北京60家、广东52家），而在2017年的榜单中，地区三甲包含企业数量为197家（广东77家、北京65家、上海55家），增加了24家。企业数量排名前10位的地区拥有企业的数量为386家，占比77.2%，较上年增加2个百分点。其余19个地区所拥有的企业数量合计占比不足23%。

和上年相比，2017中国服务业企业500强地区分布在东部的企业优势显著，东北部入围企业数量持续减少。东部企业数量为361家，占比72.2%，较上年增加11家；中部63家，较上年减少2家；西部63家，较上年减少7家；东北部13家，比上年减少2家。东北部企业入围在2014年达到峰值21家，而后持续下降（见表3-14）。

表3-14 2017中国服务业企业500强地区分布

名称	企业数	营业收入/亿元	净利润/亿元	资产/亿元	纳税总额/亿元	从业人数/万人
全国	500	312203	23111	2242259	18296	1615
广东	77	46974	3336	219863	2986	338
北京	65	153885	14473	1520720	10137	834
上海	55	26148	2084	196782	1558	84
浙江	50	12476	704	17107	466	33
江苏	29	9415	143	10823	189	42
天津	27	8747	221	40104	321	16
福建	23	10929	680	69888	595	32
山东	22	4737	235	28029	234	21
湖北	20	3653	141	14221	156	16
重庆	18	3561	250	19160	261	28
广西壮族自治区	17	2955	62	14117	134	12
安徽	13	2691	93	4740	103	8
河北	12	2707	63	2580	57	17
湖南	12	1473	76	4987	49	8
四川	11	1773	88	7069	87	9
辽宁	10	6292	167	22662	496	41
江西	8	777	77	9767	63	6
山西	6	2076	-7	4616	77	16

续表

名称	企业数	营业收入/亿元	净利润/亿元	资产/亿元	纳税总额/亿元	从业人数/万人
河南	4	301	39	2753	23	3
新疆维吾尔自治区	4	1729	18	2460	46	8
陕西	3	993	6	1251	32	2
云南	3	2120	78	5169	50	6
青海	3	266	7	1701	6	1
吉林	2	567	32	4504	25	2
内蒙古自治区	2	654	8	2115	27	5
黑龙江	1	136	1	148	1	
甘肃	1	572	14	2851	8	2
宁夏回族自治区	1	70	1	45	2	3
海南	1	3523	19	12029	109	22

2. 地区分化显著

广东在服务业领域持续发力，入围中国服务业企业 500 强企业的数量稳居第一位，大幅超过排在第二位的北京和上海，2011—2017 榜单中，入围企业数量从 33 家增加到 77 家，另外一地区广西入围企业数量也很抢眼，从 7 家增加到 17 家，6 年时间增加了 10 家。相对而言，江苏、浙江两地，从入围企业数量上看，近几年已走下坡路。浙江从 75 家减少到 50 家，江苏 2017 年入围的企业数量虽和 2011 年的榜单基本一致，略有 3 家的降幅，但和 2012 年的榜单比较，降幅为 15 家。比较巧合的是，在 2011 年的榜单中，江苏和广东入围企业基本相同，然时至今日，广东已经超出江苏 48 家（见表 3-15、图 3-19）。

表 3-15 中国服务业企业 500 强部分地区入围企业数量（2011—2017） （单位：个）

	2011	2012	2013	2014	2015	2016	2017
浙江	75	61	59	59	65	63	50
江苏	32	44	40	31	32	28	29
广西壮族自治区	7	8	11	11	13	17	17
广东	33	52	49	59	63	78	77

广东处于改革阵地的前沿，是我国开放型经济的典型代表，人力资源的供给、新业态发展的土壤等服务业企业成长的条件都相对更具有优势。广东入围2017中国服务业企业500强的77家企业中，有物流及供应链企业9家，互联网服务企业5家，批发贸易企业14家，金融业7家，房地产企业11家，多元化投资6家，在传统和新兴服务业领域都具备很大的优势。而浙江入围的50家企业中，占比最大的批发贸易18家，零售业10家；江苏入围的29家企业中，占比最大的是批发贸易企业11家，除此之外，能够聚集一批的一个类别的服务业大企业并不多见。广西入围的17家企业中，有3家银行、5家多元化投资企业，这可能和广西近几年的投资建设相关。

有数据表明，全国80%的供应链企业在广东深圳，而这些供应链企业的发芽、成长大都缘于广东的外贸服务。过去以加工贸易占主导地位的广东因在制造业领域话语权较弱常受到诟病，而浙江以一般贸易为主导，并在长久的国际贸易中形成很强的制造能力，今日来看两个省份的转型，广东从加工贸易进一步在整个供应链领域精耕细作，浙江朝制造业转型并具备核心优势，一服务，一制造，难评对错。

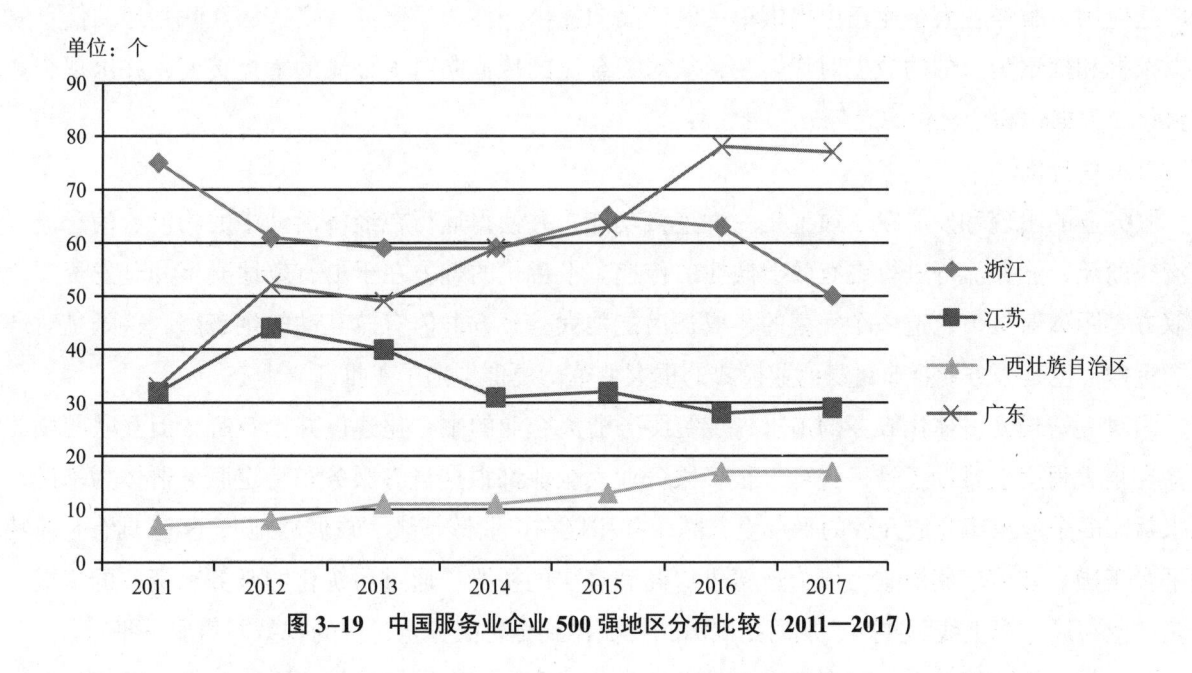

图 3-19 中国服务业企业 500 强地区分布比较（2011—2017）

五、服务业大企业成长趋势与特点

2016年，我国服务业增加值为384221亿元，占GDP比重为51.6%，连续两年突破50%，这也是继2012年服务业占比首次超过第二产业占比0.5个百分点后，连续五年居于GDP贡献的第一位。我国经济已经开始从"工业"时代逐渐向"服务业"时代过渡，服务业已然成为经济增长的主要动力。从固定资产投资的角度看，服务业投资345837亿元，增长10.9%，在绝对量和增速上都超过第二产业投资231826亿元和3.5%的增速，且连续多年，服务业中的商务服务、文化、金融、科学研究等细分行业的投资增速超过制造业的投资水平。资本对服务业有更多的青睐，社会的期待值更高，预示着在未来服务业的发展有更好的基础条件。服务经济时代已然来临，这对服务业企业大发展是难得的机遇。

以云、大、智、物、移为代表的新一代信息技术改写了我国经济的运行格局、联通格局,更改变着服务业的发展格局。过去几年,中农工建牵手BATJ,电商的线上线下融合发展,新零售、智能零售不断被提出也不断被实践,传统产业与新兴产业正从对抗走向联合;过去几年,"互联网+"对农业、工业、服务业影响深远,中国乃至全球的运行中都能找到和互联网相加的影子,于是消费互联蔚然成风,产业互联也已成气候,共享理念已经广泛深入到不断涌现的新业态中。"科技+""金融+""物流仓储+""大数据+",伴随着"互联网+"重塑了服务业企业的商业模式,汇集资源、链接一切的平台正推动着服务业的发展开启新的篇章。过去几年,产融结合正走向金融控股集团,服务业大企业中出现了一批多元化投资企业,"企投家"正成为新的时尚。以资本为纽带、以数据为要素的服务业企业正走向大联合、大融通,服务业企业正从配角向产业的整合者转变,以上正是服务业企业的成长大势。

1. 服务业大企业向平台化、数据化、金融化发展

近年来,随着移动互联、移动支付、物联网、大数据、云计算、人工智能等技术的进步、成熟和广泛应用,服务业大企业正由提供单一的产品向提供一种关系服务转变,从互联互通的信息时代向以挖掘和探索为目的的数据时代转变,从对资金流的传输向对资金流的掌控转变,并出现企业的平台化、数据化和金融化的趋势。

(1)平台化。

服务业的出现和发展在本质上是一种连接功能,并使得运行在经济活动中的物流、信息流、资金流、商流、业务流等进行更有效、便捷的传递。平台化的魅力在于更有效地凝聚和分发资源,供需双方零距离对接,打造一个完善的、成长潜能强大,多方群体有效互动的生态圈。这既是对产业链的重构,也是服务业企业自身商业模式的重大变革,更催生出了一批新兴业态。

因对一站式、一体化服务的追求,传统服务业大企业的平台化建设并不新鲜,但互联网相关技术却在很大程度上推动了这一进程。很多服务业大企业都根据自有服务和特定服务群体为基础,从原来封闭的企业组织变成开放的平台生态圈,并积极在产业链领域"攻城略地",构建具有企业特色的平台王国。如苏宁集团致力成为连接供应商和客户的桥梁,通过系统化的服务和资源的集成,打造多产业布局、线上线下共融、从商品展示到物流再到金融服务全过程的智慧零售服务平台。

平台是一种网络关系,在多数时候,平台型公司成为这个网络的核心,并对平台网络各节点的需求和资源广泛的连接、整合,进行有效的传递和关系的匹配。目前在出行、电商、社交、医疗、教育、投资等领域,平台逐步取代传统公司,成为主流的组织形式,并诞生了如滴滴、阿里巴巴、腾讯等行业中的著名企业,这些平台连接着店主与消费者、用户与用户、研发人员和企业、资本和项目,提供着关系型的服务。这些平台也连接着闲置资源与潜在使用者、实现了资源共享,并催生了共享经济的繁荣。这些新兴业态重构了产业链价值,所塑造的平台成为各类服务的"接入口",并逐渐成为未来商业的超级平台。

(2)数据化。

互联网技术的进步让经济运行中的信息实现了互联互通,对于信息的收集、处理和使用造就了信息时代空前的商业繁荣。而对信息背后数据的挖掘,对于分散于产业链条各节点、隐藏在各类消费场景中的信息所蕴含的机会和需求的探索正推动广大企业向数据化迈进，并催生了大数据产业的蓬勃发展，根据工信部的《大数据产业发展规划（2016—2020年）》预测，2020年中国大数据产业产值将突破1万亿元。

传统服务业大企业的数据化发展体现在：第一，对终端消费"情报"分析，实行精准营销，激发潜在需求，比如以京东和淘宝为代表的电商平台依据消费数据打造用户画像，并依靠复杂的推荐算法，打造"猜你喜欢"服务，线上、线下相融合的智能零售/新零售的核心逻辑也是如此。第二，加强流通中数据的共享和运算，消除资源的冗余，提高周转效率，优化整个供应链条，比如产业互联中的代表找钢网，依靠平台中产生的大量真实可靠的大数据解决钢铁产业链冗长且效率低下，甚至产能过剩的问题。第三，建立大数据管理平台，用开放共享的姿态汇集产业链数据，打通大数据孤岛，实现跨行业、跨领域的异构数据共享，助力服务业大企业之间的融合式、联盟式发展。这正是服务业大企业未来广泛的合作过程中最关键的问题，也是服务业大企业能够在未来实现跨越式发展的前提。

目前，第三方的数据服务公司也在快速崛起，既有包含了数据采集、存储、分析、应用全链条的著名企业，如BAT。也有如慧辰资讯这样的初创企业，它们依赖于大数据工具和对垂直行业的深度积累，激发大数据在垂直领域的应用。大数据的积累迭代和人工智能、深度学习的结合会在很大程度上颠覆原有服务的方式和内容，个性化服务将被更好地满足，标准化的服务将逐渐被替代，并在特定场景中实现服务的自动化与智能化，比如家政服务。数据将是未来商业的核心资产，随着数据应用渗透到每一个行业和业务职能领域，服务业企业的数据化将进入一个全新的阶段。

（3）金融化。

服务业企业的金融化不但是一种时尚，更成为一种趋势，主要体现在以下三个方面。

第一，服务业企业作为一种渠道，连接并传递着产业链条中的资金，优化资金流的效率和效果是相关服务业企业发展、壮大的关键，近几年"互联网+金融""供应链+金融""生态+金融""产业+金融"等模式层出不穷，服务业企业也迎来新的增长点。随着消费互连和产业互连的崛起，金融服务作为交易中的重要需求为企业所重视，如京东白条、蚂蚁花呗的出现，又如供应链服务企业怡亚通以终端企业的资产和真实交易为基础产生的金融需求，与各大商业银行合作，打造一站式供应链金融整合服务平台，金融化成为新一代服务商业模式的抓手和诉求。

第二，服务业是一个高度整合化的行业，服务一体化的进程和新兴信息技术的成熟又推动着服务业企业走向"大融合"和"大共享"，以资本为手段的产业联盟、合作共赢也促使服务业企业迎来链式发展、网状发展的大升级。以航运产业为例，经营的规模化，港口企业、船舶公司、航运公司的联盟化成为时代要求，中远海运集团入股上港集团，中国最大的港口企业和最大航运企业并肩作战；而中国远洋与中国海运的重组成为全球最大航运集团，整合中打破了航运主业为底线的定式，打造了一个金融控股的上市平台，以"航运+金融"为业务发展模式，提高了企业的抗周期能力。

第三，金融控股集团正在成为服务业大企业发展的"时尚"，这里既包含中信、光大、平安等"老三家"金融控股集团，也有那些由非金融领域跨界而来，以产业资本的参与方式所组建的多元化投资集团，而后者正是本报告所关注的重点。2017中国服务业企业500强中，出现了33家多元化投资企业，它们或脱胎于地方资本运作平台，或转型于制造业企业，或以产业投资为突破口，成为横跨众多金融业态的类金融集团。目前，这些金融控股集团大都定位于产业，以链条和圈层的协同发展为目标，并在一定程度上提供金融解决方案。苏宁、恒大、阿里、腾讯多成为其中的代表。又如以贸易起家的厦门象屿集团践行产业化投资与专业化经营，聚焦现代服务业，构建象屿金融生态圈，旗下拥有投资企业200余家，成为传统服务转型金融控股的典型。

近几年，我国服务业大企业蓬勃发展，与以资本为手段，加速布局以获得互联网时代的入口优势和先发优势，不无关系。

2. 传统企业与新兴业态正由对抗走向融合

云、大、智、物、移等新技术的普及对企业的运营模式、组织结构、资源配置方式带来了革命性的影响，它们不但为服务业企业自身的成长植入新的基因，构筑新的模式，很多传统的、固化的商业模式被颠覆，受到越来越多的挑战。在一段时间内，传统企业与新兴模式进入了焦灼的对抗，尤其以电商对商超百货等实体店面的冲击，互联网金融和传统银行的博弈最为突出。然而，近期一系列的事件表明，对抗的着力点正在消失，新老业态正走向一种积极的联合，甚至共融。

互联网的出现，使得传统店面所提供的展示、流通渠道一度被替代，以至于连续几年，商超百货企业大片消失于中国服务业企业500强榜单中，在2016—2017的榜单中，商超百货企业由91家陨落至35家。这份中国最大500家服务业企业的名单反映着一个时期内行业的兴衰，企业的强弱。门店的消亡，门店经营模式岌岌可危，这样的言论大概率地稳坐媒体的头条。然而，这一两年中，永辉牵手京东，实施供应链体系和物流能力的强强联合，提供生鲜2小时到家服务；万达联手腾讯、百度，打造全球最大的O2O电商平台；目前几乎每一个实体零售企业都在努力触网，打造线上平台，并与互联网电商等著名公司展开了或深或浅的合作，而电商行业中的一些著名企业也正在"瓜分"着传统零售门店中的优质资源，积极向线下拓展。线上线下在大数据、智能物流和智能生产的推动下，迎来"新零售"的新局面。彼时，实体店面并非"鸡肋"，而会成为品牌展示、数据收集、资源分发的集成和中转场所，促进生产和消费之间的反馈、迭代，联通着大物流和小社区，也将资金流、商流和信息流进行全面的融合。

在另一行业，传统银行与BATJ的"恩怨"并不久远，2014年支付限额的下调事件曾引起了"互联网金融是否为金融业的搅局者"的广泛探讨。然而，在2017年的夏天，在不足三个月的时间里，建行与阿里签署合作协议，打通信用体系；工行和京东启动金融业务的合作；农行和百度成立金融科技联合实验室；中行和腾讯打造金融科技联合实验室。四大商业银行和BATJ的集体合作，成为了"金融+科技"的一个范式，也是传统企业与新兴业态融合式发展的另一例证。究其原因，近三年来银行业的营业收入、利润、资产、纳税等各个指标在中国服务业企业500强的榜单中占比持续下降是不争的事实。从业务层面来讲，占比60%左右的公司贷款受限于产业政策、公司规模，且坏账率时有发生，个人贷款中房贷占大头，这些传统信贷内容将会随着资本市场的多元化发展逐渐被撼动，而小额、分散、高频的消费贷款这一蓝海却因为大数据和云计算的能力并在传统大银行的贷款结构表中未有很好的表现。对于BATJ这些互联网金融巨头而言，在品牌、资源、规模、客户群体等层面，存在较大的短板，但信息技术的积累，对开放、共享这一互联网精神的实践，以及7亿人的微信支付用户、4亿人的支付宝客户所涉及的众多消费场景等是优势，更是对传统银行的补充。因而，传统金融与新兴科技的联合已经到来。

3. 服务业企业由配角向产业整合过渡

服务业企业大都分离于制造业，并随着制造业的繁荣，更多服务需求的产生，逐渐发展壮大。目前中国服务业大企业涉及金融、商贸、交通、互联网服务、文化娱乐、房地产、多元化投资等众多门类，并由一度的产业配角向产业的主导者、整合者转变，这其中的原因既有供应链、价值链、产业链等全流程服务理念的普及，也更是互联网技术快速发展，使得低成本、高效率、全方位的服务变得可行，服务业企业得以在提供一站式、打包式、全过程服务的同时，整合产业资源，汇集平台优势，做大产业格局。

20世纪90年代至今，我国的铁路、公路、水上等大交通行业的发展壮大，国际贸易商、批发商、商超百货等零售企业的遍地开花，虽然服务内容多有不同，但其功能仅限于提供经济生活中资源、要素的流通渠道，因此更多处于一种从属地位，很难逾越工业或者制造业的发展周期。但随着服务企业的壮大，产业链中话语权地位的提高，以"互联网+"为代表的"要素+"遍布于各个行业，并出现融合的姿态。企业之间的关系，正从供求关系、合作伙伴等传统的上下游关系转变为"集成平台"和"被集成者"的服务关系。服务业企业成为连接着生产端和消费端的中央处理器，并以更高的维度打通行业壁垒，重塑产业格局。例如，近两年迅猛发展的供应链企业，其成长不但为制造业企业从原材料到成品再到需求终端的全过程中的要素流通提供了一套完整的解决方案，重塑了传统的流通格局，还能够整合全球制造资源，低价高效地为终端需求服务，比如利丰集团。另外，拥有强大用户基础的腾讯和阿里巴巴两大著名企业，对文化娱乐、生活服务、支付、媒体等产业深度布局，甚至于创业企业的VC之路也难以绕开非腾讯即阿里的命运，AT如此的强势地位对于产业格局的影响已非资本之力，其所投的企业之间的纷繁复杂的关联足矣。还有一类企业的发展对现有产业的重塑也具有深远影响，那就是"找×网"类的产业互联网企业，它们不仅连接了产业上下游企业，还以产业零售电商和物流、仓储、金融等一站式服务提供者的身份出现，极大切中了目前产能过剩、产业转型升级的痛点，其整合者的角色即将来临。总体而言，服务业企业的商业模式正由交易服务阶段、信息服务阶段向资源整合阶段过渡。

六、促进服务大企业健康成长的建议

服务业企业的成长面临着难得的机遇，外部的技术支撑、服务需求、政策红利和物理空间的风口同时到来，服务业企业要抓住机会做大并同时做强、做优。同时，在互联网时代，服务业企业要更加注重核心能力的建立，重视整合与联盟中的风险；对于技术投入与商业模式创新要兼而有之，不可偏废。

1. 抓住四大机遇

目前服务业大企业正面临着四大前所未有的机遇，一是以"云、大、智、物、移"为代表的新兴信息技术的蓬勃发展和商业应用；二是14亿人口的消费升级和中产阶级的崛起；三是从"十三五"规划到生产性服务业、健康、文化等产业政策的密集出台；四是"一带一路"所带动的基础设施、贸易和资金的互连互通，它们分别代表着技术、需求、政策和空间四个方面。而回顾世界经济中服务业大企业的成长，无一不是技术推动、需求拉动、政策带动和空间支撑四个外部动力因素单独或综合作用的结果。而今，四大外部机遇叠加，这是我国服务业企业"弯道超车"的机会，更是在做大的同时，做强、做优的机会。

（1）新兴信息技术不仅催生了一大批拥有互联网开放、共享基因的新业态企业出现，优化了服务业的产业格局，也改变了几乎所有存续服务业企业的生存模式、服务方式，重塑了企业的商业模式和价值构建。目前在全球互联网诸多领域，中国已处于领先位置。16年前，从门户、邮箱到电子商务的中国互联网公司从疯狂的"Copy to China"到现在的 Copy China"，中国互联网公司开始大批量向海外反向输出商业模式，不仅在互联网行业本身，以市值超过2万亿元的腾讯为代表的中国服务业大企业形成领先之势；互联网对传统产业的改造也占有更多先机，从消费互联到产业互联，服务业大企业正由衍生性产业向先导性产业转变。

（2）人口红利在服务业领域正当时，拥有14亿人口的中国正处于中产阶级兴起和消费升级的进程中，无论是分子还是分母，都因庞大的绝对数量蕴含着难以想象的服务需求，这是任何一个类型的服务业企业成长的底层源代码。廉价劳动力的优势减弱让人口红利在制造业领域出现了转折，然而在服务业领域却呈上升之势。从衣食，到住行，再到康乐（健康娱乐），中国消费升级的进程激发着保险、教育、医疗卫生、娱乐、旅游、养老等诸多行业的市场空间迅速扩容，而过去以成本和性价比导向的服务内容也向以高标准、个性化、高效便捷、专业性、体验价值为内容的方向升级，以服务本身提升为内容的市场将迎来更多机会，中产阶级的强势崛起，无疑起到了决定性的推动作用。

（3）政策红利密集释放。自1992年国务院出台《关于加快第三产业发展的决定》至今，大大小小的支持服务业发展的政策规划一直不曾间断，但过去的政策出发点更多在于解决就业，优化经济结构等将服务业视为从属角色的层面。近几年，以服务业企业自身做大、做强、做优为目标的政策密集出台。"十三五"规划纲要指出，加快推动服务业优质、高效发展。生产性服务业发展规划及细则在全国迅速铺开，健康、养老、体育、文化等产业政策相继落地，服务业相关政策的推动力度之大，频率之密前所未有，对服务业企业大发展的带动空间值得想象。

（4）"一带一路"所带动的商流、物流和资金流的互连互通促进我国服务业企业的开放化发展，从地理空间这一维度上为服务业企业成长带来了更广阔的市场。"一带一路"以政策沟通、设施联通、贸易畅通、资金融通、民心相通为主要内容，这将极大推动商贸企业、流通企业、交通企业、金融企业和文化企业等服务业企业的大发展，"一带一路"为这些服务业企业自身的国际化发展、国际和国内两个网络的协同，以及中国企业全球化过程中服务先行的实施，提供了空前的机遇、坚实的政治基础和硬件支撑。

2. 重视链式发展/生态系统构建中的风险

目前，服务业企业之间的竞争正由单点向网络转变，从企业经营效率的提高向供应链的协同与互动转变，在互联网的背景下，行业边界与企业组织边界被打破，行业价值重新被界定，以价值链、供应链和产业链的重构和优化为服务理念的链式发展，或以开放共享的互联网精神为理念的生态系统模式成为这个时代大多数服务业企业的选择。前者如商贸流通企业的转型实践，后者如 BAT 为代表的互联网企业所践行的模式创新。链式发展和生态系统也确实在很大程度上推动着服务业企业快速崛起，并在一定程度上完成了服务业对制造业的反哺和经济结构的优化任务。然而，我们还是要在这些新兴业态、新兴模式如火如荼的发展中，做一些风险提示，毕竟"铁索连舟"模式也可能成为"火烧连营"的导火索。

BAT 以资本"跑马圈地"构建生态王国，小米涉足手机、汽车等实体领域打造产品生态体系，观察目前我国服务业大企业的成长进程，不论是传统还是新生的，都或多或少能看出生态化的趋势。腾讯通过基础设施的分享，能力的共用，为合作伙伴赋能，打造有机、紧密、共生、共赢的开放生态系统。然而，必须注意的是，阿里巴巴、百度、腾讯三家企业无一不是以核心领域和核心能力在对外拓展，且在各自的核心领域市场中短期难以有与之匹敌的竞争者。无论多么好的商业模式缺失了核心能力这一根基，都会有大概率的多米诺骨牌式的命运。

链式发展是为经济活动中产生的物流、资金流、信息流和商流等提供流通渠道服务的企业转型的主要方向，由连接走向整合，甚至将"四流"融合于一个平台，成为产业主导者，掌握产业的话语权成为很多服务业企业的追求。但融合式发展是一把双刃剑，物流、资金流、信息流和商流在产业链条中的流动就如同串联电路般，整合得越彻底、优化得越完善，无论是对于集成者还是被集成者而言都具有更大串联风险，一旦某一节点出现问题，波及的是整个产业链。而四流中的某"一流"出现问题，对于其他"三流"的影响就如同串、并联电路的混接，风险不言而喻。彼时产业整合者若没有断腕的决心，难逃失控与危机的命运。

3. 技术投入与商业模式创新并重

传统服务业企业的成长中，无论是餐饮旅游、批发零售还是交通运输企业，所提供的更多是一种服务的便利性和服务的性价比，服务创新的内容主要是供需之间连接渠道的优化，但对客户需求的挖掘，服务内容本身和服务的规则却很少涉及，技术投入与服务企业成为很难有交集的两条平行线。随着互联网对经济生活各领域全面渗透，服务"站在了最容易找到的地方"，各种商业模式层出不穷，商业模式创新也一度被认为是中国企业实行"弯道超车"的有力抓手。然而，伴随着消费的升级和以物联网、云计算、大数据、新一代通信等更多信息技术的广泛应用，服务业企业的成长正由"互联网+"，走向"科技+"，前者体现为连接能力和服务广度的扩张，后者体现为整合能力和服务深度的拓展。未来在服务业企业的成长中，科技含量、技术的投入不能因为商业模式的创新而偏废，它是决定商业模式创新能否成功、持续能否成功的基础。

在新一轮科技和产业革命所驱动的新经济时代，一方面所有的商业规则、价值判断、用户习惯、营销体系都在重塑，那些顺应新趋势，用新技术参与新经济体构建的商业形态会在未来形成先发优势。而互联网企业本身正在从粗放的流量竞争走向以技术研发为核心，单纯的"连接"红利会慢慢消失，下一阶段的企业竞争的制高点将是核心技术和基础研究。服务业企业成长的基础在于满足客户现有需求，并挖掘其潜在的需求给予满足。现有需求已然纷繁复杂，充满了差异性和个性化，于高标准、便捷性、专业性、一体化为内容的服务并非单靠模式创新就可以实现，必须需要大量研发投入的积累。而潜在需求的挖掘如果没有大数据的手段、云计算的抓手，仅靠轻资产和华丽的商业模式无异于天方夜谭。另一个层面，随着服务的深度和广度的扩大，广大服务商已经从运输环节、信息服务的提供深入到交易环节，随着供应链服务、消费互连、产业互联网发展而来，用户痛点必须通过技术和大数据才能真正解决。因而技术投入必须与商业模式创新并重，才能让服务业企业在这个时代真正完成其功能和使命。

第四章
2017中国跨国公司100大分析报告

为了贯彻党的十八届三中、四中、五中、六中全会精神，发展我国大型跨国公司，提高国际化经营水平，同时为社会各界提供我国大企业跨国经营水平及其相关信息，中国企业联合会、中国企业家协会继续第七年推出中国跨国公司100大分析报告。

"中国跨国公司100大及跨国指数"是中国企业联合会在中国企业500强、中国制造业企业500强、中国服务业企业500强的基础上，依据企业自愿申报的数据，参照联合国贸易和发展组织的标准产生的。中国跨国公司100大是由拥有海外资产、海外营业收入、海外员工的非金融企业，依据企业海外资产总额的多少排序产生；跨国指数则按照（海外营业收入÷营业收入总额+海外资产÷资产总额+海外员工÷员工总数）÷3×100%计算得出。

一、中国对外投资和企业国际化取得积极进展

1. 中国对外直接投资再创新高

2005年以来，中国对外直接投资流量连续11年增长。2014年，中国企业对外直接投资达到1400多亿美元，首次超过外商对中国的直接投资，进而成为资本净输出国。这是中国企业"走出去"的一个里程碑，是中国企业国际化进程的分水岭。2016年，我国境内投资者共对全球164个国家和地区的7961家境外企业开展了非金融类直接投资，累计投资1701.1亿美元，同比增长44.1%，增速是上年的三倍，是同期中国吸收外资增速的10倍有余，是2005年的14倍。其中2016年中国对美投资增长3倍，超过500亿美元，私营企业兼并成为主力。中国对美投资约占其对外投资总额的1/3，其中对旅游业和娱乐业的投资达200亿美元。根据PWC最新数据显示，自2011年到2016年11月，全球跨国并购交易宗数复合年均增长率约为14%，交易金额复合年均增长率约为33%。2016年中国大陆企业海外并购交易量增加142%，至923例，交易金额增加了246%，至2209亿美金。

2. 对外承包工程、对外劳务合作稳步增长

在历经2008年金融危机之前的30%超高速之后，随着全球新一轮基础设施建设高潮的来临，中国对外工程承包业务完成营业额再次提速，新签合同额增长稳定。数据显示，2016年对外承包工程完成营业额1594美元，同比增长3.5%（见表4-1）。

表 4-1 中国对外承包工程业务新签合同额和完成营业额规模变化（2012—2016）

年份	完成营业额/亿美元	增长率/%	新签合同额/亿美元	增长率/%
2012	1166	12.7	1565	10.0
2013	1371	17.6	1716	9.7
2014	1424	3.8	1918	11.7
2015	1541	8.2	2101	9.5
2016	1594	3.5	2440	16.2

对外劳务合作是中国企业"走出去"是的重要路径之一，也是中国企业"走出去"同东道国政府、企业合作最为传统的方式之一。改革开放以来，中国的对外劳务合作获得了长足的发展。据统计，2016年中国对外劳务合作派出各类劳务人员49.4万人。

3."一带一路"沿线国投资成热点

自2013年"一带一路"倡议构想提出以来，中国从筹建亚投行到成立丝路基金，再到国家开发银行的近千个项目，"一带一路"建设取得了明显进展，获得了多方积极响应，为各方在投资领域的深度合作奠定了坚实基础。"一带一路"已经从倡议变成了实际行动，从理念和总体框架设计进入实质性合作阶段。截至目前，已有100多个国家和国际组织表示愿意投入到"一带一路"的共建中，有40多个沿线国家和我国签订了各种形式的合作文件。2016年，中国对参与"一带一路"的沿线国家直接投资达到145亿美元，中国企业已经在沿线20多个国家建立了56个经贸合作区，累计投资超过185亿美元，为东道国增加了近11亿美元的税收和18万个就业岗位。"一带一路"倡议实施三年多来，累计共有47家中央企业参与、参股、投资，或者和相关国家的企业合作共建了总计1676个项目。中国交建在"一带一路"沿线修建了10320千米公路、152座桥梁、95个深水泊位、10座机场；"中车制造"已遍及全球102个国家和地区，全球83%拥有铁路的国家都运行着中车产品；中国石油2016年在"一带一路"国家项目的油气权益产量近6000万吨，占全部海外总产量的八成。高铁"走出去"方面，除了广为人知的亚吉、蒙内、雅万等铁路线，中老（中国至老挝）等铁路已开工建设，中泰（中国至泰国）铁路等一批铁路项目也在加快推进。通信网络方面，中国移动率先在巴基斯坦开通4G无线宽带服务；跨境海底光缆、陆地光缆等大容量、高速度通信设施打造了全方位的通信网络联通体系。由国机集团等央企投资建设的中白（中国与白俄罗斯）工业园一期起步区日前建成，首批9家企业已经入驻，2017年6月中白商贸物流园也将完工。

4.企业国际化程度稳步提高

21世纪的前16年，部分中国领先集团公司积极走出国门，竞逐海外市场。电信业的华为、中兴，装备制造业的三一、中联，重卡行业的潍柴、中国重汽，家电业的TCL、海尔、美的和PC行业的联想，建筑行业的中国建筑、中交建设集团、中国中铁、中国铁建，汽车行业的吉利、奇瑞，以及近期异常活跃的中国化工、海航、复星国际、上海绿地等都是中国企业走出去的典型样本。这些集团公司，或市场驱动，以获取海外市场份额为目的；或资源驱动，以获取海外大宗商品为目的；或资本驱动，以获取更高的资本回报为目的；或机会导向，抓住机会，大胆出击，或深谋远虑、谋定而后动，都披荆斩棘，走出了一条成功进军海外之路。这些企业是中国企业走出国门、开拓海外市场当之无愧的先行者和领航员。

2017 中国跨国公司 100 大的平均跨国指数为 14.85%，比 2011 中国跨国公司 100 大的平均跨国指数提高 2.61 个百分点。2017 中国跨国公司 100 大的海外资产占比、海外营业收入占比、海外员工占比分别为 16.01%、19.54%、8.99%，与 2011 中国跨国公司 100 大相比分别提高了 1.28、2.20、3.25 个百分点（见表 4-2）。

表 4-2　2011—2017 中国跨国公司 100 大平均跨国指数及相关指标

年份	2011	2012	2013	2014	2015	2016	2017
跨国指数 / %	12.24	12.93	13.98	13.60	13.66	14.40	14.85
海外资产占比 / %	14.73	13.73	14.61	14.65	14.32	15.55	16.01
海外营业收入占比 / %	17.34	21.51	22.25	20.86	20.83	20.00	19.54
海外员工占比 / %	4.67	3.55	5.07	5.29	5.84	7.64	8.99

5. 企业积极布局海外知识产权

中国企业在"走出去"中，为规避竞争风险，赢得国际市场的竞争优势，正在加快全球范围内的知识产权布局。据世界知识产权组织统计，2016 年全球的专利申请数量增加了 7.3%，达到约 23.3 万项。中国的申请数量较上年增加 44.7%。自 2002 年以来，中国每年都实现了两位数的增长。在企业专利申请量排名当中，位于中国深圳的中兴通讯（4123 件，同比猛增 91.3%）和华为（3692 件，同比下滑 5.3%）占据了 2016 年 PCT 申请人前两名的位置。紧跟其后的是美国的高通公司（2466 件，同比增长 1%）、日本的三菱电机株式会社（2053 件，同比增长 28.9%）和韩国的 LG 电子（1888 件，同比增长 29.6%）。汤森路透发布的《2016 年全球创新报告》显示，家电行业排名前 3 的企业均来自中国，分别是美的、格力、海尔。从发明数量来看，美的以 5427 件专利遥遥领先，格力为 1995 件、海尔为 1315 件。企业进行知识产权的全球化布局，将助力中国企业在海外市场上的健康发展，保护企业的创新力和国际竞争力。

6. 开展属地化经营，树立负责任形象

推进"本土化"政策。中国建筑总公司外籍劳务占劳务人员总数近 90%，在阿尔及利亚雇用当地分包队伍近 300 支，住房项目采购率达 85%，年当地采购额近 4 亿美元。中国中车集团在马来西亚设立东盟制造中心和维保中心，制造、销售和服务全产业链属地化。

积极参与当地公益事业：中国石油集团在哈萨克斯坦公益投入超过 3 亿美元。在加拿大资源能源企业捐款修建图书馆、赈灾、捐助儿童医院。关注环境保护：中国铝业集团秘鲁铜矿项目开工前

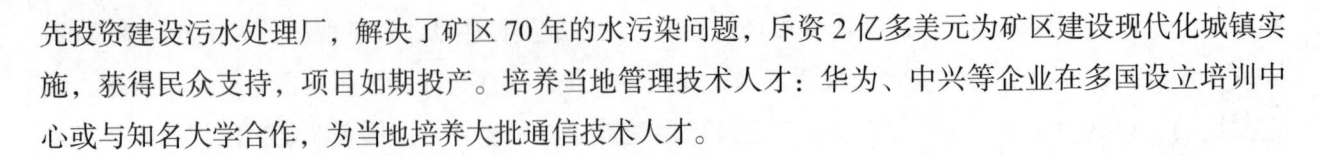

先投资建设污水处理厂，解决了矿区 70 年的水污染问题，斥资 2 亿多美元为矿区建设现代化城镇实施，获得民众支持，项目如期投产。培养当地管理技术人才：华为、中兴等企业在多国设立培训中心或与知名大学合作，为当地培养大批通信技术人才。

二、2017 中国跨国公司 100 大及跨国指数

依据 2017 中国企业 500 强、2017 中国制造业企业 500 强、2017 中国服务业企业 500 强的海外数据，中国企业联合会排出了 2017 中国跨国公司 100 大及其跨国指数，中国石油天然气集团公司、中国石油化工集团公司、中国海洋石油总公司、中国中信集团有限公司、中国远洋海运集团有限公司、海航集团有限公司、中国中化集团公司、中国五矿集团公司、中国化工集团公司、中国铝业公司位列 2017 中国跨国公司 100 大前 10 位（见表 4-3）。2017 中国跨国公司 100 大及其跨国指数有以下主要特点：

1. 规模继续扩大，入围门槛大幅提高

2017 中国跨国公司 100 大海外资产总额达到 80783 亿元，比上年增长 14.00%；海外营业收入达到 490012 亿元，比上年增长 3.58%；海外员工总数达到 1166176 人，比上年增长 15.26%。2017 中国跨国公司 100 大入围门槛为 61.47 亿元，比上年增长 48.19%（见表 4-4）。

表 4-3　2017 中国跨国公司 100 大及跨国指数

排名	公司名称	海外资产/万元	企业资产/万元	海外收入/万元	营业收入/万元	海外员工	企业员工	跨国指数/%
1	中国石油天然气集团公司	85850415	406975924	68304475	187190290	113281	1512048	21.69
2	中国石油化工集团公司	58697151	215939145	51849469	196921982	50235	713288	20.18
3	中国海洋石油总公司	49485959	115775510	21456636	43774087	6114	100821	32.61
4	中国中信集团有限公司	49485037	652044382	4832084	35111397	19437	201263	10.34
5	中国远洋海运集团有限公司	33357334	65875709	10223694	19759362	9981	106478	37.25
6	海航集团有限公司	33000000	120292600	2000000	35233200	29000	220258	15.43
7	中国中化集团公司	31599622	39948441	31552362	39549504	9894	59803	58.47
8	中国五矿集团公司	24385471	75981820	9000191	43545005	37219	212406	23.43
9	中国化工集团公司	21213075	37764188	20432724	30012718	55130	111160	57.95
10	中国铝业公司	20896307	52183078	1467837	26758014	2111	124894	15.74
11	华为投资控股有限公司	19963530	44363400	31294440	52157400	55800	180000	45.33
12	广州越秀集团有限公司	19739692	37394918	266040	3412214	1826	14538	24.38

续表

排名	公司名称	海外资产/万元	企业资产/万元	海外收入/万元	营业收入/万元	海外员工	企业员工	跨国指数/%
13	中国交通建设集团有限公司	17348427	101993168	10710349	47002154	25907	167882	18.41
14	腾讯控股有限公司	14937415	29339002	652419	10149082	15600	30641	36.08
15	国家电网公司	14246652	340412600	1245039	209397168	2776	980058	1.69
16	中国建筑股份有限公司	13968567	139195328	7958246	95976549	20544	263915	8.70
17	中国兵器工业集团公司	13332398	36929503	15271681	40740610	11116	234771	26.11
18	联想控股股份有限公司	13125278	30624289	20922675	30594847	33615	75000	52.02
19	浙江吉利控股集团有限公司	12920287	20674077	14529694	20879870	26546	60712	58.60
20	中国航空工业集团公司	11897367	86793318	6001546	37119722	24988	495775	11.64
21	复星国际有限公司	11282753	38959079	2660529	7774451	16160	55800	30.71
22	中国电力建设集团有限公司	10455227	60243116	7425307	32465182	106848	187813	32.37
23	大连万达集团股份有限公司	10315725	106119337	3916810	18922100	47435	155905	20.28
24	潍柴控股集团有限公司	9546519	17993137	4632984	10068582	33401	79038	47.11
25	海尔集团公司	9000000	17568507	5538455	20160868	25792	73065	38.00
26	兖矿集团有限公司	6728985	23170446	2075582	13978878	1572	97612	15.17
27	光明食品（集团）有限公司	6720655	24192979	4839447	15585452	25521	148813	25.33
28	绿地控股集团股份有限公司	6606226	73313796	297300	24716022	237	26686	3.70
29	北京首都创业集团有限公司	6600155	25405827	242439	3803068	1732	26252	12.98
30	中粮集团有限公司	6322633	43834856	4001337	40010888	45740	121767	20.66
31	中国联合网络通信集团有限公司	6200335	66284164	296648	27573518	614	273951	3.55
32	中国铁道建筑总公司	5862452	76422213	3322665	63029681	9016	336872	5.21
33	中国华能集团公司	5836181	100285174	1127873	24607111	1555	140032	3.84
34	河钢集团有限公司	5773115	36038803	6484832	29077196	12000	125552	15.96
35	国家电力投资集团公司	5642128	87610712	202504	19593468	421	127343	2.60
36	中国铁路工程总公司	4945458	75654813	2801130	64426089	6136	293940	4.32
37	中国宝武钢铁集团有限公司	4627700	74168343	1134500	30962102	2122	169344	3.72
38	中国移动通信集团公司	4531399	171267353	1342991	71161106	7439	463712	2.05
39	中国有色矿业集团有限公司	4457136	11962401	3638875	14095403	10509	55609	27.32
40	TCL集团股份有限公司	4379216	14713679	4733385	10647350	2584	79561	25.82
41	金川集团股份有限公司	3754918	12594538	3576485	19313227	2123	32991	18.26

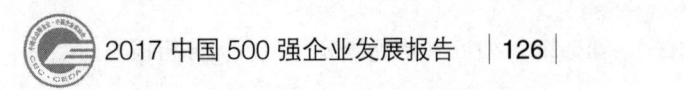

续表

排名	公司名称	海外资产/万元	企业资产/万元	海外收入/万元	营业收入/万元	海外员工	企业员工	跨国指数/%
42	中国船舶工业集团公司	3599013	28335396	3100093	19848192	416	68025	9.64
43	中国通用技术（集团）控股有限责任公司	3556632	14496899	1077529	14690487	793	38589	11.31
44	中兴通讯股份有限公司	3532748	14164091	4268310	10123318	6197	81468	24.90
45	美的集团股份有限公司	3450000	17060000	6610560	15984170	20000	120000	26.08
46	中国电子信息产业集团有限公司	3330594	25417702	7339125	19936460	8587	149019	18.56
47	中国中车股份有限公司	3060119	33831061	1905173	22972215	4808	183061	6.66
48	鞍钢集团公司	3016541	33109220	1275919	13925490	420	155287	6.18
49	中国能源建设集团有限公司	2970168	30703366	3300765	22540735	6862	149055	9.64
50	中国旅游集团公司	2917318	14370004	1396985	6036399	6576	46937	19.15
51	国家开发投资公司	2884073	46711601	2890503	8704528	12633	64745	19.63
52	上海汽车集团股份有限公司	2861749	59062814	3038936	75641617	1778	94121	3.58
53	常州天合光能有限公司	2797139	3643636	2929062	3291603	2172	13270	60.71
54	济宁如意投资有限公司	2753325	5276326	2383581	5192988	8103	30132	41.66
55	神华集团有限责任公司	2688722	97925945	290084	24793964	628	240455	1.39
56	万向集团公司	2539454	8406613	2202606	11071835	15262	28150	34.77
57	中联重科股份有限公司	2505973	8914102	216442	5026920	246	15154	11.35
58	首钢总公司	2459582	44610873	2412516	13487099	4649	112323	9.18
59	广东省广晟资产经营有限公司	2455270	14215975	1428492	4672889	5300	30931	21.66
60	中国航空集团公司	2400441	23695440	4313150	11588474	2760	93802	16.76
61	中国黄金集团公司	2377872	10312239	254211	10788422	3087	48749	10.58
62	海信集团有限公司	2308583	10980151	2344430	10033120	1963	58250	15.92
63	中国华电集团公司	2248944	77914529	250510	18737087	1044	107100	1.73
64	北京汽车集团有限公司	2131074	40156360	1826448	40610384	6846	131256	5.01
65	紫金矿业集团股份有限公司	2113041	8921770	609445	7885114	5912	23698	18.79
66	三一集团有限公司	2100000	10483746	1091000	6375794	526	19922	13.26
67	中国华信能源有限公司	2096287	15690401	5160599	29094988	11236	29637	23.00
68	中国建材集团有限公司	2094772	56446466	2618324	26123339	2645	228448	4.96
69	雅戈尔集团股份有限公司	1997120	8023751	1852528	5633399	21415	42258	36.15

续表

排名	公司名称	海外资产/万元	企业资产/万元	海外收入/万元	营业收入/万元	海外员工	企业员工	跨国指数/%
70	华侨城集团公司	1879901	17407226	446102	5425604	314	41832	6.59
71	中国机械工业集团有限公司	1873650	27201623	6216221	21416120	3278	117155	12.90
72	宁波均胜电子股份有限公司	1737466	3723257	1248660	1855241	17766	24075	62.59
73	中国电信集团公司	1598091	80488306	899052	41445834	5212	413536	1.81
74	新华联集团有限公司	1569713	11534623	3242016	7189858	965	58916	20.11
75	青建集团股份公司	1531777	6421859	1259516	5072174	1137	13986	18.94
76	江苏新潮科技集团有限公司	1518547	3077123	1034387	1923671	9036	21938	48.10
77	浙江龙盛控股有限公司	1265397	4176396	720039	2168761	1988	6426	31.48
78	白银有色集团股份有限公司	1198858	4442132	208360	5594960	2300	16268	14.95
79	北京控股集团有限公司	1165754	26592496	439384	7588018	1728	85419	4.07
80	铜陵有色金属集团控股有限公司	1161929	8352027	678867	14955342	1669	26146	8.28
81	上海建工集团股份有限公司	1086943	17436958	442504	13365654	564	38007	3.68
82	中国大唐集团公司	1078216	70628676	131998	15836122	457	97091	0.94
83	奇瑞汽车股份有限公司	1048237	7790968	242585	3296370	265	15527	7.51
84	北京建工集团有限责任公司	1017877	5655782	251917	4079153	378	20222	8.68
85	广东粤海控股集团有限公司	1017113	8507343	205734	1567397	570	11514	10.01
86	银亿集团有限公司	971245	7153999	1016137	6525061	6170	14618	23.79
87	广东省航运集团有限公司	946940	1687611	310875	399616	2866	5882	60.88
88	广东省广新控股集团有限公司	946680	5634117	808703	5709640	6243	24857	18.69
89	山东魏桥创业集团有限公司	887347	21988813	616145	37318332	4906	135393	3.10
90	新希望集团有限公司	852280	11453150	546206	6855885	3172	65407	6.75
91	晶科能源控股有限公司	848579	2609064	1315160	2235000	4227	16920	38.78
92	中国恒天集团有限公司	817794	8290206	487553	4345555	2832	43085	9.22
93	正泰集团股份有限公司	771277	4973648	631025	5104068	633	30010	9.99
94	徐州工程机械集团有限公司	736321	9048526	1013274	7711016	3356	24283	11.70
95	陕西煤业化工集团有限责任公司	703726	44582030	251123	21209513	992	131890	1.17
96	卧龙控股集团有限公司	702642	2560416	1071433	3024640	4083	16183	29.37
97	中国重型汽车集团有限公司	700181	12272753	777095	7002988	253	36176	5.83

续表

排名	公司名称	海外资产/万元	企业资产/万元	海外收入/万元	营业收入/万元	海外员工	企业员工	跨国指数/%
98	安徽中鼎控股（集团）股份有限公司	651586	1472406	489416	1354673	3650	13928	35.53
99	天津泰达投资控股有限公司	644689	30452748	102169	5103810	401	19065	2.07
100	安徽海螺集团有限责任公司	614667	11511928	364835	9865157	1826	50401	4.22
	合计	807830877	5050312360	4900119496	2508613200	1166176	12977367	14.85

注：由于华为技术有限公司未填报海外数据，海外收入是由该公司对外发布占营业收入的60%算出，海外资产、海外员工数是依据该公司以前的数据推算出来的，只能做参考。海航集团公司的海外资产数、员工数来自该公司网站，海外营业收入依据上年数估算。腾讯控股有限公司、联想控股公司、复星国际有限公司、中粮集团公司、海航集团公司的海外资产、海外营业收入和海外员工数来自于2016发展中国家跨国公司100大。汇率换算2015年为1美元=6.2017元人民币，2016年为1美元=6.6968元人民币。

表4-4　2011—2017中国跨国公司100大有关数据

年份	2011	2012	2013	2014	2015	2016	2017
海外资产/亿元	32503	38187	44869	52473	56334	70862	80783
海外营业收入/亿元	31015	43517	47796	50074	51771	47316	49012
海外员工数/人	421000	485480	624209	72392	754731	1011817	1166176
入围门槛/亿元	7.52	8.82	14.91	21.00	26.67	41.48	61.47

2017中国跨国公司100大海外营业收入排前10位的企业分别是中国石油天然气集团公司、中国石油化工集团公司、中国中化集团公司、华为技术有限公司、中国海洋石油总公司、联想控股股份有限公司、中国化工集团公司、中国兵器工业集团公司、浙江吉利控股集团有限公司、中国交通建设集团公司（见表4-5）。

2017中国跨国公司100大海外员工数排前10位的企业分别是中国石油天然气集团公司、中国电力建设集团有限公司、华为技术有限公司、中国化工集团公司、中国石油化工集团公司、大连万达集团股份有限公司、中粮集团有限公司、中国五矿集团公司、联想控股股份有限公司、潍柴控股集团有限公司（见表4-6）。

2. 54家公司跨国指数高于平均跨国指数

2017中国跨国公司100大按照跨国指数排序，前10名的企业分别是宁波均胜电子股份有限公司、广东省航运集团有限公司、常州天合光能有限公司、浙江吉利控股集团有限公司、中国中化集团公司、中国化工集团公司、联想控股股份有限公司、江苏新潮科技集团有限公司、潍柴控股集团有限公司、华为技术有限公司。其中宁波均胜电子股份有限公司居首位，达到62.59%。2017中国跨国公司100大的平均跨国指数为14.85%，其中高于平均跨国指数的公司达到54家（见表4-7）。

表 4-5　2017 中国跨国公司 100 大海外营业收入排序

排名	公司名称	海外资产/万元	海外收入/万元	海外员工/人	跨国指数/%
1	中国石油天然气集团公司	85850415	68304475	113281	21.69
2	中国石油化工集团公司	58697151	51849469	50235	20.18
3	中国中化集团公司	31599622	31552362	9894	58.47
4	华为投资控股有限公司	19963530	31294440	55800	45.33
5	中国海洋石油总公司	49485959	21456636	6114	32.61
6	联想控股股份有限公司	13125278	20922675	33615	52.02
7	中国化工集团公司	21213075	20432724	55130	57.95
8	中国兵器工业集团公司	13332398	15271681	11116	26.11
9	浙江吉利控股集团有限公司	12920287	14529694	26546	58.60
10	中国交通建设集团有限公司	17348427	10710349	25907	18.41
11	中国远洋海运集团有限公司	33357334	10223694	9981	37.25
12	中国五矿集团公司	24385471	9000191	37219	23.43
13	中国建筑股份有限公司	13968567	7958246	20544	8.70
14	中国电力建设集团有限公司	10455227	7425307	106848	32.37
15	中国电子信息产业集团公司	3330594	7339125	8587	18.56
16	美的集团股份有限公司	3450000	6610560	20000	26.08
17	河钢集团有限公司	5773115	6484832	12000	15.96
18	中国机械工业集团有限公司	1873650	6216221	3278	12.90
19	中国航空工业集团公司	11897367	6001546	24988	11.64
20	海尔集团公司	9000000	5538455	25792	38.00
21	中国华信能源有限公司	2096287	5160599	11236	23.00
22	光明食品（集团）有限公司	6720655	4839447	25521	25.33
23	中国中信集团有限公司	49485037	4832084	19437	10.34
24	TCL 集团股份有限公司	4379216	4733385	2584	25.82
25	潍柴控股集团有限公司	9546519	4632984	33401	47.11
26	中国航空集团公司	2400441	4313150	2760	16.76
27	中兴通讯股份有限公司	3532748	4268310	6197	24.90
28	中粮集团有限公司	6322633	4001337	45740	20.66
29	大连万达集团股份有限公司	10315725	3916810	47435	20.28
30	中国有色矿业集团有限公司	4457136	3638875	10509	27.32

续表

排名	公司名称	海外资产/万元	海外收入/万元	海外员工/人	跨国指数/%
31	金川集团股份有限公司	3754918	3576485	2123	18.26
32	中国铁道建筑总公司	5862452	3322665	9016	5.21
33	中国能源建设集团有限公司	2970168	3300765	6862	9.64
34	新华联集团有限公司	1569713	3242016	965	20.11
35	中国船舶工业集团公司	3599013	3100093	416	9.64
36	上海汽车集团股份有限公司	2861749	3038936	1778	3.58
37	常州天合光能有限公司	2797139	2929062	2172	60.71
38	国家开发投资公司	2884073	2890503	12633	19.63
39	中国铁路工程总公司	4945458	2801130	6136	4.32
40	复星国际有限公司	11282753	2660529	16160	30.71
41	中国建材集团有限公司	2094772	2618324	2645	4.96
42	首钢总公司	2459582	2412516	4649	9.18
43	济宁如意投资有限公司	2753325	2383581	8103	41.66
44	海信集团有限公司	2308583	2344430	1963	15.92
45	万向集团公司	2539454	2202606	15262	34.77
46	兖矿集团有限公司	6728985	2075582	1572	15.17
47	海航集团有限公司	2956350	2000000	29000	15.43
48	中国中车股份有限公司	3060119	1905173	4808	6.66
49	雅戈尔集团股份有限公司	1997120	1852528	21415	36.15
50	北京汽车集团有限公司	2131074	1826448	6846	5.01
51	中国铝业公司	20896307	1467837	2111	15.74
52	广东省广晟资产经营公司	2455270	1428492	5300	21.66
53	中国旅游集团公司	2917318	1396985	6576	19.15
54	中国移动通信集团公司	4531399	1342991	7439	2.05
55	晶科能源控股有限公司	848579	1315160	4227	38.78
56	鞍钢集团公司	3016541	1275919	420	6.18
57	青建集团股份公司	1531777	1259516	1137	18.94
58	宁波均胜电子股份有限公司	1737466	1248660	17766	62.59
59	国家电网公司	14246652	1245039	2776	1.69
60	中国宝武钢铁集团有限公司	4627700	1134500	2122	3.72
61	中国华能集团公司	5836181	1127873	1555	3.84

续表

排名	公司名称	海外资产/万元	海外收入/万元	海外员工/人	跨国指数/%
62	三一集团有限公司	2100000	1091000	526	13.26
63	中国通用技术（集团）控股有限责任公司	3556632	1077529	793	11.3%
64	卧龙控股集团有限公司	702642	1071433	4083	29.37
65	江苏新潮科技集团有限公司	1518547	1034387	9036	48.10
66	银亿集团有限公司	971245	1016137	6170	23.79
67	徐州工程机械集团有限公司	736321	1013274	3356	11.70
68	中国电信集团公司	1598091	899052	5212	1.81
69	广东省广新控股集团公司	946680	808703	6243	18.69
70	中国重型汽车集团有限公司	700181	777095	253	5.83
71	浙江龙盛控股有限公司	1265397	720039	1988	31.48
72	铜陵有色金属集团控股公司	1161929	678867	1669	8.28
73	腾讯控股有限公司	14937415	652419	15600	36.08
74	正泰集团股份有限公司	771277	631025	633	9.99
75	山东魏桥创业集团有限公司	887347	616145	4906	3.10
76	紫金矿业集团股份有限公司	2113041	609445	5912	18.79
77	新希望集团有限公司	852280	546206	3172	6.75
78	安徽中鼎控股（集团）公司	651586	489416	3650	35.53
79	中国恒天集团有限公司	817794	487553	2832	9.22
80	华侨城集团公司	1879901	446102	314	6.59
81	上海建工集团股份有限公司	1086943	442504	564	3.68
82	北京控股集团有限公司	1165754	439384	1728	4.07
83	安徽海螺集团有限责任公司	614667	364835	1826	4.22
84	广东省航运集团有限公司	946940	310875	2866	60.88
85	绿地控股集团股份有限公司	6606226	297300	237	3.70
86	中国联合网络通信集团公司	6200335	296648	614	3.55
87	神华集团有限责任公司	2688722	290084	628	1.39
88	广州越秀集团有限公司	19739692	266040	1826	24.38
89	中国黄金集团公司	2377872	254211	3087	10.58
90	北京建工集团有限责任公司	1017877	251917	378	8.68
91	陕西煤业化工集团有限公司	703726	251123	992	1.17

续表

排名	公司名称	海外资产/万元	海外收入/万元	海外员工/人	跨国指数/%
92	中国华电集团公司	2248944	250510	1044	1.73
93	奇瑞汽车股份有限公司	1048237	242585	265	7.51
94	北京首都创业集团有限公司	6600155	242439	1732	12.98
95	中联重科股份有限公司	2505973	216442	246	11.35
96	白银有色集团股份有限公司	1198858	208360	2300	14.95
97	广东粤海控股集团有限公司	1017113	205734	570	10.01
98	国家电力投资集团公司	5642128	202504	421	2.60
99	中国大唐集团公司	1078216	131998	457	0.94
100	天津泰达投资控股有限公司	644689	102169	401	2.07

表4-6 2017中国跨国公司100大海外员工数排序

排名	公司名称	海外资产/万元	海外收入/万元	海外员工/人	跨国指数/%
1	中国石油天然气集团公司	85850415	68304475	113281	21.69
2	中国电力建设集团有限公司	10455227	7425307	106848	32.37
3	华为投资控股有限公司	19963530	31294440	55800	45.33
4	中国化工集团公司	21213075	20432724	55130	57.95
5	中国石油化工集团公司	58697151	51849469	50235	20.18
6	大连万达集团股份有限公司	10315725	3916810	47435	20.28
7	中粮集团有限公司	6322633	4001337	45740	20.66
8	中国五矿集团公司	24385471	9000191	37219	23.43
9	联想控股股份有限公司	13125278	20922675	33615	52.02
10	潍柴控股集团有限公司	9546519	4632984	33401	47.11
11	海航集团有限公司	2956350	2000000	29000	15.43
12	浙江吉利控股集团有限公司	12920287	14529694	26546	58.60
13	中国交通建设集团有限公司	17348427	10710349	25907	18.41
14	海尔集团公司	9000000	5538455	25792	38.00
15	光明食品（集团）有限公司	6720655	4839447	25521	25.33
16	中国航空工业集团公司	11897367	6001546	24988	11.64
17	雅戈尔集团股份有限公司	1997120	1852528	21415	36.15
18	中国建筑股份有限公司	13968567	7958246	20544	8.70

续表

排名	公司名称	海外资产/万元	海外收入/万元	海外员工/人	跨国指数/%
19	美的集团股份有限公司	3450000	6610560	20000	26.08
20	中国中信集团有限公司	49485037	4832084	19437	10.34
21	宁波均胜电子股份有限公司	1737466	1248660	17766	62.59
22	复星国际有限公司	11282753	2660529	16160	30.71
23	腾讯控股有限公司	14937415	652419	15600	36.08
24	万向集团公司	2539454	2202606	15262	34.77
25	国家开发投资公司	2884073	2890503	12633	19.63
26	河钢集团有限公司	5773115	6484832	12000	15.96
27	中国华信能源有限公司	2096287	5160599	11236	23.00
28	中国兵器工业集团公司	13332398	15271681	11116	26.11
29	中国有色矿业集团有限公司	4457136	3638875	10509	27.32
30	中国远洋海运集团有限公司	33357334	10223694	9981	37.25
31	中国中化集团公司	31599622	31552362	9894	58.47
32	江苏新潮科技集团有限公司	1518547	1034387	9036	48.10
33	中国铁道建筑总公司	5862452	3322665	9016	5.21
34	中国电子信息产业集团公司	3330594	7339125	8587	18.56
35	济宁如意投资有限公司	2753325	2383581	8103	41.66
36	中国移动通信集团公司	4531399	1342991	7439	2.05
37	中国能源建设集团有限公司	2970168	3300765	6862	9.64
38	北京汽车集团有限公司	2131074	1826448	6846	5.01
39	中国旅游集团公司	2917318	1396985	6576	19.15
40	广东省广新控股集团有限公司	946680	808703	6243	18.69
41	中兴通讯股份有限公司	3532748	4268310	6197	24.90
42	银亿集团有限公司	971245	1016137	6170	23.79
43	中国铁路工程总公司	4945458	2801130	6136	4.32
44	中国海洋石油总公司	49485959	21456636	6114	32.61
45	紫金矿业集团股份有限公司	2113041	609445	5912	18.79
46	广东省广晟资产经营有限公司	2455270	1428492	5300	21.66
47	中国电信集团公司	1598091	899052	5212	1.81
48	山东魏桥创业集团有限公司	887347	616145	4906	3.10
49	中国中车股份有限公司	3060119	1905173	4808	6.66

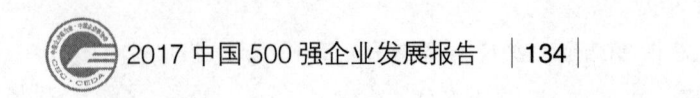

续表

排名	公司名称	海外资产/万元	海外收入/万元	海外员工/人	跨国指数/%
50	首钢总公司	2459582	2412516	4649	9.18
51	晶科能源控股有限公司	848579	1315160	4227	38.78
52	卧龙控股集团有限公司	702642	1071433	4083	29.37
53	安徽中鼎控股（集团）公司	651586	489416	3650	35.53
54	徐州工程机械集团有限公司	736321	1013274	3356	11.70
55	中国机械工业集团有限公司	1873650	6216221	3278	12.90
56	新希望集团有限公司	852280	546206	3172	6.75
57	中国黄金集团公司	2377872	254211	3087	10.58
58	广东省航运集团有限公司	946940	310875	2866	60.88
59	中国恒天集团有限公司	817794	487553	2832	9.22
60	国家电网公司	14246652	1245039	2776	1.69
61	中国航空集团公司	2400441	4313150	2760	16.76
62	中国建材集团有限公司	2094772	2618324	2645	4.96
63	TCL集团股份有限公司	4379216	4733385	2584	25.82
64	白银有色集团股份有限公司	1198858	208360	2300	14.95
65	常州天合光能有限公司	2797139	2929062	2172	60.71
66	金川集团股份有限公司	3754918	3576485	2123	18.26
67	中国宝武钢铁集团有限公司	4627700	1134500	2122	3.72
68	中国铝业公司	20896307	1467837	2111	15.74
69	浙江龙盛控股有限公司	1265397	720039	1988	31.48
70	海信集团有限公司	2308583	2344430	1963	15.92
71	安徽海螺集团有限责任公司	614667	364835	1826	4.22
72	广州越秀集团有限公司	19739692	266040	1826	24.38
73	上海汽车集团股份有限公司	2861749	3038936	1778	3.58
74	北京首都创业集团有限公司	6600155	242439	1732	12.98
75	北京控股集团有限公司	1165754	439384	1728	4.07
76	铜陵有色金属集团控股公司	1161929	678867	1669	8.28
77	兖矿集团有限公司	6728985	2075582	1572	15.17
78	中国华能集团公司	5836181	1127873	1555	3.84
79	青建集团股份公司	1531777	1259516	1137	18.94
80	中国华电集团公司	2248944	250510	1044	1.73

排名	公司名称	海外资产/万元	海外收入/万元	海外员工/人	跨国指数/%
81	陕西煤业化工集团有限公司	703726	251123	992	1.17
82	新华联集团有限公司	1569713	3242016	965	20.11
83	中国通用技术（集团）控股有限责任公司	3556632	1077529	793	11.31
84	正泰集团股份有限公司	771277	631025	633	9.99
85	神华集团有限责任公司	2688722	290084	628	1.39
86	中国联合网络通信集团公司	6200335	296648	614	3.55
87	广东粤海控股集团有限公司	1017113	205734	570	10.01
88	上海建工集团股份有限公司	1086943	442504	564	3.68
89	三一集团有限公司	2100000	1091000	526	13.26
90	中国大唐集团公司	1078216	131998	457	0.94
91	国家电力投资集团公司	5642128	202504	421	2.60
92	鞍钢集团公司	3016541	1275919	420	6.18
93	中国船舶工业集团公司	3599013	3100093	416	9.64
94	天津泰达投资控股有限公司	644689	102169	401	2.07
95	北京建工集团有限责任公司	1017877	251917	378	8.68
96	华侨城集团公司	1879901	446102	314	6.59
97	奇瑞汽车股份有限公司	1048237	242585	265	7.51
98	中国重型汽车集团有限公司	700181	777095	253	5.83
99	中联重科股份有限公司	2505973	216442	246	11.35
100	绿地控股集团股份有限公司	6606226	297300	237	3.70

表4-7　2017中国跨国公司100大跨国指数排序

排名	公司名称	海外资产/万元	海外收入/万元	海外员工/人	跨国指数/%
1	宁波均胜电子股份公司	1737466	1248660	17766	62.59
2	广东省航运集团有限公司	946940	310875	2866	60.88
3	常州天合光能有限公司	2797139	2929062	2172	60.71
4	浙江吉利控股集团公司	12920287	14529694	26546	58.60
5	中国中化集团公司	31599622	31552362	9894	58.47
6	中国化工集团公司	21213075	20432724	55130	57.95
7	联想控股股份有限公司	13125278	20922675	33615	52.02

续表

排名	公司名称	海外资产/万元	海外收入/万元	海外员工/人	跨国指数/%
8	江苏新潮科技集团公司	1518547	1034387	9036	48.10
9	潍柴控股集团有限公司	9546519	4632984	33401	47.11
10	华为投资控股有限公司	19963530	31294440	55800	45.33
11	济宁如意投资有限公司	2753325	2383581	8103	41.66
12	晶科能源控股有限公司	848579	1315160	4227	38.78
13	海尔集团公司	9000000	5538455	25792	38.00
14	中国远洋海运集团公司	33357334	10223694	9981	37.25
15	雅戈尔集团股份有限公司	1997120	1852528	21415	36.15
16	腾讯控股有限公司	14937415	652419	15600	36.08
17	安徽中鼎控股（集团）公司	651586	489416	3650	35.53
18	万向集团公司	2539454	2202606	15262	34.77
19	中国海洋石油总公司	49485959	21456636	6114	32.61
20	中国电力建设集团有限公司	10455227	7425307	106848	32.37
21	浙江龙盛控股有限公司	1265397	720039	1988	31.48
22	复星国际有限公司	11282753	2660529	16160	30.71
23	卧龙控股集团有限公司	702642	1071433	4083	29.37
24	中国有色矿业集团有限公司	4457136	3638875	10509	27.32
25	中国兵器工业集团公司	13332398	15271681	11116	26.11
26	美的集团股份有限公司	3450000	6610560	20000	26.08
27	TCL集团股份有限公司	4379216	4733385	2584	25.82
28	光明食品（集团）有限公司	6720655	4839447	25521	25.33
29	中兴通讯股份有限公司	3532748	4268310	6197	24.90
30	广州越秀集团有限公司	19739692	266040	1826	24.38
31	银亿集团有限公司	971245	1016137	6170	23.79
32	中国五矿集团公司	24385471	9000191	37219	23.43
33	中国华信能源有限公司	2096287	5160599	11236	23.00
34	中策橡胶集团有限公司	584092	635500	2625	22.55
35	中国石油天然气集团公司	85850415	68304475	113281	21.69
36	广东省广晟资产经营公司	2455270	1428492	5300	21.66
37	大连万达集团股份有限公司	10315725	3916810	47435	20.28
38	中国石油化工集团公司	58697151	51849469	50235	20.18

续表

排名	公司名称	海外资产/万元	海外收入/万元	海外员工/人	跨国指数/%
39	新华联集团有限公司	1569713	3242016	965	20.11
40	国家开发投资公司	2884073	2890503	12633	19.63
41	中国旅游集团公司	2917318	1396985	6576	19.15
42	青建集团股份公司	1531777	1259516	1137	18.94
43	紫金矿业集团股份有限公司	2113041	609445	5912	18.79
44	广东省广新控股集团公司	946680	808703	6243	18.69
45	中国电子信息产业集团公司	3330594	7339125	8587	18.56
46	中国交通建设集团有限公司	17348427	10710349	25907	18.41
47	金川集团股份有限公司	3754918	3576485	2123	18.26
48	中国航空集团公司	2400441	4313150	2760	16.76
49	河钢集团有限公司	5773115	6484832	12000	15.96
50	海信集团有限公司	2308583	2344430	1963	15.92
51	中国铝业公司	20896307	1467837	2111	15.74
52	海航集团有限公司	2956350	2000000	29000	15.43
53	兖矿集团有限公司	6728985	2075582	1572	15.17
54	白银有色集团股份有限公司	1198858	208360	2300	14.95
55	三一集团有限公司	2100000	1091000	526	13.26
56	北京首都创业集团有限公司	6600155	242439	1732	12.98
57	中国机械工业集团有限公司	1873650	6216221	3278	12.90
58	徐州工程机械集团有限公司	736321	1013274	3356	11.70
59	中国航空工业集团公司	11897367	6001546	24988	11.64
60	中联重科股份有限公司	2505973	216442	246	11.35
61	中国通用技术（集团）控股有限责任公司	3556632	1077529	793	11.31
62	中国黄金集团公司	2377872	254211	3087	10.58
63	中国中信集团有限公司	49485037	4832084	19437	10.34
64	广东粤海控股集团有限公司	1017113	205734	570	10.01
65	正泰集团股份有限公司	771277	631025	633	9.99
66	中国船舶工业集团公司	3599013	3100093	416	9.64
67	中国能源建设集团有限公司	2970168	3300765	6862	9.64

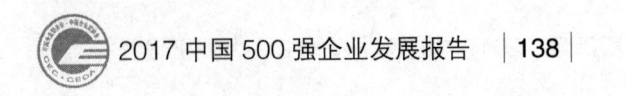

续表

排名	公司名称	海外资产/万元	海外收入/万元	海外员工/人	跨国指数/%
68	中国恒天集团有限公司	817794	487553	2832	9.22
69	首钢总公司	2459582	2412516	4649	9.18
70	中国建筑股份有限公司	13968567	7958246	20544	8.70
71	北京建工集团有限责任公司	1017877	251917	378	8.68
72	铜陵有色金属集团控股公司	1161929	678867	1669	8.28
73	奇瑞汽车股份有限公司	1048237	242585	265	7.51
74	新希望集团有限公司	852280	546206	3172	6.75
75	中国中车股份有限公司	3060119	1905173	4808	6.66
76	华侨城集团公司	1879901	446102	314	6.59
77	鞍钢集团公司	3016541	1275919	420	6.18
78	中国重型汽车集团有限公司	700181	777095	253	5.83
79	中国铁道建筑总公司	5862452	3322665	9016	5.21
80	北京汽车集团有限公司	2131074	1826448	6846	5.01
81	中国建材集团有限公司	2094772	2618324	2645	4.96
82	中国铁路工程总公司	4945458	2801130	6136	4.32
83	安徽海螺集团有限责任公司	614667	364835	1826	4.22
84	北京控股集团有限公司	1165754	439384	1728	4.07
85	中国华能集团公司	5836181	1127873	1555	3.84
86	中国宝武钢铁集团有限公司	4627700	1134500	2122	3.72
87	绿地控股集团股份有限公司	6606226	297300	237	3.70
88	上海建工集团股份有限公司	1086943	442504	564	3.68
89	上海汽车集团股份有限公司	2861749	3038936	1778	3.58
90	中国联合网络通信集团公司	6200335	296648	614	3.55
91	山东魏桥创业集团有限公司	887347	616145	4906	3.10
92	国家电力投资集团公司	5642128	202504	421	2.60
93	天津泰达投资控股有限公司	644689	102169	401	2.07
94	中国移动通信集团公司	4531399	1342991	7439	2.05
95	中国电信集团公司	1598091	899052	5212	1.81
96	中国华电集团公司	2248944	250510	1044	1.73

续表

排名	公司名称	海外资产/万元	海外收入/万元	海外员工/人	跨国指数/%
97	国家电网公司	14246652	1245039	2776	1.69
98	神华集团有限责任公司	2688722	290084	628	1.39
99	陕西煤业化工集团有限公司	703726	251123	992	1.17
100	中国大唐集团公司	1078216	131998	457	0.94

3. 经济发达地区占大多数，国有控股公司仍然占据明显的主导地位

从公司总部所在地看，2017中国跨国公司100大主要在经济发达地区，其中北京占43%，广东占10%，浙江占8%，上海、山东各占6%，安徽占4%，江苏占3%，河北、湖南、甘肃各占2%。

从公司所有制性质看，2017中国跨国公司100大中，民营企业27家，比上年增加9家，国有及国有控股公司73家，其中中央企业43家，说明当前大企业国际化的主力军仍然是国有控股公司。

从公司所在行业看，2017中国跨国公司100大中，工业和商业机械装备业12家，金属制品业11家，汽车及零部件业、消费品生产业、房地产各7家，批发贸易业6家，运输仓储业、电力生产业、电信及互联网信息服务业各4家，石油天然气开采与石油炼制及相关业、通信设备业、煤炭采掘及采选业、化学品制造业、公用事业服务业、军工各3家。

三、2017世界跨国公司100大及跨国指数

联合国贸发会议出版的《2017年世界投资报告》中公布了2017世界跨国公司100大及跨国指数，皇家壳牌石油公司、丰田汽车公司、英国石油公司、道达尔公司、百威英博、大众汽车、雪佛龙公司、通用电气公司、埃克森美孚、软银公司荣列2017世界跨国公司100大前10名。2017世界跨国公司100大海外资产总额达到82697亿美元，比上年增长3.76%；海外营业收入达到47689亿美元，比上年下降3.09%；海外员工总数达到9282031人，比上年增长1.24%。2017世界跨国公司100大入围门槛为371.58亿美元，比上年增长5.78%；跨国指数为61.31%，比上年提高0.3个百分点（见表4-8）。

从跨国公司总部所在国家看，2017世界跨国公司100大主要发布在发达国家。美国有22家，英国15家，法国、德国、日本各11家，瑞士5家，中国（大陆2家、香港和台湾各1家）4家，西班牙3家，意大利、爱尔兰各2家，瑞典、丹麦、比利时、芬兰、挪威、荷兰、卢森堡、以色列、新加坡、韩国、澳大利亚、巴西、墨西哥、马来西亚各1家。

从跨国公司所在行业看，2017世界跨国公司100大主要发布在以下14大行业：电信及互联网信息服务业14家，汽车及零部件业、制药业各12家，采掘业9家，石油炼制及相关业、公用事业各8家，批发零售贸易业7家，食品饮料业6家，化学品制造业、运输仓储业各3家，工业和商业机械、飞机制造、通信设备、烟草各2家。

表 4-8　2017 世界跨国公司 100 大及跨国指数

排名	公司名称	海外资产/百万美元	企业资产/百万美元	海外收入/百万美元	营业收入/百万美元	海外员工/人	企业员工/人	跨国指数/%
1	皇家壳牌石油公司	349720	411275	152018	233591	67000	92000	74.3
2	丰田汽车公司	303678	435958	173529	254753	148941	348877	60.2
3	英国石油公司	235124	263316	140683	183008	43598	74500	74.9
4	道达尔公司	233217	243468	110255	141526	70496	102168	80.9
5	百威英博	208012	258381	39507	45517	163177	206633	82.1
6	大众汽车	197254	431888	192093	240366	346715	626715	60.3
7	雪佛龙公司	189116	260078	54160	110484	28704	55200	57.9
8	通用电气公司	178525	365183	70352	123692	191000	295000	56.8
9	埃克森美孚	165969	330314	121881	218608	35725	71100	52.1
10	软银公司	145611	220296	45324	82166	42032	63591	62.5
11	沃达丰	143574	165367	44602	52238	75666	105300	81.4
12	戴姆勒股份公司	138967	256127	143547	169555	112430	282488	59.6
13	本田汽车公司	130067	169537	112614	129228	143424	208399	77.6
14	苹果计算机公司	126793	321686	139972	215639	45721	116000	47.9
15	必和必拓集团有限公司	118953	118953	29751	30912	10993	26827	79.1
16	日产汽车公司	116612	164734	88651	108189	87584	152421	70.1
17	西门子	115251	140309	67737	88346	136890	351000	65.9
18	意大利国家电力公司	111240	164010	37622	75898	30124	62080	55.3
19	长江和记黄埔控股有限公司	110515	130677	26050	33474	263900	290000	84.5
20	三菱公司	107860	140879	20360	59317	52251	68247	62.5
21	嘉能可	107077	124600	97927	152948	115820	154832	74.9
22	西班牙电信公司	106765	130327	43504	57568	99216	127323	78.5
23	埃尼集团	106408	131280	35510	61690	12626	33536	58.8
24	雀巢公司	106319	129467	89307	90804	317954	328000	92.5
25	宝马公司	106244	198730	88934	104174	36670	124729	56.1
26	强生公司	104274	141208	34079	71890	93339	126400	65.0
27	德国电信公司	102176	156514	53588	80866	106972	218341	60.2
28	西班牙伊维尔德罗拉公司	100890	112476	19178	32321	17992	28389	70.8
29	爱力根公司	94512	128986	2885	14571	12237	16700	55.4

续表

排名	公司名称	海外资产/百万美元	企业资产/百万美元	海外收入/百万美元	营业收入/百万美元	海外员工/人	企业员工/人	跨国指数/%
30	力拓股份公司	89177	89263	33429	33781	50531	51018	99.3
31	菲亚特克莱斯勒汽车公司	86599	109985	113442	122821	145389	234499	77.7
32	辉瑞公司	85930	171615	26455	52824	48318	96500	50.1
33	法国电力公司	84508	296869	17923	78773	25142	154808	22.5
34	微软公司	82992	193468	44742	85320	51000	114000	46.7
35	三井公司	82233	102850	22161	40284	34868	43611	71.6
36	蒂斯集团	81640	84761	22575	22962	47901	49732	97.0
37	Engie集团	77809	167070	46125	73724	80439	153090	53.9
38	安塞乐米塔尔	75142	75142	55761	56791	118025	199000	85.8
39	赛诺菲	72747	110332	28507	38398	59935	106859	65.4
40	鸿海精密工业	70797	79991	134170	135177	667318	1061465	83.5
41	可口可乐公司	70595	87270	31653	41863	49300	100300	68.6
42	福特汽车公司	70153	237951	58367	151800	93000	201000	38.1
43	诺华公司	67487	130124	48590	49436	63188	118393	67.8
44	中国海洋石油集团公司	66673	179228	17761	67789	8979	110200	23.8
45	夏尔制药集团	66615	67035	11355	11397	18358	23906	91.9
46	空客集团公司	66490	117142	50010	73660	85819	133782	62.9
47	梯瓦制药产业有限公司	66161	92890	17058	21903	50097	56960	79.0
48	罗氏集团	64754	75401	50745	51331	53183	94052	80.4
49	IBM	63897	117470	79919	79919	206863	380300	69.6
50	三星电子	63704	217714	114510	173949	228775	325677	55.1
51	宝洁有限公司	62718	127136	38299	65299	51797	105000	52.4
52	橙色其	62623	99787	24283	45268	58399	155202	51.3
53	亚马逊	61177	83402	56202	135987	250424	341400	62.7
54	日本电报电话公司	60466	190035	15025	105152	77000	241448	26.0
55	挪威国家石油公司	58995	104530	10190	45688	2505	20539	30.3
56	葛兰素史克公司	58514	72742	36217	37642	56970	99300	78.0
57	巴斯夫公司	58370	80632	44264	63669	60512	113830	65.0
58	LafargeholcimLtd	54886	73381	21994	29764	69074	90903	74.9
59	沃尔玛	54734	198825	124571	485873	800000	2300000	29.3

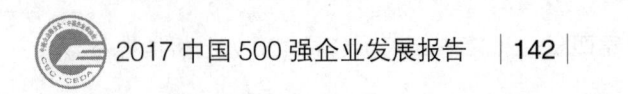

续表

排名	公司名称	海外资产/百万美元	企业资产/百万美元	海外收入/百万美元	营业收入/百万美元	海外员工/人	企业员工/人	跨国指数/%
60	自由的全球公司	54358	54518	17285	17285	30750	41000	91.6
61	通用汽车公司	53687	221690	48070	166380	101000	225000	32.7
62	康菲石油公司	52461	89772	9471	24147	7772	13300	52.0
63	联合利华公司	52356	59480	43755	58317	136832	168832	81.4
64	博世公司	51200	86302	64809	80904	255307	389281	68.3
65	MondelezInternational,Inc.	50917	61538	19594	25923	78000	90000	81.7
66	约翰·斯威父子有限公司	50491	50562	10241	10599	121330	121500	98.8
67	阿斯利康公司	49822	62526	13650	23002	52700	59700	75.8
68	Renault SA	49381	107624	43451	56691	100473	124849	67.7
69	斯伦贝谢公司	48561	77956	21229	27920	62292	100000	66.9
70	博通有限公司	48413	49966	12990	13240	14800	15700	96.4
71	英美资源集团	48216	50149	20139	21378	78000	80000	96.0
72	马来西亚国家石油公司	47912	139868	46459	63322	10630	53149	42.5
73	丸红株式会社	47511	61675	30846	65807	30748	39914	67.0
74	Repsol YPFSA	46745	68356	15446	38377	24535	24535	69.5
75	英国国家电网	45727	82279	11687	19587	14830	25068	58.1
76	迪奥集团	45489	69839	37855	42116	81478	109435	76.5
77	Bayer AG	45422	86685	20136	51741	55717	115200	46.6
78	诺基亚公司	44674	47329	24866	26125	96123	102687	94.4
79	Air Liquide SA	44155	46503	19174	20063	41354	66700	84.2
80	英美烟草公司	44007	48969	16039	19910	71891	85335	84.9
81	中国远洋运输总公司	43076	55642	15104	22965	5114	82708	49.8
82	SAPSE	42635	46671	21051	24408	84183	84183	92.5
83	美国技术公司	42473	89706	24909	57244	137088	201600	53.0
84	住友商事株式会社	42258	69411	22208	36897	40704	66860	60.6
85	Imperial Brands PLC	42245	42423	32823	38965	18100	33900	79.1
86	达能	41855	46325	21872	24277	90173	99091	90.5
87	莱茵集团	41791	80533	20577	48224	23817	58652	45.1
88	安进公司	41199	77626	4665	22991	10190	19200	42.1
89	施耐德电气公司	41093	44114	25441	27318	142356	161768	91.4

续表

排名	公司名称	海外资产/百万美元	企业资产/百万美元	海外收入/百万美元	营业收入/百万美元	海外员工/人	企业员工/人	跨国指数/%
90	惠普公司	40228	79629	30542	50123	98512	195000	54.0
91	Alphabet 公司	39672	167497	47491	90272	17066	72053	33.3
92	英特尔公司	39392	113327	46430	59387	53000	106000	54.3
93	沃尔沃集团	37948	44020	34194	35266	64804	84039	86.8
94	WPP 集团	37765	42561	16902	19421	177000	198000	88.4
95	伊藤忠商事株式会社	37697	72633	15707	44664	54910	105800	46.3
96	E.ONAG	37681	67143	18394	42231	26443	43138	53.7
97	索尼株式会社	37650	157933	50121	70187	76300	125300	52.0
98	AP Moller-Maersk A/S	37610	61118	34050	35464	53990	87736	73.0
99	淡水河谷公司	37413	99157	25123	27161	15527	73062	50.5
100	美洲电信	37158	73352	42188	52202	103887	194193	61.7
	合计数	8269652	13234479	4768905	7444086	9282031	16177038	61.31

资料来源：联合国贸发会议（UNCTAD）—《2017年世界投资报告》。

四、中国跨国公司国际化的主要差距

世界级跨国公司是在世界范围内跨国化程度高、拥有全球行业领导地位、全球资源配置高效的跨国公司。具体来说，世界级跨国公司的一般标准包括：跨国化程度高（体现为跨国化指数不低于30%），在品牌营销、技术创新、商业模式、管理水平、服务能力等方面在全球行业拥有领先地位，有能力高效配置和重组全球资源，具有较强的企业软实力或影响力。尽管中国跨国公司已取得较大进步，在2017中国跨国公司100大中，有6家公司达到2017世界跨国公司的入围门槛，有1家公司的跨国指数达到2017世界跨国公司的平均跨国指数，有43家公司达到2016发展中经济体跨国公司的入围门槛，有14家公司的跨国指数达到2016发展中经济体的平均跨国指数，但按照上述标准衡量，我国跨国公司还存在较大差距。

1. 国际化程度远远落后于世界平均水平

2017中国100大跨国公司的平均跨国指数只有14.85%，不仅远远低于2017世界100大跨国公司的平均跨国指数61.31%，而且也低于2016发展中国家100大跨国公司的平均跨国指数36.14%。2017中国100大跨国公司中跨国指数在30%以上的只有22家，达到2017世界100大跨国公司平均跨国指数的企业只有1家，达到2016发展中经济体100大跨国公司平均跨国指数的企业也只有15家，还有20%的企业的跨国指数没有超过5%。

除此之外，中国跨国公司100大的海外资产、海外营业收入、海外员工的比例都亟须提高，海外经营业绩也亟待改善。2017中国100大跨国公司的入围门槛只有61.47亿元，而2017世界100

大跨国公司的入围门槛高达2488.40亿元、2016发展中经济体100大跨国公司的入围门槛也达到315.29亿元；2017中国跨国公司100大的平均海外资产比例只有16.01%，而2017世界100大跨国公司的平均海外资产比例高达62.49%、2016发展中经济体100大跨国公司的平均海外资产比例为28.76%；2017中国跨国公司100大的平均海外营业收入比例只有19.54%，而2017世界100大跨国公司的平均海外营业收入比例高达64.06、2016发展中经济体100大跨国公司的平均海外营业收入比例为47.00%；2017中国跨国公司100大的平均海外员工比例只有8.99%，而2017世界100大跨国公司的平均海外员工比例高达57.38%、2016发展中经济体100大跨国公司的平均海外员工比例为32.67%（见表4-9）。

表4-9 中外跨国公司100大有关指标

	入围门槛/亿元人民币	海外资产比例/%	海外营业收入比例/%	海外员工比例/%	跨国指数/%
2017中国	61.47	16.01	19.54	8.99	14.85
2016发展中经济体	315.29	28.76	47.00	32.67	36.14
2017世界	2488.40	62.49	64.06	57.38	61.31

注：汇率按照1美元=6.6968元人民币换算。

2. 在技术、品牌和管理上缺乏企业核心竞争优势

当前公认的世界级跨国公司无一例外都拥有自己的企业核心竞争优势，这些核心竞争优势或者体现在产品和技术创新方面，或者体现在品牌方面，或者体现在经营管理方面。与世界级跨国公司相比，当前中国跨国公司仍然主要体现为"大而不强""大而不优"，规模庞大但缺少拿得出手的"撒手锏"即企业的核心竞争优势。具体来看，中国跨国公司与世界级跨国公司在竞争优势方面主要差在技术、品牌和管理上。一是缺技术。相当一部分中国跨国公司的技术创新能力还不够强，尚未开发出突破性的原创技术，或者仍然处在追赶阶段；二是缺品牌。当前越来越多的中国企业已经意识到品牌的重要性，然而拥有世界一流品牌的中国跨国公司仍然不多；三是缺管理。无论是生产管理、研发管理还是营销管理，中国跨国公司与世界级跨国公司相比均存在不小差距。

3. 影响力和全球行业地位尚待提升

全球行业领导企业往往是整个行业的技术领先者、商业模式首创者、行业价值链的组织者和控制者。与世界级跨国公司相比，当前不少中国跨国公司的生产经营规模位居世界前列，但其全球影响力却远远不够，尤其缺少全球行业领导企业。

4. 人才国际化程度低

当前我国大企业国际化程度低的问题十分严重。根据《应对中国隐现的人才短缺》报告，我国满足跨国公司所需技能要求的综合型管理人才严重不足。预计到2020年，中国将需要7.5万名具备国际经验的经理人，而目前，中国仅具备5000名此类人才。2017世界100大跨国公司国际化员工的比例达到57.38%，而2017中国100大跨国公司国际化员工的比例只有8.99%。

五、提升企业国际化经营水平的几点建议

党的十八届五中全会提出，要"支持企业扩大对外投资，推动装备、技术、标准、服务走出去，深度融入全球产业链、价值链、物流链，建设一批大宗商品境外生产基地，培育一批跨国企业"，这为我国大企业国际化发展指明了方向。当前和今后一个时期，我国大企业要认真审视自身差距，积极学习世界一流企业的先进经验，牢固树立国家战略意识，增强紧迫感和危机意识，抓住新的机遇、迎接新的挑战，不断修炼并增强国际化能力，努力提升国际化经营水平。

1. 牢固树立国家战略意识

第二次世界大战后世界主要大国实现国家战略的主要路径已经由军事手段变为经济手段，利用跨国公司实现国家战略是其重要方式。许多西方跨国公司为了获得全球垄断利益，也愿意借助国家力量，主动充当国家战略工具。最典型的是美国政府，在国际政治经济和外交活动中注意发挥大企业的作用，要求其为国家战略服务，当然也会维护大企业利益，注意培育大企业的国家战略意识。我国多数大企业都能够主动服从国家战略，并做出积极贡献，但也有少数大企业缺乏自觉的国家战略意识，没有将自身国际化经营战略与国家战略紧密结合起来，没有将推进国家战略变为自觉行动。诚然，近年来活跃在国际市场上的中资大企业，不仅提升了中国的国际地位，也在一定程度上帮助国家实现了既定战略，功不可没。"一带一路"倡议推出三年多来，我国已经和沿线30多个国家签订了共建合作协议，与20多个国家开展了国际产能合作，一批有影响力的标志性项目逐步落地。但同时也应该看到，少数中资大企业缺乏自觉的国家战略意识，有的充当国际竞争对手的帮手，有的做一些没有战略意义的国际大型并购，有的在国际市场上和本国企业恶性竞争。例如，商务部发言人指出，在非洲、拉丁美洲、东南亚基础设施领域的电站、大坝、公路、铁路项目上经常出现几家中国企业同时竞标，有的企业为了拿到订单，采取低价策略，不断降价，造成恶性竞争，使中国企业蒙受重大损失。为此，我国大企业应该自觉遵守国家的法律法规，积极主动配合，并大力支持国家的战略目标。

"一带一路"建设是党中央、国务院统筹国内国际两个大局做出的重大战略决策，不仅有利于促进我国与沿线国家的全方位合作，而且也为我国更好地利用国际市场和资源，加快开放型经济发展，带动国内资本、产能、技术走出去带来重大机遇。我国大企业要更加聚焦"一带一路"建设，以基础设施互连互通为牵动，以国际产能和装备制造为重点，以境外经贸产业合作园区为载体，加强在"一带一路"沿线国家的投资布局，构建产业分工合作新格局，深化我国与沿线国家的经贸合作，把沿线国家打造成我国企业走出去的重点区域，为"一带一路"建设提供有力支撑。

当前，海外并购已成为我国大企业国际化的主要途径，我国大企业的境外投资并购要服务国家战略，要有利于促进当地和区域经济发展和企业自身发展，要着眼于深层次对接市场需求，追求企业战略布局、产业布局和能力结构的全面转型。具体来看，在海外并购时主要应考虑以下几个方面的问题：一是并购项目是否符合企业的战略规划；二是并购项目的技术是否在全球具备先进性；三是并购项目的盈利能力是否足够强；四是被并购公司的品牌是否在全球细分行业领跑；五是能不能给国内带来紧缺资源，能不能给国内带来就业机会，是否有利于企业的进一步发展。与此同时，还

要考虑当地的法律体系，以及集团公司文化是否可以有效地结合、团队是否需要切换、产品是否可以引进亚洲市场，并重新制定战略规划。此外，我国目前比较成功的并购都是围绕核心业务进行的。如联想、中国化工等。中国化工是中央企业中海外并购比较多的企业，有的人认为国有企业海外并购失败的相对比较多，但根据我对中国化工并购企业的了解，它们并购企业绝大多数是成功的，之所以能做到这一点，主要是因为前期各项战略准备工作比较充分。中国化工对这些公司进行了长期跟踪，有的达3年之久，不仅全面了解了它们的历史和文化背景、产能、技术、市场、前景等情况，而且与这些公司的大股东和高管频繁接触并成为好朋友，也使对方加深了对中国化工的企业文化、经济实力和发展前景的了解，增强了他们对企业价值观的认同。单项并购交易的时机把握是一门艺术，在与安迪苏公司和罗地亚集团并购中表现较为明显。因"非典"影响，全球家禽存栏量和养殖量减少，安迪苏公司的蛋氨酸产品产量、销售和利润受到较大的影响。中国化工认为这是降低收购成本的良机，于是主动出击，在多年的沟通基础上，促成双方在2005年正式签约，实现了低成本收购。罗地亚集团在2004年总体财务状况出现问题，中国化工把握住这次难得的时机，促成了双方在2006年10月正式签约，既缓解了罗地亚集团的财务状况，又使中国化工获得了完整的有机硅业务。

中国大企业在布局海外市场时，要量力而行，先着手区域布局，稳扎稳打，循序渐进推进全球化。坚持全球标准与本土特色并重。一是价值全球化，在品牌、服务及流程方面形成始终如一的全球价值和标准，以便让各国消费者都有相同的品牌联想、认知及印象。二是策略区域化，考虑不同区域客户的差异和相似性，针对目标市场设定适当策略。三是战术本土化，大企业要脱颖而出，需根据当地市场条件，制定具有本土特色、有别竞争对手的营销组合和销售技巧。

2. 加快构建自主全球价值链

我国大企业对外投资不能仅着眼于短期收益，而应有长远规划。大企业需要明确全球价值链的结构，促使研发设计、原料选配、加工组装、物流配送和品牌营销等环节广布于世界不同的国家或地区，各环节有序承接为完整链条，在此链条中每一环节都体现价值创造，反映其不同的增值能力。我国大企业不仅要借助对外直接投资来获取单一链节优势，如通过逆向对外直接投资来获取研发资源或技术优势，或是借助海外并购来提升品牌价值、扩展营销渠道，而且应结合国家特定优势、企业自身优势和各区位要素禀赋优势，对全球价值链进行系统治理，以赢得竞争优势，提升市场竞争力。

为突破全球价值链中的"低端锁定"，我国大企业可以在价值链中进行横向和纵向的协同发展。可以沿着价值链条升级，即从价值链条的低端制造区段向高端研发区段、营销区段和营运区段横向升级；也可以在价值链之间进行选择升级，即从各区段价值网络的最低端，沿着模块供应商、系统集成商、规则设计商纵向升级。价值链条、价值网络上的节点企业，既可以选择横向价值链条升级的"一"字形成长模式，也可以选择纵向价值网络升级的"1"字形成长模式，还可以选择混合升级的"十"字形成长模式，纵横同步推进我国大企业全面成长。除了嵌入全球价值网络，我国大企业也可以通过构建全球价值网络，成为全球价值网络的网主企业。我国大企业只有通过建立自主发展型的价值网络，推进分工深化，才能摆脱价值链"被俘获"的处境，掌握价值链网络的主导权。

构建自主全球价值链，中国企业首先需要以开放合作的心态在全球价值链中整合全球资源进行创新，而不是关起门来自己创新。为了突破技术瓶颈，吉利通过整合全球创新资源，迅速学习到别人在几十年，甚至上百年积累的经验和技术。通过在全球各地设置研发中心、设计中心，吉利可以利用这些平台与全球汽车产业链上最先进或前沿的合作伙伴们一起合作，又极大地促进了其竞争力的提升。其次，需要由从过去注重整合国内创新资源到现在注重整合国际创新资源，由过去的注重引进国外先进技术到现在主动走出去并购国际先进技术企业来获得知识产权和技术人才，并能持续性发展。吉利在全球汽车产业格局的变化中，抓住机会通过跨国并购获得了像沃尔沃这样的国际知名汽车品牌，使得吉利获得了实现跨越式发展的机会。最后，需要紧跟全球行业发展潮流，与世界先进的企业和研发机构协同合作，锻炼、培养自己的技术研发、人才管理等，才有可能形成自身的创新能力，并与世界同行竞争。并购沃尔沃给了吉利突破的机会，吉利和沃尔沃在研发领域的协同布局，让吉利的触角真正伸入国际化研发体系循环之中。不同于传统的合资企业外方合作伙伴对核心技术的保留，吉利与沃尔沃作为吉利控股集团的两大品牌，双方可以共享资源、共同开发全新的中级车模块架构 CMA，吉利在 CMA 架构上打造领克品牌，而沃尔沃则在 CMA 架构上打造 40 系列产品，这使得吉利和沃尔沃的协同效应和学习达到了一个更高的层次。

3. 构建科学的跨国管控体系

一个理想的公司管控体系通常需要具备管控战略导向明确、管控理念统一清晰、管控利益协调一致、管控定位科学合理、管控模式求同存异、管控组织健全严密、管控机制清晰系统、管控事项完善到位、管控途径规范可行、管控决策执行高效、管控制度柔性完备、管控能力胜任匹配等多项特征。根据"整－分"逻辑，每个模块设计和运行的内在机理都要具体体现管控体系运行的整体价值创造最大化和相互摩擦损耗最小化的要求。不应该仅是公司管理总部的单方面"己所欲施于人"，而应是引导公司所有成员企业都朝着整体价值最大化的方向努力。应该在兼顾相关方利益诉求的基础上分进合击，群策群力。

随着经营地域的扩展和国际化进程的加速，我国集团公司要积极稳妥地推进全球化管控体系建设，合理设置海外业务管理的组织架构，明确集团总部与海外专业分支机构经营与管理职能定位，并在实践探索和经验总结中最终形成一套成熟的、适合自身全球化管控需要的可复制管控体系。

按照责权利相统一的原则，要科学划分集团公司与国际分支机构的职责与权限，探索职能模块、业务条线、区域板块的矩阵式运作模式，实现跨地域、多层次经营的资源有效配置方式，促使集团母公司发挥宏观管理的作用。

要发挥集团在海外分支机构发展过程中的技术和资源支持、竞争优势附加值注入、品牌无形资产支撑、战略引领及推动国际联盟合作等关键作用，强化集团母体对海外分支机构的影响力和控制力。

4. 加强国际化人才的培养

中国企业要成为世界一流跨国公司就必须有世界级人才，世界一流跨国公司不仅善于从世界范围内吸引中级和高级人才，并公平对待、充分尊重具有多元文化背景的员工，全面激发员工的创造力和主动性，在企业文化上体现海纳百川的气魄，而且在构建全球知识流动机制的基础上，使员工形成开放的学习与合作态度，树立灵活的全球职业发展理念，从而最大限度地发挥全球范围的智力优势。中国企业要在以下五个方面下功夫。一是制定明确的人才计划。要根据企业国际化发展战略要求制定全球的人才计划和分配，如哪些部门和业务环节需要本地员工，哪些地方需要全球的管理人员。二是加大国际化人才培训力度。要依据国际化人才培训需求，完善企业内部人才培养培训体系。通过与国外跨国公司、知名院校建立战略合作关系，选派优秀人才到境外研修，培养人才的国际化思维、全球视野和跨文化经营管理能力。要注重在跨国经营和海外投资项目中培养人才，通过实践锻炼，使得大批国际化人才在跨国经营中茁壮成长。要通过多种方式选派员工参加海外工作，体验海外文化和生活方式，培养一批能够融入海外市场，具有多元文化背景的专家，使得企业的触角多元化、丰富化。如中国建筑股份有限公司大胆使用年轻的管理人员，从企业内部培养国际化的人才。通过多年的全球化运作，已经培养了一大批年轻的全球化业务骨干。30出头的年轻人，在海外独当一面，管理几万人、数亿美元的工程。三是加大海外优秀人才引进力度。要根据企业发展需要，注重择优聘用外籍人士参与海外分支机构管理；可以逐步加大从国外知名院校接受优秀毕业生的工作力度，为国际化经营管理人才队伍建设做好人才储备。同时，要建立有效的激励机制吸引和挽留国际先进人才。四是加大境内外人才交流力度。要建立交换项目，为员工提供在不同工作环境中工作的机会，促进不同文化背景的员工相互沟通与交流，设计共同的信息和通信技术平台，鼓励知识共享和建设性讨论。要有计划地选派国内优秀的经营管理人才到境外合资合作企业、海外分支机构工作锻炼，使其进一步熟悉国外的经营环境和国际商业规则，提高涉外工作能力、多元化团队领导力和跨国经营管理水平。要注重把经过海外复杂环境考验、境外工作业绩突出的优秀人才优化配置到集团总部、国内重要分支机构的关键岗位上，使其在推动企业国际化经营中担当重任。五是实施人员本土化战略。招聘和雇佣当地各类人才，有利于跨文化交流和沟通，降低东道国市场进入门槛。

5. 强化风险防控和合规经营

企业国际化难免会遇到种种风险，特别是我国企业"走出去"的"一带一路"沿线的一些中亚、中东、南亚及非洲部分国家，宗教、民族矛盾突出。企业参与"一带一路"建设面临的风险可以分为内部风险和外部风险，也可以分为非市场风险和市场风险。外部风险包括政治动乱风险、文化差异风险、宗教民族风险、环境生态风险等。企业国际化必须把风险防范摆在重要位置，从这些年我国企业的实践看，到海外进行投资尤其要做到6个充分考虑，一是要充分考虑可能面临的政治风险，包括政党轮换、政党利益、宗教冲突、民族矛盾、利益集团、腐败严重等；二是要充分考虑可能发生的金融风险，包括外汇十分短缺、外汇严格管制、货币大幅贬值、偿债能力低下等；三是要充分考虑沿线国家的经济发展情况，包括经济发展水平、基础设施状况、科技创新能力、人均收入水平、市场规模容量等；四是要充分考虑员工情况，包括所在国的员工劳动技能、劳动习惯、管理能力、劳工政策等；五是要充分考虑投资的经济效益，特别是一些重大基础设施投资，投资额大、回收期长，要认真测算投资回报率；六是要充分考虑产业园区的平台作用，尽量规避一些国家基础设施落后、产业配套薄弱、安全形势严峻等给投资可能造成的损失。

最近几年跨国公司在强化企业社会环境责任的基础上正在加大合规反腐的力度，强化合规经营已经成为跨国公司发展的一个新趋势。我国企业应高度重视这一新的动向，借鉴跨国公司合规反腐的经验和教训，建立和健全合规经营体系，特别要关注在高风险地区投资的合规性，努力做到与当地社会互利共赢。

中国企业应当规范公司内部的合规性审查和持续的内外部审计监督，最大限度降低法律风险。一是要建立和健全海外风险管理组织体系与内控制度。二是加快建立风险识别、评估、预警与防控体系。三是投资前要对拟投资项目做好调研评估和科学论证。四是进行风险投保以转移风险。五是实施投资地区的多元化策略以分散风险。六是采取合资方式等柔性进入海外市场的策略，既减少进入阻力又分散风险。

6. 着力树立企业和国家的良好形象

一是树立可持续发展理念，坚持诚信为本。企业国际化经营不仅要考虑存在的经济风险，更要考虑东道国对我国对其投资的心理认同和接纳程度。具体而言，企业在海外运营中，要首先树立和维护良好的企业形象，要树立可持续发展的理念，兼顾项目的经济性、环保性和对当地社会民生的改善，以诚意和行动改变国际社会的认知。其次，把维护和改善形象纳入公司海外战略的统筹考虑和规划。企业要通过实施具体的商业合作项目，用看得见、信得过的成功商业项目运作，打消当地疑虑，筑牢合作根基。二是熟悉并自觉遵守国际法律规范。商业运营的底线是遵纪守法，"走出去"的企业更要遵守三条"红线"，即本国法律法规、东道国法律法规以及国际规范和惯例。三是提升与媒体及公关机构的交往能力，提高透明度和规范信息披露。"酒香也怕巷子深"，要提升企业在国际上的整体形象，必须提高"走出去"企业的透明度，通过主动、真实、客观的信息披露，让世人了解中国企业在东道国履行企业社会责任，开展负责任投资所做出的努力，以及为支持当地经济社会发展所带来的改变。企业家可以同我国驻当地的媒体、公关公司联系，同时重视海外公关人才的培养和公共关系工作的常态化与制度化，构建和谐、务实与互利共赢的合作平台。四是尊重当地文化。"走出去"的企业要有国际化视野和担当，与土生土长的当地人做朋友，尊重东道国民众的社会文化心理与习惯，了解东道国的文化特点及其差异性，找到与当地利益相关的沟通交流渠道与最佳方式，提升当地居民对企业的认知度与满意度，构建中国企业与当地居民的情感纽带和增进文化认同。

第五章
2017 中国企业效益 200 佳分析报告

中国企业效益 200 佳是中国企业联合会、中国企业家协会在中国企业 500 强、制造业企业 500 强和服务业企业 500 强共计 1080 多家企业的基础上，依据企业归属母公司所有者净利润产生的前 200 家企业（见表 5-1）。2017 中国企业效益 200 佳当中，包括 79 家中国制造业企业 500 强（其中 63 家同时是中国企业 500 强），103 家中国服务业企业 500 强（其中 80 家同时是中国企业 500 强），以及采掘、建筑等行业的 18 家中国企业 500 强。与 2016 中国企业 200 佳相比，制造业企业减少了 6 家，服务业企业增加了 11 家，其他行业企业减少了 5 家。

2017 中国企业效益 200 佳合计实现净利润 27929 亿元，占本年度全部 1080 家企业的 88.30%，较上年的 94.17% 减少 5.87 个百分点；实现纳税总额 30492 亿元、营业收入 393426 亿元，占全部 1080 家企业的 72.21% 和 55.24%，较上年的 77.21% 和 57.61% 分别减少 5.00 和 2.37 个百分点。

表 5-1 2017 中国企业效益 200 佳

名次	企业名称	净利润/万元	营业收入/万元	纳税总额/万元	资产总额/万元	所有者权益/万元
1	中国工商银行股份有限公司	27824900	101526600	13203683	2413726500	196975100
2	中国建设银行股份有限公司	23146000	84805200	9925093	2096370500	157650000
3	中国农业银行股份有限公司	18394100	77909800	5961300	1824847000	131819300
4	中国银行股份有限公司	16457800	75540200	—	1814888900	141168200
5	国家开发银行股份有限公司	10904632	58875467	7753439	1434049981	114154783
6	交通银行股份有限公司	6720959	35119183	3315657	840316551	62914170
7	中国移动通信集团公司	6387079	71161106	6558328	171267353	90662594
8	国家电网公司	6358560	209397168	15171115	340412600	145561680
9	中国平安保险（集团）股份有限公司	6239400	77448800	5112821	557690300	38344900
10	招商银行股份有限公司	6238000	29756000	1658300	594231100	—

续表

名次	企业名称	净利润/万元	营业收入/万元	纳税总额/万元	资产总额/万元	所有者权益/万元
11	兴业银行股份有限公司	5385000	28515000	2742900	608589000	35012900
12	上海浦东发展银行股份有限公司	5309900	27003000	3229800	585726300	36794700
13	中国民生银行股份有限公司	4784300	26845000	2548700	589587700	35202700
14	中融新大集团有限公司	4695334	6511716	97227	14026915	6520873
15	阿里巴巴集团控股有限公司	4367500	15827300	1377600	50681200	27879900
16	腾讯控股有限公司	4109600	15193800	1019300	39589900	17462400
17	华为投资控股有限公司	3706600	52157400	700600	44363400	14009400
18	中国邮政集团公司	3308568	43583636	1967316	848984996	29961957
19	上海汽车集团股份有限公司	3200861	75641617	9125225	59062814	19192098
20	中国建筑股份有限公司	2987010	95976549	4750678	139195328	19049054
21	安邦保险股份有限公司	2580239	41397026	—	298856457	14157537
22	中国中信集团有限公司	2150005	35111397	3369474	652044382	29037959
23	太平洋建设集团有限公司	2104667	49578589	1415160	33494068	13729295
24	万科企业股份有限公司	2102261	22891600	4361396	83067421	11344477
25	华夏银行股份有限公司	1967700	10474600	1121000	235623500	15218400
26	中国华融资产管理股份有限公司	1961346	9520772	1320141	141196930	11524300
27	北京银行	1780194	8692206	1024010	211633862	14212116
28	恒大集团有限公司	1761700	21144400	3340000	135086800	19253200
29	华润（集团）有限公司	1714106	50340782	547961	110004377	16404334
30	海尔集团公司	1667688	20160868	1179081	17568507	5839676
31	中国第一汽车集团公司	1601905	43038158	6365594	38063629	17018278
32	中国信达资产管理股份有限公司	1551216	9165723	842991	117448092	13921672
33	中国南方电网有限责任公司	1547784	47328148	3701205	68929796	26674892
34	珠海格力电器股份有限公司	1542097	11011310	1061596	18236971	5386395
35	美的集团股份有限公司	1470000	15984170	1220000	17060000	6110000
36	中国人民保险集团股份有限公司	1424500	44332300	3055881	93214900	12610100
37	中国航天科技集团公司	1326128	21321012	481163	38723167	14899705
38	神华集团有限责任公司	1273429	24793964	4088104	97925945	33331431

续表

名次	企业名称	净利润/万元	营业收入/万元	纳税总额/万元	资产总额/万元	所有者权益/万元
39	中国贵州茅台酒厂（集团）有限责任公司	1271350	4389956	1896177	13972979	7492856
40	中国光大集团股份有限公司	1247500	21564600	1952100	436221100	10883700
41	中国石油天然气集团公司	1240662	187190290	31255868	406975924	209800561
42	中国太平洋保险（集团）股份有限公司	1205700	26701400	468300	102069200	13176400
43	广东温氏食品集团股份有限公司	1178988	5935524	28201	4143815	3046089
44	中国电信集团公司	1172321	41445834	1488981	80488306	35386219
45	中国海洋石油总公司	1164223	43774087	5705988	115775510	49221137
46	碧桂园控股有限公司	1151682	15308698	991936	59256760	7012837
47	中国中车股份有限公司	1129559	22972215	1523740	33831061	10485661
48	百度网络技术有限公司	1107435	7054936	240211	18199739	8680496
49	中国电子科技集团公司	1070623	18130792	607907	24946941	11046109
50	长城汽车股份有限公司	1055116	9861570	874996	9230916	4729480
51	复星国际有限公司	1026819	7396656	359462	48677948	12287383
52	中国远洋海运集团有限公司	989211	19759362	588180	65875709	16781725
53	中国航天科工集团公司	959100	20316614	524511	25712283	9488537
54	中国交通建设集团有限公司	950867	47002154	2481689	101993168	10301978
55	东风汽车公司	940048	57261266	4551238	41371605	7966608
56	龙湖地产有限公司	915295	5479950	602144	22483037	6176470
57	恒丰银行股份有限公司	911704	3138489	571109	120851943	6270738
58	泰康保险集团股份有限公司	841125	12510381	274977	62943105	4171730
59	浙江吉利控股集团有限公司	840872	20879870	2683298	20674077	4097082
60	北京汽车集团有限公司	837478	40610384	3207757	40156360	5585251
61	中国石油化工集团公司	835693	196921982	35363098	215939145	74027943
62	山东魏桥创业集团有限公司	808644	37318332	807238	21988813	6558731
63	海通证券股份有限公司	804333	2801167	518255	56086585	11013013
64	广发证券股份有限公司	803011	2071204	385770	35980135	7853021
65	正威国际集团有限公司	797135	33001920	—	12790482	6952628
66	重庆农村商业银行股份有限公司	794475	3524429	464888	80315773	5259322

续表

名次	企业名称	净利润/万元	营业收入/万元	纳税总额/万元	资产总额/万元	所有者权益/万元
67	中国铁道建筑总公司	792132	63029681	3115516	76422213	7051221
68	重庆龙湖企业拓展有限公司	741086	4477704	747000	20100092	5144731
69	四川省宜宾五粮液集团有限公司	720812	7030824	832783	9562847	6511751
70	绿地控股集团股份有限公司	720730	24716022	2237478	73313796	5627129
71	中国电力建设集团有限公司	702610	32465182	1744276	60243116	6942832
72	上海国际港务（集团）股份有限公司	693908	3135918	274685	11678478	6072386
73	盛京银行股份有限公司	686452	3915974	398000	90548265	4579423
74	广州富力地产股份有限公司	675591	5373034	382606	22641148	4377815
75	华夏幸福基业股份有限公司	649158	5382059	880539	2490333	2536091
76	渤海银行股份有限公司	647343	4450188	351871	85611968	4146337
77	中国广核集团有限公司	641771	6579221	775939	52045966	8652564
78	浙江省能源集团有限公司	634017	6621714	640317	18045833	6853447
79	金地（集团）股份有限公司	630046	5550850	539001	15363426	3743091
80	中国铁路工程总公司	613887	64426089	3660260	75654813	7509902
81	上海农村商业银行股份有限公司	590249	2843186	—	71088056	4622292
82	国家开发投资公司	579149	8704528	1073194	46711601	6236723
83	中国兵器工业集团公司	566689	40740610	1044029	36929503	9312836
84	内蒙古伊利实业集团股份有限公司	566181	6060922	376739	3926227	2308177
85	雪松控股集团有限公司	558115	15701937	231600	10188113	3542709
86	北京农村商业银行股份有限公司	550972	2448036	204566	72416916	3984800
87	万洲国际有限公司	549401	14305682	113600	9458964	4389304
88	恒力集团有限公司	545907	25164763	139982	9255649	3715737
89	杭州娃哈哈集团有限公司	542137	4559165	477446	3232224	2294091
90	北京江南投资集团有限公司	531800	3530568	59306	12210152	1067329
91	海信集团有限公司	524964	10033120	605531	10980151	3713116
92	南山集团有限公司	523017	9361599	—	11327614	4890360
93	天津华北集团有限公司	520095	1656892	9363	928567	520095
94	世茂房地产控股有限公司	517186	5928600	568549	25321485	5198537
95	比亚迪股份有限公司	505215	10347000	453879	14507078	3031558

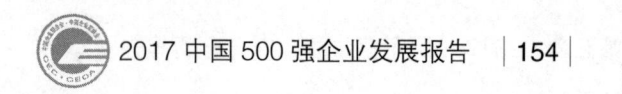

续表

名次	企业名称	净利润/万元	营业收入/万元	纳税总额/万元	资产总额/万元	所有者权益/万元
96	广州农村商业银行股份有限公司	502559	2810037	371322	66095112	3584524
97	中国保利集团公司	494345	20932035	2920998	66477088	5334738
98	新华人寿保险股份有限公司	494200	14617300	460700	69918100	5911800
99	中国华信能源有限公司	492176	29094988	235849	15690401	2721160
100	联想控股股份有限公司	485892	30695285	—	32225883	5226616
101	云南省能源投资集团有限公司	466644	6010634	57159	8440335	2604212
102	山东大海集团有限公司	466182	6526700	160114	3126706	1534999
103	天津银行股份有限公司	452205	2679614	303803	65731011	4170993
104	分众传媒信息技术股份有限公司	445121	1021310	176032	1212910	799093
105	四川省能源投资集团有限责任公司	433991	3389513	110561	9672804	2308495
106	华侨城集团公司	418224	5425604	986526	17407226	2941193
107	深圳顺丰泰森控股（集团）有限公司	418043	5748270	305264	4406361	1971177
108	海澜集团有限公司	413326	9330467	351677	8813421	7119068
109	前海人寿保险股份有限公司	404481	4367512	89924	24410633	2145339
110	山东胜通集团股份有限公司	402922	3673659	151591	2636256	1513936
111	申能（集团）有限公司	401064	3440452	331587	15349329	8229198
112	中国航空集团公司	391254	11588474	655205	23695440	4808088
113	富德生命人寿保险股份有限公司	388094	13040924	81371	45589682	2979277
114	中国兵器装备集团公司	385537	47267719	4021836	36038210	5217855
115	天津中环电子信息集团有限公司	383680	10008770	255922	8659253	4344080
116	协鑫集团有限公司	374106	10740792	492770	15827086	3274015
117	广州汽车工业集团有限公司	366673	27609981	3340000	21034021	2634186
118	万向集团公司	353141	11071835	236980	8406613	2204238
119	重庆银行股份有限公司	350217	960303	241662	37310373	2381191
120	中国东方航空集团公司	349532	10184793	1194816	24071377	3278128
121	威高集团有限公司	345309	3361631	162695	3325962	2178061
122	齐鲁制药有限公司	341420	1503569	157652	2022254	1645804
123	普联技术有限公司	338522	1094206	85855	1170696	1003769
124	世纪金源投资集团有限公司	335850	2961734	447004	10487578	3334368

续表

名次	企业名称	净利润/万元	营业收入/万元	纳税总额/万元	资产总额/万元	所有者权益/万元
125	中国医药集团总公司	334811	31728070	1041040	25551437	3931934
126	康美药业股份有限公司	334040	2164232	149381	5482389	2911557
127	中国机械工业集团有限公司	333515	21416120	955298	27201623	6206173
128	雅戈尔集团股份有限公司	330227	5633399	242332	8023751	2352688
129	南通三建控股有限公司	324087	7792830	436332	4857281	1542147
130	中国船舶重工集团公司	322703	28001147	619371	48383030	12362228
131	四川蓝润实业集团有限公司	321671	3868581	248030	5467526	3069560
132	上海医药集团股份有限公司	319639	12076466	361942	8274272	3162255
133	长沙银行股份有限公司	319008	1684464	197884	38350545	1993964
134	中国中化集团公司	310931	39549504	1815269	39948441	6390161
135	中国航空工业集团公司	308352	37119722	1489734	86793318	16918731
136	广东省交通集团有限公司	305822	4327330	413084	35980249	7493995
137	安徽海螺集团有限责任公司	305230	9865157	825611	11511928	2794124
138	红星美凯龙控股集团有限公司	302126	1615535	247810	13672299	3290282
139	天狮集团有限公司	301878	3354195	69928	1539817	1282035
140	新疆金风科技股份有限公司	300298	2639583	203984	6443717	1997615
141	新兴际华集团有限公司	297748	22038469	280043	12999010	3186134
142	大华（集团）有限公司	296345	1496574	332950	4976713	1476113
143	宁波申洲针织有限公司	294767	1509908	155678	2181606	1509294
144	中国宝武钢铁集团有限公司	294162	30962102	1641667	74168343	24829186
145	上海东方明珠新媒体股份有限公司	293401	1944549	146691	3679655	222317
146	云南白药集团股份有限公司	291988	2241065	186416	2458665	1572567
147	国家电力投资集团公司	290076	19593468	2078261	87610712	5891180
148	吉林银行股份有限公司	287902	1758973	183794	43223465	2136467
149	新希望集团有限公司	286285	6855885	227505	11453150	1871201
150	河北新华联合冶金控股集团有限公司	284948	7007209	134954	5690849	2557810
151	中国能源建设集团有限公司	279659	22540735	1024692	30703366	3572219
152	研祥高科技控股集团有限公司	277378	3220692	131497	2829941	1661230
153	科创控股集团有限公司	276210	6367282	538643	6036720	4298879

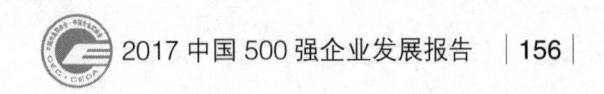

续表

名次	企业名称	净利润/万元	营业收入/万元	纳税总额/万元	资产总额/万元	所有者权益/万元
154	中国南方航空集团公司	275742	11545291	655836	20922849	2733230
155	中国通用技术（集团）控股有限责任公司	274778	14690487	563571	14496899	3553854
156	阳光保险集团股份有限公司	272267	8262632	213626	24634769	3820142
157	郑州宇通集团有限公司	268750	3768502	296164	4826731	1027906
158	唯品会（中国）有限公司	266621	5371226	—	2178139	781311
159	天津农村商业银行股份有限公司	261674	1323178	178137	30376054	2113501
160	农夫山泉股份有限公司	253888	1413864	197588	1266108	814053
161	杭州华东医药集团有限公司	251337	3276899	202334	2260105	1234331
162	宁夏天元锰业有限公司	246124	6001122	87320	5413204	1460722
163	中泰证券股份有限公司	245198	833659	199338	12302581	3156079
164	南通四建集团有限公司	244246	4722598	226353	1216767	710698
165	中国船舶工业集团公司	244195	19848192	320128	28335396	6368577
166	江苏扬子江船业集团公司	244054	2687254	210009	9355376	3221108
167	洛阳银行股份有限公司	242381	1021226	111124	20275657	1427289
168	江苏南通二建集团有限公司	240813	5073125	242705	2223483	1113479
169	百丽国际控股有限公司	240340	4170650	159690	3174500	2647410
170	中国华电集团公司	239575	18737087	2678811	77914529	5522766
171	新疆特变电工集团有限公司	238056	5011487	284889	9421611	2927787
172	东辰控股集团有限公司	237992	2661065	158422	1524585	1068948
173	广州金融控股集团有限公司	236803	917876	199507	50443189	1615380
174	武汉农村商业银行股份有限公司	234204	1078723	166000	22307636	1765248
175	波司登股份有限公司	234069	3057110	62898	2598687	1563820
176	江苏沙钢集团有限公司	233910	19838486	387671	16484011	3880848
177	雅居乐地产控股有限公司	228364	4667887	443348	13172490	3530960
178	上海机场（集团）有限公司	223156	1233515	183335	7370421	4908352
179	石药控股集团有限公司	218822	2323049	175979	2687634	1281419
180	大连金玛商城企业集团有限公司	216428	1684521	129211	2191290	1229807
181	物产中大集团股份有限公司	215432	20689887	268213	7657118	2015658

续表

名次	企业名称	净利润/万元	营业收入/万元	纳税总额/万元	资产总额/万元	所有者权益/万元
182	新奥能源控股有限公司	215100	3410300	130700	3352700	1496600
183	浙江龙盛控股有限公司	214326	2168761	140977	4176396	1608222
184	文一投资控股集团	214203	2644813	178592	2624963	1185644
185	中国电子信息产业集团有限公司	213860	19936460	508090	25417702	3357157
186	中国航空油料集团公司	212555	16334734	301511	4234102	1572551
187	国购投资有限公司	212269	2312061	123610	4289337	2376206
188	上海建工集团股份有限公司	209550	13365654	670386	17436958	2307036
189	青岛银行股份有限公司	208861	1071666	97643	27798811	1763597
190	花园集团有限公司	206688	1805068	26500	1834973	767595
191	山东晨鸣纸业集团股份有限公司	206399	7388933	149947	8228535	2221881
192	三胞集团有限公司	205137	13008768	234826	12297659	3218680
193	广州钢铁企业集团有限公司	203684	2012144	81251	1804831	429190
194	广东省粤电集团有限公司	201421	4003371	631278	12693021	4682166
195	重庆三峡银行股份有限公司	198477	426346	99147	18150364	1226263
196	江苏阳光集团有限公司	198345	3650624	148953	2255790	1171441
197	浪潮集团有限公司	198309	7102513	198811	2876334	933046
198	山东鲁花集团有限公司	198226	2310185	91312	1193093	667275
199	卓尔控股有限公司	198014	5086427	22238	5190153	3602969
200	劲牌有限公司	197106	836547	250106	2221804	1164559
	合计	279286323	3934264027	304924724	22566799439	2638470973

一、2017 中国企业效益 200 佳盈利增长分析

2017 中国企业效益 200 佳合计实现净利润 27929 亿元，较 2016 中国企业效益 200 佳（以下简称上年）的净利润（28222 亿元）减少 1.04%，增幅下降了 9.96 个百分点；与 2017 中国企业 500 强净利润 3.18% 的增长水平相比，低出 4.22 个百分点，反映出中国大企业的效益的均衡性有所增强。2017 中国企业效益 200 佳最后一名的净利润为 19.71 亿元，高于上年 18.01 亿元的水平，提高 9.44%，反映出 200 佳内部的效益的均衡性也有所增强。

2017 中国企业效益 200 佳合计纳税 30492 亿元，较上年（33822 亿元）有较为明显下降，减少了 9.85%，增幅较上年（0.91%）下降 10.76 个百分点；占 2016 年全国税收总额（130354 亿元）的

23.39%，与上年（27.08%）相比下降 3.69 个百分点。这一比例连续多年稳中有降，且最近一年出现较大降幅，在一定程度上反映出国家减轻企业税负的政策措施不断取得积极成效。

中国工商银行股份有限公司长期位列中国企业效益 200 佳的首位，前 10 位中有 8 家金融企业，其中 7 家是银行企业；排在第 2 位至第 10 位的企业分别是中国建设银行股份有限公司、中国农业银行股份有限公司、中国银行股份有限公司、国家开发银行股份有限公司、交通银行股份有限公司、中国移动通信集团公司、国家电网公司、中国平安保险（集团）股份有限公司、招商银行股份有限公司。

二、2017 中国企业效益 200 佳规模增长分析

中国企业效益 200 佳的规模增长速度在连续三年下滑后有所恢复，虽然资产和所有者权益规模的增速也有所下降，但仍高于收入和净利的增速，反映出企业的发展质量并未得到相应改善。2017 中国企业效益 200 佳的营业收入为 39.34 万亿元，较上年（37.85 万亿元）增长了 3.94%，增速提高 5.30 个百分点；资产总额为 225.67 万亿元，较上年（203.20 万亿元）增长了 11.06%，增速下降 2.88 个百分点；归属母公司所有者权益总额为 26.38 万亿元，较上年（25.11 万亿元）增加 5.06%，增速下降 10.98 个百分点；从业人员 2095.79 万人，高出上年（2015.88 万人）3.96%。

三、2017 中国企业效益 200 佳的行业、地区、所有制结构分析

1. 银行、住宅地产、汽车及零配件制造 3 个行业企业最多

2017 中国企业效益 200 佳分布在 59 个行业，与上年相同（本年度行业划分略有调整且不再纳入烟草业）。

银行业效益位居首位且占比上升。银行业企业数为 28 家，与上年相同，实现净利润 13615 亿元，较上年（13396 亿元）增长 1.63%，增幅下降 0.79 个百分点；在 200 家企业中的占比由上年的 47.46% 上升到 48.75%，近年来连续两年不足五成。净利润排在 2～9 位的行业分别是多元化金融、住宅地产、互联网服务、汽车及零配件制造、电网、保险业、电讯服务、房屋建筑和石化及炼焦。

2017 中国企业效益 200 佳中共有 12 个行业入围企业数量超过 5 家，居前三位的是银行业、住宅地产、汽车及零配件制造，分别有 28、17 和 10 家企业。保险业、医药制造、多元化金融也是入围企业相对较多的行业。2017 中国企业效益 200 佳分行业主要经济指标情况见表 5-2。

表 5-2　2017 中国企业效益 200 佳分行业主要经济指标情况

行业	企业数	净利润/万元	营业收入/万元	纳税总额/万元	资产总额/万元
全国	200	279286323	3934264027	304924724	22556799439
商业银行	28	136152168	600197088	56424862	14140042843
多元化金融	6	13386270	153729168	12797034	1955043993
住宅地产	17	11760048	140553046	16488104	528170766

续表

行业	企业数	净利润/万元	营业收入/万元	纳税总额/万元	资产总额/万元
互联网服务	5	10144557	45391811	2783802	114328633
汽车及零配件制造	10	9970059	300090183	31135131	257333844
电网	2	7906344	256725316	18872320	409342396
保险业	8	7610606	165229475	4644779	721636846
电讯服务	2	7559400	112606940	8047309	251755659
房屋建筑	6	6110373	176509345	7741614	198423885
石化及炼焦	2	5531027	203433698	35460325	229966060
家用电器制造	4	5204749	57189468	4066208	63845629
通信设备制造	3	4428802	63260376	1042377	54193349
土木工程建筑	5	3339155	229463841	12026433	345016676
邮政	1	3308568	43583636	1967316	848984996
综合服务业	4	3100081	108390874	4655857	213871201
航空航天	3	2593580	78757348	2495408	151228768
石油、天然气开采及生产业	2	2404885	230964377	36961856	522751434
酒类	3	2189268	12257327	2979066	25757630
综合能源供用	5	2150816	22872613	1270324	54861001
一般有色	4	2086371	50021533	96683	30459867
药品制造	7	2033456	29952562	1772347	29222039
证券业	3	1852542	5706030	1103363	104369301
农副产品	3	1663499	15101594	347018	16790058
电力电气设备制造	3	1522539	43078739	1400886	59786254
服装及其他纺织品	5	1512729	23701534	972275	24791965
纺织印染	3	1473171	47495656	1116305	27371309
电力生产	4	1372843	48913147	6164289	230264228
饮料	3	1362206	12033951	1051773	8424559
黑色冶金	5	1314452	81858410	2525586	111147044
煤炭采掘及采选业	1	1273429	24793964	4088104	97925945
综合制造业	2	1233507	9201724	385962	50512921

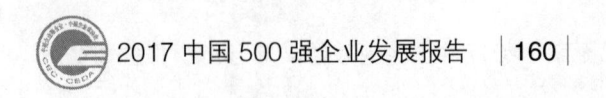

续表

行业	企业数	净利润/万元	营业收入/万元	纳税总额/万元	资产总额/万元
轨道交通设备及零配件制造	1	1129559	22972215	1523740	33831061
航空运输	3	1016528	33318558	2505857	68689666
水上运输	1	989211	19759362	588180	65875709
兵器制造	2	952226	88008329	5065865	72967713
食品	2	851279	17659877	183528	10998781
船舶制造	3	810952	50536593	1149508	86073802
多元化投资	2	791418	11016589	1196804	51000938
计算机及办公设备	2	763270	33915977	131497	35055824
能源矿产商贸	2	704731	45429722	537360	19924503
港口运输	1	693908	3135918	274685	11678478
风能太阳能设备制造	2	674404	13380375	696754	22270803
商业地产	1	649158	5382059	880539	2490333
化学纤维制造	1	545907	25164763	139982	9255649
化学原料及化学品制造	2	452318	4829826	299399	5700981
文化娱乐	1	445121	1021310	176032	1212910
物流及供用链	1	418043	5748270	305264	4406361
软件和信息技术	2	403446	20111281	433637	15173993
轮胎及橡胶制品	1	402922	3673659	151591	2636256
医疗设备制造	1	345309	3361631	162695	3325962
医药及医药器材零售	1	334811	31728070	1041040	25551437
化工医药商贸	1	310931	39549504	1815269	39948441
公路运输	1	305822	4327330	413084	35980249
水泥及玻璃制造	1	305230	9865157	825611	11511928
生活消费品商贸	1	302126	1615535	247810	13672299
机电商贸	1	274778	14690487	563571	14496899
航空港及相关服务业	1	223156	1233515	183335	7370421
连锁超市及百货	1	216428	1684521	129211	2191290
生活资料商贸	1	215432	20689887	268213	7657118

2. 东部企业占绝大多数且占比继续上升，其他地区占比均下降

从企业总部的地区分布看，2017中国企业效益200佳分布在22个省、自治区和直辖市，与上年相比，广西壮族自治区、江西省企业退出，宁夏回族自治区企业进入。入围企业主要集中在东部地区。其中东部地区169家，较上年增加8家；中部地区11家，较上年减少3家；西部地区16家，比上年减少4家；东北地区4家，较上年减少1家。2017中国企业效益200佳企业总部所在地区分布情况见表5-3。

从企业效益的地区占比看，东部地区继续上升，其他地区有所下降。东部地区企业净利润占200佳总额的95.00%，较上年（93.45%）上升1.55个百分点；中部地区占比1.32%，较上年（1.76%）下降0.44个百分点，西部地区占比2.69%，较上年（3.14%）下降0.45个百分点；东北地区占比1.00%，较上年（1.65%）下降0.65个百分点。入围企业数量在10家及10家以上的省市依然全部分布在东部，分别是北京62家、广东36家、上海20家、山东16家、浙江12家、江苏12家，合计158家，较上年增加9家，其中广东增加最多，增加6家。

表5-3 2017中国企业效益200佳企业总部所在地区分布情况

省市	企业数	净利润/万元	营业收入/万元	纳税总额/万元	资产总额/万元	从业人数/人
全国	200	279286323	3934264027	304924724	22566799439	20957883
北京	62	162982419	2404770744	203312473	16368897671	13329687
广东	36	42779913	545623031	34637245	2223972317	3852949
上海	20	23971796	316701377	25444474	2058030981	849864
山东	16	11982169	122957704	4787711	261779060	451306
江苏	12	5362667	154645406	4349336	118679278	973914
浙江	12	8504332	95457670	6649263	128440004	346924
天津	6	2566875	23472837	1169024	192846670	78137
四川	5	2038969	27512085	1957522	42193047	152854
重庆	4	2084255	9388782	1552697	155876602	39513
河北	4	1773986	22602128	1316629	20962099	133121
湖北	4	1569372	64262963	4989582	71091198	203806
河南	3	1060532	19095410	520888	34561352	125247
安徽	3	731702	14822031	1127813	18426228	60137
吉林	2	1889807	44797131	6549388	81287094	132757
辽宁	2	902880	5600495	527211	92739555	15497
云南	2	758632	8251699	243575	10899000	17671
新疆维吾尔自治区	2	538354	7651070	488873	15865328	28189

续表

省市	企业数	净利润/万元	营业收入/万元	纳税总额/万元	资产总额/万元	从业人数/人
湖南	1	319008	1684464	197884	38350545	4543
福建	1	5385000	28515000	2742900	608589000	56236
贵州	1	1271350	4389956	1896177	13972979	30486
宁夏回族自治区	1	246124	6001122	87320	5413204	20062
内蒙古自治区	1	566181	6060922	376739	3926227	54983

3. 民营企业数量增加较多，企业整体盈利能力下降

在 2017 中国企业效益 200 佳中，民营企业数量增加，分所有制各项指标占比有较大变化。国有企业有 108 家，较上年（127 家）减少 19 家，民营企业有 92 家，相应较上年增加 19 家。108 家国有企业共实现净利润 20457 亿元，占全部 200 佳净利润的 73.25%，较上年（81.46%）下降 8.21 个百分点；纳税总额 25922 亿元，占全部 200 佳纳税总额的 85.01%，较上年（90.26%）下降 5.24 个百分点。2017 中国企业效益 200 佳企业所有制结构分布情况见表 5-4。

以资产利润率反映企业盈利能力，国有民营均有所下降。2017 中国企业效益 200 佳的平均资产利润率为 1.24%，较上年（1.39%）下降 0.15 个百分点。其中，国有企业为 1.04%，较上年（1.21%）降低 0.17 个百分点；民营企业为 2.56%，较上年（3.15%）下降 0.59 个百分点。

与上年不同的是，200 家企业的营业收入利润率和资产周转率同时出现下降。2017 中国企业效益 200 佳的平均资产周转率为 0.174 次/年，较上年（0.186 次/年）下降 6.45%。其中，国有企业为 0.152 次/年，较上年（0.167 次/年）下降 9.10%；民营企业为 0.324 次/年，较上年（0.369 次/年）下降 12.20%。2017 中国企业效益 200 佳的平均收入利润率为 7.10%，较上年（7.46%）下降 0.36 个百分点。其中，国有企业为 6.84%，较上年（7.21%）下降 0.37 个百分点；民营企业为 7.90%，较上年（8.53%）下降 0.63 个百分点。

表 5-4 2017 中国企业效益 200 佳企业所有制结构分布情况

项目	企业数	净利润/万元	营业收入/万元	纳税总额/万元	资产总额/万元	从业人数/人
全国	200	279286323	3934264027	304924724	22566799439	20957883
国有	108	204565731	2988893535	259221680	19649553464	15596945
民营	92	74720592	945370492	45703044	2917245975	5360938

第六章
2017 中外 500 强企业对比分析报告

世界、美国和中国企业 500 强排行榜是观察全球大企业、美国大企业和中国大企业的典型样本和窗口，通过它们可以了解全球大企业的总体发展态势和趋势。从最新发布的 2017 世界 500 强、美国 500 强和 2017 中国企业 500 强发展态势看，全球大企业发展总体上都受到后金融危机时代全球经济增长乏力的深刻影响，产业科技的全球性结构调整在暗流涌动。在此背景下，中国经济和中国大企业的结构调整也在进行，但在逆境中持续向上的势头仍然保持不变。经过改革开放近 40 年的努力，中国大企业终于在基础设施建设、互联网经济等领域具备了一定的全球竞争力，在交通运输设备制造、国防工业、能源生产等领域也正在奋起直追；当然中国大企业在诸多领域和方面与发达国家大企业的差距仍然很大。对此我们既不宜妄自菲薄，也不宜盲目自信，而要正视差距，增强优势，积极参与国际竞争。

一、2017 世界 500 强的最新格局及中国上榜企业发展特征

（一）2017 世界 500 强的最新格局

全球有 200 多个经济体，但每年只有大约 30 个国家或地区的企业荣登世界 500 强，而且美国、中国、日本、欧洲四大经济体的企业数量占 85% 左右。2017 世界 500 强中，美国企业有 132 家，近五年保持稳定；中国企业（未含中国香港、中国澳门、中国台湾）有 105 家，较上年增加了 6 家，仍然在持续快速增加；日本企业有 51 家，近五年持续减少；欧洲企业（未含俄罗斯）有 138 家，五年来总体有所减少；其他 18 个经济体瓜分了剩下的 74 家名额（见图 6-1，图 6-2）。

1. 美国上榜企业的盈利能力仍然首屈一指

从 2013 年到 2017 年，美国的上榜企业数量有升有降，但最终保持稳定；日本的上榜企业持续减少，减少了 11 家；欧洲（未含俄罗斯）企业总体稳定，减少了 6 家；中国（未含中国香港、中国澳门、中国台湾）企业持续增加，增加了 19 家。日本、欧洲的上榜企业在减少，营业收入总额、净利润总额也明显减少；中国上榜企业在快速增加，营业收入总额、净利润总额也随之显著增加；美国上榜企业在减少，营业收入总额基本不变，净利润总额却显著增加；尤其在 2017 世界 500 强中，美国 132 家上榜企业的净利润总额达到 6419.69 亿美元，比中国（105 家）、欧洲（138 家）两大经济

体上榜企业的净利润总和（分别为3051.83亿美元、2667.65亿美元）还要多（见图6-3）。相比而言，美国上榜企业的盈利能力仍然首屈一指。

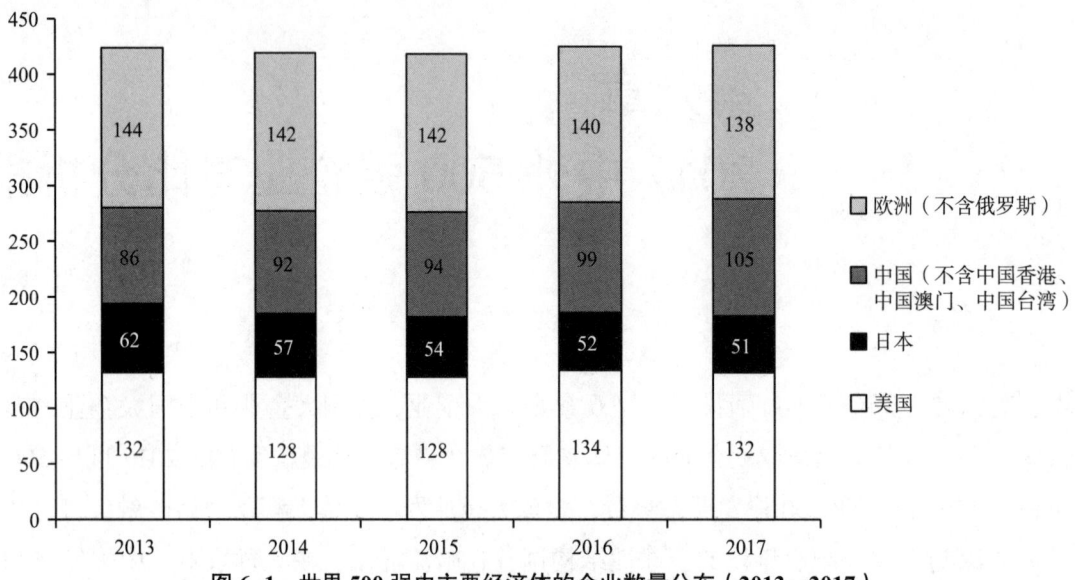

图6-1 世界500强中主要经济体的企业数量分布（2013—2017）

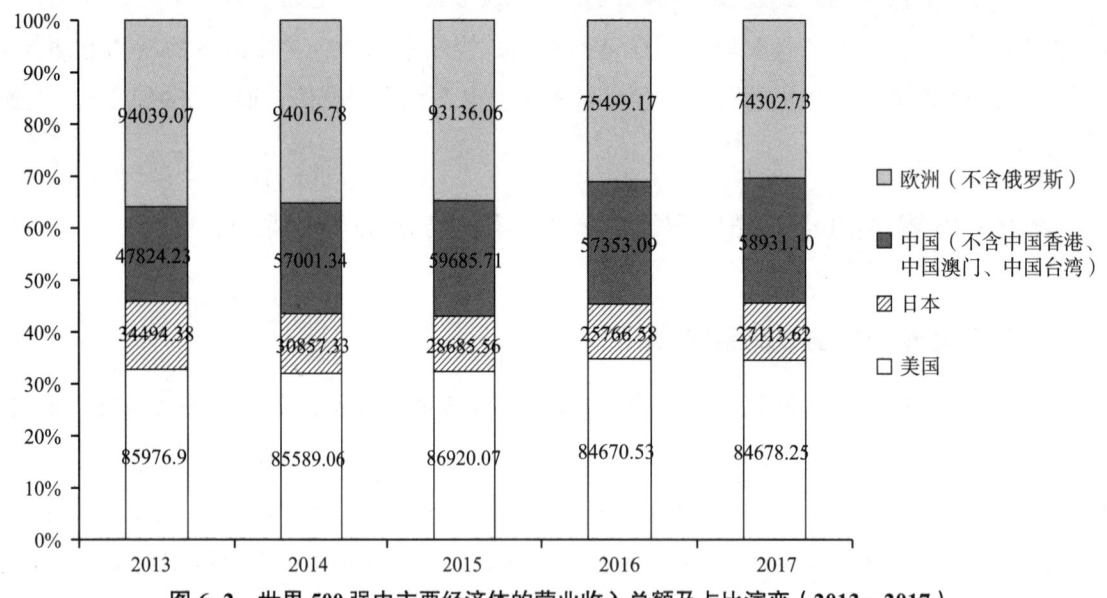

图6-2 世界500强中主要经济体的营业收入总额及占比演变（2013—2017）

美国的全球领先的高技术企业最引人注目。美国企业之所以在世界500强榜单上有首屈一指的盈利能力，主要是因为美国拥有一大批全球领先的创新型高技术企业（见表6-1），如苹果、GE、IBM、亚马逊、Alphabet、波音、联合技术、英特尔、微软、高通、甲骨文、思科等，它们在信息技术（IT）、互联网、大飞机、制药、军工等领域具备全球技术优势，甚至引领着相关领域的全球技术演进趋势，其研发投入、技术积累、商业模式创新长期领跑全球，每年赚取数额不菲的利润。这是美国实体经济强大之所在，值得中国认真研究和学习借鉴。

图 6-3 世界 500 强中主要经济体的净利润总额及占比演变（2013—2017）

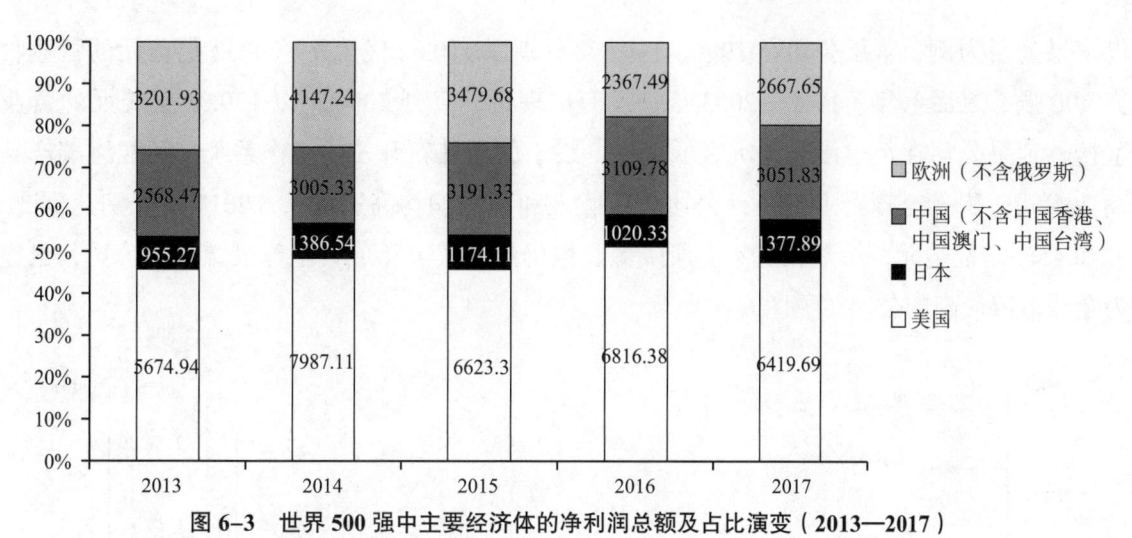

表 6-1 2017 世界 500 强上的部分美国创新型企业

名次	企业名称	行业	营业收入/亿美元	净利润/亿美元
9	苹果公司	互联网（操作系统、智能终端）	2156.39	456.87
65	Alphabet	互联网（搜索、人工智能）	902.72	194.78
26	亚马逊	互联网（电子商务、云计算）	1359.87	23.71
393	Facebook	互联网（社交媒体）	276.38	102.17
69	微软	互联网（操作系统）	853.20	167.98
81	IBM	信息技术（软件、咨询、服务器）	799.19	118.72
280	甲骨文	信息技术（软件、数据库、服务器）	370.47	89.01
187	思科	信息技术（网络设备、软件）	492.47	107.39
144	英特尔	半导体芯片	593.87	103.16
460	高通	半导体芯片	235.54	57.05
155	联合技术公司	工业设备（空调、电梯、航空发动机、安防设备等）	572.44	50.55
31	通用电气公司	工业设备（航空发动机、医疗、轨道交通、能源等）	1266.61	88.31
60	波音	航空航天、军工（飞机、导弹等）	945.71	48.95
178	洛克希德马丁	军工（飞机、导弹）	506.58	53.02
440	诺斯洛普格拉曼	军工（军舰、飞机、雷达、航天器等）	245.08	22.00
449	雷神	军工（战机、雷达、导弹等）	240.69	22.11
87	强生	制药	718.90	165.40
173	辉瑞	制药	528.24	72.15
255	默克	制药	398.07	39.20

以苹果公司为例，苹果公司在 1996、1997 年分别以 110.62 亿美元、98.33 亿美元的营业收入上榜世界 500 强，之后八年（1998—2005 年）没有出现过，直到 2006 年以 139.31 亿美元的营业收入再次上榜，苹果公司在经过漫长的沉寂低迷后，终于凭借其新开发的操作系统、智能终端产品以及新的商业模式，引领全球产业变革，公司营业收入和净利润均高速增长，2017 年分别达到 2156.39 亿美元和 456.87 亿美元，虽然较上年有所降低，但仍然连续三年成为全球最赚钱的公司，也连续多年成为全球市值最高的公司（见图 6-4）。

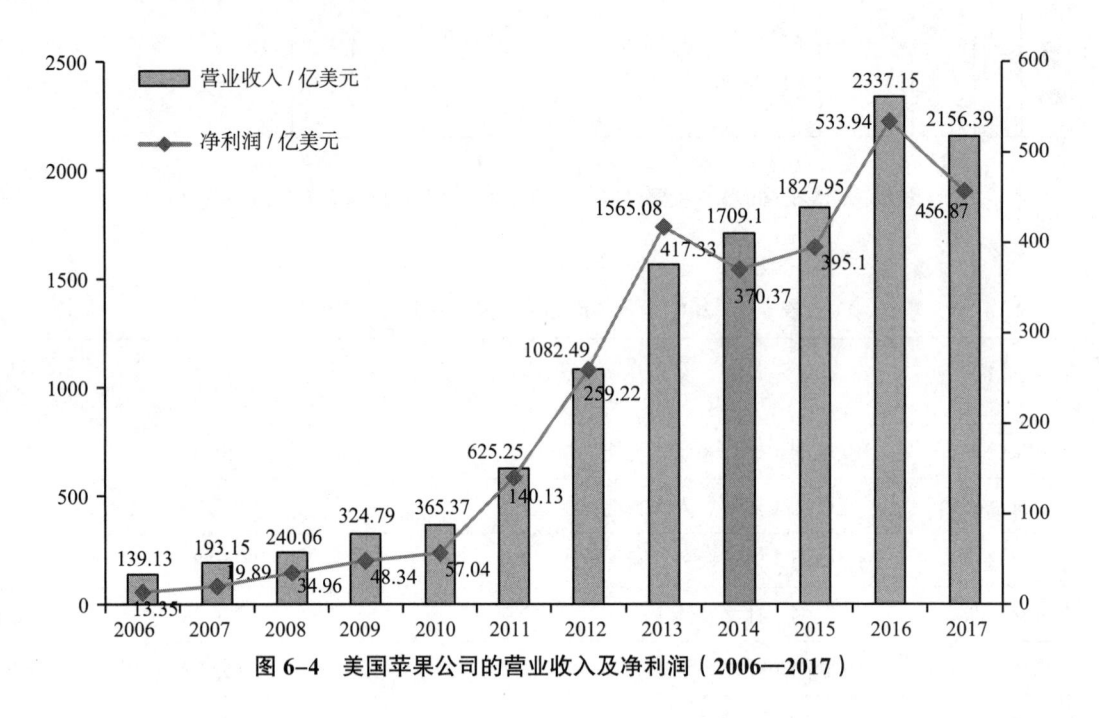

图 6-4　美国苹果公司的营业收入及净利润（2006—2017）

2. 欧洲上榜企业"专注实业"的精神值得学习

欧洲是全球最早进行并完成工业化的大洲，其多数国家现在都是发达国家；现在欧洲总人口（不含俄罗斯）大约 6 亿人，人均收入水平很高，消费者有很高的生活品质追求，因而欧洲的农业、工业和服务业现代化水平在各大洲中是最高的。在长期的后工业化社会中，欧洲企业形成了精益求精、追求卓越的实业精神和工匠精神，铸造了"德国制造""瑞士制造"等国家品牌形象；在产业分布上，重化工业企业如钢铁、建材、化工等企业已经很少，而直接面向消费者和高品质客户要求的制造业、服务业企业则很多。近年来，欧洲企业（不含俄罗斯）在世界 500 强上的上榜企业均在 140 家左右，其中金融企业（银行、保险等）约 35 家左右，其余 100 余家非金融企业主要分布在汽车及零部件、制药、军工、工业设备制造、日用消费品、服装、批发零售、能源、电信等领域，甚至在环保、餐饮、旅游、人力资源、咨询、农产品贸易等领域也能产生世界 500 强企业，许多企业在某些领域经营长达百年，这种专注实业的精神值得中国企业学习。

举例来说，在全球 9 家上榜世界 500 强的制药企业中，欧洲占 6 家（见表 6-2），它们在化学药、生物制药、医疗器械及化学品等领域拥有长期积累，占据着全球产业链的至高端。比如拜耳集团成立至今已经超过 150 年，其发明或人工合成了阿司匹林、海洛因等十多个化学药物或化学品；罗氏公司在肿瘤药物、诊断、移植学和病毒学保持全球领先地位，其实验室的科学家获得过三个诺贝尔奖。中国是全球第二大医药市场，也是全球最大的化学原料药生产国，但在美国《医药经理人》杂志（Pharm Exec）的2017年全球制药企业排名Top50中，还没有一家中国企业上榜。

表6-2 2017世界500强上的欧洲制药企业

排名	公司名称	总部所在地	成立时间	营业收入/亿美元	净利润/亿美元	研发费用/亿美元
169	瑞士罗氏公司	瑞士	1896	534.27	97.20	87.17
174	拜耳集团	德国	1863	525.69	50.11	30.83
186	诺华公司	瑞士	1996	494.36	67.12	79.16
240	赛诺菲	法国	2004	413.76	52.07	57.22
273	英国葛兰素史克公司	英国	2000	376.42	12.31	46.97
470	阿斯利康	英国/瑞典	1999	230.02	34.99	56.31

注：诺华在1996年由两家瑞士化学品及制药公司"汽巴-嘉基"和"山德士"合并而成，前身可追溯至1758年。赛诺菲在2004年由赛诺菲—圣德拉堡和安万特两家公司在2004年合并成立。葛兰素史克在2000年由葛兰素威康和史克必成合并成立。阿斯利康在1999年由瑞典阿斯特拉公司和英国捷利康公司合并而成，是英瑞合资企业。

研发数据来源：美国《医药经理人》杂志（Pharm Exec）的2017年全球制药企业排名Top50。

（二）2013年以来世界500强之中国企业的突出特征

中国是正处于上升期的经济体，中国企业也在结构调整中快速上升。2013年以来，世界500强上的中国企业主要有以下几点突出特征：

1. 上榜企业数量持续增加，上升势头不变

2013—2017年，财富世界500强榜单上的中国（不含中国香港、中国澳门、中国台湾）企业从86家增加到105家，增加了19家，企业数量占比从17.2%增加到21.0%；营业收入占比从18.23%增加到24.05%；净利润总额从20.71%增加到22.58%。同时，中国上榜企业的总体排名也较显著前提，2013年时前100名中有中国企业11家，2017年时则增加到19家。更为重要的是，随着中国从中等收入阶段稳步迈向高收入阶段，庞大的市场需求和市场空间必将孕育出更多大企业，目前中国已有数十家在未来几年内可能进入世界500强的企业，比如格力电器、协鑫集团、比亚迪、长城汽车、海尔集团、万洲国际、金川集团、光明食品集团、国美电器、华晨汽车、海亮集团、铜陵有色、三胞集团、泰康保险等，后备力量很足。只要中国经济政策得当并执行到位，中国在2020年前后整体全面建成小康社会、跨越中等收入阶段，是完全可以实现的，中国企业的上升势头也必然会持续。

2. 规模扩张速度放缓，增长质量和效益仍需提高

通常我们认为，中国企业的目标是做优、做强、做大，这三个目标有一个理论逻辑，就是应该通过做优来做强，通过做优、做强来做大，而不是反过来。实际上，对于中国企业来说，三个目标中最容易实现的似乎是做大，特别是国有企业长期以来通过行政性合并重组很快就可以做大，增长的质量和效益则没有得到应有的重视。从近五年世界 500 强的中国（不含中国香港、中国澳门、中国台湾）上榜企业看，上榜企业虽然越来越多，但总体规模扩张的速度显著下降（见图 6-5）。这也可以说是一件好事。

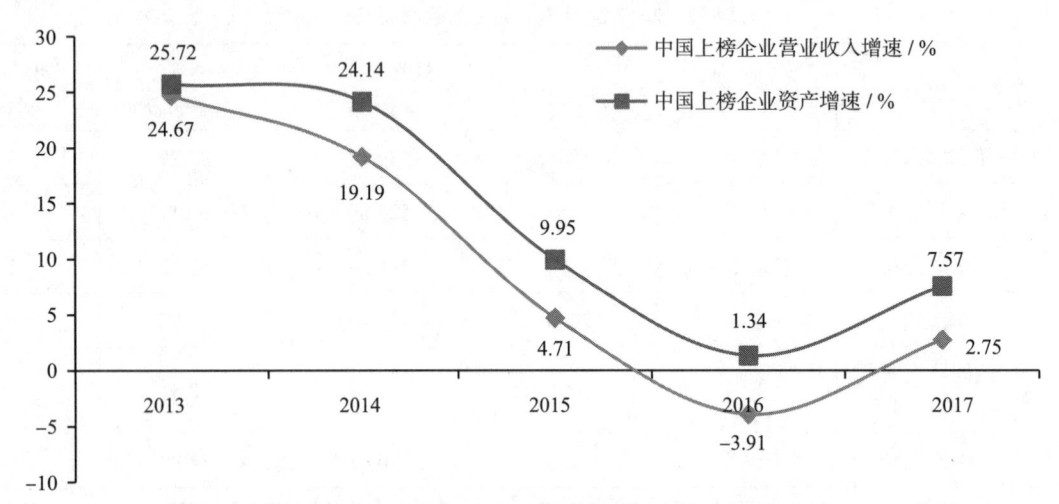

图 6-5　世界 500 强中中国上榜企业的营业收入和资产增速（2013—2017）

注：未含中国香港、中国澳门、中国台湾的上榜企业。

另一方面，在规模扩张速度明显下来的同时，增长的质量和效益却仍需提高，有的指标上升了，有的指标还明显下降。从人均利润、资产负债率看，情况稍有好转，比如人均利润从 2012 年的 1.54 万美元提高到 2016 年的 1.73 万美元，资产负债率从 2012 年的 88.73% 下降到 2016 年的 88.19%，收入利润率从 2012 年的 5.37% 提高到 2016 年的 5.42%，这可能说明大企业的去杠杆、去产能取得了一定成效。但资产利润率从 2012 年的 1.33% 下降到 2016 年的 1.17%，净资产收益率从 2012 年的 11.81% 下降到 2016 年的 9.86%。总体看，中国上榜企业仍然需要持续地在提高增长质量和效益上下功夫。

3. 传统行业企业明显减少，新经济、服务业企业显著增加

中国在快速发展的同时，经济结构也在快速变化，特别是第二产业在国民经济中的占比显著下降，第三产业的占比快速提高，比如在 2016 年第二、第三产业增加值占 GDP 的比重分别为 39.8%、51.6%。反映在企业层面，部分工业制造业企业面临总体上的产能过剩、商品价格下跌、持续亏损等问题，而服务业企业则总体上蒸蒸日上。应该说，这是中国经济发展阶段的必然现象。

从近五年世界 500 强的中国上榜企业来看，的确存在传统行业企业明显减少、新经济及服务业企业显著增加的现象。比如过去五年间，中国有 10 多家企业从世界 500 强中退了出来，主要是煤炭、钢铁企业，比如山西煤炭运销集团有限公司、晋能集团、开滦集团、河南能源化工集团、中国冶金科工集团有限公司、中国铁路物资股份有限公司、中国有色矿业集团有限公司、首钢集团、武汉钢铁（集团）公司、鞍钢集团公司、渤海钢铁集团、百联集团等。同时，中国又有更多的企业入围，主要集中在互联网、消费品生产、保险、房地产等领域，比如互联网领域的京东集团、阿里巴巴集团、腾讯控股，消费品领域的美的集团、苏宁云商集团、万洲国际，金融领域的安邦保险、新华人寿、阳光金控投资集团，房地产领域的恒大集团、大连万达集团、万科企业、碧桂园集团，以及多元化企业如恒力集团、厦门国贸控股集团、新疆广汇实业等。更重要的是，中国有一批新兴企业诞生时间很短，只有不到20年时间，比如阿里巴巴集团诞生于1999年，京东、腾讯诞生于1998年，新华人寿、安邦保险先后诞生于1996年、2004年，它们借助中国经济快速成长的优势而快速成长为世界级的大企业。相比之下，欧洲、日本的上榜企业基本没有近20年的新生企业（当然它们有很多百年老店，有自己的优势和长处），这显示出中国经济发展的活力所在。

4. 金融和非金融企业的矛盾和冲突依旧明显

在较长一段时间内，中国非金融企业都面临融资难、融资成本高等问题，特别是在2008年国际金融危机以来，中国金融和非金融企业的净利润指标显著地分化了，少数金融企业（主要是商业银行）赚走了大量利润，而多数非金融企业却利润微薄，后者尽管总体规模越来越大，但似乎都是在"为银行打工"。比如，近五年来世界500强的中国上榜企业中，中国几家大型商业银行的净利润都排在中国上榜企业和世界500强的前几名，2017年世界500强中，中国工商银行、中国建设银行、中国农业银行、中国银行的净利润排名全部在前5名之内，中国工商银行以418.84亿美元的净利润排名全球第二，是美国摩根大通公司（在美国上榜的金融企业中，净利润最高，为247.33亿美元）的1.7倍。2017世界500强中，上榜的中国金融企业达到18家，共实现净利润1953.63亿美元，而其他86家非金融企业共实现净利润1098.21亿美元，金融企业净利润占比达到64.01%，虽连续两年占比下降，但仍然超过60%。在后国际金融危机时代，中国非金融企业特别是工业制造业企业面临着严峻的产能过剩、成本上升、转型升级压力，而金融的支持就至关重要，中央近年来也接连出台政策，三令五申要求金融企业加大对实体经济的支持力度，但从实际效果看，情况似乎越来越糟糕。这是一个影响巨大且后果严重的谜题。

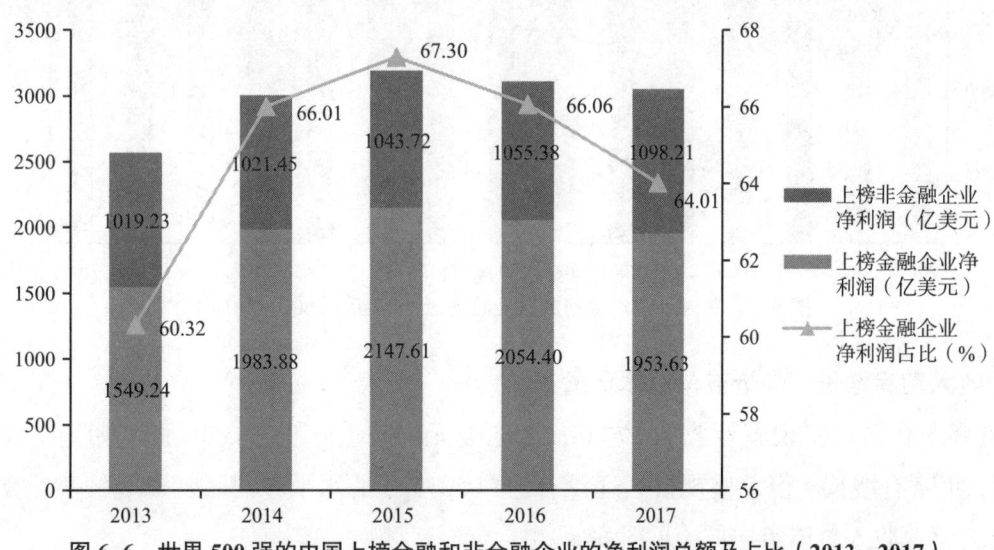

图 6-6 世界500强的中国上榜金融和非金融企业的净利润总额及占比（2013—2017）

二、2017世界、美国、中国企业500强的总体发展态势比较

《财富》杂志的世界500强、美国500强以及中国企业联合会的中国企业500强，为了解全球、美国及中国大企业的发展动态提供了有效样本和素材，通过近年来三个500强的部分指标的变化情

况，可以了解全球企业的大概发展态势。

（一）2017世界500强的总体发展态势

从近年数据看，世界500强主要有以下几个发展态势。

1. 5000亿美元是世界大企业成长的阶段性天花板

经济学中存在关于企业组织的边界的研究和争论。企业究竟能做到多大，在绝对规模上似乎没有边界。2002年，埃克森美孚（2001世界500强第一名）的营业收入首次突破了2000亿美元，达到2103.9亿美元；2006年，埃克森美孚（2005世界500强第一名）的营业收入突破3000亿美元，达到3399.4亿美元；2009年，荷兰皇家壳牌（2008世界500强第一名）的营业收入突破4000亿美元，达到4583.6亿美元。到2017世界500强，全球规模最大的企业是沃尔玛，2016年营业收入达到4858.7亿美元，沃尔玛在最近15年中有11次登顶世界500强，成为成长最稳定的大企业。从图6-7可以看出，沃尔玛近15年稳定成长，在4000亿美元规模上已经9年，全球最大企业的绝对规模也有9年没有突破新的关口。在全球经济增长"新平庸"以及互联网对传统零售渠道有严重冲击的条件下，全球大企业何时能突破5000亿美元的阶段性天花板，是一个值得期待的问题。

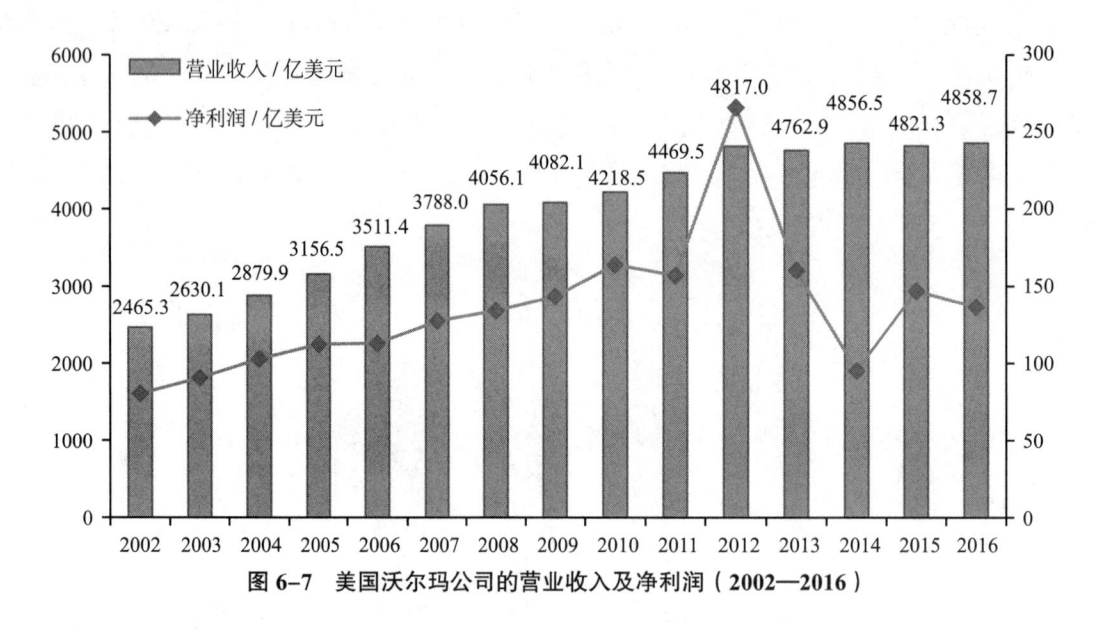

图6-7 美国沃尔玛公司的营业收入及净利润（2002—2016）

2. 营业收入略有增长，但近五年总体负增长

2017世界500强共实现营业收入277081.58亿美元，较上年世界500强营业收入总额增长了0.27%，较上年略有增长，但总体规模远远没有达到2013年的水平。按照复合增长率计算，近五年世界500强的营业收入总体负增长（见图6-8）。

3. 净利润总额恢复性增长，但近五年近乎零增长

2017世界500强共实现净利润15245.46亿美元，较上年世界500强净利润总额增长了2.92%，改变了过去两年来的负增长态势，但净利润总额仍然低于2013年的水平（见图6-9）。2013世界500强净利润总额达到15408.36亿美元。从近五年数据看，总体上世界500强企业的盈利水平增长乏力。

图 6-8 世界 500 强的营业收入总额及增长率（2013—2017）

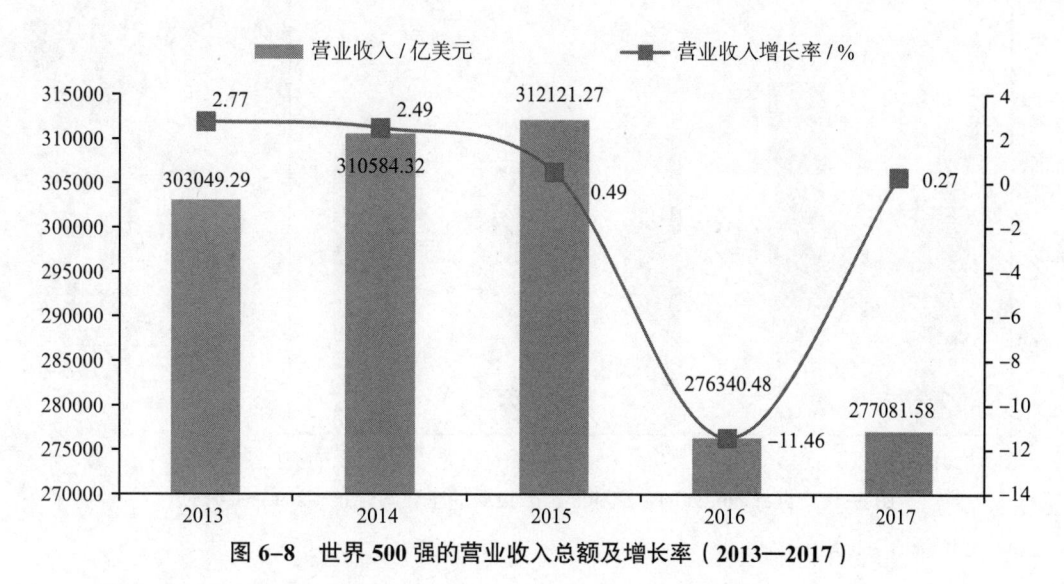

注：营业收入增长率是当年 500 强营业收入总额较上年 500 强该指标的增长百分比。

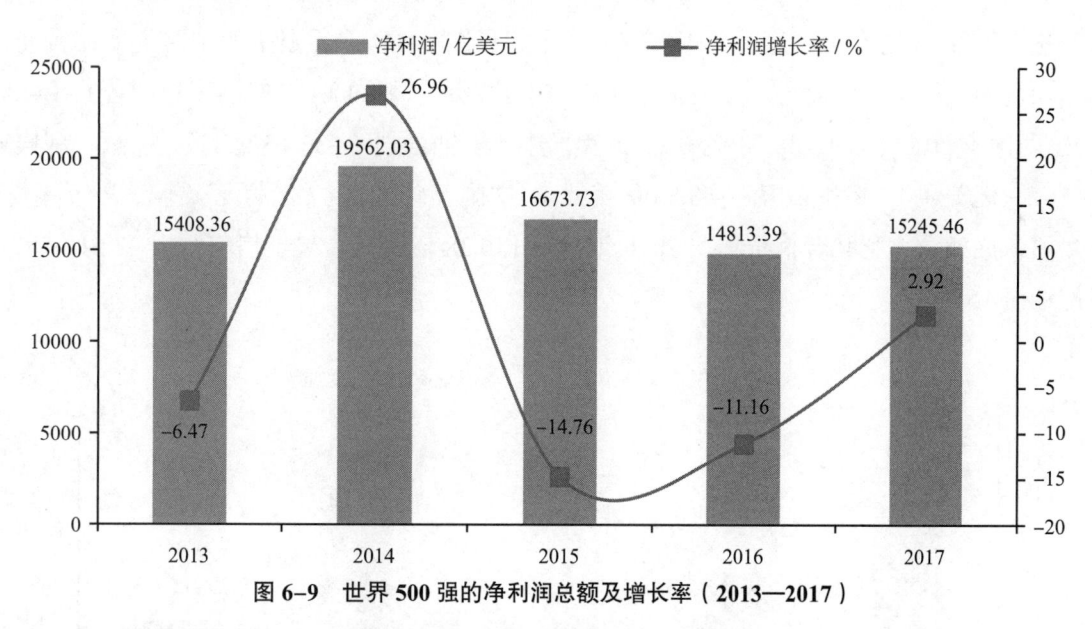

图 6-9 世界 500 强的净利润总额及增长率（2013—2017）

注：该净利润增长率是当年 500 强净利润总额较上年 500 强该指标的增长百分比。

近年来，世界 500 强中每年平均有 100 多家金融企业，包括商业银行、保险公司、投资银行、风险投资、多元化金融等领域。2017 世界 500 强中，有 108 家金融企业，共实现净利润 5517.52 亿美元，占 500 强净利润总额的 36.19%，较上年下降了 3.14 个百分点，主要原因是金融企业的净利润绝对额较上年有所减少（-5.29%），而非金融企业的净利润绝对额较上年有明显提高（8.24%）。从近五年总趋势看，世界 500 强中金融企业的净利润占比总体上是增加的，这一占比在 2016 年达到最高的 39.33%（见图 6-10）。

图 6-10　世界 500 强的金融和非金融企业的净利润分布（2013—2017）

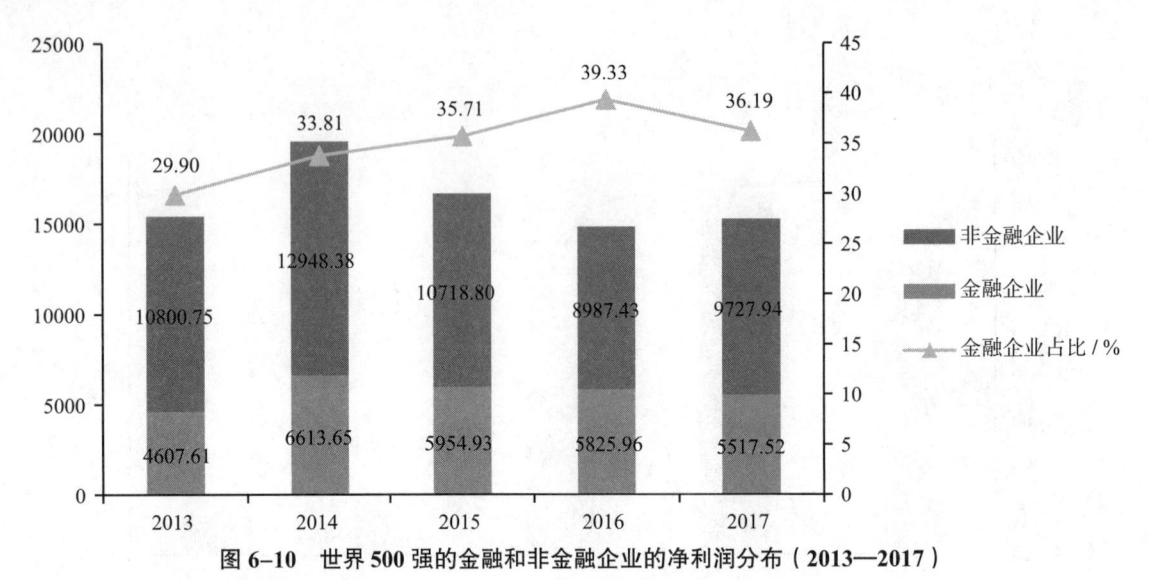

注：2013—2017 世界 500 强中分别有 105、106、107、108、108 家金融企业。

4. 亏损企业数量和亏损额都为近五年来较低水平

2017 世界 500 强中，有 42 家企业出现亏损，亏损企业数量是近五年最少的一年；42 家企业合计亏损额达到 958.72 亿美元，为近五年来较低水平（见图 6-11）；亏损企业主要集中在石油、采矿领域，比如墨西哥国家石油公司（净利润为 -102.56 亿美元，下同）、挪威国家石油公司（-29.02 亿美元）、巴西国家石油公司（-48.38 亿美元）、美国康菲石油公司（-36.15 亿美元）、意大利埃尼石油公司（-16.19 亿美元）、必和必拓（-63.85 亿美元）、中国五矿（-4.47 亿美元）等，也有一些金融企业严重亏损，比如意大利联合信贷集团 2016 年亏损 130.38 亿美元，瑞士信贷亏损 27.51 亿美元，德意志银行亏损 15.50 亿美元。

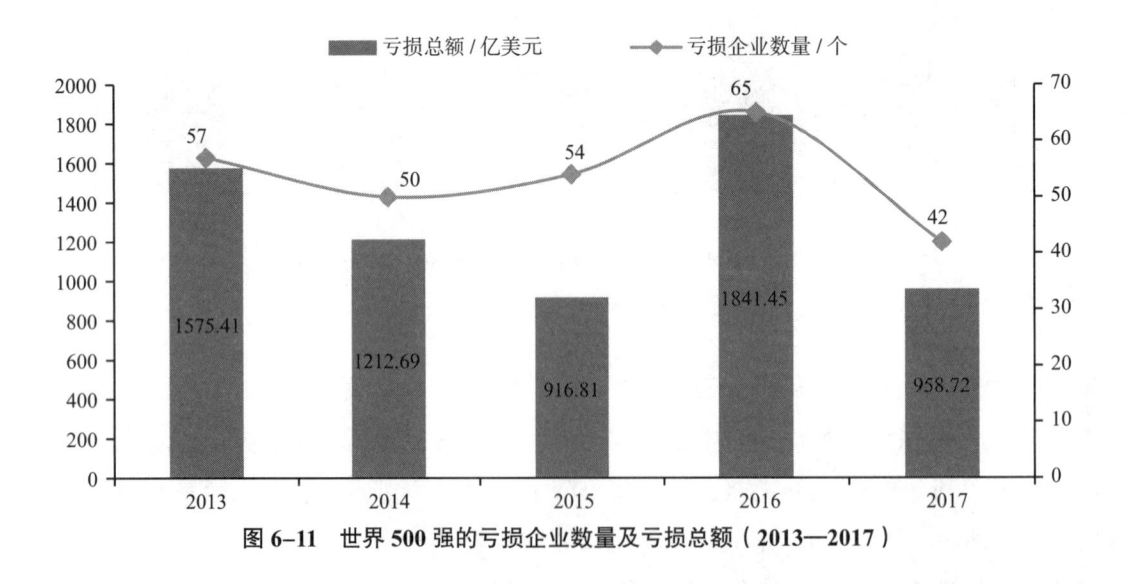

图 6-11　世界 500 强的亏损企业数量及亏损总额（2013—2017）

此外，2017 世界 500 强中，有 11 家企业的归属母公司的所有者权益为负值。其中，墨西哥石油公司（Pemex）的所有者权益为 -599.09 亿美元，并且连续 9 年为负值；美国邮政（USPS）该指标为 -559.82 亿美元，并且近 9 年中有 8 年为负值；全球最大的烟草及食品公司——菲利普·莫里斯国际公司（Philip Morris International），该指标为 –126.88 亿美元，最近 6 年连续为负值；美国最大的医院集团 HCA 控股，该指标为 –73.02 亿美元，最近 11 年连续为负值。这些企业有明显的"显性僵尸企业"的特征（见表 6–3）。

表 6–3　2017 世界 500 强中"归属母公司的所有者权益为负"的企业

名次	企业名称	行业	营业收入/亿美元	净利润/亿美元	归属母公司的所有者权益/亿美元
98	墨西哥石油公司	石油	577.74	–102.56	–599.09
107	美国邮政	邮政	714.98	–55.91	–559.82
398	菲利普·莫里斯国际公司	烟草	266.85	69.67	–126.88
212	HCA 公司	医院服务	447.47	28.90	–73.02
48	惠普公司	信息技术	482.38	24.96	–38.89
425	西尔斯控股	零售	221.38	–22.21	–38.24
N.A.	Altice 公司	电信	229.53	–17.23	–26.68
420	麦当劳	连锁食品	246.22	46.87	–22.04
225	Energy Transfer Equity 公司	管道运输	375.04	9.95	–16.94
32	意昂集团	能源	422.13	–93.44	–11.13
483	Onex 公司	多元化	229.43	–1.30	–4.90

5. 净资产收益率低于近年来平均水平

2017 世界 500 强的收入利润率、资产利润率分别为 5.50% 和 1.25%，收入利润率较上年提高了 0.14 个百分点，近五年总体上在波动中上升，而资产利润率则与上年持平，近五年在波动中总体下降，五年来最低（见图 6–12）。

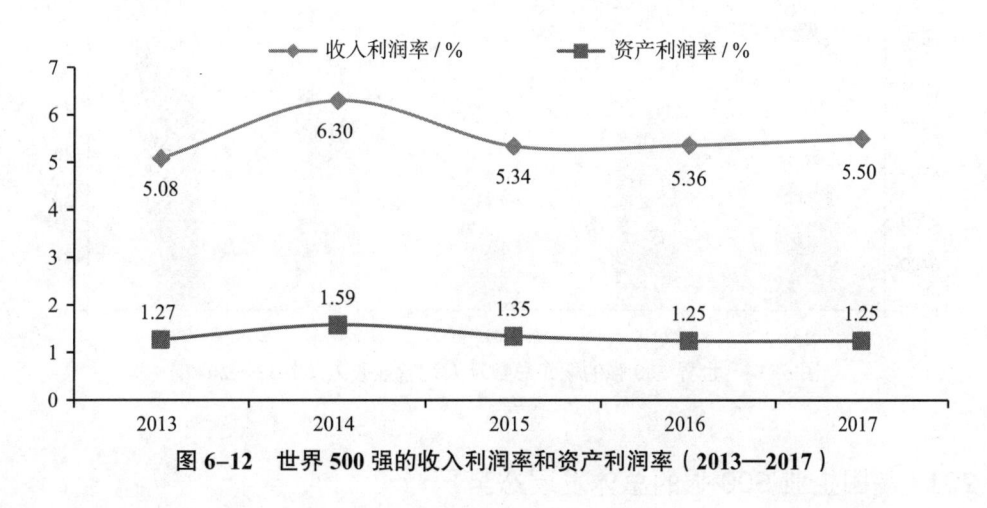

图 6–12　世界 500 强的收入利润率和资产利润率（2013—2017）

2017 世界 500 强共拥有归属母公司的所有者权益（净资产）15.4 万亿美元，与上年世界 500 强该指标持平；2017世界500强的净资产收益率为9.90%，较上年有所增长，但仍然低于2013—2015年间超过10%的收益率水平（见图6-13）。

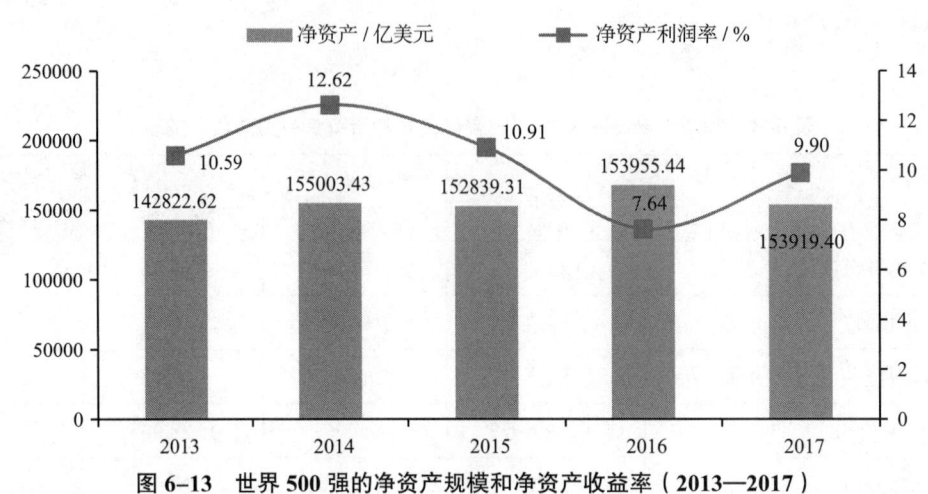

图6-13 世界500强的净资产规模和净资产收益率（2013—2017）

6. 雇员人数有所增加，劳动生产率有所下降

2017世界500强共有雇员6698.17万人，较上年世界500强增加了98.28万人，增长了1.49%，虽然增幅不大，但近五年总体向上增长。从劳动生产率看，有如下经论。

（1）2017世界500强的人均营业收入达到41.37万美元，较上年的41.87万美元有所下降，连续两年降低；2013—2017年，世界500强的人均营业收入先升后降，2017年的该指标较明显低于2013年（见图6-14）。

（2）2017世界500强的人均利润达到2.28万美元，较上年的3.16万美元有所下降，但在2013—2017年间，世界500强的人均利润先升后降，2017年的该指标仅比2013年的3.12万美元明显下降，五年来呈现负增长。

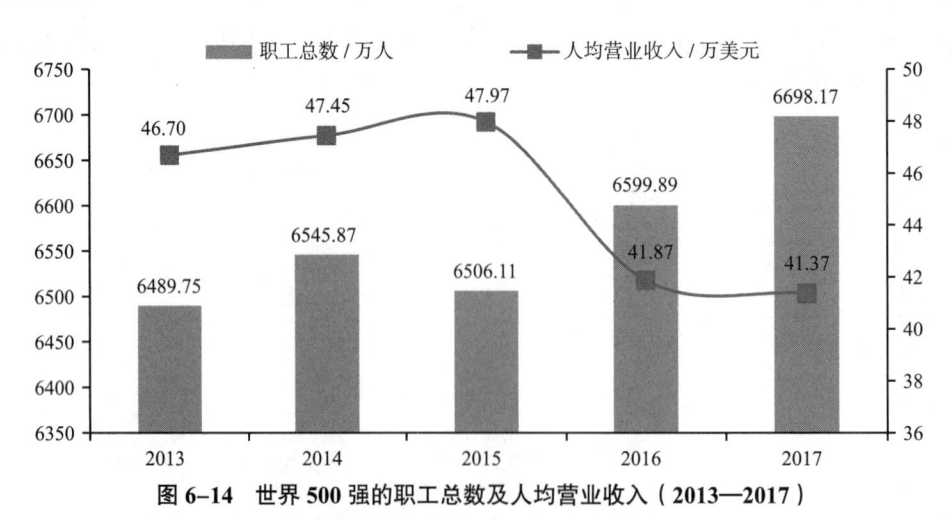

图6-14 世界500强的职工总数及人均营业收入（2013—2017）

（二）2017美国企业500强的总体发展态势

从近年美国企业500强数据看，其主要有以下几个发展态势：

1. 营业收入总额近五年零增长

2017美国企业500强共实现营业收入总额为120558.60亿美元，同口径同比仅增长0.80%，较上年500强增长了0.51%。虽然营业收入增长率较上年有所回升，但仍然处于很低的水平。自从2013美国企业500强营业收入总额首次超过12万亿美元，达到120624.28亿美元，近五年来，美国企业500强的营业收入总额持续在12万亿美元上下徘徊，五年内增长率为零（见图6-15）。

图6-15　美国企业500强的营业收入总额及增长率（2013—2017）

注：该营业收入增长率是当年500强营业收入总额较上年500强该指标的增长百分比。

2. 净利润总额增长率有所恢复，但仍未达到2014年水平

2017美国企业500强共实现净利润8899.50亿美元，较上年美国企业500强净利润总额增长了6.0%，改变了过去两年来的负增长态势，但盈利水平仍然没有突破2014年的水平（见图6-16）。2014年美国企业500强净利润总额达到10803.10亿美元，是美国企业500强历史上净利润总额首次突破1万亿美元。

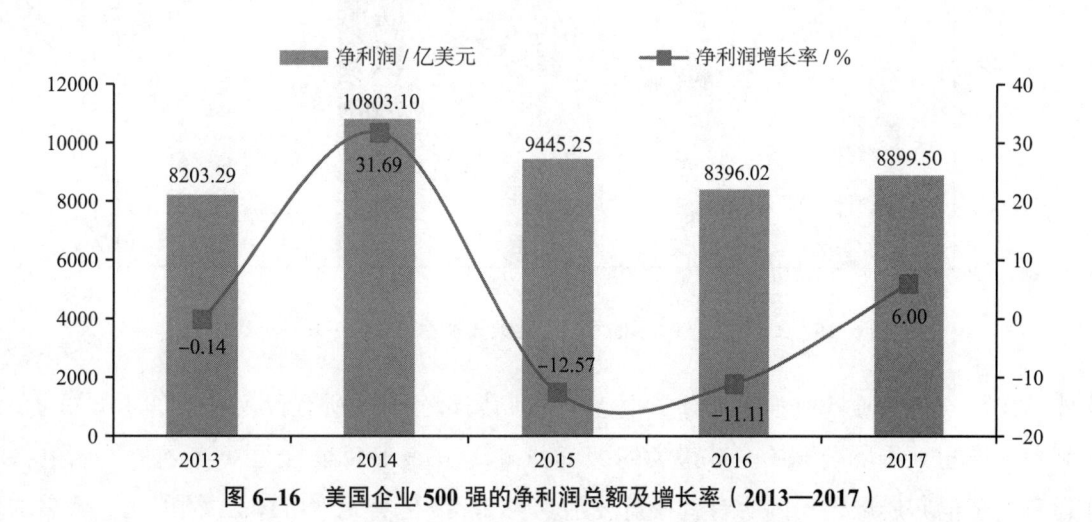

图6-16　美国企业500强的净利润总额及增长率（2013—2017）

近年，美国企业500强中通常有70～80家金融企业上榜。2017美国企业500强中有79家金融企业，包括商业银行、投资银行、保险公司、私募股权基金、养老金、住房贷款、汽车金融等多种金融形式，它们共实现净利润2247.60亿美元，占当年美国企业500强净利润总额的25.26%，较上年有所下降。从近五年趋势看，美国企业500强中金融企业净利润占比总体上呈现先升后降态势，近四年在波动中下降，但总体都未超过三成（见图6-17）。

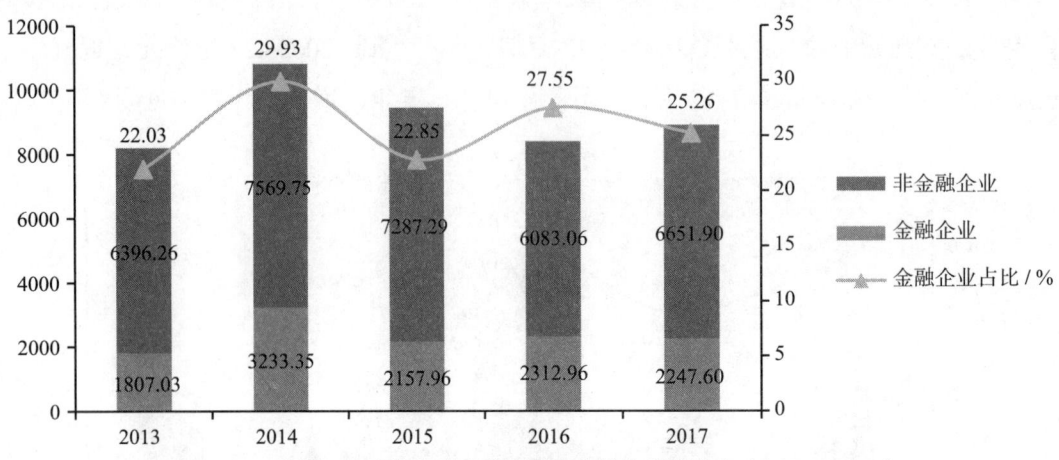

图6-17 世界500强的金融和非金融企业的净利润分布（2013—2017）

注：2013—2017美国500强中分别有67、69、70、72、79家金融企业。

3. 亏损额较上年显著下降，但亏损企业数量继续增加

2017美国企业500强中，有60家企业出现亏损，亏损企业数量是从2013年以来最多的一年；亏损企业主要集中在石油（含采油、炼油、油气服务）领域；60家企业合计亏损额达到626.40亿美元，较上年有显著下降，这主要得益于2016年国际原油价格的企稳回升（见图6-18）。

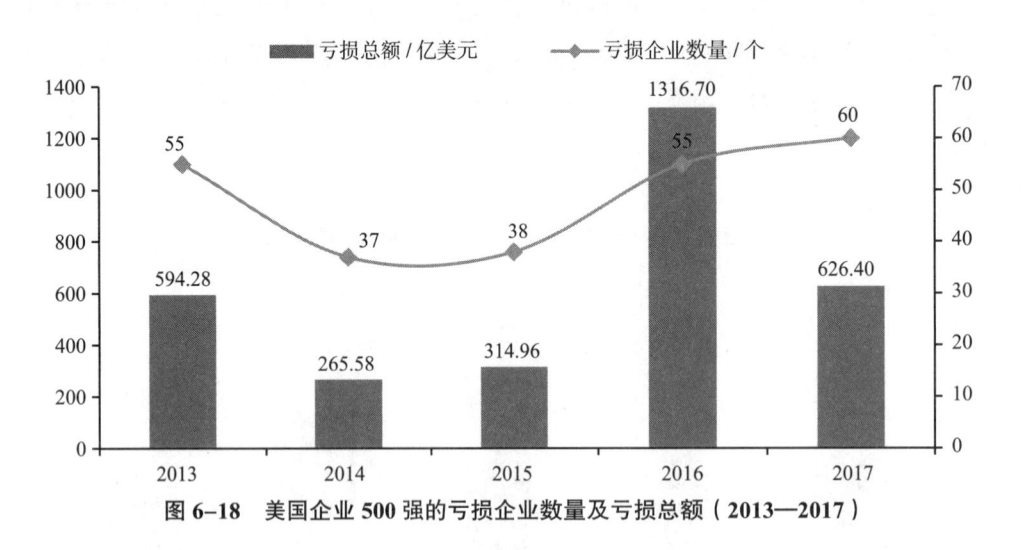

图6-18 美国企业500强的亏损企业数量及亏损总额（2013—2017）

此外，2017美国企业500强中，有24家企业的归属母公司的所有者权益（净资产）为负值。其中，菲利普·莫里斯国际公司（全球最大的烟草公司）、iHeartMedia公司（美国的一家电台和电视台商业运营商）的归属母公司的所有者权益分别为-126.88亿美元、-110.21亿美元。著名的百胜餐饮集团、麦当劳、惠普、雅芳、摩托罗拉系统、高露洁等企业也有不同程度的"净资产为负"现象。美国通常被认为是世界上市场化程度最高的国家之一，但美国仍然存在数量较多的"僵尸化企业"，这值得深思和深入研究（见表6-4）。

表 6-4 2017 美国 500 强中"归属母公司的所有者权益为负"的知名企业

名次	企业名称	行业	营业收入／亿美元	利润／亿美元	归属母公司的所有者权益／亿美元
104	菲利普·莫里斯国际公司	烟草	266.85	69.7	−126.88
426	iHeartMedia 公司	娱乐	62.74	−3.0	−110.21
63	HCA 公司	医院	447.47	28.9	−73.02
422	百胜餐饮集团	餐饮	63.66	16.2	−56.56
337	航星国际 Navistar	商用汽车	81.11	−1.0	−52.98
61	惠普 HP	IT	482.38	25.0	−38.89
112	麦当劳	快餐	246.22	46.9	−22.04
433	摩托罗拉系统	通信设备制造	60.38	5.6	−9.64
444	雅芳产品公司	消费品	58.53	−1.1	−8.48
182	高露洁—棕榄	消费品	151.95	24.4	−2.43

4. 收入利润率、资产利润率和净资产收益率恢复性上升

2017 美国 500 强的收入利润率、资产利润率分别为 7.38% 和 2.21%，较上年分别提高 0.38、0.03 个百分点，改变了过去连续两年的"双下降"态势（见图 6-19）。

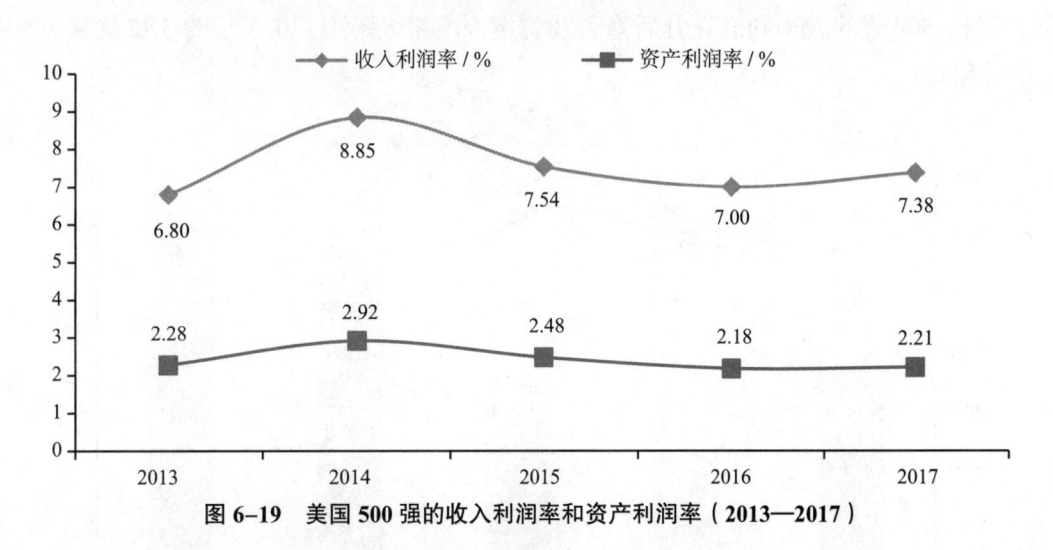

图 6-19 美国 500 强的收入利润率和资产利润率（2013—2017）

年份	收入利润率/%	资产利润率/%
2013	6.80	2.28
2014	8.85	2.92
2015	7.54	2.48
2016	7.00	2.18
2017	7.38	2.21

2017 美国 500 强共拥有归属母公司的所有者权益（净资产）68072.30 亿美元，较上年美国 500 强增长了 2.90%，近五年持续增长；2017 美国 500 强的净资产收益率为 13.07%，较上年小幅增长，但仍然是近年来的最低值（见图 6-20）。

图 6-20 美国 500 强的净资产规模和净资产收益率（2013—2017）

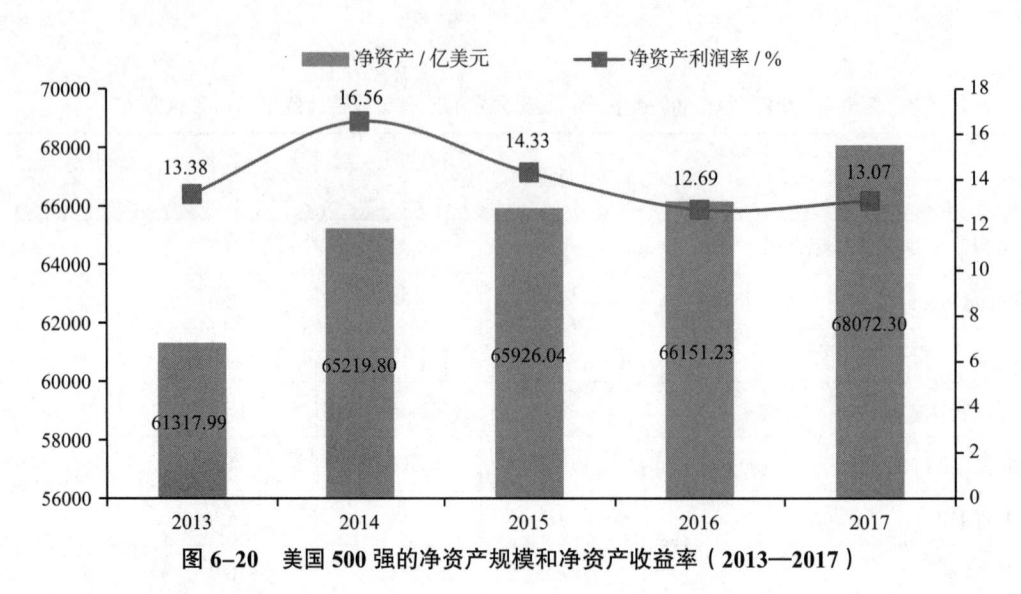

5. 雇员人数近年持续增加，劳动生产率下降

2017 美国 500 强共有雇员 2817.89 万人，较上年美国 500 强增加了 33.84 万人，增长了 1.21%，虽然增幅不大，但近四年连续增加。

从劳动生产率看：有如下结论。

（1）2017 美国 500 强的人均营业收入达到 42.78 万美元，较上年的 43.08 万美元有所下降，连续两年降低；2013—2017 年，美国 500 强的人均营业收入先升后降，2017 年的该指标较明显低于 2013 年（见图 6-21）。

（2）2017 美国 500 强的人均利润达到 3.16 万美元，较上年的 3.02 万美元略有增长，但 2013—2017 年间，美国 500 强的人均利润先升后降，2017 年的该指标仅比 2013 年的 3.12 万美元略有增长，五年来近乎零增长。

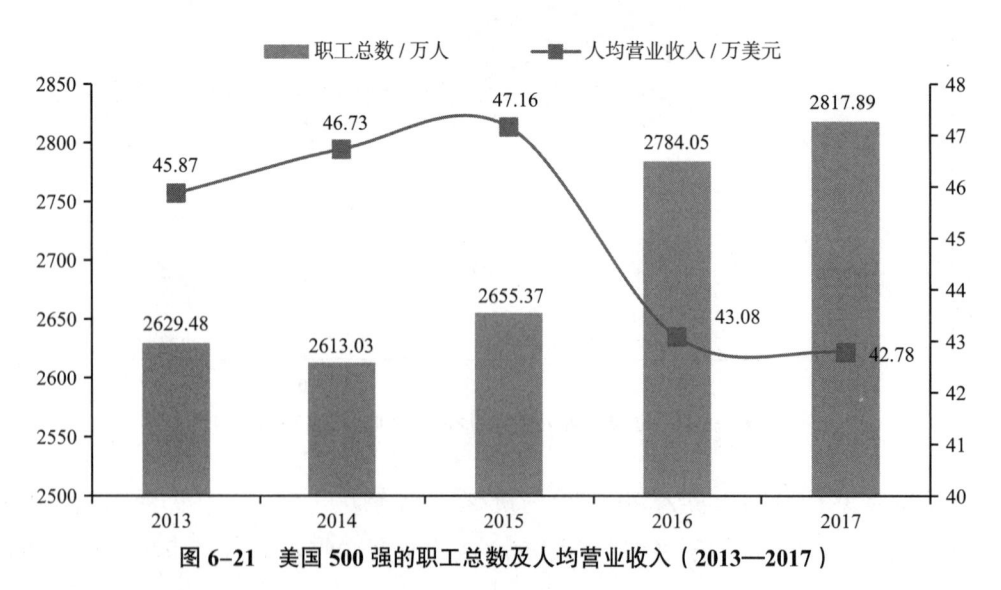

图 6-21 美国 500 强的职工总数及人均营业收入（2013—2017）

（三）中国企业 500 强与世界、美国 500 强的发展态势比较

结合第一章关于中国企业 500 强近年发展态势的分析，对比世界 500 强、美国 500 强的发展态

势，可以初步得出以下分析结论。

1. 全球企业都受到后危机时代经济增长乏力的深刻影响

虽然爆发于 2008 年的全球金融危机迄今为止已经过去了近十年，但很显然，全球金融危机对于全球经济、全球企业的影响是极为深远的、极为深刻的，全球企业至今仍然受到后危机时代全球经济增长乏力的深刻影响。世界 500 强、美国 500 强最近五年的营业收入、净利润都是零增长或负增长，这不是偶然的。国际化程度比较高的美国企业、欧洲企业、日本企业，毫无疑问受到全球经济紧缩、经济增长乏力的影响，甚至国际化程度比较低的中国企业的总体发展态势，也需要放在后国际金融危机的大框架、大背景下进行研究。过去十多年间，中国作为"世界工厂"，大进大出是基本特征，但后危机时代的中国企业必然在去产能、结构调整、转型升级上下真功夫，后危机时代中国制造业的"世界工厂"地位也面临升级调整。

2. 中国企业仍处于上升周期，上行之势未减

在经过 30 多年高速增长之后，现在中国经济面临很大的压力和困境：人口结构老化，劳动力成本快速上升；大规模的工业化进程临近尾声，传统的投资拉动型经济空间不大；国内去产能、去杠杆和金融债务风险；全球经济仍未走出后危机时代的泥潭，等等。这都是事实。但这是否改变了中国经济、中国企业向上走的趋势呢？从经济增长要素和国家间比较看，中国经济、中国国力仍处于上升周期，中国企业向上走的趋势没有改变。如前所述，只要政策得当，中国仍然有条件、有基础使经济快速通过"中等收入阶段"而跨入高收入门槛，人均收入从 8000 美元到 13000 美元的扩张，这期间汹涌进行的第三次工业革命将爆发出更多新产品、新市场，这将为中国企业转型升级带来广阔的发展空间和机遇。

3. 美国企业仍然具有首屈一指的全球竞争力

在全球经济长期"平庸增长"并孕育大的结构调整（即"新平庸 + 大分化"）背景下，尽管世界 500 强、美国 500 强总体规模（营业收入总额、净利润总额）最近五年基本是零增长，但是，美国经济和美国企业仍然具有首屈一指的全球竞争力。第一，世界 500 强中美国企业的净利润总额，比中国、欧洲、日本的总和还要多；第二，美国 500 强的净资产利润率远超中国企业 500 强、世界 500 强的同一指标（见图 6-22）。美国企业在许多领域的原始创新、创造、引领能力是全球领先的，即使未来几年内中国上榜企业数量超过美国，中国企业仍然要认清与美国企业的差距，不能盲目自信，延缓了自己成长的脚步。

4. 处置"僵尸企业"不仅是美国、中国也是世界需要面对和解决的共同问题

中国在大力清理"僵尸企业"，这是经济实现新陈代谢、结构调整的重要方面。从全球看，全球经济"新平庸 + 大分化"条件下，各主要经济体都或多或少存在企业僵尸化现象。当然，"僵尸企业"的评定标准尚无定论，但如果把"归属母公司的所有者权益为负值"的企业称之为显性"僵尸企业"，那么世界 500 强、美国 500 强中都存在一定数量的显性"僵尸企业"；如果把资产负债率超过 90% 的非金融企业称之为隐性"僵尸企业"，那么世界 500 强、美国 500 强中有更多这类企业。近年的中国企业 500 强中，显性"僵尸企业"只有 1 家或没有，隐性"僵尸企业"则比较多。可以说，不少企业僵尸化是当前世界企业的一个突出现象和问题，在市场化程度很高的美国更多。如何清理和处置企业僵尸化问题是当前主要经济体需要面对的共同问题。

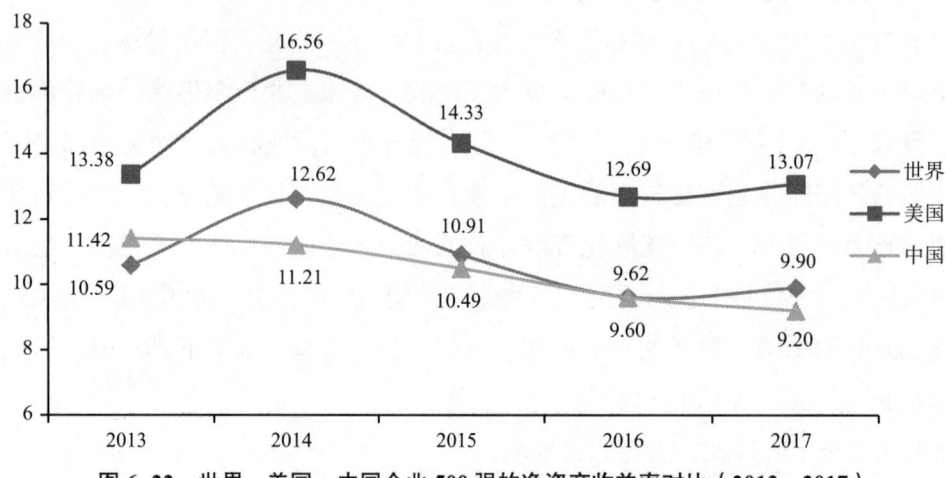

图 6-22 世界、美国、中国企业 500 强的净资产收益率对比（2013—2017）

5. 中国金融和非金融企业的矛盾更为突出

金融和非金融（即所谓实体经济）的关系在世界 500 强、美国 500 强中并不突出，美国 500 强中有约 70 家金融企业，但近五年其利润占比都没有超过 30%；世界 500 强中有 100 余家金融企业，近五年的利润占比都没有超过 40%（当然如果去除中国影响因素，这一比值只有 29% 左右）；而中国企业 500 强中只有 30 家左右的金融企业，其利润占比达到 55% 左右，远超美国 500 强和世界 500 强的平均水平。在 2016 世界 500 强中的净利润最高的 10 家美国企业、欧洲企业、中国企业中，分别有 6 家、7 家、2 家非金融企业。反映在经济现实活动中，中国非金融企业和金融企业的矛盾的确比较突出。当前和未来一段时间中国实体经济要发展壮大，就不能不解决好这些关系和矛盾。

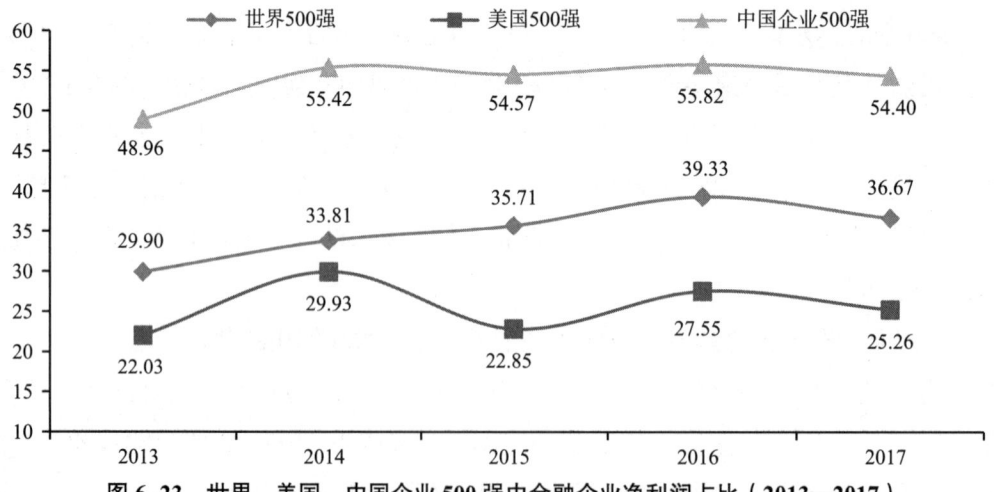

图 6-23 世界、美国、中国企业 500 强中金融企业净利润占比（2013—2017）

注：世界、美国、中国 500 强中分别约有 100 余家、70 家左右、30 家左右金融企业。

6. 中国企业要客观认知自己的发展成绩、优势、问题和差距

从全球大格局上，要看到两个方面：一方面是，中国大企业向上成长的"势"没有改变，越来

越多的中国大企业正瞄准全球价值链和产业链的中高端进军，少数企业已经从长期的"跟跑"转为"并跑"甚至"领跑"。另一方面是，美欧日大企业掌控全球价值链和产业链中高端的格局没有改变，尽管中国企业数量快速增加，规模持续扩大，但中国企业总体上与美欧日大企业在技术创新、商业模式创新、管理创新、品牌竞争力、国际化水平、增长质量等方面仍然有很大的差距。对此，中国企业既要看到发展的成绩，增强信心，不妄自菲薄，但更要看到与先进企业的差距，不盲目自信，特别是不能看到中国上榜企业数量越来越多就骄傲自满。

三、中国企业的差距和优势：几个行业领域的比较

中国经过多年发展获得了很大进步，我们不能永远以弱者的心态去仰视国外企业，但横向对比仍然有助于发现中国企业与国外企业存在的差距，也能发现自己存在的优势。在一些可比较的领域，对比研究仍然很有价值。本报告选择了互联网经济、国防工业、汽车工业的中外企业进行对比分析。

（一）互联网经济

经过2000年前后的互联网泡沫后，互联网、移动互联网及相关产业又进入第二波高速成长期，全球已经形成了一个以互联网应用为龙头、以互联网硬件和软件为载体、以电信设备制造和电信基础运营为基础的庞大的互联网经济体，并且互联网正在朝着工业制造业、服务业等经济生活的各个部门领域渗透发展，领先的工业制造企业也顺势提出"工业互联网""工业4.0"等趋势型概念，广义的互联网经济正在影响几乎各行各业和每个人的生活，没有谁再忽视互联网的影响。互联网经济的高速成长已成为当今世界最典型的特征之一。

先看纯互联网企业。2017年5月，外国青年评选出中国"新四大发明"，分别是：高铁、移动支付、共享单车、网购，"出门不用带钱包"的无现金社会在中国不知不觉变成现实，这让外国人感到震惊。的确，互联网是少数在中国和西方几乎同步发展的领域，经过20年左右的高速成长，中国互联网用户已经达到7.3亿人，互联网普及率达到53.2%，4G用户达到8.5亿人，互联网金融活跃用户也超过5亿人。超级庞大的购买力正在快速上升的互联网人群，为中国互联网应用层（包括电子商务、移动支付、社交媒体、网络搜索等）、互联网硬件制造（包括电信设备制造、智能终端等）的成长提供了得天独厚、千载难逢的机遇，使中国诞生了一批互联网企业和品牌，同时也为电信基础运营带来前所未有的机遇和挑战。在2017世界500强中，共有8家互联网企业上榜，美国占5家，分别是：苹果公司、微软、亚马逊、Alphabet公司、Facebook公司，中国有3家，分别是：京东、腾讯控股、阿里巴巴集团（见表6-5）。很显然，美国企业控制着OSX、安卓、Windows全球三大计算机或智能手机操作系统，在智能手机软件、人工智能、云计算等方面仍保持全球绝对优势地位。而中国互联网企业是全球除美国以外的第二大互联网企业群体，它们在电子商务、移动支付方面在中国市场保持着特有的竞争优势，但很显然，中国互联网企业只是在消费应用端、在中国市场保持优势，无论在企业规模、盈利能力、全球影响力方面，都与美国互联网企业难以同日而语。

表 6-5 2017 世界 500 强中的互联网企业

名次	企业名称	成立时间	营业收入/亿美元	净利润/亿美元	市场地位
9	苹果公司	1976	2156.39	456.87	全球最具创新力、最有价值、最大市值企业
26	亚马逊	1994	1359.87	23.71	全球自营业务规模最大的电子商务公司,全球最大的云计算服务提供商
65	Alphabet 公司	1998	902.72	194.78	全球最大的互联网搜索引擎,其安卓系统是全球最大的操作系统
69	微软	1975	853.20	167.98	全球最大的电脑操作系统和办公软件服务商
261	京东	1998	391.55	-5.73	中国最大自营电商平台
393	Facebook 公司	2003	276.38	102.17	全球用户最多、分布最广的社交媒体,用户突破 20 亿
478	腾讯控股	1998	228.71	61.86	中国用户最多的社交媒体服务商,微信用户突破 8 亿
462	阿里巴巴集团	1999	235.17	64.90	全球最大的第三方电子商务和支付平台,交易额突破 3.7 万亿元人民币

注:①苹果公司在成立之初是一家个人电脑制造企业,但在 2000 年后陆续开发出 OSX 操作系统以及系列智能终端产品后,已经转型为一家互联网企业。②华为虽然是中国智能手机的主要厂商之一,但它仍是一家硬件制造企业,还未转型为互联网企业,故未列入。

再看互联网的硬件方面。互联网硬件主要是指半导体、面板、服务器和数据库、电信设备制造、个人电脑及相关设备制造等。

(1)在半导体方面,美国、韩国、中国台湾、日本是传统"四强",在半导体设计研发或制造(代工)上保持着差异化的绝对优势。美国以英特尔、高通等一批 IDM(集成器件制造)半导体企业为代表,韩国以三星电子等 IDM 半导体企业为代表,中国台湾以台积电等一批代工半导体企业为代表,日本以索尼、东芝等企业为代表。它们位居全球半导体、芯片产业的中高端,对全球相关领域保持着控制力。在这方面,中国大陆半导体企业以华为海思芯片为代表,近年来有所进步,但差距仍非常大,中国大陆大多数智能手机、个人电脑和服务器的芯片都依赖国外芯片。

表 6-6 2017 世界 500 强中的互联网硬件企业

名次	企业名称	行业	国家/地区	营业收入/亿美元	净利润/亿美元
144	英特尔公司	半导体	美国	593.87	103.16
15	三星电子	半导体、智能终端	韩国	1739.57	193.17
460	高通	半导体	美国	235.54	57.05
369	台积电	半导体(代工)	中国台湾	293.88	102.84
479	LG 显示	面板	韩国	228.40	7.81

续表

名次	企业名称	行业	国家/地区	营业收入/亿美元	净利润/亿美元
187	思科公司	服务器	美国	492.47	107.39
280	甲骨文公司	服务器	美国	370.47	89.01
81	国际商业机器公司	服务器、信息咨询	美国	799.19	118.72
181	惠与公司	云计算、服务器	美国	501.23	31.61
124	戴尔科技公司	计算机及周边设备	美国	648.06	-16.72
194	惠普公司	计算机及周边设备	美国	482.38	24.96
226	联想集团	计算机及周边设备	中国	430.35	5.35
83	华为投资控股	电信设备制造	中国	785.11	55.79
415	诺基亚	电信设备制造	芬兰	261.13	-8.47
419	爱立信	电信设备制造	瑞典	260.04	2.01

（2）在服务器和数据库方面，美国的 IBM、思科、甲骨文、惠普公司保持着对全球大型服务器和数据库市场的控制地位。中国的联想、浪潮在大型、高端服务器市场仍然需要努力。

（3）在个人电脑及相关设备方面，中国的联想与美国的惠普、戴尔在全球市场展开竞争，虽然联想出货量位居全球第一，但惠普公司的利润要远高于联想。个人电脑市场在移动互联网时代受到了智能手机、平板电脑等的巨大冲击，戴尔公司在 2016 年有 16.72 亿美元的亏损。

（4）在电信设备制造方面，中国的华为和芬兰的诺基亚、瑞典的爱立信展开竞争，经过十余年的艰苦奋斗，华为现已成为全球最大的电信设备制造企业，保持着全球领先地位。

综合来看，全球的互联网经济体是一个包括应用层、硬件支撑层、基础设施层的规模庞大的经济体，中国的互联网经济在全球范围内仅仅在互联网应用层的电子商务、移动支付具有一定独特的优势，华为在电信设备制造有一定优势，而在半导体及芯片制造、服务器及数据库等领域，中国短期内与美国的企业毫无竞争力可言。这是中国互联网企业所必须认清的现实和差距。

（二）国防工业

国防工业在中国有特别的意义。近代以来，中国的国门是被西方的坚船利炮打开的，中国也自此开始发展自己的近现代国防工业，中国近现代的工业化进程很大程度上是由国防军工需求拉动的；在严酷的国际战争威胁下，中国终于在计划经济时期以巨大的代价建成了包括"两弹一星一艇"在内的一整套国防工业体系，这让中国人引以为傲。现在，中国国防工业已经建成了从深海探测、水下舰艇及武器、水面潜艇及武器、陆地武器、航空、航天及太空探测在内的全系列国防力量，形成了 11 大中央军工企业，目前也是全球第三大武器出口国（占全球大约 5% 的市场份额）；更重要的是，中国国防工业由长期的"跟跑者"角色，在部分领域转变为"并跑者"，甚至在不远的将来完全有可能在部分领域变为"领跑者"。纵向看，中国国防工业取得的成就是巨大的。

但看问题也要有世界的眼光，只有这样才能客观评估自己的差距和问题。长久以来，发达国家的跨国军工企业凭借其长期技术研发和积累，占据着全球主要军工市场，引领着全球军事技术的变革方向。在2017世界500强中，共有17家军工或军民结合企业上榜，其中美国6家，中国8家，欧洲2家，日本1家。美国的6家分别是：波音公司、联合技术公司、洛克希德－马丁公司、通用动力公司、美国诺斯洛普格拉曼公司、雷神公司，都是全球领先的军工企业；欧洲的2家分别是：空中客车集团、英国BAE系统公司；日本的是三菱重工业；中国的8家分别是：中国兵器工业、南方工业、航空工业、船舶重工、船舶工业、电子科技、航天科技、航天科工。总体来看，中国军工企业在航空、航天、核潜艇、水面常规舰艇、常规武器等方面具备了一定的与先进企业竞争的技术能力，但在大飞机、航空发动机、航空母舰方面与先进企业还有非常大的差距，同时在商业运营上的差距可能更大。

表6-7 2017世界500强中的军工或军民两用企业

名次	企业名称	国家/地区	营业收入/亿美元	净利润/亿美元	军工收入占比	主要产品
60	波音	美国	945.71	48.95	31.62%	民用大飞机、全系列军用飞机、火箭、导弹等
94	空中客车集团	荷兰	736.28	11.00	17.86%	民用大飞机、军用战机、军用直升机
101	中国南方工业	中国	711.51	5.80	—	汽车、摩托车、光伏、特种装备等
135	中国兵器工业	中国	613.26	8.53	—	常规武器
155	联合技术公司	美国	572.44	50.55	12.00%	飞机发动机、直升机、空调、电梯等
162	中国航空工业	中国	553.06	4.64	—	第三代战机、直升机、无人机
178	洛克希德－马丁	美国	506.58	53.02	88.00%	第三代战机、军用运输机、运载火箭、卫星、导弹防御系统
233	中国船舶重工	中国	421.49	4.86	—	核潜艇、航母、驱逐舰、民用船只等
294	日本三菱重工	日本	361.22	8.10	5.60%	常规武器、战斗机、航母、潜艇、大飞机
336	中国航天科技	中国	320.94	19.96	—	人造卫星、宇宙飞船、运载火箭、战略导弹
345	通用动力	美国	313.53	29.55	60.85%	常规武器、机器人、电子信息系统
355	中国航天科工	中国	305.82	14.44	—	导弹、运载火箭等
364	中国船舶工业	中国	298.77	3.68	—	核潜艇、航母、驱逐舰、民用船只等
400	中国电子科技	中国	272.92	16.12	—	雷达、电子信息系统
440	美国诺斯洛普格拉曼公司	美国	245.08	22.00	74.81%	雷达、航空母舰、潜艇、卫星、导弹防御系统等
449	雷神公司	美国	240.69	22.11	93.00%	雷达、导弹、通信系统
452	BAE系统公司	英国	240.11	12.32	92.40%	战斗机、导弹、卫星等

注：军工收入占比数据来自"全球军火企业100强2016"，没有中国军工企业数据。

以航空母舰的设计研发和制造为例，中国船舶重工集团（2017世界500强排名第233位）现在已经有研制6万吨级常规航母（001型）的能力，中国船舶工业集团（2017世界500强排名第364位）正在建造的002型航母为8万吨级常规动力，都暂时还不具备设计建造核动力航母的能力；而美国已经拥有六七十艘航空母舰的建造和使用经验，全球目前仅有的十余艘10万吨级核动力航空母舰全部在美国服役，这些超级航母全部出自美国唯一能研制超级航母的私人造船厂——纽波特纽斯造船及船坞公司，该公司2001—2011年曾隶属于诺斯洛普格拉曼公司（2017世界500强排名第440位），现隶属于亨廷顿·英格尔斯工业（2017美国500强第380位），该公司在2009年建造的"福特号"核动力航空母舰是美国第三代超级航母，该舰是配以电磁弹射、第三代隐形战机、电磁炮、查打一体无人机的11万吨级核动力航母，美国计划未来40年内建造10艘同级舰来取代现有的10艘尼米兹级航母。虽然中国已经具备建造常规动力大中型航母的能力，这很值得自豪，但很显然还与先进国家、领先企业存在几十年的差距。当然对于中国军工企业来说，技术差距是一方面，商业开发及运营是另外一方面。由于中国军工企业总体上是在封闭的、计划经济的举国体制下运行的，市场的竞争机制、价格机制、激励约束机制、企业家精神等要素在国有军工企业中比较缺乏，如何给适用技术和产品找到合适的盈利模式和商业模式，这也是中国军工企业与美国军工企业的另一差距。

（三）汽车工业

如果从1931年中国自己生产的民生牌载货汽车算起，中国人的汽车梦已经有80多年的历史；如果从1953年由苏联斯大林汽车厂援建的第一汽车制造厂（现中国第一汽车集团公司）开始动工兴建算作中国人追求汽车梦的第二次起航，迄今也有60余年的历史。2000年前后，随着中国居民消费结构从"以衣食为主"转到"以住行为主"，中国汽车市场进入了高速成长期。2016年，全球共销售了8800万辆轿车和商用车，其中中国市场销售量达到2800万辆。目前，中国是全球最大的汽车生产国、消费国和增量市场，中国也跨过了汽车社会的门槛。在此背景下，不但几大国有汽车企业依靠合资品牌得到快速成长，民营汽车企业也陆续诞生并实现了跨越式发展。

从汽车诞生以来，全球逐渐形成了10余家跨国汽车集团，主要是：德国的大众集团、戴姆勒、宝马公司，美国的通用汽车、福特汽车，日本的丰田汽车、本田汽车、日产汽车、马自达汽车，法国的标致雪铁龙，意大利的菲亚特集团，韩国的现代-起亚集团。它们具有鲜明的国别特征，分别拥有若干普及型、豪华型汽车品牌以及持续创新的能力，生产销售了地球表面的大部分汽车销量。在2017世界500强上，共有23家汽车企业（不含零部件）上榜，其中规模最大的是日本丰田汽车，同时也是利润最多的汽车企业，它以2546.94亿美元的营业收入排名第5位，创了汽车企业排名的历史新高。23家企业中，日本6家：丰田、本田、日产、斯巴鲁、马自达、铃木；中国6家：上汽集团、东风汽车、一汽集团、北京汽车、广州汽车、吉利控股；德国3家：大众集团、戴姆勒集团、宝马集团；美国2家：福特、通用；法国2家：标致、雷诺；韩国2家：现代、起亚；印度1家：塔塔汽车；意大利1家：EXOR集团（下属菲亚特集团）。

表 6-8　2017 世界 500 强中的汽车企业

排名	企业名称	国别	营业收入/亿美元	净利润/亿美元	旗下拥有的汽车品牌
5	丰田汽车公司	日本	2546.94	168.99	丰田、凌志等
6	大众公司	德国	2402.64	59.37	大众、保时捷、奥迪、宾利、布加迪、兰博基尼、斯柯达、MAN 等
17	戴姆勒股份公司	德国	1694.83	94.28	奔驰、smart 等
18	通用汽车公司	美国	1663.80	94.27	雪佛兰、别克、GMC、凯迪拉克等
20	EXOR 集团	意大利	1548.94	6.51	菲亚特、克莱斯勒、法拉利、玛莎拉蒂、阿尔法、依维柯、Jeep、道奇等
21	福特汽车公司	美国	1518.00	45.96	福特、林肯
29	本田汽车	日本	1291.98	56.90	本田、讴歌
41	上海汽车集团	中国	1138.61	48.18	荣威、MG、五菱、宝骏
44	日产汽车	日本	1081.64	61.23	日产、英菲尼迪等
52	宝马集团	德国	1041.30	75.89	宝马、MINI、劳斯莱斯
68	东风汽车公司	中国	861.94	14.15	风神、启辰
78	现代汽车	韩国	807.01	46.59	现代
125	中国第一汽车集团	中国	647.84	24.11	红旗、FAW、解放、奔腾、夏利等
137	北京汽车集团	中国	611.30	12.61	北汽
140	标致	法国	597.49	19.13	标致、雪铁龙等
157	雷诺	法国	566.67	37.81	雷诺
209	起亚汽车	韩国	454.25	23.74	起亚
238	广州汽车工业集团	中国	415.60	5.52	传祺
247	印度塔塔汽车	印度	403.29	11.12	塔塔 Nano、罗孚、捷豹、路虎、戴姆勒
343	浙江吉利控股集团	中国	314.30	12.66	吉利、沃尔沃（轿车）、LYNK&CO、远程、锰铜
352	斯巴鲁公司	日本	306.96	26.06	斯巴鲁
367	马自达汽车	日本	296.65	8.66	马自达、Eunos 等
373	铃木汽车	日本	292.52	14.76	铃木

注：斯巴鲁公司，原名富士重工业，是日本的一家涉足航空、航天、汽车、工业设备等领域的军民结合的多元化企业，汽车只是其一个部门。

中国上榜的 6 家汽车企业，其中 2 家中央企业（东风、一汽），3 家地方国有企业（上汽、北汽、广汽),1家民营企业(吉利)。从最近10年规模看,上汽集团实现了从2008年的226.06亿美元到2016年的1138.61亿美元的高速成长;东风汽车公司从2010年的394.02亿美元快速增长到2016年的861.94亿美元;北汽集团从2013年的333.75亿美元快速增长到2016年的611.30亿美元;广汽集团从2013年的241.45亿美元快速增长到2016年的415.60亿美元;一汽集团最近几年有所调整,2013年营业收入和2016年基本持平;吉利控股在收购沃尔沃轿车后稳步发展,从2012年的233.56亿美元增长到2016年的314.30亿美元(见图6-24)。

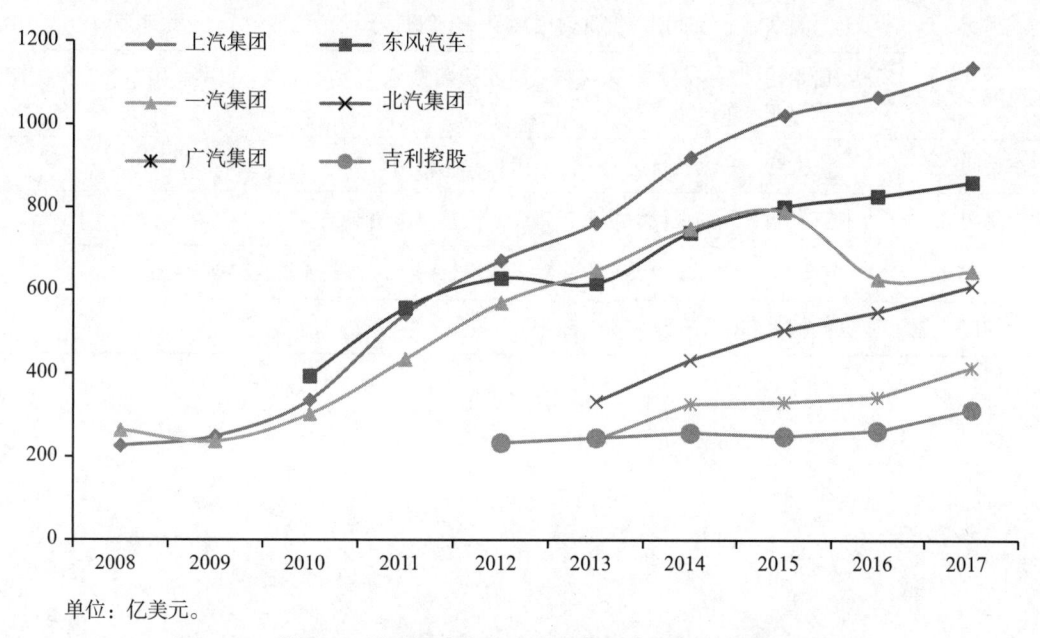

单位:亿美元。

图6-24 世界500强中国汽车企业发展营业收入变化(2008—2017)

中国汽车企业最大的优势就是市场优势。高速成长国内汽车市场,为中国汽车企业成长提供了宽广的空间和舞台,这也让跨国汽车企业对于中国市场高度重视。20世纪90年代初,中国制定了"汽车产业政策",要求"外国(或地区)企业同一类整车产品不得在中国建立两家以上的合资、合作企业",希望通过合资合作的方式,"以市场换技术",推动中国汽车工业的发展。6家企业中,除了吉利控股集团,其余5家企业全部按照中国汽车产业的合资政策与国外汽车企业进行合资(见表6-9)。五大国有汽车集团的主要销售收入均来自于合资品牌,它们的自主汽车品牌发展非常落后。虽然最近几年五大国有汽车企业也大力开发自主汽车品牌,但如何处理合资部门和自主品牌部门的关系,是一个很纠结的问题,甚至可以说,五大国有汽车集团不大可能将主要精力、财力用在自主品牌发展上,它们是世界500强榜单上仅有的几家"主要收入来自非自主品牌、无核心汽车技术"的汽车企业。从国内轿车市场看,2017年上半年中国最畅销轿车前20名中,国产品牌只有吉利帝豪以11.35万辆排在第10名、上汽通用五菱的宝骏310以7.81万辆排在第16名,其他全部为外国品牌;SUV市场上,按照销量,2017年上半年中国最畅销SUV前20名中,国产SUV品牌占了12名,其中前5名中有4个是国产SUV品牌,分别为哈弗H6、广汽传祺GS4、宝骏510、吉利博越,显示出国产SUV品牌近年来取得的长足进步,但另一方面,如果以价格分层来看待国产SUV的销售,很容易发现在20万元以上的大中型与豪华SUV领域,国产SUV就难觅踪影。现阶段,中国汽车工业表面一片繁荣，实质上深藏危机。如果国产汽车品牌无法突破中高端轿车的天花板，无法突破 20 万元价格的瓶颈，那么中国汽车工业就无法在国际上形成中国汽车品牌，更无法形成中国汽车工业的核心技术、品牌和核心竞争能力。这种窘境让中国不得不反思或改变自己的汽车产业政策。

表 6-9 2017 世界 500 强中的国汽车企业的合资情况

中国汽车企业	合资企业名称
上汽集团	上海大众、上汽通用、上汽通用五菱、上海日野、南京依维柯、上汽菲亚特红岩、申沃客车
东风汽车	东风本田、东风日产、东风标致、东风雪铁龙、东风雷诺、东风商用车、东风康明斯、东风悦达起亚、东风裕隆
一汽集团	一汽大众、一汽马自达、一汽丰田、一汽通用
北汽集团	北京奔驰、北京现代、北京吉普、北汽福田康明斯
广汽集团	广汽丰田、广汽本田、广汽三菱、广汽日野、广汽菲亚特克莱斯勒
吉利控股	共同拥有和使用"沃尔沃"品牌

第七章
2017 中国 500 强与世界 500 强行业领先企业主要经济指标对比

表 7-1 2017 中国 500 强与世界 500 强钢铁业领先企业对比

对比指标	安赛乐米塔尔（1）（卢森堡）	中国宝武钢铁集团公司（2）	[(2)/(1)]/%
营业收入/百万元美元	56791	46606	82.07
净利润/百万元美元	1779	443	24.89
资产/百万元美元	75142	106725	142.03
所有者权益/百万元美元	30135	35728	118.56
员工人数/人	198517	169344	85.30
收入净利率/%	3.10	0.95	30.65
资产净利率/%	2.40	0.41	17.29
净资产收益率/%	5.90	1.24	21.01
劳动生产率/（万元美元/人）	28.61	27.52	96.20
人均净利润/（万元美元/人）	0.90	0.26	29.05

表 7-2 2017 中国 500 强与世界 500 强计算机、办公设备业领先企业对比

对比指标	苹果公司（1）（美国）	联想控股股份有限公司（2）	[(2)/(1)]/%
营业收入/百万元美元	215639	43035	19.96
净利润/百万元美元	45687	535	1.17
资产/百万元美元	321686	27186	8.45
所有者权益/百万元美元	128249	3224	2.51
员工人数/人	116000	52000	44.83
收入净利率/%	21.20	1.20	5.66
资产净利率/%	14.20	2.00	14.08
净资产收益率/%	35.62	16.60	46.60
劳动生产率/（万元美元/人）	185.90	82.76	44.52
人均净利润/（万元美元/人）	39.39	1.03	2.61

表 7-3 2017 中国 500 强与世界 500 强工程与建筑业领先企业对比

对比指标	万喜集团（1）（法国）	中国建筑股份有限公司（2）	[(2)/(1)]/%
营业收入/百万元美元	42771	144505	337.86
净利润/百万元美元	2770	2493	89.99
资产/百万元美元	71642	201269	280.94
所有者权益/百万元美元	17365	15344	88.36
员工人数/人	183487	263915	143.83
收入净利率/%	6.50	1.70	26.15
资产净利率/%	3.90	1.20	30.77
净资产收益率/%	15.95	16.25	101.85
劳动生产率/（万元美元/人）	23.31	54.75	234.90
人均净利润/（万元美元/人）	1.51	0.94	62.57

表 7-4　2017 中国 500 强与世界 500 强银行业领先企业对比

对比指标	法国巴黎银行（1）（法国）	中国工商银行（2）	[(2)/(1)]/%
营业收入/百万元美元	109026	147675	135.45
净利润/百万元美元	8517	41884	491.76
资产/百万元美元	2190423	3473238	158.56
所有者权益/百万元美元	106164	283438	266.98
员工人数/人	184839	461749	249.81
收入净利率/%	7.80	28.40	364.10
资产净利率/%	0.40	1.20	300.00
净资产收益率/%	8.02	14.78	184.19
劳动生产率/（万元美元/人）	58.98	31.98	54.22
人均净利润/（万元美元/人）	4.61	9.07	196.85

表 7-5　2017 中国 500 强与世界 500 强航空航天业领先企业对比

对比指标	波音公司（1）（美国）	中国航空工业集团公司（2）	[(2)/(1)]/%
营业收入/百万元美元	94571	55306	58.48
净利润/百万元美元	4895	464	9.48
资产/百万元美元	89997	124892	138.77
所有者权益/百万元美元	817	24345	2979.83
员工人数/人	150540	457097	303.64
收入净利率/%	5.20	0.80	15.38
资产净利率/%	5.40	0.40	7.41
净资产收益率/%	599.14	1.91	0.32
劳动生产率/（万元美元/人）	62.82	12.10	19.26
人均净利润/（万元美元/人）	3.25	0.10	3.12

表 7-6　2017 中国 500 强与世界 500 强防务业领先企业对比

对比指标	通用动力（1）（美国）	中国南方工业集团公司（2）	[(2)/(1)]/%
营业收入/百万元美元	31353	71151	226.93
净利润/百万元美元	2955	580	19.64
资产/百万元美元	32872	51857	157.76
所有者权益/百万元美元	10976	7508	68.41
员工人数/人	98800	232817	235.64
收入净利率/%	9.40	0.80	8.51
资产净利率/%	9.00	1.10	12.22
净资产收益率/%	26.92	7.73	28.71
劳动生产率/（万元美元/人）	31.73	30.56	96.30
人均净利润/（万元美元/人）	2.99	0.25	8.33

表 7-7 2017 中国 500 强与世界 500 强公用设施业领先企业对比

对比指标	法国家电力公司（1）（法国）	国家电网公司（2）	[（2）/（1）]/%
营业收入/百万元美元	78740	315199	400.31
净利润/百万元美元	3153	9571	303.58
资产/百万元美元	297026	489838	164.91
所有者权益/百万元美元	36319	209456	576.71
员工人数/人	154808	926067	598.20
收入净利率/%	4.00	3.00	75.00
资产净利率/%	1.10	2.00	181.82
净资产收益率/%	8.68	4.57	52.64
劳动生产率/（万元美元/人）	50.86	34.04	66.92
人均净利润/（万元美元/人）	2.04	1.03	50.75

表 7-8 2017 中国 500 强与世界 500 强电子、电气设备业领先企业对比

对比指标	三星电子公司（1）（韩国）	正威国际集团有限公司（2）	[（2）/（1）]/%
营业收入/百万元美元	173957	49677	28.56
净利润/百万元美元	19317	1200	6.21
资产/百万元美元	217104	18405	8.48
所有者权益/百万元美元	154376	10005	6.48
员工人数/人	325000	17852	5.49
收入净利率/%	11.10	2.40	21.62
资产净利率/%	8.90	6.50	73.03
净资产收益率/%	12.51	11.99	95.85
劳动生产率/（万元美元/人）	53.53	278.27	519.88
人均净利润/（万元美元/人）	5.94	6.72	113.09

表 7-9 2017 中国 500 强与世界 500 强矿业、石油采掘业领先企业对比

对比指标	嘉能可（GLENCORE）（1）（瑞士）	神华集团有限公司（2）	[（2）/（1）]/%
营业收入/百万元美元	173883	37322	37.89
净利润/百万元美元	1379	1917	127.08
资产/百万元美元	124600	140911	133.70
所有者权益/百万元美元	44243	47962	160.09
员工人数/人	93123	202200	217.13
收入净利率/%	0.80	5.10	337.50
资产净利率/%	1.10	1.40	100.00
净资产收益率/%	3.12	4.00	79.38
劳动生产率/（万元美元/人）	186.72	18.46	35.00
人均净利润/（万元美元/人）	1.48	0.95	117.37

第七章 2017 中国 500 强与世界 500 强行业领先企业主要经济指标对比

表 7-10 2017 中国 500 强与世界 500 强化学品业领先企业对比

对比指标	巴斯夫公司（1）（德国）	中国化工集团公司（2）	[（2）/（1）]/%
营业收入/百万元美元	63641	45177	70.99
净利润/百万元美元	4485	18	0.40
资产/百万元美元	80675	54341	67.36
所有者权益/百万元美元	33545	3462	10.32
员工人数/人	109543	110614	100.98
收入净利率/%	7.00	0.04	0.57
资产净利率/%	5.60	0.03	0.59
净资产收益率/%	13.37	0.52	3.87
劳动生产率/（万元美元/人）	58.10	40.84	70.30
人均净利润/（万元美元/人）	4.09	0.02	0.40

表 7-11 2017 中国 500 强与世界 500 强建材、玻璃业领先企业对比

对比指标	圣戈班集团（1）（法国）	中国建筑材料集团有限公司（2）	[（2）/（1）]/%
营业收入/百万元美元	43231	39323	90.96
净利润/百万元美元	1450	75	5.14
资产/百万元美元	46158	81224	175.97
所有者权益/百万元美元	19790	5822	29.42
员工人数/人	172696	228448	132.28
收入净利率/%	3.40	0.20	5.88
资产净利率/%	3.10	0.10	3.23
净资产收益率/%	7.33	1.28	17.47
劳动生产率/（万元美元/人）	25.03	17.21	68.76
人均净利润/（万元美元/人）	0.84	0.03	3.88

表 7-12 2017 中国 500 强与世界 500 强炼油业领先企业对比

对比指标	荷兰皇家壳牌石油公司（1）（荷兰）	中国石油化工集团公司（2）	[（2）/（1）]/%
营业收入/百万元美元	240033	267518	111.45
净利润/百万元美元	4575	1258	27.50
资产/百万元美元	411275	310726	75.55
所有者权益/百万元美元	186646	106523	57.07
员工人数/人	89000	713288	801.45
收入净利率/%	1.90	0.50	26.32
资产净利率/%	1.10	0.40	36.36
净资产收益率/%	2.45	1.18	48.18
劳动生产率/（万元美元/人）	269.70	37.50	13.91
人均净利润/（万元美元/人）	5.14	0.18	3.43

表 7-13 2017 中国 500 强与世界 500 强贸易业领先企业对比

对比指标	托克集团（1）（新加坡）	天津物产集团有限公司（2）	[（2）/（1）] / %
营业收入 / 百万元美元	98098	63324	64.55
净利润 / 百万元美元	751	142	18.87
资产 / 百万元美元	41230	34713	84.19
所有者权益 / 百万元美元	5548	3465	62.45
员工人数 / 人	4107	17353	422.52
收入净利率 / %	0.80	0.20	25.00
资产净利率 / %	1.80	0.40	22.22
净资产收益率 / %	13.53	4.09	30.22
劳动生产率 /（万元美元 / 人）	2388.55	364.92	15.28
人均净利润 /（万元美元 / 人）	18.28	0.20	1.10

表 7-14 2017 中国 500 强与世界 500 强汽车与零部件业领先企业对比

对比指标	丰田汽车公司（1）（日本）	上海汽车集团股份有限公司（2）	[（2）/（1）] / %
营业收入 / 百万元美元	254694	113861	44.70
净利润 / 百万元美元	16899	4818	28.51
资产 / 百万元美元	437575	84989	19.42
所有者权益 / 百万元美元	157210	27617	17.57
员工人数 / 人	364445	97582	26.78
收入净利率 / %	6.60	4.20	63.64
资产净利率 / %	3.90	5.70	146.15
净资产收益率 / %	10.75	17.45	162.30
劳动生产率 /（万元美元 / 人）	69.89	116.68	166.96
人均净利润 /（万元美元 / 人）	4.64	4.94	106.48

表 7-15 2017 中国 500 强与世界 500 强财产和意外保险业领先企业对比

对比指标	伯克希尔—哈撒韦公司（1）（美国）	中国人民保险集团股份有限公司（2）	[（2）/（1）] / %
营业收入 / 百万元美元	223604	66732	29.84
净利润 / 百万元美元	24074	2144	8.91
资产 / 百万元美元	620854	134132	21.60
所有者权益 / 百万元美元	283001	18145	6.41
员工人数 / 人	367700	188570	51.28
收入净利率 / %	10.80	3.20	29.63
资产净利率 / %	3.90	1.60	41.03
净资产收益率 / %	8.51	11.82	138.92
劳动生产率 /（万元美元 / 人）	60.81	35.39	58.19
人均净利润 /（万元美元 / 人）	6.55	1.14	17.37

表 7-16 2017 中国 500 强与世界 500 强电信业领先企业对比

对比指标	美国电话电报公司（1）（美国）	中国移动通信集团公司（2）	[（2）/（1）]/%
营业收入/百万元美元	163786	107117	65.40
净利润/百万元美元	12976	9614	74.09
资产/百万元美元	403821	246446	61.03
所有者权益/百万元美元	123135	130459	105.95
员工人数/人	268540	463712	172.68
收入净利率/%	7.90	9.00	113.92
资产净利率/%	3.20	3.90	121.88
净资产收益率/%	10.54	7.37	69.93
劳动生产率/(万元美元/人)	60.99	23.10	37.87
人均净利润/(万元美元/人)	4.83	2.07	42.91

表 7-17 2017 中国 500 强与世界 500 强邮件、包裹及货物包装运输业领先企业对比

对比指标	美国邮政（1）（美国）	中国邮政集团公司（2）	[（2）/（1）]/%
营业收入/百万元美元	71498	65605	91.76
净利润/百万元美元	-5591	4980	—
资产/百万元美元	25219	1221649	4844.16
所有者权益/百万元美元	-55982	43114	—
员工人数/人	574349	941211	163.87
收入净利率/%	-7.80	7.60	—
资产净利率/%	-22.20	0.40	—
净资产收益率/%	—	11.55	—
劳动生产率/(万元美元/人)	12.45	6.97	55.99
人均净利润/(万元美元/人)	-0.97	0.53	—

表 7-18 2017 中国 500 强与世界 500 强制药业领先企业对比

对比指标	强生公司（1）（美国）	中国医药集团总公司（2）	[（2）/（1）]/%
营业收入/百万元美元	71890	47810	66.50
净利润/百万元美元	16540	504	3.05
资产/百万元美元	141208	36767	26.04
所有者权益/百万元美元	70418	5658	8.03
员工人数/人	126400	106772	84.47
收入净利率/%	23.00	1.10	4.78
资产净利率/%	11.70	1.40	11.97
净资产收益率/%	23.49	8.91	37.92
劳动生产率/(万元美元/人)	56.88	44.78	78.73
人均净利润/(万元美元/人)	13.09	0.47	3.61

表 7-19　2017 中国 500 强与世界 500 强网络通信设备业领先企业对比

对比指标	思科公司（1）（美国）	华为投资控股有限公司（2）	[（2）/（1）]/%
营业收入/百万元美元	49247	78511	159.42
净利润/百万元美元	10739	5579	51.95
资产/百万元美元	121652	63837	52.47
所有者权益/百万元美元	63586	20159	31.70
员工人数/人	73700	180000	244.23
收入净利率/%	21.80	7.10	32.57
资产净利率/%	8.80	8.70	98.86
净资产收益率/%	16.89	27.68	163.88
劳动生产率/（万元美元/人）	66.82	43.62	65.27
人均净利润/（万元美元/人）	14.57	3.10	21.27

表 7-20　2017 中国 500 强与世界 500 强能源业领先企业对比

对比指标	俄罗斯天然气工业股份公司（1）（俄罗斯）	中国华信能源有限公司（2）	[（2）/（1）]/%
营业收入/百万元美元	91382	43743	47.87
净利润/百万元美元	14223	741	5.21
资产/百万元美元	277262	22578	8.14
所有者权益/百万元美元	181813	3916	2.15
员工人数/人	467400	29637	6.34
收入净利率/%	15.60	1.70	10.90
资产净利率/%	5.10	3.30	64.71
净资产收益率/%	7.82	18.92	241.88
劳动生产率/（万元美元/人）	19.55	147.60	754.92
人均净利润/（万元美元/人）	3.04	2.50	82.16

表 7-21　2017 中国 500 强与世界 500 强人寿和健康保险业领先企业对比

对比指标	安盛公司（1）（法国）	中国平安保险（集团）股份有限公司（2）	[（2）/（1）]/%
营业收入/百万元美元	143722	116581	81.12
净利润/百万元美元	6446	9392	145.70
资产/百万元美元	941556	802490	85.23
所有者权益/百万元美元	74454	55177	74.11
员工人数/人	97707	318588	326.06
收入净利率/%	4.50	8.10	180.00
资产净利率/%	0.70	1.20	171.43
净资产收益率/%	8.66	17.02	196.61
劳动生产率/（万元美元/人）	147.10	36.59	24.88
人均净利润/（万元美元/人）	6.60	2.95	44.69

第七章 2017中国500强与世界500强行业领先企业主要经济指标对比

表 7-22 2017 中国 500 强与世界 500 强工业机械业领先企业对比

对比指标	通用电气公司（1）（美国）	中国中车股份有限公司（2）	[（2）/（1）]/%
营业收入/百万元美元	126661	33739	26.64
净利润/百万元美元	8831	1700	19.25
资产/百万元美元	365183	48681	13.33
所有者权益/百万元美元	75828	15088	19.90
员工人数/人	295000	183061	62.05
收入净利率/%	7.00	5.00	71.43
资产净利率/%	2.40	3.50	145.83
净资产收益率/%	11.65	11.27	96.76
劳动生产率/（万元美元/人）	42.94	18.43	42.93
人均净利润/（万元美元/人）	2.99	0.93	31.03

表 7-23 2017 中国 500 强与世界 500 强多元化金融业领先企业对比

对比指标	EXOR 集团（1）（意大利）	中国中信集团有限公司（2）	[（2）/（1）]/%
营业收入/百万元美元	154894	52852	34.12
净利润/百万元美元	651	3236	496.90
资产/百万元美元	186172	938261	503.98
所有者权益/百万元美元	11582	41784	360.77
员工人数/人	302562	201263	66.52
收入净利率/%	0.40	6.10	1525.00
资产净利率/%	0.30	0.30	100.00
净资产收益率/%	5.62	7.75	137.73
劳动生产率/（万元美元/人）	51.19	26.26	51.30
人均净利润/（万元美元/人）	0.22	1.61	747.00

表 7-24 2017 中国 500 强与世界 500 强船务业领先企业对比

对比指标	马士基集团（1）（丹麦）	中国远洋海运集团有限公司（2）	[（2）/（1）]/%
营业收入/百万元美元	35464	29743	83.87
净利润/百万元美元	-1939	1489	—
资产/百万元美元	61118	94792	155.10
所有者权益/百万元美元	31258	24148	77.25
员工人数/人	87736	106478	121.36
收入净利率/%	-5.50	5.00	—
资产净利率/%	-3.20	1.60	-50.00
净资产收益率/%	-6.20	6.17	—
劳动生产率/（万元美元/人）	40.42	27.93	69.11
人均净利润/（万元美元/人）	-2.21	1.40	—

表7-25 2017中国500强与世界500强航空业领先企业对比

对比指标	美国航空集团（1）（美国）	海航集团有限公司（2）	[（2）/（1）]/%
营业收入/百万元美元	40180	53035	131.99
净利润/百万元美元	2676	279	10.42
资产/百万元美元	51274	173095	337.59
所有者权益/百万元美元	3785	14096	372.41
员工人数/人	122300	220258	180.10
收入净利率/%	6.70	0.50	7.46
资产净利率/%	5.20	0.20	3.85
净资产收益率/%	70.70	1.98	2.80
劳动生产率/(万元美元/人)	32.85	24.08	73.29
人均净利润/(万元美元/人)	2.19	0.13	5.79

表7-26 2017中国500强与世界500强网络服务和零售业领先企业对比

对比指标	亚马逊公司（1）（美国）	京东世纪商贸有限公司（2）	[（2）/（1）]/%
营业收入/百万元美元	135987	39155	28.79
净利润/百万元美元	2371	−573	—
资产/百万元美元	83402	23077	27.67
所有者权益/百万元美元	19285	4877	25.29
员工人数/人	341400	120622	35.33
收入净利率/%	1.70	−1.50	—
资产净利率/%	2.80	−2.50	—
净资产收益率/%	12.29	−11.75	—
劳动生产率/(万元美元/人)	39.83	32.46	81.49
人均净利润/(万元美元/人)	0.69	−0.48	—

表7-27 2017中国500强与世界500强专业销售业领先企业对比

对比指标	家得宝（1）（美国）	苏宁云商集团有限公司（2）	[（2）/（1）]/%
营业收入/百万元美元	94595	22366	23.64
净利润/百万元美元	7957	106	1.33
资产/百万元美元	42966	19738	45.94
所有者权益/百万元美元	4333	9455	218.21
员工人数/人	406000	60354	14.87
收入净利率/%	8.40	0.50	5.95
资产净利率/%	18.50	0.50	2.70
净资产收益率/%	183.64	1.12	0.61
劳动生产率/(万元美元/人)	23.30	37.06	159.05
人均净利润/(万元美元/人)	1.96	0.18	8.96

第八章
2017 中国企业 500 强数据

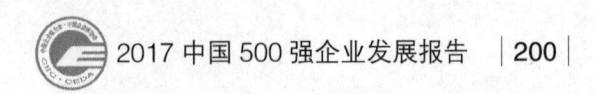

表 8-1 2017 中国企业 500 强

上年名次	名次	企业名称	地区	营业收入/万元	净利润/万元	资产/万元	所有者权益/万元	从业人数
1	1	国家电网公司	北京	209397168	6358560	340412600	145561680	980058
3	2	中国石油化工集团公司	北京	196921982	835693	215939145	74027943	713288
2	3	中国石油天然气集团公司	北京	187190290	1240662	406975924	209800561	1512048
4	4	中国工商银行股份有限公司	北京	101526600	27824900	2413726500	196975100	461749
6	5	中国建筑股份有限公司	北京	95976549	2987010	139195328	19049054	263915
5	6	中国建设银行股份有限公司	北京	84805200	23146000	2096370500	157650000	362482
7	7	中国农业银行股份有限公司	北京	77909800	18394100	1824847000	131819300	501368
9	8	中国平安保险（集团）股份有限公司	广东	77448800	6239400	557690300	38344900	1400000
11	9	上海汽车集团股份有限公司	上海	75641617	3200861	59062814	19192098	94121
8	10	中国银行股份有限公司	北京	75540200	16457800	1814888900	141168200	308900
10	11	中国移动通信集团公司	北京	71161106	6387079	171267353	90662594	463712
12	12	中国人寿保险（集团）公司	北京	69634318	107934	335679202	9783945	161530
13	13	中国铁路工程总公司	北京	64426089	613887	75654813	7509902	293940
14	14	中国铁道建筑总公司	北京	63029681	792132	76422213	7051221	336872
15	15	国家开发银行股份有限公司	北京	58875467	10904632	1434049981	114154783	10020
16	16	东风汽车公司	湖北	57261266	940048	41371605	7966608	189795
27	17	华为投资控股有限公司	广东	52157400	3706600	44363400	14009400	180000
17	18	华润（集团）有限公司	广东	50340782	1714106	110004377	16404334	420572
19	19	太平洋建设集团有限公司	江苏	49578589	2104667	33494068	13729295	362128
18	20	中国南方电网有限责任公司	广东	47328148	1547784	68929796	26674892	300144
20	21	中国兵器装备集团公司	北京	47267719	385537	36038210	5217855	232817
23	22	中国交通建设集团有限公司	北京	47002154	950867	101993168	10301978	167882
24	23	中国人民保险集团股份有限公司	北京	44332300	1424500	93214900	12610100	853364
22	24	中国海洋石油总公司	北京	43774087	1164223	115775510	49221137	100821
21	25	中国邮政集团公司	北京	43583636	3308568	848984996	29961957	924703
73	26	中国五矿集团公司	北京	43545005	-296753	75981820	3218445	212406
28	27	中国第一汽车集团公司	吉林	43038158	1601905	38063629	17018278	122323
26	28	天津物产集团有限公司	天津	42068435	94107	24123770	2407972	17353
29	29	中国电信集团公司	北京	41445834	1172321	80488306	35386219	413536
N.A.	30	安邦保险股份有限公司	北京	41397026	2580239	298856457	14157537	40707
35	31	苏宁控股集团有限公司	江苏	41295073	68825	27523408	6537538	180000
30	32	中国兵器工业集团公司	北京	40740610	566689	36929503	9312836	234771
25	33	中粮集团有限公司	北京	40700647	135825	50086334	7664839	101708
36	34	北京汽车集团有限公司	北京	40610384	837478	40156360	5585251	131256

续表

上年名次	名次	企业名称	地区	营业收入/万元	净利润/万元	资产/万元	所有者权益/万元	从业人数
31	35	中国中化集团公司	北京	39549504	310931	39948441	6390161	59803
37	36	山东魏桥创业集团有限公司	山东	37318332	808644	21988813	6558731	135393
32	37	中国航空工业集团公司	北京	37119722	308352	86793318	16918731	495775
85	38	海航集团有限公司	海南	35233153	185295	120292619	9795787	220258
33	39	交通银行股份有限公司	上海	35119183	6720959	840316551	62914170	92556
34	40	中国中信集团有限公司	北京	35111397	2150005	652044382	29037959	201263
40	41	正威国际集团有限公司	广东	33001920	797135	12790482	6952628	17852
43	42	中国电力建设集团有限公司	北京	32465182	702610	60243116	6942832	187813
45	43	中国医药集团总公司	北京	31728070	334811	25551437	3931934	106772
57	44	中国宝武钢铁集团有限公司	上海	30962102	294162	74168343	24829186	169344
38	45	联想控股股份有限公司	北京	30695285	485892	32225883	5226616	69324
51	46	中国化工集团公司	北京	30012718	11908	37764188	2406119	111160
39	47	招商银行股份有限公司	广东	29756000	6238000	594231100	—	70461
50	48	中国华信能源有限公司	上海	29094988	492176	15690401	2721160	29637
44	49	河钢集团有限公司	河北	29077196	89088	36038803	5346059	125552
41	50	兴业银行股份有限公司	福建	28515000	5385000	608589000	35012900	56236
58	51	中国船舶重工集团公司	北京	28001147	322703	48383030	12362228	182129
64	52	广州汽车工业集团有限公司	广东	27609981	366673	21034021	2634186	75908
46	53	中国联合网络通信集团有限公司	北京	27573518	-23054	66284164	16234936	273951
49	54	上海浦东发展银行股份有限公司	上海	27003000	5309900	585726300	36794700	52832
48	55	中国民生银行股份有限公司	北京	26845000	4784300	589587700	35202700	58720
54	56	中国铝业公司	北京	26758014	-187671	52183078	1855037	124894
52	57	中国太平洋保险(集团)股份有限公司	上海	26701400	1205700	102069200	13176400	97032
74	58	中国建材集团有限公司	北京	26123339	49485	56446466	4045795	228448
88	59	北京京东世纪贸易有限公司	北京	26012165	-386681	16037352	3389290	120622
65	60	恒力集团有限公司	江苏	25164763	545907	9255649	3715737	61400
56	61	神华集团有限责任公司	北京	24793964	1273429	97925945	33331431	240455
67	62	绿地控股集团股份有限公司	上海	24716022	720730	73313796	5627129	26686
47	63	中国华能集团公司	北京	24607111	-57033	100285174	5220602	140032
61	64	陕西延长石油(集团)有限责任公司	陕西	23529219	-15040	31656115	9772850	134519
72	65	大商集团有限公司	辽宁	23525202	116478	2916082	867350	182586
53	66	中国中车股份有限公司	北京	22972215	1129559	33831061	10485661	183061
86	67	万科企业股份有限公司	广东	22891600	2102261	83067421	11344477	58280
66	68	中国能源建设集团有限公司	北京	22540735	279659	30703366	3572219	149055
55	69	冀中能源集团有限责任公司	河北	22165815	-102266	21417360	1419037	133934

续表

上年名次	名次	企业名称	地区	营业收入/万元	净利润/万元	资产/万元	所有者权益/万元	从业人数
70	70	新兴际华集团有限公司	北京	22038469	297748	12999010	3186134	65539
68	71	中国光大集团股份有限公司	北京	21564600	1247500	436221100	10883700	61400
62	72	中国机械工业集团有限公司	北京	21416120	333515	27201623	6206173	117155
80	73	中国航天科技集团公司	北京	21321012	1326128	38723167	14899705	170357
82	74	陕西煤业化工集团有限责任公司	陕西	21209513	-168992	44582030	4009320	131890
113	75	恒大集团有限公司	广东	21144400	1761700	135086800	19253200	89000
75	76	江西铜业集团公司	江西	21045947	13533	11194491	2061867	25757
96	77	中国保利集团公司	北京	20932035	494345	66477088	5334738	76425
99	78	浙江吉利控股集团有限公司	浙江	20879870	840872	20674077	4097082	60712
87	79	物产中大集团股份有限公司	浙江	20689887	215432	7657118	2015658	18150
91	80	中国航天科工集团公司	北京	20316614	959100	25712283	9488537	145177
84	81	海尔集团公司	山东	20160868	1667688	17568507	5839676	73065
76	82	中国电子信息产业集团有限公司	北京	19936460	213860	25417702	3357157	149019
83	83	中国船舶工业集团公司	北京	19848192	244195	28335396	6368577	68025
69	84	江苏沙钢集团有限公司	江苏	19838486	233910	16484011	3880848	35133
59	85	中国远洋海运集团有限公司	北京	19759362	989211	65875709	16781725	106478
79	86	国家电力投资集团公司	北京	19593468	290076	87610712	5891180	127343
103	87	山东能源集团有限公司	山东	19464075	26027	27719135	4569388	188480
63	88	金川集团股份有限公司	甘肃	19313227	-358536	12594538	3199552	32991
42	89	大连万达集团股份有限公司	辽宁	18922100	—	106119337	—	155905
77	90	中国华电集团公司	北京	18737087	239575	77914529	5522766	107100
104	91	国美电器有限公司	北京	18243000	79631	6203079	2256653	40202
98	92	中国电子科技集团公司	北京	18130792	1070623	24946941	11046109	158128
81	93	中国国电集团公司	北京	17852815	178502	79648754	5209499	119268
100	94	华晨汽车集团控股有限公司	辽宁	17273211	30209	13437742	647639	49791
71	95	大同煤矿集团有限责任公司	山西	17014230	-142712	27806427	2202184	162542
78	96	山西焦煤集团有限责任公司	山西	16689711	-6625	27246291	3000845	195121
109	97	中国航空油料集团公司	北京	16334734	212555	4234102	1572551	11739
94	98	开滦（集团）有限责任公司	河北	16277729	-34769	8084013	1486122	52848
90	99	阳泉煤业（集团）有限责任公司	山西	16132758	7403	21399760	1239070	146236
89	100	山西潞安矿业（集团）有限责任公司	山西	16002002	-71030	20171606	1766375	95666
110	101	美的集团股份有限公司	广东	15984170	1470000	17060000	6110000	120000
97	102	中国大唐集团公司	北京	15836122	162001	70628676	5122716	97091
148	103	阿里巴巴集团控股有限公司	浙江	15827300	4367500	50681200	27879900	36446
N.A.	104	阳光金融控股投资集团有限公司	福建	15716144	105793	16839506	1337719	10234

续表

上年名次	名次	企业名称	地区	营业收入/万元	净利润/万元	资产/万元	所有者权益/万元	从业人数
N.A.	105	雪松控股集团有限公司	广东	15701937	558115	10188113	3542709	16291
105	106	光明食品（集团）有限公司	上海	15585452	115802	24192979	5336148	148813
N.A.	107	碧桂园控股有限公司	广东	15308698	1151682	59256760	7012837	94450
93	108	山西晋城无烟煤矿业集团有限责任公司	山西	15196381	1983	22901149	2076668	130992
140	109	腾讯控股有限公司	广东	15193800	4109600	39589900	17462400	38775
108	110	海亮集团有限公司	浙江	15027109	87119	7113068	1570738	13519
107	111	铜陵有色金属集团控股有限公司	安徽	14955342	-30062	8352027	1020518	26146
117	112	厦门建发集团有限公司	福建	14711701	186149	15100406	2769672	17476
92	113	中国通用技术（集团）控股有限责任公司	北京	14690487	274778	14496899	3553854	38589
102	114	新华人寿保险股份有限公司	北京	14617300	494200	69918100	5911800	54378
141	115	厦门国贸控股有限公司	福建	14568578	23676	8451473	740841	20595
135	116	新疆广汇实业投资（集团）有限责任公司	新疆维吾尔自治区	14561731	167267	22208370	3171285	75840
111	117	万洲国际有限公司	河南	14305682	549401	9458964	4389304	104000
95	118	中国有色矿业集团有限公司	北京	14095403	-40024	11962401	1379652	55609
147	119	兖矿集团有限公司	山东	13978878	7079	23170446	1150601	97612
118	120	鞍钢集团公司	辽宁	13925490	-678062	33109220	6098189	155287
112	121	首钢总公司	北京	13487099	-62581	44610873	10732808	112323
119	122	上海建工集团股份有限公司	上海	13365654	209550	17436958	2307036	38007
N.A.	123	富德生命人寿保险股份有限公司	广东	13040924	388094	45589682	2979277	—
132	124	三胞集团有限公司	江苏	13008768	205137	12297659	3218680	99820
122	125	上海东浩兰生国际服务贸易(集团)有限公司	上海	12966972	75349	3419080	1047168	5910
129	126	中国太平保险集团有限责任公司	北京	12747978	194571	45549585	2501334	60270
N.A.	127	泰康保险集团股份有限公司	北京	12510381	841125	62943105	4171730	48352
124	128	陕西有色金属控股集团有限责任公司	陕西	12412110	21456	12246572	2837073	45533
101	129	河南能源化工集团有限公司	河南	12405083	-510409	25881659	1488156	203520
207	130	厦门象屿集团有限公司	福建	12393844	72628	7296376	947889	7500
106	131	中国平煤神马能源化工集团有限责任公司	河南	12285986	-266150	14735383	1220968	150630
123	132	天津百利机械装备集团有限公司	天津	12236453	72519	7773026	680299	66612
116	133	黑龙江北大荒农垦集团总公司	黑龙江	12144748	-87920	19436011	3033609	503226
133	134	上海医药集团股份有限公司	上海	12076466	319639	8274272	3162255	40852
166	135	广西投资集团有限公司	广西壮族自治区	11698600	12109	31116170	1914133	26810
128	136	中国航空集团公司	北京	11588474	391254	23695440	4808088	93802
127	137	中国南方航空集团公司	广东	11545291	275742	20922849	2733230	108147
138	138	天津渤海轻工投资集团有限公司	天津	11238989	171943	6476478	1981817	30863

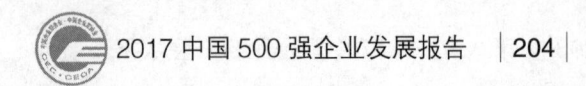

续表

上年名次	名次	企业名称	地区	营业收入/万元	净利润/万元	资产/万元	所有者权益/万元	从业人数
131	139	天津渤海化工集团有限责任公司	天津	11203107	119118	15878962	5104015	35703
125	140	万向集团公司	浙江	11071835	353141	8406613	2204238	28150
154	141	珠海格力电器股份有限公司	广东	11011310	1542097	18236971	5386395	71610
145	142	江苏悦达集团有限公司	江苏	10998658	3821	8867415	816834	40516
130	143	中国黄金集团公司	北京	10788422	−44937	10312239	1465747	48749
176	144	协鑫集团有限公司	江苏	10740792	374106	15827086	3274015	29800
136	145	TCL集团股份有限公司	广东	10647350	160213	14713679	2276489	79561
146	146	四川长虹电子控股集团有限公司	四川	10475541	47699	7118438	141133	71423
134	147	华夏银行股份有限公司	北京	10474600	1967700	235623500	15218400	39354
175	148	比亚迪股份有限公司	广东	10347000	505215	14507078	3031558	193842
164	149	青山控股集团有限公司	浙江	10286156	183134	3280440	903270	16380
143	150	山东钢铁集团有限公司	山东	10253696	−447322	26588307	1378024	91275
155	151	中国东方航空集团公司	上海	10184793	349532	24071377	3278128	56370
161	152	山东省商业集团有限公司	山东	10161700	30775	8361789	973724	47065
151	153	中天钢铁集团有限公司	江苏	10133575	79203	4683145	1638539	13507
150	154	中兴通讯股份有限公司	广东	10123318	−235742	14164091	2640115	81468
171	155	潍柴控股集团有限公司	山东	10068582	42384	17993137	405170	79038
153	156	海信集团有限公司	山东	10033120	524964	10980151	3713116	58250
120	157	天津中环电子信息集团有限公司	天津	10008770	383680	8659253	4344080	52067
157	158	安徽海螺集团有限责任公司	安徽	9865157	305230	11511928	2794124	50401
183	159	长城汽车股份有限公司	河北	9861570	1055116	9230916	4729480	71617
156	160	上海电气（集团）总公司	上海	9780429	125493	22223353	3292784	47630
182	161	东岭集团股份有限公司	陕西	9640568	50300	3180253	606516	10830
186	162	超威电源有限公司	浙江	9565364	71104	1162467	441712	19120
193	163	清华控股有限公司	北京	9563322	148778	35279579	1758229	124000
184	164	中国华融资产管理股份有限公司	北京	9520772	1961346	141196930	11524300	11365
167	165	南山集团有限公司	山东	9361599	523017	11327614	4890360	46471
202	166	海澜集团有限公司	江苏	9330467	413326	8813421	7119068	32000
191	167	天能电池集团有限公司	浙江	9296773	84181	1217258	358921	18110
N.A.	168	中国信达资产管理股份有限公司	北京	9165723	1551216	117448092	13921672	21424
N.A.	169	山东东明石化集团有限公司	山东	8868932	106367	2267691	762074	4967
169	170	盛虹控股集团有限公司	江苏	8804037	73822	7760063	1144416	27935
187	171	广州医药集团有限公司	广东	8782570	77912	4396455	492487	36899
367	172	浙江省交通投资集团有限公司	浙江	8753526	173139	28235549	6744722	25889
159	173	武汉商联（集团）股份有限公司	湖北	8729074	21654	3119050	779719	51467

续表

上年名次	名次	企业名称	地区	营业收入/万元	净利润/万元	资产/万元	所有者权益/万元	从业人数
137	174	国家开发投资公司	北京	8704528	579149	46711601	6236723	64745
163	175	北京银行	北京	8692206	1780194	211633862	14212116	14534
172	176	浙江荣盛控股集团有限公司	浙江	8687536	123995	6408806	1341540	8923
205	177	上海均和集团有限公司	上海	8616677	19388	1585169	419467	2500
165	178	山西煤炭进出口集团有限公司	山西	8524164	-38058	8335518	544519	15558
121	179	百联集团有限公司	上海	8521505	42275	8375336	1967643	63393
174	180	浙江省兴合集团有限责任公司	浙江	8508877	14995	4088965	371674	17728
204	181	湖南华菱钢铁集团有限责任公司	湖南	8367017	60658	13023921	2124251	32131
213	182	阳光保险集团股份有限公司	北京	8262632	272267	24634769	3820142	229788
298	183	云南省建设投资控股集团有限公司	云南	8209341	153119	23429926	4381703	37540
173	184	北大方正集团有限公司	北京	8200480	37672	23927260	2093359	28213
149	185	酒泉钢铁（集团）有限责任公司	甘肃	8131043	126837	10991611	2215196	33185
152	186	大冶有色金属集团控股有限公司	湖北	8080187	4251	3056950	791513	13932
162	187	广厦控股集团有限公司	浙江	8053913	108657	3873391	1043384	112520
181	188	本钢集团有限公司	辽宁	8005209	-9442	14298768	3017750	72830
206	189	腾邦集团有限公司	广东	7969121	78315	1507457	272475	10000
192	190	西安迈科金属国际集团有限公司	陕西	7917063	20169	2038255	425156	300
195	191	广西建工集团有限责任公司	广西壮族自治区	7906651	71929	5232942	568222	248948
188	192	紫金矿业集团股份有限公司	福建	7885114	183980	8921770	2776247	23698
170	193	湖北宜化集团有限责任公司	湖北	7809035	-4155	7056822	937155	38433
196	194	南通三建控股有限公司	江苏	7792830	324087	4857281	1542147	113986
168	195	中国中煤能源集团有限公司	北京	7773753	-82646	31702028	5593759	112215
189	196	徐州工程机械集团有限公司	江苏	7711016	6707	9048526	1382902	24283
199	197	陕西建工集团有限公司	陕西	7610219	62471	4445326	489651	28754
194	198	北京控股集团有限公司	北京	7588018	57243	26592496	2967432	85419
240	199	远大物产集团有限公司	浙江	7574966	54329	1183763	268815	850
177	200	浙江恒逸集团有限公司	浙江	7520307	27441	3795853	702641	6637
247	201	复星国际有限公司	上海	7396656	1026819	48677948	12287383	53000
251	202	山东晨鸣纸业集团股份有限公司	山东	7388933	206399	8228535	2221881	12986
198	203	山东黄金集团有限公司	山东	7318995	3062	8599990	1315539	26353
283	204	北京金隅集团有限责任公司	北京	7294299	136917	21210031	1737089	59803
209	205	河北津西钢铁集团股份有限公司	河北	7282800	127892	3730050	1228537	11158
238	206	湖南省建筑工程集团总公司	湖南	7248377	46084	2171793	602163	25416
235	207	杭州汽轮动力集团有限公司	浙江	7190052	11619	3593132	665511	5625

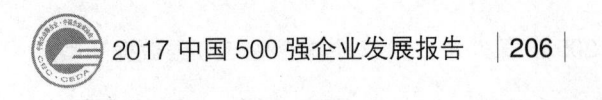

上年名次	名次	企业名称	地区	营业收入/万元	净利润/万元	资产/万元	所有者权益/万元	从业人数
224	208	新华联集团有限公司	北京	7189858	161944	11534623	2431207	58916
N.A.	209	中升集团控股有限公司	辽宁	7159922	186023	3964506	1133770	19878
218	210	浪潮集团有限公司	山东	7102513	198309	2876334	933046	27205
180	211	晋能集团有限公司	山西	7101355	-38994	24884765	4046954	98665
160	212	太原钢铁（集团）有限公司	山西	7060767	88369	12972509	3314043	41689
212	213	百度网络技术有限公司	北京	7054936	1107435	18199739	8680496	45877
208	214	四川省宜宾五粮液集团有限公司	四川	7030824	720812	9562847	6511751	43692
179	215	杭州钢铁集团公司	浙江	7019038	72338	5894626	1096401	14254
200	216	河北新华联合冶金控股集团有限公司	河北	7007209	284948	5690849	2557810	13601
222	217	中国重型汽车集团有限公司	山东	7002988	186472	12272753	3320943	36176
N.A.	218	中国林业集团公司	北京	6984539	17119	5048676	425500	4509
N.A.	219	云南省投资控股集团有限公司	云南	6983106	158658	19823868	3013164	17606
274	220	京东方科技集团股份有限公司	北京	6889566	188257	20513501	7869999	49151
197	221	新希望集团有限公司	四川	6855885	286285	11453150	1871201	65407
220	222	中天控股集团有限公司	浙江	6754313	164159	5476820	1269472	7281
227	223	华泰集团有限公司	山东	6670596	107524	3195341	711371	10681
201	224	浙江省能源集团有限公司	浙江	6621714	634017	18045833	6853447	22424
237	225	庞大汽贸集团股份有限公司	河北	6600940	38169	7083476	1301162	27684
261	226	中国广核集团有限公司	广东	6579221	641771	52045966	8652564	37857
249	227	江铃汽车集团公司	江西	6533798	129195	5257932	847514	38640
230	228	山东大海集团有限公司	山东	6526700	466182	3126706	1534999	6820
231	229	银亿集团有限公司	浙江	6525061	154936	7153999	1308398	14618
N.A.	230	中融新大集团有限公司	山东	6511716	4695334	14026915	6520873	11000
248	231	中国国际技术智力合作公司	北京	6464173	51785	904470	317613	4428
225	232	无锡产业发展集团有限公司	江苏	6435255	21612	5948116	547612	25132
239	233	万达控股集团有限公司	山东	6423524	131068	5880394	980556	14937
185	234	三一集团有限公司	湖南	6375794	-165726	10483746	2328743	19922
286	235	科创控股集团有限公司	四川	6367282	276210	6036720	4298879	22900
263	236	中南控股集团有限公司	江苏	6325180	170902	11574687	1251710	52000
272	237	深圳市大生农业集团有限公司	广东	6252486	29975	2029734	831152	3600
254	238	正邦集团有限公司	江西	6201286	129460	1401500	537562	39350
233	239	云天化集团有限责任公司	云南	6198203	-191907	9348446	775589	22474
269	240	九州通医药集团股份有限公司	湖北	6155684	87674	3872854	1127804	18344
203	241	北京建龙重工集团有限公司	北京	6133018	33321	8856343	1662314	37959
229	242	奥克斯集团有限公司	浙江	6123523	115031	4622671	1417352	21136

续表

上年名次	名次	企业名称	地区	营业收入/万元	净利润/万元	资产/万元	所有者权益/万元	从业人数
267	243	利华益集团股份有限公司	山东	6111605	137947	3117570	1082154	4029
223	244	上海华谊（集团）公司	上海	6106332	25354	6348207	1433688	23247
246	245	唐山瑞丰钢铁（集团）有限公司	河北	6105549	89889	1346775	539872	12388
226	246	内蒙古伊利实业集团股份有限公司	内蒙古自治区	6060922	566181	3926227	2308177	54983
258	247	天津一商集团有限公司	天津	6059571	8984	1111136	103615	4111
376	248	中国旅游集团公司	北京	6036399	191533	14370004	2004342	46937
259	249	北京城建集团有限责任公司	北京	6020951	101203	13289883	1052419	20128
313	250	云南省能源投资集团有限公司	云南	6010634	466644	8440335	2604212	9275
349	251	宁夏天元锰业有限公司	宁夏回族自治区	6001122	246124	5413204	1460722	20062
217	252	内蒙古电力（集团）有限责任公司	内蒙古自治区	5984402	57788	10157790	3796966	36971
304	253	淮南矿业（集团）有限责任公司	安徽	5976487	67206	15248215	1897308	88167
268	254	杭州锦江集团有限公司	浙江	5938616	64585	6034110	1167933	11400
278	255	广东温氏食品集团股份有限公司	广东	5935524	1178988	4143815	3046089	49314
N.A.	256	世茂房地产控股有限公司	上海	5928600	517186	25321485	5198537	7880
287	257	山东高速集团有限公司	山东	5893622	167272	45818260	5034536	27154
234	258	河北敬业集团	河北	5866736	101788	2723645	1148164	22500
228	259	北京能源集团有限责任公司	北京	5865078	186839	24163291	7021968	44869
279	260	亨通集团有限公司	江苏	5863268	41489	4502151	851322	17097
330	261	深圳市怡亚通供应链股份有限公司	广东	5829050	51875	4238183	548921	19000
273	262	江阴澄星实业集团有限公司	江苏	5814481	47951	2766303	737260	5533
241	263	天津荣程祥泰投资控股集团有限公司	天津	5800017	39147	1352260	688458	6339
244	264	浙江省建设投资集团有限公司	浙江	5765646	45832	4467434	231144	232895
N.A.	265	深圳顺丰泰森控股（集团）有限公司	广东	5748270	418043	4406361	1971177	124405
N.A.	266	甘肃省公路航空旅游投资集团有限公司	甘肃	5716848	143044	28509967	9807597	17884
210	267	广东省广新控股集团有限公司	广东	5709640	18640	5634117	813764	24857
242	268	上海城建（集团）公司	上海	5659489	72695	9701842	775261	23105
219	269	雅戈尔集团股份有限公司	浙江	5633399	330227	8023751	2352688	42258
250	270	通威集团有限公司	四川	5617826	115379	2951853	1161686	24216
245	271	白银有色集团股份有限公司	甘肃	5594960	25152	4442132	1112209	16268
N.A.	272	金地（集团）股份有限公司	广东	5550850	630046	15363426	3743091	19445
N.A.	273	龙湖地产有限公司	北京	5479950	915295	22483037	6176470	17172
264	274	马钢（集团）控股有限公司	安徽	5441197	16675	8594298	1461546	45123
260	275	华侨城集团公司	广东	5425604	418224	17407226	2941193	41832

续表

上年名次	名次	企业名称	地区	营业收入/万元	净利润/万元	资产/万元	所有者权益/万元	从业人数
290	276	上海纺织（集团）有限公司	上海	5418217	66263	3691571	993658	22173
N.A.	277	华夏幸福基业股份有限公司	北京	5382059	649158	2490333	2536091	19473
N.A.	278	广州富力地产股份有限公司	广东	5373034	675591	22641148	4377815	20867
N.A.	279	唯品会（中国）有限公司	广东	5371226	266621	2178139	781311	45216
284	280	安徽江淮汽车集团控股有限公司	安徽	5316976	35994	5176726	401798	36366
266	281	山东京博控股股份有限公司	山东	5310336	168223	2763200	626599	11590
215	282	中国化学工程股份有限公司	北京	5307460	177038	8388420	2747100	43929
257	283	盾安控股集团有限公司	浙江	5256893	75668	6165787	1231013	19000
265	284	红豆集团有限公司	江苏	5252176	107259	3780255	1517822	20069
281	285	深圳市飞马国际供应链股份有限公司	广东	5216286	153198	1968489	394675	737
243	286	河北省物流产业集团有限公司	河北	5200034	10770	1592335	253353	1577
282	287	济宁如意投资有限公司	山东	5192988	164046	5276326	737903	30132
253	288	淮北矿业（集团）有限责任公司	安徽	5144403	84153	8942844	1037002	64660
232	289	中国国际海运集装箱（集团）股份有限公司	广东	5111165	53966	12461475	2928597	51299
326	290	正泰集团股份有限公司	浙江	5104068	147485	4973648	986256	30010
252	291	天津泰达投资控股有限公司	天津	5103810	20081	30452748	4560193	19065
320	292	徐州矿务集团有限公司	江苏	5094059	3241	4913594	1394566	47740
276	293	冀南钢铁集团有限公司	河北	5086746	86928	2256861	804642	8860
402	294	卓尔控股有限公司	湖北	5086427	198014	5190153	3602969	4689
280	295	山东海科化工集团有限公司	山东	5083216	81115	2108905	314999	3433
294	296	江苏南通二建集团有限公司	江苏	5073125	240813	2223483	1113479	95657
N.A.	297	青建集团股份公司	山东	5072174	109345	6421859	825591	13986
316	298	北京外企服务集团有限责任公司	北京	5063212	23085	630225	142689	29461
302	299	稻花香集团	湖北	5056186	19477	2265126	208818	19098
308	300	甘肃省建设投资（控股）集团总公司	甘肃	5039887	9353	4611489	515474	51062
256	301	四川华西集团有限公司	四川	5033311	56458	4427717	784901	20288
255	302	中联重科股份有限公司	湖南	5026920	-93370	8914102	3681356	15154
295	303	南京钢铁集团有限公司	江苏	5019681	61071	4299718	1045199	11423
277	304	新疆特变电工集团有限公司	新疆维吾尔自治区	5011487	238056	9421611	2927787	21208
291	305	山东招金集团有限公司	山东	4964211	8865	4852382	530138	14116
312	306	永辉超市股份有限公司	福建	4923165	124201	2943821	1919855	70440
301	307	江苏三房巷集团有限公司	江苏	4887241	20723	2226599	918051	7859
366	308	昆明钢铁控股有限公司	云南	4841481	-69248	6010718	1348289	17982
270	309	深圳市爱施德股份有限公司	广东	4833328	18775	989484	527099	2619
293	310	上海永达控股（集团）有限公司	上海	4824173	88325	2183635	568361	11267

续表

上年名次	名次	企业名称	地区	营业收入/万元	净利润/万元	资产/万元	所有者权益/万元	从业人数
421	311	北京住总集团有限责任公司	北京	4821560	30991	7987583	482675	11347
262	312	重庆商社（集团）有限公司	重庆	4778171	15787	1948095	332194	92586
296	313	广西柳州钢铁集团有限公司	广西壮族自治区	4777764	59730	4044355	964549	17212
297	314	亚邦投资控股集团有限公司	江苏	4736603	173712	2903410	1275772	19165
355	315	南通四建集团有限公司	江苏	4722598	244246	1216767	710698	81595
314	316	云南锡业集团(控股)有限责任公司	云南	4716186	-217091	5305363	20038	26650
311	317	江苏省苏中建设集团股份有限公司	江苏	4698991	87814	1841387	408891	95086
322	318	宝塔石化集团有限公司	宁夏回族自治区	4697635	78625	6853812	2110576	15000
307	319	广东省广晟资产经营有限公司	广东	4672889	13755	14215975	2583619	30931
321	320	广州轻工工贸集团有限公司	广东	4668362	31917	1622168	563994	6472
N.A.	321	雅居乐地产控股有限公司	广东	4667887	228364	13172490	3530960	12468
303	322	德力西集团有限公司	浙江	4661352	107556	1683383	566050	20087
354	323	重庆市金科投资控股（集团）有限责任公司	重庆	4658845	68462	11969548	380270	12006
336	324	江苏华西集团有限公司	江苏	4621086	15195	5330053	1341819	20300
300	325	山东科达集团有限公司	山东	4602958	194034	1635177	1036129	8569
305	326	江苏国泰国际集团有限公司	江苏	4601358	14272	1815110	191474	12100
271	327	杭州娃哈哈集团有限公司	浙江	4559165	542137	3232224	2294091	26442
310	328	宁波金田投资控股有限公司	浙江	4503056	1093	887133	118293	4556
318	329	重庆龙湖企业拓展有限公司	重庆	4477704	741086	20100092	5144731	17172
214	330	广东省广物控股集团有限公司	广东	4461237	32852	3497127	788954	10406
299	331	渤海银行股份有限公司	天津	4450188	647343	85611968	4146337	8477
328	332	玖隆钢铁物流有限公司	江苏	4429147	10647	447514	145029	290
306	333	山东太阳控股集团有限公司	山东	4417759	111222	2833861	799054	12392
356	334	中国贵州茅台酒厂（集团）有限责任公司	贵州	4389956	1271350	13972979	7492856	30486
N.A.	335	前海人寿保险股份有限公司	广东	4367512	404481	24410633	2145339	3189
339	336	北京首都旅游集团有限责任公司	北京	4366100	40870	7296176	1226383	43474
288	337	重庆建工投资控股有限责任公司	重庆	4359414	30375	6796765	413278	14077
323	338	中国恒天集团有限公司	北京	4345555	11468	8290206	1014307	43085
317	339	广东省交通集团有限公司	广东	4327330	305822	35980249	7493995	58438
325	340	四川省川威集团有限公司	四川	4242071	-90888	4081909	182985	13191
N.A.	341	上海仪电（集团）有限公司	上海	4220131	94777	9492146	997190	13841
N.A.	342	百丽国际控股有限公司	广东	4170650	240340	3174500	2647410	116810
331	343	合肥百货大楼集团股份有限公司	安徽	4170000	28348	919854	357095	7980
N.A.	344	中国核工业建设股份有限公司	北京	4150850	80933	6666520	854434	33131
319	345	广州市建筑集团有限公司	广东	4134258	27477	2684752	364822	14468

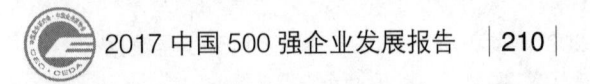

续表

上年名次	名次	企业名称	地区	营业收入/万元	净利润/万元	资产/万元	所有者权益/万元	从业人数
N.A.	346	上海钢联电子商务股份有限公司	上海	4127899	2210	576422	49894	1697
338	347	双胞胎(集团)股份有限公司	江西	4127454	10345	843832	103451	7100
396	348	内蒙古伊泰集团有限公司	内蒙古自治区	4115263	19592	10705779	1765843	7285
380	349	北京建工集团有限责任公司	北京	4079153	23600	5655782	689073	20222
N.A.	350	神州数码集团股份有限公司	北京	4053112	40380	1703717	264816	4217
324	351	四川宏达(集团)有限公司	四川	4022311	91072	4969596	1866341	15865
332	352	四川科伦实业集团有限公司	四川	4017468	95772	2707004	1174246	23046
363	353	重庆化医控股(集团)公司	重庆	4013423	6036	7669895	1065284	29050
285	354	广东省粤电集团有限公司	广东	4003371	201421	12693021	4682166	14934
347	355	浙江中成控股集团有限公司	浙江	3989194	76340	1583013	635118	52135
N.A.	356	武汉金融控股(集团)有限公司	湖北	3984792	36749	8386770	1158801	5193
401	357	日照钢铁控股集团有限公司	山东	3933027	94114	8374558	1491410	13754
N.A.	358	深圳光汇石油集团股份有限公司	广东	3923023	16941	3454434	1428826	1273
337	359	天津纺织集团(控股)有限公司	天津	3921058	8119	2130981	475298	6505
346	360	嘉晨集团有限公司	辽宁	3918000	93523	3087707	2221977	11061
N.A.	361	盛京银行股份有限公司	辽宁	3915974	686452	90548265	4579423	4677
345	362	浙江桐昆控股集团有限公司	浙江	3913421	53631	2372475	385573	14840
358	363	隆鑫控股有限公司	重庆	3912830	60390	6488717	1005287	20875
359	364	长春欧亚集团股份有限公司	吉林	3908359	32729	1815759	272804	7978
292	365	华勤橡胶工业集团有限公司	山东	3892165	52304	1621624	670453	8150
394	366	河北建设集团股份有限公司	河北	3883456	60449	2105775	287844	6098
377	367	四川蓝润实业集团有限公司	四川	3868581	321671	5467526	3069560	4800
335	368	中华联合保险控股股份有限公司	北京	3854574	79513	6430712	1385664	40215
352	369	安徽建工集团有限公司	安徽	3831366	40295	4756514	244468	14332
N.A.	370	江苏南通六建建设集团有限公司	江苏	3821692	92345	990293	494095	38963
397	371	包头钢铁(集团)有限责任公司	内蒙古自治区	3810735	-438635	16671069	602300	52703
360	372	杉杉控股有限公司	浙江	3806650	71467	4090389	674900	6658
408	373	北京首都创业集团有限公司	北京	3803068	32574	25405827	1476508	26252
480	374	福佳集团有限公司	辽宁	3800989	152120	5513301	2750847	3340
370	375	人民电器集团有限公司	浙江	3796752	155234	995100	714596	22800
374	376	重庆力帆控股有限公司	重庆	3788098	72724	5831442	1320822	16026
390	377	太极集团有限公司	重庆	3787662	43706	1145747	210427	12471
361	378	重庆市能源投资集团有限公司	重庆	3777731	8455	10362727	1996139	48588
342	379	郑州宇通集团有限公司	河南	3768502	268750	4826731	1027906	18952
381	380	浙江前程投资股份有限公司	浙江	3740500	2218	678301	90753	377

续表

上年名次	名次	企业名称	地区	营业收入/万元	净利润/万元	资产/万元	所有者权益/万元	从业人数
350	381	安阳钢铁集团有限责任公司	河南	3729747	-2736	4262042	376891	24737
383	382	山东金诚石化集团有限公司	山东	3713878	119438	613043	551419	2000
428	383	东营鲁方金属材料有限公司	山东	3711216	104784	1159174	508458	2426
N.A.	384	中国东方电气集团有限公司	四川	3703684	-90821	10434975	1304304	22302
403	385	福建省能源集团有限责任公司	福建	3698045	133289	6880362	1933279	30904
369	386	山东金岭集团有限公司	山东	3689740	155830	1099400	664042	3990
422	387	陕西汽车控股集团有限公司	陕西	3681227	-684	4731175	351182	25385
N.A.	388	蓝思科技股份有限公司	湖南	3678231	132784	4594395	2061922	74174
371	389	山东胜通集团股份有限公司	山东	3673659	402922	2636256	1513936	7600
362	390	江西省建工集团有限责任公司	江西	3657856	47326	2995443	196089	3264
364	391	江苏阳光集团有限公司	江苏	3650624	198345	2255790	1171441	17538
357	392	广西北部湾国际港务集团有限公司	广西壮族自治区	3646273	45644	7599904	1552081	20701
329	393	吉林亚泰(集团)股份有限公司	吉林	3620366	15193	5192332	1148630	24905
409	394	弘阳集团有限公司	江苏	3594460	183176	4643061	1357644	3119
389	395	山东玉皇化工有限公司	山东	3572264	92849	2449581	908181	5322
395	396	三河汇福粮油集团有限公司	河北	3568714	55156	1495250	317601	3000
372	397	山东时风(集团)有限责任公司	山东	3557631	120116	998081	751717	19192
388	398	西部矿业集团有限公司	青海	3555080	2450	4822762	361422	8866
275	399	浙江省国际贸易集团有限公司	浙江	3549060	68185	5229824	1229108	12460
451	400	武安市明芳钢铁有限公司	河北	3536800	152450	1768400	801890	8230
426	401	河北普阳钢铁有限公司	河北	3535037	126469	1391494	785031	7016
386	402	深圳创维—RGB电子有限公司	广东	3531884	172205	3505113	1001280	25516
N.A.	403	北京江南投资集团有限公司	北京	3530568	531800	12210152	1067329	350
351	404	重庆农村商业银行股份有限公司	重庆	3524429	794475	80315773	5259322	16245
373	405	山西建筑工程(集团)总公司	山西	3509212	10256	4543724	97571	24457
400	406	天瑞集团股份有限公司	河南	3500265	116963	7235002	3578752	16830
365	407	老凤祥股份有限公司	上海	3496378	105749	1405613	506143	2656
348	408	天津市医药集团有限公司	天津	3486658	157407	7695478	3115407	20486
N.A.	409	云南冶金集团股份有限公司	云南	3485323	-308941	8366277	658742	28102
N.A.	410	四川省交通投资集团有限责任公司	四川	3465383	-41662	28143201	7203368	24000
N.A.	411	中天科技集团有限公司	江苏	3450692	57900	2200049	494410	12318
393	412	申能(集团)有限公司	上海	3440452	401064	15349329	8229198	10899
492	413	旭阳控股有限公司	北京	3426205	42543	3000403	472784	5474
379	414	广州越秀集团有限公司	广东	3412214	193295	37394918	2096751	14538
398	415	新奥能源控股有限公司	河北	3410300	215100	3352700	1496600	28735

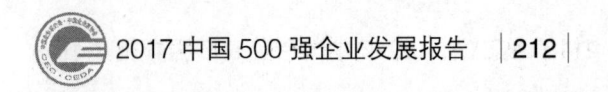

上年名次	名次	企业名称	地区	营业收入/万元	净利润/万元	资产/万元	所有者权益/万元	从业人数
404	416	西王集团有限公司	山东	3402859	34351	4700503	1199755	16000
N.A.	417	四川省能源投资集团有限责任公司	四川	3389513	433991	9672804	2308495	16055
445	418	威高集团有限公司	山东	3361631	345309	3325962	2178061	20000
391	419	四川德胜集团钒钛有限公司	四川	3356070	2658	2637067	834471	10042
387	420	天狮集团有限公司	天津	3354195	301878	1539817	1282035	4872
309	421	天音通信有限公司	广东	3349888	20733	1038882	146251	5000
495	422	安徽新华发行（集团）控股有限公司	安徽	3337697	80648	2697307	756706	5759
392	423	石家庄北国人百集团有限责任公司	河北	3329494	40357	1140670	307855	51880
427	424	河北新金钢铁有限公司	河北	3322398	80769	1206564	538680	5444
453	425	哈尔滨电气集团公司	黑龙江	3319688	2075	7042732	1244587	21819
N.A.	426	传化集团有限公司	浙江	3304487	49445	4001107	955083	13528
440	427	晶龙实业集团有限公司	河北	3302668	110656	3714794	1855844	20550
416	428	山东渤海实业股份有限公司	山东	3298192	39890	1778532	252927	3668
450	429	奇瑞汽车股份有限公司	安徽	3296370	61484	7790968	1942235	15527
412	430	湖南博长控股集团有限公司	湖南	3293320	23410	1004695	184640	7528
N.A.	431	常州天合光能有限公司	江苏	3291603	115996	3643636	1094673	13270
447	432	杭州华东医药集团有限公司	浙江	3276899	251337	2260105	1234331	10836
431	433	远东控股集团有限公司	江苏	3272223	31318	2276948	365514	10098
378	434	江苏新长江实业集团有限公司	江苏	3272177	88122	2595446	865769	8460
496	435	富海集团有限公司	山东	3254717	114719	1788703	639124	3650
452	436	唐山港陆钢铁有限公司	河北	3251190	66137	1582078	650809	7540
417	437	维维集团股份有限公司	江苏	3250593	172710	2136545	1539229	20235
406	438	浙江昆仑控股集团有限公司	浙江	3237182	86381	1575345	559365	34283
423	439	东营方圆有色金属有限公司	山东	3222246	99200	1880188	924502	1078
493	440	研祥高科技控股集团有限公司	广东	3220692	277378	2829941	1661230	5000
429	441	广东省建筑工程集团有限公司	广东	3220070	39357	2930530	649068	24428
N.A.	442	北京首都开发控股（集团）有限公司	北京	3216580	132416	20666588	1462991	3535
425	443	浙江宝业建设集团有限公司	浙江	3216547	37250	604565	266533	3920
N.A.	444	河南豫联能源集团有限责任公司	河南	3214676	−24641	2648341	−705	13357
407	445	步步高投资集团股份有限公司	湖南	3214532	21546	1447812	616734	17733
484	446	珠海华发集团有限公司	广东	3213733	103057	18916283	2414275	11875
413	447	山河建设集团有限公司	湖北	3210730	97862	795434	478998	63462
334	448	江苏汇鸿国际集团股份有限公司	江苏	3198322	66373	3096324	808910	3617
460	449	天元建设集团有限公司	山东	3175732	60408	2310039	582441	9415
435	450	安徽国贸集团控股有限公司	安徽	3168778	4682	3496418	329940	7123
384	451	大汉控股集团有限公司	湖南	3152077	60794	1499308	623346	2567

上年名次	名次	企业名称	地区	营业收入/万元	净利润/万元	资产/万元	所有者权益/万元	从业人数
469	452	精功集团有限公司	浙江	3151099	68698	4450445	814681	14844
405	453	沂州集团有限公司	山东	3150593	5712	1128447	357427	4763
N.A.	454	恒丰银行股份有限公司	山东	3138489	911704	120851943	6270738	10855
375	455	广西玉柴机器集团有限公司	广西壮族自治区	3137203	60995	3442348	1181086	19465
432	456	上海国际港务（集团）股份有限公司	上海	3135918	693908	11678478	6072386	18183
N.A.	457	上海找钢网信息科技股份有限公司	上海	3135403	3523	427454	73083	1259
N.A.	458	天津能源投资集团有限公司	天津	3129782	99846	7545046	2903505	9507
437	459	法尔胜泓昇集团有限公司	江苏	3127327	53672	1936334	542292	9159
418	460	宁波富邦控股集团有限公司	浙江	3126715	39696	4157684	531673	8503
N.A.	461	江苏华宏实业集团有限公司	江苏	3126550	21423	1030812	422900	3800
449	462	武安市文安钢铁有限公司	河北	3125288	70032	845084	766435	5048
477	463	新余钢铁集团有限公司	江西	3118939	17547	3214515	558331	24414
443	464	华芳集团有限公司	江苏	3118321	29769	959421	488906	12457
340	465	中基宁波集团股份有限公司	浙江	3113666	7474	888807	64268	1577
415	466	金浦投资控股集团有限公司	江苏	3108086	29938	1983538	368590	9500
419	467	北京市政路桥集团有限公司	北京	3107149	45463	4649685	635753	17054
483	468	天津友发钢管集团股份有限公司	天津	3101112	52342	619234	244562	8423
430	469	武安市裕华钢铁有限公司	河北	3096007	164570	1865265	1019570	10893
N.A.	470	金澳科技（湖北）化工有限公司	湖北	3094425	60726	598561	290904	3580
N.A.	471	河南森源集团有限公司	河南	3078635	61699	2775996	873751	9058
N.A.	472	通鼎集团有限公司	江苏	3063395	117257	1354563	411487	11226
444	473	洪业化工集团股份有限公司	山东	3061252	172315	2482588	1038105	8900
436	474	波司登股份有限公司	江苏	3057110	234069	2598687	1563820	23880
489	475	中科电力装备集团有限公司	安徽	3056449	10959	971605	92123	3518
455	476	重庆机电控股（集团）公司	重庆	3052260	69600	4131343	1046272	28777
424	477	双良集团有限公司	江苏	3034234	27515	2833676	749777	5009
N.A.	478	华仪集团有限公司	浙江	3028480	77408	2120372	434428	13474
482	479	北京二商集团有限责任公司	北京	3024847	31172	1712821	475102	14517
463	480	卧龙控股集团有限公司	浙江	3024640	102312	2560416	640337	16183
446	481	宜昌兴发集团有限责任公司	湖北	3023534	2787	2948195	351432	9557
462	482	河北建工集团有限责任公司	河北	3015566	4491	1403015	112450	6001
N.A.	483	山东创新金属科技有限公司	山东	3008543	56502	1476070	148234	6500
410	484	四川公路桥梁建设集团有限公司	四川	2988629	113945	6055037	894490	10357
499	485	福建省三钢（集团）有限责任公司	福建	2984761	35464	2646638	662014	16654
N.A.	486	中运富通控股集团有限公司	上海	2965577	98506	1099935	340103	2890
448	487	广州万宝集团有限公司	广东	2964384	13474	1985627	263978	15280

续表

上年名次	名次	企业名称	地区	营业收入/万元	净利润/万元	资产/万元	所有者权益/万元	从业人数
474	488	安徽省皖北煤电集团有限责任公司	安徽	2961865	−2451	5266493	306692	39874
382	489	世纪金源投资集团有限公司	北京	2961734	335850	10487578	3334368	15800
456	490	河南豫光金铅集团有限责任公司	河南	2953921	−728	1844154	105125	6095
N.A.	491	万通海欣控股股份有限公司	山东	2936853	133381	3015174	1067302	3000
434	492	金东纸业（江苏）股份有限公司	江苏	2902996	130870	6362560	1840377	8509
478	493	重庆轻纺控股（集团）公司	重庆	2886586	26930	2895263	607452	23563
327	494	珠海振戎公司	北京	2886116	11780	157129	101742	118
465	495	澳洋集团有限公司	江苏	2881541	47867	1538801	324252	11066
457	496	龙信建设集团有限公司	江苏	2865984	92130	779809	249838	31796
471	497	安徽省交通控股集团有限公司	安徽	2860083	87098	21880595	6307726	28662
486	498	广西盛隆冶金有限公司	广西壮族自治区	2859460	70214	1823683	697126	8000
N.A.	499	上海农村商业银行股份有限公司	上海	2843186	590249	71088056	4622292	7468
N.A.	500	通州建总集团有限公司	江苏	2831050	73141	495969	150375	66872
		合计		6400498936	282733881	25613313530	3072571280	33416483

说 明

1. 2017中国企业500强是中国企业联合会、中国企业家协会参照国际惯例，组织企业自愿申报，并经专家审定确认后产生的。申报企业包括在中国境内注册、2016年实现营业收入达到200亿元的企业（不包括在华外资、港澳台独资、控股企业，也不包括行政性公司、政企合一的单位以及各类资产经营公司、烟草公司，但包括在境外注册、投资主体为中国自然人或法人、主要业务在境内的企业），都有资格申报参加排序。属于集团公司的控股子公司或相对控股子公司，由于其财务报表最后会被合并到集团母公司的财务会计报表中去，因此只允许其母公司申报。

2. 表中所列数据由企业自愿申报或属于上市公司公开数据、并经会计师事务所或审计师事务所等单位认可。

3. 营业收入是2016年不含增值税的收入，包括企业的所有收入，即主营业务和非主营业务、境内和境外的收入。商业银行的营业收入为2016年利息收入和非利息营业收入之和（不减掉对应的支出）。保险公司的营业收入是2016年保险费和年金收入扣除储蓄的资本收益或损失。净利润是2016年上交所得税的净利润扣除少数股东权益后的归属母公司所有者的净利润。资产是2016年年度末的资产总额。归属母公司所有者权益是2016年年末所有者权益总额扣除少数股东权益后的母公司所有者权益。研究开发费用是2016年企业投入研究开发的所有费用。从业人数是2016年年度的平均人数（含所有被合并报表企业的人数）。

4. 行业分类参照了国家统计局的分类方法，依据其主营业务收入所在行业来划分；地区分类是按企业总部所在地划分。

表 8-2　2017 中国企业 500 强新上榜企业名单

名次	企业名称	地区	营业收入/万元	净利润/万元	资产/万元	所有者权益/万元	从业人数
30	安邦保险股份有限公司	北京	41397026	2580239	298856457	14157537	40707
104	阳光金融控股投资集团有限公司	福建	15716144	105793	16839506	1337719	10234
105	雪松控股集团有限公司	广东	15701937	558115	10188113	3542709	16291
107	碧桂园控股有限公司	广东	15308698	1151682	59256760	7012837	94450
123	富德生命人寿保险股份有限公司	广东	13040924	388094	45589682	2979277	—
127	泰康保险集团股份有限公司	北京	12510381	841125	62943105	4171730	48352
168	中国信达资产管理股份有限公司	北京	9165723	1551216	117448092	13921672	21424
169	山东东明石化集团有限公司	山东	8868932	106367	2267691	762074	4967
209	中升集团控股有限公司	辽宁	7159922	186023	3964506	1133770	19878
218	中国林业集团公司	北京	6984539	17119	5048676	425500	4509
219	云南省投资控股集团有限公司	云南	6983106	158658	19823868	3013164	17606
230	中融新大集团有限公司	山东	6511716	4695334	14026915	6520873	11000
256	世茂房地产控股有限公司	上海	5928600	517186	25321485	5198537	7880
265	深圳顺丰泰森控股（集团）有限公司	广东	5748270	418043	4406361	1971177	124405
266	甘肃省公路航空旅游投资集团有限公司	甘肃	5716848	143044	28509967	9807597	17884
272	金地（集团）股份有限公司	广东	5550850	630046	15363426	3743091	19445
273	龙湖地产有限公司	北京	5479950	915295	22483037	6176470	17172
277	华夏幸福基业股份有限公司	北京	5382059	649158	2490333	2536091	19473
278	广州富力地产股份有限公司	广东	5373034	675591	22641148	4377815	20867
279	唯品会（中国）有限公司	广东	5371226	266621	2178139	781311	45216
297	青建集团股份公司	山东	5072174	109345	6421859	825591	13986
321	雅居乐地产控股有限公司	广东	4667887	228364	13172490	3530960	12468
335	前海人寿保险股份有限公司	广东	4367512	404481	24410633	2145339	3189
341	上海仪电（集团）有限公司	上海	4220131	94777	9492146	997190	13841
342	百丽国际控股有限公司	广东	4170650	240340	3174500	2647410	116810
344	中国核工业建设股份有限公司	北京	4150850	80933	6666520	854434	33131
346	上海钢联电子商务股份有限公司	上海	4127899	2210	576422	49894	1697
350	神州数码集团股份有限公司	北京	4053112	40380	1703717	264816	4217
356	武汉金融控股（集团）有限公司	湖北	3984792	36749	8386770	1158801	5193
358	深圳光汇石油集团股份有限公司	广东	3923023	16941	3454434	1428826	1273
361	盛京银行股份有限公司	辽宁	3915974	686452	90548265	4579423	4677
370	江苏南通六建设集团有限公司	江苏	3821692	92345	990293	494095	38963
384	中国东方电气集团有限公司	四川	3703684	-90821	10434975	1304304	22302
388	蓝思科技股份有限公司	湖南	3678231	132784	4594395	2061922	74174
403	北京江南投资集团有限公司	北京	3530568	531800	12210152	1067329	350
409	云南冶金集团股份有限公司	云南	3485323	-308941	8366277	658742	28102
410	四川省交通投资集团有限责任公司	四川	3465383	-41662	28143201	7203368	24000
411	中天科技集团有限公司	江苏	3450692	57900	2200049	494410	12318
417	四川省能源投资集团有限责任公司	四川	3389513	433991	9672804	2308495	16055

续表

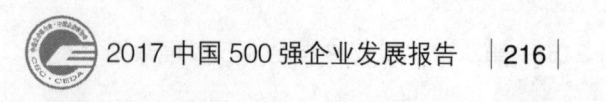

名次	企业名称	地区	营业收入/万元	净利润/万元	资产/万元	所有者权益/万元	从业人数
426	传化集团有限公司	浙江	3304487	49445	4001107	955083	13528
431	常州天合光能有限公司	江苏	3291603	115996	3643636	1094673	13270
442	北京首都开发控股（集团）有限公司	北京	3216580	132416	20666588	1462991	3535
444	河南豫联能源集团有限责任公司	河南	3214676	−24641	2648341	−705	13357
454	恒丰银行股份有限公司	山东	3138489	911704	120851943	6270738	10855
457	上海找钢网信息科技股份有限公司	上海	3135403	3523	427454	73083	1259
458	天津能源投资集团有限公司	天津	3129782	99846	7545046	2903505	9507
461	江苏华宏实业集团有限公司	江苏	3126550	21423	1030812	422900	3800
470	金澳科技（湖北）化工有限公司	湖北	3094425	60726	598561	290904	3580
471	河南森源集团有限公司	河南	3078635	61699	2775996	873751	9058
472	通鼎集团有限公司	江苏	3063395	117257	1354563	411487	11226
478	华仪集团有限公司	浙江	3028480	77408	2120372	434428	13474
483	山东创新金属科技有限公司	山东	3008543	56502	1476070	148234	6500
486	中运富通控股集团有限公司	上海	2965577	98506	1099935	340103	2890
491	万通海欣控股股份有限公司	山东	2936853	133381	3015174	1067302	3000
499	上海农村商业银行股份有限公司	上海	2843186	590249	71088056	4622292	7468
500	通州建总集团有限公司	江苏	2831050	73141	495969	150375	66872

表 8-3 2017 中国企业 500 强各行业企业分布

排名	企业名称	总排名	营业收入/万元	排名	企业名称	总排名	营业收入/万元
农、林、牧、渔业					合计		107209195
1	黑龙江北大荒农垦集团总公司	133	12144748				
2	中国林业集团公司	218	6984539	农副产品			
3	深圳市大生农业集团有限公司	237	6252486	1	新希望集团有限公司	221	6855885
	合计		25381773	2	正邦集团有限公司	238	6201286
				3	广东温氏食品集团股份有限公司	255	5935524
煤炭采掘及采选业				4	通威集团有限公司	270	5617826
1	神华集团有限责任公司	61	24793964	5	双胞胎（集团）股份有限公司	347	4127454
2	冀中能源集团有限责任公司	69	22165815	6	三河汇福粮油集团有限公司	396	3568714
3	陕西煤业化工集团有限责任公司	74	21209513	7	西王集团有限公司	416	3402859
4	山东能源集团有限公司	87	19464075	8	山东渤海实业股份有限公司	428	3298192
5	大同煤矿集团有限责任公司	95	17014230		合计		39007740
6	山西焦煤集团有限责任公司	96	16689711				
7	开滦（集团）有限责任公司	98	16277729	食品			
8	阳泉煤业（集团）有限责任公司	99	16132758	1	光明食品（集团）有限公司	106	15585452
9	山西潞安矿业（集团）有限责任公司	100	16002002	2	万洲国际有限公司	117	14305682
10	山西晋城无烟煤矿业集团有限责任公司	108	15196381	3	天狮集团有限公司	420	3354195
11	兖矿集团有限公司	119	13978878	4	北京二商集团有限责任公司	479	3024847
12	河南能源化工集团有限公司	129	12405083		合计		36270176
13	中国平煤神马能源化工集团有限公司	131	12285986				
14	中国中煤能源集团有限公司	195	7773753	饮料			
15	淮南矿业（集团）有限责任公司	253	5976487	1	内蒙古伊利实业集团股份有限公司	246	6060922
16	淮北矿业（集团）有限责任公司	288	5144403	2	杭州娃哈哈集团有限公司	327	4559165
17	徐州矿务集团有限公司	292	5094059	3	维维集团股份有限公司	437	3250593
18	内蒙古伊泰集团有限公司	348	4115263		合计		13870680
19	四川宏达（集团）有限公司	351	4022311				
20	安徽省皖北煤电集团有限责任公司	488	2961865	酒类			
	合计		258704266	1	四川省宜宾五粮液集团有限公司	214	7030824
				2	稻花香集团	299	5056186
石油、天然气开采及生产业				3	中国贵州茅台酒厂（集团）有限责任公司	334	4389956
1	中国石油天然气集团公司	3	187190290		合计		16476966
2	中国海洋石油总公司	24	43774087				
3	陕西延长石油（集团）有限责任公司	64	23529219	轻工百货生产			
	合计		254493596	1	天津渤海轻工投资集团有限公司	138	11238989
				2	老凤祥股份有限公司	407	3496378
电力生产					合计		14735367
1	中国华能集团公司	63	24607111				
2	国家电力投资集团公司	86	19593468	纺织印染			
3	中国华电集团公司	90	18737087	1	山东魏桥创业集团有限公司	36	37318332
4	中国国电集团公司	93	17852815	2	山东大海集团有限公司	228	6526700
5	中国大唐集团公司	102	15836122	3	济宁如意投资有限公司	287	5192988
6	中国广核集团有限公司	226	6579221	4	天津纺织集团（控股）有限公司	359	3921058
7	广东省粤电集团有限公司	354	4003371	5	江苏阳光集团有限公司	391	3650624

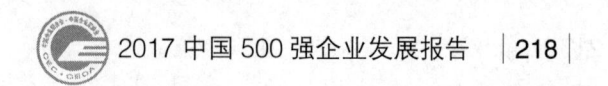

排名	企业名称	总排名	营业收入/万元	排名	企业名称	总排名	营业收入/万元
6	华芳集团有限公司	464	3118321	12	富海集团有限公司	435	3254717
7	澳洋集团有限公司	495	2881541	13	金澳科技（湖北）化工有限公司	470	3094425
	合计		62609564	14	万通海欣控股股份有限公司	491	2936853
					合计		257772523
服装及其他纺织品							
1	海澜集团有限公司	166	9330467	轮胎及橡胶制品			
2	雅戈尔集团股份有限公司	269	5633399	1	华勤橡胶工业集团有限公司	365	3892165
3	红豆集团有限公司	284	5252176	2	山东胜通集团股份有限公司	389	3673659
4	百丽国际控股有限公司	342	4170650	3	山东玉皇化工有限公司	395	3572264
5	杉杉控股有限公司	372	3806650	4	重庆轻纺控股（集团）公司	493	2886586
6	波司登股份有限公司	474	3057110		合计		14024674
	合计		31250452				
				化学原料及化学品制造			
家用电器制造				1	中国化工集团公司	46	30012718
1	海尔集团公司	81	20160868	2	天津渤海化工集团有限责任公司	139	11203107
2	美的集团股份有限公司	101	15984170	3	湖北宜化集团有限责任公司	193	7809035
3	珠海格力电器股份有限公司	141	11011310	4	云天化集团有限责任公司	239	6198203
4	TCL集团股份有限公司	145	10647350	5	上海华谊（集团）公司	244	6106332
5	四川长虹电子控股集团有限公司	146	10475541	6	江阴澄星实业集团有限公司	262	5814481
6	海信集团有限公司	156	10033120	7	亚邦投资控股集团有限公司	314	4736603
7	奥克斯集团有限公司	242	6123523	8	山东金岭集团有限公司	386	3689740
8	深圳创维—RGB电子有限公司	402	3531884	9	传化集团有限公司	426	3304487
9	双良集团有限公司	477	3034234	10	金浦投资控股集团有限公司	466	3108086
10	广州万宝集团有限公司	487	2964384	11	洪业化工集团股份有限公司	473	3061252
	合计		93966384	12	宜昌兴发集团有限责任公司	481	3023534
					合计		88067578
造纸及包装							
1	山东晨鸣纸业集团股份有限公司	202	7388933	化学纤维制造			
2	华泰集团有限公司	223	6670596	1	恒力集团有限公司	60	25164763
3	山东太阳控股集团有限公司	333	4417759	2	盛虹控股集团有限公司	170	8804037
4	金东纸业（江苏）股份有限公司	492	2902996	3	浙江荣盛控股集团有限公司	176	8687536
	合计		21380284	4	浙江恒逸集团有限公司	200	7520307
				5	江苏三房巷集团有限公司	307	4887241
石化及炼焦				6	浙江桐昆控股集团有限公司	362	3913421
1	中国石油化工集团公司	2	196921982	7	江苏华宏实业集团有限公司	461	3126550
2	山东东明石化集团有限公司	169	8868932		合计		62103855
3	中融新大集团有限公司	230	6511716				
4	利华益集团股份有限公司	243	6111605	药品制造			
5	山东京博控股股份有限公司	281	5310336	1	上海医药集团股份有限公司	134	12076466
6	山东海科化工集团有限公司	295	5083216	2	广州医药集团有限公司	171	8782570
7	宝塔石化集团有限公司	318	4697635	3	科创控股集团有限公司	235	6367282
8	深圳光汇石油集团股份有限公司	358	3923023	4	四川科伦实业集团有限公司	352	4017468
9	嘉晨集团有限公司	360	3918000	5	太极集团有限公司	377	3787662
10	山东金诚石化集团有限公司	382	3713878	6	天津市医药集团有限公司	408	3486658
11	旭阳控股有限公司	413	3426205	7	杭州华东医药集团有限公司	432	3276899

续表

排名	企业名称	总排名	营业收入/万元	排名	企业名称	总排名	营业收入/万元
	合计		41795005	30	安阳钢铁集团有限责任公司	381	3729747
				31	武安市明芳钢铁有限公司	400	3536800
医疗设备制造				32	河北普阳钢铁有限公司	401	3535037
1	威高集团有限公司	418	3361631	33	四川德胜集团钒钛有限公司	419	3356070
	合计		3361631	34	河北新金钢铁有限公司	424	3322398
				35	湖南博长控股集团有限公司	430	3293320
水泥及玻璃制造				36	江苏新长江实业集团有限公司	434	3272177
1	中国建材集团有限公司	58	26123339	37	唐山港陆钢铁有限公司	436	3251190
2	安徽海螺集团有限责任公司	158	9865157	38	武安市文安钢铁有限公司	462	3125288
3	北京金隅集团有限责任公司	204	7294299	39	新余钢铁集团有限公司	463	3118939
4	吉林亚泰（集团）股份有限公司	393	3620366	40	天津友发钢管集团股份有限公司	468	3101112
5	天瑞集团股份有限公司	406	3500265	41	武安市裕华钢铁有限公司	469	3096007
6	沂州集团有限公司	453	3150593	42	福建省三钢（集团）有限责任公司	485	2984761
	合计		53554019	43	广西盛隆冶金有限公司	498	2859460
					合计		329156248
黑色冶金							
1	中国宝武钢铁集团有限公司	44	30962102	**一般有色**			
2	河钢集团有限公司	49	29077196	1	正威国际集团有限公司	41	33001920
3	新兴际华集团有限公司	70	22038469	2	中国铝业公司	56	26758014
4	江苏沙钢集团有限公司	84	19838486	3	江西铜业集团公司	76	21045947
5	鞍钢集团公司	120	13925490	4	金川集团股份有限公司	88	19313227
6	首钢总公司	121	13487099	5	海亮集团有限公司	110	15027109
7	青山控股集团有限公司	149	10286156	6	铜陵有色金属集团控股有限公司	111	14955342
8	山东钢铁集团有限公司	150	10253696	7	中国有色矿业集团有限公司	118	14095403
9	中天钢铁集团有限公司	153	10133575	8	陕西有色金属控股集团有限责任公司	128	12412110
10	东岭集团股份有限公司	161	9640568	9	南山集团有限公司	165	9361599
11	湖南华菱钢铁集团有限责任公司	181	8367017	10	大冶有色金属集团控股有限公司	186	8080187
12	酒泉钢铁（集团）有限责任公司	185	8131043	11	宁夏天元锰业有限公司	251	6001122
13	本钢集团有限公司	188	8005209	12	白银有色集团股份有限公司	271	5594960
14	河北津西钢铁集团股份有限公司	205	7282800	13	云南锡业集团(控股)有限公司	316	4716186
15	太原钢铁（集团）有限公司	212	7060767	14	宁波金田投资控股有限公司	328	4503056
16	杭州钢铁集团公司	215	7019038	15	东营鲁方金属材料有限公司	383	3711216
17	河北新华联合冶金控股集团有限公司	216	7007209	16	西部矿业集团有限公司	398	3555080
18	北京建龙重工集团有限公司	241	6133018	17	云南冶金集团股份有限公司	409	3485323
19	唐山瑞丰钢铁（集团）有限公司	245	6105549	18	东营方圆有色金属有限公司	439	3222246
20	河北敬业集团	258	5866736	19	河南豫联能源集团有限责任公司	444	3214676
21	天津荣程祥泰投资控股集团有限公司	263	5800017	20	山东创新金属科技有限公司	483	3008543
22	马钢（集团）控股有限公司	274	5441197	21	河南豫光金铅集团有限责任公司	490	2953921
23	冀南钢铁集团有限公司	293	5086746		合计		218017187
24	南京钢铁集团有限公司	303	5019681				
25	昆明钢铁控股有限公司	308	4841481	**贵金属**			
26	广西柳州钢铁集团有限公司	313	4777764	1	中国黄金集团公司	143	10788422
27	四川省川威集团有限公司	340	4242071	2	紫金矿业集团股份有限公司	192	7885114
28	日照钢铁控股集团有限公司	357	3933027	3	山东黄金集团有限公司	203	7318995
29	包头钢铁（集团）有限责任公司	371	3810735	4	山东招金集团有限公司	305	4964211

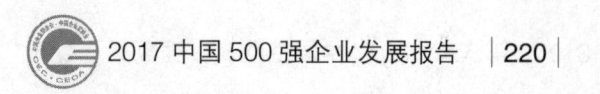

续表

排名	企业名称	总排名	营业收入/万元	排名	企业名称	总排名	营业收入/万元
	合计		30956742	14	中科电力装备集团有限公司	475	3056449
				15	华仪集团有限公司	478	3028480
金属制品加工					合计		107522134
1	中国国际海运集装箱（集团）股份有限公司	289	5111165				
2	精功集团有限公司	452	3151099	**电线、电缆制造**			
3	法尔胜泓昇集团有限公司	459	3127327	1	亨通集团有限公司	260	5863268
	合计		11389591	2	中天科技集团有限公司	411	3450692
					合计		9313960
锅炉及动力装备制造							
1	潍柴控股集团有限公司	155	10068582	**风能太阳能设备制造**			
2	上海电气（集团）总公司	160	9780429	1	协鑫集团有限公司	144	10740792
3	杭州汽轮动力集团有限公司	207	7190052	2	晶龙实业集团有限公司	427	3302668
4	中国东方电气集团有限公司	384	3703684	3	常州天合光能有限公司	431	3291603
5	哈尔滨电气集团公司	425	3319688		合计		17335063
6	广西玉柴机器集团有限公司	455	3137203				
7	卧龙控股集团有限公司	480	3024640	**计算机及办公设备**			
	合计		40224278	1	联想控股股份有限公司	45	30695285
				2	研祥高科技控股集团有限公司	440	3220692
工程机械及零部件					合计		33915977
1	徐州工程机械集团有限公司	196	7711016				
2	三一集团有限公司	234	6375794	**通信设备制造**			
3	中联重科股份有限公司	302	5026920	1	华为投资控股有限公司	17	52157400
4	山东时风（集团）有限责任公司	397	3557631	2	中兴通讯股份有限公司	154	10123318
	合计		22671361	3	天津中环电子信息集团有限公司	157	10008770
					合计		72289488
工程机械及设备制造							
1	盾安控股集团有限公司	283	5256893	**半导体、集成电路及面板制造**			
2	中国恒天集团有限公司	338	4345555	1	京东方科技集团股份有限公司	220	6889566
	合计		9602448	2	蓝思科技股份有限公司	388	3678231
					合计		10567797
电子、电气设备制造							
1	中国电子信息产业集团有限公司	82	19936460	**汽车及零配件制造**			
2	中国电子科技集团公司	92	18130792	1	上海汽车集团股份有限公司	9	75641617
3	天津百利机械装备集团有限公司	132	12236453	2	东风汽车公司	16	57261266
4	超威电源有限公司	162	9565364	3	中国第一汽车集团公司	27	43038158
5	天能电池集团有限公司	167	9296773	4	北京汽车集团有限公司	34	40610384
6	正泰集团股份有限公司	290	5104068	5	广州汽车工业集团有限公司	52	27609981
7	新疆特变电工集团有限公司	304	5011487	6	浙江吉利控股集团有限公司	78	20879870
8	德力西集团有限公司	322	4661352	7	华晨汽车集团控股有限公司	94	17273211
9	上海仪电（集团）有限公司	341	4220131	8	万向集团公司	140	11071835
10	人民电器集团有限公司	375	3796752	9	江苏悦达集团有限公司	142	10998658
11	远东控股集团有限公司	433	3272223	10	比亚迪股份有限公司	148	10347000
12	宁波富邦控股集团有限公司	460	3126715	11	长城汽车股份有限公司	159	9861570
13	河南森源集团有限公司	471	3078635	12	中国重型汽车集团有限公司	217	7002988

排名	企业名称	总排名	营业收入/万元	排名	企业名称	总排名	营业收入/万元
13	江铃汽车集团公司	227	6533798	1	中国建筑股份有限公司	5	95976549
14	安徽江淮汽车集团控股有限公司	280	5316976	2	太平洋建设集团有限公司	19	49578589
15	郑州宇通集团有限公司	379	3768502	3	上海建工集团股份有限公司	122	13365654
16	陕西汽车控股集团有限公司	387	3681227	4	广厦控股集团有限公司	187	8053913
17	奇瑞汽车股份有限公司	429	3296370	5	广西建工集团有限责任公司	191	7906651
	合计		354193411	6	南通三建控股有限公司	194	7792830
				7	陕西建工集团有限公司	197	7610219
摩托车及零配件制造				8	湖南省建筑工程集团总公司	206	7248377
1	隆鑫控股有限公司	363	3912830	9	中天控股集团有限公司	222	6754313
2	重庆力帆控股有限公司	376	3788098	10	中南控股集团有限公司	236	6325180
	合计		7700928	11	北京城建集团有限责任公司	249	6020951
				12	浙江省建设投资集团股份有限公司	264	5765646
轨道交通设备及零配件制造				13	上海城建（集团）公司	268	5659489
1	中国中车股份有限公司	66	22972215	14	江苏南通二建集团有限公司	296	5073125
	合计		22972215	15	青建集团股份公司	297	5072174
				16	甘肃省建设投资（控股）集团总公司	300	5039887
航空航天				17	四川华西集团有限公司	301	5033311
1	中国航空工业集团公司	37	37119722	18	北京住总集团有限责任公司	311	4821560
2	中国航天科技集团公司	73	21321012	19	南通四建集团有限公司	315	4722598
3	中国航天科工集团公司	80	20316614	20	江苏省苏中建设集团股份有限公司	317	4698991
	合计		78757348	21	山东科达集团有限公司	325	4602958
				22	重庆建工投资控股有限责任公司	337	4359414
兵器制造				23	广州市建筑集团有限公司	345	4134258
1	中国兵器装备集团公司	21	47267719	24	北京建工集团有限责任公司	349	4079153
2	中国兵器工业集团公司	32	40740610	25	浙江中成控股集团有限公司	355	3989194
	合计		88008329	26	河北建设集团股份有限公司	366	3883456
				27	安徽建工集团有限公司	369	3831366
船舶制造				28	江苏南通六建建设集团有限公司	370	3821692
1	中国船舶重工集团公司	51	28001147	29	江西省建工集团有限责任公司	390	3657856
2	中国船舶工业集团公司	83	19848192	30	山西建筑工程（集团）总公司	405	3509212
	合计		47849339	31	浙江昆仑控股集团有限公司	438	3237182
				32	广东省建筑工程集团有限公司	441	3220070
综合制造业				33	浙江宝业建设集团有限公司	443	3216547
1	中国五矿集团公司	26	43545005	34	山河建设集团有限公司	447	3210730
2	复星国际有限公司	201	7396656	35	河北建工集团有限责任公司	482	3015566
3	新华联集团有限公司	208	7189858	36	龙信建设集团有限公司	496	2865984
4	无锡产业发展集团有限公司	232	6435255	37	通州建总集团有限公司	500	2831050
5	万达控股集团有限公司	233	6423524		合计		323985695
6	杭州锦江集团有限公司	254	5938616				
7	江苏华西集团有限公司	324	4621086	土木工程建筑			
8	重庆化医控股（集团）公司	353	4013423	1	中国铁路工程总公司	13	64426089
9	重庆机电控股（集团）公司	476	3052260	2	中国铁道建筑总公司	14	63029681
	合计		88615683	3	中国交通建设集团有限公司	22	47002154
				4	中国电力建设集团有限公司	42	32465182
房屋建筑				5	中国能源建设集团有限公司	68	22540735

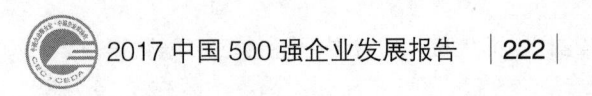

续表

排名	企业名称	总排名	营业收入/万元	排名	企业名称	总排名	营业收入/万元
6	中国化学工程股份有限公司	282	5307460	2	上海国际港务（集团）股份有限公司	456	3135918
7	中国核工业建设股份有限公司	344	4150850		合计		6782191
8	天元建设集团有限公司	449	3175732				
9	北京市政路桥集团有限公司	467	3107149	航空运输			
10	四川公路桥梁建设集团有限公司	484	2988629	1	海航集团有限公司	38	35233153
	合计		248193661	2	中国航空集团公司	136	11588474
				3	中国南方航空集团公司	137	11545291
电网				4	中国东方航空集团公司	151	10184793
1	国家电网公司	1	209397168		合计		68551711
2	中国南方电网有限责任公司	20	47328148				
3	内蒙古电力（集团）有限责任公司	252	5984402	邮政			
	合计		262709718	1	中国邮政集团公司	25	43583636
					合计		43583636
水务							
1	北京控股集团有限公司	198	7588018	物流及供用链			
2	北京首都创业集团有限公司	373	3803068	1	厦门建发集团有限公司	112	14711701
	合计		11391086	2	腾邦集团有限公司	189	7969121
				3	深圳市怡亚通供应链股份有限公司	261	5829050
综合能源供用				4	深圳顺丰泰森控股（集团）有限公司	265	5748270
1	浙江省能源集团有限公司	224	6621714	5	深圳市飞马国际供应链股份有限公司	285	5216286
2	云南省能源投资集团有限公司	250	6010634	6	河北省物流产业集团有限公司	286	5200034
3	北京能源集团有限责任公司	259	5865078	7	玖隆钢铁物流有限公司	332	4429147
4	重庆市能源投资集团有限公司	378	3777731		合计		49103609
5	福建省能源集团有限责任公司	385	3698045				
6	申能（集团）有限公司	412	3440452	电讯服务			
7	新奥能源控股有限公司	415	3410300	1	中国移动通信集团公司	11	71161106
8	四川省能源投资集团有限责任公司	417	3389513	2	中国电信集团公司	29	41445834
9	天津能源投资集团有限公司	458	3129782	3	中国联合网络通信集团有限公司	53	27573518
	合计		39343249		合计		140180458
公路运输				软件和信息技术			
1	浙江省交通投资集团有限公司	172	8753526	1	三胞集团有限公司	124	13008768
2	山东高速集团有限公司	257	5893622	2	清华控股有限公司	163	9563322
3	甘肃省公路航空旅游投资集团有限公司	266	5716848	3	北大方正集团有限公司	184	8200480
4	广东省交通集团有限公司	339	4327330	4	浪潮集团有限公司	210	7102513
5	四川省交通投资集团有限责任公司	410	3465383	5	神州数码集团股份有限公司	350	4053112
6	安徽省交通控股集团有限公司	497	2860083		合计		41928195
	合计		31016792				
				互联网服务			
水上运输				1	北京京东世纪贸易有限公司	59	26012165
1	中国远洋海运集团有限公司	85	19759362	2	阿里巴巴集团控股有限公司	103	15827300
	合计		19759362	3	腾讯控股有限公司	109	15193800
				4	百度网络技术有限公司	213	7054936
港口运输				5	唯品会（中国）有限公司	279	5371226
1	广西北部湾国际港务集团有限公司	392	3646273	6	上海钢联电子商务股份有限公司	346	4127899

排名	企业名称	总排名	营业收入/万元	排名	企业名称	总排名	营业收入/万元
7	上海找钢网信息科技股份有限公司	457	3135403				
8	通鼎集团有限公司	472	3063395		综合商贸		
	合计		79786124	1	厦门国贸控股有限公司	115	14568578
				2	浙江省兴合集团有限责任公司	180	8508877
	能源矿产商贸			3	远大物产集团有限公司	199	7574966
1	中国华信能源有限公司	48	29094988	4	上海纺织（集团）有限公司	276	5418217
2	中国航空油料集团公司	97	16334734	5	中基宁波集团股份有限公司	465	3113666
3	山西煤炭进出口集团有限公司	178	8524164		合计		39184304
4	晋能集团有限公司	211	7101355				
5	珠海振戎公司	494	2886116		连锁超市及百货		
	合计		63941357	1	大商集团有限公司	65	23525202
				2	山东省商业集团有限公司	152	10161700
	化工医药商贸			3	武汉商联（集团）股份有限公司	173	8729074
1	中国中化集团公司	35	39549504	4	百联集团有限公司	179	8521505
	合计		39549504	5	天津一商集团有限公司	247	6059571
				6	永辉超市股份有限公司	306	4923165
	机电商贸			7	重庆商社（集团）有限公司	312	4778171
1	中国通用技术（集团）控股有限责任公司	113	14690487	8	合肥百货大楼集团股份有限公司	343	4170000
2	广东省广新控股集团有限公司	267	5709640	9	长春欧亚集团股份有限公司	364	3908359
	合计		20400127	10	石家庄北国人百集团有限责任公司	423	3329494
				11	步步高投资集团股份有限公司	445	3214532
	生活消费品商贸				合计		81320773
1	广州轻工工贸集团有限公司	320	4668362				
2	江苏国泰国际集团有限公司	326	4601358		汽车、摩托车零售		
3	浙江省国际贸易集团有限公司	399	3549060	1	中升集团控股有限公司	209	7159922
4	江苏汇鸿国际集团股份有限公司	448	3198322	2	庞大汽贸集团股份有限公司	225	6600940
5	安徽国贸集团控股有限公司	450	3168778	3	上海永达控股（集团）有限公司	310	4824173
	合计		19185880		合计		18585035
	农产品及食品批发				家电及电子产品零售		
1	中粮集团有限公司	33	40700647	1	苏宁控股集团有限公司	31	41295073
	合计		40700647	2	国美电器有限公司	91	18243000
				3	深圳市爱施德股份有限公司	309	4833328
	生活资料商贸			4	天音通信有限公司	421	3349888
1	天津物产集团有限公司	28	42068435		合计		67721289
2	物产中大集团股份有限公司	79	20689887				
3	广东省广物控股集团有限公司	330	4461237		医药及医药器材零售		
	合计		67219559	1	中国医药集团总公司	43	31728070
				2	九州通医药集团股份有限公司	240	6155684
	金属品商贸				合计		37883754
1	上海均和集团有限公司	177	8616677				
2	西安迈科金属国际集团有限公司	190	7917063		商业银行		
3	大汉控股集团有限公司	451	3152077	1	中国工商银行股份有限公司	4	101526600
	合计		19685817	2	中国建设银行股份有限公司	6	84805200

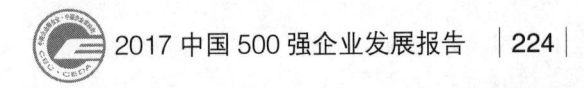

续表

排名	企业名称	总排名	营业收入/万元	排名	企业名称	总排名	营业收入/万元
3	中国农业银行股份有限公司	7	77909800	4	碧桂园控股有限公司	107	15308698
4	中国银行股份有限公司	10	75540200	5	银亿集团有限公司	229	6525061
5	国家开发银行股份有限公司	15	58875467	6	世茂房地产控股有限公司	256	5928600
6	交通银行股份有限公司	39	35119183	7	金地（集团）股份有限公司	272	5550850
7	招商银行股份有限公司	47	29756000	8	龙湖地产有限公司	273	5479950
8	兴业银行股份有限公司	50	28515000	9	华侨城集团公司	275	5425604
9	上海浦东发展银行股份有限公司	54	27003000	10	广州富力地产股份有限公司	278	5373034
10	中国民生银行股份有限公司	55	26845000	11	天津泰达投资控股有限公司	291	5103810
11	华夏银行股份有限公司	147	10474600	12	卓尔控股有限公司	294	5086427
12	北京银行	175	8692206	13	雅居乐地产控股有限公司	321	4667887
13	渤海银行股份有限公司	331	4450188	14	重庆龙湖企业拓展有限公司	329	4477704
14	盛京银行股份有限公司	361	3915974	15	四川蓝润实业集团有限公司	367	3868581
15	重庆农村商业银行股份有限公司	404	3524429	16	福佳集团有限公司	374	3800989
16	恒丰银行股份有限公司	454	3138489	17	弘阳集团有限公司	394	3594460
17	上海农村商业银行股份有限公司	499	2843186	18	北京江南投资集团有限公司	403	3530568
	合计		582934522	19	广州越秀集团有限公司	414	3412214
				20	北京首都开发控股（集团）有限公司	442	3216580
保险业				21	珠海华发集团有限公司	446	3213733
1	中国人寿保险（集团）公司	12	69634318	22	世纪金源投资集团有限公司	489	2961734
2	中国人民保险集团股份有限公司	23	44332300		合计		165278506
3	安邦保险股份有限公司	30	41397026				
4	中国太平洋保险（集团）股份有限公司	57	26701400	商业地产			
5	新华人寿保险股份有限公司	114	14617300	1	大连万达集团股份有限公司	89	18922100
6	富德生命人寿保险股份有限公司	123	13040924	2	华夏幸福基业股份有限公司	277	5382059
7	中国太平保险集团有限责任公司	126	12747978		合计		24304159
8	泰康保险集团股份有限公司	127	12510381				
9	阳光保险集团股份有限公司	182	8262632	多元化投资			
10	前海人寿保险股份有限公司	335	4367512	1	阳光金融控股投资集团有限公司	104	15716144
11	中华联合保险控股股份有限公司	368	3854574	2	厦门象屿集团有限公司	130	12393844
	合计		251466345	3	国家开发投资公司	174	8704528
				4	云南省建设投资控股集团有限公司	183	8209341
多元化金融				5	云南省投资控股集团有限公司	219	6983106
1	中国平安保险（集团）股份有限公司	8	77448800	6	广东省广晟资产经营有限公司	319	4672889
2	中国中信集团有限公司	40	35111397	7	重庆市金科投资控股（集团）有限责任公司	323	4658845
3	中国光大集团股份有限公司	71	21564600	8	浙江前程投资股份有限公司	380	3740500
4	中国华融资产管理股份有限公司	164	9520772	9	中运富通控股集团有限公司	486	2965577
5	中国信达资产管理股份有限公司	168	9165723		合计		68044774
6	武汉金融控股(集团)有限公司	356	3984792				
	合计		156796084	人力资源服务			
				1	中国国际技术智力合作公司	231	6464173
住宅地产				2	北京外企服务集团有限责任公司	298	5063212
1	绿地控股集团股份有限公司	62	24716022		合计		11527385
2	万科企业股份有限公司	67	22891600				
3	恒大集团有限公司	75	21144400	旅游和餐饮			

续表

排名	企业名称	总排名	营业收入/万元	排名	企业名称	总排名	营业收入/万元
1	中国旅游集团公司	248	6036399	1	华润（集团）有限公司	18	50340782
2	北京首都旅游集团有限责任公司	336	4366100	2	中国机械工业集团有限公司	72	21416120
	合计		10402499	3	中国保利集团公司	77	20932035
				4	雪松控股集团有限公司	105	15701937
文化娱乐				5	新疆广汇实业投资（集团）有限责任公司	116	14561731
1	安徽新华发行（集团）控股有限公司	422	3337697	6	上海东浩兰生国际服务贸易(集团)有限公司	125	12966972
	合计		3337697	7	广西投资集团有限公司	135	11698600
					合计		147618177
综合服务业							

表 8-4 2017 中国企业 500 强各地区分布

排名	企业名称	营业收入/万元	排名	企业名称	营业收入/万元
北京			44	中国机械工业集团有限公司	21416120
1	国家电网公司	209397168	45	中国航天科技集团公司	21321012
2	中国石油化工集团公司	196921982	46	中国保利集团公司	20932035
3	中国石油天然气集团公司	187190290	47	中国航天科工集团公司	20316614
4	中国工商银行股份有限公司	101526600	48	中国电子信息产业集团有限公司	19936460
5	中国建筑股份有限公司	95976549	49	中国船舶工业集团公司	19848192
6	中国建设银行股份有限公司	84805200	50	中国远洋海运集团有限公司	19759362
7	中国农业银行股份有限公司	77909800	51	国家电力投资集团公司	19593468
8	中国银行股份有限公司	75540200	52	中国华电集团公司	18737087
9	中国移动通信集团公司	71161106	53	国美电器有限公司	18243000
10	中国人寿保险（集团）公司	69634318	54	中国电子科技集团公司	18130792
11	中国铁路工程总公司	64426089	55	中国国电集团公司	17852815
12	中国铁道建筑总公司	63029681	56	中国航空油料集团公司	16334734
13	国家开发银行股份有限公司	58875467	57	中国大唐集团公司	15836122
14	中国兵器装备集团公司	47267719	58	中国通用技术（集团）控股有限责任公司	14690487
15	中国交通建设集团有限公司	47002154	59	新华人寿保险股份有限公司	14617300
16	中国人民保险集团股份有限公司	44332300	60	中国有色矿业集团有限公司	14095403
17	中国海洋石油总公司	43774087	61	首钢总公司	13487099
18	中国邮政集团公司	43583636	62	中国太平保险集团有限责任公司	12747978
19	中国五矿集团公司	43545005	63	泰康保险集团股份有限公司	12510381
20	中国电信集团公司	41445834	64	中国航空集团公司	11588474
21	安邦保险股份有限公司	41397026	65	中国黄金集团公司	10788422
22	中国兵器工业集团公司	40740610	66	华夏银行股份有限公司	10474600
23	中粮集团有限公司	40700647	67	清华控股有限公司	9563322
24	北京汽车集团有限公司	40610384	68	中国华融资产管理股份有限公司	9520772
25	中国中化集团公司	39549504	69	中国信达资产管理股份有限公司	9165723
26	中国航空工业集团公司	37119722	70	国家开发投资公司	8704528
27	中国中信集团有限公司	35111397	71	北京银行	8692206
28	中国电力建设集团有限公司	32465182	72	阳光保险集团股份有限公司	8262632
29	中国医药集团总公司	31728070	73	北大方正集团有限公司	8200480
30	联想控股股份有限公司	30695285	74	中国中煤能源集团有限公司	7773753
31	中国化工集团公司	30012718	75	北京控股集团有限公司	7588018
32	中国船舶重工集团公司	28001147	76	北京金隅集团有限责任公司	7294299
33	中国联合网络通信集团有限公司	27573518	77	新华联集团有限公司	7189858
34	中国民生银行股份有限公司	26845000	78	百度网络技术有限公司	7054936
35	中国铝业公司	26758014	79	中国林业集团公司	6984539
36	中国建材集团有限公司	26123339	80	京东方科技集团股份有限公司	6889566
37	北京京东世纪贸易有限公司	26012165	81	中国国际技术智力合作公司	6464173
38	神华集团有限责任公司	24793964	82	北京建龙重工集团有限公司	6133018
39	中国华能集团公司	24607111	83	中国旅游集团公司	6036399
40	中国中车股份有限公司	22972215	84	北京城建集团有限责任公司	6020951
41	中国能源建设集团有限公司	22540735	85	北京能源集团有限责任公司	5865078
42	新兴际华集团有限公司	22038469	86	龙湖地产有限公司	5479950
43	中国光大集团股份有限公司	21564600	87	华夏幸福基业股份有限公司	5382059

续表

排名	企业名称	营业收入/万元	排名	企业名称	营业收入/万元
88	中国化学工程股份有限公司	5307460	26	上海国际港务（集团）股份有限公司	3135918
89	北京外企服务集团有限责任公司	5063212	27	上海找钢网信息科技股份有限公司	3135403
90	北京住总集团有限公司	4821560	28	中运富通控股集团有限公司	2965577
91	北京首都旅游集团有限责任公司	4366100	29	上海农村商业银行股份有限公司	2843186
92	中国恒天集团有限公司	4345555		合计	403034671
93	中国核工业建设股份有限公司	4150850			
94	北京建工集团有限责任公司	4079153	天津		
95	神州数码集团股份有限公司	4053112	1	天津物产集团有限公司	42068435
96	中华联合保险控股股份有限公司	3854574	2	天津百利机械装备集团有限公司	12236453
97	北京首都创业集团有限公司	3803068	3	天津渤海轻工投资集团有限公司	11238989
98	北京江南投资集团有限公司	3530568	4	天津渤海化工集团有限责任公司	11203107
99	旭阳控股有限公司	3426205	5	天津中环电子信息集团有限公司	10008770
100	北京首都开发控股（集团）有限公司	3216580	6	天津一商集团有限公司	6059571
101	北京市政路桥集团有限公司	3107149	7	天津荣程祥泰投资控股集团有限公司	5800017
102	北京二商集团有限责任公司	3024847	8	天津泰达投资控股有限公司	5103810
103	世纪金源投资集团有限公司	2961734	9	渤海银行股份有限公司	4450188
104	珠海振戎公司	2886116	10	天津纺织集团（控股）有限公司	3921058
	合计	2970828067	11	天津市医药集团有限公司	3486658
			12	天狮集团有限公司	3354195
上海			13	天津能源投资集团有限公司	3129782
1	上海汽车集团股份有限公司	75641617	14	天津友发钢管集团有限公司	3101112
2	交通银行股份有限公司	35119183		合计	125162145
3	中国宝武钢铁集团有限公司	30962102			
4	中国华信能源有限公司	29094988	重庆		
5	上海浦东发展银行股份有限公司	27003000	1	重庆商社（集团）有限公司	4778171
6	中国太平洋保险（集团）股份有限公司	26701400	2	重庆市金科投资控股（集团）有限责任公司	4658845
7	绿地控股集团有限公司	24716022	3	重庆龙湖企业拓展有限公司	4477704
8	光明食品（集团）有限公司	15585452	4	重庆建工投资控股有限责任公司	4359414
9	上海建工集团股份有限公司	13365654	5	重庆化医控股（集团）公司	4013423
10	上海东浩兰生国际服务贸易(集团)有限公司	12966972	6	隆鑫控股有限公司	3912830
11	上海医药集团股份有限公司	12076466	7	重庆力帆控股有限公司	3788098
12	中国东方航空集团公司	10184793	8	太极集团有限公司	3787662
13	上海电气（集团）总公司	9780429	9	重庆市能源投资集团有限公司	3777731
14	上海均和集团有限公司	8616677	10	重庆农村商业银行股份有限公司	3524429
15	百联集团有限公司	8521505	11	重庆机电控股（集团）公司	3052260
16	复星国际有限公司	7396656	12	重庆轻纺控股（集团）公司	2886586
17	上海华谊（集团）公司	6106332		合计	47017153
18	世茂房地产控股有限公司	5928600			
19	上海城建（集团）公司	5659489	黑龙江		
20	上海纺织（集团）有限公司	5418217	1	黑龙江北大荒农垦集团总公司	12144748
21	上海永达控股（集团）有限公司	4824173	2	哈尔滨电气集团公司	3319688
22	上海仪电（集团）有限公司	4220131		合计	15464436
23	上海钢联电子商务股份有限公司	4127899			
24	老凤祥股份有限公司	3496378	吉林		
25	申能（集团）有限公司	3440452	1	中国第一汽车集团公司	43038158

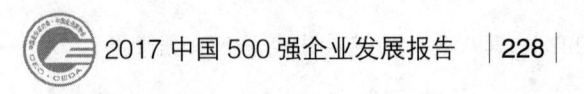

排名	企业名称	营业收入/万元	排名	企业名称	营业收入/万元
2	长春欧亚集团股份有限公司	3908359	3	中国平煤神马能源化工集团有限责任公司	12285986
3	吉林亚泰(集团)股份有限公司	3620366	4	郑州宇通集团有限公司	3768502
	合计	50566883	5	安阳钢铁集团有限责任公司	3729747
			6	天瑞集团股份有限公司	3500265
辽宁			7	河南豫联能源集团有限责任公司	3214676
1	大商集团有限公司	23525202	8	河南森源集团有限公司	3078635
2	大连万达集团股份有限公司	18922100	9	河南豫光金铅集团有限责任公司	2953921
3	华晨汽车集团控股有限公司	17273211		合计	59242497
4	鞍钢集团公司	13925490			
5	本钢集团有限公司	8005209	山东		
6	中升集团控股有限公司	7159922	1	山东魏桥创业集团有限公司	37318332
7	嘉晨集团有限公司	3918000	2	海尔集团公司	20160868
8	盛京银行股份有限公司	3915974	3	山东能源集团有限公司	19464075
9	福佳集团有限公司	3800989	4	兖矿集团有限公司	13978878
	合计	100446097	5	山东钢铁集团有限公司	10253696
			6	山东省商业集团有限公司	10161700
河北			7	潍柴控股集团有限公司	10068582
1	河钢集团有限公司	29077196	8	海信集团有限公司	10033120
2	冀中能源集团有限责任公司	22165815	9	南山集团有限公司	9361599
3	开滦(集团)有限责任公司	16277729	10	山东东明石化集团有限公司	8868932
4	长城汽车股份有限公司	9861570	11	山东晨鸣纸业集团有限公司	7388933
5	河北津西钢铁集团股份有限公司	7282800	12	山东黄金集团有限公司	7318995
6	河北新华联合冶金控股集团有限公司	7007209	13	浪潮集团有限公司	7102513
7	庞大汽贸集团股份有限公司	6600940	14	中国重型汽车集团有限公司	7002988
8	唐山瑞丰钢铁(集团)有限公司	6105549	15	华泰集团有限公司	6670596
9	河北敬业集团	5866736	16	山东大海集团有限公司	6526700
10	河北省物流产业集团有限公司	5200034	17	中融新大集团有限公司	6511716
11	冀南钢铁集团有限公司	5086746	18	万达控股集团有限公司	6423524
12	河北建设集团股份有限公司	3883456	19	利华益集团股份有限公司	6111605
13	三河汇福粮油集团有限公司	3568714	20	山东高速集团有限公司	5893622
14	武安市明芳钢铁有限公司	3536800	21	山东京博控股股份有限公司	5310336
15	河北普阳钢铁有限公司	3535037	22	济宁如意投资有限公司	5192988
16	新奥能源控股有限公司	3410300	23	山东海科化工集团有限公司	5083216
17	石家庄北国人百集团有限责任公司	3329494	24	青建集团股份公司	5072174
18	河北新金钢铁有限公司	3322398	25	山东招金集团有限公司	4964211
19	晶龙实业集团有限公司	3302668	26	山东科达集团有限公司	4602958
20	唐山港陆钢铁有限公司	3251190	27	山东太阳控股集团有限公司	4417759
21	武安市文安钢铁有限公司	3125288	28	日照钢铁控股集团有限公司	3933027
22	武安市裕华钢铁有限公司	3096007	29	华勤橡胶工业集团有限公司	3892165
23	河北建工集团有限责任公司	3015566	30	山东金诚石化集团有限公司	3713878
	合计	160909242	31	东营鲁方金属材料有限公司	3711216
			32	山东金岭集团有限公司	3689740
河南			33	山东胜通集团股份有限公司	3673659
1	万洲国际有限公司	14305682	34	山东玉皇化工有限公司	3572264
2	河南能源化工集团有限公司	12405083	35	山东时风(集团)有限责任公司	3557631

续表

排名	企业名称	营业收入/万元	排名	企业名称	营业收入/万元
36	西王集团有限公司	3402859	10	奇瑞汽车股份有限公司	3296370
37	威高集团有限公司	3361631	11	安徽国贸集团控股有限公司	3168778
38	山东渤海实业股份有限公司	3298192	12	中科电力装备集团有限公司	3056449
39	富海集团有限公司	3254717	13	安徽省皖北煤电集团有限责任公司	2961865
40	东营方圆有色金属有限公司	3222246	14	安徽省交通控股集团有限公司	2860083
41	天元建设集团有限公司	3175732		合计	73382170
42	沂州集团有限公司	3150593			
43	恒丰银行股份有限公司	3138489	江苏		
44	洪业化工集团股份有限公司	3061252	1	太平洋建设集团有限公司	49578589
45	山东创新金属科技有限公司	3008543	2	苏宁控股集团有限公司	41295073
46	万通海欣控股股份有限公司	2936853	3	恒力集团有限公司	25164763
	合计	316019303	4	江苏沙钢集团有限公司	19838486
			5	三胞集团有限公司	13008768
山西			6	江苏悦达集团有限公司	10998658
1	大同煤矿集团有限责任公司	17014230	7	协鑫集团有限公司	10740792
2	山西焦煤集团有限责任公司	16689711	8	中天钢铁集团有限公司	10133575
3	阳泉煤业(集团)有限责任公司	16132758	9	海澜集团有限公司	9330467
4	山西潞安矿业(集团)有限责任公司	16002002	10	盛虹控股集团有限公司	8804037
5	山西晋城无烟煤矿业集团有限责任公司	15196381	11	南通三建控股有限公司	7792830
6	山西煤炭进出口集团有限公司	8524164	12	徐州工程机械集团有限公司	7711016
7	晋能集团有限公司	7101355	13	无锡产业发展集团有限公司	6435255
8	太原钢铁(集团)有限公司	7060767	14	中南控股集团有限公司	6325180
9	山西建筑工程(集团)总公司	3509212	15	亨通集团有限公司	5863268
	合计	107230580	16	江阴澄星实业集团有限公司	5814481
			17	红豆集团有限公司	5252176
陕西			18	徐州矿务集团有限公司	5094059
1	陕西延长石油(集团)有限责任公司	23529219	19	江苏南通二建集团有限公司	5073125
2	陕西煤业化工集团有限责任公司	21209513	20	南京钢铁集团有限公司	5019681
3	陕西有色金属控股集团有限责任公司	12412110	21	江苏三房巷集团有限公司	4887241
4	东岭集团股份有限公司	9640568	22	亚邦投资控股集团有限公司	4736603
5	西安迈科金属国际集团有限公司	7917063	23	南通四建集团有限公司	4722598
6	陕西建工集团有限公司	7610219	24	江苏省苏中建设集团股份有限公司	4698991
7	陕西汽车控股集团有限公司	3681227	25	江苏华西集团有限公司	4621086
	合计	85999919	26	江苏国泰国际集团有限公司	4601358
			27	玖隆钢铁物流有限公司	4429147
安徽			28	江苏南通六建建设集团有限公司	3821692
1	铜陵有色金属集团控股有限公司	14955342	29	江苏阳光集团有限公司	3650624
2	安徽海螺集团有限责任公司	9865157	30	弘阳集团有限公司	3594460
3	淮南矿业(集团)有限责任公司	5976487	31	中天科技集团有限公司	3450692
4	马钢(集团)控股有限公司	5441197	32	常州天合光能有限公司	3291603
5	安徽江淮汽车集团控股有限公司	5316976	33	远东控股集团有限公司	3272223
6	淮北矿业(集团)有限责任公司	5144403	34	江苏新长江实业集团有限公司	3272177
7	合肥百货大楼集团股份有限公司	4170000	35	维维集团股份有限公司	3250593
8	安徽建工集团有限公司	3831366	36	江苏汇鸿国际集团股份有限公司	3198322
9	安徽新华发行(集团)控股有限公司	3337697	37	法尔胜泓昇集团有限公司	3127327

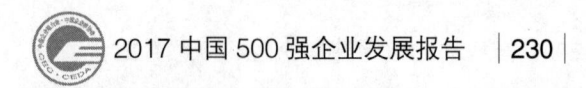

续表

排名	企业名称	营业收入/万元	排名	企业名称	营业收入/万元
38	江苏华宏实业集团有限公司	3126550			
39	华芳集团有限公司	3118321		浙江	
40	金浦投资控股集团有限公司	3108086	1	浙江吉利控股集团有限公司	20879870
41	通鼎集团有限公司	3063395	2	物产中大集团股份有限公司	20689887
42	波司登股份有限公司	3057110	3	阿里巴巴集团控股有限公司	15827300
43	双良集团有限公司	3034234	4	海亮集团有限公司	15027109
44	金东纸业（江苏）股份有限公司	2902996	5	万向集团公司	11071835
45	澳洋集团有限公司	2881541	6	青山控股集团有限公司	10286156
46	龙信建设集团有限公司	2865984	7	超威电源有限公司	9565364
47	通州建总集团有限公司	2831050	8	天能电池集团有限公司	9296773
	合计	355890283	9	浙江省交通投资集团有限公司	8753526
			10	浙江荣盛控股集团有限公司	8687536
	湖南		11	浙江省兴合集团有限责任公司	8508877
1	湖南华菱钢铁集团有限责任公司	8367017	12	广厦控股集团有限公司	8053913
2	湖南省建筑工程集团总公司	7248377	13	远大物产集团有限公司	7574966
3	三一集团有限公司	6375794	14	浙江恒逸集团有限公司	7520307
4	中联重科股份有限公司	5026920	15	杭州汽轮动力集团有限公司	7190052
5	蓝思科技股份有限公司	3678231	16	杭州钢铁集团公司	7019038
6	湖南博长控股集团有限公司	3293320	17	中天控股集团有限公司	6754313
7	步步高投资集团股份有限公司	3214532	18	浙江省能源集团有限公司	6621714
8	大汉控股集团有限公司	3152077	19	银亿集团有限公司	6525061
	合计	40356268	20	奥克斯集团有限公司	6123523
			21	杭州锦江集团有限公司	5938616
	湖北		22	浙江省建设投资集团股份有限公司	5765646
1	东风汽车公司	57261266	23	雅戈尔集团股份有限公司	5633399
2	武汉商联（集团）股份有限公司	8729074	24	盾安控股集团有限公司	5256893
3	大冶有色金属集团控股有限公司	8080187	25	正泰集团股份有限公司	5104068
4	湖北宜化集团有限责任公司	7809035	26	德力西集团有限公司	4661352
5	九州通医药集团股份有限公司	6155684	27	杭州娃哈哈集团有限公司	4559165
6	卓尔控股有限公司	5086427	28	宁波金田投资控股有限公司	4503056
7	稻花香集团	5056186	29	浙江中成控股集团有限公司	3989194
8	武汉金融控股(集团)有限公司	3984792	30	浙江桐昆控股集团有限公司	3913421
9	山河建设集团有限公司	3210730	31	杉杉控股有限公司	3806650
10	金澳科技（湖北）化工有限公司	3094425	32	人民电器集团有限公司	3796752
11	宜昌兴发集团有限责任公司	3023534	33	浙江前程投资股份有限公司	3740500
	合计	111491340	34	浙江省国际贸易集团有限公司	3549060
			35	传化集团有限公司	3304487
	江西		36	杭州华东医药集团有限公司	3276899
1	江西铜业集团公司	21045947	37	浙江昆仑控股集团有限公司	3237182
2	江铃汽车集团公司	6533798	38	浙江宝业建设集团有限公司	3216547
3	正邦集团有限公司	6201286	39	精功集团有限公司	3151099
4	双胞胎(集团)股份有限公司	4127454	40	宁波富邦控股集团有限公司	3126715
5	江西省建工集团有限责任公司	3657856	41	中基宁波集团股份有限公司	3113666
6	新余钢铁集团有限公司	3118939	42	华仪集团有限公司	3028480
	合计	44685280	43	卧龙控股集团有限公司	3024640

第八章 2017中国企业500强数据

续表

排名	企业名称	营业收入/万元	排名	企业名称	营业收入/万元
	合计	294674607	43	广东省粤电集团有限公司	4003371
			44	深圳光汇石油集团股份有限公司	3923023
广东			45	深圳创维—RGB电子有限公司	3531884
1	中国平安保险（集团）股份有限公司	77448800	46	广州越秀集团有限公司	3412214
2	华为投资控股有限公司	52157400	47	天音通信有限公司	3349888
3	华润（集团）有限公司	50340782	48	研祥高科技控股集团有限公司	3220692
4	中国南方电网有限责任公司	47328148	49	广东省建筑工程集团有限公司	3220070
5	正威国际集团有限公司	33001920	50	珠海华发集团有限公司	3213733
6	招商银行股份有限公司	29756000	51	广州万宝集团有限公司	2964384
7	广州汽车工业集团有限公司	27609981		合计	646579588
8	万科企业股份有限公司	22891600			
9	恒大集团有限公司	21144400	**四川**		
10	美的集团股份有限公司	15984170	1	四川长虹电子控股集团有限公司	10475541
11	雪松控股集团有限公司	15701937	2	四川省宜宾五粮液集团有限公司	7030824
12	碧桂园控股有限公司	15308698	3	新希望集团有限公司	6855885
13	腾讯控股有限公司	15193800	4	科创控股集团有限公司	6367282
14	富德生命人寿保险股份有限公司	13040924	5	通威集团有限公司	5617826
15	中国南方航空集团公司	11545291	6	四川华西集团有限公司	5033311
16	珠海格力电器股份有限公司	11011310	7	四川省川威集团有限公司	4242071
17	TCL集团股份有限公司	10647350	8	四川宏达（集团）有限公司	4022311
18	比亚迪股份有限公司	10347000	9	四川科伦实业集团有限公司	4017468
19	中兴通讯股份有限公司	10123318	10	四川蓝润实业集团有限公司	3868581
20	广州医药集团有限公司	8782570	11	中国东方电气集团有限公司	3703684
21	腾邦集团有限公司	7969121	12	四川省交通投资集团有限责任公司	3465383
22	中国广核集团有限公司	6579221	13	四川省能源投资集团有限责任公司	3389513
23	深圳市大生农业集团有限公司	6252486	14	四川德胜集团钒钛有限公司	3356070
24	广东温氏食品集团股份有限公司	5935524	15	四川公路桥梁建设集团有限公司	2988629
25	深圳市怡亚通供应链股份有限公司	5829050		合计	74434379
26	深圳顺丰泰森控股（集团）有限公司	5748270			
27	广东省广新控股集团有限公司	5709640	**福建**		
28	金地（集团）股份有限公司	5550850	1	兴业银行股份有限公司	28515000
29	华侨城集团公司	5425604	2	阳光金融控股投资集团有限公司	15716144
30	广州富力地产股份有限公司	5373034	3	厦门建发集团有限公司	14711701
31	唯品会（中国）有限公司	5371226	4	厦门国贸控股有限公司	14568578
32	深圳市飞马国际供应链股份有限公司	5216286	5	厦门象屿集团有限公司	12393844
33	中国国际海运集装箱（集团）股份有限公司	5111165	6	紫金矿业集团股份有限公司	7885114
34	深圳市爱施德股份有限公司	4833328	7	永辉超市股份有限公司	4923165
35	广东省广晟资产经营有限公司	4672889	8	福建省能源集团有限责任公司	3698045
36	广州轻工工贸集团有限公司	4668362	9	福建省三钢（集团）有限责任公司	2984761
37	雅居乐地产控股有限公司	4667887		合计	105396352
38	广东省广物控股集团有限公司	4461237			
39	前海人寿保险股份有限公司	4367512	**广西壮族自治区**		
40	广东省交通集团有限公司	4327330	1	广西投资集团有限公司	11698600
41	百丽国际控股有限公司	4170650	2	广西建工集团有限责任公司	7906651
42	广州市建筑集团有限公司	4134258	3	广西柳州钢铁集团有限公司	4777764

排名	企业名称	营业收入/万元	排名	企业名称	营业收入/万元
4	广西北部湾国际港务集团有限公司	3646273			
5	广西玉柴机器集团有限公司	3137203		青海	
6	广西盛隆冶金有限公司	2859460	1	西部矿业集团有限公司	3555080
	合计	34025951		合计	3555080
	贵州			宁夏回族自治区	
1	中国贵州茅台酒厂（集团）有限责任公司	4389956	1	宁夏天元锰业有限公司	6001122
	合计	4389956	2	宝塔石化集团有限公司	4697635
				合计	10698757
	云南				
1	云南省建设投资控股集团有限公司	8209341		新疆维吾尔自治区	
2	云南省投资控股集团有限公司	6983106	1	新疆广汇实业投资（集团）有限责任公司	14561731
3	云天化集团有限责任公司	6198203	2	新疆特变电工集团有限公司	5011487
4	云南省能源投资集团有限公司	6010634		合计	19573218
5	昆明钢铁控股有限公司	4841481			
6	云南锡业集团(控股)有限责任公司	4716186		内蒙古自治区	
7	云南冶金集团股份有限公司	3485323	1	内蒙古伊利实业集团股份有限公司	6060922
	合计	40444274	2	内蒙古电力（集团）有限责任公司	5984402
			3	内蒙古伊泰集团有限公司	4115263
	甘肃		4	包头钢铁（集团）有限责任公司	3810735
1	金川集团股份有限公司	19313227		合计	19971322
2	酒泉钢铁（集团）有限责任公司	8131043			
3	甘肃省公路航空旅游投资集团有限公司	5716848		海南	
4	白银有色集团股份有限公司	5594960	1	海航集团有限公司	35233153
5	甘肃省建设投资（控股）集团总公司	5039887		合计	35233153
	合计	43795965			

表 8-5　2017 中国企业 500 强净利润排序前 100 名企业

排名	企业名称	净利润/万元	排名	企业名称	净利润/万元
1	中国工商银行股份有限公司	27824900	51	复星国际有限公司	1026819
2	中国建设银行股份有限公司	23146000	52	中国远洋海运集团有限公司	989211
3	中国农业银行股份有限公司	18394100	53	中国航天科工集团公司	959100
4	中国银行股份有限公司	16457800	54	中国交通建设集团有限公司	950867
5	国家开发银行股份有限公司	10904632	55	东风汽车公司	940048
6	交通银行股份有限公司	6720959	56	龙湖地产有限公司	915295
7	中国移动通信集团公司	6387079	57	恒丰银行股份有限公司	911704
8	国家电网公司	6358560	58	泰康保险集团股份有限公司	841125
9	中国平安保险（集团）股份有限公司	6239400	59	浙江吉利控股集团有限公司	840872
10	招商银行股份有限公司	6238000	60	北京汽车集团有限公司	837478
11	兴业银行股份有限公司	5385000	61	中国石油化工集团公司	835693
12	上海浦东发展银行股份有限公司	5309900	62	山东魏桥创业集团有限公司	808644
13	中国民生银行股份有限公司	4784300	63	正威国际集团有限公司	797135
14	中融新大集团有限公司	4695334	64	重庆农村商业银行股份有限公司	794475
15	阿里巴巴集团控股有限公司	4367500	65	中国铁道建筑总公司	792132
16	腾讯控股有限公司	4109600	66	重庆龙湖企业拓展有限公司	741086
17	华为投资控股有限公司	3706600	67	四川省宜宾五粮液集团有限公司	720812
18	中国邮政集团公司	3308568	68	绿地控股集团股份有限公司	720730
19	上海汽车集团股份有限公司	3200861	69	中国电力建设集团有限公司	702610
20	中国建筑股份有限公司	2987010	70	上海国际港务（集团）股份有限公司	693908
21	安邦保险股份有限公司	2580239	71	盛京银行股份有限公司	686452
22	中国中信集团有限公司	2150005	72	广州富力地产股份有限公司	675591
23	太平洋建设集团有限公司	2104667	73	华夏幸福基业股份有限公司	649158
24	万科企业股份有限公司	2102261	74	渤海银行股份有限公司	647343
25	华夏银行股份有限公司	1967700	75	中国广核集团有限公司	641771
26	中国华融资产管理股份有限公司	1961346	76	浙江省能源集团有限公司	634017
27	北京银行	1780194	77	金地（集团）股份有限公司	630046
28	恒大集团有限公司	1761700	78	中国铁路工程总公司	613887
29	华润（集团）有限公司	1714106	79	上海农村商业银行股份有限公司	590249
30	海尔集团公司	1667688	80	国家开发投资公司	579149
31	中国第一汽车集团公司	1601905	81	中国兵器工业集团公司	566689
32	中国信达资产管理股份有限公司	1551216	82	内蒙古伊利实业集团有限公司	566181
33	中国南方电网有限责任公司	1547784	83	雪松控股集团有限公司	558115
34	珠海格力电器股份有限公司	1542097	84	万洲国际有限公司	549401
35	美的集团股份有限公司	1470000	85	恒力集团有限公司	545907
36	中国人民保险集团股份有限公司	1424500	86	杭州娃哈哈集团有限公司	542137
37	中国航天科技集团公司	1326128	87	北京江南投资集团有限公司	531800
38	神华集团有限责任公司	1273429	88	海信集团有限公司	524964
39	中国贵州茅台酒厂（集团）有限责任公司	1271350	89	南山集团有限公司	523017
40	中国光大集团股份有限公司	1247500	90	世茂房地产控股有限公司	517186
41	中国石油天然气集团公司	1240662	91	比亚迪股份有限公司	505215
42	中国太平洋保险（集团）股份有限公司	1205700	92	中国保利集团公司	494345
43	广东温氏食品集团股份有限公司	1178988	93	新华人寿保险股份有限公司	494200
44	中国电信集团公司	1172321	94	中国华信能源有限公司	492176
45	中国海洋石油总公司	1164223	95	联想控股股份有限公司	485892
46	碧桂园控股有限公司	1151682	96	云南省能源投资集团有限公司	466644
47	中国中车股份有限公司	1129559	97	山东大海集团有限公司	466182
48	百度网络技术有限公司	1107435	98	四川省能源投资集团有限责任公司	433991
49	中国电子科技集团公司	1070623	99	华侨城集团公司	418224
50	长城汽车股份有限公司	1055116	100	深圳顺丰泰森控股（集团）有限公司	418043
				中国企业 500 强平均数	566601

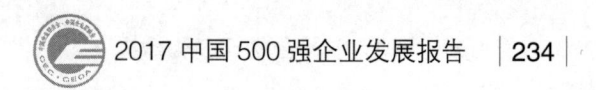

表 8-6　2017中国企业500强资产排序前100名企业

排名	企业名称	资产/万元	排名	企业名称	资产/万元
1	中国工商银行股份有限公司	2413726500	51	上海农村商业银行股份有限公司	71088056
2	中国建设银行股份有限公司	2096370500	52	中国大唐集团公司	70628676
3	中国农业银行股份有限公司	1824847000	53	新华人寿保险股份有限公司	69918100
4	中国银行股份有限公司	1814888900	54	中国南方电网有限责任公司	68929796
5	国家开发银行股份有限公司	1434049981	55	中国保利集团公司	66477088
6	中国邮政集团公司	848984996	56	中国联合网络通信集团有限公司	66284164
7	交通银行股份有限公司	840316551	57	中国远洋海运集团有限公司	65875709
8	中国中信集团有限公司	652044382	58	泰康保险集团股份有限公司	62943105
9	兴业银行股份有限公司	608589000	59	中国电力建设集团有限公司	60243116
10	招商银行股份有限公司	594231100	60	碧桂园控股有限公司	59256760
11	中国民生银行股份有限公司	589587700	61	上海汽车集团股份有限公司	59062814
12	上海浦东发展银行股份有限公司	585726300	62	中国建材集团有限公司	56446466
13	中国平安保险（集团）股份有限公司	557690300	63	中国铝业公司	52183078
14	中国光大集团股份有限公司	436221100	64	中国广核集团有限公司	52045966
15	中国石油天然气集团公司	406975924	65	阿里巴巴集团控股有限公司	50681200
16	国家电网公司	340412600	66	中粮集团有限公司	50086334
17	中国人寿保险（集团）公司	335679202	67	复星国际有限公司	48677948
18	安邦保险股份有限公司	298856457	68	中国船舶重工集团公司	48383030
19	华夏银行股份有限公司	235623500	69	国家开发投资公司	46711601
20	中国石油化工集团公司	215939145	70	山东高速集团有限公司	45818260
21	北京银行	211633862	71	富德生命人寿保险股份有限公司	45589682
22	中国移动通信集团公司	171267353	72	中国太平保险集团有限责任公司	45549585
23	中国华融资产管理股份有限公司	141196930	73	首钢总公司	44610873
24	中国建筑股份有限公司	139195328	74	陕西煤业化工集团有限责任公司	44582030
25	恒大集团有限公司	135086800	75	华为投资控股有限公司	44363400
26	恒丰银行股份有限公司	120851943	76	东风汽车公司	41371605
27	海航集团有限公司	120292619	77	北京汽车集团有限公司	40156360
28	中国信达资产管理股份有限公司	117448092	78	中国中化集团公司	39948441
29	中国海洋石油总公司	115775510	79	腾讯控股有限公司	39589900
30	华润（集团）有限公司	110004377	80	中国航天科技集团公司	38723167
31	大连万达集团股份有限公司	106119337	81	中国第一汽车集团公司	38063629
32	中国太平洋保险（集团）股份有限公司	102069200	82	中国化工集团公司	37764188
33	中国交通建设集团有限公司	101993168	83	广州越秀集团有限公司	37394918
34	中国华能集团公司	100285174	84	中国兵器工业集团公司	36929503
35	神华集团有限责任公司	97925945	85	河钢集团有限公司	36038803
36	中国人民保险集团股份有限公司	93214900	86	中国兵器装备集团公司	36038210
37	盛京银行股份有限公司	90548265	87	广东省交通集团有限公司	35980249
38	国家电力投资集团公司	87610712	88	清华控股有限公司	35279579
39	中国航空工业集团公司	86793318	89	中国中车股份有限公司	33831061
40	渤海银行股份有限公司	85611968	90	太平洋建设集团有限公司	33494068
41	万科企业股份有限公司	83067421	91	鞍钢集团公司	33109220
42	中国电信集团公司	80488306	92	联想控股股份有限公司	32225883
43	重庆农村商业银行股份有限公司	80315773	93	中国中煤能源集团有限公司	31702028
44	中国国电集团公司	79648754	94	陕西延长石油（集团）有限责任公司	31656115
45	中国华电集团公司	77914529	95	广西投资集团有限公司	31116170
46	中国铁道建筑总公司	76422213	96	中国能源建设集团有限公司	30703366
47	中国五矿集团公司	75981820	97	天津泰达投资控股有限公司	30452748
48	中国铁路工程总公司	75654813	98	甘肃省公路航空旅游投资集团有限公司	28509967
49	中国宝武钢铁集团有限公司	74168343	99	中国船舶工业集团公司	28335396
50	绿地控股集团股份有限公司	73313796	100	浙江省交通投资集团有限公司	28235549
				中国企业500强平均数	51226627

表 8-7 2017中国企业500强从业人数排序前100名企业

排名	企业名称	从业人数	排名	企业名称	从业人数
1	中国石油天然气集团公司	1512048	51	中国平煤神马能源化工集团有限责任公司	150630
2	中国平安保险（集团）股份有限公司	1400000	52	中国能源建设集团有限公司	149055
3	国家电网公司	980058	53	中国电子信息产业集团有限公司	149019
4	中国邮政集团公司	924703	54	光明食品（集团）有限公司	148813
5	中国人民保险集团股份有限公司	853364	55	阳泉煤业（集团）有限责任公司	146236
6	中国石油化工集团公司	713288	56	中国航天科工集团公司	145177
7	黑龙江北大荒农垦集团总公司	503226	57	中国华能集团公司	140032
8	中国农业银行股份有限公司	501368	58	山东魏桥创业集团有限公司	135393
9	中国航空工业集团公司	495775	59	陕西延长石油（集团）有限责任公司	134519
10	中国移动通信集团公司	463712	60	冀中能源集团有限责任公司	133934
11	中国工商银行股份有限公司	461749	61	陕西煤业化工集团有限责任公司	131890
12	华润（集团）有限公司	420572	62	北京汽车集团有限公司	131256
13	中国电信集团公司	413536	63	山西晋城无烟煤矿业集团有限责任公司	130992
14	中国建设银行股份有限公司	362482	64	国家电力投资集团公司	127343
15	太平洋建设集团有限公司	362128	65	河钢集团有限公司	125552
16	中国铁道建筑总公司	336872	66	中国铝业公司	124894
17	中国银行股份有限公司	308900	67	深圳顺丰泰森控股（集团）有限公司	124405
18	中国南方电网有限责任公司	300144	68	清华控股有限公司	124000
19	中国铁路工程总公司	293940	69	中国第一汽车集团公司	122323
20	中国联合网络通信集团有限公司	273951	70	北京京东世纪贸易有限公司	120622
21	中国建筑股份有限公司	263915	71	美的集团股份有限公司	120000
22	广西建工集团有限责任公司	248948	72	中国国电集团公司	119268
23	神华集团有限责任公司	240455	73	中国机械工业集团有限公司	117155
24	中国兵器工业集团公司	234771	74	百丽国际控股有限公司	116810
25	浙江省建设投资集团股份有限公司	232895	75	南通三建控股有限公司	113986
26	中国兵器装备集团公司	232817	76	广厦控股集团有限公司	112520
27	阳光保险集团股份有限公司	229788	77	首钢总公司	112323
28	中国建材集团有限公司	228448	78	中国中煤能源集团有限公司	112215
29	海航集团有限公司	220258	79	中国化工集团公司	111160
30	中国五矿集团公司	212406	80	中国南方航空集团公司	108147
31	河南能源化工集团有限公司	203520	81	中国华电集团公司	107100
32	中国中信集团有限公司	201263	82	中国医药集团总公司	106772
33	山西焦煤集团有限责任公司	195121	83	中国远洋海运集团有限公司	106478
34	比亚迪股份有限公司	193842	84	万洲国际有限公司	104000
35	东风汽车公司	189795	85	中粮集团有限公司	101708
36	山东能源集团有限公司	188480	86	中国海洋石油总公司	100821
37	中国电力建设集团有限公司	187813	87	三胞集团有限公司	99820
38	中国中车股份有限公司	183061	88	晋能集团有限公司	98665
39	大商集团有限公司	182586	89	兖矿集团有限公司	97612
40	中国船舶重工集团公司	182129	90	中国大唐集团公司	97091
41	苏宁控股集团有限公司	180000	91	中国太平洋保险（集团）股份有限公司	97032
42	华为投资控股有限公司	180000	92	山西潞安矿业（集团）有限责任公司	95666
43	中国航天科技集团公司	170357	93	江苏南通二建集团有限公司	95657
44	中国宝武钢铁集团有限公司	169344	94	江苏省苏中建设集团股份有限公司	95086
45	中国交通建设集团有限公司	167882	95	碧桂园控股有限公司	94450
46	大同煤矿集团有限责任公司	162542	96	上海汽车集团股份有限公司	94121
47	中国人寿保险（集团）公司	161530	97	中国航空集团公司	93802
48	中国电子科技集团公司	158128	98	重庆商社（集团）有限公司	92586
49	大连万达集团股份有限公司	155905	99	交通银行股份有限公司	92556
50	鞍钢集团公司	155287	100	山东钢铁集团有限公司	91275
				中国企业500强平均数	66966

表 8-8　2017 中国企业 500 强研发费用排序前 100 名企业

排名	企业名称	研发费用/万元	排名	企业名称	研发费用/万元
1	华为投资控股有限公司	7639100	51	上海电气（集团）总公司	346275
2	中国移动通信集团公司	2395614	52	新希望集团有限公司	343200
3	中国航天科工集团公司	2272751	53	广州汽车工业集团有限公司	341718
4	中国石油天然气集团公司	2255440	54	利华益集团股份有限公司	308555
5	中国航空工业集团公司	1897183	55	中国华电集团公司	296708
6	中国兵器装备集团公司	1726537	56	中国国电集团公司	294992
7	阿里巴巴集团控股有限公司	1706000	57	河钢集团有限公司	294240
8	浙江吉利控股集团有限公司	1425695	58	阳泉煤业（集团）有限责任公司	289402
9	山东魏桥创业集团有限公司	1373315	59	江铃汽车集团公司	288207
10	中兴通讯股份有限公司	1276206	60	中国能源建设集团有限公司	287516
11	中国电信集团公司	1244713	61	中国机械工业集团有限公司	285043
12	东风汽车公司	1218714	62	中国船舶工业集团公司	281150
13	中国兵器工业集团公司	1071566	63	中国铝业公司	268928
14	中国铁路工程总公司	1041726	64	四川长虹电子控股集团有限公司	266109
15	国家电网公司	1029690	65	华晨汽车集团控股有限公司	258344
16	百度网络技术有限公司	1015075	66	潍柴控股集团有限公司	253202
17	陕西延长石油（集团）有限责任公司	1011778	67	山西潞安矿业（集团）有限责任公司	248809
18	中国中车股份有限公司	947123	68	中天科技集团有限公司	242550
19	中国铁道建筑总公司	944288	69	江苏沙钢集团有限公司	242418
20	上海汽车集团股份有限公司	941062	70	万向集团公司	240618
21	中国石油化工集团公司	876447	71	太原钢铁（集团）有限公司	235651
22	中国第一汽车集团公司	851019	72	江西铜业集团公司	234144
23	中国交通建设集团有限公司	840055	73	中国中信集团有限公司	225765
24	中国电力建设集团有限公司	761445	74	铜陵有色金属集团控股有限公司	224722
25	清华控股有限公司	664800	75	安徽江淮汽车集团控股有限公司	215821
26	中国电子信息产业集团有限公司	647180	76	华泰集团有限公司	213510
27	北京汽车集团有限公司	618124	77	新疆特变电工集团有限公司	206737
28	海尔集团公司	600100	78	中国海洋石油总公司	206105
29	美的集团股份有限公司	600000	79	河南能源化工集团有限公司	186076
30	中国电子科技集团公司	588581	80	亨通集团有限公司	185600
31	中国工商银行股份有限公司	582146	81	山东胜通集团股份有限公司	182460
32	中国化工集团公司	573671	82	三一集团有限公司	179837
33	中国五矿集团公司	556080	83	天津百利机械装备集团有限公司	179343
34	中国平煤神马能源化工集团有限责任公司	553000	84	大同煤矿集团有限公司	179000
35	北京京东世纪贸易有限公司	538091	85	天津渤海轻工投资集团有限公司	177683
36	中国宝武钢铁集团有限公司	506043	86	中国重型汽车集团有限公司	174532
37	浪潮集团有限公司	481779	87	济宁如意投资有限公司	160983
38	比亚迪股份有限公司	452161	88	神华集团有限责任公司	159700
39	首钢总公司	435860	89	中国南方电网有限责任公司	159198
40	TCL 集团股份有限公司	426584	90	中国广核集团有限公司	158690
41	陕西煤业化工集团有限公司	424000	91	中联重科股份有限公司	157720
42	中国航天科技集团公司	421890	92	奇瑞汽车股份有限公司	157595
43	中国船舶重工集团公司	409409	93	重庆力帆控股有限公司	152182
44	海信集团有限公司	407345	94	郑州宇通集团有限公司	151542
45	南山集团有限公司	406448	95	中国东方电气集团有限公司	149534
46	京东方科技集团股份有限公司	390380	96	徐州工程机械集团有限公司	149363
47	珠海格力电器股份有限公司	375436	97	湖北宜化集团有限公司	149143
48	山西晋城无烟煤矿业集团有限责任公司	369360	98	德力西集团有限公司	147056
49	鞍钢集团公司	355111	99	中国中煤能源集团有限公司	146141
50	上海建工集团股份有限公司	353312	100	协鑫集团有限公司	142986
				中国企业 500 强平均数	177761

表 8-9　2017 中国企业 500 强研发费用所占比例排序前 100 名企业

排名	企业名称	研发费所占比例 / %	排名	企业名称	研发费所占比例 / %
1	华为投资控股有限公司	14.65	51	德力西集团有限公司	3.15
2	百度网络技术有限公司	14.39	52	中联重科股份有限公司	3.14
3	中兴通讯股份有限公司	12.61	53	广西盛隆冶金有限公司	3.10
4	中国航天科工集团公司	11.19	54	河南森源集团有限公司	3.10
5	阿里巴巴集团控股有限公司	10.78	55	济宁如意投资有限公司	3.10
6	中天科技集团有限公司	7.03	56	山东渤海实业股份有限公司	3.05
7	清华控股有限公司	6.95	57	波司登股份有限公司	3.02
8	浙江吉利控股集团有限公司	6.83	58	中国电信集团公司	3.00
9	浪潮集团有限公司	6.78	59	华勤橡胶工业集团有限公司	3.00
10	京东方科技集团股份有限公司	5.67	60	深圳创维—RGB 电子有限公司	3.00
11	中国航空工业集团公司	5.11	61	海尔集团公司	2.98
12	利华益集团股份有限公司	5.05	62	东营方圆有色金属有限公司	2.91
13	新希望集团有限公司	5.01	63	三一集团有限公司	2.82
14	山东胜通集团股份有限公司	4.97	64	双良集团有限公司	2.77
15	奇瑞汽车股份有限公司	4.78	65	精功集团有限公司	2.74
16	中国平煤神马能源化工集团有限责任公司	4.50	66	研祥高科技控股集团有限公司	2.73
17	江铃汽车集团公司	4.41	67	正泰集团股份有限公司	2.71
18	比亚迪股份有限公司	4.37	68	东营鲁方金属材料有限公司	2.69
19	南山集团有限公司	4.34	69	山东金岭集团有限公司	2.68
20	陕西延长石油（集团）有限责任公司	4.30	70	维维集团股份有限公司	2.67
21	哈尔滨电气集团公司	4.14	71	上海建工集团股份有限公司	2.64
22	新疆特变电工集团有限公司	4.13	72	珠海华发集团有限公司	2.64
23	中国中车股份有限公司	4.12	73	中国兵器工业集团公司	2.63
24	海信集团有限公司	4.06	74	山东科达集团有限公司	2.61
25	安徽江淮汽车集团控股有限公司	4.06	75	鞍钢集团公司	2.55
26	中国东方电气集团有限公司	4.04	76	四川长虹电子控股集团有限公司	2.54
27	重庆力帆控股有限公司	4.02	77	潍柴控股集团有限公司	2.51
28	郑州宇通集团有限公司	4.02	78	中国重型汽车集团有限公司	2.49
29	TCL 集团股份有限公司	4.01	79	四川科伦实业集团有限公司	2.46
30	晶龙实业集团有限公司	3.84	80	山西晋城无烟煤矿业集团有限公司	2.43
31	蓝思科技股份有限公司	3.77	81	中国广核集团有限公司	2.41
32	美的集团股份有限公司	3.75	82	广西玉柴机器集团有限公司	2.39
33	山东魏桥创业集团有限公司	3.68	83	法尔胜泓昇集团有限公司	2.38
34	中国兵器装备集团公司	3.65	84	上海仪电（集团）有限公司	2.38
35	上海电气（集团）总公司	3.54	85	中国电力建设集团有限公司	2.35
36	中科电力装备集团有限公司	3.44	86	盾安控股集团有限公司	2.30
37	珠海格力电器股份有限公司	3.41	87	万向集团公司	2.17
38	陕西汽车控股集团有限公司	3.38	88	河北敬业集团	2.15
39	中国移动通信集团公司	3.37	89	东风汽车公司	2.13
40	太原钢铁（集团）有限公司	3.34	90	北京京东世纪贸易有限公司	2.07
41	日照钢铁控股集团有限公司	3.32	91	天瑞集团股份有限公司	2.00
42	人民电器集团有限公司	3.25	92	陕西煤业化工集团有限责任公司	2.00
43	中国电子信息产业集团有限公司	3.25	93	中国第一汽车集团公司	1.98
44	中国电子科技集团公司	3.25	94	中国航天科技集团公司	1.98
45	卧龙控股集团有限公司	3.23	95	徐州工程机械集团有限公司	1.94
46	首钢总公司	3.23	96	金澳科技（湖北）化工有限公司	1.93
47	新余钢铁集团有限公司	3.21	97	上海城建（集团）公司	1.92
48	华泰集团有限公司	3.20	98	中国化工集团公司	1.91
49	亨通集团有限公司	3.17	99	湖北宜化集团有限责任公司	1.91
50	包头钢铁（集团）有限责任公司	3.16	100	中国中煤能源集团有限公司	1.88
				中国企业 500 强平均数	1.45

表 8-10　2017 中国企业 500 强净资产利润率排序前 100 名企业

排名	企业名称	净资产利润率/%	排名	企业名称	净资产利润率/%
1	中融新大集团有限公司	72.00	51	远大物产集团有限公司	20.21
2	北京江南投资集团有限公司	49.83	52	泰康保险集团股份有限公司	20.16
3	通州建总集团有限公司	48.64	53	浙江省建设投资集团股份有限公司	19.83
4	深圳市飞马国际供应链股份有限公司	38.82	54	武安市明芳钢铁有限公司	19.01
5	广东温氏食品集团股份有限公司	38.70	55	德力西集团有限公司	19.00
6	山东创新金属科技有限公司	38.12	56	前海人寿保险股份有限公司	18.85
7	龙信建设集团有限公司	36.88	57	四川省能源投资集团有限责任公司	18.80
8	南通四建集团有限公司	34.37	58	山东科达集团有限公司	18.73
9	唯品会（中国）有限公司	34.12	59	江苏南通六建设集团有限公司	18.69
10	四川长虹电子控股集团有限公司	33.80	60	万科企业股份有限公司	18.53
11	山东大海集团有限公司	30.37	61	安邦保险股份有限公司	18.23
12	中运富通控股集团有限公司	28.96	62	中国华信能源有限公司	18.09
13	腾邦集团有限公司	28.74	63	重庆市金科投资控股（集团）有限责任公司	18.00
14	珠海格力电器股份有限公司	28.63	64	富海集团有限公司	17.95
15	海尔集团公司	28.56	65	云南省能源投资集团有限公司	17.92
16	通鼎集团有限公司	28.50	66	华仪集团有限公司	17.82
17	山东京博控股股份有限公司	26.85	67	三河汇福粮油集团有限公司	17.37
18	山东胜通集团股份有限公司	26.61	68	深圳创维—RGB电子有限公司	17.20
19	华为投资控股有限公司	26.46	69	中国华融资产管理股份有限公司	17.02
20	郑州宇通集团有限公司	26.15	70	中国贵州茅台酒厂（集团）有限责任公司	16.97
21	山东海科化工集团有限公司	25.75	71	江苏阳光集团有限公司	16.93
22	华夏幸福基业股份有限公司	25.60	72	宁夏天元锰业有限公司	16.85
23	内蒙古伊利实业集团股份有限公司	24.53	73	金地（集团）股份有限公司	16.83
24	江西省建工集团有限责任公司	24.13	74	研祥高科技控股集团有限公司	16.70
25	正邦集团有限公司	24.08	75	上海汽车集团股份有限公司	16.68
26	美的集团股份有限公司	24.06	76	比亚迪股份有限公司	16.67
27	杭州娃哈哈集团有限公司	23.63	77	唐山瑞丰钢铁（集团）有限公司	16.65
28	天狮集团有限公司	23.55	78	洪业化工集团股份有限公司	16.60
29	腾讯控股有限公司	23.53	79	安徽建工集团有限公司	16.48
30	山东金岭集团有限公司	23.47	80	碧桂园控股有限公司	16.42
31	天能电池集团有限公司	23.45	81	中升集团控股有限公司	16.41
32	长城汽车股份有限公司	22.31	82	中国国际技术智力合作公司	16.30
33	济宁如意投资有限公司	22.23	83	中国平安保险（集团）股份有限公司	16.27
34	人民电器集团有限公司	21.72	84	北京外企服务集团有限责任公司	16.18
35	山东金诚石化集团有限公司	21.66	85	武安市裕华钢铁有限公司	16.14
36	江苏南通二建集团有限公司	21.63	86	河北普阳钢铁有限公司	16.11
37	江苏省苏中建设集团股份有限公司	21.48	87	超威电源有限公司	16.10
38	天津友发钢管集团股份有限公司	21.40	88	万向集团公司	16.02
39	浪潮集团有限公司	21.25	89	山东时风（集团）有限责任公司	15.98
40	深圳顺丰泰森控股（集团）有限公司	21.21	90	卧龙控股集团有限公司	15.98
41	南通三建控股有限公司	21.02	91	威高集团有限公司	15.85
42	河北建设集团股份有限公司	21.00	92	广州医药集团有限公司	15.82
43	老凤祥股份有限公司	20.89	93	山东渤海实业集团有限公司	15.77
44	金澳科技（湖北）化工有限公司	20.87	94	雪松控股集团有限公司	15.75
45	太极集团有限公司	20.77	95	中国建筑股份有限公司	15.68
46	东营鲁方金属材料有限公司	20.61	96	阿里巴巴集团控股有限公司	15.67
47	浙江吉利控股集团有限公司	20.52	97	渤海银行股份有限公司	15.61
48	山河建设集团有限公司	20.43	98	上海永达控股（集团）有限公司	15.54
49	杭州华东医药集团有限公司	20.36	99	浙江昆仑控股集团有限公司	15.44
50	青山控股集团有限公司	20.27	100	广州富力地产股份有限公司	15.43
				中国企业 500 强平均数	9.00

表 8-11 2017 中国企业 500 强资产利润率排序前 100 名企业

排名	企业名称	资产利润率/%	排名	企业名称	资产利润率/%
1	中融新大集团有限公司	33.47	51	洪业化工集团股份有限公司	6.94
2	广东温氏食品集团股份有限公司	28.45	52	天能电池集团有限公司	6.92
3	华夏幸福基业股份有限公司	26.07	53	浪潮集团有限公司	6.89
4	南通四建集团有限公司	20.07	54	河北新金钢铁有限公司	6.69
5	天狮集团有限公司	19.60	55	唐山瑞丰钢铁（集团）有限公司	6.67
6	山东金诚石化集团有限公司	19.48	56	南通三建控股有限公司	6.67
7	杭州娃哈哈集团有限公司	16.77	57	新奥能源控股有限公司	6.42
8	人民电器集团有限公司	15.60	58	富海集团有限公司	6.41
9	山东胜通集团股份有限公司	15.28	59	德力西集团有限公司	6.39
10	山东大海集团有限公司	14.91	60	太平洋建设集团有限公司	6.28
11	通州建总集团有限公司	14.75	61	正威国际集团有限公司	6.23
12	内蒙古伊利实业集团股份有限公司	14.42	62	浙江宝业建设集团有限公司	6.16
13	山东金岭集团有限公司	14.17	63	超威电源有限公司	6.12
14	山河建设集团有限公司	12.30	64	山东京博控股股份有限公司	6.09
15	唯品会（中国）有限公司	12.24	65	百度网络技术有限公司	6.08
16	山东时风（集团）有限责任公司	12.03	66	亚邦投资控股集团有限公司	5.98
17	山东科达集团有限公司	11.87	67	上海国际港务（集团）股份有限公司	5.94
18	龙信建设集团有限公司	11.81	68	恒力集团有限公司	5.90
19	长城汽车股份有限公司	11.43	69	四川蓝润实业集团有限公司	5.88
20	杭州华东医药集团有限公司	11.12	70	万洲国际有限公司	5.81
21	江苏南通二建集团有限公司	10.83	71	中国国际技术智力合作公司	5.73
22	腾讯控股有限公司	10.38	72	青山控股集团有限公司	5.58
23	威高集团有限公司	10.38	73	郑州宇通集团有限公司	5.57
24	金澳科技（湖北）化工有限公司	10.15	74	云南省能源投资集团有限公司	5.53
25	研祥高科技控股集团有限公司	9.80	75	雪松控股集团有限公司	5.48
26	深圳顺丰泰森控股（集团）有限公司	9.49	76	浙江昆仑控股集团有限公司	5.48
27	海尔集团公司	9.49	77	上海汽车集团股份有限公司	5.42
28	江苏南通六建设集团有限公司	9.33	78	东营方圆有色金属有限公司	5.28
29	正邦集团有限公司	9.24	79	腾邦集团有限公司	5.20
30	中国贵州茅台酒厂（集团）有限责任公司	9.10	80	中国航空油料集团公司	5.02
31	河北普阳钢铁有限公司	9.09	81	河北新华联合冶金控股集团有限公司	5.01
32	东营鲁方金属材料有限公司	9.04	82	深圳创维—RGB电子有限公司	4.91
33	波司登股份有限公司	9.01	83	浙江中成控股集团有限公司	4.82
34	中运富通控股集团有限公司	8.96	84	海信集团有限公司	4.78
35	武安市裕华钢铁有限公司	8.82	85	江苏省苏中建设集团股份有限公司	4.77
36	江苏阳光集团有限公司	8.79	86	海澜集团有限公司	4.69
37	通鼎集团有限公司	8.66	87	中升集团控股有限公司	4.69
38	武安市明芳钢铁有限公司	8.62	88	山东东明石化集团有限公司	4.69
39	阿里巴巴集团控股有限公司	8.62	89	南山集团有限公司	4.62
40	美的集团股份有限公司	8.62	90	远大物产集团有限公司	4.59
41	珠海格力电器股份有限公司	8.46	91	科创控股集团有限公司	4.58
42	天津友发钢管集团股份有限公司	8.45	92	宁夏天元锰业有限公司	4.55
43	华为投资控股有限公司	8.36	93	四川省能源投资集团有限责任公司	4.49
44	武安市文安钢铁有限公司	8.29	94	天津中环电子信息集团有限公司	4.43
45	维维集团股份有限公司	8.08	95	利华益集团股份有限公司	4.42
46	深圳市飞马国际供应链股份有限公司	7.78	96	万通海欣控股股份有限公司	4.42
47	百丽国际控股有限公司	7.57	97	北京江南投资集团有限公司	4.36
48	四川省宜宾五粮液集团有限公司	7.54	98	中国电子科技集团公司	4.29
49	老凤祥股份有限公司	7.52	99	永辉超市股份有限公司	4.22
50	珠海振戎公司	7.50	100	中国第一汽车集团公司	4.21
				中国企业500强平均数	1.11

表 8-12　2017 中国企业 500 强收入利润率排序前 100 名企业

排名	企业名称	收入利润率/%	排名	企业名称	收入利润率/%
1	中融新大集团有限公司	72.11	51	世茂房地产控股有限公司	8.72
2	恒丰银行股份有限公司	29.05	52	研祥高科技控股集团有限公司	8.61
3	中国贵州茅台酒厂（集团）有限责任公司	28.96	53	恒大集团有限公司	8.33
4	阿里巴巴集团控股有限公司	27.59	54	四川蓝润实业集团有限公司	8.31
5	中国工商银行股份有限公司	27.41	55	海尔集团公司	8.27
6	中国建设银行股份有限公司	27.29	56	中国平安保险（集团）股份有限公司	8.06
7	腾讯控股有限公司	27.05	57	云南省能源投资集团有限公司	7.76
8	中国农业银行股份有限公司	23.61	58	华侨城集团公司	7.71
9	重庆农村商业银行股份有限公司	22.54	59	杭州华东医药集团有限公司	7.67
10	上海国际港务（集团）股份有限公司	22.13	60	波司登股份有限公司	7.66
11	中国银行股份有限公司	21.79	61	中国邮政集团公司	7.59
12	招商银行股份有限公司	20.96	62	碧桂园控股有限公司	7.52
13	上海农村商业银行股份有限公司	20.76	63	深圳顺丰泰森控股（集团）有限公司	7.27
14	中国华融资产管理股份有限公司	20.60	64	山东大海集团有限公司	7.14
15	北京银行	20.48	65	郑州宇通集团有限公司	7.13
16	广东温氏食品集团股份有限公司	19.86	66	华为投资控股有限公司	7.11
17	上海浦东发展银行股份有限公司	19.66	67	广东省交通集团有限公司	7.07
18	交通银行股份有限公司	19.14	68	泰康保险集团股份有限公司	6.72
19	兴业银行股份有限公司	18.88	69	国家开发投资公司	6.65
20	华夏银行股份有限公司	18.79	70	新奥能源控股有限公司	6.31
21	国家开发银行股份有限公司	18.52	71	安邦保险股份有限公司	6.23
22	中国民生银行股份有限公司	17.82	72	中国航天科技集团公司	6.22
23	盛京银行股份有限公司	17.53	73	中国中信集团有限公司	6.12
24	中国信达资产管理股份有限公司	16.92	74	中国电子科技集团公司	5.90
25	龙湖地产有限公司	16.70	75	雅戈尔集团股份有限公司	5.86
26	重庆龙湖企业拓展有限公司	16.55	76	中国光大集团股份有限公司	5.78
27	百度网络技术有限公司	15.70	77	百丽国际控股有限公司	5.76
28	北京江南投资集团有限公司	15.06	78	广州越秀集团有限公司	5.66
29	渤海银行股份有限公司	14.55	79	洪业化工集团股份有限公司	5.63
30	珠海格力电器股份有限公司	14.00	80	南山集团有限公司	5.59
31	复星国际有限公司	13.88	81	江苏阳光集团有限公司	5.43
32	四川省能源投资集团有限责任公司	12.80	82	武安市裕华钢铁有限公司	5.32
33	广州富力地产股份有限公司	12.57	83	维维集团股份有限公司	5.31
34	华夏幸福基业股份有限公司	12.06	84	海信集团有限公司	5.23
35	杭州娃哈哈集团有限公司	11.89	85	南通四建集团有限公司	5.17
36	申能（集团）有限公司	11.66	86	神华集团有限责任公司	5.14
37	金地（集团）股份有限公司	11.35	87	弘阳集团有限公司	5.10
38	世纪金源投资集团有限公司	11.34	88	广东省粤电集团有限公司	5.03
39	山东胜通集团股份有限公司	10.97	89	中国远洋海运集团有限公司	5.01
40	长城汽车股份有限公司	10.70	90	唯品会（中国）有限公司	4.96
41	威高集团有限公司	10.27	91	中国中车股份有限公司	4.92
42	四川省宜宾五粮液集团有限公司	10.25	92	雅居乐地产控股有限公司	4.89
43	中国广核集团有限公司	9.75	93	深圳创维—RGB电子有限公司	4.88
44	浙江省能源集团有限公司	9.57	94	比亚迪股份有限公司	4.88
45	内蒙古伊利实业集团股份有限公司	9.34	95	江苏南通二建集团有限公司	4.75
46	前海人寿保险股份有限公司	9.26	96	新疆特变电工集团有限公司	4.75
47	美的集团股份有限公司	9.20	97	中国航天科工集团公司	4.72
48	万科企业股份有限公司	9.18	98	万通海欣控股集团有限公司	4.54
49	天狮集团有限公司	9.00	99	中国太平洋保险（集团）股份有限公司	4.52
50	中国移动通信集团公司	8.98	100	金东纸业（江苏）股份有限公司	4.51
				中国企业 500 强平均数	4.43

表 8–13 2017 中国企业 500 强人均营业收入排序前 100 名企业

排名	企业名称	人均营业收入/万元	排名	企业名称	人均营业收入/万元
1	西安迈科金属国际集团有限公司	26390	51	雪松控股集团有限公司	964
2	珠海振戎公司	24459	52	神州数码集团股份有限公司	961
3	玖隆钢铁物流有限公司	15273	53	山东大海集团有限公司	957
4	北京江南投资集团有限公司	10087	54	中天控股集团有限公司	928
5	浙江前程投资股份有限公司	9922	55	绿地控股集团股份有限公司	926
6	远大物产集团有限公司	8912	56	山东金岭集团有限公司	925
7	深圳市飞马国际供应链股份有限公司	7078	57	天津荣程祥泰投资控股集团有限公司	915
8	国家开发银行股份有限公司	5876	58	北京首都开发控股（集团）有限公司	910
9	上海均和集团有限公司	3447	59	山东渤海实业股份有限公司	899
10	河北省物流产业集团有限公司	3297	60	富海集团有限公司	892
11	深圳光汇石油集团股份有限公司	3082	61	东岭集团股份有限公司	890
12	东营方圆有色金属有限公司	2989	62	江苏汇鸿国际集团股份有限公司	884
13	上海找钢网信息科技股份有限公司	2490	63	中科电力装备集团有限公司	869
14	上海钢联电子商务股份有限公司	2432	64	金澳科技（湖北）化工有限公司	864
15	天津物产集团有限公司	2424	65	厦门建发集团有限公司	842
16	上海东浩兰生国际服务贸易（集团）有限公司	2194	66	中国华融资产管理股份有限公司	838
17	中基宁波集团股份有限公司	1974	67	盛京银行股份有限公司	837
18	山东金诚石化集团有限公司	1857	68	江苏华宏实业集团有限公司	823
19	正威国际集团有限公司	1849	69	浙江宝业建设集团有限公司	821
20	深圳市爱施德股份有限公司	1845	70	江西铜业集团公司	817
21	山东东明石化集团有限公司	1786	71	四川蓝润实业集团有限公司	806
22	深圳市大生农业集团有限公司	1737	72	上海汽车集团股份有限公司	804
23	厦门象屿集团有限公司	1653	73	腾邦集团有限公司	797
24	中国林业集团公司	1549	74	武汉金融控股（集团）有限公司	767
25	阳光金融控股投资集团有限公司	1536	75	世茂房地产控股有限公司	752
26	东营鲁方金属材料有限公司	1530	76	中天钢铁集团有限公司	750
27	利华益集团股份有限公司	1517	77	广州轻工工贸集团有限公司	721
28	山东海科化工集团有限公司	1481	78	厦门国贸控股有限公司	707
29	天津一商集团有限公司	1474	79	天狮集团有限公司	688
30	中国国际技术智力合作公司	1460	80	山东玉皇化工有限公司	671
31	中国航空油料集团公司	1391	81	天音通信有限公司	670
32	前海人寿保险股份有限公司	1370	82	沂州集团有限公司	661
33	老凤祥股份有限公司	1316	83	中国中化集团公司	661
34	杭州汽轮动力集团有限公司	1278	84	河北津西钢铁集团股份有限公司	653
35	大汉控股集团有限公司	1228	85	云南省能源投资集团有限公司	648
36	三河汇福粮油集团有限公司	1190	86	研祥高科技控股集团有限公司	644
37	弘阳集团有限公司	1152	87	河北建设集团股份有限公司	637
38	物产中大集团股份有限公司	1140	88	青山控股集团有限公司	628
39	福佳集团有限公司	1138	89	旭阳控股有限公司	626
40	浙江恒逸集团有限公司	1133	90	华泰集团有限公司	625
41	江西省建工集团有限责任公司	1121	91	江苏三房巷集团有限公司	622
42	海亮集团有限公司	1112	92	武安市文安钢铁有限公司	619
43	卓尔控股有限公司	1085	93	河北新金钢铁有限公司	610
44	江阴澄星实业集团有限公司	1051	94	双良集团有限公司	606
45	中运富通控股集团有限公司	1026	95	天津纺织集团（控股）有限公司	603
46	安邦保险股份有限公司	1017	96	北京银行	598
47	宁波金田投资控股有限公司	988	97	中融新大集团有限公司	592
48	中国华信能源有限公司	982	98	金川集团股份有限公司	585
49	万通海欣控股股份有限公司	979	99	双胞胎（集团）股份有限公司	581
50	浙江荣盛控股集团有限公司	974	100	大冶有色金属集团控股有限公司	580
				中国企业 500 强平均数	191

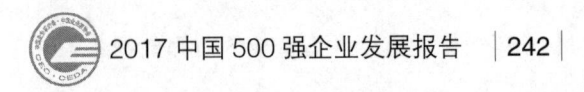

表 8-14　2017 中国企业 500 强人均净利润排序前 100 名企业

排名	企业名称	人均净利润/万元	排名	企业名称	人均净利润/万元
1	北京江南投资集团有限公司	1519.43	51	申能（集团）有限公司	36.80
2	国家开发银行股份有限公司	1088.29	52	玖隆钢铁物流有限公司	36.71
3	中融新大集团有限公司	426.85	53	中国农业银行股份有限公司	36.69
4	深圳市飞马国际供应链股份有限公司	207.87	54	万科企业股份有限公司	36.07
5	中国华融资产管理股份有限公司	172.58	55	雪松控股集团有限公司	34.26
6	盛京银行股份有限公司	146.77	56	利华益集团股份有限公司	34.24
7	前海人寿保险股份有限公司	126.84	57	中运富通控股集团有限公司	34.09
8	北京银行	122.48	58	上海汽车集团股份有限公司	34.01
9	阿里巴巴集团控股有限公司	119.83	59	华夏幸福基业股份有限公司	33.34
10	腾讯控股有限公司	105.99	60	金地（集团）股份有限公司	32.40
11	上海浦东发展银行股份有限公司	100.51	61	广州富力地产股份有限公司	32.38
12	珠海振戎公司	99.83	62	富海集团有限公司	31.43
13	兴业银行股份有限公司	95.76	63	浙江省能源集团有限公司	28.27
14	东营方圆有色金属有限公司	92.02	64	四川省能源投资集团有限责任公司	27.03
15	招商银行股份有限公司	88.53	65	绿地控股集团有限公司	27.01
16	恒丰银行股份有限公司	83.99	66	百度网络技术有限公司	24.14
17	中国民生银行股份有限公司	81.48	67	广东温氏食品集团股份有限公司	23.91
18	上海农村商业银行股份有限公司	79.04	68	大汉控股集团有限公司	23.68
19	渤海银行股份有限公司	76.36	69	山东海科化工集团有限公司	23.63
20	交通银行股份有限公司	72.62	70	杭州华东医药集团有限公司	23.19
21	中国信达资产管理股份有限公司	72.41	71	海尔集团公司	22.82
22	山东大海集团有限公司	68.36	72	山东科达集团有限公司	22.64
23	西安迈科金属国际集团有限公司	67.23	73	中天控股集团有限公司	22.55
24	四川蓝润实业集团有限公司	67.01	74	珠海格力电器股份有限公司	21.53
25	世茂房地产控股有限公司	65.63	75	山东东明石化集团有限公司	21.41
26	远大物产集团有限公司	63.92	76	世纪金源投资集团有限公司	21.26
27	中国建设银行股份有限公司	63.85	77	河北新华联合冶金控股集团有限公司	20.95
28	安邦保险股份有限公司	63.39	78	华为投资控股有限公司	20.59
29	天狮集团有限公司	61.96	79	杭州娃哈哈集团有限公司	20.50
30	中国工商银行股份有限公司	60.26	80	中国光大集团股份有限公司	20.32
31	山东金诚石化集团有限公司	59.72	81	恒大集团有限公司	19.79
32	弘阳集团有限公司	58.73	82	复星国际有限公司	19.37
33	研祥高科技控股集团有限公司	55.48	83	洪业化工集团有限公司	19.36
34	龙湖地产有限公司	53.30	84	武安市明芳钢铁有限公司	18.52
35	中国银行股份有限公司	53.28	85	三河汇福粮油集团有限公司	18.39
36	山东胜通集团股份有限公司	53.02	86	江苏汇鸿国际集团股份有限公司	18.35
37	云南省能源投资集团有限公司	50.31	87	雅居乐地产控股有限公司	18.32
38	华夏银行股份有限公司	50.00	88	中国航空油料集团有限公司	18.11
39	重庆农村商业银行股份有限公司	48.91	89	河北普阳钢铁有限公司	18.03
40	福佳集团有限公司	45.54	90	山东玉皇化工有限公司	17.45
41	正威国际集团有限公司	44.65	91	泰康保险集团股份有限公司	17.40
42	万通海欣控股股份有限公司	44.46	92	威高集团有限公司	17.27
43	东营鲁方金属材料有限公司	43.19	93	金澳科技（湖北）化工有限公司	16.96
44	重庆龙湖企业拓展有限公司	43.16	94	中国广核集团有限公司	16.95
45	卓尔控股有限公司	42.23	95	中国华信能源有限公司	16.61
46	中国贵州茅台酒厂（集团）有限责任公司	41.70	96	四川省宜宾五粮液集团有限公司	16.50
47	老凤祥股份有限公司	39.82	97	山东晨鸣纸业集团股份有限公司	15.89
48	山东金岭集团有限公司	39.06	98	金东纸业（江苏）股份有限公司	15.38
49	上海国际港务（集团）股份有限公司	38.16	99	武安市裕华钢铁有限公司	15.11
50	北京首都开发控股（集团）有限公司	37.46	100	河北新金钢铁有限公司	14.84
				中国企业 500 强平均数	8.49

表 8-15　2017 中国企业 500 强人均资产排序前 100 名企业

排名	企业名称	人均资产/万元	排名	企业名称	人均资产/万元
1	国家开发银行股份有限公司	143118.76	51	中国广核集团有限公司	1374.80
2	北京江南投资集团有限公司	34886.15	52	珠海振戎公司	1331.60
3	盛京银行股份有限公司	19360.33	53	龙湖地产有限公司	1309.28
4	北京银行	14561.30	54	泰康保险集团股份有限公司	1301.77
5	中国华融资产管理股份有限公司	12423.84	55	新华人寿保险股份有限公司	1285.78
6	恒丰银行股份有限公司	11133.30	56	中融新大集团有限公司	1275.17
7	上海浦东发展银行股份有限公司	11086.58	57	四川省交通投资集团有限责任公司	1172.63
8	兴业银行股份有限公司	10822.05	58	重庆龙湖企业拓展有限公司	1170.52
9	渤海银行股份有限公司	10099.32	59	广西投资集团有限公司	1160.62
10	中国民生银行股份有限公司	10040.66	60	中国海洋石油总公司	1148.33
11	上海农村商业银行股份有限公司	9519.02	61	四川蓝润实业集团有限公司	1139.07
12	交通银行股份有限公司	9079.01	62	云南省投资控股集团有限公司	1125.97
13	招商银行股份有限公司	8433.48	63	中国林业集团公司	1119.69
14	前海人寿保险股份有限公司	7654.64	64	卓尔控股有限公司	1106.88
15	安邦保险股份有限公司	7341.65	65	浙江省交通投资集团有限公司	1090.64
16	中国光大集团股份有限公司	7104.58	66	广州富力地产股份有限公司	1085.02
17	西安迈科金属国际集团有限公司	6794.18	67	雅居乐地产控股有限公司	1056.50
18	华夏银行股份有限公司	5987.28	68	中国太平洋保险（集团）股份有限公司	1051.91
19	中国银行股份有限公司	5875.33	69	腾讯控股有限公司	1021.02
20	北京首都开发控股（集团）有限公司	5846.28	70	河北省物流产业集团有限公司	1009.72
21	中国建设银行股份有限公司	5783.38	71	万通海欣控股有限公司	1005.06
22	中国信达资产管理股份有限公司	5482.08	72	重庆市金科投资控股（集团）有限责任公司	996.96
23	中国工商银行股份有限公司	5227.36	73	厦门象屿集团有限公司	972.85
24	重庆农村商业银行股份有限公司	4944.03	74	北京首都创业集团有限公司	967.77
25	中国农业银行股份有限公司	3639.74	75	复星国际有限公司	918.45
26	中国中信集团有限公司	3239.76	76	中国邮政集团公司	918.12
27	世茂房地产控股有限公司	3213.39	77	江西省建工集团有限责任公司	917.72
28	绿地控股集团股份有限公司	2747.28	78	云南省能源投资集团有限公司	910.01
29	深圳光汇石油集团股份有限公司	2713.62	79	中国保利集团公司	869.83
30	深圳市飞马国际供应链股份有限公司	2670.95	80	厦门建发集团有限公司	864.07
31	广州越秀集团有限公司	2572.22	81	江苏汇鸿国际集团有限公司	856.05
32	中国人寿保险（集团）公司	2078.12	82	广东省粤电集团有限公司	849.94
33	浙江前程投资股份有限公司	1799.21	83	北大方正集团有限公司	848.09
34	东营方圆有色金属有限公司	1744.14	84	浙江省能源集团有限公司	804.76
35	山东高速集团有限公司	1687.35	85	天津能源投资集团有限公司	793.63
36	福佳集团有限公司	1650.69	86	金地（集团）股份有限公司	790.10
37	阳光金融控股投资集团有限公司	1645.45	87	利华益集团股份有限公司	773.78
38	武汉金融控股（集团）有限公司	1615.01	88	安徽省交通控股集团有限公司	763.40
39	天津泰达投资控股有限公司	1597.31	89	中国太平保险集团有限责任公司	755.76
40	甘肃省公路航空旅游投资集团有限公司	1594.16	90	中天控股集团有限公司	752.21
41	珠海华发集团有限公司	1592.95	91	金东纸业（江苏）股份有限公司	747.74
42	玖隆钢铁物流有限公司	1543.15	92	中国华电集团公司	727.49
43	恒大集团有限公司	1517.83	93	中国大唐集团公司	727.45
44	弘阳集团有限公司	1488.64	94	国家开发投资公司	721.47
45	内蒙古伊泰集团有限公司	1469.56	95	浙江荣盛控股集团有限公司	718.23
46	万科企业股份有限公司	1425.32	96	正威国际集团有限公司	716.47
47	申能（集团）有限公司	1408.32	97	中国华能集团公司	716.16
48	远大物产集团有限公司	1392.66	98	北京住总集团有限责任公司	703.94
49	阿里巴巴集团控股有限公司	1390.58	99	国家电力投资集团公司	687.99
50	天津物产集团有限公司	1390.18	100	上海仪电（集团）有限公司	685.80
				中国企业 500 强平均数	765.52

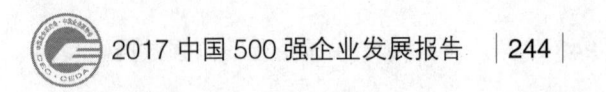

表 8-16 2017 中国企业 500 强收入增长率排序前 100 名企业

排名	企业名称	收入增长率/%	排名	企业名称	收入增长率/%
1	神州数码集团股份有限公司	8748.43	51	协鑫集团有限公司	34.62
2	武汉金融控股（集团）有限公司	196.13	52	唯品会（中国）有限公司	33.60
3	雪松控股集团有限公司	164.72	53	安徽新华发行（集团）控股有限公司	33.57
4	浙江省交通投资集团有限公司	149.28	54	江苏南通六建建设集团有限公司	33.33
5	安邦保险股份有限公司	127.90	55	云南省建设投资控股集团有限公司	33.21
6	上海找钢网信息科技股份有限公司	103.08	56	中天科技集团有限公司	33.09
7	上海钢联电子商务股份有限公司	93.28	57	华为投资控股有限公司	32.04
8	海航集团有限公司	89.65	58	恒丰银行股份有限公司	30.56
9	厦门象屿集团有限公司	88.90	59	湖南省建筑工程集团总公司	30.14
10	甘肃省公路航空旅游投资集团有限公司	86.97	60	中国广核集团有限公司	30.01
11	富海集团有限公司	80.63	61	上海均和集团有限公司	29.80
12	金地（集团）股份有限公司	69.43	62	云南省投资控股集团有限公司	29.79
13	金澳科技（湖北）化工有限公司	66.84	63	长城汽车股份有限公司	29.70
14	山东创新金属科技有限公司	65.29	64	南通四建集团有限公司	29.62
15	卓尔控股有限公司	62.02	65	比亚迪股份有限公司	29.32
16	宁夏天元锰业有限公司	60.98	66	阳光保险集团股份有限公司	29.21
17	四川省能源投资集团有限责任公司	60.50	67	研祥高科技控股集团有限公司	28.64
18	北京住总集团有限责任公司	60.45	68	天能电池集团有限公司	28.42
19	恒大集团有限公司	58.83	69	超威电源有限公司	27.58
20	阿里巴巴集团控股有限公司	56.48	70	广州汽车工业集团有限公司	27.57
21	中融新大集团有限公司	55.49	71	重庆市金科投资控股（集团）有限责任公司	27.49
22	北京金隅集团有限责任公司	54.44	72	深圳市大生农业集团有限公司	27.31
23	珠海华发集团有限公司	52.29	73	武安市明芳钢铁有限公司	27.07
24	腾讯控股有限公司	47.71	74	中国船舶重工集团公司	27.05
25	华仪集团有限公司	47.17	75	内蒙古伊泰集团有限公司	26.87
26	深圳市怡亚通供应链股份有限公司	45.95	76	北京江南投资集团有限公司	26.70
27	福佳集团有限公司	44.04	77	东岭集团股份有限公司	26.66
28	云南省能源投资集团有限公司	43.57	78	山东高速集团有限公司	26.56
29	北京京东世纪贸易有限公司	43.50	79	浙江吉利控股集团有限公司	26.31
30	厦门国贸控股有限公司	41.97	80	中国华融资产管理股份有限公司	26.29
31	京东方科技集团股份有限公司	41.69	81	杭州汽轮动力集团有限公司	26.12
32	河南豫联能源集团有限责任公司	40.51	82	正泰集团股份有限公司	25.97
33	华夏幸福基业股份有限公司	40.40	83	中南控股集团有限公司	25.48
34	山东晨鸣纸业集团股份有限公司	40.13	84	中运富通控股集团有限公司	25.36
35	传化集团有限公司	40.01	85	湖南华菱钢铁集团有限责任公司	25.26
36	海澜集团有限公司	38.88	86	日照钢铁控股集团有限公司	24.95
37	新疆广汇实业投资（集团）有限责任公司	38.63	87	中国平安保险（集团）股份有限公司	24.92
38	前海人寿保险股份有限公司	38.60	88	中国保利集团公司	24.86
39	江苏华宏实业集团有限公司	38.41	89	东营鲁方金属材料有限公司	24.85
40	兖矿集团有限公司	38.08	90	潍柴控股集团有限公司	24.84
41	淮南矿业（集团）有限责任公司	37.83	91	九州通医药集团股份有限公司	24.13
42	广西投资集团有限公司	37.37	92	徐州矿务集团有限公司	24.04
43	河南森源集团有限公司	36.90	93	山东能源集团有限公司	23.22
44	远大物产集团有限公司	36.82	94	广东温氏食品集团股份有限公司	23.05
45	科创控股集团有限公司	36.21	95	北京首都创业集团有限公司	22.70
46	中国林业集团公司	36.13	96	陕西汽车控股集团有限公司	22.63
47	昆明钢铁控股有限公司	35.68	97	北京外企服务集团有限责任公司	22.52
48	旭阳控股有限公司	35.64	98	江铃汽车集团公司	22.23
49	清华控股有限公司	35.57	99	亨通集团有限公司	22.07
50	碧桂园控股有限公司	35.21	100	利华益集团股份有限公司	21.82
				中国企业 500 强平均数	6.96

表 8-17　2017 中国企业 500 强净利润增长率排序前 100 名企业

排名	企业名称	净利润增长率/%	排名	企业名称	净利润增长率/%
1	宁夏天元锰业有限公司	41126.80	51	山东晨鸣纸业集团股份有限公司	102.11
2	中融新大集团有限公司	2644.11	52	河北建工集团有限责任公司	98.98
3	云南省投资控股集团有限公司	1825.23	53	金地（集团）股份有限公司	96.87
4	神州数码集团股份有限公司	1790.45	54	正邦集团有限公司	94.81
5	浙江恒逸集团有限公司	1134.41	55	中国电子信息产业集团有限公司	93.06
6	四川长虹电子控股集团有限公司	933.12	56	山东创新金属科技有限公司	92.30
7	唐山港陆钢铁有限公司	831.38	57	厦门象屿集团有限公司	90.96
8	深圳市飞马国际供应链股份有限公司	776.97	58	浙江省交通投资集团有限公司	90.16
9	日照钢铁控股集团有限公司	721.96	59	广东温氏食品集团股份有限公司	89.99
10	杭州汽轮动力集团有限公司	660.90	60	超威电源有限公司	87.51
11	河钢集团有限公司	639.63	61	河北新华联合冶金控股集团有限公司	87.35
12	宁波金田投资控股有限公司	628.67	62	河北普阳钢铁有限公司	82.61
13	湖南博长控股集团有限公司	434.60	63	金澳科技（湖北）化工有限公司	80.22
14	中国林业集团公司	390.66	64	山东招金集团有限公司	79.60
15	广西盛隆冶金有限公司	371.55	65	比亚迪股份有限公司	78.94
16	浙江吉利控股集团有限公司	366.86	66	中国重型汽车集团有限公司	77.02
17	山东渤海实业股份有限公司	320.82	67	福佳集团有限公司	74.92
18	万向集团公司	317.01	68	通鼎集团有限公司	74.67
19	四川省能源投资集团有限责任公司	311.32	69	江铃汽车集团公司	73.61
20	云南省能源投资集团有限公司	306.46	70	江苏新长江实业集团有限公司	73.40
21	中升集团控股有限公司	303.56	71	徐州工程机械集团有限公司	71.75
22	武安市明芳钢铁有限公司	286.44	72	江苏南通六建建设集团有限公司	70.17
23	深圳顺丰泰森控股（集团）有限公司	279.55	73	国家电力投资集团公司	69.39
24	奇瑞汽车股份有限公司	256.14	74	甘肃省建设投资（控股）集团总公司	68.13
25	浙江省国际贸易集团有限公司	249.94	75	江苏三房巷集团有限公司	67.28
26	山东太阳控股集团有限公司	238.52	76	山东东明石化集团有限公司	67.15
27	大商集团有限公司	235.60	77	唯品会（中国）有限公司	66.74
28	浙江荣盛控股集团有限公司	231.93	78	远东控股集团有限公司	64.63
29	旭阳控股有限公司	230.48	79	雅居乐地产控股有限公司	64.25
30	内蒙古伊泰集团有限公司	192.51	80	龙信建设集团有限公司	64.17
31	武安市裕华钢铁有限公司	186.32	81	庞大汽贸集团股份有限公司	61.90
32	上海均和集团有限公司	167.27	82	新疆广汇实业投资（集团）有限责任公司	58.46
33	江苏沙钢集团有限公司	162.70	83	江苏华宏实业集团有限公司	57.71
34	浙江桐昆控股集团有限公司	162.49	84	华芳集团有限公司	57.46
35	东岭集团股份有限公司	149.80	85	物产中大集团股份有限公司	55.60
36	珠海华发集团有限公司	149.24	86	深圳市大生农业集团有限公司	54.73
37	江苏国泰国际集团有限公司	136.88	87	青山控股集团有限公司	53.27
38	雪松控股集团有限公司	135.27	88	天津友发钢管集团有限公司	52.76
39	冀南钢铁集团有限公司	132.02	89	山东京博控股股份有限公司	52.09
40	白银有色集团股份有限公司	127.23	90	恒力集团有限公司	51.87
41	富海集团有限公司	125.98	91	杉杉控股有限公司	51.36
42	浙江省建设投资集团股份有限公司	125.34	92	山东金诚石化集团有限公司	48.12
43	河北敬业集团	123.64	93	北京外企服务集团有限责任公司	46.99
44	腾邦集团有限公司	117.45	94	腾讯控股有限公司	46.32
45	天津荣程祥泰投资控股集团有限公司	115.29	95	安徽建工集团有限公司	45.77
46	西安迈科金属国际集团有限公司	113.45	96	神华集团有限责任公司	45.70
47	唐山瑞丰钢铁（集团）有限公司	106.68	97	无锡产业发展集团有限公司	45.42
48	中国国际技术智力合作公司	105.56	98	广东省交通集团有限公司	45.14
49	永辉超市股份有限公司	105.18	99	山东高速集团有限公司	44.88
50	中天钢铁集团有限公司	103.56	100	山东科达集团有限公司	44.80
				中国企业 500 强平均数	4.71

表 8-18 2017 中国企业 500 强资产增长率排序前 100 名企业

排名	企业名称	总排名	资产增长率/%	排名	企业名称	总排名	资产增长率/%
1	神州数码集团股份有限公司	350	3702.85	51	京东方科技集团股份有限公司	220	34.43
2	上海钢联电子商务股份有限公司	346	208.10	52	腾邦集团有限公司	189	33.89
3	上海找钢网信息科技股份有限公司	457	141.37	53	中国航空油料集团公司	97	33.76
4	中融新大集团有限公司	230	132.22	54	浪潮集团有限公司	210	32.56
5	南通三建控股有限公司	194	121.45	55	美的集团股份有限公司	101	32.45
6	武安市明芳钢铁有限公司	400	97.25	56	正邦集团有限公司	238	31.73
7	海航集团有限公司	38	94.30	57	TCL集团股份有限公司	145	31.66
8	北京京东世纪贸易有限公司	59	88.64	58	浙江桐昆控股集团有限公司	362	31.66
9	雪松控股集团有限公司	105	86.09	59	广东省建筑工程集团有限公司	441	31.64
10	恒大集团有限公司	75	78.44	60	广西盛隆冶金有限公司	498	31.62
11	清华控股有限公司	163	70.25	61	河南豫光金铅集团有限责任公司	490	31.41
12	中国华信能源有限公司	48	70.15	62	弘阳集团有限公司	394	30.77
13	阳光金融控股投资集团有限公司	104	65.35	63	甘肃省建设投资（控股）集团总公司	300	30.61
14	深圳市大生农业集团有限公司	237	64.64	64	中国民生银行股份有限公司	55	30.42
15	中国信达资产管理股份有限公司	168	64.50	65	厦门国贸控股有限公司	115	30.38
16	通威集团有限公司	270	63.77	66	山东渤海实业股份有限公司	428	29.93
17	碧桂园控股有限公司	107	63.71	67	陕西汽车控股集团有限公司	387	29.55
18	中国华融资产管理股份有限公司	164	62.94	68	中国建筑股份有限公司	5	29.50
19	济宁如意投资有限公司	287	62.39	69	深圳市怡亚通供应链股份有限公司	261	29.16
20	河南森源集团有限公司	471	62.28	70	腾讯控股有限公司	109	29.12
21	武汉金融控股（集团）有限公司	356	62.06	71	盛京银行股份有限公司	361	29.05
22	安邦保险股份有限公司	30	60.54	72	上海均和集团有限公司	177	29.03
23	北京金隅集团有限责任公司	204	57.59	73	宁波金田投资控股有限公司	328	28.95
24	前海人寿保险股份有限公司	335	56.54	74	广西投资集团有限公司	135	28.51
25	北京住总集团有限责任公司	311	55.79	75	北京首都开发控股（集团）有限公司	442	28.50
26	万通海欣控股股份有限公司	491	54.10	76	长城汽车股份有限公司	159	28.37
27	上海仪电（集团）有限公司	341	53.97	77	杉杉控股有限公司	372	28.29
28	云南省建设投资控股集团有限公司	183	51.94	78	阳光保险集团股份有限公司	182	28.19
29	新希望集团有限公司	221	51.71	79	浙江吉利控股集团有限公司	78	28.18
30	厦门象屿集团有限公司	130	50.93	80	中天科技集团有限公司	411	27.90
31	浙江省交通投资集团有限公司	172	47.81	81	中国贵州茅台酒厂（集团）有限责任公司	334	27.82
32	远大物产集团有限公司	199	47.79	82	南通四建集团有限公司	315	27.75
33	通鼎集团有限公司	472	46.70	83	云南省投资控股集团有限公司	219	27.16
34	永辉超市股份有限公司	306	44.99	84	华侨城集团公司	275	27.10
35	四川蓝润实业集团有限公司	367	44.88	85	深圳顺丰泰森控股（集团）有限公司	265	26.92
36	山东创新金属科技有限公司	483	43.77	86	广东温氏食品集团股份有限公司	255	26.59
37	万达控股集团有限公司	233	42.86	87	中南控股集团有限公司	236	26.42
38	重庆龙湖企业拓展有限公司	329	41.02	88	精功集团有限公司	452	26.37
39	阿里巴巴集团控股有限公司	103	39.06	89	北京江南投资集团有限公司	403	26.28
40	苏宁控股集团有限公司	31	38.82	90	蓝思科技股份有限公司	388	26.25
41	北京首都旅游集团有限责任公司	336	38.50	91	山西建筑工程（集团）总公司	405	26.10
42	湖南省建筑工程集团总公司	206	38.15	92	安徽江淮汽车集团控股有限公司	280	25.85
43	潍柴控股集团有限公司	155	37.68	93	江铃汽车集团公司	227	25.81
44	中国林业集团公司	218	37.42	94	红豆集团有限公司	284	25.71
45	四川省能源投资集团有限公司	417	36.97	95	中运富通控股集团有限公司	486	25.67
46	新华联集团有限公司	208	36.18	96	北京控股集团有限公司	198	25.62
47	万科企业股份有限公司	67	35.89	97	比亚迪股份有限公司	148	25.62
48	广州医药集团有限公司	171	35.01	98	山东高速集团有限公司	257	25.52
49	北京汽车集团有限公司	34	34.87	99	河北建工集团有限责任公司	482	25.42
50	新疆广汇实业投资（集团）有限责任公司	116	34.64	100	杭州汽轮动力集团有限公司	207	25.30
					中国企业500强平均数		13.38

表 8-19 2017 中国企业 500 强研发费用增长率排序前 100 名企业

排名	企业名称	研发费用增长率/%	排名	企业名称	研发费用增长率/%
1	雪松控股集团有限公司	4772.12	51	江苏国泰国际集团有限公司	67.17
2	中国东方航空集团公司	2839.47	52	山东创新金属科技有限公司	66.67
3	卓尔控股有限公司	1900.00	53	广西投资集团有限公司	65.78
4	广东省广物控股集团有限公司	1586.67	54	宝塔石化集团有限公司	63.41
5	中国旅游集团公司	711.30	55	上海找钢网信息科技股份有限公司	60.15
6	绿地控股集团股份有限公司	565.19	56	阿里巴巴集团控股有限公司	60.07
7	恒丰银行股份有限公司	550.88	57	中国建材集团有限公司	58.67
8	四川省交通投资集团有限责任公司	536.96	58	金澳科技（湖北）化工有限公司	58.26
9	中国南方航空集团公司	498.13	59	杭州钢铁集团公司	57.91
10	广州越秀集团有限公司	477.22	60	正邦集团有限公司	56.90
11	四川省能源投资集团有限责任公司	373.93	61	北京京东世纪贸易有限公司	55.80
12	科创控股集团有限公司	354.53	62	中国平安保险（集团）股份有限公司	55.59
13	浙江省交通投资集团有限公司	307.45	63	中融新大集团有限公司	55.48
14	广州市建筑集团有限公司	282.65	64	山东金诚石化集团有限公司	53.81
15	唐山港陆钢铁有限公司	277.06	65	北京建龙重工集团有限公司	52.86
16	云南锡业集团(控股)有限责任公司	214.80	66	中国南方电网有限责任公司	50.83
17	中国林业集团公司	201.99	67	江阴澄星实业集团有限公司	50.77
18	中国华融资产管理股份有限公司	162.37	68	富海集团有限公司	50.25
19	北京住总集团有限责任公司	156.79	69	南通四建集团有限公司	49.25
20	四川公路桥梁建设集团有限公司	148.22	70	上海钢联电子商务股份有限公司	48.61
21	山西建筑工程(集团)总公司	143.83	71	中国国际技术智力合作公司	47.35
22	中国国电集团公司	137.27	72	泰康保险集团股份有限公司	46.89
23	浙江荣盛控股集团有限公司	131.76	73	陕西汽车控股集团有限公司	45.87
24	北京能源集团有限责任公司	130.74	74	江苏省苏中建设集团股份有限公司	44.88
25	比亚迪股份有限公司	126.25	75	广东省交通集团有限公司	43.76
26	超威电源有限公司	121.87	76	稻花香集团	43.11
27	铜陵有色金属集团控股有限公司	118.39	77	深圳市怡亚通供应链股份有限公司	40.97
28	内蒙古伊利实业集团股份有限公司	114.25	78	陕西延长石油（集团）有限责任公司	40.50
29	云南省投资控股集团有限公司	114.06	79	厦门国贸控股有限公司	39.30
30	申能(集团)有限公司	100.40	80	浙江省能源集团有限公司	38.56
31	云南省能源投资集团有限公司	98.92	81	北京市政路桥集团有限公司	38.14
32	天津中环电子信息集团有限公司	97.44	82	河钢集团有限公司	38.00
33	中国航空集团公司	96.68	83	河南森源集团有限公司	37.76
34	山东能源集团有限公司	95.48	84	中天科技集团有限公司	37.34
35	深圳市飞马国际供应链股份有限公司	93.48	85	中国联合网络通信集团有限公司	36.45
36	安徽建工集团有限公司	91.92	86	远东控股集团有限公司	36.40
37	唯品会（中国）有限公司	91.62	87	九州通医药集团股份有限公司	36.17
38	武安市明芳钢铁有限公司	87.84	88	中国建筑股份有限公司	35.91
39	吉林亚泰(集团)股份有限公司	87.00	89	奇瑞汽车股份有限公司	35.87
40	兖矿集团有限公司	85.66	90	中国华能集团公司	35.78
41	浙江省国际贸易集团有限公司	81.49	91	新疆特变电工集团有限公司	34.89
42	金川集团股份有限公司	76.81	92	万向集团公司	34.55
43	金地(集团)股份有限公司	74.26	93	上海华谊(集团)公司	33.17
44	中国大唐集团公司	73.62	94	中国电子科技集团公司	32.92
45	南山集团有限公司	72.84	95	京东方科技集团股份有限公司	32.87
46	厦门象屿集团有限公司	71.08	96	深圳顺丰泰森控股（集团）有限公司	32.00
47	物产中大集团股份有限公司	70.58	97	广东省广新控股集团有限公司	31.76
48	研祥高科技控股集团有限公司	70.53	98	内蒙古电力（集团）有限责任公司	31.74
49	上海国际港务(集团)股份有限公司	69.21	99	安徽国贸集团控股有限公司	30.31
50	山东黄金集团有限公司	68.93	100	广州汽车工业集团有限公司	30.15
				中国企业 500 强平均数	10.04

第九章
2017 中国制造业企业 500 强数据

表 9–1 2017中国制造业企业500强

名次	企业名称	地区	营业收入/万元	净利润/万元	资产/万元	所有者权益/万元	从业人数/人
1	中国石油化工集团公司	北京	196921982	835693	215939145	74027943	713288
2	上海汽车集团股份有限公司	上海	75641617	3200861	59062814	19192098	94121
3	东风汽车公司	湖北	57261266	940048	41371605	7966608	189795
4	华为投资控股有限公司	广东	52157400	3706600	44363400	14009400	180000
5	中国兵器装备集团公司	北京	47267719	385537	36038210	5217855	232817
6	中国五矿集团公司	北京	43545005	-296753	75981820	3218445	212406
7	中国第一汽车集团公司	吉林	43038158	1601905	38063629	17018278	122323
8	中国兵器工业集团公司	北京	40740610	566689	36929503	9312836	234771
9	北京汽车集团有限公司	北京	40610384	837478	40156360	5585251	131256
10	山东魏桥创业集团有限公司	山东	37318332	808644	21988813	6558731	135393
11	中国航空工业集团公司	北京	37119722	308352	86793318	16918731	495775
12	正威国际集团有限公司	广东	33001920	797135	12790482	6952628	17852
13	中国宝武钢铁集团有限公司	上海	30962102	294162	74168343	24829186	169344
14	联想控股股份有限公司	北京	30695285	485892	32225883	5226616	69324
15	中国化工集团公司	北京	30012718	11908	37764188	2406119	111160
16	河钢集团有限公司	河北	29077196	89088	36038803	5346059	125552
17	中国船舶重工集团公司	北京	28001147	322703	48383030	12362228	182129
18	广州汽车工业集团有限公司	广东	27609981	366673	21034021	2634186	75908
19	中国铝业公司	北京	26758014	-187671	52183078	1855037	124894
20	中国建材集团有限公司	北京	26123339	49485	56446466	4045795	228448
21	恒力集团有限公司	江苏	25164763	545907	9255649	3715737	61400
22	中国中车股份有限公司	北京	22972215	1129559	33831061	10485661	183061
23	新兴际华集团有限公司	北京	22038469	297748	12999010	3186134	65539
24	中国航天科技集团公司	北京	21321012	1326128	38723167	14899705	170357
25	江西铜业集团公司	江西	21045947	13533	11194491	2061867	25757
26	浙江吉利控股集团有限公司	浙江	20879870	840872	20674077	4097082	60712
27	中国航天科工集团公司	北京	20316614	959100	25712283	9488537	145177
28	海尔集团公司	山东	20160868	1667688	17568507	5839676	73065
29	中国电子信息产业集团有限公司	北京	19936460	213860	25417702	3357157	149019
30	中国船舶工业集团公司	北京	19848192	244195	28335396	6368577	68025
31	江苏沙钢集团有限公司	江苏	19838486	233910	16484011	3880848	35133
32	金川集团股份有限公司	甘肃	19313227	-358536	12594538	3199552	32991
33	中国电子科技集团公司	北京	18130792	1070623	24946941	11046109	158128
34	华晨汽车集团控股有限公司	辽宁	17273211	30209	13437742	647639	49791

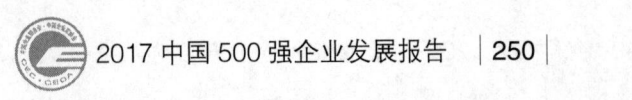

续表

名次	企业名称	地区	营业收入/万元	净利润/万元	资产/万元	所有者权益/万元	从业人数/人
35	美的集团股份有限公司	广东	15984170	1470000	17060000	6110000	120000
36	光明食品（集团）有限公司	上海	15585452	115802	24192979	5336148	148813
37	海亮集团有限公司	浙江	15027109	87119	7113068	1570738	13519
38	铜陵有色金属集团控股有限公司	安徽	14955342	-30062	8352027	1020518	26146
39	万洲国际有限公司	河南	14305682	549401	9458964	4389304	104000
40	中国有色矿业集团有限公司	北京	14095403	-40024	11962401	1379652	55609
41	鞍钢集团公司	辽宁	13925490	-678062	33109220	6098189	155287
42	首钢总公司	北京	13487099	-62581	44610873	10732808	112323
43	陕西有色金属控股集团有限责任公司	陕西	12412110	21456	12246572	2837073	45533
44	天津百利机械装备集团有限公司	天津	12236453	72519	7773026	680299	66612
45	上海医药集团股份有限公司	上海	12076466	319639	8274272	3162255	40852
46	天津渤海轻工投资集团有限公司	天津	11238989	171943	6476478	1981817	30863
47	天津渤海化工集团有限责任公司	天津	11203107	119118	15878962	5104015	35703
48	万向集团公司	浙江	11071835	353141	8406613	2204238	28150
49	珠海格力电器股份有限公司	广东	11011310	1542097	18236971	5386395	71610
50	江苏悦达集团有限公司	江苏	10998658	3821	8867415	816834	40516
51	中国黄金集团公司	北京	10788422	-44937	10312239	1465747	48749
52	协鑫集团有限公司	江苏	10740792	374106	15827086	3274015	29800
53	TCL集团股份有限公司	广东	10647350	160213	14713679	2276489	79561
54	四川长虹电子控股集团有限公司	四川	10475541	47699	7118438	141133	71423
55	比亚迪股份有限公司	广东	10347000	505215	14507078	3031558	193842
56	青山控股集团有限公司	浙江	10286156	183134	3280440	903270	16380
57	山东钢铁集团有限公司	山东	10253696	-447322	26588307	1378024	91275
58	中天钢铁集团有限公司	江苏	10133575	79203	4683145	1638539	13507
59	中兴通讯股份有限公司	广东	10123318	-235742	14164091	2640115	81468
60	潍柴控股集团有限公司	山东	10068582	42384	17993137	405170	79038
61	海信集团有限公司	山东	10033120	524964	10980151	3713116	58250
62	天津中环电子信息集团有限公司	天津	10008770	383680	8659253	4344080	52067
63	安徽海螺集团有限责任公司	安徽	9865157	305230	11511928	2794124	50401
64	长城汽车股份有限公司	河北	9861570	1055116	9230916	4729480	71617
65	上海电气（集团）总公司	上海	9780429	125493	22223353	3292784	47630
66	东岭集团股份有限公司	陕西	9640568	50300	3180253	606516	10830
67	超威电源有限公司	浙江	9565364	71104	1162467	441712	19120
68	南山集团有限公司	山东	9361599	523017	11327614	4890360	46471
69	海澜集团有限公司	江苏	9330467	413326	8813421	7119068	32000

名次	企业名称	地区	营业收入/万元	净利润/万元	资产/万元	所有者权益/万元	从业人数/人
70	天能电池集团有限公司	浙江	9296773	84181	1217258	358921	18110
71	山东东明石化集团有限公司	山东	8868932	106367	2267691	762074	4967
72	盛虹控股集团有限公司	江苏	8804037	73822	7760063	1144416	27935
73	广州医药集团有限公司	广东	8782570	77912	4396455	492487	36899
74	浙江荣盛控股集团有限公司	浙江	8687536	123995	6408806	1341540	8923
75	湖南华菱钢铁集团有限责任公司	湖南	8367017	60658	13023921	2124251	32131
76	酒泉钢铁（集团）有限责任公司	甘肃	8131043	126837	10991611	2215196	33185
77	大冶有色金属集团控股有限公司	湖北	8080187	4251	3056950	791513	13932
78	本钢集团有限公司	辽宁	8005209	-9442	14298768	3017750	72830
79	紫金矿业集团股份有限公司	福建	7885114	183980	8921770	2776247	23698
80	湖北宜化集团有限责任公司	湖北	7809035	-4155	7056822	937155	38433
81	徐州工程机械集团有限公司	江苏	7711016	6707	9048526	1382902	24283
82	浙江恒逸集团有限公司	浙江	7520307	27441	3795853	702641	6637
83	复星国际有限公司	上海	7396656	1026819	48677948	12287383	53000
84	山东晨鸣纸业集团股份有限公司	山东	7388933	206399	8228535	2221881	12986
85	山东黄金集团有限公司	山东	7318995	3062	8599990	1315539	26353
86	北京金隅集团有限责任公司	北京	7294299	136917	21210031	1737089	59803
87	河北津西钢铁集团股份有限公司	河北	7282800	127892	3730050	1228537	11158
88	杭州汽轮动力集团有限公司	浙江	7190052	11619	3593132	665511	5625
89	新华联集团有限公司	北京	7189858	161944	11534623	2431207	58916
90	太原钢铁（集团）有限公司	山西	7060767	88369	12972509	3314043	41689
91	四川省宜宾五粮液集团有限公司	四川	7030824	720812	9562847	6511751	43692
92	杭州钢铁集团公司	浙江	7019038	72338	5894626	1096401	14254
93	河北新华联合冶金控股集团有限公司	河北	7007209	284948	5690849	2557810	13601
94	中国重型汽车集团有限公司	山东	7002988	186472	12272753	3320943	36176
95	京东方科技集团股份有限公司	北京	6889566	188257	20513501	7869999	49151
96	新希望集团有限公司	四川	6855885	286285	11453150	1871201	65407
97	华泰集团有限公司	山东	6670596	107524	3195341	711371	10681
98	江铃汽车集团公司	江西	6533798	129195	5257932	847514	38640
99	山东大海集团有限公司	山东	6526700	466182	3126706	1534999	6820
100	中融新大集团有限公司	山东	6511716	4695334	14026915	6520873	11000
101	无锡产业发展集团有限公司	江苏	6435255	21612	5948116	547612	25132
102	万达控股集团有限公司	山东	6423524	131068	5880394	980556	14937
103	三一集团有限公司	湖南	6375794	-165726	10483746	2328743	19922
104	科创控股集团有限公司	四川	6367282	276210	6036720	4298879	22900

续表

名次	企业名称	地区	营业收入/万元	净利润/万元	资产/万元	所有者权益/万元	从业人数/人
105	正邦集团有限公司	江西	6201286	129460	1401500	537562	39350
106	云天化集团有限责任公司	云南	6198203	-191907	9348446	775589	22474
107	北京建龙重工集团有限公司	北京	6133018	33321	8856343	1662314	37959
108	奥克斯集团有限公司	浙江	6123523	115031	4622671	1417352	21136
109	利华益集团股份有限公司	山东	6111605	137947	3117570	1082154	4029
110	上海华谊（集团）公司	上海	6106332	25354	6348207	1433688	23247
111	唐山瑞丰钢铁（集团）有限公司	河北	6105549	89889	1346775	539872	12388
112	内蒙古伊利实业集团股份有限公司	内蒙古自治区	6060922	566181	3926227	2308177	54983
113	宁夏天元锰业有限公司	宁夏回族自治区	6001122	246124	5413204	1460722	20062
114	杭州锦江集团有限公司	浙江	5938616	64585	6034110	1167933	11400
115	广东温氏食品集团股份有限公司	广东	5935524	1178988	4143815	3046089	49314
116	河北敬业集团	河北	5866736	101788	2723645	1148164	22500
117	亨通集团有限公司	江苏	5863268	41489	4502151	851322	17097
118	江阴澄星实业集团有限公司	江苏	5814481	47951	2766303	737260	5533
119	天津荣程祥泰投资控股集团有限公司	天津	5800017	39147	1352260	688458	6339
120	雅戈尔集团股份有限公司	浙江	5633399	330227	8023751	2352688	42258
121	通威集团有限公司	四川	5617826	115379	2951853	1161686	24216
122	白银有色集团股份有限公司	甘肃	5594960	25152	4442132	1112209	16268
123	马钢（集团）控股有限公司	安徽	5441197	16675	8594298	1461546	45123
124	安徽江淮汽车集团控股有限公司	安徽	5316976	35994	5176726	401798	36366
125	山东京博控股股份有限公司	山东	5310336	168223	2763200	626599	11590
126	盾安控股集团有限公司	浙江	5256893	75668	6165787	1231013	19000
127	红豆集团有限公司	江苏	5252176	107259	3780255	1517822	20069
128	济宁如意投资有限公司	山东	5192988	164046	5276326	737903	30132
129	中国国际海运集装箱（集团）股份有限公司	广东	5111165	53966	12461475	2928597	51299
130	正泰集团股份有限公司	浙江	5104068	147485	4973648	986256	30010
131	冀南钢铁集团有限公司	河北	5086746	86928	2256861	804642	8860
132	山东海科化工集团有限公司	山东	5083216	81115	2108905	314999	3433
133	稻花香集团	湖北	5056186	19477	2265126	208818	19098
134	中联重科股份有限公司	湖南	5026920	-93370	8914102	3681356	15154
135	南京钢铁集团有限公司	江苏	5019681	61071	4299718	1045199	11423
136	新疆特变电工集团有限公司	新疆维吾尔自治区	5011487	238056	9421611	2927787	21208
137	山东招金集团有限公司	山东	4964211	8865	4852382	530138	14116
138	江苏三房巷集团有限公司	江苏	4887241	20723	2226599	918051	7859
139	昆明钢铁控股有限公司	云南	4841481	-69248	6010718	1348289	17982

名次	企业名称	地区	营业收入/万元	净利润/万元	资产/万元	所有者权益/万元	从业人数/人
140	广西柳州钢铁集团有限公司	广西壮族自治区	4777764	59730	4044355	964549	17212
141	亚邦投资控股集团有限公司	江苏	4736603	173712	2903410	1275772	19165
142	云南锡业集团(控股)有限责任公司	云南	4716186	-217091	5305363	20038	26650
143	宝塔石化集团有限公司	宁夏回族自治区	4697635	78625	6853812	2110576	15000
144	德力西集团有限公司	浙江	4661352	107556	1683383	566050	20087
145	江苏华西集团有限公司	江苏	4621086	15195	5330053	1341819	20300
146	杭州娃哈哈集团有限公司	浙江	4559165	542137	3232224	2294091	26442
147	宁波金田投资控股有限公司	浙江	4503056	1093	887133	118293	4556
148	山东太阳控股集团有限公司	山东	4417759	111222	2833861	799054	12392
149	中国贵州茅台酒厂(集团)有限责任公司	贵州	4389956	1271350	13972979	7492856	30486
150	中国恒天集团有限公司	北京	4345555	11468	8290206	1014307	43085
151	四川省川威集团有限公司	四川	4242071	-90888	4081909	182985	13191
152	上海仪电(集团)有限公司	上海	4220131	94777	9492146	997190	13841
153	百丽国际控股有限公司	广东	4170650	240340	3174500	2647410	116810
154	双胞胎(集团)股份有限公司	江西	4127454	10345	843832	103451	7100
155	四川科伦实业集团有限公司	四川	4017468	95772	2707004	1174246	23046
156	重庆化医控股(集团)公司	重庆	4013423	6036	7669895	1065284	29050
157	日照钢铁控股集团有限公司	山东	3933027	94114	8374558	1491410	13754
158	深圳光汇石油集团股份有限公司	广东	3923023	16941	3454434	1428826	1273
159	天津纺织集团(控股)有限公司	天津	3921058	8119	2130981	475298	6505
160	嘉晨集团有限公司	辽宁	3918000	93523	3087707	2221977	11061
161	浙江桐昆控股集团有限公司	浙江	3913421	53631	2372475	385573	14840
162	隆鑫控股有限公司	重庆	3912830	60390	6488717	1005287	20875
163	华勤橡胶工业集团有限公司	山东	3892165	52304	1621624	670453	8150
164	包头钢铁(集团)有限责任公司	内蒙古自治区	3810735	-438635	16671069	602300	52703
165	杉杉控股有限公司	浙江	3806650	71467	4090389	674900	6658
166	人民电器集团有限公司	浙江	3796752	155234	995100	714596	22800
167	重庆力帆控股有限公司	重庆	3788098	72724	5831442	1320822	16026
168	太极集团有限公司	重庆	3787662	43706	1145747	210427	12471
169	郑州宇通集团有限公司	河南	3768502	268750	4826731	1027906	18952
170	安阳钢铁集团有限责任公司	河南	3729747	-2736	4262042	376891	24737
171	山东金诚石化集团有限公司	山东	3713878	119438	613043	551419	2000
172	东营鲁方金属材料有限公司	山东	3711216	104784	1159174	508458	2426
173	中国东方电气集团有限公司	四川	3703684	-90821	10434975	1304304	22302
174	山东金岭集团有限公司	山东	3689740	155830	1099400	664042	3990

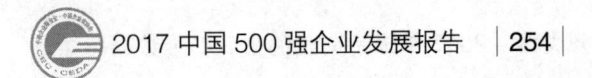

名次	企业名称	地区	营业收入/万元	净利润/万元	资产/万元	所有者权益/万元	从业人数/人
175	陕西汽车控股集团有限公司	陕西	3681227	−684	4731175	351182	25385
176	蓝思科技股份有限公司	湖南	3678231	132784	4594395	2061922	74174
177	山东胜通集团股份有限公司	山东	3673659	402922	2636256	1513936	7600
178	江苏阳光集团有限公司	江苏	3650624	198345	2255790	1171441	17538
179	吉林亚泰(集团)股份有限公司	吉林	3620366	15193	5192332	1148630	24905
180	山东玉皇化工有限公司	山东	3572264	92849	2449581	908181	5322
181	三河汇福粮油集团有限公司	河北	3568714	55156	1495250	317601	3000
182	山东时风(集团)有限责任公司	山东	3557631	120116	998081	751717	19192
183	西部矿业集团有限公司	青海	3555080	2450	4822762	361422	8866
184	武安市明芳钢铁有限公司	河北	3536800	152450	1768400	801890	8230
185	河北普阳钢铁有限公司	河北	3535037	126469	1391494	785031	7016
186	深圳创维—RGB电子有限公司	广东	3531884	172205	3505113	1001280	25516
187	天瑞集团股份有限公司	河南	3500265	116963	7235002	3578752	16830
188	老凤祥股份有限公司	上海	3496378	105749	1405613	506143	2656
189	天津市医药集团有限公司	天津	3486658	157407	7695478	3115407	20486
190	云南冶金集团股份有限公司	云南	3485323	−308941	8366277	658742	28102
191	中天科技集团有限公司	江苏	3450692	57900	2200049	494410	12318
192	旭阳控股有限公司	北京	3426205	42543	3000403	472784	5474
193	西王集团有限公司	山东	3402859	34351	4700503	1199755	16000
194	威高集团有限公司	山东	3361631	345309	3325962	2178061	20000
195	四川德胜集团钒钛有限公司	四川	3356070	2658	2637067	834471	10042
196	天狮集团有限公司	天津	3354195	301878	1539817	1282035	4872
197	河北新金钢铁有限公司	河北	3322398	80769	1206564	538680	5444
198	哈尔滨电气集团公司	黑龙江	3319688	2075	7042732	1244587	21819
199	传化集团有限公司	浙江	3304487	49445	4001107	955083	13528
200	晶龙实业集团有限公司	河北	3302668	110656	3714794	1855844	20550
201	山东渤海实业股份有限公司	山东	3298192	39890	1778532	252927	3668
202	奇瑞汽车股份有限公司	安徽	3296370	61484	7790968	1942235	15527
203	湖南博长控股集团有限公司	湖南	3293320	23410	1004695	184640	7528
204	常州天合光能有限公司	江苏	3291603	115996	3643636	1094673	13270
205	杭州华东医药集团有限公司	浙江	3276899	251337	2260105	1234331	10836
206	远东控股集团有限公司	江苏	3272223	31318	2276948	365514	10098
207	江苏新长江实业集团有限公司	江苏	3272177	88122	2595446	865769	8460
208	富海集团有限公司	山东	3254717	114719	1788703	639124	3650
209	唐山港陆钢铁有限公司	河北	3251190	66137	1582078	650809	7540

续表

名次	企业名称	地区	营业收入/万元	净利润/万元	资产/万元	所有者权益/万元	从业人数/人
210	维维集团股份有限公司	江苏	3250593	172710	2136545	1539229	20235
211	东营方圆有色金属有限公司	山东	3222246	99200	1880188	924502	1078
212	研祥高科技控股集团有限公司	广东	3220692	277378	2829941	1661230	5000
213	河南豫联能源集团有限责任公司	河南	3214676	-24641	2648341	-705	13357
214	精功集团有限公司	浙江	3151099	68698	4450445	814681	14844
215	沂州集团有限公司	山东	3150593	5712	1128447	357427	4763
216	广西玉柴机器集团有限公司	广西	3137203	60995	3442348	1181086	19465
217	法尔胜泓昇集团有限公司	江苏	3127327	53672	1936334	542292	9159
218	宁波富邦控股集团有限公司	浙江	3126715	39696	4157684	531673	8503
219	江苏华宏实业集团有限公司	江苏	3126550	21423	1030812	422900	3800
220	武安市文安钢铁有限公司	河北	3125288	70032	845084	766435	5048
221	新余钢铁集团有限公司	江西	3118939	17547	3214515	558331	24414
222	华芳集团有限公司	江苏	3118321	29769	959421	488906	12457
223	金浦投资控股集团有限公司	江苏	3108086	29938	1983538	368590	9500
224	天津友发钢管集团股份有限公司	天津	3101112	52342	619234	244562	8423
225	武安市裕华钢铁有限公司	河北	3096007	164570	1865265	1019570	10893
226	金澳科技（湖北）化工有限公司	湖北	3094425	60726	598561	290904	3580
227	河南森源集团有限公司	河南	3078635	61699	2775996	873751	9058
228	洪业化工集团股份有限公司	山东	3061252	172315	2482588	1038105	8900
229	波司登股份有限公司	江苏	3057110	234069	2598687	1563820	23880
230	中科电力装备集团有限公司	安徽	3056449	10959	971605	92123	3518
231	重庆机电控股（集团）公司	重庆	3052260	69600	4131343	1046272	28777
232	双良集团有限公司	江苏	3034234	27515	2833676	749777	5009
233	华仪集团有限公司	浙江	3028480	77408	2120372	434428	13474
234	北京二商集团有限责任公司	北京	3024847	31172	1712821	475102	14517
235	卧龙控股集团有限公司	浙江	3024640	102312	2560416	640337	16183
236	宜昌兴发集团有限责任公司	湖北	3023534	2787	2948195	351432	9557
237	山东创新金属科技有限公司	山东	3008543	56502	1476070	148234	6500
238	福建省三钢（集团）有限责任公司	福建	2984761	35464	2646638	662014	16654
239	广州万宝集团有限公司	广东	2964384	13474	1985627	263978	15280
240	河南豫光金铅集团有限责任公司	河南	2953921	-728	1844154	105125	6095
241	万通海欣控股股份有限公司	山东	2936853	133381	3015174	1067302	3000
242	金东纸业（江苏）股份有限公司	江苏	2902996	130870	6362560	1840377	8509
243	重庆轻纺控股（集团）公司	重庆	2886586	26930	2895263	607452	23563
244	澳洋集团有限公司	江苏	2881541	47867	1538801	324252	11066

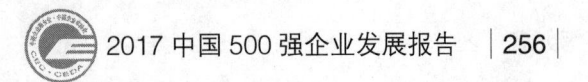

续表

名次	企业名称	地区	营业收入/万元	净利润/万元	资产/万元	所有者权益/万元	从业人数/人
245	广西盛隆冶金有限公司	广西壮族自治区	2859460	70214	1823683	697126	8000
246	凌源钢铁集团有限责任公司	辽宁	2823918	-33822	3017883	456902	11122
247	富通集团有限公司	浙江	2806686	121013	2083863	784529	6753
248	永锋集团有限公司	山东	2800149	54561	2108584	328392	8023
249	山东泰山钢铁集团有限公司	山东	2744965	65461	1385780	313391	8249
250	新疆中泰（集团）有限责任公司	新疆维吾尔自治区	2739692	32580	5369382	371451	21674
251	广东海大集团股份有限公司	广东	2718531	88581	1028789	564959	12497
252	江苏扬子江船业集团公司	江苏	2687254	244054	9355376	3221108	20977
253	深圳欧菲光科技股份有限公司	广东	2674642	71883	2343418	804057	27139
254	东辰控股集团有限公司	山东	2661065	237992	1524585	1068948	2053
255	新疆金风科技股份有限公司	新疆维吾尔自治区	2639583	300298	6443717	1997615	6981
256	万基控股集团有限公司	河南	2617687	24179	2748684	109441	12694
257	青岛啤酒股份有限公司	山东	2610634	104349	3007716	1631395	43228
258	天士力控股集团有限公司	天津	2601664	41980	4921191	535793	20325
259	万丰奥特控股集团有限公司	浙江	2581805	193239	2013973	828419	11382
260	武汉邮电科学研究院	湖北	2575409	23156	4060240	676526	23587
261	红狮控股集团有限公司	浙江	2563750	197003	3118271	980544	10233
262	新疆天业（集团）有限公司	新疆维吾尔自治区	2561082	17364	3813444	685402	16187
263	巨化集团公司	浙江	2524622	12853	2910349	548190	17125
264	香驰控股有限公司	山东	2512189	63979	1220357	166236	3000
265	浙江富冶集团有限公司	浙江	2493021	27620	803041	248851	2194
266	江苏三木集团有限公司	江苏	2452757	88839	1489021	744192	6212
267	滨化集团公司	山东	2441289	89081	1523634	785110	5000
268	苏州创元投资发展（集团）有限公司	江苏	2417853	-58714	2534820	672086	16426
269	河北诚信有限责任公司	河北	2401586	143618	978786	776250	8109
270	广西农垦集团有限责任公司	广西	2366418	54850	4912643	1107252	61330
271	山东清源集团有限公司	山东	2365892	78831	1769761	682074	5300
272	山东汇丰石化集团有限公司	山东	2345983	31970	1095832	268792	1947
273	泸州老窖集团有限责任公司	四川	2327321	120448	16036973	775966	24153
274	天津食品集团有限公司	天津	2323756	35101	3528880	1003855	11603
275	石药控股集团有限公司	河北	2323049	218822	2687634	1281419	19168
276	山东垦利石化集团有限公司	山东	2322381	14336	1851060	189190	3143
277	山东鲁花集团有限公司	山东	2310185	198226	1193093	667275	17505
278	森马集团有限公司	浙江	2301896	34551	2519847	995196	3528
279	江西萍钢实业股份有限公司	江西	2295716	103126	2725355	941905	14189

续表

名次	企业名称	地区	营业收入/万元	净利润/万元	资产/万元	所有者权益/万元	从业人数/人
280	华峰集团有限公司	浙江	2293739	58830	3020396	593343	10014
281	纳爱斯集团有限公司	浙江	2273322	118820	1626482	1458743	15860
282	宜华企业（集团）有限公司	广东	2263630	82400	4369525	1531382	50000
283	云南白药集团股份有限公司	云南	2241065	291988	2458665	1572567	8396
284	晶科能源控股有限公司	江西	2235000	182670	2609064	646071	16920
285	升华集团控股有限公司	浙江	2222589	36146	1051915	377968	5011
286	北京顺鑫控股集团有限公司	北京	2211422	926	2831541	466761	8198
287	厦门金龙汽车集团股份有限公司	福建	2182796	-71859	2518992	356793	15967
288	江苏新华发集团有限公司	江苏	2181139	5286	1211456	90933	1000
289	浙江龙盛控股有限公司	浙江	2168761	214326	4176396	1608222	6426
290	康美药业股份有限公司	广东	2164232	334040	5482389	2911557	9579
291	维科控股集团股份有限公司	浙江	2141443	41042	1202963	117806	7251
292	山东寿光鲁清石化有限公司	山东	2123241	91371	1126539	498479	1499
293	广东格兰仕集团有限公司	广东	2119679	11266	1534466	482283	22231
294	河北兴华钢铁有限公司	河北	2113749	72528	834943	52330	5200
295	东旭集团有限公司	河北	2108986	78205	13737464	2452472	15543
296	四川九洲电器集团有限责任公司	四川	2101935	50170	2127735	575712	13810
297	中策橡胶集团有限公司	浙江	2078128	84999	2339971	746105	21683
298	正和集团股份有限公司	山东	2065221	27995	703313	274849	2022
299	江苏大明金属制品有限公司	江苏	2055225	34441	782900	164225	3846
300	山东博汇集团有限公司	山东	2028155	70946	2936326	1008136	13507
301	广州钢铁企业集团有限公司	广东	2012144	203684	1804831	429190	1927
302	广西汽车集团有限公司	广西壮族自治区	2012022	58073	1850211	535023	16936
303	烟台恒邦集团有限公司	山东	1982655	9660	1859042	247115	6748
304	三环集团有限公司	湖北	1940223	6856	2142881	554080	20365
305	四川省宜宾普什集团有限公司	四川	1925415	47306	1976814	793973	10689
306	江苏新潮科技集团有限公司	江苏	1923671	176	3077123	41060	21938
307	三花控股集团有限公司	浙江	1920315	54965	1484757	668550	8292
308	广州立白企业集团有限公司	广东	1915306	124945	1607776	1008983	10399
309	宗申产业集团有限公司	重庆	1897603	39064	1718101	314726	16296
310	唐山三友集团有限公司	河北	1896859	7325	2235033	339950	17224
311	河南神火集团有限公司	河南	1872491	80570	5597860	164148	30474
312	宁波均胜电子股份有限公司	浙江	1855241	45369	3723257	1270341	24075
313	福星集团控股有限公司	湖北	1849741	14570	4959099	419511	7017
314	得力集团有限公司	浙江	1849241	64735	1253646	405650	11024

续表

名次	企业名称	地区	营业收入/万元	净利润/万元	资产/万元	所有者权益/万元	从业人数/人
315	重庆银翔实业集团有限公司	重庆	1821637	32893	2416420	266966	13580
316	唐山国丰钢铁有限公司	河北	1820481	64758	1646828	575695	9472
317	奥康集团有限公司	浙江	1818022	114309	724244	405321	16422
318	花园集团有限公司	浙江	1805068	206688	1834973	767595	13272
319	金发科技股份有限公司	广东	1799085	73729	2025884	965098	6717
320	山东金茂纺织化工集团有限公司	山东	1795827	105045	1576706	683124	1800
321	兴达投资集团有限公司	江苏	1795205	55895	724902	457418	930
322	三鼎控股集团有限公司	浙江	1775057	85229	2355200	985492	15000
323	华立集团股份有限公司	浙江	1765535	20815	1767970	220227	11149
324	美锦能源集团有限公司	山西	1756734	109406	6082178	3090876	16800
325	巨星控股集团有限公司	浙江	1756344	41835	1281907	406594	6890
326	山东中海化工集团有限公司	山东	1750532	78646	407339	93820	1512
327	新凤鸣集团股份有限公司	浙江	1747699	73156	862083	310816	7331
328	兴惠化纤集团有限公司	浙江	1715933	43636	722193	325455	2565
329	重庆小康控股有限公司	重庆	1708261	3274	2567109	226984	11667
330	浙江东南网架集团有限公司	浙江	1671560	29800	1934726	598108	10100
331	天津华北集团有限公司	天津	1656892	520095	928567	520095	704
332	河北冠丰冶金工业有限公司	河北	1654491	66228	878253	504131	6005
333	鲁丽集团有限公司	山东	1652662	61824	1034046	459489	4800
334	中国西电集团公司	陕西	1645666	48682	3924402	1299617	21327
335	上海胜华电缆（集团）有限公司	上海	1639480	9145	680791	152992	4810
336	大亚科技集团有限公司	江苏	1610856	15471	1061799	133936	8262
337	金猴集团有限公司	山东	1606596	35127	506703	226439	4001
338	重庆万达薄板有限公司	重庆	1595073	52721	654534	206706	2398
339	诸城外贸有限责任公司	山东	1572054	59239	1973294	734397	6989
340	华鲁控股集团有限公司	山东	1554980	33362	2832416	449122	17070
341	利时集团股份有限公司	浙江	1552607	40759	1059812	526652	5617
342	沈阳机床（集团）有限责任公司	辽宁	1550430	-73671	3717118	148493	17688
343	红太阳集团有限公司	江苏	1546613	11022	2159088	250127	6676
344	梦金园黄金珠宝集团有限公司	天津	1518687	9730	192236	48208	1737
345	重庆市博赛矿业（集团）有限公司	重庆	1518379	23497	804176	438142	7076
346	浙江富春江通信集团有限公司	浙江	1517444	26459	1219253	342976	4100
347	宁波申洲针织有限公司	浙江	1509908	294767	2181606	1509294	73200
348	深圳市中金岭南有色金属股份有限公司	广东	1508565	32323	1696911	768242	10120
349	齐鲁制药有限公司	山东	1503569	341420	2022254	1645804	11837

续表

名次	企业名称	地区	营业收入/万元	净利润/万元	资产/万元	所有者权益/万元	从业人数/人
350	广博控股集团有限公司	浙江	1492421	16632	1579109	360990	4030
351	浙江协和集团有限公司	浙江	1490221	23140	648716	81264	1392
352	山东淄博傅山企业集团有限公司	山东	1487241	13092	634706	293458	7502
353	山东恒源石油化工股份有限公司	山东	1484967	92277	682322	274375	1688
354	宁波博洋控股集团有限公司	浙江	1478811	21567	477321	65865	5622
355	浙江元立金属制品集团有限公司	浙江	1476095	10840	1039542	160038	15000
356	人本集团有限公司	浙江	1461382	26861	1004989	296717	18836
357	舜宇集团有限公司	浙江	1460016	130702	1174180	502839	20155
358	桂林力源粮油食品集团有限公司	广西壮族自治区	1455634	24842	350737	116443	4100
359	哈药集团有限公司	黑龙江	1442964	40847	1743146	555710	18829
360	天津恒兴集团有限公司	天津	1438973	50697	644373	475998	700
361	安徽蓝德集团股份有限公司	安徽	1434054	17146	1414204	561874	1530
362	山东科瑞控股集团有限公司	山东	1433286	190933	2529515	1332702	8211
363	江西济民可信集团有限公司	江西	1428196	56997	474117	342120	9580
364	海马汽车集团股份有限公司	海南	1423927	23023	1819812	750154	9614
365	天洁集团有限公司	浙江	1417519	49161	829179	442857	1251
366	农夫山泉股份有限公司	浙江	1413864	253888	1266108	814053	8608
367	武安市广耀铸业有限公司	河北	1373476	145224	236612	183224	2998
368	济源市万洋冶炼（集团）有限公司	河南	1370500	31556	530327	212662	3150
369	河北安丰钢铁有限公司	河北	1356652	56474	803715	244814	9725
370	广州无线电集团有限公司	广东	1356320	49280	3109293	701243	37165
371	安徽中鼎控股（集团）股份有限公司	安徽	1354673	49136	1472406	466292	13928
372	华新水泥股份有限公司	湖北	1352576	45194	2742675	999486	14942
373	铭源控股集团有限公司	辽宁	1348254	45242	772097	280715	773
374	江西博能实业集团有限公司	江西	1339198	21980	1302500	438637	2860
375	浙江大华技术股份有限公司	浙江	1332909	182520	1536640	823701	11032
376	山东亨圆铜业有限公司	山东	1283100	37906	231028	162462	237
377	胜达集团有限公司	浙江	1280618	68500	843206	500379	3850
378	万华化学（宁波）有限公司	浙江	1268058	186150	1480007	758703	1100
379	山东联盟化工集团有限公司	山东	1261169	25852	850285	414260	6866
380	杭州诺贝尔集团有限公司	浙江	1254158	8070	1460416	344558	6345
381	天津市建筑材料集团（控股）有限公司	天津	1253601	5215	1416187	256512	5004
382	海天塑机集团有限公司	浙江	1241719	172057	2239562	1067478	7868
383	天津宝迪农业科技股份有限公司	天津	1234125	-99820	1714935	893259	2611
384	人福医药集团股份有限公司	湖北	1233095	83240	2642754	1004120	13030

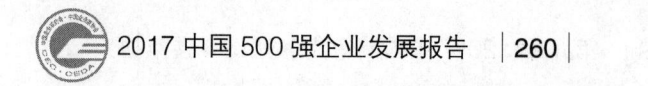

续表

名次	企业名称	地区	营业收入/万元	净利润/万元	资产/万元	所有者权益/万元	从业人数/人
385	振石控股集团有限公司	浙江	1230545	93299	1656016	603612	3581
386	浙江天圣控股集团有限公司	浙江	1228908	75657	275691	92636	1867
387	安徽淮海实业发展集团有限公司	安徽	1222634	-4802	846113	155288	8228
388	河南金利金铅集团有限公司	河南	1217706	24769	503318	139516	2265
389	安徽山鹰纸业股份有限公司	安徽	1213481	35280	2004893	837653	8817
390	湘电集团有限公司	湖南	1211097	-5476	2643472	60194	11324
391	天津源泰德润钢管制造集团有限公司	天津	1206247	16850	202129	119436	1765
392	东凌控股有限公司	广东	1201909	9902	1316374	307579	3101
393	河南济源钢铁（集团）有限公司	河南	1200643	42213	996186	290389	6302
394	石家庄常山纺织集团有限责任公司	河北	1196166	4937	1442265	223120	5378
395	邯郸市正大制管有限公司	河北	1190353	82940	250001	129946	2578
396	辽宁禾丰牧业股份有限公司	辽宁	1187058	42698	516947	300617	5230
397	河北鑫海化工集团有限公司	河北	1185141	21368	480166	102029	1200
398	辛集市澳森钢铁有限公司	河北	1174123	46938	929141	617733	5629
399	合肥鑫晟光电科技有限公司	安徽	1168578	45296	3552756	2093546	7236
400	致达控股集团有限公司	上海	1157162	18815	1492115	364975	4255
401	攀枝花钢城集团有限公司	四川	1154650	-391205	1054319	-306153	8463
402	北京时尚控股有限责任公司	北京	1152882	8381	1786932	669853	9985
403	富丽达集团控股有限公司	浙江	1140568	37281	1914786	292840	6202
404	星星集团有限公司	浙江	1130919	6522	2251728	247386	23823
405	山东荣信煤化有限责任公司	山东	1123478	31962	349525	168932	2011
406	三角集团有限公司	山东	1122194	60813	1481649	570611	7323
407	兴源轮胎集团有限公司	山东	1115533	56148	1070719	584621	5600
408	大连冰山集团有限公司	辽宁	1112591	47565	1235870	617284	11252
409	河北天柱钢铁集团有限公司	河北	1109113	46658	600733	46658	4786
410	湖北东圣化工集团有限公司	湖北	1108115	32918	299922	166489	1800
411	奥盛集团有限公司	上海	1107133	27189	650794	432095	1395
412	玲珑集团有限公司	山东	1105037	107598	2213523	924368	13057
413	湖南金龙国际铜业有限公司	湖南	1098579	4456	71011	38425	283
414	得利斯集团有限公司	山东	1096713	8873	899761	123376	6602
415	普联技术有限公司	广东	1094206	338522	1170696	1003769	13030
416	江苏江润铜业有限公司	江苏	1092684	6741	217143	88459	164
417	广州电气装备集团有限公司	广东	1091906	71400	985641	449899	10751
418	唐人神集团股份有限公司	湖南	1088414	20102	473321	252685	4866
419	即发集团有限公司	山东	1051031	26096	629907	338942	21006

名次	企业名称	地区	营业收入/万元	净利润/万元	资产/万元	所有者权益/万元	从业人数/人
420	广西柳工集团有限公司	广西壮族自治区	1043575	-16557	2857457	351098	13079
421	浙江永利实业集团有限公司	浙江	1042442	60287	1960161	1142790	3150
422	江苏上上电缆集团有限公司	江苏	1040388	36400	429609	381424	3344
423	青海盐湖工业股份有限公司	青海	1036413	34126	8294588	2452446	17776
424	精工控股集团有限公司	浙江	1029553	12315	2311468	404051	10014
425	华盛江泉集团有限公司	山东	1026215	—	2024833	-55741	7752
426	潍坊特钢集团有限公司	山东	1022610	15146	772419	308905	5770
427	龙大食品集团有限公司	山东	1021239	19826	485525	176346	6671
428	北方重工集团有限公司	辽宁	1012106	5749	1917001	314265	10258
429	广西洋浦南华糖业集团股份有限公司	广西壮族自治区	1011938	40125	1697900	546454	15881
430	兰州兰石集团有限公司	甘肃	1010376	80918	2795458	722326	9478
431	卫华集团有限公司	河南	1008697	41684	702447	209859	5680
432	庆铃汽车（集团）有限公司	重庆	1002388	25725	1391133	616520	5472
433	江苏西城三联控股集团有限公司	江苏	990112	-2680	498802	-196411	2530
434	中国四联仪器仪表集团有限公司	重庆	989223	15836	1931425	181613	10525
435	山东胜利明珠集团有限公司	山东	988250	94234	802600	572187	1600
436	浙江海正药业股份有限公司	浙江	973342	-9443	2075827	675516	9441
437	中国庆华能源集团有限公司	北京	965338	-181058	6996935	1158215	10800
438	杭州金鱼电器集团有限公司	浙江	956485	8385	648063	49065	7378
439	浙江古纤道新材料股份有限公司	浙江	940831	26596	1283878	417320	2055
440	浙江富陵控股集团有限公司	浙江	923996	26216	911900	234484	1005
441	浙江栋梁新材股份有限公司	浙江	918347	6974	165842	138280	1217
442	澳柯玛股份有限公司	山东	916055	2396	753399	176232	6722
443	江南集团有限公司	江苏	911123	52987	1246562	529709	3782
444	金海重工股份有限公司	浙江	908030	3948	3006494	1305779	3851
445	江苏海达科技集团有限公司	江苏	903751	22529	811309	357344	4105
446	沈阳远大企业集团	辽宁	883121	16708	1955697	684247	10372
447	江苏倪家巷集团有限公司	江苏	881650	11177	564854	268845	4439
448	长丰集团有限责任公司	湖南	877820	15565	1512218	209978	6150
449	重庆钢铁（集团）有限责任公司	重庆	876546	-244058	5731891	604587	20210
450	江苏隆力奇集团有限公司	江苏	872983	1458	547218	105237	4998
451	波鸿集团有限公司	四川	870009	22824	1071328	68333	6168
452	中国华录集团有限公司	辽宁	869359	18789	2016678	494748	6127
453	江阴模塑集团有限公司	江苏	861839	50740	910107	252800	6312
454	景德镇市焦化工业集团有限责任公司	江西	857991	-4166	1647632	243584	10201

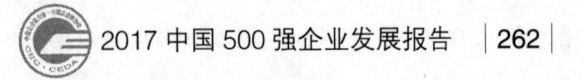

续表

名次	企业名称	地区	营业收入/万元	净利润/万元	资产/万元	所有者权益/万元	从业人数/人
455	天津市静海县宝来工贸有限公司	天津	856491	21526	130321	113904	1283
456	北京君诚实业投资集团有限公司	北京	849430	555	209565	24588	1254
457	秦皇岛宏兴钢铁有限公司	河北	849147	39471	487551	286474	5346
458	湖南安石企业（集团）有限公司	湖南	847383	12131	592068	249360	2318
459	杭州东华链条集团有限公司	浙江	845499	21992	632801	332664	6898
460	泰富重装集团有限公司	湖南	840921	54428	1028917	432202	2215
461	劲牌有限公司	湖北	836547	197106	2221804	1164559	5052
462	上海紫江企业集团股份有限公司	上海	835601	22389	1083281	425823	7307
463	湖北新洋丰肥业股份有限公司	湖北	827634	56309	788901	518566	6763
464	广州视源电子科技股份有限公司	广东	823794	74196	285982	124494	2042
465	广东新明珠陶瓷集团有限公司	广东	818425	58023	1175109	188598	14752
466	唐山东华钢铁企业集团有限公司	河北	815527	13824	471700	249031	3212
467	广西贵港钢铁集团有限公司	广西壮族自治区	814227	27409	491344	227653	3029
468	铜陵精达铜材（集团）有限责任公司	安徽	814013	1707	551842	52888	2842
469	罗蒙集团股份有限公司	浙江	812868	49649	570104	362684	2545
470	深圳市特发集团有限公司	广东	812746	66778	1404459	580205	7382
471	青岛九联集团股份有限公司	山东	811706	3051	341786	127919	13000
472	长飞光纤光缆股份有限公司	湖北	810231	70138	817861	417708	2399
473	煌上煌集团有限公司	江西	806583	31376	522335	273352	1522
474	山西建邦集团有限公司	山西	803694	33791	973427	378914	2916
475	宁波方太厨具有限公司	浙江	797994	104721	717116	343619	9000
476	安徽楚江投资集团有限公司	安徽	792109	4980	507428	113334	4334
477	新和成控股集团有限公司	浙江	791424	93811	2032251	655710	10500
478	郴州市金贵银业股份有限公司	湖南	785230	14386	780013	210643	1774
479	厦门银鹭集团有限公司	福建	780982	-6613	873349	208167	10638
480	山东宜坤集团有限公司	山东	776416	32688	280750	191650	401
481	深圳市天珑移动技术有限公司	广东	771809	45437	900728	73082	5500
482	浙江航民实业集团有限公司	浙江	770679	15217	886073	153949	9032
483	开氏集团有限公司	浙江	765210	6319	898666	378462	3000
484	浙江中财管道科技股份有限公司	浙江	759649	127193	959917	621636	4703
485	山东鲁北企业集团总公司	山东	750113	49030	813903	274548	3146
486	安徽古井集团有限责任公司	安徽	748585	38081	1685437	441630	10014
487	西宁特殊钢集团有限责任公司	青海	739541	7108	2831206	315808	9823
488	宏胜饮料集团有限公司	浙江	732490	123402	540874	479059	3470
489	邢台钢铁有限责任公司	河北	720495	10616	1074748	271017	5900

续表

名次	企业名称	地区	营业收入/万元	净利润/万元	资产/万元	所有者权益/万元	从业人数/人
490	智慧海派科技有限公司	江西	706498	25067	610297	129258	328
491	恒威集团有限公司	浙江	705749	23904	617913	182830	1800
492	安徽环新集团有限公司	安徽	704347	74283	857055	468894	5879
493	沈阳鼓风机集团股份有限公司	辽宁	703249	−29110	1683001	309573	6669
494	深圳市宝德投资控股有限公司	广东	702353	13667	917432	186568	3451
495	东方日升新能源股份有限公司	浙江	701675	68885	996466	379250	3408
496	安徽天康（集团）股份有限公司	安徽	700685	33604	423728	251633	6360
497	四川省达州钢铁集团有限责任公司	四川	700083	−95138	1562981	63361	6144
498	长沙新振升集团有限公司	湖南	699674	36653	217881	139226	840
499	上海置信电气股份有限公司	上海	698711	47278	895935	350754	2207
500	博威集团有限公司	浙江	691045	29551	685107	147683	5911
	合计		2825359843	68611260	3132729214	799509704	12996130

说 明

1. 2017中国制造业企业500强是中国企业联合会、中国企业家协会参照国际惯例，组织企业自愿申报，并经专家审定确认后产生的。申报企业包括在中国境内注册、2016年实现营业收入达到50亿元的企业（不包括在华外资、港澳台独资、控股企业，也不包括行政性公司、政企合一的单位以及各类资产经营公司、烟草公司，但包括在境外注册、投资主体为中国自然人或法人、主要业务在境内的企业），都有资格申报参加排序。属于集团公司的控股子公司或相对控股子公司，由于其财务报表最后会被合并到集团母公司的财务会计报表中去，因此只允许其母公司申报。

2. 表中所列数据由企业自愿申报或属于上市公司公开数据，并经会计师事务所或审计师事务所等单位认可。

3. 营业收入是2016年不含增值税的收入，包括企业的所有收入，即主营业务和非主营业务、境内和境外的收入。净利润是2016年上交所得税的净利润扣除少数股东权益后的归属母公司所有者的净利润。资产是2016年年末的资产总额。归属母公司所有者权益是2016年年末所有者权益总额扣除少数股东权益后的母公司所有者权益。研究开发费用是2016年企业投入研究开发的所有费用。从业人数是2016年度的平均人数（含所有被合并报表企业的人数）。

4. 行业分类参照了国家统计局的分类方法，依据其主营业务收入所在行业来划分；地区分类是按企业总部所在地划分。

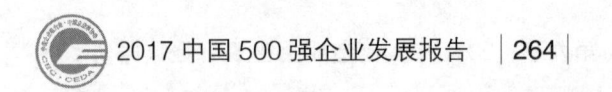

表 9-2 2017 中国制造业企业 500 强各行业企业分布

排名	企业名称	营业收入/万元	排名	企业名称	营业收入/万元
农副产品			3	中国贵州茅台酒厂（集团）有限责任公司	4389956
1	新希望集团有限公司	6855885	4	青岛啤酒股份有限公司	2610634
2	正邦集团有限公司	6201286	5	泸州老窖集团有限责任公司	2327321
3	广东温氏食品集团股份有限公司	5935524	6	劲牌有限公司	836547
4	通威集团有限公司	5617826	7	安徽古井集团有限责任公司	748585
5	双胞胎（集团）股份有限公司	4127454		合计	23000053
6	三河汇福粮油集团有限公司	3568714			
7	西王集团有限公司	3402859	轻工百货生产		
8	山东渤海实业股份有限公司	3298192	1	天津渤海轻工投资集团有限公司	11238989
9	广东海大集团股份有限公司	2718531	2	老凤祥股份有限公司	3496378
10	广西农垦集团有限责任公司	2366418	3	宜华企业（集团）有限公司	2263630
11	山东鲁花集团有限公司	2310185	4	大亚科技集团有限公司	1610856
12	桂林力源粮油食品集团有限公司	1455634	5	梦金园黄金珠宝集团有限公司	1518687
13	天津宝迪农业科技股份有限公司	1234125	6	广博控股集团有限公司	1492421
14	辽宁禾丰牧业股份有限公司	1187058		合计	21620961
15	青岛九联集团股份有限公司	811706			
	合计	51091397	纺织印染		
			1	山东魏桥创业集团有限公司	37318332
食品			2	山东大海集团有限公司	6526700
1	光明食品（集团）有限公司	15585452	3	济宁如意投资有限公司	5192988
2	万洲国际有限公司	14305682	4	天津纺织集团（控股）有限公司	3921058
3	天狮集团有限公司	3354195	5	江苏阳光集团有限公司	3650624
4	北京二商集团有限责任公司	3024847	6	华芳集团有限公司	3118321
5	香驰控股有限公司	2512189	7	澳洋集团有限公司	2881541
6	天津食品集团有限公司	2323756	8	山东金茂纺织化工集团有限公司	1795827
7	北京顺鑫控股集团有限公司	2211422	9	兴惠化纤集团有限公司	1715933
8	诸城外贸有限责任公司	1572054	10	浙江天圣控股集团有限公司	1228908
9	得利斯集团有限公司	1096713	11	石家庄常山纺织集团有限责任公司	1196166
10	唐人神集团股份有限公司	1088414	12	北京时尚控股有限责任公司	1152882
11	龙大食品集团有限公司	1021239	13	富丽达集团控股有限公司	1140568
12	广西洋浦南华糖业集团股份有限公司	1011938	14	浙江永利实业集团有限公司	1042442
13	煌上煌集团有限公司	806583	15	江苏倪家巷集团有限公司	881650
14	新和成控股集团有限公司	791424		合计	72763940
15	厦门银鹭集团有限公司	780982			
	合计	51486890	服装及其他纺织品		
			1	海澜集团有限公司	9330467
饮料			2	雅戈尔集团股份有限公司	5633399
1	内蒙古伊利实业集团股份有限公司	6060922	3	红豆集团有限公司	5252176
2	杭州娃哈哈集团有限公司	4559165	4	百丽国际控股有限公司	4170650
3	维维集团股份有限公司	3250593	5	杉杉控股有限公司	3806650
4	农夫山泉股份有限公司	1413864	6	波司登股份有限公司	3057110
5	宏胜饮料集团有限公司	732490	7	森马集团有限公司	2301896
	合计	16017034	8	维科控股集团股份有限公司	2141443
			9	奥康集团有限公司	1818022
酒类			10	三鼎控股集团有限公司	1775057
1	四川省宜宾五粮液集团有限公司	7030824	11	金猴集团有限公司	1606596
2	稻花香集团	5056186	12	宁波申洲针织有限公司	1509908

续表

排名	企业名称	营业收入/万元	排名	企业名称	营业收入/万元
13	宁波博洋控股集团有限公司	1478811	16	山东汇丰石化集团有限公司	2345983
14	即发集团有限公司	1051031	17	山东垦利石化集团有限公司	2322381
15	罗蒙集团股份有限公司	812868	18	山东寿光鲁清石化有限公司	2123241
	合计	45746084	19	正和集团股份有限公司	2065221
			20	美锦能源集团有限公司	1756734
家用电器制造			21	山东恒源石油化工股份有限公司	1484967
1	海尔集团公司	20160868	22	山东科瑞控股集团有限公司	1433286
2	美的集团股份有限公司	15984170	23	河北鑫海化工集团有限公司	1185141
3	珠海格力电器股份有限公司	11011310	24	山东荣信煤化有限责任公司	1123478
4	TCL集团股份有限公司	10647350	25	景德镇市焦化工业集团有限责任公司	857991
5	四川长虹电子控股集团有限公司	10475541	26	湖南安石企业（集团）有限公司	847383
6	海信集团有限公司	10033120	27	山东宜坤集团有限公司	776416
7	奥克斯集团有限公司	6123523		合计	278460637
8	深圳创维—RGB电子有限公司	3531884			
9	双良集团有限公司	3034234	**轮胎及橡胶制品**		
10	广州万宝集团有限公司	2964384	1	华勤橡胶工业集团有限公司	3892165
11	广东格兰仕集团有限公司	2119679	2	山东胜通集团股份有限公司	3673659
12	星星集团有限公司	1130919	3	山东玉皇化工有限公司	3572264
13	杭州金鱼电器集团有限公司	956485	4	重庆轻纺控股（集团）公司	2886586
14	澳柯玛股份有限公司	916055	5	中策橡胶集团有限公司	2078128
15	宁波方太厨具有限公司	797994	6	金发科技股份有限公司	1799085
	合计	99887516	7	三角集团有限公司	1122194
			8	兴源轮胎集团有限公司	1115533
造纸及包装			9	玲珑集团有限公司	1105037
1	山东晨鸣纸业集团股份有限公司	7388933	10	浙江富陵控股集团有限公司	923996
2	华泰集团有限公司	6670596	11	江阴模塑集团有限公司	861839
3	山东太阳控股集团有限公司	4417759	12	浙江中财管道科技股份有限公司	759649
4	金东纸业（江苏）股份有限公司	2902996		合计	23790135
5	山东博汇集团有限公司	2028155			
6	胜达集团有限公司	1280618	**化学原料及化学品制造**		
7	安徽山鹰纸业股份有限公司	1213481	1	中国化工集团公司	30012718
	合计	25902538	2	天津渤海化工集团有限责任公司	11203107
			3	湖北宜化集团有限责任公司	7809035
石化及炼焦			4	云天化集团有限责任公司	6198203
1	中国石油化工集团公司	196921982	5	上海华谊（集团）公司	6106332
2	山东东明石化集团有限公司	8868932	6	江阴澄星实业集团有限公司	5814481
3	中融新大集团有限公司	6511716	7	亚邦投资控股集团有限公司	4736603
4	利华益集团股份有限公司	6111605	8	山东金岭集团有限公司	3689740
5	山东京博控股集团有限公司	5310336	9	传化集团有限公司	3304487
6	山东海科化工集团有限公司	5083216	10	金浦投资控股集团有限公司	3108086
7	宝塔石化集团有限公司	4697635	11	洪业化工集团股份有限公司	3061252
8	深圳光汇石油集团股份有限公司	3923023	12	宜昌兴发集团有限公司	3023534
9	嘉晨集团有限公司	3918000	13	新疆中泰（集团）有限责任公司	2739692
10	山东金诚石化集团有限公司	3713878	14	东辰控股集团有限公司	2661065
11	旭阳控股有限公司	3426205	15	新疆天业（集团）有限公司	2561082
12	富海集团有限公司	3254717	16	巨化集团公司	2524622
13	金澳科技（湖北）化工有限公司	3094425	17	江苏三木集团有限公司	2452757
14	万通海欣控股股份有限公司	2936853	18	滨化集团公司	2441289
15	山东清源集团有限公司	2365892	19	河北诚信有限责任公司	2401586

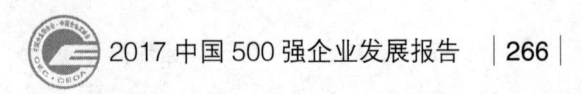

排名	企业名称	营业收入/万元	排名	企业名称	营业收入/万元
20	纳爱斯集团有限公司	2273322	15	江西济民可信集团有限公司	1428196
21	升华集团控股有限公司	2222589	16	人福医药集团股份公司	1233095
22	浙江龙盛控股有限公司	2168761	17	浙江海正药业股份有限公司	973342
23	广州立白企业集团有限公司	1915306		合计	59261161
24	唐山三友集团有限公司	1896859			
25	山东中海化工集团有限公司	1750532	医疗设备制造		
26	红太阳集团有限公司	1546613	1	威高集团有限公司	3361631
27	铭源控股集团有限公司	1348254		合计	3361631
28	万华化学（宁波）有限公司	1268058			
29	山东联盟化工集团有限公司	1261169	水泥及玻璃制造		
30	东凌控股有限公司	1201909	1	中国建材集团有限公司	26123339
31	湖北东圣化工集团有限公司	1108115	2	安徽海螺集团有限责任公司	9865157
32	青海盐湖工业股份有限公司	1036413	3	北京金隅集团有限责任公司	7294299
33	江苏隆力奇集团有限公司	872983	4	吉林亚泰（集团）股份有限公司	3620366
34	上海紫江企业集团股份有限公司	835601	5	天瑞集团股份有限公司	3500265
35	湖北新洋丰肥业股份有限公司	827634	6	沂州集团有限公司	3150593
36	山东鲁北企业集团总公司	750113	7	红狮控股集团有限公司	2563750
	合计	130133902	8	东旭集团有限公司	2108986
			9	华新水泥股份有限公司	1352576
化学纤维制造			10	天津市建筑材料集团（控股）有限公司	1253601
1	恒力集团有限公司	25164763	11	奥盛集团有限公司	1107133
2	盛虹控股集团有限公司	8804037	12	沈阳远大企业集团	883121
3	浙江荣盛控股集团有限公司	8687536		合计	62823186
4	浙江恒逸集团有限公司	7520307			
5	江苏三房巷集团有限公司	4887241	其他建材制造		
6	浙江桐昆控股集团有限公司	3913421	1	杭州诺贝尔集团有限公司	1254158
7	江苏华宏实业集团有限公司	3126550	2	广东新明珠陶瓷集团有限公司	818425
8	华峰集团有限公司	2293739		合计	2072583
9	兴达投资集团有限公司	1795205			
10	新凤鸣集团股份有限公司	1747699	黑色冶金		
11	浙江古纤道新材料股份有限公司	940831	1	中国宝武钢铁集团有限公司	30962102
12	开氏集团有限公司	765210	2	河钢集团有限公司	29077196
	合计	69646539	3	新兴际华集团有限公司	22038469
			4	江苏沙钢集团有限公司	19838486
药品制造			5	鞍钢集团公司	13925490
1	上海医药集团股份有限公司	12076466	6	首钢总公司	13487099
2	广州医药集团有限公司	8782570	7	青山控股集团有限公司	10286156
3	科创控股集团有限公司	6367282	8	山东钢铁集团有限公司	10253696
4	四川科伦实业集团有限公司	4017468	9	中天钢铁集团有限公司	10133575
5	太极集团有限公司	3787662	10	东岭集团股份有限公司	9640568
6	天津市医药集团有限公司	3486658	11	湖南华菱钢铁集团有限责任公司	8367017
7	杭州华东医药集团有限公司	3276899	12	酒泉钢铁（集团）有限责任公司	8131043
8	天士力控股集团有限公司	2601664	13	本钢集团有限公司	8005209
9	石药控股集团有限公司	2323049	14	河北津西钢铁集团股份有限公司	7282800
10	云南白药集团股份有限公司	2241065	15	太原钢铁（集团）有限公司	7060767
11	康美药业股份有限公司	2164232	16	杭州钢铁集团公司	7019038
12	华鲁控股集团有限公司	1554980	17	河北新华联合冶金控股集团有限公司	7007209
13	齐鲁制药有限公司	1503569	18	北京建龙重工集团有限公司	6133018
14	哈药集团有限公司	1442964	19	唐山瑞丰钢铁（集团）有限公司	6105549

续表

排名	企业名称	营业收入/万元	排名	企业名称	营业收入/万元
20	河北敬业集团	5866736	69	山西建邦集团有限公司	803694
21	天津荣程祥泰投资控股集团有限公司	5800017	70	西宁特殊钢集团有限责任公司	739541
22	马钢（集团）控股有限公司	5441197	71	邢台钢铁有限责任公司	720495
23	冀南钢铁集团有限公司	5086746	72	四川省达州钢铁集团有限责任公司	700083
24	南京钢铁集团有限公司	5019681		合计	369786415
25	昆明钢铁控股有限公司	4841481			
26	广西柳州钢铁集团有限公司	4777764		一般有色	
27	四川省川威集团有限公司	4242071	1	正威国际集团有限公司	33001920
28	日照钢铁控股有限公司	3933027	2	中国铝业公司	26758014
29	包头钢铁（集团）有限责任公司	3810735	3	江西铜业集团公司	21045947
30	安阳钢铁集团有限责任公司	3729747	4	金川集团股份有限公司	19313227
31	武安市明芳钢铁有限公司	3536800	5	海亮集团有限公司	15027109
32	河北普阳钢铁有限公司	3535037	6	铜陵有色金属集团控股有限公司	14955342
33	四川德胜集团钒钛有限公司	3356070	7	中国有色矿业集团有限公司	14095403
34	河北新金钢铁有限公司	3322398	8	陕西有色金属控股集团有限责任公司	12412110
35	湖南博长控股集团有限公司	3293320	9	南山集团有限公司	9361599
36	江苏新长江实业集团有限公司	3272177	10	大冶有色金属集团控股有限公司	8080187
37	唐山港陆钢铁有限公司	3251190	11	宁夏天元锰业有限公司	6001122
38	武安市文安钢铁有限公司	3125288	12	白银有色集团股份有限公司	5594960
39	新余钢铁集团有限公司	3118939	13	云南锡业集团(控股)有限责任公司	4716186
40	天津友发钢管集团股份有限公司	3101112	14	宁波金田投资控股有限公司	4503056
41	武安市裕华钢铁有限公司	3096007	15	东营鲁方金属材料有限公司	3711216
42	福建省三钢（集团）有限责任公司	2984761	16	西部矿业集团有限公司	3555080
43	广西盛隆冶金有限公司	2859460	17	云南冶金集团股份有限公司	3485323
44	凌源钢铁集团有限责任公司	2823918	18	东营方圆有色金属有限公司	3222246
45	永锋集团有限公司	2800149	19	河南豫联能源集团有限责任公司	3214676
46	山东泰山钢铁集团有限公司	2744965	20	山东创新金属科技有限公司	3008543
47	江西萍钢实业股份有限公司	2295716	21	河南豫光金铅集团有限责任公司	2953921
48	河北兴华钢铁有限公司	2113749	22	万基控股集团有限公司	2617687
49	广州钢铁企业集团有限公司	2012144	23	浙江富冶集团有限公司	2493021
50	唐山国丰钢铁有限公司	1820481	24	烟台恒邦集团有限公司	1982655
51	河北冠丰冶金工业有限公司	1654491	25	河南神火集团有限公司	1872491
52	浙江协和集团有限公司	1490221	26	天津华北集团有限公司	1656892
53	山东淄博傅山企业集团有限公司	1487241	27	深圳市中金岭南有色金属股份有限公司	1508565
54	天津恒兴集团有限公司	1438973	28	济源市万洋冶炼(集团)有限公司	1370500
55	武安市广耀铸业有限公司	1373476	29	山东亨圆铜业有限公司	1283100
56	河北安丰钢铁有限公司	1356652	30	河南金利金铅集团有限公司	1217706
57	振石控股集团有限公司	1230545	31	安徽楚江投资集团有限公司	792109
58	天津源泰德润钢管制造集团有限公司	1206247	32	长沙新振升集团有限公司	699674
59	河南济源钢铁（集团）有限公司	1200643	33	博威集团有限公司	691045
60	辛集市澳森钢铁有限公司	1174123		合计	236202632
61	河北天柱钢铁集团有限公司	1109113			
62	潍坊特钢集团有限公司	1022610		贵金属	
63	江苏西城三联控股集团有限公司	990112	1	中国黄金集团公司	10788422
64	中国庆华能源集团有限公司	965338	2	紫金矿业集团股份有限公司	7885114
65	重庆钢铁（集团）有限责任公司	876546	3	山东黄金集团有限公司	7318995
66	秦皇岛宏兴钢铁有限公司	849147	4	山东招金集团有限公司	4964211
67	唐山东华钢铁企业集团有限公司	815527	5	郴州市金贵银业股份有限公司	785230
68	广西贵港钢铁集团有限公司	814227		合计	31741972

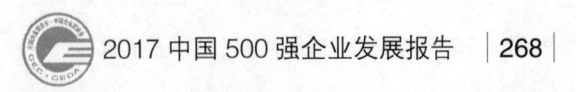

排名	企业名称	营业收入/万元	排名	企业名称	营业收入/万元
			10	泰富重装集团有限公司	840921
				合计	30093491
	金属制品加工				
1	中国国际海运集装箱（集团）股份有限公司	5111165		工程机械及设备制造	
2	精功集团有限公司	3151099	1	盾安控股集团有限公司	5256893
3	法尔胜泓昇集团有限公司	3127327	2	中国恒天集团有限公司	4345555
4	江苏新华发集团有限公司	2181139	3	人本集团有限公司	1461382
5	江苏大明金属制品有限公司	2055225	4	天洁集团有限公司	1417519
6	福星集团控股有限公司	1849741	5	江西博能实业集团有限公司	1339198
7	浙江东南网架集团有限公司	1671560	6	海天塑机集团有限公司	1241719
8	重庆万达薄板有限公司	1595073	7	大连冰山集团有限公司	1112591
9	浙江元立金属制品集团有限公司	1476095	8	北方重工集团有限公司	1012106
10	邯郸市正大制管有限公司	1190353	9	沈阳鼓风机集团股份有限公司	703249
11	湖南金龙国际铜业有限公司	1098579		合计	17890212
12	江苏江润铜业有限公司	1092684			
13	精工控股集团有限公司	1029553		电子、电气设备制造	
14	浙江栋梁新材股份有限公司	918347	1	中国电子信息产业集团有限公司	19936460
15	江苏海达科技集团有限公司	903751	2	中国电子科技集团公司	18130792
16	天津市静海县宝来工贸有限公司	856491	3	天津百利机械装备集团有限公司	12236453
17	北京君诚实业投资集团有限公司	849430	4	超威电源有限公司	9565364
	合计	30157612	5	天能电池集团有限公司	9296773
			6	正泰集团股份有限公司	5104068
	锅炉及动力装备制造		7	新疆特变电工集团有限公司	5011487
1	潍柴控股集团有限公司	10068582	8	德力西集团有限公司	4661352
2	上海电气（集团）总公司	9780429	9	上海仪电（集团）有限公司	4220131
3	杭州汽轮动力集团有限公司	7190052	10	人民电器集团有限公司	3796752
4	中国东方电气集团有限公司	3703684	11	远东控股集团有限公司	3272223
5	哈尔滨电气集团公司	3319688	12	宁波富邦控股集团有限公司	3126715
6	广西玉柴机器集团有限公司	3137203	13	河南森源集团有限公司	3078635
7	卧龙控股集团有限公司	3024640	14	中科电力装备集团有限公司	3056449
	合计	40224278	15	华仪集团有限公司	3028480
			16	富通集团有限公司	2806686
	机床制造		17	江苏新潮科技集团有限公司	1923671
1	沈阳机床（集团）有限责任公司	1550430	18	三花控股集团有限公司	1920315
	合计	1550430	19	中国西电集团公司	1645666
			20	浙江富春江通信集团有限公司	1517444
	物料搬运设备制造		21	湘电集团有限公司	1211097
1	卫华集团有限公司	1008697	22	广州电气装备集团有限公司	1091906
	合计	1008697	23	中国四联仪器仪表集团有限公司	989223
			24	中国华录集团有限公司	869359
	工程机械及零部件		25	广州视源电子科技股份有限公司	823794
1	徐州工程机械集团有限公司	7711016	26	铜陵精达铜材（集团）有限责任公司	814013
2	三一集团有限公司	6375794	27	长飞光纤光缆股份有限公司	810231
3	中联重科股份有限公司	5026920	28	上海置信电气股份有限公司	698711
4	山东时风（集团）有限责任公司	3557631		合计	124644250
5	四川省宜宾普什集团有限公司	1925415			
6	巨星控股集团有限公司	1756344		电线、电缆制造	
7	广西柳工集团有限公司	1043575			
8	兰州兰石集团有限公司	1010376	1	亨通集团有限公司	5863268
9	杭州东华链条集团有限公司	845499	2	中天科技集团有限公司	3450692

续表

排名	企业名称	营业收入/万元	排名	企业名称	营业收入/万元
3	上海胜华电缆（集团）有限公司	1639480	3	中国第一汽车集团公司	43038158
4	安徽蓝德集团股份有限公司	1434054	4	北京汽车集团有限公司	40610384
5	广州无线电集团有限公司	1356320	5	广州汽车工业集团有限公司	27609981
6	江苏上上电缆集团有限公司	1040388	6	浙江吉利控股集团有限公司	20879870
7	江南集团有限公司	911123	7	华晨汽车集团控股有限公司	17273211
8	安徽天康（集团）股份有限公司	700685	8	万向集团公司	11071835
	合计	16396010	9	江苏悦达集团有限公司	10998658
			10	比亚迪股份有限公司	10347000
风能、太阳能设备制造			11	长城汽车股份有限公司	9861570
1	协鑫集团有限公司	10740792	12	中国重型汽车集团有限公司	7002988
2	晶龙实业集团有限公司	3302668	13	江铃汽车集团公司	6533798
3	常州天合光能有限公司	3291603	14	安徽江淮汽车集团控股有限公司	5316976
4	新疆金风科技股份有限公司	2639583	15	郑州宇通集团有限公司	3768502
5	晶科能源控股有限公司	2235000	16	陕西汽车控股集团有限公司	3681227
6	东方日升新能源股份有限公司	701675	17	奇瑞汽车股份有限公司	3296370
	合计	22911321	18	万丰奥特控股集团有限公司	2581805
			19	厦门金龙汽车集团股份有限公司	2182796
计算机及办公设备			20	广西汽车集团有限公司	2012022
1	联想控股股份有限公司	30695285	21	三环集团有限公司	1940223
2	研祥高科技控股集团有限公司	3220692	22	宁波均胜电子股份有限公司	1855241
3	深圳欧菲光科技股份有限公司	2674642	23	重庆银翔实业集团有限公司	1821637
4	得力集团有限公司	1849241	24	重庆小康控股有限公司	1708261
5	舜宇集团有限公司	1460016	25	海马汽车集团股份有限公司	1423927
6	浙江大华技术股份有限公司	1332909	26	安徽中鼎控股（集团）股份有限公司	1354673
7	深圳市宝德投资控股有限公司	702353	27	庆铃汽车（集团）有限公司	1002388
	合计	41935138	28	长丰集团有限责任公司	877820
			29	波鸿集团有限公司	870009
通信设备制造			30	恒威集团有限公司	705749
1	华为投资控股有限公司	52157400	31	安徽环新集团有限公司	704347
2	中兴通讯股份有限公司	10123318		合计	375234309
3	天津中环电子信息集团有限公司	10008770			
4	武汉邮电科学研究院	2575409	摩托车及零配件制造		
5	四川九洲电器集团有限责任公司	2101935	1	隆鑫控股有限公司	3912830
6	普联技术有限公司	1094206	2	重庆力帆控股有限公司	3788098
7	深圳市特发集团有限公司	812746	3	宗申产业集团有限公司	1897603
8	深圳市天珑移动技术有限公司	771809		合计	9598531
9	智慧海派科技有限公司	706498			
	合计	80352091	轨道交通设备及零配件制造		
			1	中国中车股份有限公司	22972215
半导体、集成电路及面板制造				合计	22972215
1	京东方科技集团股份有限公司	6889566			
2	蓝思科技股份有限公司	3678231	航空航天		
3	合肥鑫晟光电科技有限公司	1168578	1	中国航空工业集团公司	37119722
	合计	11736375	2	中国航天科技集团公司	21321012
			3	中国航天科工集团公司	20316614
汽车及零配件制造				合计	78757348
1	上海汽车集团股份有限公司	75641617			
2	东风汽车公司	57261266	兵器制造		

续表

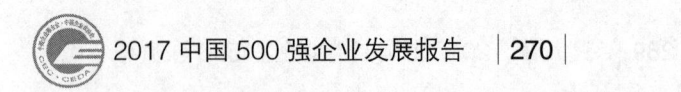

排名	企业名称	营业收入/万元	排名	企业名称	营业收入/万元
1	中国兵器装备集团公司	47267719	6	杭州锦江集团有限公司	5938616
2	中国兵器工业集团公司	40740610	7	江苏华西集团有限公司	4621086
	合计	88008329	8	重庆化医控股（集团）公司	4013423
			9	重庆机电控股（集团）公司	3052260
船舶制造			10	苏州创元投资发展（集团）有限公司	2417853
1	中国船舶重工集团公司	28001147	11	花园集团有限公司	1805068
2	中国船舶工业集团公司	19848192	12	华立集团股份有限公司	1765535
3	江苏扬子江船业集团公司	2687254	13	鲁丽集团有限公司	1652662
4	金海重工股份有限公司	908030	14	利时集团股份有限公司	1552607
	合计	51444623	15	重庆市博赛矿业（集团）有限公司	1518379
			16	安徽淮海实业发展集团有限公司	1222634
综合制造业			17	致达控股集团有限公司	1157162
1	中国五矿集团公司	43545005	18	攀枝花钢城集团有限公司	1154650
2	复星国际有限公司	7396656	19	华盛江泉集团有限公司	1026215
3	新华联集团有限公司	7189858	20	山东胜利明珠集团有限公司	988250
4	无锡产业发展集团有限公司	6435255	21	浙江航民实业集团有限公司	770679
5	万达控股集团有限公司	6423524		合计	105647377

续表

表 9-3 2017 中国制造业企业 500 强各地区企业分布

排名	企业名称	营业收入/万元	排名	企业名称	营业收入/万元
北京			8	上海仪电（集团）有限公司	4220131
1	中国石油化工集团公司	196921982	9	老凤祥股份有限公司	3496378
2	中国兵器装备集团公司	47267719	10	上海胜华电缆（集团）有限公司	1639480
3	中国五矿集团公司	43545005	11	致达控股集团有限公司	1157162
4	中国兵器工业集团公司	40740610	12	奥盛集团有限公司	1107133
5	北京汽车集团有限公司	40610384	13	上海紫江企业集团股份有限公司	835601
6	中国航空工业集团公司	37119722	14	上海置信电气股份有限公司	698711
7	联想控股股份有限公司	30695285		合计	170703650
8	中国化工集团公司	30012718			
9	中国船舶重工集团公司	28001147	天津		
10	中国铝业公司	26758014	1	天津百利机械装备集团有限公司	12236453
11	中国建材集团有限公司	26123339	2	天津渤海轻工投资集团有限公司	11238989
12	中国中车股份有限公司	22972215	3	天津渤海化工集团有限责任公司	11203107
13	新兴际华集团有限公司	22038469	4	天津中环电子信息集团有限公司	10008770
14	中国航天科技集团公司	21321012	5	天津荣程祥泰投资控股集团有限公司	5800017
15	中国航天科工集团公司	20316614	6	天津纺织集团（控股）有限公司	3921058
16	中国电子信息产业集团有限公司	19936460	7	天津市医药集团有限公司	3486658
17	中国船舶工业集团公司	19848192	8	天狮集团有限公司	3354195
18	中国电子科技集团公司	18130792	9	天津友发钢管集团股份有限公司	3101112
19	中国有色矿业集团有限公司	14095403	10	天士力控股集团有限公司	2601664
20	首钢总公司	13487099	11	天津食品集团有限公司	2323756
21	中国黄金集团公司	10788422	12	天津华北集团有限公司	1656892
22	北京金隅集团有限责任公司	7294299	13	梦金园黄金珠宝集团有限公司	1518687
23	新华联集团有限公司	7189858	14	天津恒兴集团有限公司	1438973
24	京东方科技集团股份有限公司	6889566	15	天津市建筑材料集团（控股）有限公司	1253601
25	北京建龙重工集团有限公司	6133018	16	天津宝迪农业科技股份有限公司	1234125
26	中国恒天集团有限公司	4345555	17	天津源泰德润钢管制造集团有限公司	1206247
27	旭阳控股有限公司	3426205	18	天津市静海县宝来工贸有限公司	856491
28	北京二商集团有限责任公司	3024847		合计	78440795
29	北京顺鑫控股集团有限公司	2211422			
30	北京时尚控股有限责任公司	1152882	重庆		
31	中国庆华能源集团有限公司	965338	1	重庆化医控股（集团）公司	4013423
32	北京君诚实业投资集团有限公司	849430	2	隆鑫控股有限公司	3912830
	合计	774213023	3	重庆力帆控股有限公司	3788098
			4	太极集团有限公司	3787662
上海			5	重庆机电控股（集团）公司	3052260
1	上海汽车集团股份有限公司	75641617	6	重庆轻纺控股（集团）公司	2886586
2	中国宝武钢铁集团有限公司	30962102	7	宗申产业集团有限公司	1897603
3	光明食品（集团）有限公司	15585452	8	重庆银翔实业集团有限公司	1821637
4	上海医药集团股份有限公司	12076466	9	重庆小康控股有限公司	1708261
5	上海电气（集团）总公司	9780429	10	重庆万达薄板有限公司	1595073
6	复星国际有限公司	7396656	11	重庆市博赛矿业（集团）有限公司	1518379
7	上海华谊（集团）公司	6106332	12	庆铃汽车（集团）有限公司	1002388

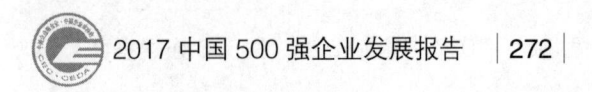

排名	企业名称	营业收入/万元	排名	企业名称	营业收入/万元
13	中国四联仪器仪表集团有限公司	989223	14	武安市文安钢铁有限公司	3125288
14	重庆钢铁（集团）有限责任公司	876546	15	武安市裕华钢铁有限公司	3096007
	合计	32849969	16	河北诚信有限责任公司	2401586
			17	石药控股集团有限公司	2323049
黑龙江			18	河北兴华钢铁有限公司	2113749
1	哈尔滨电气集团公司	3319688	19	东旭集团有限公司	2108986
2	哈药集团有限公司	1442964	20	唐山三友集团有限公司	1896859
	合计	4762652	21	唐山国丰钢铁有限公司	1820481
			22	河北冠丰冶金工业有限公司	1654491
吉林			23	武安市广耀铸业有限公司	1373476
1	中国第一汽车集团公司	43038158	24	河北安丰钢铁有限公司	1356652
2	吉林亚泰(集团)股份有限公司	3620366	25	石家庄常山纺织集团有限责任公司	1196166
	合计	46658524	26	邯郸市正大制管有限公司	1190353
			27	河北鑫海化工集团有限公司	1185141
辽宁			28	辛集市澳森钢铁有限公司	1174123
1	华晨汽车集团控股有限公司	17273211	29	河北天柱钢铁集团有限公司	1109113
2	鞍钢集团公司	13925490	30	秦皇岛宏兴钢铁有限公司	849147
3	本钢集团有限公司	8005209	31	唐山东华钢铁企业集团有限公司	815527
4	嘉晨集团有限公司	3918000	32	邢台钢铁有限责任公司	720495
5	凌源钢铁集团有限责任公司	2823918		合计	122315302
6	沈阳机床（集团）有限责任公司	1550430			
7	铭源控股集团有限公司	1348254	河南		
8	辽宁禾丰牧业股份有限公司	1187058	1	万洲国际有限公司	14305682
9	大连冰山集团有限公司	1112591	2	郑州宇通集团有限公司	3768502
10	北方重工集团有限公司	1012106	3	安阳钢铁集团有限责任公司	3729747
11	沈阳远大企业集团	883121	4	天瑞集团股份有限公司	3500265
12	中国华录集团有限公司	869359	5	河南豫联能源集团有限责任公司	3214676
13	沈阳鼓风机集团股份有限公司	703249	6	河南森源集团有限公司	3078635
	合计	54611996	7	河南豫光金铅集团有限责任公司	2953921
			8	万基控股集团有限公司	2617687
河北			9	河南神火集团有限公司	1872491
1	河钢集团有限公司	29077196	10	济源市万洋冶炼(集团)有限公司	1370500
2	长城汽车股份有限公司	9861570	11	河南金利金铅集团有限公司	1217706
3	河北津西钢铁集团股份有限公司	7282800	12	河南济源钢铁（集团）有限公司	1200643
4	河北新华联合冶金控股集团有限公司	7007209	13	卫华集团有限公司	1008697
5	唐山瑞丰钢铁（集团）有限公司	6105549		合计	43839152
6	河北敬业集团	5866736			
7	冀南钢铁集团有限公司	5086746	山东		
8	三河汇福粮油集团有限公司	3568714	1	山东魏桥创业集团有限公司	37318332
9	武安市明芳钢铁有限公司	3536800	2	海尔集团公司	20160868
10	河北普阳钢铁有限公司	3535037	3	山东钢铁集团有限公司	10253696
11	河北新金钢铁有限公司	3322398	4	潍柴控股集团有限公司	10068582
12	晶龙实业集团有限公司	3302668	5	海信集团有限公司	10033120
13	唐山港陆钢铁有限公司	3251190	6	南山集团有限公司	9361599

排名	企业名称	营业收入/万元	排名	企业名称	营业收入/万元
7	山东东明石化集团有限公司	8868932	51	烟台恒邦集团有限公司	1982655
8	山东晨鸣纸业集团股份有限公司	7388933	52	山东金茂纺织化工集团有限公司	1795827
9	山东黄金集团有限公司	7318995	53	山东中海化工集团有限公司	1750532
10	中国重型汽车集团有限公司	7002988	54	鲁丽集团有限公司	1652662
11	华泰集团有限公司	6670596	55	金猴集团有限公司	1606596
12	山东大海集团有限公司	6526700	56	诸城外贸有限责任公司	1572054
13	中融新大集团有限公司	6511716	57	华鲁控股集团有限公司	1554980
14	万达控股集团有限公司	6423524	58	齐鲁制药有限公司	1503569
15	利华益集团股份有限公司	6111605	59	山东淄博傅山企业集团有限公司	1487241
16	山东京博控股股份有限公司	5310336	60	山东恒源石油化工股份有限公司	1484967
17	济宁如意投资有限公司	5192988	61	山东科瑞控股集团有限公司	1433286
18	山东海科化工集团有限公司	5083216	62	山东亨圆铜业有限公司	1283100
19	山东招金集团有限公司	4964211	63	山东联盟化工集团有限公司	1261169
20	山东太阳控股集团有限公司	4417759	64	山东荣信煤化有限责任公司	1123478
21	日照钢铁控股集团有限公司	3933027	65	三角集团有限公司	1122194
22	华勤橡胶工业集团有限公司	3892165	66	兴源轮胎集团有限公司	1115533
23	山东金诚石化集团有限公司	3713878	67	玲珑集团有限公司	1105037
24	东营鲁方金属材料有限公司	3711216	68	得利斯集团有限公司	1096713
25	山东金岭集团有限公司	3689740	69	即发集团有限公司	1051031
26	山东胜通集团股份有限公司	3673659	70	华盛江泉集团有限公司	1026215
27	山东玉皇化工有限公司	3572264	71	潍坊特钢集团有限公司	1022610
28	山东时风（集团）有限责任公司	3557631	72	龙大食品集团有限公司	1021239
29	西王集团有限公司	3402859	73	山东胜利明珠集团有限公司	988250
30	威高集团有限公司	3361631	74	澳柯玛股份有限公司	916055
31	山东渤海实业股份有限公司	3298192	75	青岛九联集团股份有限公司	811706
32	富海集团有限公司	3254717	76	山东宜坤集团有限公司	776416
33	东营方圆有色金属有限公司	3222246	77	山东鲁北企业集团总公司	750113
34	沂州集团有限公司	3150593		合计	309055739
35	洪业化工集团股份有限公司	3061252			
36	山东创新金属科技有限公司	3008543	山西		
37	万通海欣控股集团有限公司	2936853	1	太原钢铁（集团）有限公司	7060767
38	永锋集团有限公司	2800149	2	美锦能源集团有限公司	1756734
39	山东泰山钢铁集团有限公司	2744965	3	山西建邦集团有限公司	803694
40	东辰控股集团有限公司	2661065		合计	9621195
41	青岛啤酒股份有限公司	2610634			
42	香驰控股有限公司	2512189	陕西		
43	滨化集团公司	2441289	1	陕西有色金属控股集团有限责任公司	12412110
44	山东清源集团有限公司	2365892	2	东岭集团股份有限公司	9640568
45	山东汇丰石化集团有限公司	2345983	3	陕西汽车控股集团有限公司	3681227
46	山东垦利石化集团有限公司	2322381	4	中国西电集团公司	1645666
47	山东鲁花集团有限公司	2310185		合计	27379571
48	山东寿光鲁清石化有限公司	2123241			
49	正和集团股份有限公司	2065221	安徽		
50	山东博汇集团有限公司	2028155	1	铜陵有色金属集团控股有限公司	14955342

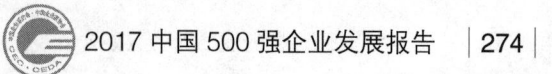

排名	企业名称	营业收入/万元	排名	企业名称	营业收入/万元
2	安徽海螺集团有限责任公司	9865157	27	波司登股份有限公司	3057110
3	马钢（集团）控股有限公司	5441197	28	双良集团有限公司	3034234
4	安徽江淮汽车集团控股有限公司	5316976	29	金东纸业（江苏）股份有限公司	2902996
5	奇瑞汽车股份有限公司	3296370	30	澳洋集团有限公司	2881541
6	中科电力装备集团有限公司	3056449	31	江苏扬子江船业集团公司	2687254
7	安徽蓝德集团股份有限公司	1434054	32	江苏三木集团有限公司	2452757
8	安徽中鼎控股（集团）股份有限公司	1354673	33	苏州创元投资发展（集团）有限公司	2417853
9	安徽淮海实业发展集团有限公司	1222634	34	江苏新华发集团有限公司	2181139
10	安徽山鹰纸业股份有限公司	1213481	35	江苏大明金属制品有限公司	2055225
11	合肥鑫晟光电科技有限公司	1168578	36	江苏新潮科技集团有限公司	1923671
12	铜陵精达铜材（集团）有限责任公司	814013	37	兴达投资集团有限公司	1795205
13	安徽楚江投资集团有限公司	792109	38	大亚科技集团有限公司	1610856
14	安徽古井集团有限责任公司	748585	39	红太阳集团有限公司	1546613
15	安徽环新集团有限公司	704347	40	江苏江润铜业有限公司	1092684
16	安徽天康（集团）股份有限公司	700685	41	江苏上上电缆集团有限公司	1040388
	合计	52084650	42	江苏西城三联控股集团有限公司	990112
			43	江南集团有限公司	911123
江苏			44	江苏海达科技集团有限公司	903751
1	恒力集团有限公司	25164763	45	江苏倪家巷集团有限公司	881650
2	江苏沙钢集团有限公司	19838486	46	江苏隆力奇集团有限公司	872983
3	江苏悦达集团有限公司	10998658	47	江阴模塑集团有限公司	861839
4	协鑫集团有限公司	10740792		合计	216120765
5	中天钢铁集团有限公司	10133575			
6	海澜集团有限公司	9330467	**湖南**		
7	盛虹控股集团有限公司	8804037	1	湖南华菱钢铁集团有限责任公司	8367017
8	徐州工程机械集团有限公司	7711016	2	三一集团有限公司	6375794
9	无锡产业发展集团有限公司	6435255	3	中联重科股份有限公司	5026920
10	亨通集团有限公司	5863268	4	蓝思科技股份有限公司	3678231
11	江阴澄星实业集团有限公司	5814481	5	湖南博长控股集团有限公司	3293320
12	红豆集团有限公司	5252176	6	湘电集团有限公司	1211097
13	南京钢铁集团有限公司	5019681	7	湖南金龙国际铜业有限公司	1098579
14	江苏三房巷集团有限公司	4887241	8	唐人神集团股份有限公司	1088414
15	亚邦投资控股集团有限公司	4736603	9	长丰集团有限责任公司	877820
16	江苏华西集团有限公司	4621086	10	湖南安石企业（集团）有限公司	847383
17	江苏阳光集团有限公司	3650624	11	泰富重装集团有限公司	840921
18	中天科技集团有限公司	3450692	12	郴州市金贵银业股份有限公司	785230
19	常州天合光能有限公司	3291603	13	长沙新振升集团有限公司	699674
20	远东控股集团有限公司	3272223		合计	34190400
21	江苏新长江实业集团有限公司	3272177			
22	维维集团股份有限公司	3250593	**湖北**		
23	法尔胜泓昇集团有限公司	3127327	1	东风汽车公司	57261266
24	江苏华宏实业集团有限公司	3126550	2	大冶有色金属集团控股有限公司	8080187
25	华芳集团有限公司	3118321	3	湖北宜化集团有限责任公司	7809035
26	金浦投资控股集团有限公司	3108086	4	稻花香集团	5056186

续表

排名	企业名称	营业收入/万元	排名	企业名称	营业收入/万元
5	金澳科技（湖北）化工有限公司	3094425	16	德力西集团有限公司	4661352
6	宜昌兴发集团有限责任公司	3023534	17	杭州娃哈哈集团有限公司	4559165
7	武汉邮电科学研究院	2575409	18	宁波金田投资控股有限公司	4503056
8	三环集团有限公司	1940223	19	浙江桐昆控股集团有限公司	3913421
9	福星集团控股有限公司	1849741	20	杉杉控股有限公司	3806650
10	华新水泥股份有限公司	1352576	21	人民电器集团有限公司	3796752
11	人福医药集团股份公司	1233095	22	传化集团有限公司	3304487
12	湖北东圣化工集团有限公司	1108115	23	杭州华东医药集团有限公司	3276899
13	劲牌有限公司	836547	24	精功集团有限公司	3151099
14	湖北新洋丰肥业股份有限公司	827634	25	宁波富邦控股集团有限公司	3126715
15	长飞光纤光缆股份有限公司	810231	26	华仪集团有限公司	3028480
	合计	96858204	27	卧龙控股集团有限公司	3024640
			28	富通集团有限公司	2806686
江西			29	万丰奥特控股集团有限公司	2581805
1	江西铜业集团公司	21045947	30	红狮控股集团有限公司	2563750
2	江铃汽车集团公司	6533798	31	巨化集团公司	2524622
3	正邦集团有限公司	6201286	32	浙江富冶集团有限公司	2493021
4	双胞胎（集团）股份有限公司	4127454	33	森马集团有限公司	2301896
5	新余钢铁集团有限公司	3118939	34	华峰集团有限公司	2293739
6	江西萍钢实业股份有限公司	2295716	35	纳爱斯集团有限公司	2273322
7	晶科能源控股有限公司	2235000	36	升华集团控股有限公司	2222589
8	江西济民可信集团有限公司	1428196	37	浙江龙盛控股有限公司	2168761
9	江西博能实业集团有限公司	1339198	38	维科控股集团股份有限公司	2141443
10	景德镇市焦化工业集团有限责任公司	857991	39	中策橡胶集团有限公司	2078128
11	煌上煌集团有限公司	806583	40	三花控股集团有限公司	1920315
12	智慧海派科技有限公司	706498	41	宁波均胜电子股份有限公司	1855241
	合计	50696606	42	得力集团有限公司	1849241
			43	奥康集团有限公司	1818022
浙江			44	花园集团有限公司	1805068
1	浙江吉利控股集团有限公司	20879870	45	三鼎控股集团有限公司	1775057
2	海亮集团有限公司	15027109	46	华立集团股份有限公司	1765535
3	万向集团公司	11071835	47	巨星控股集团有限公司	1756344
4	青山控股集团有限公司	10286156	48	新凤鸣集团股份有限公司	1747699
5	超威电源有限公司	9565364	49	兴惠化纤集团有限公司	1715933
6	天能电池集团有限公司	9296773	50	浙江东南网架集团有限公司	1671560
7	浙江荣盛控股集团有限公司	8687536	51	利时集团股份有限公司	1552607
8	浙江恒逸集团有限公司	7520307	52	浙江富春江通信集团有限公司	1517444
9	杭州汽轮动力集团有限公司	7190052	53	宁波申洲针织有限公司	1509908
10	杭州钢铁集团公司	7019038	54	广博控股集团有限公司	1492421
11	奥克斯集团有限公司	6123523	55	浙江协和集团有限公司	1490221
12	杭州锦江集团有限公司	5938616	56	宁波博洋控股集团有限公司	1478811
13	雅戈尔集团股份有限公司	5633399	57	浙江元立金属制品集团有限公司	1476095
14	盾安控股集团有限公司	5256893	58	人本集团有限公司	1461382
15	正泰集团股份有限公司	5104068	59	舜宇集团有限公司	1460016

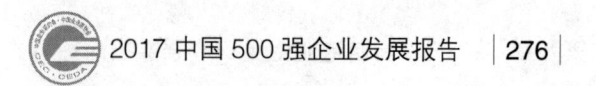

排名	企业名称	营业收入/万元	排名	企业名称	营业收入/万元
60	天洁集团有限公司	1417519	12	百丽国际控股有限公司	4170650
61	农夫山泉股份有限公司	1413864	13	深圳光汇石油集团股份有限公司	3923023
62	浙江大华技术股份有限公司	1332909	14	深圳创维—RGB电子有限公司	3531884
63	胜达集团有限公司	1280618	15	研祥高科技控股集团有限公司	3220692
64	万华化学（宁波）有限公司	1268058	16	广州万宝集团有限公司	2964384
65	杭州诺贝尔集团有限公司	1254158	17	广东海大集团股份有限公司	2718531
66	海天塑机集团有限公司	1241719	18	深圳欧菲光科技股份有限公司	2674642
67	振石控股集团有限公司	1230545	19	宜华企业（集团）有限公司	2263630
68	浙江天圣控股集团有限公司	1228908	20	康美药业股份有限公司	2164232
69	富丽达集团控股有限公司	1140568	21	广东格兰仕集团有限公司	2119679
70	星星集团有限公司	1130919	22	广州钢铁企业集团有限公司	2012144
71	浙江永利实业集团有限公司	1042442	23	广州立白企业集团有限公司	1915306
72	精工控股集团有限公司	1029553	24	金发科技股份有限公司	1799085
73	浙江海正药业股份有限公司	973342	25	深圳市中金岭南有色金属股份有限公司	1508565
74	杭州金鱼电器集团有限公司	956485	26	广州无线电集团有限公司	1356320
75	浙江古纤道新材料股份有限公司	940831	27	东凌控股有限公司	1201909
76	浙江富陵控股集团有限公司	923996	28	普联技术有限公司	1094206
77	浙江栋梁新材股份有限公司	918347	29	广州电气装备集团有限公司	1091906
78	金海重工股份有限公司	908030	30	广州视源电子科技股份有限公司	823794
79	杭州东华链条集团有限公司	845499	31	广东新明珠陶瓷集团有限公司	818425
80	罗蒙集团股份有限公司	812868	32	深圳市特发集团有限公司	812746
81	宁波方太厨具有限公司	797994	33	深圳市天珑移动技术有限公司	771809
82	新和成控股集团有限公司	791424	34	深圳市宝德投资控股有限公司	702353
83	浙江航民实业集团有限公司	770679		合计	236371623
84	开氏集团有限公司	765210			
85	浙江中财管道科技股份有限公司	759649	四川		
86	宏胜饮料集团有限公司	732490	1	四川长虹电子控股集团有限公司	10475541
87	恒威集团有限公司	705749	2	四川省宜宾五粮液集团有限公司	7030824
88	东方日升新能源股份有限公司	701675	3	新希望集团有限公司	6855885
89	博威集团有限公司	691045	4	科创控股集团有限公司	6367282
	合计	270329030	5	通威集团有限公司	5617826
			6	四川省川威集团有限公司	4242071
广东			7	四川科伦实业集团有限公司	4017468
1	华为投资控股有限公司	52157400	8	中国东方电气集团有限公司	3703684
2	正威国际集团有限公司	33001920	9	四川德胜集团钒钛有限公司	3356070
3	广州汽车工业集团有限公司	27609981	10	泸州老窖集团有限责任公司	2327321
4	美的集团股份有限公司	15984170	11	四川九洲电器集团有限责任公司	2101935
5	珠海格力电器股份有限公司	11011310	12	四川省宜宾普什集团有限公司	1925415
6	TCL集团股份有限公司	10647350	13	攀枝花钢城集团有限公司	1154650
7	比亚迪股份有限公司	10347000	14	波鸿集团有限公司	870009
8	中兴通讯股份有限公司	10123318	15	四川省达州钢铁集团有限责任公司	700083
9	广州医药集团有限公司	8782570		合计	60746064
10	广东温氏食品集团股份有限公司	5935524			
11	中国国际海运集装箱（集团）股份有限公司	5111165	福建		

排名	企业名称	营业收入/万元	排名	企业名称	营业收入/万元
1	紫金矿业集团股份有限公司	7885114	2	酒泉钢铁（集团）有限责任公司	8131043
2	福建省三钢（集团）有限责任公司	2984761	3	白银有色集团股份有限公司	5594960
3	厦门金龙汽车集团股份有限公司	2182796	4	兰州兰石集团有限公司	1010376
4	厦门银鹭集团有限公司	780982		合计	34049606
	合计	13833653			
广西壮族自治区			青海		
			1	西部矿业集团有限公司	3555080
1	广西柳州钢铁集团有限公司	4777764	2	青海盐湖工业股份有限公司	1036413
2	广西玉柴机器集团有限公司	3137203	3	西宁特殊钢集团有限责任公司	739541
3	广西盛隆冶金有限公司	2859460		合计	5331034
4	广西农垦集团有限责任公司	2366418			
5	广西汽车集团有限公司	2012022	宁夏回族自治区		
6	桂林力源粮油食品集团有限公司	1455634	1	宁夏天元锰业有限公司	6001122
7	广西柳工集团有限公司	1043575	2	宝塔石化集团有限公司	4697635
8	广西洋浦南华糖业集团股份有限公司	1011938		合计	10698757
9	广西贵港钢铁集团有限公司	814227			
	合计	19478241	新疆维吾尔自治区		
			1	新疆特变电工集团有限公司	5011487
贵州			2	新疆中泰（集团）有限责任公司	2739692
1	中国贵州茅台酒厂（集团）有限责任公司	4389956	3	新疆金风科技股份有限公司	2639583
	合计	4389956	4	新疆天业（集团）有限公司	2561082
				合计	12951844
云南					
1	云天化集团有限责任公司	6198203	内蒙古自治区		
2	昆明钢铁控股有限公司	4841481	1	内蒙古伊利实业集团股份有限公司	6060922
3	云南锡业集团(控股)有限公司	4716186	2	包头钢铁（集团）有限责任公司	3810735
4	云南冶金集团股份有限公司	3485323		合计	9871657
5	云南白药集团股份有限公司	2241065			
	合计	21482258	海南		
			1	海马汽车集团股份有限公司	1423927
甘肃				合计	1423927
1	金川集团股份有限公司	19313227			

表 9-4 2017 中国制造业企业 500 强净利润排序前 100 名企业

排名	企业名称	净利润/万元	排名	企业名称	净利润/万元
1	中融新大集团有限公司	4695334	51	新疆金风科技股份有限公司	300298
2	华为投资控股有限公司	3706600	52	新兴际华集团有限公司	297748
3	上海汽车集团股份有限公司	3200861	53	宁波申洲针织有限公司	294767
4	海尔集团公司	1667688	54	中国宝武钢铁集团有限公司	294162
5	中国第一汽车集团公司	1601905	55	云南白药集团股份有限公司	291988
6	珠海格力电器股份有限公司	1542097	56	新希望集团有限公司	286285
7	美的集团股份有限公司	1470000	57	河北新华联合冶金控股集团有限公司	284948
8	中国航天科技集团公司	1326128	58	研祥高科技控股集团有限公司	277378
9	中国贵州茅台酒厂（集团）有限责任公司	1271350	59	科创控股集团有限公司	276210
10	广东温氏食品集团股份有限公司	1178988	60	郑州宇通集团有限公司	268750
11	中国中车股份有限公司	1129559	61	农夫山泉股份有限公司	253888
12	中国电子科技集团公司	1070623	62	杭州华东医药集团有限公司	251337
13	长城汽车股份有限公司	1055116	63	宁夏天元锰业有限公司	246124
14	复星国际有限公司	1026819	64	中国船舶工业集团公司	244195
15	中国航天科工集团公司	959100	65	江苏扬子江船业集团公司	244054
16	东风汽车公司	940048	66	百丽国际控股有限公司	240340
17	浙江吉利控股集团有限公司	840872	67	新疆特变电工集团有限公司	238056
18	北京汽车集团有限公司	837478	68	东辰控股集团有限公司	237992
19	中国石油化工集团公司	835693	69	波司登股份有限公司	234069
20	山东魏桥创业集团有限公司	808644	70	江苏沙钢集团有限公司	233910
21	正威国际集团有限公司	797135	71	石药控股集团有限公司	218822
22	四川省宜宾五粮液集团有限公司	720812	72	浙江龙盛控股有限公司	214326
23	中国兵器工业集团公司	566689	73	中国电子信息产业集团有限公司	213860
24	内蒙古伊利实业集团股份有限公司	566181	74	花园集团有限公司	206688
25	万洲国际有限公司	549401	75	山东晨鸣纸业集团股份有限公司	206399
26	恒力集团有限公司	545907	76	广州钢铁企业集团有限公司	203684
27	杭州娃哈哈集团有限公司	542137	77	江苏阳光集团有限公司	198345
28	海信集团有限公司	524964	78	山东鲁花集团有限公司	198226
29	南山集团有限公司	523017	79	劲牌有限公司	197106
30	天津华北集团有限公司	520095	80	红狮控股集团有限公司	197003
31	比亚迪股份有限公司	505215	81	万丰奥特控股集团有限公司	193239
32	联想控股股份有限公司	485892	82	山东科瑞控股集团有限公司	190933
33	山东大海集团有限公司	466182	83	京东方科技集团股份有限公司	188257
34	海澜集团有限公司	413326	84	中国重型汽车集团有限公司	186472
35	山东胜通集团股份有限公司	402922	85	万华化学（宁波）有限公司	186150
36	中国兵器装备集团公司	385537	86	紫金矿业集团股份有限公司	183980
37	天津中环电子信息集团有限公司	383680	87	青山控股集团有限公司	183134
38	协鑫集团有限公司	374106	88	晶科能源控股有限公司	182670
39	广州汽车工业集团有限公司	366673	89	浙江大华技术股份有限公司	182520
40	万向集团公司	353141	90	亚邦投资控股集团有限公司	173712
41	威高集团有限公司	345309	91	维维集团股份有限公司	172710
42	齐鲁制药有限公司	341420	92	洪业化工集团有限公司	172315
43	普联技术有限公司	338522	93	深圳创维—RGB电子有限公司	172205
44	康美药业股份有限公司	334040	94	海天塑机集团有限公司	172057
45	雅戈尔集团股份有限公司	330227	95	天津渤海轻工投资集团有限公司	171943
46	中国船舶重工集团公司	322703	96	山东京博控股股份有限公司	168223
47	上海医药集团股份有限公司	319639	97	武安市裕华钢铁有限公司	164570
48	中国航空工业集团公司	308352	98	济宁如意投资有限公司	164046
49	安徽海螺集团有限责任公司	305230	99	新华联集团有限公司	161944
50	天狮集团有限公司	301878	100	TCL集团股份有限公司	160213
				中国制造业企业500强平均数	137498

表 9-5 2017 中国制造业企业 500 强资产排序前 100 名企业

排名	企业名称	资产/万元	排名	企业名称	资产/万元
1	中国石油化工集团公司	215939145	51	华晨汽车集团控股有限公司	13437742
2	中国航空工业集团公司	86793318	52	湖南华菱钢铁集团有限责任公司	13023921
3	中国五矿集团公司	75981820	53	新兴际华集团有限公司	12999010
4	中国宝武钢铁集团有限公司	74168343	54	太原钢铁（集团）有限公司	12972509
5	上海汽车集团股份有限公司	59062814	55	正威国际集团有限公司	12790482
6	中国建材集团有限公司	56446466	56	金川集团股份有限公司	12594538
7	中国铝业公司	52183078	57	中国国际海运集装箱（集团）股份有限公司	12461475
8	复星国际有限公司	48677948	58	中国重型汽车集团有限公司	12272753
9	中国船舶重工集团公司	48383030	59	陕西有色金属控股集团有限责任公司	12246572
10	首钢总公司	44610873	60	中国有色矿业集团有限公司	11962401
11	华为投资控股有限公司	44363400	61	新华联集团有限公司	11534623
12	东风汽车公司	41371605	62	安徽海螺集团有限责任公司	11511928
13	北京汽车集团有限公司	40156360	63	新希望集团有限公司	11453150
14	中国航天科技集团公司	38723167	64	南山集团有限公司	11327614
15	中国第一汽车集团公司	38063629	65	江西铜业集团公司	11194491
16	中国化工集团公司	37764188	66	酒泉钢铁（集团）有限责任公司	10991611
17	中国兵器工业集团公司	36929503	67	海信集团有限公司	10980151
18	河钢集团有限公司	36038803	68	三一集团有限公司	10483746
19	中国兵器装备集团公司	36038210	69	中国东方电气集团有限公司	10434975
20	中国中车股份有限公司	33831061	70	中国黄金集团公司	10312239
21	鞍钢集团公司	33109220	71	四川省宜宾五粮液集团有限公司	9562847
22	联想控股股份有限公司	32225883	72	上海仪电（集团）有限公司	9492146
23	中国船舶工业集团公司	28335396	73	万洲国际有限公司	9458964
24	山东钢铁集团有限公司	26588307	74	新疆特变电工集团有限公司	9421611
25	中国航天科工集团公司	25712283	75	江苏扬子江船业集团公司	9355376
26	中国电子信息产业集团有限公司	25417702	76	云天化集团有限责任公司	9348446
27	中国电子科技集团公司	24946941	77	恒力集团有限公司	9255649
28	光明食品（集团）有限公司	24192979	78	长城汽车股份有限公司	9230916
29	上海电气（集团）总公司	22223353	79	徐州工程机械集团有限公司	9048526
30	山东魏桥创业集团有限公司	21988813	80	紫金矿业集团股份有限公司	8921770
31	北京金隅集团有限责任公司	21210031	81	中联重科股份有限公司	8914102
32	广州汽车工业集团有限公司	21034021	82	江苏悦达集团有限公司	8867415
33	浙江吉利控股集团有限公司	20674077	83	北京建龙重工集团有限公司	8856343
34	京东方科技集团股份有限公司	20513501	84	海澜集团有限公司	8813421
35	珠海格力电器股份有限公司	18236971	85	天津中环电子信息集团有限公司	8659253
36	潍柴控股集团有限公司	17993137	86	山东黄金集团有限公司	8599990
37	海尔集团公司	17568507	87	马钢（集团）控股有限公司	8594298
38	美的集团股份有限公司	17060000	88	万向集团公司	8406613
39	包头钢铁（集团）有限责任公司	16671069	89	日照钢铁控股集团有限公司	8374558
40	江苏沙钢集团有限公司	16484011	90	云南冶金集团有限公司	8366277
41	泸州老窖集团有限责任公司	16036973	91	铜陵有色金属集团控股有限公司	8352027
42	天津渤海化工集团有限责任公司	15878962	92	青海盐湖工业股份有限公司	8294588
43	协鑫集团有限公司	15827086	93	中国恒天集团有限公司	8290206
44	TCL集团股份有限公司	14713679	94	上海医药集团股份有限公司	8274272
45	比亚迪股份有限公司	14507078	95	山东晨鸣纸业集团股份有限公司	8228535
46	本钢集团有限公司	14298768	96	雅戈尔集团股份有限公司	8023751
47	中兴通讯股份有限公司	14164091	97	奇瑞汽车股份有限公司	7790968
48	中融新大集团有限公司	14026915	98	天津百利机械装备集团有限公司	7773026
49	中国贵州茅台酒厂（集团）有限责任公司	13972979	99	盛虹控股集团有限公司	7760063
50	东旭集团有限公司	13737464	100	天津市医药集团有限公司	7695478
				中国制造业企业500强平均数	6265458

表 9-6 2017 中国制造业企业 500 强从业人数排序前 100 名企业

排名	企业名称	从业人数	排名	企业名称	从业人数
1	中国石油化工集团公司	713288	51	新华联集团有限公司	58916
2	中国航空工业集团公司	495775	52	海信集团有限公司	58250
3	中国兵器工业集团公司	234771	53	中国有色矿业集团有限公司	55609
4	中国兵器装备集团公司	232817	54	内蒙古伊利实业集团股份有限公司	54983
5	中国建材集团有限公司	228448	55	复星国际有限公司	53000
6	中国五矿集团公司	212406	56	包头钢铁（集团）有限责任公司	52703
7	比亚迪股份有限公司	193842	57	天津中环电子信息集团有限公司	52067
8	东风汽车公司	189795	58	中国国际海运集装箱（集团）股份有限公司	51299
9	中国中车股份有限公司	183061	59	安徽海螺集团有限责任公司	50401
10	中国船舶重工集团公司	182129	60	宜华企业（集团）有限公司	50000
11	华为投资控股有限公司	180000	61	华晨汽车集团控股有限公司	49791
12	中国航天科技集团公司	170357	62	广东温氏食品集团股份有限公司	49314
13	中国宝武钢铁集团有限公司	169344	63	京东方科技集团股份有限公司	49151
14	中国电子科技集团公司	158128	64	中国黄金集团公司	48749
15	鞍钢集团公司	155287	65	上海电气（集团）总公司	47630
16	中国电子信息产业集团有限公司	149019	66	南山集团有限公司	46471
17	光明食品（集团）有限公司	148813	67	陕西有色金属控股集团有限责任公司	45533
18	中国航天科工集团公司	145177	68	马钢（集团）控股有限公司	45123
19	山东魏桥创业集团有限公司	135393	69	四川省宜宾五粮液集团有限公司	43692
20	北京汽车集团有限公司	131256	70	青岛啤酒股份有限公司	43228
21	河钢集团有限公司	125552	71	中国恒天集团有限公司	43085
22	中国铝业公司	124894	72	雅戈尔集团股份有限公司	42258
23	中国第一汽车集团公司	122323	73	太原钢铁（集团）有限公司	41689
24	美的集团股份有限公司	120000	74	上海医药集团股份有限公司	40852
25	百丽国际控股有限公司	116810	75	江苏悦达集团有限公司	40516
26	首钢总公司	112323	76	正邦集团有限公司	39350
27	中国化工集团公司	111160	77	江铃汽车集团公司	38640
28	万洲国际有限公司	104000	78	湖北宜化集团有限责任公司	38433
29	上海汽车集团股份有限公司	94121	79	北京建龙重工集团有限公司	37959
30	山东钢铁集团有限公司	91275	80	广州无线电集团有限公司	37165
31	中兴通讯股份有限公司	81468	81	广州医药集团有限公司	36899
32	TCL集团股份有限公司	79561	82	安徽江淮汽车集团控股有限公司	36366
33	潍柴控股集团有限公司	79038	83	中国重型汽车集团有限公司	36176
34	广州汽车工业集团有限公司	75908	84	天津渤海化工集团有限责任公司	35703
35	蓝思科技股份有限公司	74174	85	江苏沙钢集团有限公司	35133
36	宁波申洲针织有限公司	73200	86	酒泉钢铁（集团）有限责任公司	33185
37	海尔集团公司	73065	87	金川集团股份有限公司	32991
38	本钢集团有限公司	72830	88	湖南华菱钢铁集团有限责任公司	32131
39	长城汽车股份有限公司	71617	89	海澜集团有限公司	32000
40	珠海格力电器股份有限公司	71610	90	天津渤海轻工投资集团有限公司	30863
41	四川长虹电子控股集团有限公司	71423	91	中国贵州茅台酒厂（集团）有限责任公司	30486
42	联想控股股份有限公司	69324	92	河南神火集团有限公司	30474
43	中国船舶工业集团公司	68025	93	济宁如意投资有限公司	30132
44	天津百利机械装备集团有限公司	66612	94	正泰集团股份有限公司	30010
45	新兴际华集团有限公司	65539	95	协鑫集团有限公司	29800
46	新希望集团有限公司	65407	96	重庆化医控股（集团）公司	29050
47	恒力集团有限公司	61400	97	重庆机电控股（集团）公司	28777
48	广西农垦集团有限责任公司	61330	98	万向集团公司	28150
49	浙江吉利控股集团有限公司	60712	99	云南冶金集团股份有限公司	28102
50	北京金隅集团有限责任公司	59803	100	盛虹控股集团有限公司	27935
				中国制造业企业 500 强平均数	25992

表 9-7 2017 中国制造业企业 500 强研发费用排序前 100 名企业

排名	企业名称	研发费用/万元	排名	企业名称	研发费用/万元
1	华为投资控股有限公司	7639100	51	华泰集团有限公司	213510
2	中国航天科工集团公司	2272751	52	新疆特变电工集团有限公司	206737
3	中国航空工业集团公司	1897183	53	亨通集团有限公司	185600
4	中国兵器装备集团公司	1726537	54	山东胜通集团股份有限公司	182460
5	浙江吉利控股集团有限公司	1425695	55	三一集团有限公司	179837
6	山东魏桥创业集团有限公司	1373315	56	天津百利机械装备集团有限公司	179343
7	中兴通讯股份有限公司	1276206	57	天津渤海轻工投资集团有限公司	177683
8	东风汽车公司	1218714	58	中国重型汽车集团有限公司	174532
9	中国兵器工业集团公司	1071566	59	济宁如意投资有限公司	160983
10	中国中车股份有限公司	947123	60	中联重科股份有限公司	157720
11	上海汽车集团股份有限公司	941062	61	奇瑞汽车股份有限公司	157595
12	中国石油化工集团公司	876447	62	重庆力帆控股有限公司	152182
13	中国第一汽车集团公司	851019	63	郑州宇通集团有限公司	151542
14	中国电子信息产业集团有限公司	647180	64	中国东方电气集团有限公司	149534
15	北京汽车集团有限公司	618124	65	徐州工程机械集团有限公司	149363
16	海尔集团公司	600100	66	湖北宜化集团有限责任公司	149143
17	美的集团股份有限公司	600000	67	德力西集团有限公司	147056
18	中国电子科技集团公司	588581	68	深圳欧菲光科技股份有限公司	144809
19	中国化工集团公司	573671	69	协鑫集团有限公司	142986
20	中国五矿集团公司	556080	70	浙江大华技术股份有限公司	142486
21	中国宝武钢铁集团有限公司	506043	71	酒泉钢铁（集团）有限责任公司	141171
22	比亚迪股份有限公司	452161	72	天津中环电子信息集团有限公司	139588
23	首钢总公司	435860	73	浙江荣盛控股集团有限公司	139316
24	TCL 集团股份有限公司	426584	74	蓝思科技股份有限公司	138664
25	中国航天科技集团公司	421890	75	新疆金风科技股份有限公司	138499
26	中国船舶重工集团公司	409409	76	正泰集团股份有限公司	138380
27	海信集团有限公司	407345	77	哈尔滨电气集团公司	137542
28	南山集团有限公司	406448	78	东辰控股集团有限公司	135955
29	京东方科技集团股份有限公司	390380	79	日照钢铁控股集团有限公司	130582
30	珠海格力电器股份有限公司	375436	80	石药控股集团有限公司	130089
31	鞍钢集团公司	355111	81	晶龙实业集团有限公司	126953
32	上海电气（集团）总公司	346275	82	河北敬业集团	126158
33	新希望集团有限公司	343200	83	陕西汽车控股集团有限公司	124500
34	广州汽车工业集团有限公司	341718	84	大冶有色金属集团控股有限公司	123662
35	利华益集团股份有限公司	308555	85	人民电器集团有限公司	123270
36	河钢集团有限公司	294240	86	盾安控股集团有限公司	120908
37	江铃汽车集团公司	288207	87	天津渤海化工集团有限责任公司	120524
38	中国船舶工业集团公司	281150	88	包头钢铁（集团）有限责任公司	120460
39	中国铝业公司	268928	89	华勤橡胶工业集团有限公司	116765
40	四川长虹电子控股集团有限公司	266109	90	宁波均胜电子股份有限公司	115962
41	华晨汽车集团控股有限公司	258344	91	四川省宜宾五粮液集团有限公司	112360
42	潍柴控股集团有限公司	253202	92	超威电源有限公司	108101
43	武汉邮电科学研究院	245929	93	深圳创维—RGB 电子有限公司	105957
44	中天科技集团有限公司	242550	94	中科电力装备集团有限公司	104991
45	江苏沙钢集团有限公司	242418	95	四川九洲电器集团有限责任公司	103656
46	万向集团公司	240618	96	上海仪电（集团）有限公司	100648
47	太原钢铁（集团）有限公司	235651	97	山东渤海实业股份有限公司	100595
48	江西铜业集团公司	234144	98	新余钢铁集团有限公司	100166
49	铜陵有色金属集团控股有限公司	224722	99	山东钢铁集团有限公司	100052
50	安徽江淮汽车集团控股有限公司	215821	100	东营鲁方金属材料有限公司	99715
				中国制造业企业 500 强平均数	117171

表 9-8　2017 中国制造业企业 500 强研发费用所占比例前 100 名企业

排名	企业名称	研发费用所占比例 / %	排名	企业名称	研发费用所占比例 / %
1	华为投资控股有限公司	14.65	51	郑州宇通集团有限公司	4.02
2	中兴通讯股份有限公司	12.61	52	TCL 集团股份有限公司	4.01
3	中国航天科工集团公司	11.19	53	智慧海派科技有限公司	3.98
4	浙江大华技术股份有限公司	10.69	54	玲珑集团有限公司	3.98
5	武汉邮电科学研究院	9.55	55	浙江古纤道新材料股份有限公司	3.92
6	浙江海正药业股份有限公司	7.85	56	广州视源电子科技股份有限公司	3.84
7	中天科技集团有限公司	7.03	57	晶龙实业集团有限公司	3.84
8	浙江吉利控股集团有限公司	6.83	58	合肥鑫晟光电科技有限公司	3.83
9	广州无线电集团有限公司	6.46	59	蓝思科技股份有限公司	3.77
10	山东鲁北企业集团总公司	6.30	60	美的集团股份有限公司	3.75
11	宁波均胜电子股份有限公司	6.25	61	星星集团有限公司	3.73
12	京东方科技集团股份有限公司	5.67	62	浙江中财管道科技股份有限公司	3.72
13	石药控股集团有限公司	5.60	63	山东科瑞控股集团有限公司	3.70
14	华盛江泉集团有限公司	5.48	64	万丰奥特控股集团有限公司	3.68
15	深圳欧菲光科技股份有限公司	5.41	65	山东魏桥创业集团有限公司	3.68
16	新疆金风科技股份有限公司	5.25	66	中国兵器装备集团公司	3.65
17	齐鲁制药有限公司	5.23	67	卫华集团有限公司	3.65
18	湘电集团有限公司	5.14	68	广西柳工集团有限公司	3.60
19	澳柯玛股份有限公司	5.11	69	即发集团有限公司	3.60
20	中国航空工业集团公司	5.11	70	东旭集团有限公司	3.57
21	东辰控股集团有限公司	5.11	71	上海电气（集团）总公司	3.54
22	海马汽车集团股份有限公司	5.06	72	江南集团有限公司	3.53
23	利华益集团股份有限公司	5.05	73	兰州兰石集团有限公司	3.51
24	中国华录集团有限公司	5.03	74	沈阳远大企业集团	3.51
25	新希望集团有限公司	5.01	75	沈阳机床（集团）有限责任公司	3.50
26	深圳市天珑移动技术有限公司	5.01	76	上海置信电气股份有限公司	3.50
27	山东胜通集团股份有限公司	4.97	77	中科电力装备集团有限公司	3.44
28	四川九洲电器集团有限责任公司	4.93	78	珠海格力电器股份有限公司	3.41
29	海天塑机集团有限公司	4.83	79	陕西汽车控股集团有限公司	3.38
30	奇瑞汽车股份有限公司	4.78	80	金海重工股份有限公司	3.37
31	金发科技股份有限公司	4.71	81	三角集团有限公司	3.36
32	邢台钢铁有限责任公司	4.59	82	三环集团有限公司	3.35
33	山东寿光鲁清石化有限公司	4.57	83	太原钢铁（集团）有限公司	3.34
34	三鼎控股集团有限公司	4.57	84	宁波方太厨具有限公司	3.34
35	沈阳鼓风机集团股份有限公司	4.56	85	江苏新潮科技集团有限公司	3.32
36	新和成控股集团有限公司	4.52	86	日照钢铁控股集团有限公司	3.32
37	普联技术有限公司	4.47	87	中策橡胶集团有限公司	3.29
38	江铃汽车集团公司	4.41	88	中国电子科技集团公司	3.25
39	比亚迪股份有限公司	4.37	89	人民电器集团有限公司	3.25
40	舜宇集团有限公司	4.36	90	中国电子信息产业集团有限公司	3.25
41	南山集团有限公司	4.34	91	首钢总公司	3.23
42	大亚科技集团有限公司	4.31	92	卧龙控股集团有限公司	3.23
43	哈尔滨电气集团公司	4.14	93	新余钢铁集团有限公司	3.21
44	新疆特变电工集团有限公司	4.13	94	中国西电集团公司	3.20
45	中国中车股份有限公司	4.12	95	华泰集团有限公司	3.20
46	人福医药集团股份公司	4.07	96	山东鲁花集团有限公司	3.20
47	安徽江淮汽车集团控股有限公司	4.06	97	华鲁控股集团有限公司	3.18
48	海信集团有限公司	4.06	98	博威集团有限公司	3.18
49	中国东方电气集团有限公司	4.04	99	亨通集团有限公司	3.17
50	重庆力帆控股有限公司	4.02	100	包头钢铁（集团）有限责任公司	3.16
				中国制造业企业 500 强平均数	2.07

表 9-9 2017 中国制造业企业 500 强净资产利润率排序前 100 名企业

排名	企业名称	净资产利润率/%	排名	企业名称	净资产利润率/%
1	河北兴华钢铁有限公司	138.60	51	万丰奥特控股集团有限公司	23.33
2	河北天柱钢铁集团有限公司	100.00	52	山东亨圆铜业有限公司	23.33
3	天津华北集团有限公司	100.00	53	河北安丰钢铁有限公司	23.07
4	山东中海化工集团有限公司	83.83	54	长城汽车股份有限公司	22.31
5	浙江天圣控股集团有限公司	81.67	55	东辰控股集团有限公司	22.26
6	武安市广耀铸业有限公司	79.26	56	济宁如意投资有限公司	22.23
7	中融新大集团有限公司	72.00	57	浙江大华技术股份有限公司	22.16
8	邯郸市正大制管有限公司	63.83	58	万基控股集团有限公司	22.09
9	深圳市天珑移动技术有限公司	62.17	59	人民电器集团有限公司	21.72
10	广州视源电子科技股份有限公司	59.60	60	山东金诚石化集团有限公司	21.66
11	河南神火集团有限公司	49.08	61	天津友发钢管集团股份有限公司	21.40
12	广州钢铁企业集团有限公司	47.46	62	桂林力源粮油食品集团有限公司	21.33
13	广东温氏食品集团股份有限公司	38.70	63	江苏大明金属制品有限公司	20.97
14	香驰控股有限公司	38.49	64	河北鑫海化工集团有限公司	20.94
15	山东创新金属科技有限公司	38.12	65	老凤祥股份有限公司	20.89
16	维科控股集团股份有限公司	34.84	66	山东泰山钢铁集团有限公司	20.89
17	四川长虹电子控股集团有限公司	33.80	67	金澳科技（湖北）化工有限公司	20.87
18	普联技术有限公司	33.73	68	太极集团有限公司	20.77
19	山东恒源石油化工股份有限公司	33.63	69	齐鲁制药有限公司	20.74
20	波鸿集团有限公司	33.40	70	东营鲁方金属材料有限公司	20.61
21	宁波博洋控股集团有限公司	32.74	71	浙江吉利控股集团有限公司	20.52
22	农夫山泉股份有限公司	31.19	72	浙江中财管道科技股份有限公司	20.46
23	广东新明珠陶瓷集团有限公司	30.77	73	杭州华东医药集团有限公司	20.36
24	宁波方太厨具有限公司	30.48	74	青山控股集团有限公司	20.27
25	山东大海集团有限公司	30.37	75	梦金园黄金珠宝集团有限公司	20.18
26	山东鲁花集团有限公司	29.71	76	红狮控股集团有限公司	20.09
27	珠海格力电器股份有限公司	28.63	77	江阴模塑集团有限公司	20.07
28	海尔集团公司	28.56	78	博威集团有限公司	20.01
29	浙江协和集团有限公司	28.48	79	卫华集团有限公司	19.86
30	晶科能源控股有限公司	28.27	80	湖北东圣化工集团有限公司	19.77
31	奥康集团有限公司	28.20	81	宁波申洲针织有限公司	19.53
32	花园集团有限公司	26.93	82	智慧海派科技有限公司	19.39
33	山东京博控股股份有限公司	26.85	83	武安市明芳钢铁有限公司	19.01
34	山东胜通集团股份有限公司	26.61	84	德力西集团有限公司	19.00
35	华为投资控股有限公司	26.46	85	山东荣信煤化有限责任公司	18.92
36	长沙新振升集团有限公司	26.33	86	天津市静海县宝来工贸有限公司	18.90
37	郑州宇通集团有限公司	26.15	87	云南白药集团股份有限公司	18.57
38	舜宇集团有限公司	25.99	88	河北诚信有限责任公司	18.50
39	宏胜饮料集团有限公司	25.76	89	山东寿光鲁清石化有限公司	18.33
40	山东海科化工集团有限公司	25.75	90	东方日升新能源股份有限公司	18.16
41	重庆万达薄板有限公司	25.51	91	富海集团有限公司	17.95
42	万华化学（宁波）有限公司	24.54	92	山东鲁北企业集团总公司	17.86
43	内蒙古伊利实业集团股份有限公司	24.53	93	华仪集团有限公司	17.82
44	正邦集团有限公司	24.08	94	河南金利金铅集团有限公司	17.75
45	美的集团股份有限公司	24.06	95	三河汇福粮油集团有限公司	17.37
46	杭州娃哈哈集团有限公司	23.63	96	深圳创维—RGB电子有限公司	17.20
47	天狮集团有限公司	23.55	97	杭州金鱼电器集团有限公司	17.09
48	新凤鸣集团股份有限公司	23.54	98	石药控股集团有限公司	17.08
49	山东金岭集团有限公司	23.47	99	山东宜坤集团有限公司	17.06
50	天能电池集团有限公司	23.45	100	中国贵州茅台酒厂（集团）有限责任公司	16.97
				中国制造业企业 500 强平均数	8.63

表 9-10 2017 中国制造业企业 500 强资产利润率排序前 100 名企业

排名	企业名称	资产利润率/%	排名	企业名称	资产利润率/%
1	武安市广耀铸业有限公司	61.38	51	山东荣信煤化有限责任公司	9.14
2	天津华北集团有限公司	56.01	52	中国贵州茅台酒厂（集团）有限责任公司	9.10
3	中融新大集团有限公司	33.47	53	河北普阳钢铁有限公司	9.09
4	邯郸市正大制管有限公司	33.18	54	东营鲁方金属材料有限公司	9.04
5	普联技术有限公司	28.92	55	波司登股份有限公司	9.01
6	广东温氏食品集团股份有限公司	28.45	56	劲牌有限公司	8.87
7	浙江天圣控股集团有限公司	27.44	57	武安市裕华钢铁有限公司	8.82
8	广州视源电子科技股份有限公司	25.94	58	江苏阳光集团有限公司	8.79
9	宏胜饮料集团有限公司	22.82	59	罗蒙集团股份有限公司	8.71
10	农夫山泉股份有限公司	20.05	60	河北兴华钢铁有限公司	8.69
11	天狮集团有限公司	19.60	61	安徽环新集团有限公司	8.67
12	山东金诚石化集团有限公司	19.48	62	武安市明芳钢铁有限公司	8.62
13	山东中海化工集团有限公司	19.31	63	美的集团股份有限公司	8.62
14	齐鲁制药有限公司	16.88	64	广东海大集团股份有限公司	8.61
15	长沙新振升集团有限公司	16.82	65	长飞光纤光缆股份有限公司	8.58
16	杭州娃哈哈集团有限公司	16.77	66	新凤鸣集团股份有限公司	8.49
17	山东鲁花集团有限公司	16.61	67	江苏上上电缆集团有限公司	8.47
18	天津市静海县宝来工贸有限公司	16.52	68	珠海格力电器股份有限公司	8.46
19	山东亨圆铜业有限公司	16.41	69	天津友发钢管集团股份有限公司	8.45
20	奥康集团有限公司	15.78	70	华为投资控股有限公司	8.36
21	东辰控股集团有限公司	15.61	71	天津源泰德润钢管制造集团有限公司	8.34
22	人民电器集团有限公司	15.60	72	武安市文安钢铁有限公司	8.29
23	山东胜通集团股份有限公司	15.28	73	辽宁禾丰牧业股份有限公司	8.26
24	山东大海集团有限公司	14.91	74	石药控股集团有限公司	8.14
25	河北诚信有限责任公司	14.67	75	胜达集团有限公司	8.12
26	宁波方太厨具有限公司	14.60	76	山东寿光鲁清石化有限公司	8.11
27	内蒙古伊利实业集团股份有限公司	14.42	77	秦皇岛宏兴钢铁有限公司	8.10
28	山东金岭集团有限公司	14.17	78	维维集团有限公司	8.08
29	山东恒源石油化工股份有限公司	13.52	79	重庆万达薄板有限公司	8.05
30	宁波申洲针织有限公司	13.51	80	安徽天康（集团）股份有限公司	7.93
31	浙江中财管道科技股份有限公司	13.25	81	天津恒兴集团有限公司	7.87
32	万华化学（宁波）有限公司	12.58	82	广州立白企业集团有限公司	7.77
33	山东时风（集团）有限责任公司	12.03	83	河北天柱钢铁集团有限公司	7.77
34	江西济民可信集团有限公司	12.02	84	兴达投资集团有限公司	7.71
35	浙江大华技术股份有限公司	11.88	85	海天塑机集团有限公司	7.68
36	云南白药集团股份有限公司	11.88	86	百丽国际控股有限公司	7.57
37	山东胜利明珠集团有限公司	11.74	87	山东科瑞控股集团有限公司	7.55
38	山东宜坤集团有限公司	11.64	88	河北冠丰冶金工业有限公司	7.54
39	长城汽车股份有限公司	11.43	89	四川省宜宾五粮液集团有限公司	7.54
40	广州钢铁企业集团有限公司	11.29	90	老凤祥股份有限公司	7.52
41	花园集团有限公司	11.26	91	纳爱斯集团有限公司	7.31
42	舜宇集团有限公司	11.13	92	广州电气装备集团有限公司	7.24
43	杭州华东医药集团有限公司	11.12	93	湖北新洋丰肥业股份有限公司	7.14
44	湖北东圣化工集团有限公司	10.98	94	桂林力源粮油食品集团有限公司	7.08
45	威高集团有限公司	10.38	95	河北安丰钢铁有限公司	7.03
46	金澳科技（湖北）化工有限公司	10.15	96	晶科能源控股有限公司	7.00
47	研祥高科技控股集团有限公司	9.80	97	洪业化工集团股份有限公司	6.94
48	万丰奥特控股集团有限公司	9.59	98	金猴集团有限公司	6.93
49	海尔集团公司	9.49	99	天能电池集团有限公司	6.92
50	正邦集团有限公司	9.24	100	东方日升新能源股份有限公司	6.91
				中国制造业企业 500 强平均数	2.19

表 9-11　2017 中国制造业企业 500 强收入利润率排序前 100 名企业

排名	企业名称	收入利润率/%	排名	企业名称	收入利润率/%
1	中融新大集团有限公司	72.11	51	红狮控股集团有限公司	7.68
2	天津华北集团有限公司	31.39	52	杭州华东医药集团有限公司	7.67
3	普联技术有限公司	30.94	53	波司登股份有限公司	7.66
4	中国贵州茅台酒厂（集团）有限责任公司	28.96	54	振石控股集团有限公司	7.58
5	劲牌有限公司	23.56	55	万丰奥特控股集团有限公司	7.48
6	齐鲁制药有限公司	22.71	56	山东大海集团有限公司	7.14
7	广东温氏食品集团股份有限公司	19.86	57	郑州宇通集团有限公司	7.13
8	宁波申洲针织有限公司	19.52	58	华为投资控股有限公司	7.11
9	农夫山泉股份有限公司	17.96	59	广东新明珠陶瓷集团有限公司	7.09
10	宏胜饮料集团有限公司	16.85	60	邯郸市正大制管有限公司	6.97
11	浙江中财管道科技股份有限公司	16.74	61	湖北新洋丰肥业股份有限公司	6.80
12	康美药业股份有限公司	15.43	62	上海置信电气股份有限公司	6.77
13	万华化学（宁波）有限公司	14.68	63	人福医药集团股份有限公司	6.75
14	珠海格力电器股份有限公司	14.00	64	广州电气装备集团有限公司	6.54
15	复星国际有限公司	13.88	65	山东鲁北企业集团总公司	6.54
16	海天塑机集团有限公司	13.86	66	广州立白企业集团有限公司	6.52
17	浙江大华技术股份有限公司	13.69	67	泰富重装集团有限公司	6.47
18	山东科瑞控股集团有限公司	13.32	68	奥康集团有限公司	6.29
19	宁波方太厨具有限公司	13.12	69	美锦能源集团有限公司	6.23
20	云南白药集团股份有限公司	13.03	70	中国航天科技集团公司	6.22
21	杭州娃哈哈集团有限公司	11.89	71	山东恒源石油化工股份有限公司	6.21
22	新和成控股集团有限公司	11.85	72	浙江天圣控股集团有限公司	6.16
23	花园集团有限公司	11.45	73	罗蒙集团股份有限公司	6.11
24	新疆金风科技股份有限公司	11.38	74	河北诚信有限责任公司	5.98
25	山东胜通集团股份有限公司	10.97	75	中国电子科技集团公司	5.90
26	长城汽车股份有限公司	10.70	76	江阴模塑集团有限公司	5.89
27	武安市广耀铸业有限公司	10.57	77	深圳市天珑移动技术有限公司	5.89
28	安徽环新集团有限公司	10.55	78	雅戈尔集团股份有限公司	5.86
29	威高集团有限公司	10.27	79	山东金茂纺织化工集团有限公司	5.85
30	四川省宜宾五粮液集团有限公司	10.25	80	江南集团有限公司	5.82
31	广州钢铁企业集团有限公司	10.12	81	浙江永利实业集团有限公司	5.78
32	浙江龙盛控股有限公司	9.88	82	百丽国际控股有限公司	5.76
33	东方日升新能源股份有限公司	9.82	83	洪业化工集团股份有限公司	5.63
34	玲珑集团有限公司	9.74	84	南山集团有限公司	5.59
35	山东胜利明珠集团有限公司	9.54	85	江苏阳光集团有限公司	5.43
36	石药控股集团有限公司	9.42	86	三角集团有限公司	5.42
37	内蒙古伊利实业集团股份有限公司	9.34	87	胜达集团有限公司	5.35
38	美的集团股份有限公司	9.20	88	武安市裕华钢铁有限公司	5.32
39	江苏扬子江船业集团公司	9.08	89	维维集团股份有限公司	5.31
40	广州视源电子科技股份有限公司	9.01	90	长沙新振升集团有限公司	5.24
41	天狮集团有限公司	9.00	91	海信集团有限公司	5.23
42	舜宇集团有限公司	8.95	92	纳爱斯集团有限公司	5.23
43	东辰控股集团有限公司	8.94	93	泸州老窖集团有限责任公司	5.18
44	长飞光纤光缆股份有限公司	8.66	94	安徽古井集团有限责任公司	5.09
45	研祥高科技控股集团有限公司	8.61	95	兴源轮胎集团有限公司	5.03
46	山东鲁花集团有限公司	8.58	96	中国中车股份有限公司	4.92
47	海尔集团公司	8.27	97	比亚迪股份有限公司	4.88
48	深圳市特发集团有限公司	8.22	98	深圳创维—RGB电子有限公司	4.88
49	晶科能源控股有限公司	8.17	99	安徽天康（集团）股份有限公司	4.80
50	兰州兰石集团有限公司	8.01	100	三鼎控股集团有限公司	4.80
				中国制造业企业 500 强平均数	2.43

表 9-12 2017 中国制造业企业 500 强人均营业收入排序前 100 名企业

排名	企业名称	人均营业收入/万元	排名	企业名称	人均营业收入/万元
1	江苏江润铜业有限公司	6663	51	金澳科技（湖北）化工有限公司	864
2	山东亨圆铜业有限公司	5414	52	香驰控股有限公司	837
3	湖南金龙国际铜业有限公司	3882	53	长沙新振升集团有限公司	833
4	深圳光汇石油集团股份有限公司	3082	54	江苏华宏实业集团有限公司	823
5	东营方圆有色金属有限公司	2989	55	江西铜业集团公司	817
6	天津华北集团有限公司	2354	56	上海汽车集团股份有限公司	804
7	江苏新华发集团有限公司	2181	57	奥盛集团有限公司	794
8	智慧海派科技有限公司	2154	58	浙江栋梁新材股份有限公司	755
9	天津恒兴集团有限公司	2056	59	中天钢铁集团有限公司	750
10	山东宜坤集团有限公司	1936	60	山东垦利石化集团有限公司	739
11	兴达投资集团有限公司	1930	61	天狮集团有限公司	688
12	山东金诚石化集团有限公司	1857	62	天津源泰德润钢管制造集团有限公司	683
13	正威国际集团有限公司	1849	63	北京君诚实业投资集团有限公司	677
14	山东东明石化集团有限公司	1786	64	山东玉皇化工有限公司	671
15	铭源控股集团有限公司	1744	65	兴惠化纤集团有限公司	669
16	东营鲁方金属材料有限公司	1530	66	天津市静海县宝来工贸有限公司	668
17	利华益集团股份有限公司	1517	67	重庆万达薄板有限公司	665
18	山东海科化工集团有限公司	1481	68	沂州集团有限公司	661
19	山东寿光鲁清石化有限公司	1416	69	浙江天圣控股集团有限公司	658
20	老凤祥股份有限公司	1316	70	河北津西钢铁集团股份有限公司	653
21	东辰控股集团有限公司	1296	71	森马集团有限公司	652
22	杭州汽轮动力集团有限公司	1278	72	研祥高科技控股集团有限公司	644
23	山东汇丰石化集团有限公司	1205	73	青山控股集团有限公司	628
24	三河汇福粮油集团有限公司	1190	74	旭阳控股有限公司	626
25	山东中海化工集团有限公司	1158	75	华泰集团有限公司	625
26	万华化学（宁波）有限公司	1153	76	江苏三房巷集团有限公司	622
27	浙江富冶集团有限公司	1136	77	武安市文安钢铁有限公司	619
28	天洁集团有限公司	1133	78	山东胜利明珠集团有限公司	618
29	浙江恒逸集团有限公司	1133	79	湖北东圣化工集团有限公司	616
30	海亮集团有限公司	1112	80	河北新金钢铁有限公司	610
31	浙江协和集团有限公司	1071	81	双良集团有限公司	606
32	江阴澄星实业集团有限公司	1051	82	天津纺织集团（控股）有限公司	603
33	广州钢铁企业集团有限公司	1044	83	中融新大集团有限公司	592
34	正和集团股份有限公司	1021	84	金川集团股份有限公司	585
35	山东金茂纺织化工集团有限公司	998	85	双胞胎(集团)股份有限公司	581
36	宁波金田投资控股有限公司	988	86	大冶有色金属集团控股有限公司	580
37	河北鑫海化工集团有限公司	988	87	冀南钢铁集团有限公司	574
38	万通海欣控股股份有限公司	979	88	铜陵有色金属集团控股有限公司	572
39	浙江荣盛控股集团有限公司	974	89	杉杉控股有限公司	572
40	山东大海集团有限公司	957	90	山东晨鸣纸业集团股份有限公司	569
41	安徽蓝德集团有限公司	937	91	江苏沙钢集团有限公司	565
42	山东金岭集团有限公司	925	92	山东荣信煤化有限责任公司	559
43	浙江富陵控股集团有限公司	919	93	河南金利金铅集团有限公司	538
44	天津荣程祥泰投资控股集团有限公司	915	94	江苏大明金属制品有限公司	534
45	山东渤海实业股份有限公司	899	95	煌上煌集团有限公司	530
46	富海集团有限公司	892	96	杭州锦江集团有限公司	521
47	东岭集团股份有限公司	890	97	河北新华联合冶金控股集团有限公司	515
48	山东恒源石油化工股份有限公司	880	98	天能电池集团有限公司	513
49	梦金园黄金珠宝集团有限公司	874	99	河北普阳钢铁有限公司	504
50	中科电力装备集团有限公司	869	100	超威电源有限公司	500
				中国制造业企业 500 强平均数	217

表 9-13　2017 中国制造业企业 500 强人均净利润排序前 100 名企业

排名	企业名称	人均净利润/万元	排名	企业名称	人均净利润/万元
1	天津华北集团有限公司	738.77	51	普联技术有限公司	25.98
2	中融新大集团有限公司	426.85	52	泰富重装集团有限公司	24.57
3	万华化学（宁波）有限公司	169.23	53	广东温氏食品集团股份有限公司	23.91
4	山东亨圆铜业有限公司	159.94	54	山东海科化工集团有限公司	23.63
5	东辰控股集团有限公司	115.92	55	山东科瑞控股集团有限公司	23.25
6	广州钢铁企业集团有限公司	105.70	56	杭州华东医药集团有限公司	23.19
7	东营方圆有色金属有限公司	92.02	57	海尔集团公司	22.82
8	山东宜坤集团有限公司	81.52	58	重庆万达薄板有限公司	21.99
9	智慧海派科技有限公司	76.42	59	海天塑机集团有限公司	21.87
10	天津恒兴集团有限公司	72.42	60	珠海格力电器股份有限公司	21.53
11	山东大海集团有限公司	68.36	61	上海置信电气股份有限公司	21.42
12	天狮集团有限公司	61.96	62	山东东明石化集团有限公司	21.41
13	山东寿光鲁清石化有限公司	60.95	63	香驰控股有限公司	21.33
14	兴达投资集团有限公司	60.10	64	河北新华联合冶金控股集团有限公司	20.95
15	山东金诚石化集团有限公司	59.72	65	煌上煌集团有限公司	20.61
16	山东胜利明珠集团有限公司	58.90	66	华为投资控股有限公司	20.59
17	铭源控股集团有限公司	58.53	67	杭州娃哈哈集团有限公司	20.50
18	山东金茂纺织化工集团有限公司	58.36	68	东方日升新能源股份有限公司	20.21
19	研祥高科技控股集团有限公司	55.48	69	罗蒙集团股份有限公司	19.51
20	山东恒源石油化工股份有限公司	54.67	70	奥盛集团有限公司	19.49
21	山东胜通集团股份有限公司	53.02	71	复星国际有限公司	19.37
22	山东中海化工集团有限公司	52.01	72	洪业化工集团股份有限公司	19.36
23	武安市广耀铸业有限公司	48.44	73	红狮控股集团有限公司	19.25
24	正威国际集团有限公司	44.65	74	浙江永利实业集团有限公司	19.14
25	万通海欣控股股份有限公司	44.46	75	武安市明芳钢铁有限公司	18.52
26	长沙新振升集团有限公司	43.63	76	三河汇福粮油集团有限公司	18.39
27	东营鲁方金属材料有限公司	43.19	77	湖北东圣化工集团有限公司	18.29
28	新疆金风科技股份有限公司	43.02	78	河北普阳钢铁有限公司	18.03
29	中国贵州茅台酒厂（集团）有限责任公司	41.70	79	富通集团有限公司	17.92
30	江苏江润铜业有限公司	41.10	80	滨化集团公司	17.82
31	浙江天圣控股集团有限公司	40.52	81	河北鑫海化工集团有限公司	17.81
32	老凤祥股份有限公司	39.82	82	胜达集团有限公司	17.79
33	天洁集团有限公司	39.30	83	河北诚信有限责任公司	17.71
34	山东金岭集团有限公司	39.06	84	山东玉皇化工有限公司	17.45
35	劲牌有限公司	39.02	85	威高集团有限公司	17.27
36	广州视源电子科技股份有限公司	36.33	86	兴惠化纤集团有限公司	17.01
37	宏胜饮料集团有限公司	35.56	87	万丰奥特控股集团有限公司	16.98
38	康美药业股份有限公司	34.87	88	金澳科技（湖北）化工有限公司	16.96
39	云南白药集团股份有限公司	34.78	89	天津市静海县宝来工贸有限公司	16.78
40	利华益集团股份有限公司	34.24	90	浙江协和集团有限公司	16.62
41	上海汽车集团股份有限公司	34.01	91	浙江大华技术股份有限公司	16.54
42	浙江龙盛控股有限公司	33.35	92	四川省宜宾五粮液集团有限公司	16.50
43	邯郸市正大制管有限公司	32.17	93	山东汇丰石化集团有限公司	16.42
44	富海集团有限公司	31.43	94	山东荣信煤化有限责任公司	15.89
45	农夫山泉股份有限公司	29.49	95	山东晨鸣纸业集团股份有限公司	15.89
46	长飞光纤光缆股份有限公司	29.24	96	湖南金龙国际铜业有限公司	15.75
47	齐鲁制药有限公司	28.84	97	山东鲁北企业集团总公司	15.58
48	浙江中财管道科技股份有限公司	27.05	98	花园集团有限公司	15.57
49	浙江富陵控股集团有限公司	26.09	99	金东纸业（江苏）股份有限公司	15.38
50	振石控股集团有限公司	26.05	100	武安市裕华钢铁有限公司	15.11
				中国制造业企业 500 强平均数	5.28

表 9-14 2017中国制造业企业500强人均资产排序前100名企业

排名	企业名称	人均资产/万元	排名	企业名称	人均资产/万元
1	深圳光汇石油集团股份有限公司	2713.62	51	山东汇丰石化集团有限公司	562.83
2	智慧海派科技有限公司	1860.66	52	旭阳控股有限公司	548.12
3	东营方圆有色金属有限公司	1744.14	53	西部矿业集团有限公司	543.96
4	万华化学（宁波）有限公司	1345.46	54	协鑫集团有限公司	531.11
5	江苏江润铜业有限公司	1324.04	55	杭州锦江集团有限公司	529.31
6	天津华北集团有限公司	1318.99	56	老凤祥股份有限公司	529.22
7	中融新大集团有限公司	1275.17	57	三一集团有限公司	526.24
8	江苏新华发集团有限公司	1211.46	58	海亮集团有限公司	526.15
9	万通海欣控股股份有限公司	1005.06	59	奇瑞汽车股份有限公司	501.77
10	铭源控股集团有限公司	998.83	60	山东胜利明珠集团有限公司	501.62
11	山东亨圆铜业有限公司	974.80	61	江阴澄星实业集团有限公司	499.96
12	广州钢铁企业集团有限公司	936.60	62	三河汇福粮油集团有限公司	498.42
13	安徽蓝德集团股份有限公司	924.32	63	合肥鑫晟光电科技有限公司	490.98
14	新疆金风科技股份有限公司	923.04	64	富海集团有限公司	490.06
15	天津恒兴集团有限公司	920.53	65	宁波富邦控股集团有限公司	488.97
16	复星国际有限公司	918.45	66	山东渤海实业股份有限公司	484.88
17	浙江富陵控股集团有限公司	907.36	67	东营鲁方金属材料有限公司	477.81
18	东旭集团有限公司	883.84	68	江苏沙钢集团有限公司	469.19
19	山东金茂纺织化工集团有限公司	875.95	69	中国东方电气集团有限公司	467.89
20	金海重工股份有限公司	780.70	70	青海盐湖工业股份有限公司	466.62
21	兴达投资集团有限公司	779.46	71	上海电气（集团）总公司	466.58
22	利华益集团股份有限公司	773.78	72	奥盛集团有限公司	466.52
23	山东寿光鲁清石化有限公司	751.53	73	浙江协和集团有限公司	466.03
24	金东纸业（江苏）股份有限公司	747.74	74	联想控股股份有限公司	464.86
25	东辰控股集团有限公司	742.61	75	泰富重装集团有限公司	464.52
26	浙江荣盛控股集团有限公司	718.23	76	振石控股集团有限公司	462.45
27	正威国际集团有限公司	716.47	77	山东玉皇化工有限公司	460.27
28	森马集团有限公司	714.24	78	山东大海集团有限公司	458.46
29	福星集团控股有限公司	706.73	79	中国贵州茅台酒厂（集团）有限责任公司	458.34
30	山东宜坤集团有限公司	700.12	80	宝塔石化集团有限公司	456.92
31	上海仪电（集团）有限公司	685.80	81	山东东明石化集团有限公司	456.55
32	泸州老窖集团有限责任公司	663.97	82	江西博能实业集团有限公司	455.42
33	天洁集团有限公司	662.81	83	江苏扬子江船业集团公司	445.98
34	天津宝迪农业科技股份有限公司	656.81	84	天津渤海化工集团有限责任公司	444.75
35	浙江龙盛控股有限公司	649.92	85	新疆特变电工集团有限公司	444.25
36	中国庆华能源集团有限公司	647.86	86	劲牌有限公司	439.79
37	杭州汽轮动力集团有限公司	638.78	87	郴州市金贵银业股份有限公司	439.69
38	山东晨鸣纸业集团股份有限公司	633.65	88	中国宝武钢铁集团有限公司	437.97
39	上海汽车集团股份有限公司	627.52	89	江西铜业集团公司	434.62
40	浙江古纤道新材料股份有限公司	624.76	90	天瑞集团股份有限公司	429.89
41	浙江永利实业集团有限公司	622.27	91	东凌控股有限公司	424.50
42	杉杉控股有限公司	614.36	92	河北新华联合冶金控股集团有限公司	418.41
43	山东海科化工集团有限公司	614.30	93	中国铝业公司	417.82
44	日照钢铁控股集团有限公司	608.88	94	京东方科技集团股份有限公司	417.36
45	山东垦利石化集团有限公司	588.95	95	中国船舶工业集团公司	416.54
46	中联重科股份有限公司	588.23	96	云天化集团有限责任公司	415.97
47	康美药业股份有限公司	572.33	97	杭州钢铁集团公司	413.54
48	浙江恒逸集团有限公司	571.92	98	香驰控股有限公司	406.79
49	研祥高科技控股集团有限公司	565.99	99	上海置信电气股份有限公司	405.95
50	双良集团有限公司	565.72	100	湖南华菱钢铁集团有限责任公司	405.34
				中国制造业企业500强平均数	241.04

表 9-15 2017 中国制造业企业 500 强收入增长率排序前 100 名企业

排名	企业名称	收入增长率/%	排名	企业名称	收入增长率/%
1	宁波均胜电子股份有限公司	129.54	51	农夫山泉股份有限公司	29.58
2	东旭集团有限公司	111.94	52	比亚迪股份有限公司	29.32
3	煌上煌集团有限公司	110.78	53	安徽蓝德集团股份有限公司	28.86
4	长丰集团有限责任公司	109.57	54	研祥高科技控股集团有限公司	28.64
5	富海集团有限公司	80.63	55	天能电池集团有限公司	28.42
6	江苏新潮科技集团有限公司	76.61	56	华峰集团有限公司	28.12
7	金澳科技（湖北）化工有限公司	66.84	57	超威电源有限公司	27.58
8	山东创新金属科技有限公司	65.29	58	广州汽车工业集团有限公司	27.57
9	新疆中泰（集团）有限责任公司	65.06	59	江苏倪家巷集团有限公司	27.26
10	宁夏天元锰业有限公司	60.98	60	武安市明芳钢铁有限公司	27.07
11	天津源泰德润钢管制造集团有限公司	57.74	61	中国船舶重工集团公司	27.05
12	广西贵港钢铁集团有限公司	57.23	62	山东鲁花集团有限公司	26.70
13	中融新大集团有限公司	55.49	63	东岭集团股份有限公司	26.66
14	得力集团有限公司	55.23	64	山东中海化工集团有限公司	26.53
15	北京金隅集团有限责任公司	54.44	65	河北诚信有限责任公司	26.39
16	江西博能实业集团有限公司	49.94	66	浙江吉利控股集团有限公司	26.31
17	重庆小康控有限公司	49.86	67	天津华北集团有限公司	26.24
18	深圳市特发集团有限公司	48.98	68	江苏新华发集团有限公司	26.19
19	华仪集团有限公司	47.17	69	杭州汽轮动力集团有限公司	26.12
20	晶科能源控股有限公司	44.62	70	龙大食品集团有限公司	26.06
21	深圳欧菲光科技股份有限公司	44.59	71	武汉邮电科学研究院	26.04
22	天津市静海县宝来工贸有限公司	43.08	72	正泰集团股份有限公司	25.97
23	京东方科技集团股份有限公司	41.69	73	永锋集团有限公司	25.80
24	秦皇岛宏兴钢铁有限公司	41.06	74	湖南华菱钢铁集团有限责任公司	25.26
25	河南豫联能源集团有限责任公司	40.51	75	日照钢铁控股集团有限公司	24.95
26	智慧海派科技有限公司	40.16	76	东营鲁方金属材料有限公司	24.85
27	山东晨鸣纸业集团股份有限公司	40.13	77	潍柴控股集团有限公司	24.84
28	传化集团有限公司	40.01	78	安徽山鹰纸业股份有限公司	23.99
29	江苏西城三联控股集团有限公司	39.03	79	广东温氏食品集团股份有限公司	23.05
30	海澜集团有限公司	38.88	80	杭州诺贝尔集团有限公司	23.02
31	江苏华宏实业集团有限公司	38.41	81	中国华录集团有限公司	23.01
32	维科控股集团股份有限公司	37.42	82	人福医药集团股份公司	22.65
33	广州视源电子科技股份有限公司	37.39	83	陕西汽车控股集团有限公司	22.63
34	泰富重装集团有限公司	37.08	84	辽宁禾丰牧业股份有限公司	22.42
35	河南森源集团有限公司	36.90	85	升华集团控股有限公司	22.39
36	舜宇集团有限公司	36.39	86	江铃汽车集团公司	22.23
37	科创控股集团有限公司	36.21	87	西宁特殊钢集团有限责任公司	22.14
38	河北鑫海化工集团有限公司	35.80	88	亨通集团有限公司	22.07
39	昆明钢铁控股有限公司	35.68	89	宁波方太厨具有限公司	21.87
40	郴州市金贵银业股份有限公司	35.65	90	利华益集团股份有限公司	21.82
41	旭阳控股有限公司	35.64	91	广西汽车集团有限公司	21.78
42	协鑫集团有限公司	34.62	92	福建省三钢（集团）有限责任公司	21.30
43	东方日升新能源股份有限公司	33.41	93	浙江东南网架集团有限公司	21.04
44	中天科技集团有限公司	33.09	94	中国贵州茅台酒厂（集团）有限责任公司	20.74
45	浙江大华技术股份有限公司	32.26	95	波鸿集团有限公司	20.64
46	华为投资控股有限公司	32.04	96	兰州兰石集团有限公司	20.44
47	深圳市宝德投资控股有限公司	31.75	97	长飞光纤光缆股份有限公司	20.37
48	北京顺鑫控股集团有限公司	30.47	98	振石控股集团有限公司	20.12
49	天津恒兴集团有限公司	30.05	99	富丽达集团控股有限公司	20.02
50	长城汽车股份有限公司	29.70	100	康美药业股份有限公司	19.79
				中国制造业企业 500 强平均数	7.44

表 9-16 2017 中国制造业企业 500 强净利润增长率排序前 100 名企业

排名	企业名称	净利润增长率/%	排名	企业名称	净利润增长率/%
1	宁夏天元锰业有限公司	41126.80	51	冀南钢铁集团有限公司	132.02
2	沈阳远大企业集团	3208.51	52	白银有色集团股份有限公司	127.23
3	中融新大集团有限公司	2644.11	53	富海集团有限公司	125.98
4	浙江恒逸集团有限公司	1134.41	54	河北敬业集团	123.64
5	河北天柱钢铁集团有限公司	1064.99	55	山东荣信煤化有限责任公司	117.06
6	四川长虹电子控股集团有限公司	933.12	56	天津荣程祥泰投资控股集团有限公司	115.29
7	唐山港陆钢铁有限公司	831.38	57	东方日升新能源股份有限公司	113.67
8	日照钢铁控股集团有限公司	721.96	58	广州视源电子科技股份有限公司	109.32
9	杭州汽轮动力集团有限公司	660.90	59	上海紫江企业集团股份有限公司	108.95
10	河北鑫海化工集团有限公司	652.92	60	星星集团有限公司	108.90
11	河钢集团有限公司	639.63	61	广西贵港钢铁集团有限公司	107.42
12	宁波金田投资控股有限公司	628.67	62	唐山瑞丰钢铁（集团）有限公司	106.68
13	山东恒源石油化工股份有限公司	580.51	63	普联技术有限公司	105.76
14	秦皇岛宏兴钢铁有限公司	468.26	64	中天钢铁集团有限公司	103.56
15	江西萍钢实业股份有限公司	454.41	65	山东晨鸣纸业集团股份有限公司	102.11
16	湖南博长控股集团有限公司	434.60	66	得力集团有限公司	95.02
17	广西盛隆冶金有限公司	371.55	67	正邦集团有限公司	94.81
18	浙江吉利控股集团有限公司	366.86	68	中国电子信息产业集团有限公司	93.06
19	花园集团有限公司	363.47	69	山东创新金属科技有限公司	92.30
20	华新水泥股份有限公司	339.80	70	山西建邦集团有限公司	90.63
21	山东渤海实业股份有限公司	320.82	71	广东温氏食品集团股份有限公司	89.99
22	万向集团公司	317.01	72	超威电源有限公司	87.51
23	河北安丰钢铁有限公司	308.70	73	河北新华联合冶金控股集团有限公司	87.35
24	武安市明芳钢铁有限公司	286.44	74	维科控股集团股份有限公司	84.43
25	广州电气装备集团有限公司	273.65	75	美锦能源集团有限公司	83.36
26	振石控股集团有限公司	269.41	76	河北普阳钢铁有限公司	82.61
27	奇瑞汽车股份有限公司	256.14	77	金澳科技（湖北）化工有限公司	80.22
28	青岛九联集团股份有限公司	242.81	78	武汉邮电科学研究院	79.92
29	山东清源集团有限公司	239.69	79	山东招金集团有限公司	79.60
30	山东太阳控股集团有限公司	238.52	80	比亚迪股份有限公司	78.94
31	浙江荣盛控股集团有限公司	231.93	81	致达控股集团有限公司	78.90
32	旭阳控股有限公司	230.48	82	中国重型汽车集团有限公司	77.02
33	山东泰山钢铁集团有限公司	223.39	83	浙江富冶集团有限公司	74.27
34	富丽达集团控股有限公司	205.96	84	煌上煌集团有限公司	73.63
35	武安市裕华钢铁有限公司	186.32	85	江铃汽车集团公司	73.61
36	天津市静海县宝来工贸有限公司	174.18	86	江苏新长江实业集团有限公司	73.40
37	晶科能源控股有限公司	167.16	87	深圳市宝德投资控股有限公司	72.52
38	安徽蓝德集团股份有限公司	163.18	88	徐州工程机械集团有限公司	71.75
39	江苏沙钢集团有限公司	162.70	89	安徽山鹰纸业股份有限公司	68.76
40	浙江桐昆控股集团有限公司	162.49	90	农夫山泉股份有限公司	67.48
41	兴惠化纤集团有限公司	159.66	91	江苏三房巷集团有限公司	67.28
42	东岭集团股份有限公司	149.80	92	大亚科技集团有限公司	67.22
43	河北冠丰冶金工业有限公司	146.78	93	山东东明石化集团有限公司	67.15
44	唐人神集团股份有限公司	145.75	94	兰州兰石集团有限公司	65.34
45	河南金利金铅集团有限公司	144.63	95	天士力控股集团有限公司	64.78
46	红太阳集团有限公司	144.28	96	远东控股集团有限公司	64.63
47	重庆市博赛矿业（集团）有限公司	141.37	97	深圳市中金岭南有色金属股份有限公司	60.85
48	新凤鸣集团股份有限公司	140.27	98	江苏华宏实业集团有限公司	57.71
49	博威集团有限公司	137.30	99	华芳集团有限公司	57.46
50	广东新明珠陶瓷集团有限公司	135.56	100	邢台钢铁有限责任公司	56.74
				中国制造业企业 500 强平均数	35.07

表 9-17 2017 中国制造业企业 500 强资产增长率排序前 100 名企业

排名	企业名称	资产增长率/%	排名	企业名称	资产增长率/%
1	宁波均胜电子股份有限公司	226.33	51	新疆中泰（集团）有限责任公司	32.74
2	中融新大集团有限公司	132.22	52	美的集团股份有限公司	32.45
3	安徽蓝德集团股份有限公司	129.97	53	正邦集团有限公司	31.73
4	东旭集团有限公司	111.16	54	TCL 集团股份有限公司	31.66
5	武安市明芳钢铁有限公司	97.25	55	浙江桐昆控股集团有限公司	31.66
6	智慧海派科技有限公司	90.33	56	广西盛隆冶金有限公司	31.62
7	新疆金风科技股份有限公司	75.06	57	花园集团有限公司	31.55
8	秦皇岛宏兴钢铁有限公司	70.72	58	河南豫光金铅集团有限责任公司	31.41
9	山东恒源石油化工股份有限公司	68.61	59	巨星控股集团有限公司	30.2
10	通威集团有限公司	63.77	60	深圳市天珑移动技术有限公司	30.17
11	济宁如意投资有限公司	62.39	61	山东渤海实业股份有限公司	29.93
12	河南森源集团有限公司	62.28	62	陕西汽车控股集团有限公司	29.55
13	北京金隅集团有限责任公司	57.59	63	安徽楚江投资集团有限公司	29.55
14	万通海欣控股股份有限公司	54.1	64	江西博能实业集团有限公司	29.31
15	舜宇集团有限公司	54.08	65	宁波金田投资控股有限公司	28.95
16	上海仪电（集团）有限公司	53.97	66	中国四联仪器仪表集团有限公司	28.63
17	长丰集团有限责任公司	53.49	67	长城汽车股份有限公司	28.37
18	新希望集团有限公司	51.71	68	杉杉控股有限公司	28.29
19	开氏集团有限公司	51.65	69	万丰奥特控股集团有限公司	28.28
20	重庆小康控股有限公司	50.04	70	浙江吉利控股集团有限公司	28.18
21	浙江龙盛控股有限公司	48.08	71	中天科技集团有限公司	27.9
22	长沙新振升集团有限公司	48.04	72	中国贵州茅台酒厂（集团）有限责任公司	27.82
23	山东汇丰石化集团有限公司	46.68	73	云南白药集团股份有限公司	27.45
24	深圳欧菲光科技股份有限公司	45.85	74	广东温氏食品集团股份有限公司	26.59
25	人福医药集团股份公司	45.59	75	山东亨圆铜业有限公司	26.58
26	宁波方太厨具有限公司	45.38	76	精功集团有限公司	26.37
27	康美药业股份有限公司	43.87	77	蓝思科技股份有限公司	26.25
28	山东创新金属科技有限公司	43.77	78	郴州市金贵银业股份有限公司	26.13
29	普联技术有限公司	43.7	79	上海胜华电缆（集团）有限公司	26.03
30	万达控股集团有限公司	42.86	80	安徽江淮汽车集团控股有限公司	25.85
31	泰富重装集团有限公司	42.48	81	天津市静海县宝来工贸有限公司	25.83
32	三角集团有限公司	41.69	82	江铃汽车集团公司	25.81
33	广州立白企业集团有限公司	41.4	83	红豆集团有限公司	25.71
34	安徽中鼎控股（集团）股份有限公司	40.12	84	辽宁禾丰牧业股份有限公司	25.71
35	广州视源电子科技股份有限公司	39.2	85	广东海大集团股份有限公司	25.7
36	香驰控股有限公司	37.78	86	比亚迪股份有限公司	25.62
37	金发科技股份有限公司	37.69	87	深圳市宝德投资控股有限公司	25.57
38	潍柴控股集团有限公司	37.68	88	山东鲁北企业集团总公司	25.41
39	森马集团有限公司	37.62	89	齐鲁制药有限公司	25.39
40	安徽古井集团有限责任公司	37.42	90	杭州汽轮动力集团有限公司	25.3
41	新华联集团有限公司	36.18	91	华峰集团有限公司	25.23
42	江苏大明金属制品有限公司	35.38	92	山东魏桥创业集团有限公司	25.19
43	博威集团有限公司	35.38	93	天狮集团有限公司	24.39
44	澳柯玛股份有限公司	35.34	94	江苏新华发集团有限公司	24.16
45	广州医药集团有限公司	35.01	95	研祥高科技控股集团有限公司	23.78
46	北京汽车集团有限公司	34.87	96	中国华录集团有限公司	23.27
47	京东方科技集团股份有限公司	34.43	97	西王集团有限公司	23.17
48	河北安丰钢铁有限公司	34.17	98	武安市文安钢铁有限公司	23.13
49	浙江航民实业集团有限公司	33.75	99	山东清源集团有限公司	22.18
50	浙江大华技术股份有限公司	33.58	100	得力集团有限公司	21.69
				中国制造业企业 500 强平均数	9.56

表 9-18 2017中国制造业企业500强研发费用增长率排序前100名企业

排名	企业名称	研发费用增长率/%	排名	企业名称	研发费用增长率/%
1	广州钢铁企业集团有限公司	1256.98	51	北京建龙重工集团有限公司	52.86
2	华盛江泉集团有限公司	368.43	52	江阴澄星实业集团有限公司	50.77
3	科创控股集团有限公司	354.53	53	山东荣信煤化有限责任公司	50.56
4	巨星控股集团有限公司	314.32	54	富海集团有限公司	50.25
5	浙江协和集团有限公司	282.89	55	鲁丽集团有限公司	50.00
6	唐山港陆钢铁有限公司	277.06	56	宜华企业(集团)有限公司	49.78
7	云南锡业集团(控股)有限责任公司	214.80	57	智慧海派科技有限公司	49.64
8	石家庄常山纺织集团有限责任公司	155.29	58	浙江大华技术股份有限公司	49.19
9	天津市静海县宝来工贸有限公司	138.35	59	深圳市天珑移动技术有限公司	47.24
10	江苏大明金属制品有限公司	132.41	60	湖北东圣化工集团有限公司	46.81
11	浙江荣盛控股集团有限公司	131.76	61	陕西汽车控股集团有限公司	45.87
12	江苏海达科技集团有限公司	127.30	62	宁波方太厨具有限公司	43.97
13	比亚迪股份有限公司	126.25	63	河南金利铅集团有限公司	43.40
14	超威电源有限公司	121.87	64	广州视源电子科技股份有限公司	43.33
15	宁波均胜电子股份有限公司	118.43	65	稻花香集团	43.11
16	铜陵有色金属集团控股有限公司	118.39	66	济源市万洋冶炼(集团)有限公司	39.65
17	内蒙古伊利实业集团股份有限公司	114.25	67	泸州老窖集团有限责任公司	38.61
18	安徽天康(集团)股份有限公司	105.76	68	广西汽车集团有限公司	38.31
19	河北鑫海化工集团有限公司	100.00	69	中国西电集团公司	38.13
20	万基控股集团有限公司	97.94	70	河钢集团有限公司	38.00
21	天津中环电子信息集团有限公司	97.44	71	河南森源集团有限公司	37.76
22	天津源泰德润钢管制造集团有限公司	91.67	72	中天科技集团有限公司	37.34
23	深圳市特发集团有限公司	91.18	73	巨化集团公司	37.00
24	武安市明芳钢铁有限公司	87.84	74	泰富重装集团有限公司	36.49
25	吉林亚泰(集团)股份有限公司	87.00	75	远东控股集团有限公司	36.40
26	森马集团有限公司	80.78	76	新凤鸣集团股份有限公司	36.26
27	浙江东南网架集团有限公司	77.76	77	奇瑞汽车股份有限公司	35.87
28	金川集团股份有限公司	76.81	78	新疆特变电工集团有限公司	34.89
29	兰州兰石集团有限公司	74.25	79	万向集团公司	34.55
30	东凌控股有限公司	73.75	80	舜宇集团有限公司	33.60
31	南山集团有限公司	72.84	81	上海华谊(集团)公司	33.17
32	浙江永利实业集团有限公司	71.79	82	中国电子科技集团公司	32.92
33	庆铃汽车(集团)有限公司	71.60	83	京东方科技集团股份有限公司	32.87
34	研祥高科技控股集团有限公司	70.53	84	山东汇丰石化集团有限公司	32.32
35	山东黄金集团有限公司	68.93	85	辽宁禾丰牧业股份有限公司	31.38
36	山东创新金属科技有限公司	66.67	86	广西贵港钢铁集团有限公司	31.34
37	宝塔石化集团有限公司	63.41	87	新和成控股集团有限公司	30.93
38	江苏江润铜业有限公司	61.54	88	星星集团有限公司	30.40
39	重庆小康控股有限公司	61.13	89	郴州市金贵银业股份有限公司	30.22
40	浙江古纤道新材料股份有限公司	60.13	90	广州汽车工业集团有限公司	30.15
41	中国建材集团有限公司	58.67	91	武安市裕华钢铁有限公司	30.04
42	金澳科技(湖北)化工有限公司	58.26	92	亨通集团有限公司	29.56
43	杭州钢铁集团公司	57.91	93	天津友发钢管集团股份有限公司	28.21
44	海天塑机集团有限公司	57.83	94	华为投资控股有限公司	28.16
45	正邦集团有限公司	56.90	95	河北诚信有限责任公司	28.14
46	中融新大集团有限公司	55.48	96	光明食品(集团)有限公司	27.98
47	山东垦利石化集团有限公司	53.96	97	三花控股集团有限公司	27.96
48	山东金诚石化集团有限公司	53.81	98	富通集团有限公司	27.92
49	海马汽车集团股份有限公司	53.58	99	胜达集团有限公司	27.59
50	深圳欧菲光科技股份有限公司	52.99	100	新疆中泰(集团)有限责任公司	27.17
				中国制造业企业500强平均数	10.56

表 9-19 2017 中国制造业企业 500 强行业平均净利润

排名	行业名称	平均净利润/万元	排名	行业名称	平均净利润/万元
1	轨道交通设备及零配件制造	1129559	20	一般有色	113667
2	航空航天	864527	21	电力、电气设备制造	112115
3	通信设备制造	579926	22	造纸及包装	104392
4	兵器制造	476113	23	食品	97972
5	家用电器制造	391612	24	轮胎及橡胶制品	96870
6	汽车及零配件制造	379014	25	化学纤维制造	90645
7	酒类	353089	26	水泥及玻璃制造	83251
8	医疗设备制造	345309	27	黑色冶金	81928
9	饮料	331664	28	化学原料及化学品制造	72509
10	石化及炼焦	285379	29	轻工百货生产	66988
11	船舶制造	203725	30	锅炉及动力装备制造	57480
12	风能、太阳能设备制造	192102	31	摩托车及零配件制造	57393
13	计算机及办公设备	175254	32	工程机械及零部件	53329
14	药品制造	166542	33	贵金属	52573
15	农副产品	161579	34	工程机械及设备制造	51314
16	服装及其他纺织品	139935	35	物料搬运设备制造	41684
17	纺织印染	137958	36	电线、电缆制造	37244
18	综合制造业	123669	37	其他建材制造	33047
19	半导体、集成电路及面板制造	122112	38	金属制品加工	28355

表9-20 2017中国制造业企业500强行业平均营业收入

排名	行业名称	平均营业收入/万元	排名	行业名称	平均营业收入/万元
1	兵器制造	44004165	21	造纸及包装	3700363
2	航空航天	26252449	22	化学原料及化学品制造	3614831
3	轨道交通设备及零配件制造	22972215	23	轻工百货生产	3603494
4	船舶制造	12861156	24	药品制造	3485951
5	汽车及零配件制造	12104333	25	食品	3432459
6	石化及炼焦	10313357	26	农副产品	3406093
7	通信设备制造	8928010	27	医疗设备制造	3361631
8	一般有色	7157656	28	酒类	3285722
9	家用电器制造	6659168	29	饮料	3203407
10	贵金属	6348394	30	摩托车及零配件制造	3199510
11	计算机及办公设备	5990734	31	服装及其他纺织品	3049739
12	化学纤维制造	5803878	32	工程机械及零部件	3009349
13	锅炉及动力装备制造	5746325	33	电线、电缆制造	2049501
14	水泥及玻璃制造	5235266	34	工程机械及设备制造	1987801
15	黑色冶金	5135922	35	轮胎及橡胶制品	1982511
16	综合制造业	5030827	36	金属制品加工	1773977
17	纺织印染	4850929	37	机床制造	1550430
18	电力、电气设备制造	4451580	38	其他建材制造	1036292
19	半导体、集成电路及面板制造	3912125	39	物料搬运设备制造	1008697
20	风能、太阳能设备制造	3818554			

表 9-21 2017中国制造业企业500强行业平均资产

排名	行业名称	平均资产/万元	排名	行业名称	平均资产/万元
1	航空航天	50409589	21	工程机械及零部件	4001781
2	兵器制造	36483857	22	化学原料及化学品制造	3936138
3	轨道交通设备及零配件制造	33831061	23	造纸及包装	3772103
4	船舶制造	22270074	24	机床制造	3717118
5	汽车及零配件制造	10994944	25	食品	3562873
6	水泥及玻璃制造	10528775	26	药品制造	3520951
7	石化及炼焦	10437997	27	医疗设备制造	3325962
8	锅炉及动力装备制造	9612870	28	化学纤维制造	3303349
9	半导体、集成电路及面板制造	9553551	29	纺织印染	3168028
10	综合制造业	8920483	30	服装及其他纺织品	2776593
11	通信设备制造	8606767	31	工程机械及设备制造	2740899
12	家用电器制造	6968640	32	农副产品	2588491
13	酒类	6964697	33	轻工百货生产	2514127
14	贵金属	6693279	34	饮料	2220396
15	黑色冶金	6409267	35	金属制品加工	1976304
16	计算机及办公设备	6040163	36	轮胎及橡胶制品	1793033
17	一般有色	5981067	37	电线、电缆制造	1750798
18	风能、太阳能设备制造	5539127	38	其他建材制造	1317763
19	摩托车及零配件制造	4679420	39	物料搬运设备制造	702447
20	电力、电气设备制造	4332290			

表9-22 2017中国制造业企业500强行业平均纳税总额

排名	行业名称	平均纳税总额/万元	排名	行业名称	平均纳税总额/万元
1	兵器制造	2532933	21	黑色冶金	131692
2	轨道交通设备及零配件制造	1523740	22	服装及其他纺织品	118459
3	石化及炼焦	1401630	23	一般有色	113037
4	汽车及零配件制造	1176497	24	食品	110308
5	航空航天	831803	25	纺织印染	107124
6	酒类	607157	26	化学原料及化学品制造	106936
7	家用电器制造	382961	27	计算机及办公设备	98140
8	半导体、集成电路及面板制造	308078	28	轻工百货生产	79292
9	水泥及玻璃制造	306243	29	化学纤维制造	72258
10	船舶制造	289223	30	工程机械及零部件	70573
11	饮料	265477	31	工程机械及设备制造	69380
12	通信设备制造	254880	32	农副产品	66833
13	锅炉及动力装备制造	230513	33	摩托车及零配件制造	62716
14	药品制造	183721	34	电线、电缆制造	61661
15	贵金属	178295	35	轮胎及橡胶制品	61391
16	综合制造业	176553	36	其他建材制造	38806
17	医疗设备制造	162695	37	金属制品加工	35537
18	风能、太阳能设备制造	160290	38	机床制造	27059
19	电力、电气设备制造	147088	39	物料搬运设备制造	14118
20	造纸及包装	141299			

表 9–23 2017 中国制造业企业 500 强行业平均研发费用

排名	行业名称	平均研发费用/万元	排名	行业名称	平均研发费用/万元
1	航空航天	1530608	21	综合制造业	58877
2	兵器制造	1399052	22	医疗设备制造	58460
3	通信设备制造	1060138	23	轮胎及橡胶制品	56733
4	轨道交通设备及零配件制造	947123	24	化学原料及化学品制造	55922
5	汽车及零配件制造	272179	25	机床制造	54315
6	家用电器制造	208421	26	药品制造	54307
7	半导体、集成电路及面板制造	191251	27	农副产品	52380
8	船舶制造	187124	28	轻工百货生产	44655
9	锅炉及动力装备制造	154660	29	工程机械及设备制造	37933
10	纺织印染	112555	30	酒类	37665
11	电力、电气设备制造	109869	31	化学纤维制造	37506
12	风能、太阳能设备制造	84107	32	物料搬运设备制造	36817
13	电线、电缆制造	78550	33	服装及其他纺织品	33080
14	计算机及办公设备	78212	34	水泥及玻璃制造	31677
15	石化及炼焦	74731	35	饮料	28725
16	工程机械及零部件	69843	36	贵金属	26496
17	摩托车及零配件制造	69516	37	金属制品加工	18343
18	一般有色	64566	38	其他建材制造	18323
19	黑色冶金	62350	39	食品	16458
20	造纸及包装	61537			

表 9-24 2017 中国制造业企业 500 强行业人均净利润

排名	行业名称	人均净利润/万元	排名	行业名称	人均净利润/万元
1	医疗设备制造	17.27	20	化学原料及化学品制造	5.69
2	通信设备制造	15.69	21	服装及其他纺织品	5.38
3	饮料	14.58	22	黑色冶金	4.74
4	酒类	14.07	23	工程机械及零部件	4.69
5	风能、太阳能设备制造	12.68	24	电力、电气设备制造	4.57
6	轮胎及橡胶制品	10.47	25	轻工百货生产	4.12
7	造纸及包装	10.33	26	食品	3.94
8	家用电器制造	9.63	27	工程机械及设备制造	3.59
9	一般有色	9.39	28	金属制品加工	3.56
10	药品制造	9.02	29	电线、电缆制造	3.45
11	石化及炼焦	8.83	30	摩托车及零配件制造	3.24
12	计算机及办公设备	8.34	31	航空航天	3.20
13	汽车及零配件制造	8.14	32	贵金属	3.19
14	纺织印染	8.11	33	其他建材制造	3.13
15	物料搬运设备制造	7.34	34	船舶制造	2.96
16	化学纤维制造	7.03	35	半导体、集成电路及面板制造	2.81
17	农副产品	7.03	36	水泥及玻璃制造	2.26
18	综合制造业	6.63	37	兵器制造	2.04
19	轨道交通设备及零配件制造	6.17	38	锅炉及动力装备制造	1.82

表 9-25　2017 中国制造业企业 500 强行业人均营业收入

排名	行业名称	人均营业收入/万元	排名	行业名称	人均营业收入/万元
1	化学纤维制造	450.13	21	兵器制造	188.22
2	一般有色	383.24	22	船舶制造	187.08
3	造纸及包装	366.16	23	电力、电气设备制造	184.87
4	石化及炼焦	327.57	24	摩托车及零配件制造	180.43
5	计算机及办公设备	285.03	25	物料搬运设备制造	177.59
6	纺织印染	285.02	26	医疗设备制造	168.08
7	贵金属	276.76	27	家用电器制造	163.75
8	汽车及零配件制造	269.55	28	农副产品	157.53
9	化学原料及化学品制造	263.28	29	工程机械及设备制造	147.76
10	风能、太阳能设备制造	251.97	30	食品	143.55
11	工程机械及零部件	235.47	31	水泥及玻璃制造	141.93
12	黑色冶金	229.66	32	饮料	140.82
13	金属制品加工	222.47	33	酒类	130.89
14	轻工百货生产	221.64	34	轨道交通设备及零配件制造	125.49
15	轮胎及橡胶制品	214.26	35	服装及其他纺织品	117.22
16	通信设备制造	213.04	36	其他建材制造	98.24
17	药品制造	194.46	37	航空航天	97.07
18	综合制造业	191.53	38	半导体、集成电路及面板制造	89.89
19	电线、电缆制造	189.76	39	机床制造	87.65
20	锅炉及动力装备制造	189.68			

表 9-26 2017 中国制造业企业 500 强行业人均资产

排名	行业名称	人均资产/万元	排名	行业名称	人均资产/万元
1	造纸及包装	373.25	21	通信设备制造	205.37
2	风能、太阳能设备制造	365.50	22	工程机械及设备制造	203.74
3	综合制造业	339.62	23	药品制造	196.41
4	石化及炼焦	331.53	24	轮胎及橡胶制品	193.78
5	船舶制造	323.95	25	航空航天	186.40
6	一般有色	320.24	26	纺织印染	186.14
7	锅炉及动力装备制造	317.31	27	轨道交通设备及零配件制造	184.81
8	工程机械及零部件	313.13	28	电力、电气设备制造	179.92
9	贵金属	291.80	29	家用电器制造	171.36
10	计算机及办公设备	287.38	30	医疗设备制造	166.30
11	化学原料及化学品制造	286.68	31	电线、电缆制造	162.10
12	黑色冶金	286.60	32	兵器制造	156.05
13	水泥及玻璃制造	285.44	33	轻工百货生产	154.64
14	酒类	277.44	34	食品	149.00
15	摩托车及零配件制造	263.89	35	其他建材制造	124.92
16	化学纤维制造	256.20	36	物料搬运设备制造	123.67
17	金属制品加工	247.84	37	农副产品	119.72
18	汽车及零部件制造	244.85	38	服装及其他纺织品	106.72
19	半导体、集成电路及面板制造	219.52	39	饮料	97.61
20	机床制造	210.15			

表 9-27 2017 中国制造业企业 500 强行业人均纳税总额

排名	行业名称	人均纳税总额/万元	排名	行业名称	人均纳税总额/万元
1	石化及炼焦	44.52	21	纺织印染	6.29
2	汽车及零配件制造	26.20	22	电力、电气设备制造	6.11
3	酒类	24.19	23	通信设备制造	6.08
4	造纸及包装	13.98	24	黑色冶金	5.89
5	饮料	11.67	25	电线、电缆制造	5.71
6	半导体、集成电路及面板制造	10.93	26	化学纤维制造	5.60
7	兵器制造	10.83	27	工程机械及零部件	5.52
8	风能、太阳能设备制造	10.58	28	工程机械及设备制造	5.16
9	药品制造	10.25	29	轻工百货生产	4.88
10	家用电器制造	9.42	30	食品	4.61
11	轨道交通设备及零配件制造	8.32	31	服装及其他纺织品	4.55
12	水泥及玻璃制造	8.30	32	金属制品加工	4.46
13	医疗设备制造	8.13	33	船舶制造	4.21
14	化学原料及化学品制造	7.79	34	其他建材制造	3.68
15	贵金属	7.77	35	摩托车及零配件制造	3.54
16	锅炉及动力装备制造	7.61	36	农副产品	3.09
17	计算机及办公设备	7.57	37	航空航天	3.08
18	综合制造业	6.72	38	物料搬运设备制造	2.49
19	轮胎及橡胶制品	6.63	39	机床制造	1.53
20	一般有色	6.35			

表 9-28　2017 中国制造业企业 500 强行业人均研发费用

排名	行业名称	人均研发费用/万元	排名	行业名称	人均研发费用/万元
1	通信设备制造	25.3	21	金属制品加工	3.48
2	电线、电缆制造	7.27	22	一般有色	3.36
3	纺织印染	6.61	23	机床制造	3.07
4	物料搬运设备制造	6.48	24	药品制造	3.03
5	汽车及零配件制造	6.18	25	医疗设备制造	2.92
6	造纸及包装	6.09	26	工程机械及设备制造	2.82
7	计算机及办公设备	6.03	27	轻工百货生产	2.75
8	兵器制造	5.98	28	船舶制造	2.72
9	轮胎及橡胶制品	5.96	29	黑色冶金	2.62
10	航空航天	5.66	30	农副产品	2.42
11	风能、太阳能设备制造	5.55	31	综合制造业	2.36
12	工程机械及零部件	5.47	32	石化及炼焦	2.12
13	轨道交通设备及零配件制造	5.17	33	其他建材制造	1.74
14	家用电器制造	5.13	34	服装及其他纺织品	1.69
15	锅炉及动力装备制造	5.11	35	酒类	1.5
16	电力、电气设备制造	4.56	36	饮料	1.26
17	半导体、集成电路及面板制造	4.39	37	贵金属	1.16
18	化学纤维制造	4.15	38	食品	0.9
19	摩托车及零配件制造	3.92	39	水泥及玻璃制造	0.86
20	化学原料及化学品制造	3.84			

表 9-29 2017 中国制造业企业 500 强行业平均资产利润率

排名	行业名称	平均资产利润率/%	排名	行业名称	平均资产利润率/%
1	饮料	14.94	21	其他建材制造	2.51
2	医疗设备制造	10.38	22	电力、电气设备制造	2.49
3	物料搬运设备制造	5.93	23	电线、电缆制造	2.13
4	通信设备制造	5.69	24	航空航天	1.72
5	家用电器制造	5.62	25	化学原料及化学品制造	1.60
6	农副产品	5.57	26	工程机械及设备制造	1.55
7	轮胎及橡胶制品	5.40	27	金属制品加工	1.43
8	酒类	5.07	28	兵器制造	1.30
9	服装及其他纺织品	5.04	29	半导体、集成电路及面板制造	1.28
10	药品制造	4.44	30	摩托车及零配件制造	1.23
11	纺织印染	4.35	31	船舶制造	0.91
12	风能、太阳能设备制造	3.47	32	一般有色	0.85
13	轨道交通设备及零配件制造	3.34	33	水泥及玻璃制造	0.79
14	汽车及零配件制造	3.20	34	综合制造业	0.66
15	计算机及办公设备	2.90	35	黑色冶金	0.54
16	造纸及包装	2.77	36	贵金属	0.49
17	化学纤维制造	2.74	37	锅炉及动力装备制造	0.38
18	轻工百货生产	2.66	38	工程机械及零部件	0.24
19	石化及炼焦	2.63	39	机床制造	-1.98
20	食品	2.55			

第十章
2017中国服务业企业500强数据

表 10-1　2017 中国服务业企业 500 强

名次	企业名称	地区	营业收入/万元	净利润/万元	资产/万元	所有者权益/万元	从业人数/人
1	国家电网公司	北京	209397168	6358560	340412600	145561680	980058
2	中国工商银行股份有限公司	北京	101526600	27824900	2413726500	196975100	461749
3	中国建设银行股份有限公司	北京	84805200	23146000	2096370500	157650000	362482
4	中国农业银行股份有限公司	北京	77909800	18394100	1824847000	131819300	501368
5	中国平安保险（集团）股份有限公司	广东	77448800	6239400	557690300	38344900	1400000
6	中国银行股份有限公司	北京	75540200	16457800	1814888900	141168200	308900
7	中国移动通信集团公司	北京	71161106	6387079	171267353	90662594	463712
8	中国人寿保险（集团）公司	北京	69634318	107934	335679202	9783945	161530
9	国家开发银行股份有限公司	北京	58875467	10904632	1434049981	114154783	10020
10	华润（集团）有限公司	广东	50340782	1714106	110004377	16404334	420572
11	中国南方电网有限责任公司	广东	47328148	1547784	68929796	26674892	300144
12	中国人民保险集团股份有限公司	北京	44332300	1424500	93214900	12610100	853364
13	中国邮政集团公司	北京	43583636	3308568	848984996	29961957	924703
14	天津物产集团有限公司	天津	42068435	94107	24123770	2407972	17353
15	中国电信集团公司	北京	41445834	1172321	80488306	35386219	413536
16	安邦保险股份有限公司	北京	41397026	2580239	298856457	14157537	40707
17	苏宁控股集团有限公司	江苏	41295073	68825	27523408	6537538	180000
18	中粮集团有限公司	北京	40700647	135825	50086334	7664839	101708
19	中国中化集团公司	北京	39549504	310931	39948441	6390161	59803
20	海航集团有限公司	海南	35233153	185295	120292619	9795787	220258
21	交通银行股份有限公司	上海	35119183	6720959	840316551	62914170	92556
22	中国中信集团有限公司	北京	35111397	2150005	652044382	29037959	201263
23	中国医药集团总公司	北京	31728070	334811	25551437	3931934	106772
24	招商银行股份有限公司	广东	29756000	6238000	594231100	—	70461
25	中国华信能源有限公司	上海	29094988	492176	15690401	2721160	29637
26	兴业银行股份有限公司	福建	28515000	5385000	608589000	35012900	56236
27	中国联合网络通信集团有限公司	北京	27573518	-23054	66284164	16234936	273951
28	上海浦东发展银行股份有限公司	上海	27003000	5309900	585726300	36794700	52832
29	中国民生银行股份有限公司	北京	26845000	4784300	589587700	35202700	58720
30	中国太平洋保险（集团）股份有限公司	上海	26701400	1205700	102069200	13176400	97032
31	北京京东世纪贸易有限公司	北京	26012165	-386681	16037352	3389290	120622
32	绿地控股集团股份有限公司	上海	24716022	720730	73313796	5627129	26686
33	大商集团有限公司	辽宁	23525202	116478	2916082	867350	182586
34	万科企业股份有限公司	广东	22891600	2102261	83067421	11344477	58280

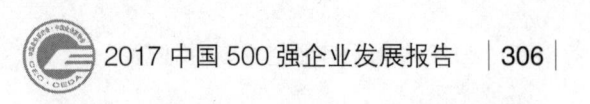

续表

名次	企业名称	地区	营业收入/万元	净利润/万元	资产/万元	所有者权益/万元	从业人数/人
35	中国光大集团股份有限公司	北京	21564600	1247500	436221100	10883700	61400
36	中国机械工业集团有限公司	北京	21416120	333515	27201623	6206173	117155
37	恒大集团有限公司	广东	21144400	1761700	135086800	19253200	89000
38	中国保利集团公司	北京	20932035	494345	66477088	5334738	76425
39	物产中大集团股份有限公司	浙江	20689887	215432	7657118	2015658	18150
40	中国远洋海运集团有限公司	北京	19759362	989211	65875709	16781725	106478
41	大连万达集团股份有限公司	辽宁	18922100	—	106119337	—	155905
42	国美电器有限公司	北京	18243000	79631	6203079	2256653	40202
43	中国航空油料集团公司	北京	16334734	212555	4234102	1572551	11739
44	阿里巴巴集团控股有限公司	浙江	15827300	4367500	50681200	27879900	36446
45	阳光金融控股投资集团有限公司	福建	15716144	105793	16839506	1337719	10234
46	雪松控股集团有限公司	广东	15701937	558115	10188113	3542709	16291
47	碧桂园控股有限公司	广东	15308698	1151682	59256760	7012837	94450
48	腾讯控股有限公司	广东	15193800	4109600	39589900	17462400	38775
49	厦门建发集团有限公司	福建	14711701	186149	15100406	2769672	17476
50	中国通用技术（集团）控股有限责任公司	北京	14690487	274778	14496899	3553854	38589
51	新华人寿保险股份有限公司	北京	14617300	494200	69918100	5911800	54378
52	厦门国贸控股有限公司	福建	14568578	23676	8451473	740841	20595
53	新疆广汇实业投资（集团）有限责任公司	新疆维吾尔自治区	14561731	167267	22208370	3171285	75840
54	富德生命人寿保险股份有限公司	广东	13040924	388094	45589682	2979277	—
55	三胞集团有限公司	江苏	13008768	205137	12297659	3218680	99820
56	上海东浩兰生国际服务贸易(集团)有限公司	上海	12966972	75349	3419080	1047168	5910
57	中国太平保险集团有限责任公司	北京	12747978	194571	45549585	2501334	60270
58	泰康保险集团股份有限公司	北京	12510381	841125	62943105	4171730	48352
59	厦门象屿集团有限公司	福建	12393844	72628	7296376	947889	7500
60	广西投资集团有限公司	广西壮族自治区	11698600	12109	31116170	1914133	26810
61	中国航空集团公司	北京	11588474	391254	23695440	4808088	93802
62	中国南方航空集团公司	广东	11545291	275742	20922849	2733230	108147
63	华夏银行股份有限公司	北京	10474600	1967700	235623500	15218400	39354
64	中国东方航空集团公司	上海	10184793	349532	24071377	3278128	56370
65	山东省商业集团有限公司	山东	10161700	30775	8361789	973724	47065
66	清华控股有限公司	北京	9563322	148778	35279579	1758229	124000
67	中国华融资产管理股份有限公司	北京	9520772	1961346	141196930	11524300	11365
68	中国信达资产管理股份有限公司	北京	9165723	1551216	117448092	13921672	21424
69	浙江省交通投资集团有限公司	浙江	8753526	173139	28235549	6744722	25889

续表

名次	企业名称	地区	营业收入/万元	净利润/万元	资产/万元	所有者权益/万元	从业人数/人
70	武汉商联（集团）股份有限公司	湖北	8729074	21654	3119050	779719	51467
71	国家开发投资公司	北京	8704528	579149	46711601	6236723	64745
72	北京银行	北京	8692206	1780194	211633862	14212116	14534
73	上海均和集团有限公司	上海	8616677	19388	1585169	419467	2500
74	山西煤炭进出口集团有限公司	山西	8524164	-38058	8335518	544519	15558
75	百联集团有限公司	上海	8521505	42275	8375336	1967643	63393
76	浙江省兴合集团有限责任公司	浙江	8508877	14995	4088965	371674	17728
77	阳光保险集团股份有限公司	北京	8262632	272267	24634769	3820142	229788
78	云南省建设投资控股集团有限公司	云南	8209341	153119	23429926	4381703	37540
79	北大方正集团有限公司	北京	8200480	37672	23927260	2093359	28213
80	腾邦集团有限公司	广东	7969121	78315	1507457	272475	10000
81	西安迈科金属国际集团有限公司	陕西	7917063	20169	2038255	425156	300
82	北京控股集团有限公司	北京	7588018	57243	26592496	2967432	85419
83	远大物产集团有限公司	浙江	7574966	54329	1183763	268815	850
84	中升集团控股有限公司	辽宁	7159922	186023	3964506	1133770	19878
85	浪潮集团有限公司	山东	7102513	198309	2876334	933046	27205
86	晋能集团有限公司	山西	7101355	-38994	24884765	4046954	98665
87	百度网络技术有限公司	北京	7054936	1107435	18199739	8680496	45877
88	云南省投资控股集团有限公司	云南	6983106	158658	19823868	3013164	17606
89	浙江省能源集团有限公司	浙江	6621714	634017	18045833	6853447	22424
90	庞大汽贸集团股份有限公司	河北	6600940	38169	7083476	1301162	27684
91	银亿集团有限公司	浙江	6525061	154936	7153999	1308398	14618
92	中国国际技术智力合作公司	北京	6464173	51785	904470	317613	4428
93	九州通医药集团股份有限公司	湖北	6155684	87674	3872854	1127804	18344
94	天津一商集团有限公司	天津	6059571	8984	1111136	103615	4111
95	中国旅游集团公司	北京	6036399	191533	14370004	2004342	46937
96	云南省能源投资集团有限公司	云南	6010634	466644	8440335	2604212	9275
97	内蒙古电力（集团）有限责任公司	内蒙古自治区	5984402	57788	10157790	3796966	36971
98	世茂房地产控股有限公司	上海	5928600	517186	25321485	5198537	7880
99	山东高速集团有限公司	山东	5893622	167272	45818260	5034536	27154
100	北京能源集团有限责任公司	北京	5865078	186839	24163291	7021968	44869
101	深圳市怡亚通供应链股份有限公司	广东	5829050	51875	4238183	548921	19000
102	深圳顺丰泰森控股（集团）有限公司	广东	5748270	418043	4406361	1971177	124405
103	甘肃省公路航空旅游投资集团有限公司	甘肃	5716848	143044	28509967	9807597	17884
104	广东省广新控股集团有限公司	广东	5709640	18640	5634117	813764	24857

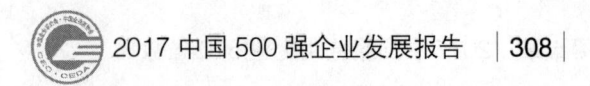

续表

名次	企业名称	地区	营业收入/万元	净利润/万元	资产/万元	所有者权益/万元	从业人数/人
105	金地（集团）股份有限公司	广东	5550850	630046	15363426	3743091	19445
106	龙湖地产有限公司	北京	5479950	915295	22483037	6176470	17172
107	华侨城集团公司	广东	5425604	418224	17407226	2941193	41832
108	上海纺织（集团）有限公司	上海	5418217	66263	3691571	993658	22173
109	华夏幸福基业股份有限公司	北京	5382059	649158	2490333	2536091	19473
110	广州富力地产股份有限公司	广东	5373034	675591	22641148	4377815	20867
111	唯品会（中国）有限公司	广东	5371226	266621	2178139	781311	45216
112	深圳市飞马国际供应链股份有限公司	广东	5216286	153198	1968489	394675	737
113	河北省物流产业集团有限公司	河北	5200034	10770	1592335	253353	1577
114	天津泰达投资控股有限公司	天津	5103810	20081	30452748	4560193	19065
115	卓尔控股有限公司	湖北	5086427	198014	5190153	3602969	4689
116	北京外企服务集团有限责任公司	北京	5063212	23085	630225	142689	29461
117	永辉超市股份有限公司	福建	4923165	124201	2943821	1919855	70440
118	深圳市爱施德股份有限公司	广东	4833328	18775	989484	527099	2619
119	上海永达控股（集团）有限公司	上海	4824173	88325	2183635	568361	11267
120	重庆商社（集团）有限公司	重庆	4778171	15787	1948095	332194	92586
121	广东省广晟资产经营有限公司	广东	4672889	13755	14215975	2583619	30931
122	广州轻工工贸集团有限公司	广东	4668362	31917	1622168	563994	6472
123	雅居乐地产控股有限公司	广东	4667887	228364	13172490	3530960	12468
124	重庆市金科投资控股（集团）有限责任公司	重庆	4658845	68462	11969548	380270	12006
125	江苏国泰国际集团有限公司	江苏	4601358	14272	1815110	191474	12100
126	重庆龙湖企业拓展有限公司	重庆	4477704	741086	20100092	5144731	17172
127	广东省广物控股集团有限公司	广东	4461237	32852	3497127	788954	10406
128	渤海银行股份有限公司	天津	4450188	647343	85611968	4146337	8477
129	玖隆钢铁物流有限公司	江苏	4429147	10647	447514	145029	290
130	前海人寿保险股份有限公司	广东	4367512	404481	24410633	2145339	3189
131	北京首都旅游集团有限责任公司	北京	4366100	40870	7296176	1226383	43474
132	广东省交通集团有限公司	广东	4327330	305822	35980249	7493995	58438
133	合肥百货大楼集团股份有限公司	安徽	4170000	28348	919854	357095	7980
134	上海钢联电子商务股份有限公司	上海	4127899	2210	576422	49894	1697
135	神州数码集团股份有限公司	北京	4053112	40380	1703717	264816	4217
136	武汉金融控股（集团）有限公司	湖北	3984792	36749	8386770	1158801	5193
137	盛京银行股份有限公司	辽宁	3915974	686452	90548265	4579423	4677
138	长春欧亚集团股份有限公司	吉林	3908359	32729	1815759	272804	7978
139	四川蓝润实业集团有限公司	四川	3868581	321671	5467526	3069560	4800

续表

名次	企业名称	地区	营业收入/万元	净利润/万元	资产/万元	所有者权益/万元	从业人数/人
140	中华联合保险控股股份有限公司	北京	3854574	79513	6430712	1385664	40215
141	北京首都创业集团有限公司	北京	3803068	32574	25405827	1476508	26252
142	福佳集团有限公司	辽宁	3800989	152120	5513301	2750847	3340
143	重庆市能源投资集团有限公司	重庆	3777731	8455	10362727	1996139	48588
144	浙江前程投资股份有限公司	浙江	3740500	2218	678301	90753	377
145	福建省能源集团有限责任公司	福建	3698045	133289	6880362	1933279	30904
146	广西北部湾国际港务集团有限公司	广西壮族自治区	3646273	45644	7599904	1552081	20701
147	弘阳集团有限公司	江苏	3594460	183176	4643061	1357644	3119
148	浙江省国际贸易集团有限公司	浙江	3549060	68185	5229824	1229108	12460
149	北京江南投资集团有限公司	北京	3530568	531800	12210152	1067329	350
150	重庆农村商业银行股份有限公司	重庆	3524429	794475	80315773	5259322	16245
151	四川省交通投资集团有限责任公司	四川	3465383	−41662	28143201	7203368	24000
152	申能（集团）有限公司	上海	3440452	401064	15349329	8229198	10899
153	广州越秀集团有限公司	广东	3412214	193295	37394918	2096751	14538
154	新奥能源控股有限公司	河北	3410300	215100	3352700	1496600	28735
155	四川省能源投资集团有限责任公司	四川	3389513	433991	9672804	2308495	16055
156	天音通信有限公司	广东	3349888	20733	1038882	146251	5000
157	安徽新华发行（集团）控股有限公司	安徽	3337697	80648	2697307	756706	5759
158	石家庄北国人百集团有限责任公司	河北	3329494	40357	1140670	307855	51880
159	北京首都开发控股（集团）有限公司	北京	3216580	132416	20666588	1462991	3535
160	步步高投资集团股份有限公司	湖南	3214532	21546	1447812	616734	17733
161	珠海华发集团有限公司	广东	3213733	103057	18916283	2414275	11875
162	江苏汇鸿国际集团股份有限公司	江苏	3198322	66373	3096324	808910	3617
163	安徽国贸集团控股有限公司	安徽	3168778	4682	3496418	329940	7123
164	大汉控股集团有限公司	湖南	3152077	60794	1499308	623346	2567
165	恒丰银行股份有限公司	山东	3138489	911704	120851943	6270738	10855
166	上海国际港务（集团）股份有限公司	上海	3135918	693908	11678478	6072386	18183
167	上海找钢网信息科技股份有限公司	上海	3135403	3523	427454	73083	1259
168	天津能源投资集团有限公司	天津	3129782	99846	7545046	2903505	9507
169	中基宁波集团股份有限公司	浙江	3113666	7474	888807	64268	1577
170	通鼎集团有限公司	江苏	3063395	117257	1354563	411487	11226
171	中运富通控股集团有限公司	上海	2965577	98506	1099935	340103	2890
172	世纪金源投资集团有限公司	北京	2961734	335850	10487578	3334368	15800
173	珠海振戎公司	北京	2886116	11780	157129	101742	118
174	安徽省交通控股集团有限公司	安徽	2860083	87098	21880595	6307726	28662

续表

名次	企业名称	地区	营业收入/万元	净利润/万元	资产/万元	所有者权益/万元	从业人数/人
175	上海农村商业银行股份有限公司	上海	2843186	590249	71088056	4622292	7468
176	北京粮食集团有限责任公司	北京	2814551	26261	2269029	509014	9923
177	广州农村商业银行股份有限公司	广东	2810037	502559	66095112	3584524	8047
178	海通证券股份有限公司	上海	2801167	804333	56086585	11013013	9800
179	天津港（集团）有限公司	天津	2800426	5757	12023094	2906612	15865
180	广东省丝绸纺织集团有限公司	广东	2777624	20631	1326296	196795	4678
181	深圳市信利康供应链管理有限公司	广东	2774618	2886	709483	81736	450
182	天津银行股份有限公司	天津	2679614	452205	65731011	4170993	6286
183	文一投资控股集团	安徽	2644813	214203	2624963	1185644	8000
184	广州国资发展控股有限公司	广东	2578906	59690	5409550	1775421	10891
185	重庆对外经贸（集团）有限公司	重庆	2485947	30759	2133154	523104	7094
186	北京农村商业银行股份有限公司	北京	2448036	550972	72416916	3984800	—
187	利群集团股份有限公司	山东	2390565	49272	1844774	718269	9332
188	上海城投（集团）有限公司	上海	2390457	184011	51517644	21907620	16376
189	天津房地产集团有限公司	天津	2376753	-45321	20974429	242888	3570
190	南通化工轻工股份有限公司	江苏	2362799	12400	219130	95289	132
191	上海均瑶（集团）有限公司	上海	2336591	77615	3813355	782218	15000
192	国购投资有限公司	安徽	2312061	212269	4289337	2376206	1736
193	广西物资集团有限责任公司	广西壮族自治区	2305778	14656	1288900	378730	2044
194	深圳市富森供应链管理有限公司	广东	2290043	8617	2049083	52580	470
195	东方国际（集团）有限公司	上海	2279048	76823	1635062	744575	4439
196	广东省广业集团有限公司	广东	2266470	23463	3040073	871502	22445
197	兴华财富集团有限公司	河北	2203279	93876	896125	652671	6320
198	乐视网络信息技术（北京）股份有限公司	北京	2198690	12479	2175210	1361860	5389
199	山西能源交通投资有限公司	山西	2172468	9297	8510556	2279559	23490
200	浙江省海港投资运营集团有限公司	浙江	2157071	150512	1055610	5508965	19915
201	浙江省商业集团有限公司	浙江	2133708	81350	4390892	375967	8770
202	南昌市政公用投资控股有限责任公司	江西	2127605	48844	8133650	2579050	16895
203	广发证券股份有限公司	广东	2071204	803011	35980135	7853021	10021
204	深圳市年富供应链有限公司	广东	2068890	10823	673583	36342	235
205	重庆医药（集团）股份有限公司	重庆	2048665	95583	1313666	481022	6135
206	中国万向控股有限公司	上海	2031032	44415	10493966	672449	14689
207	苏州金螳螂企业（集团）有限公司	江苏	2031018	38071	3053909	329651	14924
208	太平鸟集团有限公司	浙江	2017294	53195	1187724	315458	10500
209	上海东方明珠新媒体股份有限公司	上海	1944549	293401	3679655	222317	6039

第十章 2017中国服务业企业500强数据

续表

名次	企业名称	地区	营业收入/万元	净利润/万元	资产/万元	所有者权益/万元	从业人数/人
210	日照港集团有限公司	山东	1927313	-30892	5561585	1074201	9101
211	深圳华强集团有限公司	广东	1883406	71536	5861551	1217401	22000
212	大连港集团有限公司	辽宁	1875810	20127	10281302	2911076	9541
213	山东远通汽车贸易集团有限公司	山东	1871178	37644	600716	282925	6821
214	四川航空股份有限公司	四川	1868957	107102	2812111	434286	12100
215	同程网络科技股份有限公司	江苏	1866942	-137142	968964	579215	11546
216	银泰商业（集团）有限公司	浙江	1850257	131969	2674927	1498468	7130
217	新华锦集团	山东	1834646	6966	835946	210991	9200
218	安徽出版集团有限责任公司	安徽	1816707	37335	2737482	1064013	4943
219	广东粤合资产经营有限公司	广东	1807545	1955	1149352	80383	2812
220	中国江苏国际经济技术合作集团有限公司	江苏	1797951	22848	1996457	227769	7307
221	四川高速公路建设开发总公司	四川	1791967	-79753	19985714	4517727	15307
222	利泰集团有限公司	广东	1782232	10131	455432	139146	6269
223	上海际大投资控股集团有限公司	上海	1780069	38046	240540	136142	188
224	万友汽车投资有限公司	重庆	1777707	7391	782711	61443	6809
225	安徽安粮控股股份有限公司	安徽	1773341	22302	2131723	170351	2537
226	淄博商厦股份有限公司	山东	1768669	13351	602299	238122	10205
227	吉林银行股份有限公司	吉林	1758973	287902	43223465	2136467	10434
228	广西交通投资集团有限公司	广西壮族自治区	1757515	49847	21168466	5504380	10092
229	湖北省交通投资集团有限公司	湖北	1729376	136501	31727462	9785224	8316
230	浙江英特药业有限责任公司	浙江	1725638	16316	695792	148169	2615
231	武汉市金马凯旋家具投资有限公司	湖北	1723033	182595	1153915	933164	1287
232	新疆生产建设兵团棉麻公司	新疆维吾尔自治区	1720623	6168	1056409	34646	518
233	天津亿联投资控股集团有限公司	天津	1716660	101312	6934568	2682160	8500
234	华南物资集团有限公司	重庆	1709903	7713	365368	50046	579
235	德邦物流股份有限公司	上海	1700094	37994	571368	252591	100000
236	大连金玛商城企业集团有限公司	辽宁	1684521	216428	2191290	1229807	10820
237	长沙银行股份有限公司	湖南	1684464	319008	38350545	1993964	4543
238	圆通速递股份有限公司	上海	1681780	137194	1116790	820528	22731
239	江苏省苏豪控股集团有限公司	江苏	1674336	82912	2838684	828991	7722
240	浙江宝利德股份有限公司	浙江	1669310	22082	733625	100932	2991
241	广州元亨能源有限公司	广东	1663209	3637	792605	114788	22
242	青海省投资集团有限公司	青海	1630222	1753	5735565	980795	11171
243	红星美凯龙控股集团有限公司	上海	1615535	302126	13672299	3290282	19060
244	深圳市朗华供应链服务有限公司	广东	1605996	3165	2346127	28271	503

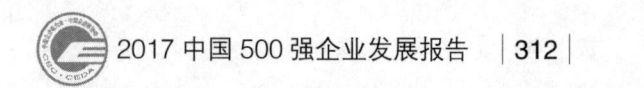

续表

名次	企业名称	地区	营业收入/万元	净利润/万元	资产/万元	所有者权益/万元	从业人数/人
245	安徽辉隆农资集团	安徽	1603997	21333	1098079	346737	1764
246	上海龙宇燃油股份有限公司	上海	1588240	2737	538434	410431	112
247	天津住宅建设发展集团有限公司	天津	1570635	40206	3729937	639357	12797
248	青岛世纪瑞丰集团有限公司	山东	1568242	1054	670126	36143	104
249	广东粤海控股集团有限公司	广东	1567397	133316	8507343	3076616	11514
250	宁波君安控股有限公司	浙江	1552822	4669	216534	41987	109
251	宁波华东物资城市场建设开发有限公司	浙江	1547000	7100	43900	16500	3091
252	润华集团股份有限公司	山东	1534178	52573	1268242	585402	8000
253	山西省国新能源发展集团有限公司	山西	1530713	−22712	3871735	172284	17419
254	广西北部湾投资集团有限公司	广西壮族自治区	1526747	60400	4486078	1721667	2970
255	祥生实业集团有限公司	浙江	1521901	182635	2660072	685689	2775
256	广州珠江实业集团有限公司	广东	1514450	70030	6363543	628859	13728
257	厦门路桥工程物资有限公司	福建	1504837	9618	474333	103999	400
258	大华(集团)有限公司	上海	1496574	296345	4976713	1476113	3219
259	厦门港务控股集团有限公司	福建	1480024	30436	3697375	732851	10054
260	浙江建华集团有限公司	浙江	1477838	5625	289292	63603	3007
261	张家港保税区旭江贸易有限公司	江苏	1429901	118744	175272	−54283	20
262	杭州东恒石油有限公司	浙江	1428846	4944	249635	52733	430
263	北方国际集团有限公司	天津	1426988	2096	729944	73887	1814
264	天津城市基础设施建设投资集团有限公司	天津	1424670	179922	71513967	21265499	11838
265	山东航空集团有限公司	山东	1419450	2983	1401766	244016	12545
266	江西省高速公路投资集团有限责任公司	江西	1407382	99531	26502308	10084461	15623
267	月星集团有限公司	上海	1407158	67269	4550541	1079196	9993
268	天津现代集团有限公司	天津	1367520	58178	2049647	689803	403
269	厦门禹洲集团股份有限公司	福建	1367182	177491	6886896	161761	3259
270	黑龙江倍丰农业生产资料集团有限公司	黑龙江	1359045	9032	1477891	82682	594
271	杭州联华华商集团有限公司	浙江	1349589	36997	876915	71691	14861
272	广西铁路投资集团有限公司	广西壮族自治区	1344556	1691	10627612	3600999	2764
273	安徽省能源集团有限公司	安徽	1338968	167989	4380670	1719335	5758
274	天津农村商业银行股份有限公司	天津	1323178	261674	30376054	2113501	5731
275	上海春秋国际旅行社(集团)有限公司	上海	1302375	37411	2113632	456266	8506
276	天津恒运能源集团股份有限公司	天津	1285233	27224	397060	159414	1000
277	中文天地出版传媒股份有限公司	江西	1277584	129536	1885180	1100505	7117
278	河北省国和投资集团有限公司	河北	1275325	1307	372299	62019	2840
279	无锡市国联发展(集团)有限公司	江苏	1270764	101452	7791660	2278735	9091

续表

名次	企业名称	地区	营业收入/万元	净利润/万元	资产/万元	所有者权益/万元	从业人数/人
280	广州岭南国际企业集团有限公司	广东	1253825	41233	1348881	533756	13669
281	上海机场（集团）有限公司	上海	1233515	223156	7370421	4908352	16879
282	北京蓝色光标品牌管理顾问股份有限公司	北京	1231910	63968	1652920	542218	6758
283	重庆交通运输控股（集团）有限公司	重庆	1223812	29661	1687738	626778	44680
284	广州海印实业集团有限公司	广东	1219760	163823	3007589	1257242	3715
285	西安高科（集团）公司	陕西	1205153	40963	6241304	568250	11035
286	湖南省新华书店有限责任公司	湖南	1203272	117555	1752763	783639	6681
287	浙江出版联合集团有限公司	浙江	1197745	119474	1726607	1045707	8186
288	武汉市城市建设投资开发集团有限公司	湖北	1183411	74054	25272507	5885345	14003
289	上海三盛宏业投资（集团）有限责任公司	上海	1172600	67852	3326285	420300	2647
290	开元旅业集团有限公司	浙江	1154152	42641	2325373	411772	26223
291	深圳能源集团股份有限公司	广东	1131811	134707	6086219	2160805	5333
292	联发集团有限公司	福建	1117279	94187	3251723	629320	2671
293	福建省交通运输集团有限责任公司	福建	1108637	17825	2849056	820445	27235
294	上海闽路润贸易有限公司	上海	1103490	5410	235750	17853	136
295	天津市交通（集团）有限公司	天津	1090785	3420	613497	141814	14026
296	武汉农村商业银行股份有限公司	湖北	1078723	234204	22307636	1765248	4270
297	蓝池集团有限公司	河北	1072430	14966	451758	203104	4594
298	青岛银行股份有限公司	山东	1071666	208861	27798811	1763597	3276
299	厦门海沧投资集团有限公司	福建	1067843	114385	3547806	656237	5810
300	浙江省农村发展集团有限公司	浙江	1061637	-22723	1693110	178408	2438
301	厦门翔业集团有限公司	福建	1057047	76380	2321817	592603	12593
302	广东鸿粤汽车销售集团有限公司	广东	1054271	-8904	499400	-1360	2570
303	天津俊安煤焦化工有限公司	天津	1035912	-20469	2344578	18117	16
304	唐山百货大楼集团有限责任公司	河北	1033168	4444	498341	151191	17011
305	中青旅控股股份有限公司	北京	1032748	48352	1094945	509459	8948
306	分众传媒信息技术股份有限公司	北京	1021310	445121	1212910	799093	8420
307	洛阳银行股份有限公司	河南	1021226	242381	20275657	1427289	2295
308	河北港口集团有限公司	河北	1017616	35667	5357874	2240398	15364
309	人人乐连锁商业集团股份有限公司	广东	1015678	6048	565475	230680	15812
310	源山投资控股有限公司	上海	1011034	1743	236892	66796	150
311	众信旅游集团股份有限公司	北京	1010400	21487	400215	180101	3987
312	青岛农村商业银行股份有限公司	山东	1006788	195086	20652776	1495800	5105
313	广西农村投资集团有限公司	广西壮族自治区	1002353	4591	3999233	557211	26176
314	申通快递股份有限公司	上海	988067	126165	796443	544174	8153

续表

名次	企业名称	地区	营业收入/万元	净利润/万元	资产/万元	所有者权益/万元	从业人数/人
315	厦门夏商集团有限公司	福建	985996	31466	1175904	304833	6534
316	浙江海越股份有限公司	浙江	979225	4003	814408	117490	855
317	武汉联杰国际贸易有限公司	湖北	976968	1211	151194	54075	22
318	佛山市顺德区乐从供销集团有限公司	广东	964383	15163	458575	80158	3537
319	重庆银行股份有限公司	重庆	960303	350217	37310373	2381191	4023
320	厦门恒兴集团有限公司	福建	960277	31884	1555826	594699	2100
321	现代投资股份有限公司	湖南	952369	82168	2201658	772646	2939
322	河北省新合作控股集团有限公司	河北	949376	40952	2877402	736622	4174
323	广州港集团有限公司	广东	947005	102944	3217833	1187178	9858
324	中国南山开发（集团）股份有限公司	广东	945635	86603	2961323	899055	6111
325	重庆中汽西南汽车（集团）有限公司	重庆	941673	21399	320002	103366	—
326	湖北能源集团股份有限公司	湖北	938732	190897	4176173	2373331	3890
327	广东珠江投资股份有限公司	广东	925836	49953	12547381	2376438	1546
328	广州百货企业集团有限公司	广东	925637	24271	966439	404003	4966
329	广东省商贸控股集团有限公司	广东	923885	33589	1157484	173804	4330
330	广州金融控股集团有限公司	广东	917876	236803	50443189	1615380	5238
331	浙江蓝天实业集团有限公司	浙江	911806	4736	995848	320433	2284
332	天津航空有限责任公司	天津	909225	51522	3954816	1385524	4399
333	深圳市粮食集团有限公司	广东	907890	30428	428121	251284	623
334	无锡商业大厦大东方股份有限公司	江苏	906967	20412	538922	289818	4867
335	江西银行股份有限公司	江西	897828	163735	31374079	2064156	3924
336	上海临港经济发展（集团）有限公司	上海	892145	42423	5473766	1098939	2321
337	浙江凯喜雅国际股份有限公司	浙江	886067	8473	418675	65164	227
338	鹏博士电信传媒集团股份有限公司	广东	884971	76661	2050800	634891	38135
339	厦门经济特区房地产开发集团有限公司	福建	881096	96574	2730401	557497	10009
340	上海申华控股股份有限公司	上海	874392	6660	965116	238513	1766
341	宁波滕头集团有限公司	浙江	865180	27760	366944	97873	12200
342	上海展志实业集团有限责任公司	上海	862367	7206	205895	40511	810
343	桂林银行股份有限公司	广西壮族自治区	861342	106997	19471587	1017584	3769
344	安徽省盐业总公司	安徽	861161	26488	948478	231710	3911
345	广西西江开发投资集团有限公司	广西壮族自治区	859774	17162	3223258	1044477	2964
346	广州纺织工贸企业集团有限公司	广东	856199	9039	699774	301478	1526
347	银江科技集团有限公司	浙江	846520	26479	854818	83271	2258
348	上海交运集团股份有限公司	上海	846482	30767	911634	532416	6771
349	浙江华瑞集团有限公司	浙江	846207	13271	680324	228085	575

名次	企业名称	地区	营业收入/万元	净利润/万元	资产/万元	所有者权益/万元	从业人数/人
350	中泰证券股份有限公司	山东	833659	245198	12302581	3156079	6990
351	湖南九龙经贸集团有限公司	湖南	827130	18419	709830	268995	3800
352	渤海人寿保险股份有限公司	天津	825100	6836	2945048	1312498	226
353	上海龙旗科技股份有限公司	上海	823078	14387	425957	76913	744
354	广州市水务投资集团有限公司	广东	823010	36476	8056998	3430957	9283
355	广西云星集团有限公司	广西壮族自治区	810391	80172	1860278	510906	1466
356	西安曲江文化产业投资（集团）有限公司	陕西	809316	−2113	4227050	1030300	7729
357	中原出版传媒投资控股集团有限公司	河南	808586	130097	1263817	753369	16699
358	江苏大经集团有限公司	江苏	802465	6005	13930	96240	240
359	常州市化工轻工材料总公司	江苏	797461	4122	58936	30089	151
360	上海东方电视购物有限公司	上海	793757	−159	120770	4854	1591
361	广州华多网络科技有限公司	广东	793169	186651	651665	523833	1500
362	浙江中外运有限公司	浙江	791883	11656	160129	56054	2250
363	中国电影股份有限公司	北京	784071	91745	1435870	977857	4048
364	华茂集团股份有限公司	浙江	778136	33435	1304146	545338	2620
365	湖南粮食集团有限责任公司	湖南	774268	5160	1387886	205172	3988
366	东软集团股份有限公司	辽宁	773485	185098	1174964	771194	18052
367	广州中大控股有限公司	广东	767466	3809	851886	78787	2827
368	广西柳州医药股份有限公司	广西壮族自治区	755940	32101	627893	319002	1900
369	路通建设集团有限公司	山东	745860	76500	379052	305267	1380
370	山西美特好连锁超市股份有限公司	山西	742651	13775	298947	550250	6339
371	韵达控股股份有限公司	上海	734972	117722	670934	373309	9666
372	宁波轿辰集团股份有限公司	浙江	729430	1737	303527	77446	2481
373	华数数字电视传媒集团有限公司	浙江	719127	15552	2824776	465408	16256
374	亿达集团有限公司	辽宁	713991	101355	3594994	825759	4533
375	中国天津国际经济技术合作集团公司	天津	712486	514	529457	4464	633
376	湖南佳惠百货有限责任公司	湖南	707944	14651	148858	74765	12845
377	银川新华百货商业集团股份有限公司	宁夏回族自治区	704897	6296	445250	191862	25000
378	湖南兰天集团有限公司	湖南	704817	3593	243823	42614	2647
379	鹭燕医药股份有限公司	福建	698289	11552	351146	137019	2334
380	重庆华宇集团有限公司	重庆	691269	85091	4038575	1682228	4232
381	天津市长芦盐业集团有限公司	天津	690220	3749	560539	223160	397
382	山西大昌汽车集团有限公司	山西	690171	7768	256796	176621	2610
383	重庆长安民生物流股份有限公司	重庆	683828	11300	353652	183801	8569
384	天津远大联合汽车贸易集团有限公司	天津	682642	1705	269834	29960	360

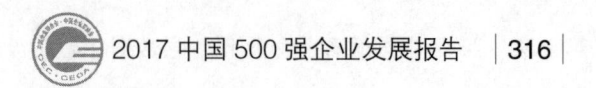

续表

名次	企业名称	地区	营业收入/万元	净利润/万元	资产/万元	所有者权益/万元	从业人数/人
385	江阴长三角钢铁集团有限公司	江苏	682616	1933	29782	—	332
386	武汉商贸国有控股集团有限公司	湖北	678293	14270	1230750	159316	10760
387	深圳市水务(集团)有限公司	广东	671623	42182	1745408	751093	9913
388	江西省投资集团公司	江西	660191	14553	3299455	627858	4308
389	万事利集团有限公司	浙江	657421	18118	553569	159867	1740
390	四川新华发行集团有限公司	四川	654948	29018	1656317	605543	8834
391	四川省开元集团有限公司	四川	638099	19324	388211	156020	881
392	河南省国有资产控股运营集团有限公司	河南	632670	3110	4920079	308495	9007
393	江阴市金桥化工有限公司	江苏	629919	977	171481	12462	82
394	大参林医药集团股份有限公司	广东	627372	43019	358013	131740	18334
395	天津大通投资集团有限公司	天津	622306	69764	2100064	317600	11000
396	完美世界股份有限公司	北京	615883	116631	1629750	721431	5314
397	青海省物资产业集团总公司	青海	613483	1928	441182	91436	1321
398	老百姓大药房连锁股份有限公司	湖南	609443	29689	490968	185039	12000
399	青岛利客来集团股份有限公司	山东	606000	2720	251231	51503	2200
400	厦门市嘉晟对外贸易有限公司	福建	593758	720	460843	29783	179
401	天津市政建设集团有限公司	天津	592061	13337	6878490	460712	1918
402	滨海投资集团股份有限公司	天津	590790	-5010	721885	26266	511
403	浙江万丰企业集团公司	浙江	584180	6029	362453	74405	2278
404	青岛维客集团股份有限公司	山东	581618	2502	284388	50682	1850
405	安徽国祯集团股份有限公司	安徽	580150	—	—	—	—
406	宁波海田控股集团有限公司	浙江	577215	693	221167	8724	206
407	四川邦泰投资有限责任公司	四川	576175	40020	951452	26482	1730
408	广州万力集团有限公司	广东	570585	6980	1300719	385482	8847
409	福建星网锐捷通讯股份有限公司	福建	568766	31946	574973	288308	7701
410	苏州汽车客运集团有限公司	江苏	564723	46879	1259433	470409	24784
411	唐山港集团股份有限公司	河北	562644	132025	2029324	1355757	3376
412	广州佳都集团有限公司	广东	560923	10793	543257	268489	2655
413	内蒙古高等级公路建设开发有限责任公司	内蒙古自治区	556696	26539	10993629	2021404	11766
414	新疆众和股份有限公司	新疆维吾尔自治区	554688	3929	969782	325602	3030
415	青岛城市建设投资(集团)有限责任公司	山东	554117	50404	14613983	4537347	142
416	武汉市汉商集团股份有限公司	湖北	554085	1164	171539	57426	1347
417	泰德煤网股份有限公司	辽宁	552275	4580	313592	75648	137
418	河南蓝天集团有限公司	河南	549244	17906	1066209	173881	2603
419	广东新协力集团有限公司	广东	549147	1359	247940	72498	5257

名次	企业名称	地区	营业收入/万元	净利润/万元	资产/万元	所有者权益/万元	从业人数/人
420	福建裕华集团有限公司	福建	548162	441	276617	26536	215
421	天津贻成集团有限公司	天津	544392	42545	2466428	875297	2213
422	深圳市英捷迅实业发展有限公司	广东	543526	250	74784	17158	207
423	广西金融投资集团有限公司	广西壮族自治区	538374	1603	6351080	880259	3435
424	日出实业集团有限公司	浙江	537018	2329	148242	16857	200
425	广东天禾农资股份有限公司	广东	526756	2686	244929	56245	1570
426	武汉工贸有限公司	湖北	526608	26550	447047	151217	2801
427	杭州解百集团股份有限公司	浙江	524145	19573	498395	222075	1666
428	广西桂东电力股份有限公司	广西壮族自治区	521262	20940	1100453	266310	2153
429	雄风集团有限公司	浙江	520619	4152	268511	74621	6300
430	浙江省医药工业有限公司	浙江	520342	6530	175656	55764	338
431	中国成达工程有限公司	四川	517274	8374	763953	233682	1319
432	万向三农集团有限公司	浙江	516106	126348	1746094	628259	2244
433	重庆百事达汽车有限公司	重庆	513321	4931	117762	33560	2410
434	无锡农村商业银行股份有限公司	江苏	511407	89277	12463267	877244	1365
435	江苏省粮食集团有限责任公司	江苏	510776	5087	416950	130372	1014
436	南宁威宁投资集团有限责任公司	广西壮族自治区	510217	13756	2539953	1174313	4383
437	中锐控股集团有限公司	上海	509392	29670	1616110	177202	1835
438	宁波市绿顺集团股份有限公司	浙江	507670	3830	80407	30846	302
439	九江银行股份有限公司	江西	503936	157832	22526255	1306530	3498
440	深圳市恒波商业连锁股份有限公司	广东	501822	20529	176580	79155	3285
441	武汉市燃气热力集团有限公司	湖北	501220	11161	893156	202255	4612
442	汉口银行股份有限公司	湖北	500739	151628	21166654	1680026	3315
443	上海强生控股股份有限公司	上海	500454	18432	661219	325745	28677
444	重庆市新大兴实业（集团）有限公司	重庆	500014	3315	86905	33049	4000
445	苏州国信集团有限公司	江苏	498376	783	522966	51640	276
446	宁波鄞州农村商业银行股份有限公司	浙江	496314	122138	11878863	957834	2133
447	宁波医药股份有限公司	浙江	495528	6318	216663	56562	288
448	柳州银行股份有限公司	广西壮族自治区	493498	68372	11103144	817863	2763
449	桂林彰泰实业集团有限公司	广西壮族自治区	492629	41310	1129868	180563	719
450	江苏华地国际控股集团有限公司	江苏	490369	40935	1211781	487313	8753
451	广东省广播电视网络股份有限公司	广东	486312	42275	1601552	1154267	—
452	武汉地产开发投资集团有限公司	湖北	486055	32047	10356454	2747515	2529
453	国宏电气集团股份有限公司	浙江	485641	6768	56606	33374	692
454	四川华油集团有限责任公司	四川	480967	37303	634364	280474	3933

续表

名次	企业名称	地区	营业收入/万元	净利润/万元	资产/万元	所有者权益/万元	从业人数/人
455	四川安吉物流集团有限公司	四川	479431	6270	210324	126207	1370
456	盈峰投资控股集团有限公司	广东	472541	23282	1211502	277873	5800
457	上海汉滨实业发展有限公司	上海	471446	3073	28592	12424	30
458	青岛华通国有资本运营（集团）有限责任公司	山东	470056	2163	2085494	450130	7059
459	上海福然德部件加工有限公司	上海	466056	15880	271594	76701	106
460	上海百润企业发展有限公司	上海	459410	3014	23026	11829	30
461	江西赣粤高速公路股份有限公司	江西	455477	103748	3201787	1419918	3558
462	苏州裕景泰贸易有限公司	江苏	454956	10865	132878	20706	88
463	青岛银盛泰集团有限公司	山东	453821	75094	816699	325297	376
464	湖南省轻工盐业集团有限公司	湖南	453686	16870	1007205	420850	5489
465	上海大众公用事业（集团）股份有限公司	上海	453468	54764	1735539	711921	2131
466	湖北省农业生产资料集团有限公司	湖北	451253	3173	222549	31092	764
467	上海浦原对外经贸公司	上海	450711	380	21030	10754	40
468	湖南新长海发展集团有限公司	湖南	448800	68407	624516	403186	2792
469	新疆生产建设兵团第一师棉麻有限责任公司	新疆维吾尔自治区	448546	1252	366558	8802	204
470	中国海诚工程科技股份有限公司	上海	447281	13427	379902	115558	4494
471	网宿科技股份有限公司	上海	444653	125040	866265	731999	2846
472	三只松鼠股份有限公司	安徽	442407	22347	193556	59462	3216
473	江西新华发行集团有限公司	江西	439734	56174	746687	513967	2521
474	上海金开利集团有限公司	上海	439450	129580	320377	198618	3000
475	齐商银行股份有限公司	山东	439104	47869	10406785	1147054	2962
476	江苏江阴农村商业银行股份有限公司	江苏	439066	77793	10408489	875195	1419
477	广西北部湾银行股份有限公司	广西壮族自治区	429348	52238	13478936	1091279	2554
478	深圳市鑫荣懋农产品股份有限公司	广东	428645	13374	475646	231427	2970
479	重庆河东控股（集团）有限公司	重庆	428155	25870	243606	100653	450
480	重庆三峡银行股份有限公司	重庆	426346	198477	18150364	1226263	2073
481	湖北良品铺子食品有限公司	湖北	425610	19250	278882	50920	9803
482	常熟市交电家电有限责任公司	江苏	421071	1817	172150	19913	352
483	中铁集装箱运输有限责任公司	北京	420218	40617	1142997	1090037	823
484	宁波联合集团股份有限公司	浙江	418255	14860	815340	193548	611
485	厦门住宅建设集团有限公司	福建	415767	43731	2574800	523465	3634
486	江苏张家港农村商业银行股份有限公司	江苏	415659	68947	9017818	732641	1705
487	河北保百集团有限公司	河北	415099	5113	145042	31497	6368
488	汉江水利水电（集团）有限责任公司	湖北	414532	−20603	1367298	291050	10429
489	青海银行股份有限公司	青海	413122	70929	10828610	617498	1561

续表

名次	企业名称	地区	营业收入/万元	净利润/万元	资产/万元	所有者权益/万元	从业人数/人
490	深圳市九立供应链股份有限公司	广东	412829	3000	848269	9567	224
491	福建发展集团有限公司	福建	411015	4697	50751	43114	8855
492	长江勘测规划设计研究院	湖北	408948	12423	715850	132190	2928
493	宁波宁兴控股股份有限公司	浙江	408370	1390	253817	36702	580
494	浙大网新科技股份有限公司	浙江	407956	24523	406063	226548	4773
495	上海丝绸集团股份有限公司	上海	403185	8068	171263	62038	3500
496	广州尚品宅配家居股份有限公司	广东	402600	25551	214997	83434	13848
497	无锡市交通产业集团有限公司	江苏	400186	145414	3594113	1705350	11486
498	广东省航运集团有限公司	广东	399616	24380	1687611	443816	5882
499	天津滨海农村商业银行股份有限公司	天津	395540	86541	14353979	1128188	2456
500	嘉兴良友进出口集团股份有限公司	浙江	395115	1096	490254	24622	534
	合计		3078876018	231403613	22347100392	2233670966	15933373

说 明

1. 2017中国服务业企业500强是中国企业联合会、中国企业家协会参照国际惯例，组织企业自愿申报，并经专家审定确认后产生的。申报企业包括在中国境内注册、2016年实现营业收入达到20亿元的企业（不包括在华外资、港澳台独资、控股企业，也不包括行政性公司、政企合一的单位以及各类资产经营公司，但包括在境外注册、投资主体为中国自然人或法人、主要业务在境内的企业），都有资格申报参加排序。属于集团公司的控股子公司或相对控股子公司，由于其财务报表最后会被合并到集团母公司的财务会计报表中去，因此只允许其母公司申报。

2. 表中所列数据由企业自愿申报或属于上市公司公开数据，并经会计师事务所或审计师事务所等单位认可。

3. 营业收入是2016年不含增值税的收入，包括企业的所有收入，即主营业务和非主营业务、境内和境外的收入。商业银行的营业收入为2016年利息收入和非利息营业收入之和（不减掉对应的支出）。保险公司的营业收入是2016年保险费和年金收入扣除储蓄的资本收益或损失。净利润是2016年上交所得税的净利润扣除少数股东权益后的归属母公司所有者的净利润。资产是2016年年末的资产总额。归属母公司所有者权益是2016年年末所有者权益总额扣除少数股东权益后的母公司所有者权益。研究开发费用是2016年企业投入研究开发的所有费用。从业人数是2016年度的平均人数（含所有被合并报表企业的人数）。

表 10-2　2017 中国服务业企业 500 强各行业企业分布

排名	企业名称	营业收入/万元	排名	企业名称	营业收入/万元
电网			2	山东高速集团有限公司	5893622
1	国家电网公司	209397168	3	甘肃省公路航空旅游投资集团有限公司	5716848
2	中国南方电网有限责任公司	47328148	4	广东省交通集团有限公司	4327330
3	内蒙古电力（集团）有限责任公司	5984402	5	四川省交通投资集团有限责任公司	3465383
4	广西桂东电力股份有限公司	521262	6	安徽省交通控股集团有限公司	2860083
	合计	263230980	7	四川高速公路建设开发总公司	1791967
			8	江西省高速公路投资集团有限责任公司	1407382
水务			9	重庆交通运输控股（集团）有限公司	1223812
1	北京控股集团有限公司	7588018	10	天津市交通（集团）有限公司	1090785
2	北京首都创业集团有限公司	3803068	11	现代投资股份有限公司	952369
3	南昌市政公用投资控股有限责任公司	2127605	12	上海交运集团股份有限公司	846482
4	湖北省交通投资集团有限公司	1729376	13	苏州汽车客运集团有限公司	564723
5	宁波华东物资城市场建设开发有限公司	1547000	14	内蒙古高等级公路建设开发有限责任公司	556696
6	广西北部湾投资集团有限公司	1526747	15	上海强生控股股份有限公司	500454
7	天津城市基础设施建设投资集团有限公司	1424670	16	江西赣粤高速公路股份有限公司	455477
8	武汉市城市建设投资开发集团有限公司	1183411		合计	40406939
9	上海临港经济发展（集团）有限公司	892145			
10	广州市水务投资集团有限公司	823010	水上运输		
11	路通建设集团股份有限公司	745860	1	中国远洋海运集团有限公司	19759362
12	深圳市水务（集团）有限公司	671623	2	浙江中外运有限公司	791883
13	天津市政建设集团有限公司	592061	3	广东省航运集团有限公司	399616
	合计	24654594		合计	20950861
综合能源供用			港口运输		
1	浙江省能源集团有限公司	6621714	1	广西北部湾国际港务集团有限公司	3646273
2	云南省能源投资集团有限公司	6010634	2	上海国际港务（集团）股份有限公司	3135918
3	北京能源集团有限公司	5865078	3	天津港（集团）有限公司	2800426
4	重庆市能源投资集团有限公司	3777731	4	浙江省海港投资运营集团有限公司	2157071
5	福建省能源集团有限责任公司	3698045	5	日照港集团有限公司	1927313
6	申能（集团）有限公司	3440452	6	大连港集团有限公司	1875810
7	新奥能源控股有限公司	3410300	7	厦门港务控股集团有限公司	1480024
8	四川省能源投资集团有限责任公司	3389513	8	河北港口集团有限公司	1017616
9	天津能源投资集团有限公司	3129782	9	广州港集团有限公司	947005
10	广州国资发展控股有限公司	2578906	10	中国南山开发（集团）有限公司	945635
11	山西省国新能源发展集团有限公司	1530713	11	唐山港集团股份有限公司	562644
12	安徽省能源集团有限公司	1338968		合计	20495735
13	无锡市国联发展（集团）有限公司	1270764			
14	深圳能源集团股份有限公司	1131811	航空运输		
15	浙江海越股份有限公司	979225	1	海航集团有限公司	35233153
16	安徽国祯集团有限公司	580150	2	中国航空集团公司	11588474
17	武汉市燃气热力集团有限公司	501220	3	中国南方航空集团公司	11545291
18	四川华油集团有限责任公司	480967	4	中国东方航空集团公司	10184793
19	上海大众公用事业（集团）股份有限公司	453468	5	四川航空股份有限公司	1868957
20	汉江水利水电（集团）有限责任公司	414532	6	山东航空集团有限公司	1419450
	合计	50603973	7	天津航空有限责任公司	909225
				合计	72749343
铁路运输					
1	中铁集装箱运输有限责任公司	420218	航空港及相关服务业		
	合计	420218	1	上海机场（集团）有限公司	1233515
			2	厦门翔业集团有限公司	1057047
公路运输				合计	2290562
1	浙江省交通投资集团有限公司	8753526			

第十章 2017中国服务业企业500强数据

续表

排名	企业名称	营业收入/万元	排名	企业名称	营业收入/万元
邮政			6	东软集团股份有限公司	773485
1	中国邮政集团公司	43583636	7	福建星网锐捷通讯股份有限公司	568766
	合计	43583636	8	浙大网新科技股份有限公司	407956
				合计	43678402
物流及供用链					
1	厦门建发集团有限公司	14711701	**互联网服务**		
2	腾邦集团有限公司	7969121	1	北京京东世纪贸易有限公司	26012165
3	深圳市怡亚通供应链股份有限公司	5829050	2	阿里巴巴集团控股有限公司	15827300
4	深圳顺丰泰森控股（集团）有限公司	5748270	3	腾讯控股有限公司	15193800
5	深圳市飞马国际供应链股份有限公司	5216286	4	百度网络技术有限公司	7054936
6	河北省物流产业集团有限公司	5200034	5	唯品会（中国）有限公司	5371226
7	玖隆钢铁物流有限公司	4429147	6	上海钢联电子商务股份有限公司	4127899
8	深圳市信利康供应链管理有限公司	2774618	7	上海找钢网信息科技股份有限公司	3135403
9	深圳市富森供应链管理有限公司	2290043	8	通鼎集团有限公司	3063395
10	山西能源交通投资有限公司	2172468	9	乐视网络信息技术（北京）股份有限公司	2198690
11	深圳市年富供应链有限公司	2068890	10	上海东方明珠新媒体股份有限公司	1944549
12	广西交通投资集团有限公司	1757515	11	同程网络科技股份有限公司	1866942
13	德邦物流股份有限公司	1700094	12	鹏博士电信传媒集团股份有限公司	884971
14	圆通速递股份有限公司	1681780	13	上海东方电视购物有限公司	793757
15	深圳市朗华供应链服务有限公司	1605996	14	广州华多网络科技有限公司	793169
16	福建省交通运输集团有限责任公司	1108637	15	完美世界股份有限公司	615883
17	申通快递股份有限公司	988067	16	湖南新长海发展集团有限公司	448800
18	浙江华瑞集团有限公司	846207	17	网宿科技股份有限公司	444653
19	韵达控股股份有限公司	734972	18	三只松鼠股份有限公司	442407
20	重庆长安民生物流股份有限公司	683828		合计	90219945
21	武汉商贸国有控股集团有限公司	678293			
22	青海省物资产业集团总公司	613483	**能源矿产商贸**		
23	深圳市英捷迅实业发展有限公司	543526	1	中国华信能源有限公司	29094988
24	四川安吉物流集团有限公司	479431	2	中国航空油料集团公司	16334734
25	深圳市九立供应链股份有限公司	412829	3	山西煤炭进出口集团有限公司	8524164
	合计	72244286	4	晋能集团有限公司	7101355
			5	珠海振戎公司	2886116
电讯服务			6	上海际大投资控股集团有限公司	1780069
1	中国移动通信集团公司	71161106	7	广州元亨能源有限公司	1663209
2	中国电信集团公司	41445834	8	上海龙宇燃油股份有限公司	1588240
3	中国联合网络通信集团有限公司	27573518	9	张家港保税区旭江贸易有限公司	1429901
	合计	140180458	10	杭州东恒石油有限公司	1428846
			11	天津恒运能源集团股份有限公司	1285233
广播电视服务			12	天津俊安煤焦化工有限公司	1035912
1	华数数字电视传媒集团有限公司	719127	13	泰德煤网股份有限公司	552275
2	广东省广播电视网络股份有限公司	486312	14	福建裕华集团有限公司	548162
	合计	1205439		合计	75253204
软件和信息技术			**化工医药商贸**		
1	三胞集团有限公司	13008768	1	中国中化集团公司	39549504
2	清华控股有限公司	9563322	2	南通化工轻工股份有限公司	2362799
3	北大方正集团有限公司	8200480	3	安徽省盐业总公司	861161
4	浪潮集团有限公司	7102513	4	天津市长芦盐业集团有限公司	690220
5	神州数码集团股份有限公司	4053112	5	江阴市金桥化工有限公司	629919

排名	企业名称	营业收入/万元	排名	企业名称	营业收入/万元
6	河南蓝天集团有限公司	549244		合计	53150696
7	日出实业集团有限公司	537018			
8	湖南省轻工盐业集团有限公司	453686	生活资料商贸		
	合计	45633551	1	天津物产集团有限公司	42068435
			2	物产中大集团股份有限公司	20689887
机电商贸			3	广东省广物控股集团有限公司	4461237
1	中国通用技术（集团）控股有限责任公司	14690487	4	重庆对外经贸（集团）有限公司	2485947
2	广东省广新控股集团有限公司	5709640	5	安徽辉隆农资集团	1603997
3	广东省商贸控股集团有限公司	923885	6	厦门路桥工程物资有限公司	1504837
4	广州佳都集团有限公司	560923	7	浙江建华集团有限公司	1477838
5	国宏电气集团股份有限公司	485641	8	黑龙江倍丰农业生产资料集团有限公司	1359045
6	上海金开利集团有限公司	439450	9	佛山市顺德区乐从供销集团有限公司	964383
	合计	22810026	10	厦门恒兴集团有限公司	960277
			11	常州市化工轻工材料总公司	797461
生活消费品商贸			12	广东天禾农资股份有限公司	526756
1	广州轻工工贸集团有限公司	4668362	13	湖北省农业生产资料集团有限公司	451253
2	江苏国泰国际集团有限公司	4601358		合计	79351353
3	浙江省国际贸易集团有限公司	3549060			
4	江苏汇鸿国际集团股份有限公司	3198322	金属品商贸		
5	安徽国贸集团控股有限公司	3168778	1	上海均和集团有限公司	8616677
6	广东省丝绸纺织集团有限公司	2777624	2	西安迈科金属国际集团有限公司	7917063
7	太平鸟集团有限公司	2017294	3	大汉控股集团有限公司	3152077
8	新华锦集团	1834646	4	华南物资集团有限公司	1709903
9	武汉市金马凯旋家具投资有限公司	1723033	5	青岛世纪瑞丰集团有限公司	1568242
10	江苏省苏豪控股集团有限公司	1674336	6	上海闽路润贸易有限公司	1103490
11	红星美凯龙控股集团有限公司	1615535	7	武汉联杰国际贸易有限公司	976968
12	人人乐连锁商业集团股份有限公司	1015678	8	上海展志实业集团有限责任公司	862367
13	浙江凯喜雅国际股份有限公司	886067	9	江苏大经集团有限公司	802465
14	广州纺织工贸企业集团有限公司	856199	10	江阴长三角钢铁集团有限公司	682616
15	万事利集团有限公司	657421	11	上海福然德部件加工有限公司	466056
16	厦门市嘉晟对外贸易有限公司	593758	12	上海百润企业发展有限公司	459410
17	上海丝绸集团股份有限公司	403185	13	苏州裕景泰贸易有限公司	454956
18	广州尚品宅配家居股份有限公司	402600	14	重庆河东控股（集团）有限公司	428155
	合计	35643256		合计	29200445
农产品及食品批发			综合商贸		
1	中粮集团有限公司	40700647	1	厦门国贸控股有限公司	14568578
2	北京粮食集团有限责任公司	2814551	2	浙江省兴合集团有限责任公司	8508877
3	安徽安粮控股股份有限公司	1773341	3	远大物产集团有限公司	7574966
4	新疆生产建设兵团棉麻公司	1720623	4	上海纺织（集团）有限公司	5418217
5	浙江省农村发展集团有限公司	1061637	5	中基宁波集团股份有限公司	3113666
6	厦门夏商集团有限公司	985996	6	广西物资集团有限责任公司	2305778
7	深圳市粮食集团有限公司	907890	7	东方国际（集团）有限公司	2279048
8	湖南粮食集团有限责任公司	774268	8	北方国际集团有限公司	1426988
9	万向三农集团有限公司	516106	9	浙江蓝天实业集团有限公司	911806
10	江苏省粮食集团有限责任公司	510776	10	浙江万丰企业集团有限公司	584180
11	宁波市绿顺集团股份有限公司	507670	11	宁波海田控股集团有限公司	577215
12	新疆生产建设兵团第一师棉麻有限责任公司	448546	12	上海浦原对外经贸公司	450711
13	深圳市鑫荣懋农产品股份有限公司	428645	13	嘉兴良友进出口集团股份有限公司	395115

排名	企业名称	营业收入/万元	排名	企业名称	营业收入/万元
	合计	48115145	9	河北省国和投资集团有限公司	1275325
			10	蓝池集团有限公司	1072430
	连锁超市及百货		11	广东鸿粤汽车销售集团有限公司	1054271
1	大商集团有限公司	23525202	12	重庆中汽西南汽车（集团）有限公司	941673
2	山东省商业集团有限公司	10161700	13	上海申华控股股份有限公司	874392
3	武汉商联（集团）股份有限公司	8729074	14	宁波轿辰集团股份有限公司	729430
4	百联集团有限公司	8521505	15	湖南兰天集团有限公司	704817
5	天津一商集团有限公司	6059571	16	山西大昌汽车集团有限公司	690171
6	永辉超市股份有限公司	4923165	17	天津远大联合汽车贸易集团有限公司	682642
7	重庆商社（集团）有限公司	4778171	18	广东新协力集团有限公司	549147
8	合肥百货大楼集团股份有限公司	4170000	19	重庆百事达汽车有限公司	513321
9	长春欧亚集团股份有限公司	3908359		合计	36307259
10	石家庄北国人百集团有限责任公司	3329494			
11	步步高投资集团股份有限公司	3214532		**家电及电子产品零售**	
12	利群集团股份有限公司	2390565	1	苏宁控股集团有限公司	41295073
13	浙江省商业集团有限公司	2133708	2	国美电器有限公司	18243000
14	银泰商业（集团）有限公司	1850257	3	深圳市爱施德股份有限公司	4833328
15	淄博商厦股份有限公司	1768669	4	天音通信有限公司	3349888
16	大连金玛商城企业集团有限公司	1684521	5	武汉工贸有限公司	526608
17	月星集团有限公司	1407158	6	常熟市交电家电有限责任公司	421071
18	杭州联华华商集团有限公司	1349589		合计	68668968
19	唐山百货大楼集团有限责任公司	1033168			
20	河北省新合作股份集团有限公司	949376		**医药及医药器材零售**	
21	广州百货企业集团有限公司	925637	1	中国医药集团总公司	31728070
22	无锡商业大厦大东方股份有限公司	906967	2	九州通医药集团股份有限公司	6155684
23	山西美特好连锁超市股份有限公司	742651	3	重庆医药（集团）股份有限公司	2048665
24	湖南佳惠百货有限责任公司	707944	4	浙江英特药业有限责任公司	1725638
25	银川新华百货商业集团股份有限公司	704897	5	广西柳州医药股份有限公司	755940
26	青岛利客来集团股份有限公司	606000	6	鹭燕医药股份有限公司	698289
27	青岛维客集团股份有限公司	581618	7	大参林医药集团股份有限公司	627372
28	武汉市汉商集团股份有限公司	554085	8	老百姓大药房连锁股份有限公司	609443
29	杭州解百集团股份有限公司	524145	9	浙江省医药工业有限公司	520342
30	雄风集团有限公司	520619	10	宁波医药股份有限公司	495528
31	深圳市恒波商业连锁股份有限公司	501822		合计	45364971
32	重庆市新大兴实业（集团）有限公司	500014			
33	江苏华地国际控股集团有限公司	490369		**商业银行**	
34	湖北良品铺子食品有限公司	425610	1	中国工商银行股份有限公司	101526600
35	河北保百集团有限公司	415099	2	中国建设银行股份有限公司	84805200
	合计	104995261	3	中国农业银行股份有限公司	77909800
			4	中国银行股份有限公司	75540200
	汽车、摩托车零售		5	国家开发银行股份有限公司	58875467
1	中升集团控股有限公司	7159922	6	交通银行股份有限公司	35119183
2	庞大汽贸集团股份有限公司	6600940	7	招商银行股份有限公司	29756000
3	上海永达控股（集团）有限公司	4824173	8	兴业银行股份有限公司	28515000
4	山东远通汽车贸易集团有限公司	1871178	9	上海浦东发展银行股份有限公司	27003000
5	利泰集团有限公司	1782232	10	中国民生银行股份有限公司	26845000
6	万友汽车投资有限公司	1777707	11	华夏银行股份有限公司	10474600
7	浙江宝利德股份有限公司	1669310	12	北京银行	8692206
8	润华集团股份有限公司	1534178	13	渤海银行股份有限公司	4450188

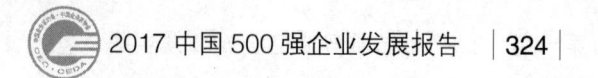

排名	企业名称	营业收入/万元	排名	企业名称	营业收入/万元
14	盛京银行股份有限公司	3915974	3	广发证券股份有限公司	2071204
15	重庆农村商业银行股份有限公司	3524429	4	中泰证券股份有限公司	833659
16	恒丰银行股份有限公司	3138489		合计	7909309
17	上海农村商业银行股份有限公司	2843186			
18	广州农村商业银行股份有限公司	2810037	**多元化金融**		
19	天津银行股份有限公司	2679614	1	中国平安保险（集团）股份有限公司	77448800
20	北京农村商业银行股份有限公司	2448036	2	中国中信集团有限公司	35111397
21	吉林银行股份有限公司	1758973	3	中国光大集团股份有限公司	21564600
22	长沙银行股份有限公司	1684464	4	中国华融资产管理股份有限公司	9520772
23	天津农村商业银行股份有限公司	1323178	5	中国信达资产管理股份有限公司	9165723
24	武汉农村商业银行股份有限公司	1078723	6	武汉金融控股（集团）有限公司	3984792
25	青岛银行股份有限公司	1071666	7	中国万向控股有限公司	2031032
26	洛阳银行股份有限公司	1021226	8	广州金融控股集团有限公司	917876
27	青岛农村商业银行股份有限公司	1006788		合计	159744992
28	重庆银行股份有限公司	960303			
29	江西银行股份有限公司	897828	**住宅地产**		
30	桂林银行股份有限公司	861342	1	绿地控股集团股份有限公司	24716022
31	无锡农村商业银行股份有限公司	511407	2	万科企业股份有限公司	22891600
32	九江银行股份有限公司	503936	3	恒大集团有限公司	21144400
33	汉口银行股份有限公司	500739	4	碧桂园控股有限公司	15308698
34	宁波鄞州农村商业银行股份有限公司	496314	5	银亿集团有限公司	6525061
35	柳州银行股份有限公司	493498	6	世茂房地产控股有限公司	5928600
36	齐商银行股份有限公司	439104	7	金地（集团）股份有限公司	5550850
37	江苏江阴农村商业银行股份有限公司	439066	8	龙湖地产有限公司	5479950
38	广西北部湾银行股份有限公司	429348	9	华侨城集团公司	5425604
39	重庆三峡银行股份有限公司	426346	10	广州富力地产股份有限公司	5373034
40	江苏张家港农村商业银行股份有限公司	415659	11	天津泰达投资控股有限公司	5103810
41	青海银行股份有限公司	413122	12	卓尔控股有限公司	5086427
42	天津滨海农村商业银行股份有限公司	395540	13	雅居乐地产控股有限公司	4667887
	合计	608000779	14	重庆龙湖企业拓展有限公司	4477704
			15	四川蓝润实业集团有限公司	3868581
保险业			16	福佳集团有限公司	3800989
1	中国人寿保险（集团）公司	69634318	17	弘阳集团有限公司	3594460
2	中国人民保险集团股份有限公司	44332300	18	北京江南投资集团有限公司	3530568
3	安邦保险股份有限公司	41397026	19	广州越秀集团有限公司	3412214
4	中国太平洋保险（集团）股份有限公司	26701400	20	北京首都开发控股（集团）有限公司	3216580
5	新华人寿保险股份有限公司	14617300	21	珠海华发集团有限公司	3213733
6	富德生命人寿保险股份有限公司	13040924	22	世纪金源投资集团有限公司	2961734
7	中国太平保险集团有限责任公司	12747978	23	文一投资控股集团	2644813
8	泰康保险集团股份有限公司	12510381	24	上海城投（集团）有限公司	2390457
9	阳光保险集团股份有限公司	8262632	25	天津房地产集团有限公司	2376753
10	前海人寿保险股份有限公司	4367512	26	苏州金螳螂企业（集团）有限公司	2031018
11	中华联合保险控股股份有限公司	3854574	27	天津亿联投资控股集团有限公司	1716660
12	渤海人寿保险股份有限公司	825100	28	天津住宅建设发展集团有限公司	1570635
	合计	252291445	29	祥生实业集团有限公司	1521901
			30	广州珠江实业集团有限公司	1514450
证券业			31	大华（集团）有限公司	1496574
1	海通证券股份有限公司	2801167	32	天津现代集团有限公司	1367520
2	兴华财富集团有限公司	2203279	33	厦门禹洲集团股份有限公司	1367182

排名	企业名称	营业收入/万元	排名	企业名称	营业收入/万元
34	西安高科（集团）公司	1205153	20	广西西江开发投资集团有限公司	859774
35	上海三盛宏业投资（集团）有限责任公司	1172600	21	广州中大控股有限公司	767466
36	联发集团有限公司	1117279	22	江西省投资集团公司	660191
37	广东珠江投资股份有限公司	925836	23	四川省开元集团有限公司	638099
38	厦门经济特区房地产开发集团有限公司	881096	24	河南省国有资产控股运营集团有限公司	632670
39	广西云星集团有限公司	810391	25	天津大通投资集团有限公司	622306
40	重庆华宇集团有限公司	691269	26	广州万力集团有限公司	570585
41	滨海投资集团股份有限公司	590790	27	青岛城市建设投资（集团）有限责任公司	554117
42	四川邦泰投资有限责任公司	576175	28	广西金融投资集团有限公司	538374
43	天津贻成集团有限公司	544392	29	南宁威宁投资集团有限责任公司	510217
44	中锐控股集团有限公司	509392	30	盈峰投资控股集团有限公司	472541
45	桂林彰泰实业集团有限公司	492629	31	上海汉滨实业发展有限公司	471446
46	青岛银盛泰集团有限公司	453821	32	青岛华通国有资本运营（集团）有限责任公司	470056
47	宁波联合集团股份有限公司	418255	33	无锡市交通产业集团有限公司	400186
48	厦门住宅建设集团有限公司	415767		合计	90447367
49	宁波宁兴控股股份有限公司	408370			
	合计	196489684	商务中介服务		
			1	北京蓝色光标品牌管理顾问股份有限公司	1231910
商业地产				合计	1231910
1	大连万达集团股份有限公司	18922100			
2	华夏幸福基业股份有限公司	5382059	人力资源服务		
	合计	24304159	1	中国国际技术智力合作公司	6464173
			2	北京外企服务集团有限责任公司	5063212
园区地产				合计	11527385
1	亿达集团有限公司	713991			
2	武汉地产开发投资集团有限公司	486055	科技研发、规划设计		
	合计	1200046	1	银江科技集团有限公司	846520
			2	上海龙旗科技股份有限公司	823078
多元化投资			3	中国成达工程有限公司	517274
1	阳光金融控股投资集团有限公司	15716144	4	中国海诚工程科技股份有限公司	447281
2	厦门象屿集团有限公司	12393844	5	福建发展集团有限公司	411015
3	国家开发投资公司	8704528	6	长江勘测规划设计研究院	408948
4	云南省建设投资控股集团有限公司	8209341		合计	3454116
5	云南省投资控股集团有限公司	6983106			
6	广东省广晟资产经营有限公司	4672889	国际经济合作（工程承包）		
7	重庆市金科投资控股（集团）有限责任公司	4658845	1	中国江苏国际经济技术合作集团有限公司	1797951
8	浙江前程投资股份有限公司	3740500	2	中国天津国际经济技术合作集团有限公司	712486
9	中运富通控股集团有限公司	2965577		合计	2510437
10	国购投资有限公司	2312061			
11	广东粤合资产经营有限公司	1807545	旅游和餐饮		
12	青海省投资集团有限公司	1630222	1	中国旅游集团公司	6036399
13	广东粤海控股集团有限公司	1567397	2	北京首都旅游集团有限责任公司	4366100
14	宁波君安控股有限公司	1552822	3	上海春秋国际旅行社（集团）有限公司	1302375
15	广西铁路投资集团有限公司	1344556	4	开元旅业集团有限公司	1154152
16	厦门海沧投资集团有限公司	1067843	5	中青旅控股股份有限公司	1032748
17	源山投资控股有限公司	1011034	6	众信旅游集团股份有限公司	1010400
18	广西农村投资集团有限公司	1002353		合计	14902174
19	湖北能源集团股份有限公司	938732			

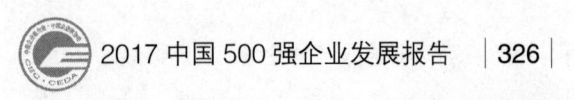

排名	企业名称	营业收入/万元	排名	企业名称	营业收入/万元
文化娱乐			3	中国保利集团公司	20932035
1	安徽新华发行（集团）控股有限公司	3337697	4	雪松控股集团有限公司	15701937
2	安徽出版集团有限责任公司	1816707	5	新疆广汇实业投资（集团）有限责任公司	14561731
3	中文天地出版传媒股份有限公司	1277584	6	上海东浩兰生国际服务贸易（集团）有限公司	12966972
4	湖南省新华书店有限责任公司	1203272	7	广西投资集团有限公司	11698600
5	浙江出版联合集团有限公司	1197745	8	上海均瑶（集团）有限公司	2336591
6	分众传媒信息技术股份有限公司	1021310	9	广东省广业集团有限公司	2266470
7	西安曲江文化产业投资（集团）有限公司	809316	10	深圳华强集团有限公司	1883406
8	中原出版传媒投资控股集团有限公司	808586	11	广州岭南国际企业集团有限公司	1253825
9	中国电影股份有限公司	784071	12	广州海印实业集团有限公司	1219760
10	四川新华发行集团有限公司	654948	13	宁波滕头集团有限公司	865180
11	江西新华发行集团有限公司	439734	14	湖南九龙经贸集团有限公司	827130
	合计	13350970	15	华茂集团股份有限公司	778136
			16	新疆众和股份有限公司	554688
综合服务业			17	苏州国信集团有限公司	498376
1	华润（集团）有限公司	50340782		合计	160101739
2	中国机械工业集团有限公司	21416120			

表 10–3 2017 中国服务业企业 500 强各地区企业分布

排名	企业名称	营业收入/万元	排名	企业名称	营业收入/万元
北京			43	北京能源集团有限责任公司	5865078
1	国家电网公司	209397168	44	龙湖地产有限公司	5479950
2	中国工商银行股份有限公司	101526600	45	华夏幸福基业股份有限公司	5382059
3	中国建设银行股份有限公司	84805200	46	北京外企服务集团有限责任公司	5063212
4	中国农业银行股份有限公司	77909800	47	北京首都旅游集团有限责任公司	4366100
5	中国银行股份有限公司	75540200	48	神州数码集团股份有限公司	4053112
6	中国移动通信集团公司	71161106	49	中华联合保险控股股份有限公司	3854574
7	中国人寿保险（集团）公司	69634318	50	北京首都创业集团有限公司	3803068
8	国家开发银行股份有限公司	58875467	51	北京江南投资集团有限公司	3530568
9	中国人民保险集团股份有限公司	44332300	52	北京首都开发控股（集团）有限公司	3216580
10	中国邮政集团公司	43583636	53	世纪金源投资集团有限公司	2961734
11	中国电信集团公司	41445834	54	珠海振戎公司	2886116
12	安邦保险股份有限公司	41397026	55	北京粮食集团有限责任公司	2814551
13	中粮集团有限公司	40700647	56	北京农村商业银行股份有限公司	2448036
14	中国中化集团公司	39549504	57	乐视网络信息技术（北京）股份有限公司	2198690
15	中国中信集团有限公司	35111397	58	北京蓝色光标品牌管理顾问股份有限公司	1231910
16	中国医药集团总公司	31728070	59	中青旅控股股份有限公司	1032748
17	中国联合网络通信集团有限公司	27573518	60	分众传媒信息技术股份有限公司	1021310
18	中国民生银行股份有限公司	26845000	61	众信旅游集团股份有限公司	1010400
19	北京京东世纪贸易有限公司	26012165	62	中国电影股份有限公司	784071
20	中国光大集团股份有限公司	21564600	63	完美世界股份有限公司	615883
21	中国机械工业集团有限公司	21416120	64	中铁集装箱运输有限责任公司	420218
22	中国保利集团公司	20932035		合计	1495301184
23	中国远洋海运集团有限公司	19759362			
24	国美电器有限公司	18243000	上海		
25	中国航空油料集团公司	16334734	1	交通银行股份有限公司	35119183
26	中国通用技术（集团）控股有限责任公司	14690487	2	中国华信能源有限公司	29094988
27	新华人寿保险股份有限公司	14617300	3	上海浦东发展银行股份有限公司	27003000
28	中国太平保险集团有限责任公司	12747978	4	中国太平洋保险（集团）股份有限公司	26701400
29	泰康保险集团股份有限公司	12510381	5	绿地控股集团股份有限公司	24716022
30	中国航空集团公司	11588474	6	上海东浩兰生国际服务贸易（集团）有限公司	12966972
31	华夏银行股份有限公司	10474600	7	中国东方航空集团公司	10184793
32	清华控股有限公司	9563322	8	上海均和集团有限公司	8616677
33	中国华融资产管理股份有限公司	9520772	9	百联集团有限公司	8521505
34	中国信达资产管理股份有限公司	9165723	10	世茂房地产控股有限公司	5928600
35	国家开发投资公司	8704528	11	上海纺织（集团）有限公司	5418217
36	北京银行	8692206	12	上海永达控股（集团）有限公司	4824173
37	阳光保险集团股份有限公司	8262632	13	上海钢联电子商务股份有限公司	4127899
38	北大方正集团有限公司	8200480	14	申能（集团）有限公司	3440452
39	北京控股集团有限公司	7588018	15	上海国际港务（集团）股份有限公司	3135918
40	百度网络技术有限公司	7054936	16	上海找钢网信息科技股份有限公司	3135403
41	中国国际技术智力合作公司	6464173	17	中运富通控股集团有限公司	2965577
42	中国旅游集团公司	6036399	18	上海农村商业银行股份有限公司	2843186

排名	企业名称	营业收入/万元	排名	企业名称	营业收入/万元
19	海通证券股份有限公司	2801167	5	天津能源投资集团有限公司	3129782
20	上海城投（集团）有限公司	2390457	6	天津港（集团）有限公司	2800426
21	上海均瑶（集团）有限公司	2336591	7	天津银行股份有限公司	2679614
22	东方国际（集团）有限公司	2279048	8	天津房地产集团有限公司	2376753
23	中国万向控股有限公司	2031032	9	天津亿联投资控股集团有限公司	1716660
24	上海东方明珠新媒体股份有限公司	1944549	10	天津住宅建设发展集团有限公司	1570635
25	上海际大投资控股集团有限公司	1780069	11	北方国际集团有限公司	1426988
26	德邦物流股份有限公司	1700094	12	天津城市基础设施建设投资集团有限公司	1424670
27	圆通速递股份有限公司	1681780	13	天津现代集团有限公司	1367520
28	红星美凯龙控股集团有限公司	1615535	14	天津农村商业银行股份有限公司	1323178
29	上海龙宇燃油股份有限公司	1588240	15	天津恒运能源集团股份有限公司	1285233
30	大华（集团）有限公司	1496574	16	天津市交通（集团）有限公司	1090785
31	月星集团有限公司	1407158	17	天津俊安煤焦化工有限公司	1035912
32	上海春秋国际旅行社（集团）有限公司	1302375	18	天津航空有限责任公司	909225
33	上海机场（集团）有限公司	1233515	19	渤海人寿保险股份有限公司	825100
34	上海三盛宏业投资（集团）有限责任公司	1172600	20	中国天津国际经济技术合作集团公司	712486
35	上海闽路润贸易有限公司	1103490	21	天津市长芦盐业集团有限公司	690220
36	源山投资控股有限公司	1011034	22	天津远大联合汽车贸易集团有限公司	682642
37	申通快递股份有限公司	988067	23	天津大通投资集团有限公司	622306
38	上海临港经济发展（集团）有限公司	892145	24	天津市政建设集团有限公司	592061
39	上海申华控股股份有限公司	874392	25	滨海投资集团有限公司	590790
40	上海展志实业集团有限责任公司	862367	26	天津贻成集团有限公司	544392
41	上海交运集团股份有限公司	846482	27	天津滨海农村商业银行股份有限公司	395540
42	上海龙旗科技股份有限公司	823078		合计	87474922
43	上海东方电视购物有限公司	793757			
44	韵达控股股份有限公司	734972	**重庆**		
45	中锐控股集团有限公司	509392	1	重庆商社（集团）有限公司	4778171
46	上海强生控股股份有限公司	500454	2	重庆市金科投资控股（集团）有限责任公司	4658845
47	上海汉滨实业发展有限公司	471446	3	重庆龙湖企业拓展有限公司	4477704
48	上海福然德部件加工有限公司	466056	4	重庆市能源投资集团有限公司	3777731
49	上海百润企业发展有限公司	459410	5	重庆农村商业银行股份有限公司	3524429
50	上海大众公用事业（集团）股份有限公司	453468	6	重庆对外经贸（集团）有限公司	2485947
51	上海浦原对外经贸公司	450711	7	重庆医药（集团）股份有限公司	2048665
52	中国海诚工程科技股份有限公司	447281	8	万友汽车投资有限公司	1777707
53	网宿科技股份有限公司	444653	9	华南物资集团有限公司	1709903
54	上海金开利集团有限公司	439450	10	重庆交通运输控股（集团）有限公司	1223812
55	上海丝绸集团股份有限公司	403185	11	重庆银行股份有限公司	960303
	合计	261480039	12	重庆中汽西南汽车（集团）有限公司	941673
			13	重庆华宇集团有限公司	691269
天津			14	重庆长安民生物流股份有限公司	683828
1	天津物产集团有限公司	42068435	15	重庆百事达汽车有限公司	513321
2	天津一商集团有限公司	6059571	16	重庆市新大兴实业（集团）有限公司	500014
3	天津泰达投资控股有限公司	5103810	17	重庆河东控股（集团）有限公司	428155
4	渤海银行股份有限公司	4450188	18	重庆三峡银行股份有限公司	426346

续表

排名	企业名称	营业收入/万元	排名	企业名称	营业收入/万元
	合计	35607823		合计	3011726

黑龙江

排名	企业名称	营业收入/万元
1	黑龙江倍丰农业生产资料集团有限公司	1359045
	合计	1359045

吉林

排名	企业名称	营业收入/万元
1	长春欧亚集团股份有限公司	3908359
2	吉林银行股份有限公司	1758973
	合计	5667332

辽宁

排名	企业名称	营业收入/万元
1	大商集团有限公司	23525202
2	大连万达集团股份有限公司	18922100
3	中升集团控股有限公司	7159922
4	盛京银行股份有限公司	3915974
5	福佳集团有限公司	3800989
6	大连港集团有限公司	1875810
7	大连金玛商城企业集团有限公司	1684521
8	东软集团股份有限公司	773485
9	亿达集团有限公司	713991
10	泰德煤网股份有限公司	552275
	合计	62924269

河北

排名	企业名称	营业收入/万元
1	庞大汽贸集团股份有限公司	6600940
2	河北省物流产业集团有限公司	5200034
3	新奥能源控股有限公司	3410300
4	石家庄北国人百集团有限责任公司	3329494
5	兴华财富集团有限公司	2203279
6	河北省国和投资集团有限公司	1275325
7	蓝池集团有限公司	1072430
8	唐山百货大楼集团有限责任公司	1033168
9	河北港口集团有限公司	1017616
10	河北省新合作控股集团有限公司	949376
11	唐山港集团股份有限公司	562644
12	河北保百集团有限公司	415099
	合计	27069705

河南

排名	企业名称	营业收入/万元
1	洛阳银行股份有限公司	1021226
2	中原出版传媒投资控股集团有限公司	808586
3	河南省国有资产控股运营集团有限公司	632670
4	河南蓝天集团有限公司	549244

山东

排名	企业名称	营业收入/万元
1	山东省商业集团有限公司	10161700
2	浪潮集团有限公司	7102513
3	山东高速集团有限公司	5893622
4	恒丰银行股份有限公司	3138489
5	利群集团股份有限公司	2390565
6	日照港集团有限公司	1927313
7	山东远通汽车贸易集团有限公司	1871178
8	新华锦集团	1834646
9	淄博商厦股份有限公司	1768669
10	青岛世纪瑞丰集团有限公司	1568242
11	润华集团股份有限公司	1534178
12	山东航空集团有限公司	1419450
13	青岛银行股份有限公司	1071666
14	青岛农村商业银行股份有限公司	1006788
15	中泰证券股份有限公司	833659
16	路通建设集团股份有限公司	745860
17	青岛利客来集团股份有限公司	606000
18	青岛维客集团股份有限公司	581618
19	青岛城市建设投资（集团）有限责任公司	554117
20	青岛华通国有资本运营（集团）有限责任公司	470056
21	青岛银盛泰集团有限公司	453821
22	齐商银行股份有限公司	439104
	合计	47373254

山西

排名	企业名称	营业收入/万元
1	山西煤炭进出口集团有限公司	8524164
2	晋能集团有限公司	7101355
3	山西能源交通投资有限公司	2172468
4	山西省国新能源发展集团有限公司	1530713
5	山西美特好连锁超市股份有限公司	742651
6	山西大昌汽车集团有限公司	690171
	合计	20761522

陕西

排名	企业名称	营业收入/万元
1	西安迈科金属国际集团有限公司	7917063
2	西安高科（集团）公司	1205153
3	西安曲江文化产业投资（集团）有限公司	809316
	合计	9931532

安徽

排名	企业名称	营业收入/万元
1	合肥百货大楼集团股份有限公司	4170000

续表

排名	企业名称	营业收入/万元	排名	企业名称	营业收入/万元
2	安徽新华发行（集团）控股有限公司	3337697		合计	94150251
3	安徽国贸集团控股有限公司	3168778			
4	安徽省交通控股集团有限公司	2860083	湖南		
5	文一投资控股集团	2644813	1	步步高投资集团股份有限公司	3214532
6	国购投资有限公司	2312061	2	大汉控股集团有限公司	3152077
7	安徽出版集团有限责任公司	1816707	3	长沙银行股份有限公司	1684464
8	安徽安粮控股股份有限公司	1773341	4	湖南省新华书店有限责任公司	1203272
9	安徽辉隆农资集团	1603997	5	现代投资股份有限公司	952369
10	安徽省能源集团有限公司	1338968	6	湖南九龙经贸集团有限公司	827130
11	安徽省盐业总公司	861161	7	湖南粮食集团有限责任公司	774268
12	安徽国祯集团股份有限公司	580150	8	湖南佳惠百货有限公司	707944
13	三只松鼠股份有限公司	442407	9	湖南兰天集团有限公司	704817
	合计	26910163	10	老百姓大药房连锁股份有限公司	609443
			11	湖南省轻工盐业集团有限公司	453686
江苏			12	湖南新长海发展集团有限公司	448800
1	苏宁控股集团有限公司	41295073		合计	14732802
2	三胞集团有限公司	13008768			
3	江苏国泰国际集团有限公司	4601358	湖北		
4	玖隆钢铁物流有限公司	4429147	1	武汉商联（集团）股份有限公司	8729074
5	弘阳集团有限公司	3594460	2	九州通医药集团股份有限公司	6155684
6	江苏汇鸿国际集团股份有限公司	3198322	3	卓尔控股有限公司	5086427
7	通鼎集团有限公司	3063395	4	武汉金融控股(集团)有限公司	3984792
8	南通化工轻工股份有限公司	2362799	5	湖北省交通投资集团有限公司	1729376
9	苏州金螳螂企业(集团)有限公司	2031018	6	武汉市金马凯旋家具投资有限公司	1723033
10	同程网络科技股份有限公司	1866942	7	武汉市城市建设投资开发集团有限公司	1183411
11	中国江苏国际经济技术合作集团有限公司	1797951	8	武汉农村商业银行股份有限公司	1078723
12	江苏省苏豪控股集团有限公司	1674336	9	武汉联杰国际贸易有限公司	976968
13	张家港保税区旭江贸易有限公司	1429901	10	湖北能源集团股份有限公司	938732
14	无锡市国联发展（集团）有限公司	1270764	11	武汉商贸国有控股集团有限公司	678293
15	无锡商业大厦大东方股份有限公司	906967	12	武汉市汉商集团有限公司	554085
16	江苏大经集团有限公司	802465	13	武汉工贸有限公司	526608
17	常州市化工轻工材料总公司	797461	14	武汉市燃气热力集团有限公司	501220
18	江阴长三角钢铁集团有限公司	682616	15	汉口银行股份有限公司	500739
19	江阴市金桥化工有限公司	629919	16	武汉地产开发投资集团有限公司	486055
20	苏州汽车客运集团有限公司	564723	17	湖北省农业生产资料集团有限公司	451253
21	无锡农村商业银行股份有限公司	511407	18	湖北良品铺子食品有限公司	425610
22	江苏省粮食集团有限责任公司	510776	19	汉江水利水电(集团)有限公司	414532
23	苏州国信集团有限公司	498376	20	长江勘测规划设计研究院	408948
24	江苏华地国际控股集团有限公司	490369		合计	36533563
25	苏州裕景泰贸易有限公司	454956			
26	江苏江阴农村商业银行股份有限公司	439066	江西		
27	常熟市交电家电有限责任公司	421071	1	南昌市政公用投资控股有限责任公司	2127605
28	江苏张家港农村商业银行股份有限公司	415659	2	江西省高速公路投资集团有限责任公司	1407382
29	无锡市交通产业集团有限公司	400186	3	中文天地出版传媒股份有限公司	1277584

续表

排名	企业名称	营业收入/万元	排名	企业名称	营业收入/万元
4	江西银行股份有限公司	897828	37	浙江万丰企业集团公司	584180
5	江西省投资集团公司	660191	38	宁波海田控股集团有限公司	577215
6	九江银行股份有限公司	503936	39	日出实业集团有限公司	537018
7	江西赣粤高速公路股份有限公司	455477	40	杭州解百集团股份有限公司	524145
8	江西新华发行集团有限公司	439734	41	雄风集团有限公司	520619
	合计	7769737	42	浙江省医药工业有限公司	520342
			43	万向三农集团有限公司	516106
浙江			44	宁波市绿顺集团股份有限公司	507670
1	物产中大集团股份有限公司	20689887	45	宁波鄞州农村商业银行股份有限公司	496314
2	阿里巴巴集团控股有限公司	15827300	46	宁波医药股份有限公司	495528
3	浙江省交通投资集团有限公司	8753526	47	国宏电气集团有限公司	485641
4	浙江省兴合集团有限责任公司	8508877	48	宁波联合集团股份有限公司	418255
5	远大物产集团有限公司	7574966	49	宁波宁兴控股股份有限公司	408370
6	浙江省能源集团有限公司	6621714	50	浙大网新科技股份有限公司	407956
7	银亿集团有限公司	6525061	51	嘉兴良友进出口集团股份有限公司	395115
8	浙江前程投资股份有限公司	3740500		合计	125154841
9	浙江省国际贸易集团有限公司	3549060			
10	中基宁波集团股份有限公司	3113666	广东		
11	浙江省海港投资运营集团有限公司	2157071	1	中国平安保险（集团）股份有限公司	77448800
12	浙江省商业集团有限公司	2133708	2	华润（集团）有限公司	50340782
13	太平鸟集团有限公司	2017294	3	中国南方电网有限责任公司	47328148
14	银泰商业（集团）有限公司	1850257	4	招商银行股份有限公司	29756000
15	浙江英特药业有限责任公司	1725638	5	万科企业股份有限公司	22891600
16	浙江宝利德股份有限公司	1669310	6	恒大集团有限公司	21144400
17	宁波君安控股有限公司	1552822	7	雪松控股集团有限公司	15701937
18	宁波华东物资城市场建设开发有限公司	1547000	8	碧桂园控股有限公司	15308698
19	祥生实业集团有限公司	1521901	9	腾讯控股有限公司	15193800
20	浙江建华集团有限公司	1477838	10	富德生命人寿保险股份有限公司	13040924
21	杭州东恒石油有限公司	1428846	11	中国南方航空集团公司	11545291
22	杭州联华华商集团有限公司	1349589	12	腾邦集团有限公司	7969121
23	浙江出版联合集团有限公司	1197745	13	深圳市怡亚通供应链股份有限公司	5829050
24	开元旅业集团有限公司	1154152	14	深圳顺丰泰森控股（集团）有限公司	5748270
25	浙江省农村发展集团有限公司	1061637	15	广东省广新控股集团有限公司	5709640
26	浙江海越股份有限公司	979225	16	金地（集团）股份有限公司	5550850
27	浙江蓝天实业集团有限公司	911806	17	华侨城集团公司	5425604
28	浙江凯喜雅国际股份有限公司	886067	18	广州富力地产股份有限公司	5373034
29	宁波滕头集团有限公司	865180	19	唯品会（中国）有限公司	5371226
30	银江科技集团有限公司	846520	20	深圳市飞马国际供应链股份有限公司	5216286
31	浙江华瑞集团有限公司	846207	21	深圳市爱施德股份有限公司	4833328
32	浙江中外运有限公司	791883	22	广东省广晟资产经营有限公司	4672889
33	华茂集团股份有限公司	778136	23	广州轻工工贸集团有限公司	4668362
34	宁波轿辰集团股份有限公司	729430	24	雅居乐地产控股有限公司	4667887
35	华数数字电视传媒集团有限公司	719127	25	广东省广物控股集团有限公司	4461237
36	万事利集团有限公司	657421	26	前海人寿保险股份有限公司	4367512

续表

排名	企业名称	营业收入/万元	排名	企业名称	营业收入/万元
27	广东省交通集团有限公司	4327330	71	深圳市恒波商业连锁股份有限公司	501822
28	广州越秀集团有限公司	3412214	72	广东省广播电视网络股份有限公司	486312
29	天音通信有限公司	3349888	73	盈峰投资控股集团有限公司	472541
30	珠海华发集团有限公司	3213733	74	深圳市鑫荣懋农产品股份有限公司	428645
31	广州农村商业银行股份有限公司	2810037	75	深圳市九立供应链股份有限公司	412829
32	广东省丝绸纺织集团有限公司	2777624	76	广州尚品宅配家居股份有限公司	402600
33	深圳市信利康供应链管理有限公司	2774618	77	广东省航运集团有限公司	399616
34	广州国资发展控股有限公司	2578906		合计	469742472
35	深圳市富森供应链管理有限公司	2290043			
36	广东省广业集团有限公司	2266470	四川		
37	广发证券股份有限公司	2071204	1	四川蓝润实业集团有限公司	3868581
38	深圳市年富供应链有限公司	2068890	2	四川省交通投资集团有限责任公司	3465383
39	深圳华强集团有限公司	1883406	3	四川省能源投资集团有限责任公司	3389513
40	广东粤合资产经营有限公司	1807545	4	四川航空股份有限公司	1868957
41	利泰集团有限公司	1782232	5	四川高速公路建设开发总公司	1791967
42	广州元亨能源有限公司	1663209	6	四川新华发行集团有限公司	654948
43	深圳市朗华供应链服务有限公司	1605996	7	四川省开元集团有限公司	638099
44	广东粤海控股集团有限公司	1567397	8	四川邦泰投资有限责任公司	576175
45	广州珠江实业集团有限公司	1514450	9	中国成达工程有限公司	517274
46	广州岭南国际企业集团有限公司	1253825	10	四川华油集团有限责任公司	480967
47	广州海印实业集团有限公司	1219760	11	四川安吉物流集团有限公司	479431
48	深圳能源集团股份有限公司	1131811		合计	17731295
49	广东鸿粤汽车销售集团有限公司	1054271			
50	人人乐连锁商业集团股份有限公司	1015678	福建		
51	佛山市顺德区乐从供销集团有限公司	964383	1	兴业银行股份有限公司	28515000
52	广州港集团有限公司	947005	2	阳光金融控股投资集团有限公司	15716144
53	中国南山开发（集团）股份有限公司	945635	3	厦门建发集团有限公司	14711701
54	广东珠江投资股份有限公司	925836	4	厦门国贸控股有限公司	14568578
55	广州百货企业集团有限公司	925637	5	厦门象屿集团有限公司	12393844
56	广东省商贸控股集团有限公司	923885	6	永辉超市股份有限公司	4923165
57	广州金融控股集团有限公司	917876	7	福建省能源集团有限责任公司	3698045
58	深圳市粮食集团有限公司	907890	8	厦门路桥工程物资有限公司	1504837
59	鹏博士电信传媒集团股份有限公司	884971	9	厦门港务控股集团有限公司	1480024
60	广州纺织工贸企业集团有限公司	856199	10	厦门禹洲集团股份有限公司	1367182
61	广州市水务投资集团有限公司	823010	11	联发集团有限公司	1117279
62	广州华多网络科技有限公司	793169	12	福建省交通运输集团有限责任公司	1108637
63	广州中大控股有限公司	767466	13	厦门海沧投资集团有限公司	1067843
64	深圳市水务（集团）有限公司	671623	14	厦门翔业集团有限公司	1057047
65	大参林医药集团股份有限公司	627372	15	厦门夏商集团有限公司	985996
66	广州万力集团有限公司	570585	16	厦门恒兴集团有限公司	960277
67	广州佳都集团有限公司	560923	17	厦门经济特区房地产开发集团有限公司	881096
68	广东新协力集团有限公司	549147	18	鹭燕医药股份有限公司	698289
69	深圳市英捷迅实业发展有限公司	543526	19	厦门市嘉晟对外贸易有限公司	593758
70	广东天禾农资股份有限公司	526756	20	福建星网锐捷通讯股份有限公司	568766

续表

排名	企业名称	营业收入/万元	排名	企业名称	营业收入/万元
21	福建裕华集团有限公司	548162	甘肃		
22	厦门住宅建设集团有限公司	415767	1	甘肃省公路航空旅游投资集团有限公司	5716848
23	福建发展集团有限公司	411015		合计	5716848
	合计	109292452			
			青海		
广西壮族自治区			1	青海省投资集团有限公司	1630222
1	广西投资集团有限公司	11698600	2	青海省物资产业集团总公司	613483
2	广西北部湾国际港务集团有限公司	3646273	3	青海银行股份有限公司	413122
3	广西物资集团有限责任公司	2305778		合计	2656827
4	广西交通投资集团有限公司	1757515			
5	广西北部湾投资集团有限公司	1526747	宁夏回族自治区		
6	广西铁路投资集团有限公司	1344556	1	银川新华百货商业集团股份有限公司	704897
7	广西农村投资集团有限公司	1002353		合计	704897
8	桂林银行股份有限公司	861342			
9	广西西江开发投资集团有限公司	859774	新疆维吾尔自治区		
10	广西云星集团有限公司	810391	1	新疆广汇实业投资（集团）有限责任公司	14561731
11	广西柳州医药股份有限公司	755940	2	新疆生产建设兵团棉麻公司	1720623
12	广西金融投资集团有限公司	538374	3	新疆众和股份有限公司	554688
13	广西桂东电力股份有限公司	521262	4	新疆生产建设兵团第一师棉麻有限公司	448546
14	南宁威宁投资集团有限责任公司	510217		合计	17285588
15	柳州银行股份有限公司	493498			
16	桂林彰泰实业集团有限公司	492629	内蒙古自治区		
17	广西北部湾银行股份有限公司	429348	1	内蒙古电力（集团）有限责任公司	5984402
	合计	29554597	2	内蒙古高等级公路建设开发有限责任公司	556696
				合计	6541098
云南					
1	云南省建设投资控股集团有限公司	8209341	海南		
2	云南省投资控股集团有限公司	6983106	1	海航集团有限公司	35233153
3	云南省能源投资集团有限公司	6010634		合计	35233153
	合计	21203081			

表10-4 2017中国服务业企业500强净利润排序前100名企业

排名	企业名称	净利润/万元	排名	企业名称	净利润/万元
1	中国工商银行股份有限公司	27824900	51	雪松控股集团有限公司	558115
2	中国建设银行股份有限公司	23146000	52	北京农村商业银行股份有限公司	550972
3	中国农业银行股份有限公司	18394100	53	北京江南投资集团有限公司	531800
4	中国银行股份有限公司	16457800	54	世茂房地产控股有限公司	517186
5	国家开发银行股份有限公司	10904632	55	广州农村商业银行股份有限公司	502559
6	交通银行股份有限公司	6720959	56	中国保利集团公司	494345
7	中国移动通信集团公司	6387079	57	新华人寿保险股份有限公司	494200
8	国家电网公司	6358560	58	中国华信能源有限公司	492176
9	中国平安保险（集团）股份有限公司	6239400	59	云南省能源投资集团有限公司	466644
10	招商银行股份有限公司	6238000	60	天津银行股份有限公司	452205
11	兴业银行股份有限公司	5385000	61	分众传媒信息技术股份有限公司	445121
12	上海浦东发展银行股份有限公司	5309900	62	四川省能源投资集团有限责任公司	433991
13	中国民生银行股份有限公司	4784300	63	华侨城集团公司	418224
14	阿里巴巴集团控股有限公司	4367500	64	深圳顺丰泰森控股（集团）有限公司	418043
15	腾讯控股有限公司	4109600	65	前海人寿保险股份有限公司	404481
16	中国邮政集团公司	3308568	66	申能（集团）有限公司	401064
17	安邦保险股份有限公司	2580239	67	中国航空集团公司	391254
18	中国中信集团有限公司	2150005	68	富德生命人寿保险股份有限公司	388094
19	万科企业股份有限公司	2102261	69	重庆银行股份有限公司	350217
20	华夏银行股份有限公司	1967700	70	中国东方航空集团公司	349532
21	中国华融资产管理股份有限公司	1961346	71	世纪金源投资集团有限公司	335850
22	北京银行	1780194	72	中国医药集团总公司	334811
23	恒大集团有限公司	1761700	73	中国机械工业集团有限公司	333515
24	华润（集团）有限公司	1714106	74	四川蓝润实业集团有限公司	321671
25	中国信达资产管理股份有限公司	1551216	75	长沙银行股份有限公司	319008
26	中国南方电网有限责任公司	1547784	76	中国中化集团公司	310931
27	中国人民保险集团股份有限公司	1424500	77	广东省交通集团有限公司	305822
28	中国光大集团股份有限公司	1247500	78	红星美凯龙控股集团有限公司	302126
29	中国太平洋保险（集团）股份有限公司	1205700	79	大华（集团）有限公司	296345
30	中国电信集团公司	1172321	80	上海东方明珠新媒体股份有限公司	293401
31	碧桂园控股有限公司	1151682	81	吉林银行股份有限公司	287902
32	百度网络技术有限公司	1107435	82	中国南方航空集团公司	275742
33	中国远洋海运集团有限公司	989211	83	中国通用技术（集团）控股有限责任公司	274778
34	龙湖地产有限公司	915295	84	阳光保险集团股份有限公司	272267
35	恒丰银行股份有限公司	911704	85	唯品会（中国）有限公司	266621
36	泰康保险集团股份有限公司	841125	86	天津农村商业银行股份有限公司	261674
37	海通证券股份有限公司	804333	87	中泰证券股份有限公司	245198
38	广发证券股份有限公司	803011	88	洛阳银行股份有限公司	242381
39	重庆农村商业银行股份有限公司	794475	89	广州金融控股集团有限公司	236803
40	重庆龙湖企业拓展有限公司	741086	90	武汉农村商业银行股份有限公司	234204
41	绿地控股集团有限公司	720730	91	雅居乐地产控股有限公司	228364
42	上海国际港务（集团）股份有限公司	693908	92	上海机场（集团）有限公司	223156
43	盛京银行股份有限公司	686452	93	大连金玛商城企业集团有限公司	216428
44	广州富力地产股份有限公司	675591	94	物产中大集团股份有限公司	215432
45	华夏幸福基业股份有限公司	649158	95	新奥能源控股有限公司	215100
46	渤海银行股份有限公司	647343	96	文一投资控股集团	214203
47	浙江省能源集团有限公司	634017	97	中国航空油料集团公司	212555
48	金地（集团）股份有限公司	630046	98	国购投资有限公司	212269
49	上海农村商业银行股份有限公司	590249	99	青岛银行股份有限公司	208861
50	国家开发投资公司	579149	100	三胞集团有限公司	205137
				中国服务业企业500强平均数	464666

表 10-5 2017 中国服务业企业 500 强资产排序前 100 名企业

排名	企业名称	资产/万元	排名	企业名称	资产/万元
1	中国工商银行股份有限公司	2413726500	51	广州金融控股集团有限公司	50443189
2	中国建设银行股份有限公司	2096370500	52	中粮集团有限公司	50086334
3	中国农业银行股份有限公司	1824847000	53	国家开发投资公司	46711601
4	中国银行股份有限公司	1814888900	54	山东高速集团有限公司	45818260
5	国家开发银行股份有限公司	1434049981	55	富德生命人寿保险股份有限公司	45589682
6	中国邮政集团公司	848984996	56	中国太平保险集团有限责任公司	45549585
7	交通银行股份有限公司	840316551	57	吉林银行股份有限公司	43223465
8	中国中信集团有限公司	652044382	58	中国中化集团公司	39948441
9	兴业银行股份有限公司	608589000	59	腾讯控股有限公司	39589900
10	招商银行股份有限公司	594231100	60	长沙银行股份有限公司	38350545
11	中国民生银行股份有限公司	589587700	61	广州越秀集团有限公司	37394918
12	上海浦东发展银行股份有限公司	585726300	62	重庆银行股份有限公司	37310373
13	中国平安保险（集团）股份有限公司	557690300	63	广东省交通集团有限公司	35980249
14	中国光大集团股份有限公司	436221100	64	广发证券股份有限公司	35980135
15	国家电网公司	340412600	65	清华控股有限公司	35279579
16	中国人寿保险（集团）公司	335679202	66	湖北省交通投资集团有限公司	31727462
17	安邦保险股份有限公司	298856457	67	江西银行股份有限公司	31374079
18	华夏银行股份有限公司	235623500	68	广西投资集团有限公司	31116170
19	北京银行	211633862	69	天津泰达投资控股有限公司	30452748
20	中国移动通信集团公司	171267353	70	天津农村商业银行股份有限公司	30376054
21	中国华融资产管理股份有限公司	141196930	71	甘肃省公路航空旅游投资集团有限公司	28509967
22	恒大集团有限公司	135086800	72	浙江省交通投资集团有限公司	28235549
23	恒丰银行股份有限公司	120851943	73	四川省交通投资集团有限责任公司	28143201
24	海航集团有限公司	120292619	74	青岛银行股份有限公司	27798811
25	中国信达资产管理股份有限公司	117448092	75	苏宁控股集团有限公司	27523408
26	华润（集团）有限公司	110004377	76	中国机械工业集团有限公司	27201623
27	大连万达集团股份有限公司	106119337	77	北京控股集团有限公司	26592496
28	中国太平洋保险（集团）股份有限公司	102069200	78	江西省高速公路投资集团有限责任公司	26502308
29	中国人民保险集团股份有限公司	93214900	79	中国医药集团总公司	25551437
30	盛京银行股份有限公司	90548265	80	北京首都创业集团有限公司	25405827
31	渤海银行股份有限公司	85611968	81	世茂房地产控股有限公司	25321485
32	万科企业股份有限公司	83067421	82	武汉市城市建设投资开发集团有限公司	25272507
33	中国电信集团公司	80488306	83	晋能集团有限公司	24884765
34	重庆农村商业银行股份有限公司	80315773	84	阳光保险集团股份有限公司	24634769
35	绿地控股集团股份有限公司	73313796	85	前海人寿保险股份有限公司	24410633
36	北京农村商业银行股份有限公司	72416916	86	北京能源集团有限责任公司	24163291
37	天津城市基础设施建设投资集团有限公司	71513967	87	天津物产集团有限公司	24123770
38	上海农村商业银行股份有限公司	71088056	88	中国东方航空集团公司	24071377
39	新华人寿保险股份有限公司	69918100	89	北大方正集团有限公司	23927260
40	中国南方电网有限责任公司	68929796	90	中国航空集团公司	23695440
41	中国保利集团公司	66477088	91	云南省建设投资控股集团有限公司	23429926
42	中国联合网络通信集团有限公司	66284164	92	广州富力地产股份有限公司	22641148
43	广州农村商业银行股份有限公司	66095112	93	九江银行股份有限公司	22526255
44	中国远洋海运集团有限公司	65875709	94	龙湖地产有限公司	22483037
45	天津银行股份有限公司	65731011	95	武汉农村商业银行股份有限公司	22307636
46	泰康保险集团股份有限公司	62943105	96	新疆广汇实业投资（集团）有限责任公司	22208370
47	碧桂园控股有限公司	59256760	97	安徽省交通控股集团有限公司	21880595
48	海通证券股份有限公司	56086585	98	广西交通投资集团有限公司	21168466
49	上海城投（集团）有限公司	51517644	99	汉口银行股份有限公司	21166654
50	阿里巴巴集团控股有限公司	50681200	100	天津房地产集团有限公司	20974429
				中国服务业企业 500 强平均数	44783768

表 10–6 2017 中国服务业企业 500 强从业人数排序前 100 名企业

排名	企业名称	从业人数/人	排名	企业名称	从业人数/人
1	中国平安保险（集团）股份有限公司	1400000	51	中国东方航空集团公司	56370
2	国家电网公司	980058	52	兴业银行股份有限公司	56236
3	中国邮政集团公司	924703	53	新华人寿保险股份有限公司	54378
4	中国人民保险集团股份有限公司	853364	54	上海浦东发展银行股份有限公司	52832
5	中国农业银行股份有限公司	501368	55	石家庄北国人百集团有限责任公司	51880
6	中国移动通信集团公司	463712	56	武汉商联（集团）股份有限公司	51467
7	中国工商银行股份有限公司	461749	57	重庆市能源投资集团有限公司	48588
8	华润（集团）有限公司	420572	58	泰康保险集团股份有限公司	48352
9	中国电信集团公司	413536	59	山东省商业集团有限公司	47065
10	中国建设银行股份有限公司	362482	60	中国旅游集团公司	46937
11	中国银行股份有限公司	308900	61	百度网络技术有限公司	45877
12	中国南方电网有限责任公司	300144	62	唯品会（中国）有限公司	45216
13	中国联合网络通信集团有限公司	273951	63	北京能源集团有限责任公司	44869
14	阳光保险集团股份有限公司	229788	64	重庆交通运输控股（集团）有限公司	44680
15	海航集团有限公司	220258	65	北京首都旅游集团有限责任公司	43474
16	中国中信集团有限公司	201263	66	华侨城集团公司	41832
17	大商集团有限公司	182586	67	安邦保险股份有限公司	40707
18	苏宁控股集团有限公司	180000	68	中华联合保险控股股份有限公司	40215
19	中国人寿保险（集团）公司	161530	69	国美电器有限公司	40202
20	大连万达集团股份有限公司	155905	70	华夏银行股份有限公司	39354
21	深圳顺丰泰森控股（集团）有限公司	124405	71	腾讯控股有限公司	38775
22	清华控股有限公司	124000	72	中国通用技术（集团）控股有限责任公司	38589
23	北京京东世纪贸易有限公司	120622	73	鹏博士电信传媒集团股份有限公司	38135
24	中国机械工业集团有限公司	117155	74	云南省建设投资控股集团有限公司	37540
25	中国南方航空集团公司	108147	75	内蒙古电力（集团）有限公司	36971
26	中国医药集团总公司	106772	76	阿里巴巴集团控股有限公司	36446
27	中国远洋海运集团有限公司	106478	77	广东省广晟资产经营有限公司	30931
28	中粮集团有限公司	101708	78	福建省能源集团有限责任公司	30904
29	德邦物流股份有限公司	100000	79	中国华信能源有限公司	29637
30	三胞集团有限公司	99820	80	北京外企服务集团有限责任公司	29461
31	晋能集团有限公司	98665	81	新奥能源控股有限公司	28735
32	中国太平洋保险（集团）股份有限公司	97032	82	上海强生控股股份有限公司	28677
33	碧桂园控股有限公司	94450	83	安徽省交通控股集团有限公司	28662
34	中国航空集团公司	93802	84	北大方正集团有限公司	28213
35	重庆商社（集团）有限公司	92586	85	庞大汽贸集团股份有限公司	27684
36	交通银行股份有限公司	92556	86	福建省交通运输集团有限公司	27235
37	恒大集团有限公司	89000	87	浪潮集团有限公司	27205
38	北京控股集团有限公司	85419	88	山东高速集团有限公司	27154
39	中国保利集团公司	76425	89	广西投资集团有限公司	26810
40	新疆广汇实业投资（集团）有限责任公司	75840	90	绿地控股集团有限公司	26686
41	招商银行股份有限公司	70461	91	北京首都创业集团有限公司	26252
42	永辉超市股份有限公司	70440	92	开元旅业集团有限公司	26223
43	国家开发投资公司	64745	93	广西农村投资集团有限公司	26176
44	百联集团有限公司	63393	94	浙江省交通投资集团有限公司	25889
45	中国光大集团股份有限公司	61400	95	银川新华百货商业集团股份有限公司	25000
46	中国太平保险集团有限责任公司	60270	96	广东省广新控股集团有限公司	24857
47	中国中化集团公司	59803	97	苏州汽车客运集团有限公司	24784
48	中国民生银行股份有限公司	58720	98	四川省交通投资集团有限责任公司	24000
49	广东省交通集团有限公司	58438	99	山西能源交通投资有限公司	23490
50	万科企业股份有限公司	58280	100	圆通速递股份有限公司	22731
				中国服务业企业 500 强平均数	32188

表 10-7 2017 中国服务业企业 500 强研发费用排序前 100 名企业

排名	企业名称	研发费用/万元	排名	企业名称	研发费用/万元
1	中国移动通信集团公司	2395614	51	北京能源集团有限责任公司	25093
2	阿里巴巴集团控股有限公司	1706000	52	申能（集团）有限公司	25066
3	中国电信集团公司	1244713	53	新疆众和股份有限公司	24618
4	国家电网公司	1029690	54	广东省广业集团有限公司	24185
5	百度网络技术有限公司	1015075	55	华数数字电视传媒集团有限公司	22493
6	清华控股有限公司	664800	56	广东省广新控股集团有限公司	22048
7	中国工商银行股份有限公司	582146	57	华侨城集团公司	21579
8	北京京东世纪贸易有限公司	538091	58	中国万向控股有限公司	21535
9	浪潮集团有限公司	481779	59	卓尔控股有限公司	20000
10	中国机械工业集团有限公司	285043	60	山西煤炭进出口集团有限公司	19942
11	中国中信集团有限公司	225765	61	上海纺织（集团）有限公司	18861
12	中国南方电网有限责任公司	159198	62	广州珠江实业集团有限公司	18724
13	武汉市金马凯旋家具投资有限公司	151121	63	浙江省能源集团有限公司	17564
14	山东航空集团有限公司	129914	64	长江勘测规划设计研究院	16953
15	中国医药集团总公司	125447	65	天津大通投资集团有限公司	16365
16	苏宁控股集团有限公司	103854	66	中国南方航空集团公司	16353
17	深圳华强集团有限公司	93298	67	西安曲江文化产业投资（集团）有限公司	16186
18	交通银行股份有限公司	92925	68	中国成达工程有限公司	16168
19	中国中化集团公司	92755	69	广州岭南国际企业集团有限公司	15996
20	东软集团股份有限公司	87969	70	广发证券股份有限公司	15626
21	广东省广晟资产经营有限公司	87017	71	广州佳都集团有限公司	15191
22	中国远洋海运集团有限公司	86014	72	广州国资发展控股有限公司	15190
23	珠海华发集团有限公司	84891	73	广州万力集团有限公司	14742
24	雪松控股集团有限公司	79513	74	中国海诚工程科技股份有限公司	14101
25	福建星网锐捷通讯股份有限公司	78867	75	广州尚品宅配家居股份有限公司	14090
26	银亿集团有限公司	68436	76	江苏国泰国际集团有限公司	13725
27	中国平安保险（集团）股份有限公司	65247	77	齐商银行股份有限公司	13600
28	苏州金螳螂企业（集团）有限公司	63247	78	三胞集团有限公司	13398
29	中国东方航空集团公司	61582	79	天津银行股份有限公司	13163
30	安徽出版集团有限责任公司	57984	80	浙江海越股份有限公司	12772
31	深圳顺丰泰森控股（集团）有限公司	56057	81	重庆市金科投资控股（集团）有限责任公司	12726
32	广东省交通集团有限公司	47245	82	长沙银行股份有限公司	12250
33	中国通用技术（集团）控股有限责任公司	45286	83	同程网络科技股份有限公司	12243
34	通鼎集团有限公司	45253	84	浙大网新科技股份有限公司	12091
35	网宿科技股份有限公司	44198	85	盈峰投资控股集团有限公司	12000
36	中国联合网络通信集团有限公司	43886	86	银江科技集团有限公司	11889
37	广州华多网络科技有限公司	42572	87	武汉农村商业银行股份有限公司	11732
38	北京控股集团有限公司	38849	88	中国邮政集团公司	11477
39	天津港（集团）有限公司	36369	89	阳光保险集团股份有限公司	11098
40	北大方正集团有限公司	35746	90	海通证券股份有限公司	10874
41	广州轻工工贸集团有限公司	35703	91	中泰证券股份有限公司	10721
42	国家开发投资公司	31107	92	万事利集团有限公司	10504
43	重庆市能源投资集团有限公司	30015	93	北京银行	10462
44	中国华信能源有限公司	29632	94	兴华财富集团有限公司	10327
45	新疆广汇实业投资（集团）有限责任公司	29527	95	无锡市国联发展（集团）有限公司	10279
46	天津住宅建设发展集团有限公司	29089	96	上海找钢网信息科技股份有限公司	10219
47	浙江省交通投资集团有限公司	28448	97	广西投资集团有限公司	10131
48	泰康保险集团股份有限公司	27967	98	广州中大控股有限公司	10071
49	上海龙旗科技股份有限公司	27904	99	广州农村商业银行股份有限公司	9874
50	上海东方明珠新媒体股份有限公司	25912	100	晋能集团有限公司	9753
				中国服务业企业 500 强平均数	51895

表 10–8　2017 中国服务业企业 500 强研发费用所占比例排序前 100 名企业

排名	企业名称	研发费用所占比例/%	排名	企业名称	研发费用所占比例/%
1	百度网络技术有限公司	14.39	51	银亿集团有限公司	1.05
2	福建星网锐捷通讯股份有限公司	13.87	52	天津贻成集团有限公司	1.05
3	东软集团股份有限公司	11.37	53	深圳顺丰泰森控股（集团）有限公司	0.98
4	阿里巴巴集团控股有限公司	10.78	54	唐山港集团股份有限公司	0.95
5	网宿科技股份有限公司	9.94	55	万向三农集团有限公司	0.91
6	山东航空集团有限公司	9.15	56	上海交运集团股份有限公司	0.86
7	武汉市金马凯旋家具投资有限公司	8.77	57	湖南省轻工盐业集团有限公司	0.86
8	清华控股有限公司	6.95	58	广西北部湾银行股份有限公司	0.84
9	浪潮集团有限公司	6.78	59	无锡市国联发展（集团）有限公司	0.81
10	广州华多网络科技有限公司	5.37	60	江苏江阴农村商业银行股份有限公司	0.79
11	深圳华强集团有限公司	4.95	61	重庆市能源投资集团有限公司	0.79
12	新疆众和股份有限公司	4.44	62	汉江水利水电（集团）有限责任公司	0.77
13	长江勘测规划设计研究院	4.15	63	广西西江开发投资集团有限公司	0.76
14	广州尚品宅配家居股份有限公司	3.50	64	广州轻工工贸集团有限公司	0.76
15	上海龙旗科技股份有限公司	3.39	65	广发证券股份有限公司	0.75
16	中国移动通信集团公司	3.37	66	长沙银行股份有限公司	0.73
17	安徽出版集团有限责任公司	3.19	67	申能（集团）有限公司	0.73
18	中国海诚工程科技股份有限公司	3.15	68	汉口银行股份有限公司	0.67
19	中国成达工程有限公司	3.13	69	同程网络科技股份有限公司	0.66
20	华数数字电视传媒集团有限公司	3.13	70	桂林银行股份有限公司	0.65
21	苏州金螳螂企业（集团）有限公司	3.11	71	广东省航运集团有限公司	0.65
22	齐商银行股份有限公司	3.10	72	中国中信集团有限公司	0.64
23	中国电信集团公司	3.00	73	中国东方航空集团有限公司	0.60
24	浙大网新科技股份有限公司	2.96	74	广西金融投资集团有限公司	0.60
25	广州佳都集团有限公司	2.71	75	广州国资发展控股有限公司	0.59
26	珠海华发集团有限公司	2.64	76	中国工商银行股份有限公司	0.57
27	天津大通投资集团有限公司	2.63	77	上海春秋国际旅行社（集团）有限公司	0.56
28	广州万力集团有限公司	2.58	78	雪松控股集团有限公司	0.51
29	盈峰投资控股集团有限公司	2.54	79	北京控股集团有限公司	0.51
30	北京京东世纪贸易有限公司	2.07	80	西安高科（集团）公司	0.50
31	西安曲江文化产业投资（集团）有限公司	2.00	81	国家电网公司	0.49
32	湖北良品铺子食品有限公司	1.88	82	天津银行股份有限公司	0.49
33	广东省广晟资产经营有限公司	1.86	83	中文天地出版传媒股份有限公司	0.48
34	天津住宅建设发展集团有限公司	1.85	84	宁波鄞州农村商业银行股份有限公司	0.47
35	万事利集团有限公司	1.60	85	兴华财富集团有限公司	0.47
36	通鼎集团有限公司	1.48	86	江苏省粮食集团有限责任公司	0.47
37	银江科技集团有限公司	1.40	87	广东粤海控股集团有限公司	0.45
38	上海东方明珠新媒体股份有限公司	1.33	88	深圳市水务（集团）有限公司	0.44
39	中国机械工业集团有限公司	1.33	89	北大方正集团有限公司	0.44
40	广州中大控股有限公司	1.31	90	中国远洋海运集团有限公司	0.44
41	浙江海越股份有限公司	1.30	91	上海机场（集团）有限公司	0.43
42	天津港（集团）有限公司	1.30	92	北京能源集团有限责任公司	0.43
43	中泰证券股份有限公司	1.29	93	河南蓝天集团有限公司	0.42
44	广州岭南国际企业集团有限公司	1.28	94	广州市水务投资集团有限公司	0.42
45	重庆长安民生物流股份有限公司	1.25	95	宁波滕头集团有限公司	0.40
46	广州珠江实业集团有限公司	1.24	96	华侨城集团公司	0.40
47	武汉农村商业银行股份有限公司	1.09	97	中国医药集团总公司	0.40
48	广东省交通集团有限公司	1.09	98	广东省广新控股集团有限公司	0.39
49	广东省广业集团有限公司	1.07	99	海通证券股份有限公司	0.39
50	中国万向控股有限公司	1.06	100	广西云星集团有限公司	0.39
				中国服务业企业 500 强平均数	0.78

表 10-9 2017 中国服务业企业 500 强净资产利润率排序前 100 名企业

排名	企业名称	净资产利润率/%	排名	企业名称	净资产利润率/%
1	四川邦泰投资有限责任公司	151.12	51	万向三农集团有限公司	20.11
2	上海东方明珠新媒体股份有限公司	131.97	52	大华（集团）有限公司	20.08
3	厦门禹洲集团股份有限公司	109.72	53	重庆医药（集团）股份有限公司	19.87
4	上海金开利集团有限公司	65.24	54	湖南佳惠百货有限责任公司	19.60
5	分众传媒信息技术股份有限公司	55.70	55	武汉市金马凯旋家具投资有限公司	19.57
6	苏州裕景泰贸易有限公司	52.47	56	广东省商贸控股集团有限公司	19.33
7	杭州联华华商集团有限公司	51.61	57	佛山市顺德区乐从供销集团有限公司	18.92
8	北京江南投资集团有限公司	49.83	58	前海人寿保险股份有限公司	18.85
9	宁波华东物资城市场建设开发有限公司	43.03	59	四川省能源投资集团有限责任公司	18.80
10	深圳市飞马国际供应链股份有限公司	38.82	60	上海龙旗科技股份有限公司	18.71
11	湖北良品铺子食品有限公司	37.80	61	万科企业股份有限公司	18.53
12	三只松鼠股份有限公司	37.58	62	安邦保险股份有限公司	18.23
13	广州华多网络科技有限公司	35.63	63	中国华信能源有限公司	18.09
14	唯品会（中国）有限公司	34.12	64	文一投资控股集团	18.07
15	大参林医药集团股份有限公司	32.65	65	重庆市金科投资控股（集团）有限责任公司	18.00
16	银江科技集团有限公司	31.80	66	云南省能源投资集团有限公司	17.92
17	韵达控股股份有限公司	31.53	67	新疆生产建设兵团棉麻公司	17.80
18	深圳市九立供应链股份有限公司	31.36	68	上海展志实业集团有限责任公司	17.79
19	广州尚品宅配家居股份有限公司	30.62	69	大连金玛城企业集团有限公司	17.60
20	上海闽路润贸易有限公司	30.30	70	武汉工贸有限公司	17.56
21	深圳市年富供应链有限公司	29.78	71	厦门海沧投资集团有限公司	17.43
22	中运富通控股集团有限公司	28.96	72	厦门经济特区房地产开发集团有限公司	17.32
23	腾邦集团有限公司	28.74	73	中原出版传媒投资控股集团有限公司	17.27
24	通鼎集团有限公司	28.50	74	天津恒运能源集团有限公司	17.08
25	宁波滕头集团有限公司	28.36	75	网宿科技股份有限公司	17.08
26	上海际大投资控股集团有限公司	27.95	76	中国华融资产管理股份有限公司	17.02
27	祥生实业集团有限公司	26.64	77	洛阳银行股份有限公司	16.98
28	深圳市恒波商业连锁股份有限公司	25.94	78	湖南新长海发展集团有限公司	16.97
29	重庆河东控股（集团）有限公司	25.70	79	太平鸟集团有限公司	16.86
30	华夏幸福基业股份有限公司	25.60	80	金地（集团）股份有限公司	16.83
31	上海百润企业发展有限公司	25.48	81	中锐控股集团有限公司	16.74
32	路通建设集团股份有限公司	25.06	82	圆通速递股份有限公司	16.72
33	上海汉滨实业发展有限公司	24.73	83	碧桂园控股有限公司	16.42
34	四川航空股份有限公司	24.66	84	中升集团控股有限公司	16.41
35	东软集团股份有限公司	24.00	85	深圳市富森供应链管理有限公司	16.39
36	腾讯控股有限公司	23.53	86	中国国际技术智力合作公司	16.30
37	申通快递股份有限公司	23.18	87	中国平安保险（集团）股份有限公司	16.27
38	青岛银盛泰集团有限公司	23.08	88	河北保百集团有限公司	16.23
39	桂林彰泰实业集团有限公司	22.88	89	重庆三峡银行股份有限公司	16.19
40	天津大通投资集团有限公司	21.97	90	北京外企服务集团有限责任公司	16.18
41	浙江宝利德股份有限公司	21.88	91	完美世界股份有限公司	16.17
42	浙江省商业集团有限公司	21.64	92	上海三盛宏业投资（集团）有限责任公司	16.14
43	浪潮集团有限公司	21.25	93	老百姓大药房连锁股份有限公司	16.04
44	深圳顺丰泰森控股（集团）有限公司	21.21	94	长沙银行股份有限公司	16.00
45	浙江中外运有限公司	20.79	95	雪松控股集团有限公司	15.75
46	上海福然德部件加工有限公司	20.70	96	广西云星集团有限公司	15.69
47	重庆中汽西南汽车（集团）有限公司	20.70	97	阿里巴巴集团控股有限公司	15.67
48	国宏电气集团有限公司	20.28	98	渤海银行股份有限公司	15.61
49	远大物产集团有限公司	20.21	99	上海永达控股（集团）有限公司	15.54
50	泰康保险集团股份有限公司	20.16	100	广州富力地产股份有限公司	15.43
				中国服务业企业 500 强平均数	10.08

表 10–10 2017 中国服务业企业 500 强资产利润率排序前 100 名企业

排名	企业名称	资产利润率/%	排名	企业名称	资产利润率/%
1	张家港保税区旭江贸易有限公司	67.75	51	浙江出版联合集团有限公司	6.92
2	江苏大经集团有限公司	43.11	52	湖北良品铺子食品有限公司	6.90
3	上海金开利集团有限公司	40.45	53	浪潮集团有限公司	6.89
4	分众传媒信息技术股份有限公司	36.70	54	祥生实业集团有限公司	6.87
5	广州华多网络科技有限公司	28.64	55	中文天地出版传媒股份有限公司	6.87
6	华夏幸福基业股份有限公司	26.07	56	天津恒运能源集团股份有限公司	6.86
7	路通建设集团股份有限公司	20.18	57	湖南省新华书店有限责任公司	6.71
8	韵达控股股份有限公司	17.55	58	重庆中汽西南汽车（集团）有限公司	6.69
9	宁波华东物资城市场建设开发有限公司	16.17	59	德邦物流股份有限公司	6.65
10	申通快递股份有限公司	15.84	60	唐山港集团股份有限公司	6.51
11	武汉市金马凯旋家具投资有限公司	15.82	61	江阴长三角钢铁集团有限公司	6.49
12	上海际大投资控股集团有限公司	15.82	62	新奥能源控股有限公司	6.42
13	东软集团股份有限公司	15.75	63	中国电影股份有限公司	6.39
14	网宿科技股份有限公司	14.43	64	山东远通汽车贸易集团有限公司	6.27
15	浙江省海港投资运营集团有限公司	14.26	65	百度网络技术有限公司	6.08
16	上海百润企业发展有限公司	13.09	66	老百姓大药房连锁股份有限公司	6.05
17	圆通速递股份有限公司	12.28	67	浙大网新科技股份有限公司	6.04
18	唯品会（中国）有限公司	12.24	68	大华（集团）有限公司	5.95
19	大参林医药集团股份有限公司	12.02	69	武汉工贸有限公司	5.94
20	国宏电气集团股份有限公司	11.96	70	上海国际港务（集团）股份有限公司	5.94
21	广州尚品宅配家居股份有限公司	11.88	71	四川华油集团有限责任公司	5.88
22	深圳市恒波商业连锁股份有限公司	11.63	72	四川蓝润实业集团有限公司	5.88
23	三只松鼠股份有限公司	11.55	73	上海福然德部件加工有限公司	5.85
24	湖南新长海发展集团有限公司	10.95	74	中国国际技术智力合作公司	5.73
25	上海汉滨实业发展有限公司	10.75	75	南通化工轻工股份有限公司	5.66
26	重庆河东控股（集团）有限公司	10.62	76	福建星网锐捷通讯股份有限公司	5.56
27	兴华财富集团有限公司	10.48	77	云南省能源投资集团有限公司	5.53
28	腾讯控股有限公司	10.38	78	雪松控股集团有限公司	5.48
29	中原出版传媒投资控股集团有限公司	10.29	79	广州海印实业集团有限公司	5.45
30	大连金玛商城企业集团有限公司	9.88	80	众信旅游集团股份有限公司	5.37
31	湖南佳惠百货有限责任公司	9.84	81	腾邦集团有限公司	5.20
32	深圳顺丰泰森控股（集团）有限公司	9.49	82	广西柳州医药股份有限公司	5.11
33	福建发展集团有限公司	9.25	83	中国航空油料集团公司	5.02
34	青岛银盛泰集团有限公司	9.19	84	四川省开元集团有限公司	4.98
35	中运富通控股集团有限公司	8.96	85	国购投资有限公司	4.95
36	通鼎集团有限公司	8.66	86	银泰商业（集团）有限公司	4.93
37	阿里巴巴集团控股有限公司	8.62	87	宁波市绿顺集团股份有限公司	4.76
38	苏州裕景泰贸易有限公司	8.18	88	上海丝绸集团股份有限公司	4.71
39	文一投资控股集团	8.16	89	东方国际（集团）有限公司	4.70
40	上海东方明珠新媒体股份有限公司	7.97	90	中升集团控股有限公司	4.69
41	深圳市飞马国际供应链股份有限公司	7.78	91	山西美特好连锁超市股份有限公司	4.61
42	宁波滕头集团有限公司	7.57	92	远大物产集团有限公司	4.59
43	江西新华发行集团有限公司	7.52	93	湖北能源集团股份有限公司	4.57
44	珠海振戎公司	7.50	94	四川省能源投资集团有限责任公司	4.49
45	重庆医药（集团）股份有限公司	7.28	95	太平鸟集团有限公司	4.48
46	浙江中外运有限公司	7.28	96	中青旅控股股份有限公司	4.42
47	万向三农集团有限公司	7.24	97	北京江南投资集团有限公司	4.36
48	完美世界股份有限公司	7.16	98	广西云星集团有限公司	4.31
49	深圳市粮食集团有限公司	7.11	99	永辉超市股份有限公司	4.22
50	常州市化工轻工材料总公司	6.99	100	杭州联华华商集团有限公司	4.22
				中国服务业企业 500 强平均数	1.04

表 10–11 2017 中国服务业企业 500 强收入利润率排序前 100 名企业

排名	企业名称	收入利润率/%	排名	企业名称	收入利润率/%
1	重庆三峡银行股份有限公司	46.55	51	广州农村商业银行股份有限公司	17.88
2	分众传媒信息技术股份有限公司	43.58	52	中国民生银行股份有限公司	17.82
3	广发证券股份有限公司	38.77	53	江苏江阴农村商业银行股份有限公司	17.72
4	重庆银行股份有限公司	36.47	54	盛京银行股份有限公司	17.53
5	无锡市交通产业集团有限公司	36.34	55	无锡农村商业银行股份有限公司	17.46
6	九江银行股份有限公司	31.32	56	青海银行股份有限公司	17.17
7	汉口银行股份有限公司	30.28	57	中国信达资产管理股份有限公司	16.92
8	上海金开利集团有限公司	29.49	58	天津银行股份有限公司	16.88
9	中泰证券股份有限公司	29.41	59	龙湖地产有限公司	16.70
10	恒丰银行股份有限公司	29.05	60	江苏张家港农村商业银行股份有限公司	16.59
11	海通证券股份有限公司	28.71	61	重庆龙湖企业拓展有限公司	16.55
12	网宿科技股份有限公司	28.12	62	青岛银盛泰集团有限公司	16.55
13	阿里巴巴集团控股有限公司	27.59	63	吉林银行股份有限公司	16.37
14	中国工商银行股份有限公司	27.41	64	中原出版传媒投资控股集团有限公司	16.09
15	中国建设银行股份有限公司	27.29	65	韵达控股股份有限公司	16.02
16	腾讯控股有限公司	27.05	66	百度网络技术有限公司	15.70
17	广州金融控股集团有限公司	25.80	67	湖南新长海发展集团有限公司	15.24
18	宁波鄞州农村商业银行股份有限公司	24.61	68	上海东方明珠新媒体股份有限公司	15.09
19	万向三农集团有限公司	24.48	69	北京江南投资集团有限公司	15.06
20	东软集团股份有限公司	23.93	70	渤海银行股份有限公司	14.55
21	洛阳银行股份有限公司	23.73	71	亿达集团有限公司	14.20
22	中国农业银行股份有限公司	23.61	72	柳州银行股份有限公司	13.85
23	广州华多网络科技有限公司	23.53	73	广州海印实业集团有限公司	13.43
24	唐山港集团股份有限公司	23.47	74	厦门禹洲集团股份有限公司	12.98
25	江西赣粤高速公路股份有限公司	22.78	75	大连金玛城企业集团有限公司	12.85
26	重庆农村商业银行股份有限公司	22.54	76	四川省能源投资集团有限责任公司	12.80
27	北京农村商业银行股份有限公司	22.51	77	江西新华发行集团有限公司	12.77
28	上海国际港务（集团）股份有限公司	22.13	78	申通快递股份有限公司	12.77
29	天津滨海农村商业银行股份有限公司	21.88	79	天津城市基础设施建设投资集团有限公司	12.63
30	中国银行股份有限公司	21.79	80	广州富力地产股份有限公司	12.57
31	武汉农村商业银行股份有限公司	21.71	81	安徽省能源集团有限公司	12.55
32	招商银行股份有限公司	20.96	82	桂林银行股份有限公司	12.42
33	上海农村商业银行股份有限公司	20.76	83	重庆华宇集团有限公司	12.31
34	中国华融资产管理股份有限公司	20.60	84	广西北部湾银行股份有限公司	12.17
35	北京银行	20.48	85	上海大众公用事业（集团）股份有限公司	12.08
36	湖北能源集团股份有限公司	20.34	86	华夏幸福基业股份有限公司	12.06
37	大华（集团）有限公司	19.80	87	祥生实业集团有限公司	12.00
38	天津农村商业银行股份有限公司	19.78	88	深圳能源集团股份有限公司	11.90
39	上海浦东发展银行股份有限公司	19.66	89	中国电影股份有限公司	11.70
40	青岛银行股份有限公司	19.49	90	申能（集团）有限公司	11.66
41	青岛农村商业银行股份有限公司	19.38	91	金地（集团）股份有限公司	11.35
42	交通银行股份有限公司	19.14	92	世纪金源投资集团有限公司	11.34
43	长沙银行股份有限公司	18.94	93	天津大通投资集团有限公司	11.21
44	完美世界股份有限公司	18.94	94	厦门经济特区房地产开发集团有限公司	10.96
45	兴业银行股份有限公司	18.88	95	齐商银行股份有限公司	10.90
46	华夏银行股份有限公司	18.79	96	广州港集团有限公司	10.87
47	红星美凯龙控股集团有限公司	18.70	97	厦门海沧投资集团有限公司	10.71
48	国家开发银行股份有限公司	18.52	98	武汉市金马凯旋家具投资有限公司	10.60
49	江西银行股份有限公司	18.24	99	厦门住宅建设集团有限公司	10.52
50	上海机场（集团）有限公司	18.09	100	路通建设集团股份有限公司	10.26
				中国服务业企业 500 强平均数	7.56

表 10–12 2017 中国服务业企业 500 强人均净利润排序前 100 名企业

排名	企业名称	人均净利润/万元	排名	企业名称	人均净利润/万元
1	张家港保税区旭江贸易有限公司	5937.20	51	广州农村商业银行股份有限公司	62.45
2	北京江南投资集团有限公司	1519.43	52	中国工商银行股份有限公司	60.26
3	国家开发银行股份有限公司	1088.29	53	弘阳集团有限公司	58.73
4	青岛城市建设投资（集团）有限责任公司	354.96	54	重庆河东控股（集团）有限公司	57.49
5	深圳市飞马国际供应链股份有限公司	207.87	55	桂林彰泰实业集团有限公司	57.45
6	上海际大投资控股集团有限公司	202.37	56	宁波鄞州农村商业银行股份有限公司	57.26
7	青岛银盛泰集团有限公司	199.72	57	万向三农集团有限公司	56.30
8	中国华融资产管理股份有限公司	172.58	58	路通建设集团股份有限公司	55.43
9	广州元亨能源有限公司	165.32	59	武汉联杰国际贸易有限公司	55.05
10	上海福然德部件加工有限公司	149.81	60	武汉农村商业银行股份有限公司	54.85
11	盛京银行股份有限公司	146.77	61	江苏江阴农村商业银行股份有限公司	54.82
12	天津现代集团有限公司	144.36	62	广西云星集团有限公司	54.69
13	武汉市金马凯旋家具投资有限公司	141.88	63	厦门禹洲集团股份有限公司	54.46
14	前海人寿保险股份有限公司	126.84	64	龙湖地产有限公司	53.30
15	广州华多网络科技有限公司	124.43	65	中国银行股份有限公司	53.28
16	苏州裕景泰贸易有限公司	123.47	66	分众传媒信息技术股份有限公司	52.86
17	北京银行	122.48	67	云南省能源投资集团有限公司	50.31
18	国购投资有限公司	122.27	68	华夏银行股份有限公司	50.00
19	阿里巴巴集团控股有限公司	119.83	69	中铁集装箱运输有限责任公司	49.35
20	腾讯控股有限公司	105.99	70	湖北能源集团股份有限公司	49.07
21	洛阳银行股份有限公司	105.61	71	重庆农村商业银行股份有限公司	48.91
22	上海汉滨实业发展有限公司	102.43	72	深圳市粮食集团有限公司	48.84
23	上海浦东发展银行股份有限公司	100.51	73	上海东方明珠新媒体股份有限公司	48.58
24	上海百润企业发展有限公司	100.47	74	深圳市年富供应链有限公司	46.06
25	珠海振戎公司	99.83	75	汉口银行股份有限公司	45.74
26	兴业银行股份有限公司	95.76	76	天津农村商业银行股份有限公司	45.66
27	重庆三峡银行股份有限公司	95.74	77	福佳集团有限公司	45.54
28	南通化工轻工股份有限公司	93.94	78	青海银行股份有限公司	45.44
29	大华（集团）有限公司	92.06	79	广州金融控股集团有限公司	45.21
30	招商银行股份有限公司	88.53	80	九江银行股份有限公司	45.12
31	重庆银行股份有限公司	87.05	81	广州海印实业集团有限公司	44.10
32	恒丰银行股份有限公司	83.99	82	网宿科技股份有限公司	43.94
33	海通证券股份有限公司	82.07	83	上海金开利集团有限公司	43.19
34	中国民生银行股份有限公司	81.48	84	重庆龙湖企业拓展有限公司	43.16
35	广发证券股份有限公司	80.13	85	宁波君安控股有限公司	42.83
36	上海农村商业银行股份有限公司	79.04	86	卓尔控股有限公司	42.23
37	渤海银行股份有限公司	76.36	87	江西银行股份有限公司	41.73
38	交通银行股份有限公司	72.62	88	江苏张家港农村商业银行股份有限公司	40.44
39	中国信达资产管理股份有限公司	72.41	89	上海闽路润贸易有限公司	39.78
40	天津银行股份有限公司	71.94	90	唐山港集团股份有限公司	39.11
41	长沙银行股份有限公司	70.22	91	青岛农村商业银行股份有限公司	38.21
42	西安迈科金属国际集团有限公司	67.23	92	上海国际港务（集团）股份有限公司	38.16
43	四川蓝润实业集团有限公司	67.01	93	北京首都开发控股（集团）有限公司	37.46
44	祥生实业集团有限公司	65.81	94	浙江凯喜雅国际股份有限公司	37.33
45	世茂房地产控股有限公司	65.63	95	申能（集团）有限公司	36.80
46	无锡农村商业银行股份有限公司	65.40	96	玖隆钢铁物流有限公司	36.71
47	远大物产集团有限公司	63.92	97	中国农业银行股份有限公司	36.69
48	中国建设银行股份有限公司	63.85	98	万科企业股份有限公司	36.07
49	青岛银行股份有限公司	63.75	99	联发集团有限公司	35.26
50	安邦保险股份有限公司	63.39	100	天津滨海农村商业银行股份有限公司	35.24
				中国服务业企业 500 强平均数	14.60

表 10–13　2017 中国服务业企业 500 强人均营业收入排序前 100 名企业

排名	企业名称	人均营业收入/万元	排名	企业名称	人均营业收入/万元
1	广州元亨能源有限公司	75600	51	黑龙江倍丰农业生产资料集团有限公司	2288
2	张家港保税区旭江贸易有限公司	71495	52	新疆生产建设兵团第一师棉麻有限责任公司	2199
3	天津俊安煤焦化工有限公司	64745	53	上海东浩兰生国际服务贸易（集团）有限公司	2194
4	武汉联杰国际贸易有限公司	44408	54	江阴长三角钢铁集团有限公司	2056
5	西安迈科金属国际集团有限公司	26390	55	中基宁波集团股份有限公司	1974
6	珠海振戎公司	24459	56	天津远大联合汽车贸易集团有限公司	1896
7	南通化工轻工股份有限公司	17900	57	深圳市爱施德股份有限公司	1845
8	上海汉滨实业发展有限公司	15715	58	深圳市九立供应链股份有限公司	1843
9	上海百润企业发展有限公司	15314	59	苏州国信集团有限公司	1806
10	玖隆钢铁物流有限公司	15273	60	天津市长芦盐业集团有限公司	1739
11	青岛世纪瑞丰集团有限公司	15079	61	宁波医药股份有限公司	1721
12	宁波君安控股有限公司	14246	62	宁波市绿顺集团股份有限公司	1681
13	上海龙宇燃油股份有限公司	14181	63	厦门象屿集团有限公司	1653
14	上海浦原对外经贸公司	11268	64	浙江省医药工业有限公司	1539
15	北京江南投资集团有限公司	10087	65	阳光金融控股投资集团有限公司	1536
16	浙江前程投资股份有限公司	9922	66	天津一商集团有限公司	1474
17	上海际大投资控股集团有限公司	9468	67	浙江华瑞集团有限公司	1472
18	远大物产集团有限公司	8912	68	中国国际技术智力合作公司	1460
19	深圳市年富供应链有限公司	8804	69	深圳市粮食集团有限公司	1457
20	上海闽路润贸易有限公司	8114	70	中国航空油料集团公司	1391
21	江阴市金桥化工有限公司	7682	71	前海人寿保险股份有限公司	1370
22	深圳市飞马国际供应链股份有限公司	7078	72	武汉市金马凯旋家具投资有限公司	1339
23	源山投资控股有限公司	6740	73	国购投资有限公司	1332
24	深圳市信利康供应链管理有限公司	6166	74	天津恒运能源集团股份有限公司	1285
25	国家开发银行股份有限公司	5876	75	大汉控股集团有限公司	1228
26	常州市化工轻工材料总公司	5281	76	青岛银盛泰集团有限公司	1207
27	苏州裕景泰贸易有限公司	5170	77	常熟市交电家电有限责任公司	1196
28	深圳市富森供应链管理有限公司	4872	78	滨海投资集团股份有限公司	1156
29	上海福然德部件加工有限公司	4397	79	弘阳集团有限公司	1152
30	泰德煤网股份有限公司	4031	80	浙江海越股份有限公司	1145
31	浙江凯喜雅国际股份有限公司	3903	81	物产中大集团有限公司	1140
32	青岛城市建设投资（集团）有限责任公司	3902	82	福佳集团有限公司	1138
33	厦门路桥工程物资有限公司	3762	83	广西物资集团有限责任公司	1128
34	渤海人寿保险股份有限公司	3651	84	中国天津国际经济技术合作集团公司	1126
35	上海均和集团有限公司	3447	85	上海龙旗科技股份有限公司	1106
36	天津现代集团有限公司	3393	86	卓尔控股有限公司	1085
37	江苏大经集团有限公司	3344	87	上海展志实业集团有限责任公司	1065
38	杭州东恒石油有限公司	3323	88	中运富通控股有限公司	1026
39	新疆生产建设兵团棉麻公司	3322	89	安邦保险股份有限公司	1017
40	厦门市嘉晟对外贸易有限公司	3317	90	中国华信能源有限公司	982
41	河北省物流产业集团有限公司	3297	91	雪松控股集团有限公司	964
42	深圳市朗华供应链服务有限公司	3193	92	神州数码集团股份有限公司	961
43	华南物资集团有限公司	2953	93	重庆河东控股（集团）有限公司	951
44	宁波海田控股集团有限公司	2802	94	绿地控股集团股份有限公司	926
45	日出实业集团有限公司	2685	95	北京首都开发控股（集团）有限公司	910
46	深圳市英捷迅实业发展有限公司	2626	96	安徽辉隆农资集团	909
47	福建裕华集团有限公司	2550	97	江苏汇鸿国际集团股份有限公司	884
48	上海找钢网信息科技股份有限公司	2490	98	厦门建发集团有限公司	842
49	上海钢联电子商务股份有限公司	2432	99	中国华融资产管理股份有限公司	838
50	天津物产集团有限公司	2424	100	盛京银行股份有限公司	837
				中国服务业企业 500 强平均数	192

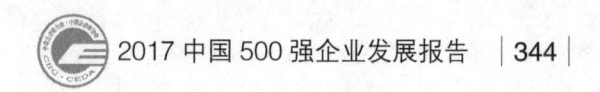

表 10-14　2017 中国服务业企业 500 强人均资产排序前 100 名企业

排名	企业名称	人均资产/万元	排名	企业名称	人均资产/万元
1	天津俊安煤焦化工有限公司	146536	51	江苏张家港农村商业银行股份有限公司	5289
2	国家开发银行股份有限公司	143119	52	广西北部湾银行股份有限公司	5278
3	青岛城市建设投资（集团）有限责任公司	102915	53	中国工商银行股份有限公司	5227
4	广州元亨能源有限公司	36028	54	武汉农村商业银行股份有限公司	5224
5	北京江南投资集团有限公司	34886	55	桂林银行股份有限公司	5166
6	盛京银行股份有限公司	19360	56	天津现代集团有限公司	5086
7	北京银行	14561	57	重庆农村商业银行股份有限公司	4944
8	渤海人寿保险股份有限公司	13031	58	上海龙宇燃油股份有限公司	4807
9	中国华融资产管理股份有限公司	12424	59	深圳市朗华供应链服务有限公司	4664
10	恒丰银行股份有限公司	11133	60	深圳市富森供应链管理有限公司	4360
11	上海浦东发展银行股份有限公司	11087	61	吉林银行股份有限公司	4143
12	兴业银行股份有限公司	10822	62	武汉地产开发投资集团有限公司	4095
13	天津银行股份有限公司	10457	63	青岛农村商业银行股份有限公司	4046
14	渤海银行股份有限公司	10099	64	柳州银行股份有限公司	4019
15	中国民生银行股份有限公司	10041	65	广西铁路投资集团有限公司	3845
16	广州金融控股集团有限公司	9630	66	湖北省交通投资集团有限公司	3815
17	上海农村商业银行股份有限公司	9519	67	深圳市九立供应链股份有限公司	3787
18	重庆银行股份有限公司	9274	68	中国农业银行股份有限公司	3640
19	无锡农村商业银行股份有限公司	9131	69	广发证券股份有限公司	3590
20	交通银行股份有限公司	9079	70	天津市政建设集团有限公司	3586
21	洛阳银行股份有限公司	8835	71	齐商银行股份有限公司	3513
22	张家港保税区旭江贸易有限公司	8764	72	中国中信集团有限公司	3240
23	重庆三峡银行股份有限公司	8756	73	世茂房地产控股有限公司	3213
24	青岛银行股份有限公司	8486	74	上海城投（集团）有限公司	3146
25	长沙银行股份有限公司	8442	75	深圳市年富供应链有限公司	2866
26	招商银行股份有限公司	8433	76	绿地控股集团股份有限公司	2747
27	广州农村商业银行股份有限公司	8214	77	深圳市飞马国际供应链股份有限公司	2671
28	广东珠江投资股份有限公司	8116	78	厦门市嘉晟对外贸易有限公司	2575
29	江西银行股份有限公司	7995	79	广州越秀集团有限公司	2572
30	前海人寿保险股份有限公司	7655	80	上海福然德部件加工有限公司	2562
31	安邦保险股份有限公司	7342	81	黑龙江倍丰农业生产资料集团有限公司	2488
32	江苏江阴农村商业银行股份有限公司	7335	82	国购投资有限公司	2471
33	中国光大集团股份有限公司	7105	83	上海临港经济发展（集团）有限公司	2358
34	青海银行股份有限公司	6937	84	泰德煤网股份有限公司	2289
35	武汉联杰国际贸易有限公司	6872	85	青岛银盛泰集团有限公司	2172
36	西安迈科金属国际集团有限公司	6794	86	厦门禹洲集团股份有限公司	2113
37	青岛世纪瑞丰集团有限公司	6444	87	广西交通投资集团有限公司	2098
38	九江银行股份有限公司	6440	88	江阴市金桥化工有限公司	2091
39	汉口银行股份有限公司	6385	89	中国人寿保险（集团）公司	2078
40	天津城市基础设施建设投资集团有限公司	6041	90	新疆生产建设兵团棉麻公司	2039
41	华夏银行股份有限公司	5987	91	宁波君安控股有限公司	1987
42	中国银行股份有限公司	5875	92	苏州国信集团有限公司	1895
43	天津房地产集团有限公司	5875	93	广西金融投资集团有限公司	1849
44	北京首都开发控股（集团）有限公司	5846	94	浙江凯喜雅国际股份有限公司	1844
45	天津滨海农村商业银行股份有限公司	5844	95	武汉市城市建设投资开发集团有限公司	1805
46	中国建设银行股份有限公司	5783	96	浙江前程投资股份有限公司	1799
47	海通证券股份有限公司	5723	97	新疆生产建设兵团第一师棉麻有限责任公司	1797
48	宁波鄞州农村商业银行股份有限公司	5569	98	中泰证券股份有限公司	1760
49	中国信达资产管理股份有限公司	5482	99	上海闽路润贸易有限公司	1733
50	天津农村商业银行股份有限公司	5300	100	江西省高速公路投资集团有限责任公司	1696
				中国服务业企业 500 强平均数	1402

表 10–15　2017 中国服务业企业 500 强收入增长率排序前 100 名企业

排名	企业名称	收入增长率/%	排名	企业名称	收入增长率/%
1	神州数码集团股份有限公司	8748.43	51	重庆对外经贸（集团）有限公司	42.99
2	圆通速递股份有限公司	1752.63	52	深圳市富森供应链管理有限公司	42.44
3	渤海人寿保险股份有限公司	1061.52	53	厦门国贸控股有限公司	41.97
4	韵达控股股份有限公司	650.34	54	华夏幸福基业股份有限公司	40.40
5	申通快递股份有限公司	583.01	55	上海百润企业发展有限公司	39.88
6	完美世界股份有限公司	445.33	56	深圳市年富供应链有限公司	39.50
7	苏州裕景泰贸易有限公司	238.70	57	天津滨海农村商业银行股份有限公司	39.24
8	武汉金融控股（集团）有限公司	196.13	58	新疆广汇实业投资（集团）有限责任公司	38.63
9	同程网络科技股份有限公司	195.10	59	前海人寿保险股份有限公司	38.60
10	广州金融控股集团有限公司	184.35	60	广西投资集团有限公司	37.37
11	雪松控股集团有限公司	164.72	61	开元旅业集团有限公司	37.30
12	浙江省交通投资集团有限公司	149.28	62	远大物产集团有限公司	36.82
13	安邦保险股份有限公司	127.90	63	青岛银盛泰集团有限公司	36.77
14	深圳市粮食集团有限公司	126.03	64	广州华多网络科技有限公司	36.33
15	三只松鼠股份有限公司	116.90	65	厦门恒兴集团有限公司	36.24
16	福建裕华集团有限公司	115.19	66	清华控股有限公司	35.57
17	上海找钢网信息科技股份有限公司	103.08	67	碧桂园控股有限公司	35.21
18	上海钢联电子商务股份有限公司	93.28	68	广西北部湾投资集团有限公司	34.62
19	海航集团有限公司	89.65	69	天津市长芦盐业集团有限公司	33.89
20	厦门象屿集团有限公司	88.90	70	唯品会（中国）有限公司	33.60
21	文一投资控股集团	87.50	71	安徽新华发行（集团）控股有限公司	33.57
22	甘肃省公路航空旅游投资集团有限公司	86.97	72	老百姓大药房连锁股份有限公司	33.40
23	厦门经济特区房地产开发集团有限公司	85.76	73	广西云星集团有限公司	33.33
24	武汉联杰国际贸易有限公司	76.80	74	云南省建设投资控股集团有限公司	33.21
25	金地（集团）股份有限公司	69.43	75	广州珠江实业集团有限公司	32.65
26	乐视网络信息技术（北京）股份有限公司	68.78	76	湖北能源集团股份有限公司	32.14
27	上海临港经济发展（集团）有限公司	67.54	77	湖北省交通投资集团有限公司	31.90
28	卓尔控股有限公司	62.02	78	大连港集团有限公司	31.81
29	四川省能源投资集团有限责任公司	60.50	79	厦门禹洲集团有限公司	31.77
30	恒大集团有限公司	58.83	80	德邦物流股份有限公司	31.57
31	阿里巴巴集团控股有限公司	56.48	81	江西银行股份有限公司	31.38
32	青岛世纪瑞丰集团有限公司	56.17	82	中锐控股集团有限公司	31.10
33	浙江海越股份有限公司	55.81	83	恒丰银行股份有限公司	30.56
34	祥生实业集团有限公司	53.18	84	浙江蓝天实业集团有限公司	30.53
35	珠海华发集团有限公司	52.29	85	广州尚品宅配家居股份有限公司	30.39
36	网宿科技股份有限公司	51.67	86	河北省国和投资集团有限公司	30.22
37	路通建设集团有限公司	48.73	87	中国南山开发（集团）股份有限公司	30.19
38	腾讯控股有限公司	47.71	88	上海均和集团有限公司	29.80
39	北京蓝色光标品牌管理顾问股份有限公司	47.58	89	云南省投资控股集团有限公司	29.79
40	天津贻成集团有限公司	47.33	90	蓝池集团有限公司	29.64
41	常州市化工轻工材料总公司	46.69	91	阳光保险集团股份有限公司	29.21
42	现代投资股份有限公司	46.16	92	华茂集团股份有限公司	28.73
43	上海龙宇燃油股份有限公司	46.11	93	上海均瑶（集团）有限公司	28.03
44	深圳市怡亚通供应链股份有限公司	45.95	94	湖北良品铺子食品有限公司	27.63
45	广西桂东电力股份有限公司	45.17	95	洛阳银行股份有限公司	27.51
46	福佳集团有限公司	44.04	96	重庆市金科投资控股（集团）有限责任公司	27.49
47	云南能源投资集团有限公司	43.57	97	深圳市英捷迅实业发展有限公司	27.25
48	北京京东世纪贸易有限公司	43.50	98	北京江南投资集团有限公司	26.70
49	上海汉滨实业发展有限公司	43.37	99	山东高速集团有限公司	26.56
50	浙江凯喜雅国际股份有限公司	42.99	100	中国华融资产管理股份有限公司	26.29
				中国服务业企业 500 强平均数	8.83

表 10–16　2017 中国服务业企业 500 强净利润增长率排序前 100 名企业

排名	企业名称	净利润增长率 / %	排名	企业名称	净利润增长率 / %
1	三只松鼠股份有限公司	4205.78	51	上海百润企业发展有限公司	87.91
2	申通快递股份有限公司	3160.08	52	重庆河东控股（集团）有限公司	86.44
3	圆通速递股份有限公司	2938.63	53	广州尚品宅配家居股份有限公司	83.12
4	韵达控股股份有限公司	2262.95	54	广东省丝绸纺织集团有限公司	77.99
5	青海省投资集团有限公司	1847.78	55	常州市化工轻工材料总公司	77.37
6	云南省投资控股集团有限公司	1825.23	56	宁波轿辰集团股份有限公司	77.24
7	神州数码集团股份有限公司	1790.45	57	深圳市粮食集团有限公司	75.55
8	青岛城市建设投资（集团）有限责任公司	1661.76	58	湖南兰天集团有限公司	75.18
9	北京蓝色光标品牌管理顾问股份有限公司	844.87	59	福佳集团有限公司	74.92
10	深圳市飞马国际供应链股份有限公司	776.97	60	通鼎集团有限公司	74.67
11	广东省商贸控股集团有限公司	398.65	61	浙江海越股份有限公司	74.04
12	东软集团股份有限公司	379.08	62	北京粮食集团有限责任公司	73.45
13	中锐控股集团有限公司	357.31	63	万向三农集团有限公司	71.49
14	祥生实业集团有限公司	352.90	64	浙江凯喜雅国际股份有限公司	70.72
15	江西省高速公路投资集团有限责任公司	318.78	65	唯品会（中国）有限公司	66.74
16	四川省能源投资集团有限责任公司	311.32	66	雅居乐地产控股有限公司	64.25
17	云南省能源投资集团有限公司	306.46	67	中青旅控股股份有限公司	63.83
18	完美世界股份有限公司	304.34	68	黑龙江倍丰农业生产资料集团有限公司	63.03
19	中升集团控股有限公司	303.56	69	庞大汽贸集团股份有限公司	61.90
20	苏州裕景泰贸易有限公司	282.30	70	重庆中汽西南汽车（集团）有限公司	60.10
21	深圳顺丰泰森控股（集团）有限公司	279.55	71	新疆众和股份有限公司	59.26
22	广州金融控股集团有限公司	264.31	72	新疆广汇实业投资（集团）有限责任公司	58.46
23	浙江省国际贸易集团有限公司	249.94	73	无锡市交通产业集团有限公司	57.88
24	大商集团有限公司	235.60	74	重庆三峡银行股份有限公司	56.52
25	上海临港经济发展（集团）有限公司	221.53	75	广西北部湾银行股份有限公司	55.68
26	深圳市鑫荣懋农产品股份有限公司	196.87	76	物产中大集团股份有限公司	55.60
27	中原出版传媒投资控股集团有限公司	178.82	77	厦门路桥工程物资有限公司	55.48
28	上海均和集团有限公司	167.27	78	天津大通投资集团有限公司	55.12
29	开元旅业集团有限公司	159.17	79	广西柳州医药股份有限公司	54.05
30	珠海华发集团有限公司	149.24	80	网宿科技股份有限公司	50.41
31	上海闽路润贸易有限公司	149.19	81	河南省国有资产控股运营集团有限公司	49.30
32	重庆医药（集团）股份有限公司	142.71	82	广西物资集团有限责任公司	49.26
33	江苏国泰国际集团有限公司	136.88	83	北京外企服务集团有限责任公司	46.99
34	雪松控股集团有限公司	135.27	84	广东粤海控股集团有限公司	46.62
35	腾邦集团有限公司	117.45	85	腾讯控股有限公司	46.32
36	湖北良品铺子食品有限公司	114.10	86	江西赣粤高速公路股份有限公司	45.69
37	西安迈科金属国际集团有限公司	113.45	87	上海汉滨实业发展有限公司	45.36
38	东方国际（集团）有限公司	112.36	88	广东省交通集团有限公司	45.14
39	江西银行股份有限公司	111.94	89	现代投资股份有限公司	44.96
40	厦门海沧投资集团有限公司	106.68	90	山东高速集团有限公司	44.88
41	中国国际技术智力合作公司	105.56	91	武汉地产开发投资集团有限公司	43.97
42	永辉超市股份有限公司	105.18	92	广西农村投资集团有限公司	43.96
43	深圳市英捷迅实业发展有限公司	101.61	93	上海展志实业集团有限责任公司	42.86
44	杭州东恒石油有限公司	99.92	94	广州华多网络科技有限公司	42.71
45	金地（集团）股份有限公司	96.87	95	桂林银行股份有限公司	42.32
46	广州市水务投资集团有限公司	91.15	96	路通建设集团股份有限公司	42.06
47	文一投资控股集团	91.01	97	北方国际集团有限公司	41.34
48	厦门象屿集团有限公司	90.96	98	江苏省苏豪控股集团有限公司	40.85
49	浙江省交通投资集团有限公司	90.16	99	南通化工轻工股份有限公司	40.37
50	河北省国和投资集团有限公司	89.42	100	国家开发投资公司	39.78
				中国服务业企业 500 强平均数	0.89

表 10-17　2017 中国服务业企业 500 强资产增长率排序前 100 名企业

排名	企业名称	资产增长率/%	排名	企业名称	资产增长率/%
1	神州数码集团股份有限公司	3702.85	51	四川蓝润实业集团有限公司	44.88
2	广州金融控股集团有限公司	714.14	52	湖北良品铺子食品有限公司	44.78
3	圆通速递股份有限公司	633.43	53	青岛城市建设投资（集团）有限责任公司	43.18
4	韵达控股股份有限公司	629.23	54	重庆龙湖企业拓展有限公司	41.02
5	完美世界股份有限公司	437.74	55	厦门海沧投资集团有限公司	40.59
6	申通快递股份有限公司	407.17	56	安徽出版集团有限责任公司	39.35
7	上海钢联电子商务股份有限公司	208.10	57	阿里巴巴集团控股有限公司	39.06
8	渤海人寿保险股份有限公司	205.39	58	河南省国有资产控股运营集团有限公司	39.05
9	上海汉滨实业发展有限公司	196.94	59	宁波海田控股集团有限公司	38.91
10	武汉联杰国际贸易有限公司	162.23	60	苏宁控股集团有限公司	38.82
11	网宿科技股份有限公司	147.10	61	北京首都旅游集团有限责任公司	38.50
12	上海找钢网信息科技股份有限公司	141.37	62	太平鸟集团有限公司	38.33
13	苏州裕景泰贸易有限公司	134.90	63	广西云星集团有限公司	37.72
14	新疆生产建设兵团棉麻公司	111.70	64	重庆三峡银行股份有限公司	37.02
15	海航集团有限公司	94.30	65	路通建设集团股份有限公司	36.98
16	上海龙宇燃油股份有限公司	89.42	66	四川省能源投资集团有限责任公司	36.97
17	北京京东世纪贸易有限公司	88.64	67	文一投资控股集团	36.52
18	广州珠江实业集团有限公司	87.80	68	上海三盛宏业投资（集团）有限公司	36.36
19	雪松控股集团有限公司	86.09	69	万科企业股份有限公司	35.89
20	恒大集团有限公司	78.44	70	桂林银行股份有限公司	35.77
21	青岛世纪瑞丰集团有限公司	76.65	71	天津恒运能源集团股份有限公司	35.43
22	清华控股有限公司	70.25	72	广州尚品宅配家居股份有限公司	34.83
23	三只松鼠股份有限公司	70.23	73	大参林医药集团股份有限公司	34.67
24	中国华信能源有限公司	70.15	74	新疆广汇实业投资（集团）有限责任公司	34.64
25	阳光金融控股投资集团有限公司	65.35	75	长沙银行股份有限公司	34.39
26	中国信达资产管理股份有限公司	64.50	76	江阴市金桥化工有限公司	34.22
27	碧桂园控股有限公司	63.71	77	腾邦集团有限公司	33.89
28	中国华融资产管理股份有限公司	62.94	78	中锐控股集团有限公司	33.81
29	武汉金融控股（集团）有限公司	62.06	79	中国航空油料集团公司	33.76
30	安邦保险股份有限公司	60.54	80	武汉工贸有限公司	32.98
31	上海东方电视购物有限公司	58.67	81	浪潮集团有限公司	32.56
32	前海人寿保险股份有限公司	56.54	82	上海际大投资控股集团有限公司	31.95
33	德邦物流股份有限公司	55.80	83	中国电影股份有限公司	31.83
34	深圳市鑫荣懋农产品股份有限公司	54.65	84	深圳市富森供应链管理有限公司	31.29
35	青海银行股份有限公司	53.74	85	深圳市朗华供应链服务有限公司	31.08
36	上海闽路润贸易有限公司	53.70	86	武汉农村商业银行股份有限公司	30.83
37	天津大通投资集团有限公司	53.56	87	弘阳集团有限公司	30.77
38	河北省新合作控股集团有限公司	52.57	88	中国民生银行股份有限公司	30.42
39	源山投资控股有限公司	52.39	89	厦门国贸控股有限公司	30.38
40	云南省建设投资控股集团有限公司	51.94	90	厦门禹洲集团有限公司	30.32
41	厦门象屿集团有限公司	50.93	91	宁波鄞州农村商业银行股份有限公司	29.58
42	青岛银行股份有限公司	48.47	92	老百姓大药房连锁股份有限公司	29.18
43	江西银行股份有限公司	48.38	93	深圳市怡亚通供应链股份有限公司	29.16
44	浙江省交通投资集团有限公司	47.81	94	腾讯控股有限公司	29.12
45	远大物产集团有限公司	47.79	95	盛京银行股份有限公司	29.05
46	通鼎集团有限公司	46.70	96	上海均和集团有限公司	29.03
47	湖南粮食集团有限责任公司	46.31	97	九江银行股份有限公司	28.81
48	广西柳州医药股份有限公司	45.85	98	广西投资集团有限公司	28.51
49	湖南九龙经贸集团有限公司	45.58	99	北京首都开发控股（集团）有限公司	28.50
50	永辉超市股份有限公司	44.99	100	联发集团有限公司	28.20
				中国服务业企业 500 强平均数	14.80

表 10-18 2017 中国服务业企业 500 强研发费用增长率排序前 100 名企业

排名	企业名称	研发费用增长率/%	排名	企业名称	研发费用增长率/%
1	广西交通投资集团有限公司	29500.00	51	浙江海越股份有限公司	66.32
2	雪松控股集团有限公司	4772.12	52	广西投资集团有限公司	65.78
3	中国东方航空集团公司	2839.47	53	天津贻成集团有限公司	62.32
4	广东天禾农资股份有限公司	2510.00	54	上海找钢网信息科技股份有限公司	60.15
5	卓尔控股有限公司	1900.00	55	阿里巴巴集团控股有限公司	60.07
6	广东省广物控股集团有限公司	1586.67	56	青岛农村商业银行股份有限公司	58.78
7	山东航空集团有限公司	1234.78	57	网宿科技股份有限公司	57.46
8	中国旅游集团公司	711.30	58	北京京东世纪贸易有限公司	55.80
9	天津市政建设集团有限公司	636.36	59	中国平安保险（集团）股份有限公司	55.59
10	绿地控股集团股份有限公司	565.19	60	广西云星集团有限公司	50.94
11	恒丰银行股份有限公司	550.88	61	中国南方电网有限责任公司	50.83
12	四川省交通投资集团有限责任公司	536.96	62	江苏省粮食集团有限责任公司	50.06
13	中国南方航空集团公司	498.13	63	江苏省苏豪控股集团有限公司	48.65
14	广州越秀集团有限公司	477.22	64	上海钢联电子商务股份有限公司	48.61
15	四川省能源投资集团有限责任公司	373.93	65	中国国际技术智力合作公司	47.35
16	浙江省交通投资集团有限公司	307.45	66	泰康保险集团股份有限公司	46.89
17	人人乐连锁商业集团股份有限公司	290.60	67	广东新协力集团有限公司	46.46
18	广州海印实业集团有限公司	240.74	68	齐商银行股份有限公司	45.35
19	深圳市粮食集团有限公司	225.33	69	广东省交通集团有限公司	43.76
20	武汉农村商业银行股份有限公司	218.98	70	深圳市九立供应链股份有限公司	42.65
21	中国华融资产管理股份有限公司	162.37	71	天津大通投资集团有限公司	41.81
22	无锡商业大厦大东方股份有限公司	153.59	72	深圳市怡亚通供应链股份有限公司	40.97
23	山西能源交通投资有限公司	145.44	73	厦门国贸控股有限公司	39.30
24	中文天地出版传媒股份有限公司	140.16	74	厦门经济特区房地产开发集团有限公司	38.56
25	北京粮食集团有限责任公司	131.65	75	浙江省能源集团有限公司	38.56
26	北京能源集团有限责任公司	130.74	76	上海均瑶（集团）有限公司	38.47
27	深圳市恒波商业连锁股份有限公司	119.84	77	广州岭南国际企业集团有限公司	38.15
28	云南省投资控股集团有限公司	114.06	78	中国联合网络通信集团有限公司	36.45
29	江西银行股份有限公司	111.55	79	九州通医药集团股份有限公司	36.17
30	华数数字电视传媒集团有限公司	102.93	80	同程网络科技股份有限公司	34.97
31	申能（集团）有限公司	100.40	81	海通证券股份有限公司	33.00
32	云南省能源投资集团有限公司	98.92	82	广州中大控股有限公司	32.11
33	中国航空集团公司	96.68	83	深圳顺丰泰森控股（集团）有限公司	32.00
34	广东省航运集团有限公司	96.35	84	广东省广新控股集团有限公司	31.76
35	长沙银行股份有限公司	95.69	85	内蒙古电力（集团）有限责任公司	31.74
36	深圳市飞马国际供应链股份有限公司	93.48	86	安徽国贸集团控股有限公司	30.31
37	唯品会（中国）有限公司	91.62	87	三胞集团有限公司	30.08
38	广州珠江实业集团有限公司	90.59	88	珠海华发集团有限公司	27.89
39	盈峰投资控股集团有限公司	87.50	89	重庆长安民生物流股份有限公司	27.83
40	广州百货企业集团有限公司	82.57	90	天津能源投资集团有限公司	27.30
41	广州尚品宅配家居股份有限公司	82.18	91	广西西江开发投资集团有限公司	26.66
42	浙江省国际贸易集团有限公司	81.49	92	广发证券股份有限公司	25.92
43	宁波滕头集团有限公司	75.00	93	腾邦集团有限公司	25.32
44	金地（集团）股份有限公司	74.26	94	深圳华强集团有限公司	25.02
45	三只松鼠股份有限公司	73.61	95	汉口银行股份有限公司	24.58
46	路通建设集团股份有限公司	73.38	96	四川新华发行集团有限公司	23.98
47	厦门象屿集团有限公司	71.08	97	天津市长芦盐业集团有限公司	23.91
48	物产中大集团股份有限公司	70.58	98	苏宁控股集团有限公司	23.62
49	上海国际港务（集团）股份有限公司	69.21	99	上海东浩兰生国际服务贸易（集团）有限公司	22.99
50	江苏国泰国际集团有限公司	67.17	100	深圳市朗华供应链服务有限公司	22.73
				中国服务业企业 500 强平均数	18.03

表 10–19　2017 中国服务业企业 500 强行业平均净利润

排名	行业名称	平均净利润/万元	排名	行业名称	平均净利润/万元
1	电讯服务	3779700.00	22	多元化投资	69513.76
2	邮政	3308568.00	23	园区地产	66701.00
3	商业银行	3276465.48	24	医药及医药器材零售	66359.30
4	电网	1996268.00	25	商务中介服务	63968.00
5	多元化金融	1683429.25	26	旅游和餐饮	63715.67
6	互联网服务	725050.87	27	水务	62119.69
7	保险业	666621.67	28	物流及供用链	59232.84
8	商业地产	649158.00	29	生活消费品商贸	50548.39
9	证券业	486604.50	30	化工医药商贸	48956.25
10	水上运输	341749.00	31	铁路运输	40617.00
11	住宅地产	305414.36	32	连锁超市及百货	37823.54
12	综合服务业	224517.76	33	人力资源服务	37435.00
13	航空运输	194775.71	34	生活资料商贸	36598.92
14	综合能源供用	185312.59	35	家电及电子产品零售	36055.17
15	航空港及相关服务业	149768.00	36	农产品及食品批发	33958.42
16	港口运输	130362.30	37	广播、电视服务	28913.50
17	文化娱乐	123670.30	38	汽车、摩托车零售	28209.06
18	软件和信息技术	108980.38	39	综合商贸	21018.92
19	公路运输	94108.57	40	金属品商贸	13322.29
20	能源矿产商贸	83351.27	41	科技研发、规划设计	13297.83
21	机电商贸	79024.67	42	国际经济合作（工程承包）	11681.00

表 10–20 2017 中国服务业企业 500 强行业平均营业收入

排名	行业名称	平均营业收入/万元	排名	行业名称	平均营业收入/万元
1	电网	65807745.00	22	综合商贸	3701165.00
2	电讯服务	46726819.33	23	连锁超市及百货	2999864.60
3	邮政	43583636.00	24	物流及供用链	2889771.44
4	保险业	21024287.08	25	多元化投资	2740829.30
5	多元化金融	19968124.00	26	综合能源供用	2530198.65
6	商业银行	14476209.02	27	公路运输	2525433.69
7	商业地产	12152079.50	28	旅游和餐饮	2483695.67
8	家电及电子产品零售	11444828.00	29	金属品商贸	2085746.07
9	航空运输	10392763.29	30	生活消费品商贸	1980180.89
10	综合服务业	9417749.35	31	证券业	1977327.25
11	水上运输	6983620.33	32	汽车、摩托车零售	1910908.37
12	生活资料商贸	6103950.23	33	水务	1896507.23
13	人力资源服务	5763692.50	34	港口运输	1863248.64
14	化工医药商贸	5704193.88	35	国际经济合作（工程承包）	1255218.50
15	软件和信息技术	5459800.25	36	商务中介服务	1231910.00
16	能源矿产商贸	5375228.86	37	文化娱乐	1213724.55
17	互联网服务	5012219.17	38	航空港及相关服务业	1145281.00
18	医药及医药器材零售	4536497.10	39	广播、电视服务	602719.50
19	农产品及食品批发	4088515.08	40	园区地产	600023.00
20	住宅地产	4009993.55	41	科技研发、规划设计	575686.00
21	机电商贸	3801671.00	42	铁路运输	420218.00

表 10–21 2017 中国服务业企业 500 强行业平均资产

排名	行业名称	平均资产/万元	排名	行业名称	平均资产/万元
1	邮政	848984996.00	22	化工医药商贸	5508715.62
2	商业银行	341885097.26	23	农产品及食品批发	4870320.85
3	多元化金融	246740591.12	24	航空港及相关服务业	4846119.00
4	电讯服务	106013274.33	25	旅游和餐饮	4600057.50
5	电网	105150159.75	26	能源矿产商贸	4187874.86
6	保险业	92686782.75	27	机电商贸	3701456.67
7	商业地产	54304835.00	28	医药及医药器材零售	3365408.80
8	航空运输	28164425.43	29	生活资料商贸	3330121.46
9	证券业	26316356.50	30	物流及供用链	2982476.76
10	水上运输	22574483.00	31	广播、电视服务	2213164.00
11	综合服务业	17150584.59	32	生活消费品商贸	2186628.00
12	水务	16593046.23	33	文化娱乐	1940180.91
13	住宅地产	16376013.37	34	综合商贸	1849941.31
14	公路运输	16036652.38	35	连锁超市及百货	1725098.71
15	软件和信息技术	9780068.62	36	商务中介服务	1652920.00
16	互联网服务	7889217.78	37	国际经济合作（工程承包）	1262957.00
17	综合能源供用	7199843.47	38	铁路运输	1142997.00
18	多元化投资	7001796.12	39	汽车、摩托车零售	1111610.53
19	园区地产	6975724.00	40	人力资源服务	767347.50
20	家电及电子产品零售	6062341.67	41	金属品商贸	533277.21
21	港口运输	5951245.64	42	科技研发、规划设计	531871.83

表 10-22　2017 中国服务业企业 500 强行业平均纳税总额

排名	行业名称	平均纳税总额/万元	排名	行业名称	平均纳税总额/万元
1	电网	4789537.75	22	医药及医药器材零售	136984.50
2	电讯服务	3083215.67	23	人力资源服务	135777.50
3	商业地产	2027769.50	24	多元化投资	129547.70
4	邮政	1967316.00	25	机电商贸	129007.00
5	多元化金融	1624263.50	26	港口运输	120119.55
6	商业银行	1399837.29	27	能源矿产商贸	89133.79
7	保险业	711611.09	28	园区地产	82547.00
8	航空运输	634416.50	29	物流及供用链	72097.52
9	住宅地产	455599.49	30	生活消费品商贸	69857.12
10	综合服务业	370765.24	31	连锁超市及百货	68475.60
11	证券业	289147.50	32	综合商贸	65390.85
12	化工医药商贸	242072.75	33	生活资料商贸	59699.31
13	水上运输	205208.67	34	文化娱乐	51720.18
14	互联网服务	195243.94	35	国际经济合作(工程承包)	36618.50
15	软件和信息技术	181030.50	36	商务中介服务	30879.00
16	综合能源供用	178193.11	37	汽车、摩托车零售	29411.68
17	旅游和餐饮	145844.67	38	农产品及食品批发	23527.25
18	公路运输	142758.50	39	金属品商贸	14266.50
19	家电及电子产品零售	141078.00	40	铁路运输	14174.00
20	水务	140878.08	41	广播、电视服务	12497.00
21	航空港及相关服务业	137672.50	42	科技研发、规划设计	11548.50

表 10-23 2017 中国服务业企业 500 强行业平均研发费用

排名	行业名称	平均研发费用/万元	排名	行业名称	平均研发费用/万元
1	电讯服务	1228071.00	21	证券业	11887.00
2	电网	398674.33	22	多元化投资	11738.56
3	互联网服务	287704.58	23	邮政	11477.00
4	软件和信息技术	196378.57	24	广播、电视服务	11249.50
5	航空运输	52687.00	25	综合能源供用	9352.06
6	多元化金融	45409.71	26	人力资源服务	8259.00
7	水上运输	44298.00	27	港口运输	7693.43
8	医药及医药器材零售	43906.00	28	水务	6247.00
9	综合服务业	41125.07	29	物流及供用链	5077.39
10	商业银行	39612.05	30	综合商贸	4680.50
11	家电及电子产品零售	27857.50	31	航空港及相关服务业	3268.00
12	机电商贸	20899.00	32	连锁超市及百货	2863.80
13	化工医药商贸	20047.40	33	旅游和餐饮	2638.25
14	保险业	19532.50	34	生活资料商贸	2091.00
15	科技研发、规划设计	17403.00	35	金属品商贸	2046.50
16	住宅地产	17311.14	36	农产品及食品批发	1445.62
17	文化娱乐	16503.00	37	国际经济合作(工程承包)	518.00
18	生活消费品商贸	16482.47	38	汽车、摩托车零售	417.00
19	能源矿产商贸	15071.25	39	园区地产	305.00
20	公路运输	11969.38			

表 10-24 2017 中国服务业企业 500 强行业平均人均净利润

排名	行业名称	平均人均净利润/万元	排名	行业名称	平均人均净利润/万元
1	商业银行	63.27	22	电网	6.05
2	证券业	58.75	23	化工医药商贸	5.39
3	铁路运输	49.35	24	保险业	4.79
4	互联网服务	44.26	25	综合服务业	4.56
5	商业地产	33.34	26	汽车、摩托车零售	4.24
6	住宅地产	22.78	27	公路运输	4.24
7	金属品商贸	22.57	28	水务	4.17
8	能源矿产商贸	21.02	29	医药及医药器材零售	3.93
9	园区地产	18.89	30	科技研发、规划设计	3.87
10	文化娱乐	16.89	31	物流及供用链	3.71
11	综合能源供用	11.94	32	邮政	3.58
12	航空港及相关服务业	10.16	33	综合商贸	3.57
13	港口运输	10.11	34	农产品及食品批发	3.07
14	商务中介服务	9.47	35	国际经济合作（工程承包）	2.94
15	水上运输	8.95	36	软件和信息技术	2.78
16	电讯服务	8.62	37	旅游和餐饮	2.77
17	多元化金融	7.83	38	航空运输	2.69
18	多元化投资	7.12	39	人力资源服务	2.21
19	生活资料商贸	7.11	40	连锁超市及百货	1.68
20	生活消费品商贸	6.94	41	广播、电视服务	0.96
21	机电商贸	6.40	42	家电及电子产品零售	0.94

表 10–25　2017 中国服务业企业 500 强行业平均人均营业收入

排名	行业名称	平均人均营业收入/万元	排名	行业名称	平均人均营业收入/万元
1	金属品商贸	3533.45	22	水上运输	182.80
2	生活资料商贸	1186.30	23	商务中介服务	182.29
3	综合商贸	628.45	24	物流及供用链	180.82
4	化工医药商贸	628.41	25	综合能源供用	171.49
5	铁路运输	510.59	26	园区地产	169.93
6	能源矿产商贸	476.72	27	科技研发、规划设计	167.69
7	农产品及食品批发	393.70	28	文化娱乐	164.96
8	人力资源服务	340.15	29	保险业	150.56
9	国际经济合作(工程承包)	316.18	30	港口运输	148.45
10	住宅地产	309.75	31	航空运输	143.31
11	机电商贸	307.73	32	软件和信息技术	139.11
12	汽车、摩托车零售	301.62	33	商业地产	138.58
13	家电及电子产品零售	297.30	34	连锁超市及百货	133.06
14	多元化投资	280.78	35	水务	127.35
15	商业银行	279.51	36	电讯服务	121.77
16	生活消费品商贸	271.98	37	公路运输	115.40
17	医药及医药器材零售	268.34	38	旅游和餐饮	107.93
18	证券业	238.73	39	多元化金融	92.84
19	互联网服务	237.74	40	航空港及相关服务业	77.72
20	电网	199.52	41	邮政	47.13
21	综合服务业	191.11	42	广播、电视服务	44.24

表 10-26 2017 中国服务业企业 500 强行业平均人均资产

排名	行业名称	平均人均资产/万元	排名	行业名称	平均人均资产/万元
1	商业银行	6594.57	22	能源矿产商贸	371.41
2	证券业	3177.25	23	综合服务业	348.02
3	园区地产	1975.57	24	航空港及相关服务业	328.86
4	铁路运输	1388.82	25	电网	318.80
5	住宅地产	1264.96	26	国际经济合作（工程承包）	318.13
6	多元化金融	1147.25	27	综合商贸	314.11
7	水务	1114.21	28	生活消费品商贸	300.34
8	邮政	918.12	29	机电商贸	299.62
9	金属品商贸	903.42	30	电讯服务	276.27
10	公路运输	732.77	31	文化娱乐	263.69
11	多元化投资	717.29	32	软件和信息技术	249.19
12	保险业	671.25	33	商务中介服务	244.59
13	生活资料商贸	647.21	34	旅游和餐饮	199.89
14	商业地产	619.29	35	医药及医药器材零售	199.07
15	化工医药商贸	606.88	36	物流及供用链	186.62
16	水上运输	590.90	37	汽车、摩托车零售	177.40
17	港口运输	474.14	38	广播、电视服务	173.77
18	农产品及食品批发	468.98	39	家电及电子产品零售	157.48
19	综合能源供用	468.95	40	科技研发、规划设计	154.93
20	航空运输	388.38	41	连锁超市及百货	76.52
21	互联网服务	374.21	42	人力资源服务	45.29

表 10-27　2017 中国服务业企业 500 强行业平均人均纳税总额

排名	行业名称	平均人均纳税总额/万元	排名	行业名称	平均人均纳税总额/万元
1	住宅地产	35.19	22	医药及医药器材零售	8.10
2	证券业	34.91	23	电讯服务	8.03
3	商业银行	30.79	24	人力资源服务	8.01
4	化工医药商贸	26.67	25	能源矿产商贸	7.91
5	金属品商贸	24.17	26	航空运输	7.69
6	园区地产	23.38	27	多元化金融	7.55
7	商业地产	23.12	28	综合服务业	7.52
8	铁路运输	17.22	29	文化娱乐	7.03
9	互联网服务	14.62	30	公路运输	6.52
10	电网	14.52	31	旅游和餐饮	6.34
11	多元化投资	13.27	32	水上运输	5.37
12	综合能源供用	11.61	33	保险业	5.00
13	生活资料商贸	11.60	34	汽车、摩托车零售	4.64
14	综合商贸	11.10	35	软件和信息技术	4.61
15	机电商贸	10.44	36	商务中介服务	4.57
16	港口运输	9.57	37	物流及供用链	4.51
17	水务	9.46	38	家电及电子产品零售	3.66
18	航空港及相关服务业	9.34	39	科技研发、规划设计	3.36
19	国际经济合作（工程承包）	9.22	40	连锁超市及百货	3.04
20	生活消费品商贸	9.08	41	邮政	2.13
21	农产品及食品批发	8.48	42	广播电视服务	1.42

表 10-28　2017 中国服务业企业 500 强行业平均人均研发费用

排名	行业名称	平均人均研发费用/万元	排名	行业名称	平均人均研发费用/万元
1	互联网服务	12.01	21	综合能源供用	0.61
2	科技研发、规划设计	7.41	22	综合商贸	0.54
3	软件和信息技术	4.44	23	港口运输	0.52
4	电讯服务	3.20	24	公路运输	0.50
5	文化娱乐	2.34	25	家电及电子产品零售	0.49
6	生活消费品商贸	2.29	26	农产品及食品批发	0.45
7	人力资源服务	1.87	27	能源矿产商贸	0.39
8	金属品商贸	1.53	28	水务	0.34
9	化工医药商贸	1.46	29	生活资料商贸	0.32
10	证券业	1.44	30	物流及供用链	0.27
11	综合服务业	1.39	31	航空港及相关服务业	0.22
12	广播、电视服务	1.38	32	多元化金融	0.19
13	住宅地产	1.20	33	连锁超市及百货	0.16
14	机电商贸	1.19	34	保险业	0.14
15	商业银行	1.11	35	园区地产	0.12
16	医药及医疗器材零售	1.00	36	旅游和餐饮	0.10
17	电网	0.91	37	汽车、摩托车零售	0.10
18	水上运输	0.79	38	国际经济合作(工程承包)	0.07
19	航空运输	0.78	39	邮政	0.01
20	多元化投资	0.78			

表10-29 2017中国服务业企业500强行业平均资产利润率

排名	行业名称	平均资产利润率/%	排名	行业名称	平均资产利润率/%
1	商业地产	26.07	22	水上运输	1.51
2	互联网服务	7.29	23	能源矿产商贸	1.40
3	文化娱乐	5.78	24	旅游和餐饮	1.39
4	人力资源服务	4.88	25	综合服务业	1.31
5	商务中介服务	3.87	26	广播、电视服务	1.31
6	铁路运输	3.55	27	综合商贸	1.14
7	航空港及相关服务业	3.09	28	软件和信息技术	1.11
8	金属品商贸	2.50	29	生活资料商贸	1.10
9	科技研发、规划设计	2.50	30	多元化投资	0.99
10	电讯服务	2.37	31	园区地产	0.96
11	汽车、摩托车零售	2.36	32	商业银行	0.96
12	生活消费品商贸	2.31	33	国际经济合作(工程承包)	0.92
13	综合能源供用	2.27	34	化工医药商贸	0.89
14	连锁超市及百货	2.19	35	保险业	0.72
15	机电商贸	2.13	36	航空运输	0.69
16	物流及供用链	1.99	37	多元化金融	0.68
17	医药及医药器材零售	1.97	38	农产品及食品批发	0.61
18	港口运输	1.94	39	家电及电子产品零售	0.59
19	电网	1.90	40	公路运输	0.47
20	证券业	1.85	41	邮政	0.39
21	住宅地产	1.78	42	水务	0.37

第十一章
中国部分地区企业 100 强数据

表 11-1 2017 天津市企业 100 强

排名	企业名称	营业收入/万元	排名	企业名称	营业收入/万元
1	天津物产集团有限公司	42068435	51	天津市交通（集团）有限公司	1090785
2	中国石化销售有限公司华北分公司	18806384	52	国药控股天津有限公司	1058470
3	天津百利机械装备集团有限公司	12236453	53	天津俊安煤焦化工有限公司	1035912
4	天津渤海轻工投资集团有限公司	11238989	54	天津城建集团有限公司	989929
5	天津渤海化工集团有限责任公司	11203107	55	天津航空有限责任公司	909225
6	天津中环电子信息集团有限公司	10008770	56	天津市静海县宝来工贸有限公司	856491
7	天津一商集团有限公司	6059571	57	渤海人寿保险股份有限公司	825100
8	天津荣程祥泰投资控股集团有限公司	5800017	58	唯品会（天津）电子商务有限公司	814704
9	中海石油（中国）有限公司天津分公司	5395144	59	中国能源建设集团天津电力建设有限公司	760437
10	天津泰达投资控股有限公司	5010576	60	中国石油天然气股份有限公司大港油田分公司	749500
11	天津一汽丰田汽车有限公司	4778094	61	丰益油脂科技有限公司	742726
12	渤海银行股份有限公司	4450188	62	中国移动通信集团天津有限公司	732149
13	长城汽车股份有限公司天津哈弗分公司	4444336	63	中国平安人寿保险股份有限公司天津分公司	721723
14	中铁十八局集团有限公司	4079422	64	中国天辰工程有限公司	718318
15	国网天津市电力公司	4070085	65	中国天津国际经济技术合作集团公司	712486
16	天津纺织集团（控股）有限公司	3921058	66	中集现代物流发展有限公司	710158
17	中交第一航务工程局有限公司	3821878	67	天津市长芦盐业总公司	690220
18	融创中国控股有限公司	3534349	68	天津远大联合汽车贸易集团有限公司	682642
19	天津市医药集团有限公司	3486658	69	中国铁路设计集团有限公司	674923
20	中国石油化工股份有限公司天津分公司	3371396	70	中国联合网络通信有限公司天津市分公司	672281
21	天狮集团有限公司	3354195	71	爱玛科技集团股份有限公司	639000
22	天津能源投资集团有限公司	3129782	72	天津万科房地产有限公司	628092
23	天津友发钢管集团股份有限公司	3101112	73	天津大通投资集团有限公司	622306
24	中国建筑第六工程局有限公司	3099044	74	中冀斯巴鲁（天津）汽车销售有限公司	610026
25	天津港（集团）有限公司	2800426	75	天津市政建设集团有限公司	592061
26	天津银行股份有限公司	2679614	76	中国汽车工业工程有限公司	591847
27	天士力控股集团有限公司	2601664	77	滨海投资集团股份有限公司	590790
28	天津房地产集团有限公司	2376753	78	嘉里粮油（天津）有限公司	573695
29	天津食品集团有限公司	2323756	79	中国石油天然气股份有限公司天津销售分公司	567206
30	工银金融租赁有限公司	1879776	80	天津贻成集团有限公司	544392
31	中国石油天然气股份有限公司大港石化分公司	1854033	81	华润天津医药有限公司	532374
32	天津亿联投资控股集团有限公司	1716660	82	上海烟草集团有限责任公司天津卷烟厂	527918
33	天津华北集团有限公司	1656892	83	中粮佳悦（天津）有限公司	524980
34	中沙（天津）石化有限公司	1633693	84	天津电装电子有限公司	523602
35	中国石化销售有限公司天津石油分公司	1605638	85	天津顶益食品有限公司	482425
36	天津住宅建设发展集团有限公司	1570635	86	天津市金桥焊材集团有限公司	478221
37	中国石油集团渤海钻探工程有限公司	1545451	87	天津力神电池股份有限公司	471477
38	梦金园黄金珠宝集团有限公司	1518687	88	中铁十六局集团第二工程有限公司	471271
39	天津恒运能源集团股份有限公司	1503723	89	天津市新宇彩板有限公司	468437
40	天津市恒兴集团有限公司	1438973	90	曙光信息产业股份有限公司	436014
41	北方国际集团有限公司	1426988	91	中国国际航空股份有限公司天津分公司	425554
42	天津城市基础设施建设投资集团有限公司	1424670	92	天津滨海农村商业银行股份有限公司	395540
43	天津现代集团有限公司	1367520	93	九三集团天津大豆科技有限公司	394304
44	天津农村商业银行股份有限公司	1323178	94	天津市建工工程总承包有限公司	393333
45	中冶天工集团有限公司	1304943	95	中国水电基础局有限公司	386500
46	天津市建筑材料集团（控股）有限公司	1253601	96	天津新华投资集团有限公司	380160
47	天津宝迪农业科技股份有限公司	1234125	97	中石化第四建设有限公司	376614
48	中交天津航道局有限公司	1220087	98	京瓷（中国）商贸有限公司	366653
49	天津源泰德润钢管制造集团有限公司	1206247	99	邦基正大（天津）粮油有限公司	361966
50	中国水利水电第十三工程局有限公司	1144499	100	中材（天津）国际贸易有限公司	355149

发布单位：天津市企业联合会、天津市企业家协会。

表 11-2　2017 上海市企业 100 强

排名	企业名称	营业收入/万元	排名	企业名称	营业收入/万元
1	上海汽车集团股份有限公司	75641617	51	上海东方明珠新媒体股份有限公司	1944549
2	交通银行股份有限公司	35119183	52	上海际大投资控股集团有限公司	1780069
3	中国宝武钢铁集团有限公司	30962102	53	德邦物流股份有限公司	1700094
4	中国太平洋保险（集团）股份有限公司	26701400	54	上海胜华电缆（集团）有限公司	1639348
5	上海浦东发展银行股份有限公司	26331000	55	红星美凯龙控股集团有限公司	1615535
6	上海华信国际集团有限公司	24725463	56	上海龙宇燃油股份有限公司	1588240
7	绿地控股集团股份有限公司	24716022	57	大华（集团）有限公司	1496574
8	中国远洋海运集团有限公司	19759362	58	月星集团有限公司	1407158
9	光明食品（集团）有限公司	15585452	59	上海春秋国际旅行社（集团）有限公司	1302375
10	中国建筑第八工程局有限公司	14267995	60	康德乐（上海）医药有限公司	1253353
11	上海建工集团股份有限公司	13365654	61	上海机场（集团）有限公司	1233515
12	益海嘉里投资有限公司	13265361	62	协鑫集成科技股份有限公司	1202672
13	上海东浩兰生国际服务贸易（集团）有限公司	12966972	63	上海三盛宏业投资（集团）有限责任公司	1172600
14	上海烟草集团有限责任公司	12274557	64	致达控股集团有限公司	1157162
15	上海医药集团股份有限公司	12076466	65	上海苏宁云商销售有限公司	1154304
16	太平人寿保险有限公司	11094114	66	奥盛集团有限公司	1107133
17	中国东方航空集团公司	10184793	67	上海闽路润贸易有限公司	1103490
18	上海电气（集团）总公司	9780429	68	上海外高桥造船有限公司	1021868
19	上海均和集团有限公司	8616677	69	源山投资控股有限公司	1011034
20	国网上海市电力公司	8534417	70	上海临港经济发展（集团）有限公司	892145
21	百联集团有限公司	8521505	71	上海大名城企业股份有限公司	876490
22	中国石化上海石油化工股份有限公司	7789428.5	72	上海申华控股股份有限公司	874392
23	复星国际有限公司	7396656	73	中国建材国际工程集团有限公司	862471
24	上海银行股份有限公司	6723184	74	上海展志实业集团有限责任公司	862367
25	海航科技集团有限公司	6129092	75	上海交运集团股份有限公司	846482
26	上海华谊（集团）公司	6106332	76	上海紫江企业集团股份有限公司	835601
27	世茂房地产控股有限公司	5928600	77	上海龙旗科技股份有限公司	823078
28	上海城建（集团）公司	5659489	78	上海东方电视购物有限公司	793757
29	上海纺织（集团）有限公司	5418217	79	上海鑫冶铜业有限公司	781824
30	上海永达控股（集团）有限公司	4824173	80	五冶集团上海有限公司	712696
31	中智上海经济技术合作公司	4518054	81	上海华虹（集团）有限公司	708345
32	上海仪电（集团）有限公司	4220131	82	上海置信电气股份有限公司	698711
33	上海钢联电子商务股份有限公司	4127899	83	正泰电气股份有限公司	602358
34	老凤祥股份有限公司	3496378	84	中兵（上海）有限责任公司	600825
35	申能（集团）有限公司	3440452	85	舜杰建设（集团）有限公司	596062
36	上海国际港务（集团）股份有限公司	3135918	86	龙盛集团控股（上海）有限公司	552609
37	中运富通控股集团有限公司	2965577	87	上海家化联合股份有限公司	532120
38	上海农村商业银行股份有限公司	2843186	88	天喔食品（集团）有限公司	521847
39	海通证券股份有限公司	2801167	89	中锐控股集团有限公司	509392
40	上海宝冶集团有限公司	2457944	90	上海亚泰建设集团有限公司	500627
41	上海振华重工（集团）股份有限公司	2434809	91	上海强生控股股份有限公司	500454
42	环旭电子股份有限公司	2398388	92	科世达（上海）管理有限公司	496255
43	上海城投（集团）有限公司	2390457	93	永乐（中国）电器销售有限公司	492085
44	上海均瑶（集团）有限公司	2336591	94	上海斐讯数据通信技术有限公司	488723
45	中国二十冶集团有限公司	2305888	95	上海汉滨实业发展有限公司	471446
46	东方国际（集团）有限公司	2279048	96	上海晨光文具股份有限公司	466246
47	沪东中华造船（集团）有限公司	2214664	97	上海福然德部件加工有限公司	466056
48	中铁二十四局集团有限公司	2158675	98	远纺工业（上海）有限公司	460172
49	中国万向控股有限公司	2031032	99	上海百润企业发展有限公司	459410
50	中芯国际集成电路制造有限公司	1951568	100	华东建筑集团股份有限公司	455081

发布单位：上海市企业联合会、上海市企业家协会。

表 11-3　2017 重庆市企业 100 强

排名	企业名称	营业收入/万元	排名	企业名称	营业收入/万元
1	重庆长安汽车股份有限公司	26603145	51	中石化重庆涪陵页岩气勘探开发有限公司	663964
2	达丰（重庆）电脑有限公司	5574790	52	中冶赛迪集团有限公司	652737
3	重庆商社（集团）有限公司	4778171	53	重庆长安工业（集团）有限责任公司	638639
4	重庆市金科投资控股（集团）有限责任公司	4658845	54	重庆市农业投资集团有限公司	635923
5	重庆龙湖企业拓展有限公司	4477704	55	中国石化集团四川维尼纶厂	547988
6	重庆建工投资控股有限责任公司	4359414	56	重庆平伟科技（集团）有限公司	542480
7	重庆化医控股（集团）公司	4013423	57	保利（重庆）投资实业有限公司	541590
8	国网重庆市电力公司	3948708	58	重庆润通控股（集团）有限公司	525756
9	隆鑫控股有限公司	3912830	59	重庆百事达汽车有限公司	513321
10	重庆力帆控股有限公司	3788098	60	重庆城建控股（集团）有限公司	511811
11	太极集团有限公司	3787662	61	重庆市新大兴实业（集团）有限公司	500014
12	重庆市能源投资集团有限公司	3777731	62	重庆桐君阁股份有限公司	486231
13	重庆农村商业银行股份有限公司	3524429	63	重庆青山工业有限责任公司	481889
14	英业达（重庆）有限公司	3515436	64	重庆美心（集团）有限公司	467200
15	中国烟草总公司重庆市公司	3407497	65	重庆旗能电铝有限公司	437581
16	重庆机电控股（集团）公司	3052260	66	重庆对外建设（集团）有限公司	431589
17	重庆轻纺控股（集团）公司	2886586	67	重庆河东控股（集团）有限公司	428155
18	重庆对外经贸（集团）有限公司	2485947	68	重庆三峡银行股份有限公司	426346
19	旭硕科技（重庆）有限公司	2388341	69	重庆兴渝投资有限责任公司	388014
20	纬创资通（重庆）有限公司	2381637	70	重庆跨越（集团）股份有限公司	386989
21	重庆医药（集团）股份有限公司	2048665	71	重庆鸽牌电线电缆有限公司	382570
22	宗申产业集团有限公司	1897603	72	重庆市公共交通控股（集团）有限公司	376849
23	重庆银翔实业集团有限公司	1821637	73	重庆紫光化工股份有限公司	370852
24	万友汽车投资有限公司	1777707	74	重庆一品建设集团有限公司	366482
25	华南物资集团有限公司	1709903	75	重庆砂之船苏格服饰股份有限公司	364229
26	重庆小康控股有限公司	1708261	76	重庆市盐业（集团）有限公司	363404
27	重庆万达薄板有限公司	1595073	77	西南证券股份有限公司	363166
28	西南铝业（集团）有限责任公司	1587028	78	重庆建安建设有限公司	353752
29	重庆市博赛矿业（集团）有限公司	1518379	79	中铁五局集团第六工程有限公司	350015
30	鸿富锦精密电子（重庆）有限公司	1435399	80	重庆悦来投资集团有限公司	328889
31	中冶建工集团有限公司	1271711	81	重庆药友制药有限责任公司	312649
32	中国建筑第二工程局有限公司西南分公司	1248343	82	重庆建峰工业集团有限公司	306863
33	重庆交通运输控股（集团）有限公司	1223812	83	重庆红宇精密工业有限责任公司	304824
34	重庆永辉超市有限公司	1184838	84	九禾股份有限公司	300171
35	庆铃汽车（集团）有限公司	1002388	85	重庆茂田控股集团有限公司	297944
36	中国四联仪器仪表集团有限公司	989223	86	中铁八局集团第一工程有限公司	296317
37	重庆银行股份有限公司	960303	87	重庆宝钢汽车钢材部件有限公司	291810
38	重庆中汽西南汽车（集团）有限公司	941673	88	重庆鲁能开发（集团）有限公司	290062
39	中船重工（重庆）海装风电设备有限公司	903446	89	重庆华轻商业有限公司	286487
40	重庆钢铁（集团）有限责任公司	876546	90	重庆望江工业有限公司	281048
41	重庆巨能建设（集团）有限公司	840743	91	重庆信威通信技术有限责任公司	279287
42	重庆宝捷讯科技有限公司	831600	92	重庆市中大建设集团有限公司	270912
43	中铁十一局集团第五工程有限公司	809736	93	重庆康明斯发动机有限公司	254146
44	重庆市国信通讯息科技产业有限公司	808665	94	重庆涪陵能源实业集团有限公司	253875
45	重庆百立丰科技有限公司	802405	95	重庆泰山电缆有限公司	251696
46	仁宝电脑（重庆）有限公司	757674	96	重庆市城市建设投资（集团）有限公司	249658
47	中交二航局第二工程有限公司	708679	97	华能重庆珞璜发电有限责任公司	243658
48	重庆华宇集团有限公司	691269	98	重庆市汽车运输（集团）有限公司	241653
49	重庆港务物流集团有限公司	689047	99	重庆三峡油漆股份有限公司	235732
50	重庆长安民生物流股份有限公司	683828	100	重庆新华书店集团公司	228123

发布单位：重庆市企业联合会、重庆市企业家协会。

表 11-4 2017 山东省企业 100 强

排名	企业名称	营业收入/万元	排名	企业名称	营业收入/万元
1	山东魏桥创业集团有限公司	37318332	51	山东时风（集团）有限责任公司	3557631
2	海尔集团公司	20160868	52	西王集团有限公司	3402859
3	信发集团有限公司	19795700	53	威高集团有限公司	3361631
4	山东能源集团有限公司	19464075	54	中国石化青岛炼油化工有限责任公司	3307866
5	国网山东省电力公司	18568416	55	山东渤海实业股份有限公司	3298192
6	兖矿集团有限公司	13978878	56	富海集团有限公司	3254717
7	鸿富泰精密电子（烟台）有限公司	12501000	57	东营方圆有色金属有限公司	3222246
8	山东钢铁集团有限公司	10253696	58	天元建设集团有限公司	3175732
9	山东省商业集团有限公司	10161700	59	沂州集团有限公司	3150593
10	潍柴控股集团有限公司	10068582	60	恒丰银行股份有限公司	3138489
11	海信集团有限公司	10033120	61	洪业化工集团股份有限公司	3061252
12	南山集团有限公司	9361599	62	山东创新金属科技有限公司	3008543
13	山东东明石化集团有限公司	8868932	63	万通海欣控股股份有限公司	2936853
14	山东晨鸣纸业集团股份有限公司	7388933	64	永锋集团有限公司	2800149
15	山东黄金集团有限公司	7318995	65	山东省国有资产投资控股有限公司	2763204
16	浪潮集团有限公司	7102513	66	山东泰山钢铁集团有限公司	2744965
17	中国重型汽车集团有限公司	7002988	67	东岳集团有限公司	2726062
18	华泰集团有限公司	6670596	68	东辰控股集团有限公司	2661065
19	山东大海集团有限公司	6526700	69	青岛啤酒股份有限公司	2610634
20	中融新大集团有限公司	6511716	70	山东华星石油化工集团有限公司	2591398
21	万达控股集团有限公司	6423524	71	香驰控股有限公司	2512189
22	华电国际电力股份有限公司	6334605	72	滨化集团公司	2441289
23	利华益集团股份有限公司	6111605	73	利群集团股份有限公司	2390565
24	中石化销售有限公司山东石油分公司	5976000	74	中国联合网络通信有限公司山东省分公司	2379639
25	山东高速集团有限公司	5893622	75	山东清源集团有限公司	2365892
26	中国石油化工股份有限公司齐鲁分公司	5346720	76	山东汇丰石化集团有限公司	2345983
27	上汽通用东岳汽车有限公司	5330000	77	山东垦利石化集团有限公司	2322381
28	山东京博控股股份有限公司	5310336	78	山东鲁花集团有限公司	2310185
29	济宁如意投资有限公司	5192988	79	山东寿光鲁清石化有限公司	2123241
30	山东海科化工集团有限公司	5083216	80	正和集团股份有限公司	2065221
31	青建集团股份公司	5072174	81	山东博汇集团有限公司	2028155
32	中石化股份有限公司胜利油田分公司	5063000	82	烟台恒邦集团有限公司	1982655
33	山东招金集团有限公司	4964211	83	日照港集团有限公司	1927313
34	山东科达集团有限公司	4602958	84	雷沃重工股份有限公司	1924429
35	山东祥光集团有限公司	4517600	85	上汽通用五菱汽车股份有限公司青岛分公司	1898307
36	山东太阳控股集团有限公司	4417759	86	北汽福田汽车股份有限公司诸城汽车厂	1897600
37	山东晨曦集团有限公司	4296000	87	山东远通汽车贸易集团有限公司	1871178
38	中车青岛四方机车车辆股份有限公司	4250486	88	新华锦集团	1834646
39	山东新希望六和集团有限公司	4190000	89	山东金茂纺织化工集团有限公司	1795827
40	日照钢铁控股集团有限公司	3933027	90	淄博商厦股份有限公司	1768669
41	华勤橡胶工业集团有限公司	3892165	91	山东中海化工集团有限公司	1750532
42	中铁十局集团有限公司	3821575	92	鲁丽集团有限公司	1652662
43	中铁十四局集团有限公司	3732461	93	金猴集团有限公司	1606596
44	山东金诚石化集团有限公司	3713878	94	诸城外贸有限责任公司	1572054
45	东营鲁方金属材料有限公司	3711216	95	青岛世纪瑞丰集团有限公司	1568242
46	山东金岭集团有限公司	3689740	96	华鲁控股集团有限公司	1554980
47	山东胜通集团股份有限公司	3673659	97	润华集团股份有限公司	1534178
48	中国移动通信集团山东有限公司	3655488	98	齐鲁交通发展集团有限公司	1518119
49	中色奥博特铜铝业有限公司	3653900	99	齐鲁制药有限公司	1503569
50	山东玉皇化工有限公司	3572264	100	国电山东电力有限公司	1491398

发布单位：山东省企业联合会、山东省企业家协会。

表 11-5 2017 湖北省企业 100 强

排名	企业名称	营业收入/万元	排名	企业名称	营业收入/万元
1	东风汽车公司	57261266	51	长飞光纤光缆股份有限公司	810231
2	中国建筑第三工程局有限公司	16033201	52	武汉建工集团股份有限公司	790728
3	中国葛洲坝集团有限公司	10039639	53	中国联合网络通信有限公司湖北省分公司	775390
4	大冶有色金属集团控股有限公司	8080187	54	中国十五冶金建设集团有限公司	760452
5	湖北宜化集团有限责任公司	7809035	55	中冶南方工程技术有限公司	750827
6	武汉钢铁（集团）公司	7734061	56	顺泰建设股份有限公司	713208
7	九州通医药集团股份有限公司	6155684	57	湖北长安建筑股份有限公司	709519
8	武汉铁路局	6084873	58	高品建设集团有限公司	685405
9	中铁十一局集团有限公司	5629454	59	武汉商贸国有控股集团有限公司	678293
10	卓尔控股有限公司	5086427	60	中铁武汉电气化局集团有限公司	660337
11	稻花香集团	5056186	61	中国邮政集团公司湖北省分公司	653024
12	中交第二航务工程局有限公司	4602456	62	骆驼集团股份有限公司	630112
13	武汉金融控股（集团）有限公司	3984792	63	黄石东贝机电集团有限责任公司	624431
14	武汉武商集团股份有限公司	3555274	64	湖北齐星集团	617597
15	中国石油化工股份有限公司武汉分公司	3309294	65	武汉东湖高新集团股份有限公司	611391
16	山河建设集团有限公司	3210730	66	盛隆电气集团有限公司	591318
17	中百控股集团股份有限公司	3151829	67	湖北祥云集团	554937
18	宜昌兴发集团有限责任公司	3023534	68	湖北省工业建筑集团有限公司	554449
19	中铁大桥局集团有限公司	2716686	69	武汉市汉商集团股份有限公司	554085
20	武汉邮电科学研究院	2575409	70	黄石山力兴冶薄板有限公司	546187
21	新八建设集团有限公司	2342632	71	武汉工贸有限公司	526608
22	中国移动通信集团湖北有限公司	2269505	72	中国核工业第二二建设有限公司	514404
23	新七建设集团有限公司	2011882	73	新力建设集团有限公司	511242
24	湖北新冶钢有限公司	1951659	74	冠捷显示科技（武汉）有限公司	504344
25	三环集团有限公司	1940223	75	奥山集团	502586
26	中国航天三江集团公司	1921883	76	武汉市燃气热力集团有限公司	501220
27	湖北枝江酒业集团	1894632	77	汉口银行股份有限公司	500739
28	福星集团控股有限公司	1849741	78	湖北立晋钢铁集团有限公司	489672
29	湖北省交通投资集团有限公司	1729376	79	武汉地产开发投资集团有限公司	486055
30	武汉市金马凯旋家具投资有限公司	1723033	80	湖北省烟草公司恩施州公司	466364
31	中国一冶集团有限公司	1526167	81	太平人寿保险有限公司湖北分公司	461918
32	武汉中商集团股份有限公司	1413501	82	湖北省农业生产资料集团有限公司	451253
33	华新水泥股份有限公司	1352576	83	武汉顺乐不锈钢有限公司	449295
34	湖北省烟草公司武汉市公司	1331145	84	湖北白云边酒业股份有限公司	448650
35	宝业湖北建工集团有限公司	1302768	85	湖北景天棉花产业集团有限公司	442126
36	中国石油化工股份有限公司江汉油田分公司	1264839	86	武汉船用机械有限责任公司	441963
37	人福医药集团股份公司	1233095	87	武汉天马微电子有限公司	438028
38	新十建设集团有限公司	1219836	88	湖北东方建设集团有限公司	435672
39	湖北三宁化工股份有限公司	1210144	89	中国人民财产保险股份有限公司武汉市分公司	427884
40	武汉市城市建设投资开发集团有限公司	1183411	90	湖北良品铺子食品有限公司	425610
41	湖北东圣化工集团有限公司	1108115	91	益海嘉里（武汉）粮油工业有限公司	425326
42	武汉农村商业银行股份有限公司	1078723	92	中国电力工程顾问集团中南电力设计院有限公司	423683
43	国药控股湖北有限公司	1027936	93	黄石晟祥铜业有限公司	417664
44	武昌船舶重工集团有限公司	1025730	94	汉江水利水电（集团）有限责任公司	414532
45	武汉联杰国际贸易有限公司	976968	95	长江勘测规划设计研究院	408948
46	湖北能源集团股份有限公司	938732	96	中国化学工程第六建设有限公司	403324
47	中铁第四勘察设计院集团有限公司	877852	97	湖北中阳建设集团有限公司	403157
48	武汉航空港发展集团有限公司	847527	98	赤东建设集团有限公司	400180
49	劲牌有限公司	836547	99	湖北高艺装饰工程有限公司	392558
50	湖北新洋丰肥业股份有限公司	827634	100	武汉艾德蒙科技股份有限公司	391459

发布单位：湖北省企业联合会。

表11-6 2017浙江省企业100强

排名	企业名称	营业收入/万元	排名	企业名称	营业收入/万元
1	浙江吉利控股集团有限公司	20879870	51	巨化集团公司	2524622
2	物产中大集团股份有限公司	20689887	52	浙江富冶集团有限公司	2493021
3	海亮集团有限公司	15027109	53	浙江中南控股集团有限公司	2439324
4	绿城中国控股有限公司	11393902	54	森马集团有限公司	2301896
5	万向集团公司	11071835	55	华峰集团有限公司	2293739
6	青山控股集团有限公司	10286156	56	纳爱斯集团有限公司	2273322
7	超威电源有限公司	9565364	57	升华集团控股有限公司	2222589
8	天能电池集团有限公司	9296773	58	浙江龙盛控股有限公司	2168761
9	浙江省交通投资集团有限公司	8753526	59	浙江逸盛石化有限公司	2157191
10	浙江荣盛控股集团有限公司	8687536	60	浙江省海港投资运营集团有限公司	2157071
11	中国石化销售有限公司浙江石油分公司	8639818	61	维科控股集团股份有限公司	2141443
12	浙江省兴合集团有限责任公司	8508877	62	浙江省商业集团有限公司	2133708
13	中国石油化工股份有限公司镇海炼化分公司	8166893	63	中策橡胶集团有限公司	2078128
14	广厦控股集团有限公司	8053913	64	太平鸟集团有限公司	2017294
15	浙江中烟工业有限责任公司	7980041	65	三花控股集团有限公司	1920315
16	远大物产集团有限公司	7574966	66	海天建设集团有限公司	1868433
17	浙江恒逸集团有限公司	7520307	67	宁波均胜电子股份有限公司	1855241
18	杭州汽轮动力集团有限公司	7190052	68	银泰商业（集团）有限公司	1850257
19	杭州钢铁集团公司	7019038	69	得力集团有限公司	1849241
20	中天控股集团有限公司	6754313	70	奥康集团有限公司	1818022
21	浙江省能源集团有限公司	6621714	71	花园集团有限公司	1805068
22	银亿集团有限公司	6525061	72	三鼎控股集团有限公司	1775057
23	奥克斯集团有限公司	6123523	73	华立集团股份有限公司	1765535
24	杭州锦江集团有限公司	5938616	74	巨星控股集团有限公司	1756344
25	浙江省建设投资集团股份有限公司	5765646	75	新凤鸣集团股份有限公司	1747699
26	雅戈尔集团股份有限公司	5633399	76	浙江英特药业有限责任公司	1725638
27	盾安控股集团有限公司	5256893	77	兴惠化纤集团有限公司	1715933
28	正泰集团股份有限公司	5104068	78	浙江东南网架集团有限公司	1671560
29	德力西集团有限公司	4661352	79	浙江宝利德股份有限公司	1669310
30	杭州娃哈哈集团有限公司	4559165	80	宁波君安控股有限公司	1552822
31	宁波金田投资控股有限公司	4503056	81	利时集团股份有限公司	1552607
32	浙江中成控股集团有限公司	3989194	82	宁波华东物资城市场建设开发有限公司	1547000
33	浙江桐昆控股集团有限公司	3913421	83	祥生实业集团有限公司	1521901
34	杉杉控股有限公司	3806650	84	浙江富春江通信集团有限公司	1517444
35	人民电器集团有限公司	3796752	85	宁波申洲针织有限公司	1509908
36	浙江前程投资股份有限公司	3740500	86	中厦建设集团有限公司	1493745
37	浙江省国际贸易集团有限公司	3549060	87	广博控股有限公司	1492421
38	传化集团有限公司	3304487	88	浙江协和集团有限公司	1490221
39	杭州华东医药集团有限公司	3276899	89	宁波博洋控股集团有限公司	1478811
40	中航国际钢铁贸易有限公司	3237856	90	浙江建华集团有限公司	1477838
41	浙江昆仑控股集团有限公司	3237182	91	浙江元立金属制品集团有限公司	1476095
42	浙江宝业建设集团有限公司	3216547	92	人本集团有限公司	1461382
43	精功集团有限公司	3151099	93	舜宇集团有限公司	1460016
44	宁波富邦控股集团有限公司	3126715	94	龙元建设集团股份有限公司	1458848
45	中基宁波集团股份有限公司	3113666	95	杭州东恒石油有限公司	1428846
46	华仪集团有限公司	3028480	96	天洁集团有限公司	1417519
47	卧龙控股集团有限公司	3024640	97	农夫山泉股份有限公司	1413864
48	富通集团有限公司	2806686	98	宁波建工股份有限公司	1369580
49	万丰奥特控股集团有限公司	2581805	99	中设建工集团有限公司	1361197
50	红狮控股集团有限公司	2563750	100	杭州联华华商集团有限公司	1358186

发布单位：浙江省企业联合会、浙江省企业家协会。

表 11-7 2017 广东省企业 100 强

排名	企业名称	营业收入/万元	排名	企业名称	营业收入/万元
1	中国平安保险（集团）股份有限公司	71245300	51	研祥高科技控股集团有限公司	3220692
2	华为投资控股有限公司	52157400	52	广东省建筑工程集团有限公司	3220070
3	华润（集团）有限公司	50340782	53	珠海华发集团有限公司	3213733
4	中国南方电网有限责任公司	47328148	54	深圳江铜营销有限公司	3114564
5	正威国际集团有限公司	33001920	55	广州万宝集团有限公司	2964384
6	招商银行股份有限公司	29756000	56	广州农村商业银行股份有限公司	2810037
7	广州汽车工业集团有限公司	27609981	57	广东省丝绸纺织集团有限公司	2777642
8	万科企业股份有限公司	24047724	58	深圳市信利康供应链管理有限公司	2774618
9	恒大集团有限公司	21144400	59	广东海大集团股份有限公司	2718531
10	美的集团股份有限公司	15984170	60	深圳欧菲光科技股份有限公司	2674642
11	雪松控股集团有限公司	15701937	61	海信科龙电器股份有限公司	2673022
12	保利房地产（集团）股份有限公司	15475214	62	中海油广东销售有限公司	2563947
13	碧桂园控股有限公司	15308698	63	中船海洋与防务装备股份有限公司	2334960
14	腾讯控股有限公司	15193800	64	深圳市富森供应链管理有限公司	2290043
15	富德生命人寿保险股份有限公司	13040924	65	广东省广业集团有限公司	2266470
16	中国南方航空集团公司	11545291	66	宜华企业（集团）有限公司	2263630
17	珠海格力电器股份有限公司	11011310	67	广州发展集团有限公司	2200815
18	TCL 集团股份有限公司	10647350	68	康美药业股份有限公司	2164232
19	比亚迪股份有限公司	10347000	69	深圳中电投资股份有限公司	2157527
20	中兴通讯股份有限公司	10123318	70	广东格兰仕集团有限公司	2119679
21	广州医药集团有限公司	8782570	71	广发证券股份有限公司	2071204
22	腾邦集团有限公司	7969121	72	深圳市中农网有限公司	2059854
23	广州铁路（集团）公司	6939454	73	康佳集团股份有限公司	2029935
24	中国长城科技集团股份有限公司	6912816	74	广州钢铁企业集团有限公司	2012144
25	中国广核集团有限公司	6579221	75	广州立白企业集团有限公司	1915306
26	招商局蛇口工业区控股股份有限公司	6357283	76	深圳控股有限公司	1899224
27	深圳市大生农业集团有限公司	6252486	77	日立电梯（中国）有限公司	1895282
28	广东温氏食品集团有限公司	5935524	78	深圳华强集团有限公司	1883406
29	深圳市怡亚通供应链股份有限公司	5791367	79	广州承兴营销管理有限公司	1867176
30	深圳顺丰泰森控股（集团）有限公司	5748270	80	广东粤合资产经营有限公司	1807545
31	广东省广新控股集团有限公司	5709640	81	中粮地产（集团）股份有限公司	1802519
32	金地（集团）股份有限公司	5532948	82	金发科技股份有限公司	1799085
33	华侨城集团公司	5425604	83	华信石油（广东）有限公司	1791651
34	广州富力地产股份有限公司	5373034	84	利泰集团有限公司	1782232
35	唯品会（中国）有限公司	5371226	85	广深铁路股份有限公司	1728050
36	深圳市飞马国际供应链股份有限公司	5216286	86	天虹商场股份有限公司	1727296
37	中国国际海运集装箱（集团）股份有限公司	5111165	87	周大福珠宝金行（深圳）有限公司	1691720
38	广东省广晟资产经营有限公司	4672889	88	广州元亨能源有限公司	1663209
39	广州轻工工贸集团有限公司	4668362	89	深圳市朗华供应链服务有限公司	1605996
40	雅居乐地产置业有限公司	4668000	90	广东粤海控股集团有限公司	1567397
41	广东省广物控股集团有限公司	4461237	91	广州珠江实业集团有限公司	1514450
42	广东省交通集团有限公司	4327330	92	深圳市中金岭南有色金属股份有限公司	1508565
43	百丽国际控股有限公司	4170650	93	深圳长城开发科技股份有限公司	1488170
44	广州市建筑集团有限公司	4134258	94	广东韶钢松山股份有限公司	1397287
45	广东省粤电集团有限公司	4003371	95	立讯精密工业股份有限公司	1376260
46	深圳光汇石油集团股份有限公司	3923023	96	星河湾集团有限公司	1368705
47	中信证券股份有限公司	3800192	97	深圳市海王生物工程股份有限公司	1360592
48	创维集团有限公司	3702372	98	广州金博物流贸易集团有限公司	1299389
49	广州越秀集团有限公司	3412214	99	国信证券股份有限公司	1274890
50	天音通信有限公司	3349888	100	广州岭南国际企业集团有限公司	1253825

发布单位：广东省企业联合会。

表 11-8 2017 广西壮族自治区企业 100 强

排名	企业名称	营业收入/万元	排名	企业名称	营业收入/万元
1	广西投资集团有限公司	11698600	51	柳州银行股份有限公司	493498
2	上汽通用五菱汽车股份有限公司	10405599	52	中粮油脂（钦州）有限公司	478787
3	广西建工集团有限责任公司	7906651	53	中国铝业股份有限公司广西分公司	473850
4	广西电网有限责任公司	6111625	54	中国联合网络通信有限公司广西壮族自治区分公司	459166
5	广西柳州钢铁集团有限公司	4777764	55	广西北部湾银行股份有限公司	429348
6	广西北部湾国际港务集团有限公司	3646273	56	广西信发铝电有限公司	424814
7	广西壮族自治区农村信用社联合社	3295869	57	广西平铝集团有限公司	415326
8	广西玉柴机器集团有限公司	3137203	58	广西桂鑫钢铁集团有限公司	395115
9	广西盛隆冶金有限公司	2859460	59	广西城建建设集团有限公司	350861
10	中国石油天然气股份有限公司广西石化分公司	2825233	60	广西贵港建设集团有限公司	337555
11	南宁富桂精密工业有限公司	2778248	61	燕京啤酒（桂林漓泉）股份有限公司	335891
12	东风柳州汽车有限公司	2512698	62	广西银亿新材料有限公司	334564
13	广西农垦集团有限责任公司	2366418	63	中国邮政集团公司广西壮族自治区分公司	334071
14	广西物资集团有限公司	2305778	64	嘉里粮油（防城港）有限公司	316176
15	广西中烟工业有限责任公司	2075981	65	广西三创科技有限公司	314093
16	广西汽车集团有限公司	2012022	66	广西林业集团有限公司	310717
17	广西新发展交通集团有限公司	1877111	67	广西新振锰业集团有限公司	302712
18	中国移动通信集团广西有限公司	1837359	68	桂林国际电线电缆集团有限责任公司	296880
19	广西交通投资集团有限公司	1757515	69	广西大锰锰业集团有限公司	292316
20	广西金川有色金属有限公司	1558852	70	广西东糖投资有限公司	282695
21	广西北部湾投资集团有限公司	1526747	71	广西南城百货有限责任公司	282532
22	桂林力源粮油食品集团有限公司	1455634	72	广西广播电视信息网络股份有限公司	279528
23	广西铁路投资集团有限公司	1344556	73	皇氏集团股份有限公司	274449
24	十一冶建设集团有限责任公司	1136451	74	广西南南铝加工有限公司	257490
25	广西柳工集团有限公司	1043575	75	南宁建宁水务投资集团有限公司	253409
26	广西洋浦南华糖业集团股份有限公司	1011938	76	银河天成集团有限公司	239345
27	广西农村投资集团有限公司	1002353	77	广西新华书店集团股份有限公司	238840
28	中国大唐集团公司广西分公司	970050	78	南方黑芝麻集团股份有限公司	231448
29	广西壮族自治区机电设备有限责任公司	959842	79	中铁二十五局集团第四工程有限公司	224061
30	中国电信股份有限公司广西分公司	887442	80	南宁百货大楼股份有限公司	220716
31	桂林银行股份有限公司	861342	81	广西凤糖生化股份有限公司	220064
32	广西西江开发投资集团有限公司	859774	82	广西五鸿建设集团有限公司	213737
33	广西裕华建设集团有限公司	850134	83	防城港澳加粮油工业有限公司	212727
34	广西贵港钢铁集团有限公司	814227	84	广西鼎华商业集团有限公司	206296
35	广西云星集团有限公司	810391	85	广西中鼎世纪投资集团有限责任公司	198610
36	大海粮油工业（防城港）有限公司	780697	86	华润电力（贺州）有限公司	194556
37	南宁产业投资集团有限责任公司	778353	87	桂林建筑安装工程有限公司	192824
38	广西柳州医药股份有限公司	755940	88	广西登高集团有限公司	189601
39	中国邮政储蓄银行股份有限公司广西壮族自治区分行	737296	89	桂林三金集团股份有限公司	181065
40	百色百矿集团有限公司	696519	90	广西贵糖（集团）股份有限公司	179212
41	广西方盛实业股份有限公司	688004	91	广西湘桂糖业集团有限公司	174933
42	广西华南建设集团有限公司	667773	92	广西参皇养殖集团有限公司	174398
43	桂林彰泰实业集团有限公司	648130	93	广西南宁梦之岛百货有限公司	171502
44	广西南丹南方金属有限公司	626105	94	广西金源置业集团有限公司	168328
45	桂林福达集团有限公司	609955	95	华夏建设集团有限公司	168162
46	广西扬翔股份有限公司	577058	96	柳州双英股份有限公司	163991
47	广西正润发展集团有限公司	558067	97	柳州两面针股份有限公司	156184
48	广西金融投资集团有限公司	538374	98	强荣控股集团有限公司	150441
49	广西桂东电力股份有限公司	521262	99	南南铝业股份有限公司	149823
50	南宁威宁投资集团有限责任公司	510217	100	广西三环企业集团股份有限公司	148218

发布单位：广西壮族自治区企业与企业家联合会。

表 11-9 2017 安徽省企业 100 强

排名	企业名称	营业收入/万元	排名	企业名称	营业收入/万元
1	铜陵有色金属集团控股有限公司	14955342	51	安徽楚江投资集团有限公司	792109
2	安徽海螺集团有限责任公司	9865157	52	安徽华文国际经贸股份有限公司	778874
3	中铁四局集团有限公司	6256559	53	安徽湖滨建设集团有限公司	756162
4	淮南矿业（集团）有限责任公司	5976487	54	安徽古井集团有限责任公司	748585
5	马钢（集团）控股有限公司	5441197	55	安徽丰原集团有限公司	731281
6	全威（铜陵）铜业科技有限公司	5342368	56	安徽环新集团有限公司	704347
7	安徽江淮汽车集团控股有限公司	5316976	57	安徽天康（集团）股份有限公司	700685
8	淮北矿业（集团）有限责任公司	5144403	58	惠而浦（中国）股份有限公司	693088
9	联宝（合肥）电子科技有限公司	5115559	59	安徽皖江物流（集团）股份有限公司	675397
10	合肥百货大楼集团股份有限公司	4170000	60	安徽叉车集团有限责任公司	643481
11	安徽建工集团有限公司	3831366	61	合肥得润电子器件有限公司	618912
12	中国石化销售有限公司安徽石油分公司	3379438	62	安徽康佳电子有限公司	617923
13	安徽新华发行（集团）控股有限公司	3337697	63	安徽水安建设集团股份有限公司	608124
14	奇瑞汽车股份有限公司	3296370	64	阳光电源股份有限公司	600366
15	安徽国贸集团控股有限公司	3168778	65	安徽天星医药集团有限公司	590469
16	安徽省皖北煤电集团有限责任公司	2961865	66	安徽淮南平圩发电有限责任公司	587870
17	安徽省交通控股集团有限公司	2860083	67	安徽国祯集团股份有限公司	580150
18	美的集团合肥公司	2657560	68	中粮生物化学（安徽）股份有限公司	560337
19	文一投资控股集团	2644813	69	安徽宝业建工集团有限公司	552109
20	中国石油化工股份有限公司安庆分公司	2617108	70	合肥华泰集团股份有限公司	551262
21	安徽国购投资集团	2312061	71	中国能源建设集团安徽电力建设第二工程有限公司	540874
22	安徽出版集团有限责任公司	1816707	72	中煤新集能源股份有限公司	540418
23	安徽安粮控股股份有限公司	1773341	73	中盐安徽红四方股份有限公司	540355
24	安徽华源医药股份有限公司	1712123	74	安徽鑫科新材料股份有限公司	514152
25	安徽辉隆农资集团	1603997	75	池州冠华黄金冶炼有限公司	500413
26	芜湖新兴铸管有限责任公司	1556076	76	安徽迎驾集团股份有限公司	498478
27	安徽蓝德集团股份有限公司	1434054	77	安徽佳通轮胎有限公司	485772
28	中国十七冶集团有限公司	1358897	78	安徽华茂集团有限公司	478323
29	安徽中鼎控股（集团）股份有限公司	1354673	79	安徽省高速石化有限公司	457163
30	安徽省能源集团有限公司	1338968	80	安徽金煌建设集团有限公司	457056
31	格力电器（合肥）有限公司	1285304	81	安徽金彩牛实业集团有限公司	448447
32	合肥美菱股份有限公司	1252671	82	黄山永佳（集团）有限公司	442414
33	联合利华服务（合肥）有限公司	1247348	83	三只松鼠股份有限公司	442407
34	安徽淮海实业发展集团有限公司	1222634	84	安徽省众城集团	434308
35	安徽山鹰纸业股份有限公司	1213481	85	通威太阳能（合肥）有限公司	427561
36	合肥京东方光电科技有限公司	1206386	86	安徽金瑞投资集团有限公司	425462
37	合肥鑫晟光电科技有限公司	1168578	87	芜湖美芝精密制造有限公司	424847
38	广东美的集团芜湖制冷设备有限公司	1149275	88	华菱星马汽车（集团）股份有限公司	404735
39	徽商银行合肥分行	1124213	89	安徽省贵航特钢有限公司	397908
40	安徽华力建设集团有限公司	1102036	90	安徽文峰置业有限公司	384165
41	合肥晶澳太阳能科技有限公司	1023678	91	安徽鸿路钢结构（集团）股份有限公司	379016
42	合肥建工集团有限公司	1003880	92	安徽皖维集团有限责任公司	378238
43	芜湖美智空调设备有限公司	988945	93	铜陵市旋力特殊钢有限公司	377048
44	铜陵化学工业集团有限公司	962394	94	中联重机股份有限公司	374206
45	中建四局第六建筑工程有限公司	930584	95	芜湖市富鑫钢铁有限公司	374028
46	联合利华（中国）有限公司	872077	96	安徽阜阳建工集团有限公司	369757
47	安徽省盐业总公司	861161	97	安徽安庆皖江发电有限责任公司	368478
48	国网安徽省电力公司合肥供电公司	844861	98	安徽广电传媒产业集团有限责任公司	360078
49	铜陵精达铜材（集团）有限责任公司	814013	99	安徽四建控股集团有限公司	355953
50	安徽省外经建设（集团）有限公司	809816	100	安徽省通信产业服务有限公司	355696

发布单位：安徽省企业联合会、安徽省企业家联合会。

表 11-10 2017 黑龙江省企业 100 强

排名	企业名称	营业收入/万元	排名	企业名称	营业收入/万元
1	黑龙江北大荒农垦集团总公司	12144748	51	哈尔滨中央红集团股份有限公司	303344
2	大庆油田有限责任公司	10517205	52	哈尔滨誉衡药业股份有限公司	298396
3	哈尔滨铁路局	4186000	53	双城雀巢有限公司	298255
4	国网黑龙江省电力有限公司	3850665	54	黑龙江恒阳农业集团有限公司	292623
5	中国石油天然气股份有限公司大庆石化分公司	3724703	55	绥芬河市龙生经贸有限责任公司	276465
6	大庆中石油国际事业有限公司	3480471	56	肇州县摇篮乳业有限责任公司	271680
7	哈尔滨电气集团公司	3319688	57	黑龙江远大购物中心有限公司	268934
8	中国石油天然气股份有限公司大庆炼化分公司	2635397	58	大庆丰收饲料有限公司	266719
9	黑龙江省建设集团有限公司	2595150	59	中粮生化能源（肇东）有限公司	255021
10	黑龙江省农村信用社联合社	2413752	60	哈尔滨东安汽车动力股份有限公司	253793
11	黑龙江龙煤矿业控股集团有限责任公司	2219602	61	中车齐齐哈尔交通装备有限公司	249016
12	亿阳集团股份有限公司	1782232	62	哈尔滨绿色食品电子商务产业园有限公司	244473
13	哈药集团有限公司	1442964	63	哈尔滨中海龙祥房地产开发有限公司	242762
14	大庆沃尔沃汽车制造有限公司	1427124	64	中粮生化能源（龙江）有限公司	237230
15	大庆丰沃汽车销售有限公司	1425970	65	中石油昆仑燃气有限公司黑龙江分公司	235096
16	中国石油天然气股份有限公司哈尔滨石化分公司	1424298	66	黑龙江海富兴盛房地产开发有限公司	233166
17	哈尔滨银行股份有限公司	1417200	67	哈尔滨海升龙房地产开发集团有限公司	228711
18	黑龙江倍丰农业生产资料集团有限公司	1359045	68	中国能源建设集团黑龙江省火电第三工程有限公司	220861
19	中国移动通信集团黑龙江有限公司	1333062	69	黑龙江黑天鹅家电有限公司	216328
20	中航工业哈尔滨飞机工业集团有限责任公司	972516	70	中国电信股份有限公司黑龙江分公司	215117
21	中亚石油有限公司	953772	71	东北轻合金有限责任公司	207645
22	黑龙江建龙钢铁有限公司	908174	72	西林钢铁集团有限公司	206362
23	华电能源股份有限公司	863302	73	哈尔滨万达城投资有限公司	204085
24	中国联合网络通信有限公司黑龙江省分公司	796718	74	黑龙江丰源实业集团有限公司	203386
25	黑龙江烟草工业有限责任公司	774334	75	黑龙江省嘉通药业有限公司	199107
26	哈尔滨光宇集团股份有限公司	722019	76	大商哈尔滨新一百购物广场有限公司	193862
27	神华销售集团东北能源贸易有限公司	644731	77	哈尔滨南郡房地产开发有限公司	184921
28	哈尔滨秋林集团股份有限公司	635867	78	大庆宏伟庆化石油化工有限公司	184910
29	哈尔滨高登置业有限公司	634922	79	黑龙江电信国脉工程股份有限公司	183434
30	东方集团股份有限公司	634320	80	大庆市宝鑫肉联有限公司	181235
31	龙江银行股份有限公司	575200	81	黑龙江省光明松鹤乳品有限责任公司	181043
32	大庆中蓝石化有限公司	572560	82	黑龙江省联力房地产开发有限公司	179258
33	黑龙江飞鹤乳业有限公司	566365	83	哈尔滨往事商贸有限公司	178107
34	黑龙江安瑞佳石油化工有限公司	565106	84	哈尔滨翰宏基业房地产开发有限公司	171790
35	大唐黑龙江发电有限公司	561853	85	大庆市丰绅淀粉加工有限公司	171744
36	哈尔滨盛和置业有限公司	551139	86	哈尔滨鲁商置业有限公司	171688
37	中国邮政集团公司黑龙江省分公司	473919	87	望奎双汇北大荒食品有限公司	171397
38	绥芬河国林木业城投资有限公司	464009	88	哈尔滨中海地产有限公司	169710
39	中油黑龙江农垦石油有限公司	446600	89	大庆市鑫庆吉肉业有限公司	168652
40	黑龙江鑫达企业集团有限公司	401386	90	肇东市伊利乳业有限责任公司	168059
41	黑龙江远大房地产开发有限公司	371325	91	黑龙江大庄园肉业有限公司	163988
42	黑龙江龙凤玉米开发有限公司	365480	92	哈尔滨顶津食品有限公司	161240
43	黑龙江省高盛投资发展有限公司	365368	93	黑龙江珍宝岛药业股份有限公司	159512
44	葵花药业集团股份有限公司	336358	94	宝泰隆新材料股份有限公司	158784
45	哈尔滨东安汽车发动机制造有限公司	329625	95	黑龙江贝因美乳业有限公司	152065
46	庆丰农业生产资料集团有限公司	326345	96	佳木斯吉庆豆业有限公司	148814
47	大庆市鑫珑腾肉业有限公司	325236	97	大庆久隆房地产开发股份有限公司	147327
48	中国航发哈尔滨东安发动机有限公司	315631	98	华润置地（哈尔滨）投资有限公司	146197
49	中国第一重型机械集团公司	313885	99	公准肉食品股份有限公司	144294
50	益海嘉里（哈尔滨）粮油食品工业有限公司	306057	100	哈尔滨银开房地产开发有限公司	143262

发布单位：黑龙江省企业联合会、黑龙江省企业家协会。

第十二章
2017 世界企业 500 强数据

表 2017 世界企业 500 强

上年排名	排名	企业名称	国家/地区	营业收入/百万美元	净利润/百万美元	资产/百万美元	股东权益/百万美元	员工人数/人
1	1	沃尔玛	美国	485873	13643	198825	77798	2300000
2	2	国家电网公司	中国	315199	9571	489838	209456	926067
4	3	中国石油化工集团公司	中国	267518	1258	310726	106523	713288
3	4	中国石油天然气集团公司	中国	262573	1868	585619	301893	1512048
8	5	丰田汽车公司	日本	254694	16899	437575	157210	364445
7	6	大众公司	德国	240264	5937	432116	97753	626715
5	7	荷兰皇家壳牌石油公司	荷兰	240033	4575	411275	186646	89000
11	8	伯克希尔—哈撒韦公司	美国	223604	24074	620854	283001	367700
9	9	苹果公司	美国	215639	45687	321686	128249	116000
6	10	埃克森美孚	美国	205004	7840	330314	167325	72700
12	11	麦克森公司	美国	198533	5070	60969	11095	64500
10	12	英国石油公司	英国	186606	115	263316	95286	74500
17	13	联合健康集团	美国	184840	7017	122810	38274	230000
18	14	CVS Health 公司	美国	177526	5317	94462	36830	204000
13	15	三星电子	韩国	173957	19317	217104	154376	325000
14	16	嘉能可	瑞士	173883	1379	124600	44243	93123
16	17	戴姆勒股份公司	德国	169483	9428	256262	61116	282488
20	18	通用汽车公司	美国	166380	9427	221690	43836	225000
23	19	美国电话电报公司	美国	163786	12976	403821	123135	268540
19	20	EXOR 集团	意大利	154894	651	186172	11582	302562
21	21	福特汽车公司	美国	151800	4596	237951	29170	201000
15	22	中国工商银行	中国	147675	41884	3473238	283438	461749
28	23	美源伯根公司	美国	146850	1428	33656	2129	18500
27	24	中国建筑股份有限公司	中国	144505	2493	201269	15344	263915
33	25	安盛	法国	143722	6446	941556	74454	97707
44	26	亚马逊	美国	135987	2371	83402	19285	341400
25	27	鸿海精密工业股份有限公司	中国台湾	135129	4609	80436	33476	726772
22	28	中国建设银行	中国	135093	34841	3016578	226851	362482
36	29	本田汽车	日本	129198	5690	170165	65482	211915
24	30	道达尔公司	法国	127925	6196	230978	98680	102168
26	31	通用电气公司	美国	126661	8831	365183	75828	295000

续表

上年排名	排名	企业名称	国家/地区	营业收入/百万美元	净利润/百万美元	资产/百万美元	股东权益/百万美元	员工人数/人
30	32	威瑞森电信	美国	125980	13127	244180	22524	160900
37	33	日本邮政控股公司	日本	122990	-267	2631385	91532	248384
34	34	安联保险集团	德国	122196	7612	932091	71020	140253
50	35	康德乐	美国	121546	1427	34122	6554	37300
38	36	好市多	美国	118719	2350	33163	12079	172000
47	37	沃博联	美国	117351	4173	72688	29880	300000
29	38	中国农业银行	中国	117275	27688	2816039	189682	501368
41	39	中国平安保险（集团）股份有限公司	中国	116581	9392	802490	55177	318588
42	40	克罗格	美国	115337	1975	36505	6698	443000
46	41	上海汽车集团股份有限公司	中国	113861	4818	84989	27617	97582
35	42	中国银行	中国	113708	24773	2611539	203134	308900
39	43	法国巴黎银行	法国	109026	8517	2190423	106164	184839
53	44	日产汽车	日本	108164	6123	165344	50550	137250
31	45	雪佛龙	美国	107567	-497	260078	145556	55200
40	46	房利美	美国	107162	12313	3287968	6071	7000
45	47	中国移动通信集团公司	中国	107117	9614	246446	130459	463712
55	48	摩根大通公司	美国	105486	24733	2490972	254190	243355
N.A.	49	英国法通保险公司	英国	105235	1698	577954	8579	8939
60	50	日本电报电话公司	日本	105128	7384	190740	81254	274844
54	51	中国人寿保险（集团）公司	中国	104818	162	483026	14079	143676
51	52	宝马集团	德国	104130	7589	198835	49682	124729
52	53	美国快捷药方控股公司	美国	100288	3404	51745	16236	25600
59	54	托克集团	新加坡	98098	751	41230	5548	4107
57	55	中国铁路工程总公司	中国	96979	924	108864	10806	292215
126	56	英国保诚集团	英国	96965	2593	581221	18117	23673
49	57	意大利忠利保险公司	意大利	95217	2301	549656	25886	73727
62	58	中国铁道建筑总公司	中国	94877	1192	109968	10146	336872
69	59	家得宝	美国	94595	7957	42966	4333	406000
61	60	波音	美国	94571	4895	89997	817	150540
67	61	美国富国银行	美国	94176	21938	1930115	199581	269100
64	62	美国银行	美国	93662	17906	2187702	266840	208024
56	63	俄罗斯天然气工业股份公司	俄罗斯	91382	14223	277262	181813	467400

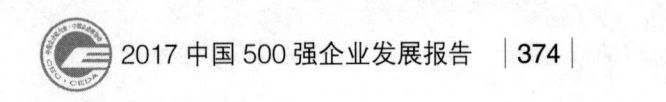

续表

上年排名	排名	企业名称	国家/地区	营业收入/百万美元	净利润/百万美元	资产/百万美元	股东权益/百万美元	员工人数/人
66	64	雀巢公司	瑞士	90814	8659	129824	63573	328000
94	65	Alphabet 公司	美国	90272	19478	167497	139036	72053
71	66	西门子	德国	88419	6051	141271	38444	351000
73	67	家乐福	法国	87112	825	51513	10996	384151
81	68	东风汽车公司	中国	86194	1415	59532	11464	189795
63	69	微软	美国	85320	16798	193694	71997	114000
85	70	Anthem 公司	美国	84863	2470	65083	25100	53000
79	71	日立	日本	84558	2134	86742	26632	303887
92	72	软银集团	日本	82892	13163	221113	32191	68402
75	73	西班牙国家银行	西班牙	82801	6861	1412281	95906	185606
70	74	花旗集团	美国	82386	14912	1792077	225120	219000
58	75	巴西国家石油公司	巴西	81405	-4838	246983	76779	68829
87	76	博世公司	德国	80869	2155	86348	36316	389281
90	77	德国电信	德国	80832	2958	156597	30906	221000
84	78	现代汽车	韩国	80701	4659	148092	55639	129315
96	79	美国康卡斯特电信公司	美国	80403	8695	180500	53943	159000
77	80	法国农业信贷银行	法国	80258	3915	1607501	61460	70830
82	81	国际商业机器公司	美国	79919	11872	117470	18246	414400
80	82	法国电力公司	法国	78740	3153	297026	36319	154808
129	83	华为投资控股有限公司	中国	78511	5579	63837	20159	180000
78	84	意大利国家电力公司	意大利	78064	2842	164096	36704	62080
93	85	州立农业保险公司	美国	76132	350	256030	87592	68234
91	86	中国华润总公司	中国	75776	2580	158291	23605	420572
111	87	日本永旺集团	日本	75772	104	78223	9567	274760
68	88	汇丰银行控股公司	英国	75329	2479	2374986	175386	241000
99	89	太平洋建设集团	中国	74629	3168	48196	19835	362128
279	90	英杰华集团	英国	74628	949	544063	21004	29530
N.A.	91	Uniper 公司	德国	74407	-3558	51541	12889	12890
72	92	乐购	英国	74393	-53	57052	8011	342770
89	93	Engie 集团	法国	73692	-459	167158	41740	153090
100	94	空中客车集团	荷兰	73628	1100	17204	3857	133782
294	95	SK 集团	韩国	72579	660	85332	10858	84000

续表

上年排名	排名	企业名称	国家/地区	营业收入/百万美元	净利润/百万美元	资产/百万美元	股东权益/百万美元	员工人数/人
74	96	菲利普斯66公司	美国	72396	1555	51653	22390	14800
103	97	强生	美国	71890	16540	141208	70418	126400
86	98	宝洁公司	美国	71726	10508	127136	57341	105000
107	99	美国邮政	美国	71498	-5591	25219	-55982	574349
95	100	中国南方电网有限责任公司	中国	71242	2330	99187	38384	302421
102	101	中国南方工业集团公司	中国	71151	580	51857	7508	232817
76	102	卢克石油公司	俄罗斯	70897	3091	82179	52783	105500
110	103	中国交通建设集团有限公司	中国	70751	1431	146763	14824	152666
155	104	法国BPCE银行集团	法国	70517	4410	1302721	64820	102827
113	105	索尼	日本	70170	676	158519	22415	128400
83	106	瓦莱罗能源公司	美国	70166	2289	46173	20024	9996
97	107	塔吉特公司	美国	69495	2737	37431	10953	323000
43	108	法国兴业银行	法国	69335	4284	1457753	65338	151341
106	109	慕尼黑再保险公司	德国	68700	2853	282435	33238	43428
128	110	松下	日本	67775	1378	53702	14109	257533
114	111	日本生命保险公司	日本	67388	2787	650429	17261	85171
141	112	苏黎世保险集团	瑞士	67245	3211	382679	30660	52473
159	113	伊塔乌联合银行控股公司	巴西	66876	6666	415972	37680	94779
119	114	中国人民保险集团股份有限公司	中国	66732	2144	134132	18145	188570
109	115	中国海洋石油总公司	中国	65892	1752	166595	70827	100821
138	116	丸红株式会社	日本	65792	1434	61904	15113	39952
108	117	德国邮政	德国	65787	2918	40387	11693	459262
124	118	房地美	美国	65665	7815	2023376	5075	5982
105	119	中国邮政集团公司	中国	65605	4980	1221649	43114	941211
323	120	中国五矿集团公司	中国	65547	-447	109334	4631	212406
193	121	英国劳埃德银行集团	英国	65208	2784	1010245	59327	70433
148	122	美国劳氏公司	美国	65017	3093	34408	6434	240000
101	123	麦德龙	德国	64853	665	28039	5978	196540
N.A.	124	戴尔科技公司	美国	64806	-1672	118206	13243	138000
130	125	中国第一汽车集团公司	中国	64784	2411	54772	24489	122323
88	126	巴斯夫公司	德国	63641	4485	80675	33545	109543
131	127	JXTG控股有限公司	日本	63629	1477	59767	12829	26247

续表

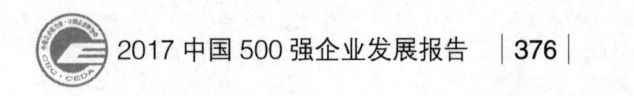

上年排名	排名	企业名称	国家/地区	营业收入/百万美元	净利润/百万美元	资产/百万美元	股东权益/百万美元	员工人数/人
104	128	大都会人寿	美国	63476	800	898764	67309	58000
122	129	天津物产集团有限公司	中国	63324	142	34713	3465	17353
142	130	安泰保险	美国	63155	2271	69146	17881	49500
127	131	百事公司	美国	62799	6329	74129	11095	264000
65	132	埃尼石油公司	意大利	62694	-1619	131349	55934	33536
132	133	中国电信集团公司	中国	62387	1765	115819	50919	413536
112	134	ADM 公司	美国	62346	1279	39769	17173	31800
134	135	中国兵器工业集团公司	中国	61326	853	53140	13401	234771
121	136	中粮集团有限公司	中国	61265	205	72072	11029	101708
160	137	北京汽车集团	中国	61130	1261	57783	8037	134765
149	138	联合包裹速递服务公司	美国	60906	3431	40377	405	335520
N.A.	139	安邦保险集团	中国	60800	3884	430040	20372	40707
140	140	标致	法国	59749	1913	47620	13348	175341
N.A.	141	艾伯森公司	美国	59678	-373	23755	1371	273000
135	142	第一生命控股有限公司	日本	59590	2135	466617	11675	62606
139	143	中国中化集团公司	中国	59533	468	57484	9195	60576
158	144	英特尔公司	美国	59387	10316	113327	66226	106000
151	145	三菱商事株式会社	日本	59303	4064	141402	44137	77164
144	146	欧尚集团	法国	58862	652	38537	10593	342709
253	147	荷兰全球保险集团	荷兰	58789	483	448666	25647	29380
152	148	保德信金融集团	美国	58779	4368	783962	45863	49739
133	149	沃达丰集团	英国	58611	-6904	165420	77211	111556
147	150	联合利华	英国/荷兰	58292	5733	59512	17247	168832
115	151	巴西银行	巴西	58093	2014	426416	26551	100622
98	152	墨西哥石油公司	墨西哥	57774	-10256	113115	-59909	125689
137	153	西班牙电话公司	西班牙	57544	2620	130396	19149	127323
209	154	巴西布拉德斯科银行	巴西	57443	5128	366418	32369	94541
136	155	联合技术公司	美国	57244	5055	89706	27579	201600
123	156	安赛乐米塔尔	卢森堡	56791	1779	75142	30135	198517
178	157	雷诺	法国	56667	3781	107681	32423	124849
118	158	俄罗斯石油公司	俄罗斯	56553	2705	180756	54227	295800
163	159	山东魏桥创业集团有限公司	中国	56174	1217	31641	9438	135393

续表

上年排名	排名	企业名称	国家/地区	营业收入/百万美元	净利润/百万美元	资产/百万美元	股东权益/百万美元	员工人数/人
120	160	马拉松原油公司	美国	55858	1174	44413	13557	44460
164	161	华特迪士尼公司	美国	55632	9391	92033	43265	195000
143	162	中国航空工业集团公司	中国	55306	464	124892	24345	457097
117	163	荷兰国际集团	荷兰	55282	5502	888226	49839	51943
191	164	三菱日联金融集团	日本	55185	8550	2722354	110573	115276
222	165	皇家阿霍德德尔海兹集团	荷兰	54955	918	38257	17165	225000
162	166	哈门那公司	美国	54379	614	25396	10685	51600
179	167	Seven & I 控股公司	日本	53858	893	49244	20086	54712
161	168	印度石油公司	印度	53562	2960	42132	15724	34999
167	169	瑞士罗氏公司	瑞士	53427	9720	75609	23534	94052
353	170	海航集团	中国	53035	279	173095	14096	220258
153	171	交通银行	中国	52990	10117	1209176	90531	95160
156	172	中国中信集团有限公司	中国	52852	3236	938261	41784	201263
186	173	辉瑞制药有限公司	美国	52824	7215	171615	59544	96500
165	174	拜耳集团	德国	52569	5011	86731	31990	115170
150	175	美国国际集团	美国	52367	-849	498264	76300	56400
154	176	美洲电信	墨西哥	52201	463	73555	10143	194193
172	177	韩国电力公司	韩国	51500	6074	147265	59394	43688
197	178	洛克希德—马丁	美国	50658	5302	47806	1511	97000
188	179	西斯科公司	美国	50367	950	16722	3480	51900
192	180	联邦快递	美国	50365	1820	46064	13784	335767
N.A.	181	慧与公司	美国	50123	3161	79679	31448	195000
157	182	路易达孚集团	荷兰	49838	305	19843	5115	17407
190	183	正威国际集团	中国	49677	1200	18405	10005	17852
125	184	马来西亚国家石油公司	马来西亚	49479	4093	134528	84800	51034
177	185	东京电力公司	日本	49446	1226	110202	20905	42060
175	186	诺华公司	瑞士	49436	6712	130124	74832	118393
183	187	思科公司	美国	49247	10739	121652	63586	73700
231	188	MS&AD 保险集团控股有限公司	日本	49239	1942	190596	12793	40641
166	189	德意志银行	德国	48876	-1550	1677437	63102	99744
200	190	中国电力建设集团有限公司	中国	48869	1058	86687	9990	187813
185	191	巴西 JBS 公司	巴西	48825	108	31605	7307	237061

续表

上年排名	排名	企业名称	国家/地区	营业收入/百万美元	净利润/百万美元	资产/百万美元	股东权益/百万美元	员工人数/人
146	192	泰国国家石油有限公司	泰国	48719	2682	62349	21309	24934
261	193	东京海上日动火灾保险公司	日本	48292	2527	202923	16474	38842
48	194	惠普公司	美国	48238	2496	29010	-3889	49000
174	195	莱茵集团	德国	48204	-6249	80576	3898	58652
187	196	陶氏化学	美国	48158	4318	79511	25987	56000
170	197	Finatis 公司	法国	48154	688	46270	744	232503
171	198	西农	澳大利亚	48003	296	30358	17083	220000
205	199	中国医药集团	中国	47810	504	36767	5658	106772
182	200	法国国家人寿保险公司	法国	47804	1327	442027	18491	5035
180	201	LG 电子	韩国	47712	66	31348	9926	75000
243	202	日本三井住友金融集团	日本	47375	6521	1775349	72876	77205
215	203	信实工业公司	印度	46931	4459	108856	40614	140483
275	204	中国宝武钢铁集团	中国	46606	443	106725	35728	169344
116	205	来宝集团	中国香港	46528	9	12285	3974	1000
211	206	百威英博	比利时	45905	1241	258381	71339	206633
145	207	挪威国家石油公司	挪威	45873	-2902	104530	35072	20539
173	208	韩国浦项制铁公司	韩国	45621	1168	66361	35057	31768
208	209	起亚汽车	韩国	45425	2374	42141	22010	51357
204	210	Orange 公司	法国	45249	3246	99840	32365	155202
234	211	中国化工集团公司	中国	45177	18	54341	3462	110614
203	212	德国联邦铁路公司	德国	44850	769	59716	13246	306368
213	213	德国大陆集团	德国	44842	3099	38151	15050	220137
212	214	HCA 公司	美国	44747	2890	33758	-7302	210500
223	215	日本伊藤忠商事株式会社	日本	44654	3251	72902	21559	110207
189	216	招商银行	中国	44552	9345	855070	57896	70461
232	217	印度国家银行	印度	44533	36	530590	33450	278872
176	218	澳大利亚伍尔沃斯公司	澳大利亚	43925	-898	17495	6305	205000
271	219	日本 KDDI 电信公司	日本	43822	5045	56223	31904	35032
282	220	瑞士再保险股份有限公司	瑞士	43786	3558	215065	35634	14053
201	221	河钢集团	中国	43769	-147	51858	7693	125552
229	222	中国华信能源有限公司	中国	43743	741	22578	3916	29637
219	223	西班牙对外银行	西班牙	43698	3843	771837	49952	134792

续表

上年排名	排名	企业名称	国家/地区	营业收入/百万美元	净利润/百万美元	资产/百万美元	股东权益/百万美元	员工人数/人
184	224	蒂森克虏伯	德国	43589	329	39411	2362	156487
196	225	圣戈班集团	法国	43231	1450	46158	19790	172696
202	226	联想集团	中国	43035	535	27186	3224	52000
210	227	万喜集团	法国	42771	2770	71642	17365	183487
238	228	新日铁住金	日本	42757	1209	65182	23555	100169
214	229	邦吉公司	美国	42679	745	19188	7144	32000
195	230	兴业银行	中国	42622	8106	875731	50382	56236
32	231	意昂集团	德国	42213	-9344	67179	-1113	43138
199	232	俄罗斯联邦储蓄银行	俄罗斯	42159	8078	415730	46182	325075
281	233	中国船舶重工集团公司	中国	42149	486	69621	17789	182129
228	234	迪奥	法国	42113	1740	69870	12293	120479
206	235	可口可乐公司	美国	41863	6527	87270	23062	100300
268	236	电装公司	日本	41781	2378	46233	29735	154493
248	237	富士通	日本	41620	817	28646	7910	155069
303	238	广州汽车工业集团	中国	41560	552	30267	3791	75908
254	239	丰益国际	新加坡	41402	972	37032	14435	90000
233	240	赛诺菲	法国	41376	5207	110390	60698	113816
207	241	中国联合网络通信股份有限公司	中国	41274	23	88626	11152	253724
335	242	住友生命保险公司	日本	40921	518	308346	8491	42245
198	243	美国纽约人寿保险公司	美国	40787	1088	287196	20108	11320
470	244	Centene 公司	美国	40721	562	20197	5895	30500
227	245	上海浦东发展银行股份有限公司	中国	40689	7993	842832	52946	52832
277	246	韩华集团	韩国	40606	424	128247	3650	49000
226	247	印度塔塔汽车公司	印度	40329	1112	42162	8942	79558
262	248	中国铝业公司	中国	40278	-283	75089	2669	121146
245	249	三井物产株式会社	日本	40275	2825	103231	33500	42316
394	250	宏利金融	加拿大	40238	2210	537461	31197	34500
221	251	中国民生银行	中国	40234	7202	848389	49297	58720
251	252	中国太平洋保险（集团）股份有限公司	中国	40193	1815	146873	18960	97032
236	253	美国航空集团	美国	40180	2676	51274	3785	122300
241	254	美国全国保险公司	美国	40074	334	197790	15537	34320

续表

上年排名	排名	企业名称	国家/地区	营业收入/百万美元	净利润/百万美元	资产/百万美元	股东权益/百万美元	员工人数/人
246	255	默沙东	美国	39807	3920	95377	40088	68000
264	256	信诺	美国	39668	1867	59360	13723	41000
239	257	达美航空	美国	39639	4373	51261	12287	83756
244	258	百思买	美国	39403	1228	13856	4709	125000
327	259	中国建材集团	中国	39323	75	81224	5822	228448
256	260	霍尼韦尔国际公司	美国	39302	4809	54146	19369	131000
366	261	京东	中国	39155	-573	23077	4877	120622
276	262	三菱电机股份有限公司	日本	39119	1943	37519	18307	138700
320	263	采埃孚	德国	38888	950	30719	6134	136820
194	264	卡特彼勒	美国	38537	-67	74704	13137	95400
249	265	美国利宝互助保险集团	美国	38308	1006	125592	120366	50000
351	266	加拿大鲍尔集团	加拿大	38286	856	315387	10339	30259
263	267	摩根士丹利	美国	37949	5979	814949	76050	55311
N.A.	268	恒力集团	中国	37880	822	14838	5498	61400
216	269	南苏格兰电力（SSE）	英国	37813	2083	29899	7842	21157
258	270	万通互惠理财	美国	37788	1274	271040	15424	11737
252	271	高盛	美国	37712	7398	860165	86893	34400
N.A.	272	江森自控国际公司	美国	37674	-868	63253	24118	209000
278	273	英国葛兰素史克公司	英国	37642	1231	72985	1389	99300
217	274	中国华能集团公司	中国	37543	-86	144306	7512	143691
225	275	Energy Transfer Equity 公司	美国	37504	995	79011	-1694	30992
270	276	神华集团	中国	37322	1917	140911	47962	202200
311	277	绿地控股集团有限公司	中国	37240	1085	105495	8333	39887
291	278	美国教师退休基金会	美国	37105	1492	523194	35583	12997
273	279	怡和集团	中国香港	37051	2503	71523	21800	430000
260	280	甲骨文公司	美国	37047	8901	112180	47289	136000
255	281	西班牙 ACS 集团	西班牙	36992	831	35196	3778	117542
308	282	住友商事	日本	36888	1577	69669	21241	70900
235	283	泰森食品	美国	36881	1768	22373	9608	114000
181	284	巴克莱	英国	36789	2807	1498612	80140	119300
305	285	意大利邮政集团	意大利	36617	688	203760	8578	136739
220	286	英国森特理克集团	英国	36580	2257	27046	3293	38278

续表

上年排名	排名	企业名称	国家/地区	营业收入/百万美元	净利润/百万美元	资产/百万美元	股东权益/百万美元	员工人数/人
265	287	美国联合大陆控股有限公司	美国	36556	2263	40140	8659	88000
283	288	好事达	美国	36534	1877	108610	20573	43275
230	289	印尼国家石油公司	印度尼西亚	36487	3147	47233	21864	27227
306	290	麦格纳国际	加拿大	36445	2031	22566	9768	155450
257	291	瑞银集团	瑞士	36230	3252	920291	52777	59387
224	292	意大利联合圣保罗银行	意大利	36225	3440	764712	51583	89126
274	293	加拿大乔治威斯顿公司	加拿大	36211	415	28299	5790	195000
307	294	日本三菱重工业股份有限公司	日本	36122	810	49205	15074	82728
423	295	Rajesh Exports 公司	印度	36114	186	3717	868	328
259	296	和硕	中国台湾	35891	600	13776	4601	196251
284	297	日本明治安田生命保险公司	日本	35767	2065	362739	12074	41872
240	298	马士基集团	丹麦	35464	-1939	61118	31258	87736
247	299	沙特基础工业公司	沙特阿拉伯	35421	4757	84489	43471	35000
280	300	法国布伊格集团	法国	35277	810	36758	8585	117997
272	301	沃尔沃集团	瑞典	35269	1536	43924	10577	89477
289	302	Talanx 公司	德国	35101	1003	165124	9574	20039
285	303	汉莎集团	德国	35011	1964	36593	7446	107276
297	304	加拿大皇家银行	加拿大	34904	7840	880724	52994	75510
312	305	埃森哲	爱尔兰	34798	4112	20609	7555	384000
250	306	雷普索尔公司	西班牙	34485	1920	68392	32553	24396
356	307	万科企业股份有限公司	中国	34458	3165	119555	16324	58280
317	308	大众超级市场公司	美国	34274	2026	17464	13473	191000
321	309	德国艾德卡公司	德国	34193	356	6921	1729	351500
288	310	森宝利	英国	34149	491	24674	7971	118700
301	311	Alimentation Couche-Tard 公司	加拿大	34145	1194	12304	5044	105000
309	312	中国能源建设集团有限公司	中国	33930	421	44181	5140	169173
237	313	韩国现代重工集团	韩国	33881	470	40783	13197	30767
286	314	瑞士 ABB 集团	瑞士	33828	1899	39499	13395	132300
302	315	美国运通公司	美国	33823	5408	158893	20501	56400
296	316	力拓集团	英国	33781	4617	89263	39290	51029
319	317	SNCF Mobilités 公司	法国	33747	565	39993	4696	193718
266	318	中国中车股份有限公司	中国	33739	1700	48681	15088	183061

续表

上年排名	排名	企业名称	国家/地区	营业收入/百万美元	净利润/百万美元	资产/百万美元	股东权益/百万美元	员工人数/人
473	319	长江和记实业有限公司	中国香港	33475	4252	130721	54777	290000
267	320	冀中能源集团	中国	33366	-154	30819	2042	127298
338	321	TJX 公司	美国	33184	2298	12884	4511	235000
318	322	新兴际华集团	中国	33174	448	18705	4585	59429
310	323	现代摩比斯公司	韩国	32972	2618	34541	23596	29499
393	324	爱信精机	日本	32879	1169	29964	11098	99389
340	325	来德爱	美国	32845	4	11594	614	70430
325	326	陕西延长石油（集团）有限责任公司	中国	32652	-23	45552	14063	134134
334	327	德国中央合作银行	德国	32636	1623	537278	21160	28264
300	328	联合信贷集团	意大利	32539	-13038	906489	41484	117659
313	329	中国光大集团	中国	32461	1878	627701	15661	61400
402	330	大和房建	日本	32421	1862	31917	10761	60539
343	331	耐克公司	美国	32376	3760	21396	12258	70700
295	332	Iberdrola 公司	西班牙	32308	2991	112536	38695	28389
269	333	澳洲联邦银行	澳大利亚	32287	6713	694565	44816	45129
293	334	中国机械工业集团有限公司	中国	32237	502	39142	8930	115390
341	335	费森尤斯集团	德国	32161	1762	48984	13186	232873
344	336	中国航天科技集团公司	中国	32094	1996	55721	21440	170357
347	337	陕西煤业化工集团	中国	31926	-254	64151	5769	123559
496	338	中国恒大集团	中国	31828	2369	194384	22618	89250
328	339	江西铜业集团公司	中国	31680	20	16108	2967	25460
388	340	损保控股有限公司	日本	31559	1536	107092	8424	47430
401	341	中国保利集团	中国	31508	744	95657	7676	76425
N.A.	342	安达保险公司	瑞士	31469	4135	159786	48275	31000
410	343	浙江吉利控股集团	中国	31430	1266	29749	5896	60712
355	344	Exelon 公司	美国	31360	1134	114904	25837	34396
330	345	通用动力	美国	31353	2955	32872	10976	98800
369	346	英国电信集团	英国	31333	2485	52972	10420	106400
332	347	佳能	日本	31271	1385	44062	23865	197673
359	348	物产中大集团	中国	31185	324	11018	2900	18150
324	349	三菱化学控股	日本	31158	1442	40064	9796	69291
168	350	必和必拓	澳大利亚	30912	-6385	118953	54290	26827

续表

上年排名	排名	企业名称	国家/地区	营业收入/百万美元	净利润/百万美元	资产/百万美元	股东权益/百万美元	员工人数/人
350	351	多伦多道明银行	加拿大	30855	6646	878268	54148	81233
395	352	斯巴鲁公司	日本	30696	2606	24794	13285	36668
333	353	普利司通	日本	30678	2441	31901	20268	143616
292	354	瑞士信贷	瑞士	30588	-2751	806950	41237	47170
381	355	中国航天科工集团公司	中国	30582	1444	36999	13654	148682
371	356	日本钢铁工程控股公司	日本	30539	627	38920	15632	60439
399	357	日本瑞穗金融集团	日本	30390	5570	1799736	62843	59179
316	358	吉里德科学公司	美国	30390	13501	56977	18887	9000
299	359	CHS 公司	美国	30347	424	17318	7852	12157
358	360	巴拉特石油公司	印度	30316	1301	16801	4747	13395
348	361	3M 公司	美国	30109	5050	32906	10298	91584
329	362	中国电子信息产业集团有限公司	中国	30010	322	36575	4831	144659
411	363	CRH 公司	爱尔兰	29973	1375	33320	14654	86778
349	364	中国船舶工业集团公司	中国	29877	368	40773	9164	68025
314	365	江苏沙钢集团	中国	29862	352	23720	5584	35133
465	366	中国远洋海运集团有限公司	中国	29743	1489	94792	24148	106478
373	367	马自达汽车株式会社	日本	29665	866	22660	8455	48849
342	368	国家电力投资集团公司	中国	29493	437	126068	8477	127343
403	369	台积电	中国台湾	29388	10284	58535	42174	46968
417	370	巴西淡水河谷公司	巴西	29363	3982	99014	39042	73062
376	371	时代华纳	美国	29318	3926	65966	24335	25000
426	372	山东能源集团有限公司	中国	29299	39	39887	6575	179689
405	373	铃木汽车	日本	29252	1476	27969	10318	62992
315	374	利安德巴塞尔工业公司	荷兰	29183	3836	23442	6048	13000
368	375	荷兰皇家飞利浦公司	荷兰	29003	1601	34068	13289	114731
N.A.	376	特许通讯公司	美国	29003	3522	149076	40139	91500
N.A.	377	美敦力公司	美国	28833	3538	99782	52063	98017
377	378	西北互助人寿保险公司	美国	28799	818	250441	20226	5646
378	379	欧莱雅	法国	28572	3435	37577	25840	89331
385	380	大连万达集团	中国	28483	110	152701	17237	155905
424	381	Medipal 控股公司	日本	28277	268	13696	3607	15745
331	382	中国华电集团公司	中国	28204	361	112115	7947	107000

续表

上年排名	排名	企业名称	国家/地区	营业收入/百万美元	净利润/百万美元	资产/百万美元	股东权益/百万美元	员工人数/人
456	383	友邦保险	中国香港	28196	4164	185074	34984	20000
367	384	印度斯坦石油公司	印度	28166	1228	12370	3245	10422
372	385	Migros 集团	瑞士	28155	693	62536	17132	77704
363	386	法国航空—荷兰皇家航空集团	法国	27920	876	24185	1354	82175
387	387	金巴斯集团	英国	27837	1409	13693	3254	527180
287	388	斯伦贝谢公司	美国	27810	-1687	77956	41078	100000
391	389	关西电力	日本	27792	1299	61513	11205	32666
326	390	广达电脑	中国台湾	27715	469	18229	4123	92698
336	391	西太平洋银行	澳大利亚	27704	5477	642083	44468	35280
396	392	Coop 集团	瑞士	27669	482	18369	8250	73451
N.A.	393	脸书公司	美国	27638	10217	64961	59194	17048
397	394	Travelers Cos. 公司	美国	27625	3014	100245	23221	30900
430	395	第一资本金融公司	美国	27519	3751	357033	47514	47300
360	396	二十一世纪福克斯	美国	27326	2755	48365	13661	21500
345	397	中国国电集团公司	中国	27315	269	114611	7496	124056
438	398	LafargeHolcim 公司	瑞士	27308	1818	18369	8250	73451
354	399	施耐德电气	法国	27307	1935	44137	21614	143901
408	400	中国电子科技集团	中国	27292	1612	35898	15895	158064
444	401	联合服务汽车协会	美国	27131	1779	147290	28840	29943
346	402	全球燃料服务公司	美国	27016	127	5413	1925	5000
416	403	PHOENIX PHARMAHANDEL 公司	德国	26976	135	9292	2732	26611
382	404	法国威立雅环境集团	法国	26972	424	40022	8173	156225
304	405	澳大利亚国民银行	澳大利亚	26958	259	594967	39244	34263
398	406	菲利普—莫里斯国际公司	美国	26685	6967	36851	-12688	79500
364	407	迪尔公司	美国	26644	1524	57981	6520	56767
447	408	东日本旅客铁道株式会社	日本	26587	2565	71009	23253	85834
413	409	Achmea 公司	荷兰	26494	-424	98096	10308	14921
N.A.	410	卡夫亨氏公司	美国	26487	3632	120480	57358	41000
468	411	国泰人寿保险股份有限公司	中国台湾	26292	934	172442	11212	36578
409	412	Tech Data 公司	美国	26235	195	7932	2170	9500
439	413	三星人寿保险	韩国	26222	1770	219157	22064	5284
380	414	安富利公司	美国	26219	507	11240	4691	17700

续表

上年排名	排名	企业名称	国家/地区	营业收入/百万美元	净利润/百万美元	资产/百万美元	股东权益/百万美元	员工人数/人
N.A.	415	诺基亚	芬兰	26113	-847	47354	21192	102687
407	416	Enbridge 公司	加拿大	26073	1561	64011	15949	7733
365	417	西班牙天然气公司	西班牙	26070	1490	49688	16057	17229
362	418	澳新银行集团	澳大利亚	26032	4200	699976	44237	46554
357	419	爱立信公司	瑞典	26004	201	31199	15395	111464
440	420	住友电工	日本	25975	993	26062	11769	248330
352	421	亿滋国际	美国	25923	1659	61538	25161	90000
500	422	英国耆卫保险公司	英国	25913	769	211943	9949	68527
412	423	日本出光兴产株式会社	日本	25888	814	23711	3852	9139
428	424	加拿大丰业银行	加拿大	25817	5362	668805	41975	88901
389	425	梅西百货	美国	25778	619	19851	4323	148300
434	426	曼福集团	西班牙	25775	858	71590	9625	37020
418	427	法国邮政	法国	25760	939	257526	11513	240407
463	428	Inditex 公司	西班牙	25733	3485	21203	13738	162450
469	429	艾伯维	美国	25638	5953	66099	4636	30000
322	430	大同煤矿集团有限责任公司	中国	25630	-215	40012	3169	162542
414	431	乐天百货	韩国	25444	145	34710	13502	26357
N.A.	432	英国标准人寿保险公司	英国	25279	497	235324	5370	6302
337	433	山西焦煤集团有限责任公司	中国	25123	-10	39206	4318	209817
442	434	德科集团	瑞士	25112	800	10651	3918	33000
421	435	国际航空集团	英国	24956	2135	28868	5649	63387
420	436	麦当劳	美国	24622	4687	31024	-2204	375000
452	437	日本电气公司	日本	24596	252	24091	7668	107729
379	438	杜邦公司	美国	24594	2513	39964	9998	46000
484	439	中国航空油料集团公司	中国	24588	320	6093	2263	11739
450	440	美国诺斯洛普格拉曼公司	美国	24508	2200	25614	5259	67000
N.A.	441	布鲁克菲尔德资产管理公司	加拿大	24411	1651	159826	26453	55700
N.A.	442	委内瑞拉商业金融服务公司	委内瑞拉	24403	2004	148659	7550	8370
462	443	SAP 公司	德国	24397	4032	46696	27817	84183
339	444	康菲石油公司	美国	24360	-3615	89772	34974	13300
374	445	山西阳泉煤业(集团)有限责任公司	中国	24284	11	30793	1783	146236
433	446	达能	法国	24267	1902	46350	13825	99187

续表

上年排名	排名	企业名称	国家/地区	营业收入/百万美元	净利润/百万美元	资产/百万美元	股东权益/百万美元	员工人数/人
N.A.	447	三星C&T公司	韩国	24217	93	36816	15155	13898
370	448	潞安集团	中国	24087	-107	29026	2542	95666
457	449	雷神公司	美国	24069	2211	30052	10066	63000
481	450	美的集团股份有限公司	中国	24060	2210	24549	8796	126418
448	451	日本中部电力	日本	24028	1058	48580	14695	30635
415	452	BAE系统公司	英国	24011	1232	28383	4247	76000
375	453	Tesoro公司	美国	24005	734	20398	5465	6308
406	454	中国大唐集团公司	中国	23871	244	101631	7371	97091
441	455	伟创力公司	新加坡	23863	320	12593	2645	200000
455	456	艾睿电子	美国	23825	523	14206	4413	18700
N.A.	457	贺利氏控股集团	德国	23793	—	4982	3160	12369
400	458	仁宝电脑	中国台湾	23773	252	10769	3283	64728
N.A.	459	阳光金控投资集团有限公司	中国	23657	159	24231	1925	10234
422	460	高通	美国	23554	5705	52359	31778	30500
492	461	阿弗瑞萨控股公司	日本	23551	285	11273	2993	13217
N.A.	462	阿里巴巴集团	中国	23517	6490	73538	40454	50097
419	463	KOC控股集团	土耳其	23456	1144	25047	7345	95456
N.A.	464	前进保险公司	美国	23441	1031	33428	7957	31721
446	465	杜克能源	美国	23369	2152	132761	41033	28798
451	466	米其林公司	法国	23120	1853	26705	11178	105654
N.A.	467	碧桂园控股有限公司	中国	23044	1734	85124	10091	94450
459	468	喜力控股公司	荷兰	23044	862	41469	6958	73525
392	469	ENTERPRISE PRODUCTS PARTNERS公司	美国	23022	2513	52194	22047	6800
435	470	阿斯利康	英国	23002	3499	62526	14854	59700
487	471	安进	美国	22991	7722	77626	29875	19200
445	472	荷兰合作银行	荷兰	22956	828	698790	27232	40029
N.A.	473	Altice公司	荷兰	22953	-1723	84805	-2668	49732
483	474	Onex公司	加拿大	22943	-130	42913	-490	161000
461	475	US Foods Holding公司	美国	22919	210	8945	2538	25000
384	476	山西晋城无烟煤矿业集团有限责任公司	中国	22875	3	32954	2988	135691

续表

上年排名	排名	企业名称	国家/地区	营业收入/百万美元	净利润/百万美元	资产/百万美元	股东权益/百万美元	员工人数/人
494	477	任仕达控股公司	荷兰	22873	650	9624	4366	32280
N.A.	478	腾讯控股有限公司	中国	22871	6186	56968	25128	38775
429	479	LG DISPLAY 公司	韩国	22840	781	20606	10729	49094
472	480	阿联酋航空集团	阿拉伯联合酋长国	22799	340	33096	9395	64768
490	481	美国合众银行	美国	22744	5888	445964	47298	71191
488	482	H&M 公司	瑞典	22618	2192	10681	6635	114586
N.A.	483	美国家庭人寿保险公司	美国	22559	2659	129819	20482	10212
466	484	索迪斯	法国	22477	707	15766	4085	425594
N.A.	485	苏宁云商集团	中国	22366	106	19738	9455	60354
431	486	GS 加德士	韩国	22207	1221	15969	8150	2949
474	487	Ultrapar 控股公司	巴西	22167	448	7426	2621	15173
N.A.	488	厦门建发集团有限公司	中国	22145	280	21729	3985	18381
425	489	西尔斯控股	美国	22138	−2221	9362	−3824	140000
383	490	中国通用技术(集团)控股有限责任公司	中国	22113	414	20860	5114	38589
471	491	英国国家电网	英国	22036	10151	82310	25463	22132
N.A.	492	达乐公司	美国	21987	1251	11672	5406	121000
404	493	意大利电信	意大利	21941	1999	74295	22366	61227
N.A.	494	厦门国贸控股集团有限公司	中国	21930	36	12161	1066	18454
N.A.	495	新疆广汇实业投资（集团）有限责任公司	中国	21919	252	31957	4563	65616
N.A.	496	梯瓦制药工业公司	以色列	21903	329	92890	33337	56960
427	497	新华人寿保险股份有限公司	中国	21796	744	100609	8507	54378
437	498	威廉莫里森超市连锁公司	英国	21741	406	11630	5111	77210
467	499	途易	德国	21655	1152	16247	3006	66779
N.A.	500	全美汽车租赁	美国	21609	431	10060	2310	26000
	合计			27708158	1524546	121665980	15391937	66981706

第十三章
中国500强企业按照行业分类名单

表　中国500强企业按照行业分类

行业名次	企业名称	通讯地址	邮政编码	名次（1）
农林牧渔业				
1	黑龙江北大荒农垦集团总公司	黑龙江省哈尔滨市南岗区千山路8号	150090	133
2	中国林业集团公司	北京市朝阳区麦子店街37号盛福大厦15层	100026	218
3	深圳市大生农业集团有限公司	广东省深圳市福田区金田路2028号皇岗商务中心2201单元	518034	237
煤炭采掘及采选业				
1	神华集团有限责任公司	北京市东城区安定门西滨河路22号	100011	61
2	冀中能源集团有限责任公司	河北省邢台市中兴西大街191号	054021	69
3	陕西煤业化工集团有限责任公司	陕西省西安市高新区锦业路1号都市之门B座	710065	74
4	山东能源集团有限公司	山东省济南市经十路10777号山东能源大厦	250014	87
5	大同煤矿集团有限责任公司	山西省大同市矿区新平旺	037003	95
6	山西焦煤集团有限责任公司	山西省太原市新晋祠路一段1号	030024	96
7	开滦（集团）有限责任公司	河北省唐山市新华东道70号	063018	98
8	阳泉煤业（集团）有限责任公司	山西省阳泉市北大西街5号	045000	99
9	山西潞安矿业（集团）有限责任公司	山西省长治市襄垣县侯堡镇	046204	100
10	山西晋城无烟煤矿业集团有限公司	山西省晋城市城区北石店镇	048006	108
11	兖矿集团有限公司	山东省邹城市凫山南路298号	273500	119
12	河南能源化工集团有限公司	河南省郑州市郑东新区CBD商务外环6号国龙大厦	450046	129
13	中国平煤神马能源化工集团有限公司	河南省平顶山市矿工中路21号	467000	131
14	中国中煤能源集团有限公司	北京市朝阳区黄寺大街1号	100120	195
15	淮南矿业（集团）有限责任公司	安徽省淮南市洞山中路1号	232001	253
16	淮北矿业（集团）有限责任公司	安徽省淮北市人民中路276号	235006	288
17	徐州矿务集团有限公司	江苏省徐州市煤建路8号	221006	292
18	内蒙古伊泰集团有限公司	内蒙古鄂尔多斯市东胜区天骄北路伊泰大厦	017000	348
19	四川宏达（集团）有限公司	四川省成都市青羊区锦里东路2号宏达国际广场27楼	610041	351
20	安徽省皖北煤电集团有限公司	安徽省宿州市西昌路157号	234000	488
石油、天然气开采及生产业				
1	中国石油天然气集团公司	北京市东城区东直门北大街九号	100007	3
2	中国海洋石油总公司	北京市东城区朝阳门北大街25号	100010	24
3	陕西延长石油（集团）有限责任公司	陕西省西安市科技二路75号	710075	64
房屋建筑				
1	中国建筑股份有限公司	北京市朝阳区安定路5号院3号楼	100029	5

注：名次（1）为2017中国企业500强中的名次。

续表

行业名次	企业名称	通讯地址	邮政编码	名次（1）
2	太平洋建设集团有限公司	江苏省南京市鼓楼区五台山1号	210019	19
3	上海建工集团股份有限公司	上海市虹口区东大名路666号	200080	122
4	广厦控股集团有限公司	浙江省杭州市莫干山路231号广厦锐明大厦17楼	310005	187
5	广西建工集团有限责任公司	广西南宁市良庆区平乐大道19号	530012	191
6	南通三建控股有限公司	江苏省海门市狮山路131号	226100	194
7	陕西建工集团有限公司	陕西省西安市莲湖区北大街199号	710003	197
8	湖南省建筑工程集团总公司	湖南省长沙市芙蓉南路一段788号	410004	206
9	中天控股集团有限公司	浙江省杭州市钱江新城城星路69号中天国开大厦	310020	222
10	中南控股集团有限公司	江苏省海门市上海路899号	226100	236
11	北京城建集团有限责任公司	北京市海淀区北太平庄路18号	100088	249
12	浙江省建设投资集团股份有限公司	浙江省杭州市文三路20号省建工大厦	310012	264
13	上海城建（集团）公司	上海市徐汇区宛平南路1099号	200032	268
14	江苏南通二建集团有限公司	江苏省启东市人民中路683号	226200	296
15	青建集团股份公司	山东省青岛市南海支路5号	266071	297
16	甘肃省建设投资（控股）集团总公司	甘肃省兰州市七里河区西津东路575号	730050	300
17	四川华西集团有限公司	四川省成都市解放路二段95号	610081	301
18	北京住总集团有限责任公司	北京市朝阳区慧忠里320号	100101	311
19	南通四建集团有限公司	江苏省南通市通州区新世纪大道999号	226300	315
20	江苏省苏中建设集团股份有限公司	江苏省南通市海安中坝南路18号	226600	317
21	山东科达集团有限公司	山东省东营市府前大街65号	257091	325
22	重庆建工投资控股有限责任公司	重庆市北部新区金开大道1596号	401122	337
23	广州市建筑集团有限公司	广东省广州市广卫路4号（建工大厦）	510030	345
24	北京建工集团有限责任公司	北京市西城区广莲路1号	100055	349
25	浙江中成控股集团有限公司	浙江省绍兴市中兴中路375号	312000	355
26	河北建设集团股份有限公司	河北省保定市五四西路329号	071000	366
27	安徽建工集团有限公司	安徽省合肥市黄山路459号安建国际大厦26-29层	230031	369
28	江苏南通六建设集团有限公司	江苏省如皋市城南街道解放路9号	226500	370
29	江西省建工集团有限责任公司	江西省南昌市北京路956号	330029	390
30	山西建筑工程(集团)总公司	山西省太原市新建路9号	030002	405
31	浙江昆仑控股集团有限公司	浙江省杭州市体育场路580号昆仑大厦1号楼3楼办公室	310007	438
32	广东省建筑工程集团有限公司	广东省广州市荔湾区流花路85号	510013	441

续表

行业名次	企业名称	通讯地址	邮政编码	名次（1）
33	浙江宝业建设集团有限公司	浙江省绍兴县杨汛桥镇杨汛路228号	312028	443
34	山河建设集团有限公司	湖北省武汉市武昌区徐东大街岳家嘴山河企业大厦30F	430062	447
35	河北建工集团有限责任公司	河北省石家庄市友谊北大街146号	050051	482
36	龙信建设集团有限公司	江苏省南通市海门市北京东路1号	226103	496
37	通州建总集团有限公司	江苏省南通市高新区新世纪大道998号建总大厦	226300	500
土木工程建筑				
1	中国铁路工程总公司	北京市海淀区复兴路69号9号楼中国中铁大厦	100039	13
2	中国铁道建筑总公司	北京市海淀区复兴路40号	100855	14
3	中国交通建设集团有限公司	北京市西城区德胜门外大街85号	100088	22
4	中国电力建设集团有限公司	北京市海淀区车公庄西路22号海赋国际A座	100048	42
5	中国能源建设集团有限公司	北京市朝阳区西大望路26号院1号楼	100022	68
6	中国化学工程股份有限公司	北京市东城区东直门内大街2号	100007	282
7	中国核工业建设股份有限公司	北京市西城区车公庄大街12号	100037	344
8	天元建设集团有限公司	山东省临沂市兰山区银雀山路63号	276003	449
9	北京市政路桥集团有限公司	北京市西城区南礼士路17号	100045	467
10	四川公路桥梁建设集团有限公司	四川省成都市高新区九兴大道12号	610041	484
电力生产				
1	中国华能集团公司	北京市西城区复兴门内大街6号	100031	63
2	国家电力投资集团公司	北京市西城区金融大街28号3号楼	100033	86
3	中国华电集团公司	北京市西城区宣武门内大街2号	100031	90
4	中国国电集团公司	北京市西城区阜成门北大街6-8号	100034	93
5	中国大唐集团公司	北京市西城区广宁伯街1号	100033	102
6	中国广核集团有限公司	广东省深圳市福田区深南大道2002号	518028	226
7	广东省粤电集团有限公司	广东省广州市天河东路8号粤电广场A座	510630	354

续表

行业名次	企业名称	通讯地址	邮政编码	名次(1)	名次(2)
农副食品					
1	新希望集团有限公司	北京市朝阳区望京街10号望京soho塔3B座11层	100102	221	96
2	正邦集团有限公司	江西省南昌市高新技术开发区艾溪湖一路569号	330096	238	105
3	广东温氏食品集团股份有限公司	广东省云浮市新兴县新城镇东堤北路9号温氏集团总部	527400	255	115
4	通威集团有限公司	四川省成都市高新区天府大道中段588号	610093	270	121
5	双胞胎(集团)股份有限公司	江西省南昌市火炬大道799号高新管委会北二楼	330096	347	154
6	三河汇福粮油集团有限公司	河北省三河市燕郊开发区汇福路8号	065201	396	181
7	西王集团有限公司	山东省邹平县西王工业园	256209	416	193
8	山东渤海实业股份有限公司	山东省青岛市北区港华路17号	266071	428	201
9	广东海大集团股份有限公司	广东省广州市番禺区南村镇万博四路42号海大大厦2座701	511445		251
10	广西农垦集团有限责任公司	广西南宁市七星路135号	530022		270
11	山东鲁花集团有限公司	山东省莱阳市龙门东路39号	265200		277
12	桂林力源粮油食品集团有限公司	广西桂林市叠彩区中山北路122号	541001		358
13	天津宝迪农业科技股份有限公司	天津市宝坻区马家店津围公路东侧	301800		383
14	辽宁禾丰牧业股份有限公司	辽宁省沈阳市沈北新区辉山大街169号	110164		396
15	青岛九联集团股份有限公司	山东省青岛莱西市上海西路	266611		471
食品					
1	光明食品(集团)有限公司	上海市华山路263弄7号	200040	106	36
2	万洲国际有限公司	河南省漯河市双汇路1号	462000	117	39
3	天狮集团有限公司	天津市武清开发区新源道北18号	301700	420	196
4	北京二商集团有限责任公司	北京市西城区槐柏树街2号1号楼202室	100053	479	234
5	香驰控股有限公司	山东博兴博城五路172号	256500		264
6	天津食品集团有限公司	天津市河西区气象台路96号	300074		274
7	北京顺鑫控股集团有限公司	北京市顺义区站前街1号顺鑫国际商务中心1305	101300		286
8	诸城外贸有限责任公司	山东省诸城市密州路东首	262200		339
9	得利斯集团有限公司	山东省诸城市昌城得利斯工业园	262216		414
10	唐人神集团股份有限公司	湖南省株洲市天元区栗雨工业园唐人神集团	412007		418
11	龙大食品集团有限公司	山东省莱阳市龙大工业园	265231		427

注:名次(2)为2017中国制造业企业500强中的名次。

续表

行业名次	企业名称	通讯地址	邮政编码	名次（1）	名次（2）
12	广西洋浦南华糖业集团股份有限公司	广西南宁市民族大道81号气象大厦16楼	530022		429
13	煌上煌集团有限公司	江西省南昌市南昌县小蓝经济开发区小蓝大道66号	330052		473
14	新和成控股集团有限公司	浙江省新昌县七星街大道西路418号	312500		477
15	厦门银鹭集团有限公司	福建省厦门市湖里区钟岭路2号银鹭大厦4楼	361015		479
饮料					
1	内蒙古伊利实业集团股份有限公司	内蒙古呼和浩特市金山开发区金山大道8号	010010	246	112
2	杭州娃哈哈集团有限公司	浙江省杭州市清泰街160号	310009	327	146
3	维维集团股份有限公司	江苏省徐州市维维大道300号	221111	437	210
4	农夫山泉股份有限公司	浙江省杭州市西湖区葛衙庄路181号	310007		366
5	宏胜饮料集团有限公司	浙江省杭州市萧山经济技术开发区恒盛路9号	311215		488
酒类					
1	四川省宜宾五粮液集团有限公司	四川省宜宾市翠屏区岷江西路150号	644007	214	91
2	稻花香集团	湖北省宜昌市夷陵区龙泉镇沙街1号	443112	299	133
3	中国贵州茅台酒厂（集团）有限责任公司	贵州省仁怀市茅台镇	564501	334	149
4	青岛啤酒股份有限公司	山东省青岛市香港中路五四广场青啤大厦	266071		257
5	泸州老窖集团有限责任公司	四川省泸州市江阳区泸州酒业集中发展区爱仁堂广场泸州老窖集团财务中心	646000		273
6	劲牌有限公司	湖北省大冶市大冶大道169号	435100		461
7	安徽古井集团有限责任公司	安徽省亳州市古井镇	236820		486
轻工百货生产					
1	天津渤海轻工投资集团有限公司	天津市河西区解放南路398号	300200	138	46
2	老凤祥股份有限公司	上海市漕溪路270号	200235	407	188
3	宜华企业（集团）有限公司	广东省汕头市金砂路52号汕头国际大酒店六楼	515041		282
4	大亚科技集团有限公司	江苏省丹阳市开发区齐梁路99号	212300		336
5	梦金园黄金珠宝集团有限公司	天津市滨海高新区花苑产业区梓苑路15号	300384		344
6	广博控股集团有限公司	浙江省宁波市鄞州区石碶街道广博工业园	315153		350
纺织印染					
1	山东魏桥创业集团有限公司	山东省邹平经济开发区魏纺路1号	256200	36	10
2	山东大海集团有限公司	山东省东营市东城黄河路38号生态谷37号楼409室	257091	228	99
3	济宁如意投资有限公司	山东省济宁市市中区洸河路72号如意大厦	272000	287	128
4	天津纺织集团（控股）有限公司	天津市空港经济区中心大道东九道6号天纺大厦	300308	359	159
5	江苏阳光集团有限公司	江苏省江阴市新桥镇陶新路18号	214426	391	178

续表

行业名次	企业名称	通讯地址	邮政编码	名次（1）	名次（2）
6	华芳集团有限公司	江苏省苏州市张家港市城北路178号华芳国际大厦	215600	464	222
7	澳洋集团有限公司	江苏省张家港市杨舍镇塘市镇中路澳洋国际大厦	215600	495	244
8	山东金茂纺织化工集团有限公司	山东省东营市东营区莒州路56号	257091		320
9	兴惠化纤集团有限公司	浙江省杭州市萧山区衙前镇吟龙村	311209		328
10	浙江天圣控股集团有限公司	浙江省绍兴县滨海工业区兴滨路6756号	312000		386
11	石家庄常山纺织集团有限责任公司	河北省石家庄市和平东路260号	050011		394
12	北京时尚控股有限责任公司	北京市东城区东单三条33号	100005		402
13	富丽达集团控股有限公司	浙江省杭州市萧山区临江高新技术产业园区长风路3999号	311228		403
14	浙江永利实业集团有限公司	浙江省绍兴柯桥金柯大道	312000		421
15	江苏倪家巷集团有限公司	江苏省江阴市周家庄倪家港村玉门西路36号	214423		447
服装及其他纺织品					
1	海澜集团有限公司	江苏省江阴市新桥镇海澜工业园	214426	166	69
2	雅戈尔集团股份有限公司	浙江省宁波市鄞州区大道西段2号	315153	269	120
3	红豆集团有限公司	江苏省无锡市锡山区东港镇红豆工业城	214199	284	127
4	百丽国际控股有限公司	广东省深圳市福田区福华一路98号卓越大厦12楼	518048	342	153
5	杉杉控股有限公司	浙江省宁波市 鄞州区日丽中路777号	315100	372	165
6	波司登股份有限公司	江苏省常熟市古里镇波司登工业园	215532	474	229
7	森马集团有限公司	浙江省温州市瓯海区娄桥工业园南汇路98号	325041		278
8	维科控股集团股份有限公司	浙江省宁波市海曙区柳汀街225号	315010		291
9	奥康集团有限公司	浙江省温州市永嘉县瓯北镇千石奥康工业园	325101		317
10	三鼎控股集团有限公司	浙江省义乌市经济开发区戚继光路658号	322000		322
11	金猴集团有限公司	山东省威海市和平路106号	264200		337
12	宁波申洲针织有限公司	浙江省宁波市北仑区大港工业城甬江路18号	315800		347
13	宁波博洋控股集团有限公司	浙江省宁波市海曙区启文路157弄6号	315012		354
14	即发集团有限公司	山东省青岛即墨市黄河二路386号	266200		419
15	罗蒙集团股份有限公司	浙江省宁波市奉化区江口街道江宁路47号	315504		469
家用电器制造					
1	海尔集团公司	山东省青岛市海尔路1号	266101	81	28
2	美的集团股份有限公司	广东省佛山市顺德区北滘镇美的大道6号美的总部大楼B区26-28楼	528311	101	35
3	珠海格力电器股份有限公司	广东省珠海市香洲区前山金鸡路789号	519070	141	49
4	TCL集团股份有限公司	广东省惠州市仲恺高新区惠风三路17号TCL科技大厦	516006	145	53

续表

行业名次	企业名称	通讯地址	邮政编码	名次（1）	名次（2）
5	四川长虹电子控股集团有限公司	四川省绵阳市高新区绵兴东路35号	621000	146	54
6	海信集团有限公司	山东省青岛市市南区东海西路17号	266071	156	61
7	奥克斯集团有限公司	浙江省宁波市鄞州区日丽中路757号25F	315100	242	108
8	深圳创维—RGB电子有限公司	广东省深圳市南山区高新南四道创维半导体设计大厦东座22-25楼	518057	402	186
9	双良集团有限公司	江苏省江阴市临港街道西利路88号	214444	477	232
10	广州万宝集团有限公司	广东省广州市海珠区江南大道中111号	510220	487	239
11	广东格兰仕集团有限公司	广东省佛山市顺德区容桂大道南25号	528305		293
12	星星集团有限公司	浙江省台州市椒江区洪家星星电子产业区13#楼	318015		404
13	杭州金鱼电器集团有限公司	浙江省杭州市西湖区天目山路159号现代国际大厦A座16楼	310013		438
14	澳柯玛股份有限公司	山东省青岛经济技术开发区前湾港路315号	266510		442
15	宁波方太厨具有限公司	浙江省宁波市慈溪市杭州湾新区滨海二路218号	315330		475
造纸及包装					
1	山东晨鸣纸业集团股份有限公司	山东省农圣东街2199号	262700	202	84
2	华泰集团有限公司	山东省东营市广饶县大王镇潍高路251号	257335	223	97
3	山东太阳控股集团有限公司	山东省济宁市兖州区友谊路一号	272100	333	148
4	金东纸业（江苏）股份有限公司	江苏省镇江市大港兴港东路8号	212132	492	242
5	山东博汇集团有限公司	山东省淄博市桓台县马桥镇大成工业区	256405		300
6	胜达集团有限公司	浙江省杭州市萧山区经济技术开发区北塘路2号	311215		377
7	安徽山鹰纸业股份有限公司	上海市长宁区虹桥路2272号虹桥商务大厦6F	200336		389
石化及炼焦					
1	中国石油化工集团公司	北京市朝阳区朝阳门北大街22号	100728	2	1
2	山东东明石化集团有限公司	山东省东明县石化大道27号	274500	169	71
3	中融新大集团有限公司	山东省青岛市崂山区东海东路58号基地金岸6号楼66座	266000	230	100
4	利华益集团股份有限公司	山东省东营市利津县大桥路86号	257400	243	109
5	山东京博控股股份有限公司	山东省滨州市博兴县经济开发区	256500	281	125
6	山东海科化工集团有限公司	山东省东营市北一路726号	257088	295	132
7	宝塔石化集团有限公司	宁夏银川市金凤区宁安大街88号18楼党委宣传部	750011	318	143
8	深圳光汇石油集团股份有限公司	广东省深圳市福田保税区花路5号CFC长富金茂大厦61-65楼	518048	358	158
9	嘉晨集团有限公司	辽宁省营口市老边区营大路66号	115005	360	160
10	山东金诚石化集团有限公司	山东省淄博市桓台县马桥镇	256405	382	171

续表

行业名次	企业名称	通讯地址	邮政编码	名次(1)	名次(2)
11	旭阳控股有限公司	北京市丰台区南四环西路188号五区4号楼	100070	413	192
12	富海集团有限公司	山东省东营市河口区黄河路37号	257200	435	208
13	金澳科技（湖北）化工有限公司	湖北省潜江市章华北路66号	433132	470	226
14	万通海欣控股股份有限公司	山东省东营市东营区郝纯路	257000	491	241
15	山东清源集团有限公司	山东省淄博市临淄区金岭镇清源商务中心	255400		271
16	山东汇丰石化集团有限公司	山东省淄博市桓台县石化南路77号	256410		272
17	山东垦利石化集团有限公司	山东省东营市垦利县胜兴路西1号	257500		276
18	山东寿光鲁清石化有限公司	山东省寿光羊口渤海化工园	262715		292
19	正和集团股份有限公司	山东省东营广饶县石村镇辛桥	257342		298
20	美锦能源集团有限公司	山西省太原市清徐县文源路东段9号	030400		324
21	山东恒源石油化工股份有限公司	山东省德州市临邑县恒源路111号	251500		353
22	山东科瑞控股集团有限公司	山东省东营市南二路233号	257067		362
23	河北鑫海化工集团有限公司	河北省渤海新区黄骅港南疏港路中段	061110		397
24	山东荣信煤化有限责任公司	山东省邹城市邹城工业园区荣信路666号	273517		405
25	景德镇市焦化工业集团有限责任公司	江西省景德镇市历尧	333000		454
26	湖南安石企业（集团）有限公司	湖南省娄底市娄星区月塘街安石广场办公楼	417000		458
27	山东宜坤集团有限公司	山东省东营市利津县陈庄镇工业园	257447		480
轮胎及橡胶制品					
1	华勤橡胶工业集团有限公司	山东省济宁市兖州市华勤工业园	272100	365	163
2	山东胜通集团股份有限公司	山东省东营市垦利县新兴路377号	257500	389	177
3	山东玉皇化工有限公司	山东省东明县武胜桥镇经济开发区	274512	395	180
4	重庆轻纺控股（集团）公司	重庆市北部新区高新园黄山大道中段7号	401121	493	243
5	中策橡胶集团有限公司	浙江省杭州市下沙经济技术开发区1号大街1号	310018		297
6	金发科技股份有限公司	广东省广州市萝岗区科学城科丰路33号	510663		319
7	三角集团有限公司	山东省威海市青岛中路56号	264200		406
8	兴源轮胎集团有限公司	山东省东营市广饶县稻庄镇	257300		407
9	玲珑集团有限公司	山东省招远市金龙路777号	265400		412
10	浙江富陵控股集团有限公司	浙江省绍兴市袍江区新区富陵	312075		440
11	江阴模塑集团有限公司	江苏省江阴市周庄镇长青路8号	214423		453
12	浙江中财管道科技股份有限公司	浙江省新昌县新昌大道东路658号	312500		484
化学原料及化学品制造					
1	中国化工集团公司	北京市海淀区北四环西路62号	100080	46	15
2	天津渤海化工集团有限责任公司	天津市和平区湖北路10号	300040	139	47
3	湖北宜化集团有限责任公司	湖北省宜昌市沿江大道52号	443000	193	80

续表

行业名次	企业名称	通讯地址	邮政编码	名次（1）	名次（2）
4	云天化集团有限责任公司	云南省昆明市滇池路1417号	650228	239	106
5	上海华谊（集团）公司	上海市常德路809号	200040	244	110
6	江阴澄星实业集团有限公司	江苏省江阴市梅园大街618号	214400	262	118
7	亚邦投资控股集团有限公司	江苏省常州市武进区牛塘镇人民西路105号	213163	314	141
8	山东金岭集团有限公司	山东省东营市广饶县傅家路588号金领国际	257300	386	174
9	传化集团有限公司	浙江省杭州市萧山经济技术开发区	311215	426	199
10	金浦投资控股集团有限公司	江苏省南京市鼓楼区马台街99号	210009	466	223
11	洪业化工集团股份有限公司	山东省东明县北外环路（106国道）中段	274500	473	228
12	宜昌兴发集团有限责任公司	湖北省兴山县古天镇高阳大道58号	443799	481	236
13	新疆中泰（集团）有限责任公司	新疆乌鲁木齐市经济技术开发区维泰南路1号1503室	830026		250
14	东辰控股集团有限公司	山东省东营市垦利县永莘路98号	257500		254
15	新疆天业（集团）有限公司	新疆石河子经济技术开发区北三东路36号	832000		262
16	巨化集团公司	浙江省衢州市柯城区	324004		263
17	江苏三木集团有限公司	江苏省宜兴市官林镇都山村三木路85号	214258		266
18	滨化集团公司	山东省滨州市滨城区黄河五路869号	256600		267
19	河北诚信有限责任公司	河北省石家庄市元氏县元赵路南	051130		269
20	纳爱斯集团有限公司	浙江省丽水市括苍南路19号	323000		281
21	升华集团控股有限公司	浙江省德清县武康镇武源街700号	313220		285
22	浙江龙盛控股有限公司	浙江省上虞区道墟镇龙盛大道1号	312368		289
23	广州立白企业集团有限公司	广州市荔湾区陆居路2号立白中心	510170		308
24	唐山三友集团有限公司	河北省唐山市南堡开发区	063305		310
25	山东中海化工集团有限公司	山东省东营市河口区湖滨新区西湖路	257200		326
26	红太阳集团有限公司	江苏省南京市高淳县双高路36号	211300		343
27	铭源控股集团有限公司	辽宁省大连市中山区港兴路6号万达中心29层	116001		373
28	万华化学（宁波）有限公司	浙江省宁波市大榭县（区）环岛北路39号万华工业园	315812		378
29	山东联盟化工集团有限公司	山东省寿光市建新街199号	262700		379
30	东凌控股有限公司	广东省广州市海珠区新港东路1166号20层	510330		392
31	湖北东圣化工集团有限公司	湖北省宜昌市远安县嫘祖镇分水村三组	444208		410
32	青海盐湖工业股份有限公司	青海省格尔木市黄河路28号	816000		423
33	江苏隆力奇集团有限公司	江苏省常熟市辛庄镇南隆力奇工业园	215555		450
34	上海紫江企业集团股份有限公司	上海市长宁区虹桥路2272号虹桥商务大厦7楼C座	200336		462
35	湖北新洋丰肥业股份有限公司	湖北省荆门市东宝区石桥驿镇洋丰大道1号	448150		463
36	山东鲁北企业集团总公司	山东省滨州市无棣县埕口镇	251909		485

续表

行业名次	企业名称	通讯地址	邮政编码	名次(1)	名次(2)
化学纤维制造					
1	恒力集团有限公司	江苏省苏州市吴江区盛泽镇南麻恒力路1号	215226	60	21
2	盛虹控股集团有限公司	江苏省苏州市吴江区盛泽镇纺织科技示范园	215228	170	72
3	浙江荣盛控股集团有限公司	浙江省杭州市萧山区益农镇荣盛控股大楼	311247	176	74
4	浙江恒逸集团有限公司	浙江省杭州市萧山区衙前镇	311209	200	82
5	江苏三房巷集团有限公司	江苏省江阴市周庄镇	214423	307	138
6	浙江桐昆控股集团有限公司	浙江省桐乡市桐乡经济开发区光明路199号	314500	362	161
7	江苏华宏实业集团有限公司	江苏省江阴市周庄镇澄杨路1128号	214423	461	219
8	华峰集团有限公司	浙江省瑞安市莘塍工业园区	325200		280
9	兴达投资集团有限公司	江苏省无锡市锡山区东港镇锡港南路888号	214196		321
10	新凤鸣集团股份有限公司	浙江省桐乡市洲泉镇德胜路888号	314513		327
11	浙江古纤道新材料股份有限公司	浙江省绍兴袍江工业区越东路	312071		439
12	开氏集团有限公司	浙江省杭州市萧山区衙前镇衙前路432号	311209		483
药品制造					
1	上海医药集团股份有限公司	上海市太仓路200号上海医药大厦	200020	134	45
2	广州医药集团有限公司	广东省广州市沙面北街45号	510130	171	73
3	科创控股集团有限公司	四川省成都市武侯区武科西二路5号	610045	235	104
4	四川科伦实业集团有限公司	四川省成都市青羊区百花西路36号	610071	352	155
5	太极集团有限公司	重庆市渝北区龙塔街道黄龙路38号	401147	377	168
6	天津市医药集团有限公司	天津市河西区友谊北路29号	300204	408	189
7	杭州华东医药集团有限公司	浙江省杭州市拱墅区莫干山路866号	310011	432	205
8	天士力控股集团有限公司	天津市北辰科技园区普济河东道2号天士力现代中药城	300410		258
9	石药控股集团有限公司	河北省石家庄高新技术产业开发区黄河大道226号	050035		275
10	云南白药集团股份有限公司	云南省昆明市呈贡新区云南白药大街3686号	650500		283
11	康美药业股份有限公司	广东省普宁流沙长春路中段	515300		290
12	华鲁控股集团有限公司	山东省济南市历下区舜海路219号华创管理中心A座22楼	250011		340
13	齐鲁制药有限公司	山东省济南市工业北路243号运营管理部	250100		349
14	哈药集团有限公司	黑龙江省哈尔滨市道里区群力大道7号	150078		359
15	江西济民可信集团有限公司	江西省南昌市高新区高新七路888号	330096		363
16	人福医药集团股份公司	湖北省武汉市东湖高新区高新大道666号	430075		384
17	浙江海正药业股份有限公司	浙江省台州市椒江区外沙路46号	318000		436
医疗设备制造					
1	威高集团有限公司	山东省威海市兴山路18号	264210	418	194

续表

行业名次	企业名称	通讯地址	邮政编码	名次(1)	名次(2)
水泥及玻璃制造					
1	中国建材集团有限公司	北京市海淀区复兴路17号国海广场2号楼	100036	58	20
2	安徽海螺集团有限责任公司	安徽省芜湖市文化路39号	240001	158	63
3	北京金隅集团有限责任公司	北京市东城区北三环东路36号	100013	204	86
4	吉林亚泰（集团）股份有限公司	吉林省长春市二道区吉林大路1801号	130031	393	179
5	天瑞集团股份有限公司	河南省汝州市广成东路63号	467599	406	187
6	沂州集团有限公司	山东省临沂市罗庄区付庄办事处	276018	453	215
7	红狮控股集团有限公司	浙江省兰溪市东郊上郭	321100		261
8	东旭集团有限公司	河北省石家庄市桥西区汇通路18号	050000		295
9	华新水泥股份有限公司	湖北省武汉市洪山区关山二路特一号国际企业中心一期5号楼	430070		372
10	天津市建筑材料集团（控股）有限公司	天津市南开区红旗南路508号	300381		381
11	奥盛集团有限公司	上海市商城路518号16-17楼	200120		411
12	沈阳远大企业集团	辽宁省沈阳市经济技术开发区十六号街6号	110027		446
其他建材制造					
1	杭州诺贝尔集团有限公司	浙江省杭州市余杭区临平镇世纪大道1133号	311100		380
2	广东新明珠陶瓷集团有限公司	广东省佛山市禅城区南庄镇华夏陶瓷博览城	528061		465
黑色冶金					
1	中国宝武钢铁集团有限公司	上海市浦东新区世博大道1859号宝武大厦	200126	44	13
2	河钢集团有限公司	河北省石家庄市裕华区体育南大街385号	050000	49	16
3	新兴际华集团有限公司	北京市朝阳区东三环中路5号财富金融中心	100020	70	23
4	江苏沙钢集团有限公司	江苏省苏州市张家港市锦丰镇	215625	84	31
5	鞍钢集团公司	辽宁省鞍山市铁东区五一路63号	114001	120	41
6	首钢总公司	北京市石景山区石景山路68号首钢厂东门	100041	121	42
7	青山控股集团有限公司	浙江省温州市龙湾区永中街道青山村	325038	149	56
8	山东钢铁集团有限公司	山东省济南市高新区舜华路2000号舜泰广场4号楼	250101	150	57
9	中天钢铁集团有限公司	江苏省常州市中吴大道1号	213011	153	58
10	东岭集团股份有限公司	陕西省宝鸡市金台大道东段69号	721004	161	66
11	湖南华菱钢铁集团有限责任公司	湖南省长沙市天心区湘府西路222号	410004	181	75
12	酒泉钢铁（集团）有限责任公司	甘肃省嘉峪关市雄关东路12号	735100	185	76
13	本钢集团有限公司	辽宁省本溪市明山区环山路36号	117000	188	78
14	河北津西钢铁集团股份有限公司	河北省唐山市迁西县三屯营镇	064302	205	87
15	太原钢铁（集团）有限公司	山西省太原市尖草坪2号	030003	212	90
16	杭州钢铁集团公司	浙江省杭州市半山路178号	310022	215	92
17	河北新华联合冶金控股集团有限公司	河北省沧州市渤海新区	061113	216	93

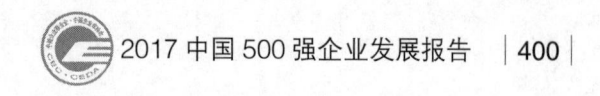

续表

行业名次	企业名称	通讯地址	邮政编码	名次（1）	名次（2）
18	北京建龙重工集团有限公司	北京市丰台区南四环西路188号总部基地十二区50号楼	100070	241	107
19	唐山瑞丰钢铁（集团）有限公司	河北省唐山市丰南区小集镇经济开发区	063303	245	111
20	河北敬业集团	河北省平山县南甸镇河北敬业集团	050400	258	116
21	天津荣程祥泰投资控股集团有限公司	天津市经济技术开发区第三大街盛达街9号泰达金融广场8楼	300457	263	119
22	马钢（集团）控股有限公司	安徽省马鞍山市九华西路8号	243000	274	123
23	冀南钢铁集团有限公司	河北省武安市南环路南侧	056300	293	131
24	南京钢铁集团有限公司	江苏省南京市六合区大厂卸甲甸	210035	303	135
25	昆明钢铁控股有限公司	云南省昆明市安宁市昆明钢铁控股有限公司	650302	308	139
26	广西柳州钢铁集团有限公司	广西柳州市北雀路117号	545002	313	140
27	四川省川威集团有限公司	四川省成都市龙泉驿区车城东6路5号	610100	340	151
28	日照钢铁控股集团有限公司	山东省日照市沿海路600号	276806	357	157
29	包头钢铁（集团）有限责任公司	内蒙古包头市昆区河西工业区包钢信息大楼	014010	371	164
30	安阳钢铁集团有限责任公司	河南省安阳市殷都区梅元庄	455004	381	170
31	武安市明芳钢铁有限公司	河北省武安市北关河北侧	056300	400	184
32	河北普阳钢铁有限公司	河北省武安市阳邑镇东	056305	401	185
33	四川德胜集团钒钛有限公司	四川省乐山市沙湾区铜河路南段8号	614900	419	195
34	河北新金钢铁有限公司	河北省武安市武邑路骈山村东	056300	424	197
35	湖南博长控股集团有限公司	湖南省冷水江市轧钢路5号	417500	430	203
36	江苏新长江实业集团有限公司	江苏省江阴市临港街道滨江西路328号长江村	214442	434	207
37	唐山港陆钢铁有限公司	河北省遵化市镇海东街198号	064200	436	209
38	武安市文安钢铁有限公司	河北省武安市南环路	056300	462	220
39	新余钢铁集团有限公司	江西省新余市冶金路	338001	463	221
40	天津友发钢管集团股份有限公司	天津市静海县大邱庄镇尧舜度假村	301606	468	224
41	武安市裕华钢铁有限公司	河北省武安市上团城乡崇义四街村北	056300	469	225
42	福建省三钢（集团）有限责任公司	福建省三明市梅列区工业中路群工三路	365000	485	238
43	广西盛隆冶金有限公司	广西防城港市港口区公车镇	538004	498	245
44	凌源钢铁集团有限责任公司	辽宁省凌源市钢铁路3号	122504		246
45	永锋集团有限公司	山东省德州市齐河县经济开发区	251100		248
46	山东泰山钢铁集团有限公司	山东省莱芜市新甫路1号	271100		249
47	江西萍钢实业股份有限公司	江西省南昌市红谷滩新区凤凰中大道890号	330038		279
48	河北兴华钢铁有限公司	河北省武安市上团城西	056300		294
49	广州钢铁企业集团有限公司	广东省广州市荔湾区芳村大道1号	510381		301
50	唐山国丰钢铁有限公司	河北省唐山市丰南区青年路193号	063300		316
51	河北冠丰冶金工业有限公司	河北省邯郸市武安市崇义村北铸造工业园区内	056300		332

续表

行业名次	企业名称	通讯地址	邮政编码	名次（1）	名次（2）
52	浙江协和集团有限公司	浙江省杭州市萧山区红山农场	311234		351
53	山东淄博傅山企业集团有限公司	山东省淄博市高新区四宝山街道办事处	255084		352
54	天津恒兴集团有限公司	天津市静海县静海镇北环工业园	301600		360
55	武安市广耀铸业有限公司	河北省武安市大同镇小屯村东	056300		367
56	河北安丰钢铁有限公司	河北省秦皇岛市昌黎县靖安镇	066600		369
57	振石控股集团有限公司	浙江省桐乡市崇福大道708号振石科技大楼	314500		385
58	天津源泰德润钢管制造集团有限公司	天津市大邱庄工业区科技大道	301606		391
59	河南济源钢铁（集团）有限公司	河南省济源市虎岭产业集聚区	459000		393
60	辛集市澳森钢铁有限公司	河北省辛集市南智邱镇赵马村东	052360		398
61	河北天柱钢铁集团有限公司	河北省唐山市丰润区殷官屯村村东	064000		409
62	潍坊特钢集团有限公司	山东省潍坊市钢铁工业园区东路	261201		426
63	江苏西城三联控股集团有限公司	江苏省江阴市临港新城夏港街道静堂里路21号	214442		433
64	中国庆华能源集团有限公司	北京市朝阳区建国门外大街光华里8号院中海广场	100020		437
65	重庆钢铁（集团）有限责任公司	重庆市大渡口区大堰三村1栋1号	400080		449
66	秦皇岛宏兴钢铁有限公司	河北省秦皇岛西部经济开发区昌黎循环经济产业园滦河大街1号	066602		457
67	唐山东华钢铁企业集团有限公司	河北省唐山市丰南区小集工业区	063303		466
68	广西贵港钢铁集团有限公司	广西贵港市南平中路	537101		467
69	山西建邦集团有限公司	山西省侯马市北郊工业园区	043000		474
70	西宁特殊钢集团有限责任公司	青海省西宁市柴达木西路52号	810005		487
71	邢台钢铁有限责任公司	河北省邢台市桥西区钢铁南路262号	054027		489
72	四川省达州钢铁集团有限责任公司	四川省达州市通川区西河路25号	635000		497
一般有色					
1	正威国际集团有限公司	广东省深圳市福田区深南大道7888号东海国际中心A座29层	518040	41	12
2	中国铝业公司	北京市海淀区西直门北大街62号	100082	56	19
3	江西铜业集团公司	江西省南昌市高新区昌东大道7666号	330096	76	25
4	金川集团股份有限公司	甘肃省金昌市金川区金川路98号	737103	88	32
5	海亮集团有限公司	浙江省诸暨市店口镇解放路386号	311814	110	37
6	铜陵有色金属集团控股有限公司	安徽省铜陵市长江西路有色大院	244001	111	38
7	中国有色矿业集团有限公司	北京朝阳区安定路10号中国有色大厦（北楼）	100029	118	40
8	陕西有色金属控股集团有限责任公司	陕西省西安市高新区高新路51号高新大厦	710075	128	43
9	南山集团有限公司	山东省龙口市东江镇南山工业园	265706	165	68
10	大冶有色金属集团控股有限公司	湖北省黄石市新下陆下陆大道18号	435005	186	77
11	宁夏天元锰业有限公司	宁夏中宁新材料循环经济示范区	755103	251	113

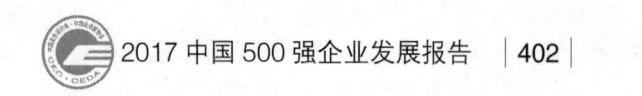

续表

行业名次	企业名称	通讯地址	邮政编码	名次（1）	名次（2）
12	白银有色集团股份有限公司	甘肃省白银市白银区友好路96号	730900	271	122
13	云南锡业集团（控股）有限责任公司	云南省红河州个旧市金湖东路121号	661000	316	142
14	宁波金田投资控股有限公司	浙江省宁波市江北区慈城城西西路1号	315034	328	147
15	东营鲁方金属材料有限公司	山东省东营市东营区养殖区骨干路22号	257000	383	172
16	西部矿业集团有限公司	青海省西宁市五四大街56号	810001	398	183
17	云南冶金集团股份有限公司	云南省昆明市北市区小康大道399号	650224	409	190
18	东营方圆有色金属有限公司	山东省东营经济开发区浏阳河路99号	257091	439	211
19	河南豫联能源集团有限责任公司	河南省巩义市新华路31号	451200	444	213
20	山东创新金属科技有限公司	山东省滨州市邹平县城北外环路东首	256200	483	237
21	河南豫光金铅集团有限责任公司	河南省济源市荆梁南街1号	459001	490	240
22	万基控股集团有限公司	河南省洛阳市新安县万基工业园	471800		256
23	浙江富冶集团有限公司	浙江省杭州市富阳区鹿山街道谢家溪	311407		265
24	烟台恒邦集团有限公司	山东省烟台市牟平区北关大街628号	264100		303
25	河南神火集团有限公司	河南省永城市东城区光明路17号	476600		311
26	天津华北集团有限公司	天津市北城区津围公路15号	300040		331
27	深圳市中金岭南有色金属股份有限公司	广东省深圳市福田区车公庙深南大道6013号中国有色大厦23-26楼	518040		348
28	济源市万洋冶炼（集团）有限公司	河南省济源市思礼镇思礼村	454690		368
29	山东亨圆铜业有限公司	山东省东营市东营区淮河路85号	257091		376
30	河南金利金铅集团有限公司	河南省济源市虎岭产业集聚区	459000		388
31	安徽楚江投资集团有限公司	安徽省芜湖市九华北路10号	241008		476
32	长沙新振升集团有限公司	湖南省长沙市远大一路1476号	410126		498
33	博威集团有限公司	浙江省宁波市鄞州区云龙镇鄞州大道东段1777号	315137		500
贵金属					
1	中国黄金集团公司	北京市东城区安定门外大街9号	100011	143	51
2	紫金矿业集团股份有限公司	福建省上杭县紫金大道1号	364200	192	79
3	山东黄金集团有限公司	山东省济南市高新区舜华路2000号舜泰广场3号楼	250100	203	85
4	山东招金集团有限公司	山东省招远市开发区盛泰路108号	265400	305	137
5	郴州市金贵银业股份有限公司	湖南省郴州市北湖区南岭大道680号	423000		478
金属制品加工					
1	中国国际海运集装箱（集团）股份有限公司	广东省深圳市南山区蛇口工业区港湾大道2号中集集团研发中心	518067	289	129
2	精功集团有限公司	浙江省绍兴柯桥金柯桥大道112号精功大厦18F	312030	452	214
3	法尔胜泓昇集团有限公司	江苏省江阴市澄江中路165号	214434	459	217

续表

行业名次	企业名称	通讯地址	邮政编码	名次（1）	名次（2）
4	江苏新华发集团有限公司	江苏江阴临港新城申港镇澄路1299号	214443		288
5	江苏大明金属制品有限公司	江苏省无锡市通江大道1518号	214191		299
6	福星集团控股有限公司	湖北省汉川市沉湖镇福星街1号	431608		313
7	浙江东南网架集团有限公司	浙江省杭州市萧山区衙前镇新林周村	311209		330
8	重庆万达薄板有限公司	重庆市涪陵区李渡工业园区盘龙路6号	400080		338
9	浙江元立金属制品集团有限公司	浙江省遂昌县元立大道479号	323300		355
10	邯郸市正大制管有限公司	河北省邯郸市成安工业区聚良大道9号	056700		395
11	湖南金龙国际铜业有限公司	湖南省长沙市望城金星路888号	410000		413
12	江苏江润铜业有限公司	江苏省宜兴市官林镇金辉工业园A区	214251		416
13	精工控股集团有限公司	浙江省绍兴市袍江开发区世纪西街1号	312000		424
14	浙江栋梁新材股份有限公司	浙江省湖州市吴兴区织里镇栋梁路1688号	313008		441
15	江苏海达科技集团有限公司	江苏省江阴市华士镇环南路800号	214421		445
16	天津市静海县宝来工贸有限公司	天津市静海县大邱庄镇海河道6号	301606		455
17	北京君诚实业投资集团有限公司	北京市朝阳区八里庄西里61号楼1404室	100025		456
锅炉及动力装备制造					
1	潍柴控股集团有限公司	山东省潍坊市高新技术开发区福寿东街197号甲	261061	155	60
2	上海电气（集团）总公司	上海市徐汇区钦江路212号	200233	160	65
3	杭州汽轮动力集团有限公司	浙江省杭州市庆春东路68号杭州汽轮国际大厦18楼	310016	207	88
4	中国东方电气集团有限公司	四川省成都市高新西区西芯大道18号	611731	384	173
5	哈尔滨电气集团公司	黑龙江省哈尔滨市松北区创新1路1399号	150028	425	198
6	广西玉柴机器集团有限公司	广西玉林市玉柴大道1号	537005	455	216
7	卧龙控股集团有限公司	浙江省绍兴市上虞区人民西路1801号	312300	480	235
机床制造					
1	沈阳机床（集团）有限责任公司	辽宁省沈阳市经济技术开发区开发大路17甲1号	110142		342
物料搬运设备制造					
1	卫华集团有限公司	河南省长垣县卫华大道西段	453400		431
工程机械及零部件					
1	徐州工程机械集团有限公司	江苏省徐州市金山桥经济开发区驮蓝山路26号	221004	196	81
2	三一集团有限公司	湖南省长沙市经济开发区三一工业城	410100	234	103
3	中联重科股份有限公司	湖南省长沙市银盆南路361号	410013	302	134
4	山东时风（集团）有限责任公司	山东省高唐县鼓楼西路	252800	397	182
5	四川省宜宾普什集团有限公司	四川省宜宾市岷江西路150号普什集团产业发展部	644007		305

续表

行业名次	企业名称	通讯地址	邮政编码	名次（1）	名次（2）
6	巨星控股集团有限公司	杭州市江干区九环路35号	310014		325
7	广西柳工集团有限公司	广西柳州市柳南区柳太路1号	545007		420
8	兰州兰石集团有限公司	甘肃省兰州新区黄河大道西段518号	730314		430
9	杭州东华链条集团有限公司	浙江省杭州余杭经济技术开发区昌达路1号	311102		459
10	泰富重装集团有限公司	湖南省湘潭市九华示范区奔驰中路6号	411100		460
工业机械及设备制造					
1	盾安控股集团有限公司	浙江省杭州市滨江区泰安路239号	310052	283	126
2	中国恒天集团有限公司	北京市朝阳区建国路99号中服大厦	100020	338	150
3	人本集团有限公司	浙江省温州市经济开发区苍东路66号	325011		356
4	天洁集团有限公司	浙江省诸暨市牌头镇杨傅村天洁工业园	311825		365
5	江西博能实业集团有限公司	江西省上饶经济开发区七六西路博能集团	334100		374
6	海天塑机集团有限公司	浙江省宁波市北仑区小港海天路1688号	315821		382
7	大连冰山集团有限公司	辽宁省大连市经济技术开发区辽河东路106号	116630		408
8	北方重工集团有限公司	辽宁省沈阳市经济技术开发区开发大路16号	110141		428
9	沈阳鼓风机集团股份有限公司	辽宁省沈阳经济技术开发区开发大路16号甲	110869		493
电子、电气设备制造					
1	中国电子信息产业集团有限公司	北京市海淀区万寿路27号	100846	82	29
2	中国电子科技集团公司	北京市海淀区万寿路27号	100846	92	33
3	天津百利机械装备集团有限公司	天津市南开区长江道4号	300100	132	44
4	超威电源有限公司	浙江省长兴县画溪街道画溪工业功能区	313100	162	67
5	天能电池集团有限公司	浙江省湖州市长兴县画溪工业功能区包桥路18号	313100	167	70
6	正泰集团股份有限公司	浙江省乐清市柳市镇工业区正泰大楼	325603	290	130
7	新疆特变电工集团有限公司	新疆昌吉市北京南路189号特变电工商务区	831100	304	136
8	德力西集团有限公司	浙江省乐清市柳市镇柳青路1号	325604	322	144
9	上海仪电（集团）有限公司	上海市徐汇区田林路168号	200233	341	152
10	人民电器集团有限公司	浙江省乐清市柳市镇车站路555号	325604	375	166
11	远东控股集团有限公司	江苏省宜兴市高塍镇远东大道6号	214257	433	206
12	宁波富邦控股集团有限公司	浙江省宁波市海曙区长春路2号	315010	460	218
13	河南森源集团有限公司	河南省国家郑州经济技术开发区经北五路56号	450016	471	227
14	中科电力装备集团有限公司	安徽省蚌埠市长征南路829号	233000	475	230
15	华仪集团有限公司	浙江省乐清经济开发区中心大道228号	325600	478	233
16	富通集团有限公司	浙江省富阳市金秋大道富春科技园18号	311400		247
17	江苏新潮科技集团有限公司	江苏省江阴市澄江东路99号	214429		306
18	三花控股集团有限公司	浙江省新昌县城关镇七星街道下礼泉村	312500		307

续表

行业名次	企业名称	通讯地址	邮政编码	名次（1）	名次（2）
19	中国西电集团公司	陕西省西安市高新区唐兴路7号	710075		334
20	浙江富春江通信集团有限公司	浙江省富阳市江滨东大道138号	311401		346
21	湘电集团有限公司	湖南省湘潭市岳塘区电工北路66号	411101		390
22	广州电气装备集团有限公司	广东省广州市大德路187号广州机电大厦15楼	510120		417
23	中国四联仪器仪表集团有限公司	重庆市北碚区蔡家镇同熙路99号	400707		434
24	中国华录集团有限公司	辽宁省大连市高新园区华路1号	116023		452
25	广州视源电子科技股份有限公司	广州市黄埔区云浦四路6号	510663		464
26	铜陵精达铜材（集团）有限责任公司	安徽省铜陵市经济技术开发区黄山大道北段988号	244061		468
27	长飞光纤光缆股份有限公司	湖北省武汉市光谷大道9号	430073		472
28	上海置信电气股份有限公司	上海市长宁区天山西路588号	200335		499
电线、电缆制造					
1	亨通集团有限公司	江苏省苏州市吴江区经济技术开发区中山北路2288号	215200	260	117
2	中天科技集团有限公司	江苏省如东县河口镇中天工业园区	226463	411	191
3	上海胜华电缆（集团）有限公司	上海市浦东新区沪南公路7577号胜华科技大厦	201314		335
4	安徽蓝德集团股份有限公司	安徽省天长市新河北路586号	239300		361
5	广州无线电集团有限公司	广东省广州市天河区黄埔大道西平云路163号	510656		370
6	江苏上上电缆集团有限公司	江苏省溧阳市上上路68号	213300		422
7	江南集团有限公司	江苏省宜兴市官林镇管东路53号	214251		443
8	安徽天康（集团）股份有限公司	安徽省天长市仁和南路20号	239300		496
风能、太阳能设备制造					
1	协鑫集团有限公司	江苏省苏州市工业园区新庆路28号协鑫能源中心	215000	144	52
2	晶龙实业集团有限公司	河北省宁晋县晶龙大街289号	055550	427	200
3	常州天合光能有限公司	江苏省常州市新北区天合光伏产业园天合路2号	213000	431	204
4	新疆金风科技股份有限公司	新疆乌鲁木齐市经济技术开发区	830026		255
5	晶科能源控股有限公司	江西省上饶经济技术开发区晶科大道1号	334100		284
6	东方日升新能源股份有限公司	浙江省宁波市宁波县梅林街道塔山工业园	315609		495
计算机及办公设备					
1	联想控股股份有限公司	北京市海淀区科学院南路2号融科资讯中心B座17层	100190	45	14
2	研祥高科技控股集团有限公司	广东省深圳市南山区高新中四道31号研祥科技大厦	518057	440	212
3	深圳欧菲光科技股份有限公司	广东省深圳市光明新区公明街道松白公路华发路段欧菲发科技园	518106		253

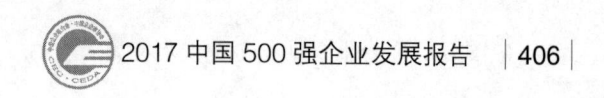

续表

行业名次	企业名称	通讯地址	邮政编码	名次（1）	名次（2）
4	得力集团有限公司	浙江省宁波市宁海县得力工业园	315600		314
5	舜宇集团有限公司	浙江省宁波市余姚区阳明街道舜宇路6668号	315400		357
6	浙江大华技术股份有限公司	浙江省杭州市滨江区滨安路1199号	310053		375
7	深圳市宝德投资控股有限公司	广东省深圳市福田区深南大道1000号福田科技广场C栋10楼	518000		494
通信设备制造					
1	华为投资控股有限公司	广东省深圳市龙岗区坂田华为基地	518129	17	4
2	中兴通讯股份有限公司	北京市海淀区花园东路19号中兴大厦	100191	154	59
3	天津中环电子信息集团有限公司	天津市南开区复康路23号	300191	157	62
4	武汉邮电科学研究院	湖北省武汉市洪山区邮科院路88号	430074		260
5	四川九洲电器集团有限责任公司	四川省绵阳市科创园区九华路6号	621000		296
6	普联技术有限公司	广东省深圳市南山区科技园中区科苑路5号南楼	518057		415
7	深圳市特发集团有限公司	广东省深圳市福田区深南大道1006号深圳国际创新中心A栋29-30层	518026		470
8	深圳市天珑移动技术有限公司	广东省深圳市南山区华侨城东部工业区H-3栋2楼	518000		481
9	智慧海派科技有限公司	江西省南昌临安经济区黄堂东街688号	330014		490
半导体、集成电路及面板制造					
1	京东方科技集团股份有限公司	北京市经济技术开发区西环中路12号	100176	220	95
2	蓝思科技股份有限公司	湖南省长沙国家级浏阳经济杆塔我蓝思科技园	410300	388	176
3	合肥鑫晟光电科技有限公司	安徽省合肥市新站区龙子湖路668号	230012		399
汽车及零配件制造					
1	上海汽车集团股份有限公司	上海市威海路489号	200041	9	2
2	东风汽车公司	湖北省武汉市经济技术开发区东风大道特1号	430056	16	3
3	中国第一汽车集团公司	吉林省长春市东风大街2259号	130011	27	7
4	北京汽车集团有限公司	北京市顺义区双河大街99号北京汽车产业基地	101300	34	9
5	广州汽车工业集团有限公司	广东省广州市天河区珠江新城兴国路23号广汽中心	510623	52	18
6	浙江吉利控股集团有限公司	浙江省杭州市滨江区江陵路1760号	310051	78	26
7	华晨汽车集团控股有限公司	辽宁省沈阳市大东区东望街39号	110044	94	34
8	万向集团公司	浙江省杭州市萧山经济技术开发区	311215	140	48
9	江苏悦达集团有限公司	江苏省盐城市世纪大道东路2号	224007	142	50
10	比亚迪股份有限公司	广东省深圳市坪山新区比亚迪路3009号	518118	148	55
11	长城汽车股份有限公司	河北省保定市朝阳南大街2266号	071000	159	64
12	中国重型汽车集团有限公司	山东省济南市高新区华奥路777号	250101	217	94
13	江铃汽车集团公司	江西省南昌市迎宾北大道666号	330001	227	98

续表

行业名次	企业名称	通讯地址	邮政编码	名次(1)	名次(2)
14	安徽江淮汽车集团控股有限公司	安徽省合肥市包河区东流路176号	230022	280	124
15	郑州宇通集团有限公司	河南省郑州市管城区宇通路河宇通工业园	450061	379	169
16	陕西汽车控股集团有限公司	陕西省西安市经济开发区泾渭工业园	710200	387	175
17	奇瑞汽车股份有限公司	安徽省芜湖市经济技术开发区长春路8号	241009	429	202
18	万丰奥特控股集团有限公司	浙江省新昌县江滨西路518号万丰广场总部大楼	312500		259
19	厦门金龙汽车集团股份有限公司	福建省厦门市湖里区东港北路31号港务大厦7层、11层	361012		287
20	广西汽车集团有限公司	广西柳州市河西路18号	545007		302
21	三环集团有限公司	湖北省武汉市东湖新技术开发区佳园路33号	430074		304
22	宁波均胜电子股份有限公司	浙江省宁波市高新区聚贤路1266号	315040		312
23	重庆银翔实业集团有限公司	重庆市渝北区空港经济开发区空港大道882号	401120		315
24	重庆小康控股有限公司	重庆市沙坪坝区井口工业园	400033		329
25	海马汽车集团股份有限公司	海南省海口市金盘工业区金牛路2号	570216		364
26	安徽中鼎控股(集团)股份有限公司	安徽省宁国市经济技术开发区	242300		371
27	庆铃汽车(集团)有限公司	重庆市九龙坡区中梁山协兴村1号	400052		432
28	长丰集团有限责任公司	湖南省长沙市长沙县星沙经济技术开发区漓湘东路9号	410100		448
29	波鸿集团有限公司	四川省成都市高新区高新国际广场D座二楼(天韵路150号)	610041		451
30	恒威集团有限公司	浙江省宁波市江北区洪塘工业B区江北大道1236弄9号	315033		491
31	安徽环新集团有限公司	安徽省安庆市经济技术开发区迎宾大道16号	246000		492
摩托车及零配件制造					
1	隆鑫控股有限公司	重庆市九龙坡区石坪桥横街2号附5号	400051	363	162
2	重庆力帆控股有限公司	重庆市北碚区蔡家岗镇凤栖路16号	400707	376	167
3	宗申产业集团有限公司	重庆市巴南区渝南大道126号宗申工业园	400054		309
轨道交通设备及零部件制造					
1	中国中车股份有限公司	北京市海淀区西四环中路16号院5号楼	100036	66	22
航空航天					
1	中国航空工业集团公司	北京市朝阳区曙光西里甲5号院19号楼中航工业大厦	100028	37	11
2	中国航天科技集团公司	北京市海淀区阜成路16号航天科技大厦	100048	73	24
3	中国航天科工集团公司	北京市海淀区阜成路甲8号航天科工大厦	100048	80	27
兵器制造					
1	中国兵器装备集团公司	北京市海淀区车道沟十号院	100892	21	5
2	中国兵器工业集团公司	北京市西城区三里河路46号	100821	32	8

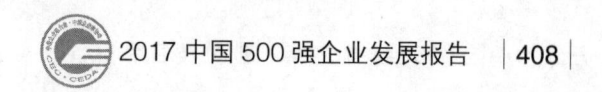

续表

行业名次	企业名称	通讯地址	邮政编码	名次（1）	名次（2）
船舶制造					
1	中国船舶重工集团公司	北京市海淀区昆明湖南路72号	100097	51	17
2	中国船舶工业集团公司	北京市海淀区首体南路9号主语城1号楼	100044	83	30
3	江苏扬子江船业集团公司	江苏省无锡市江阴市江阴一靖江工业园区二圩港	214532		252
4	金海重工股份有限公司	浙江省岱山县途镇金海大道1号	316291		444
综合制造业					
1	中国五矿集团公司	北京市海淀区三里河路5号五矿大厦	100044	26	6
2	复星国际有限公司	上海市黄浦区复兴东路2号复星商务大厦	200010	201	83
3	新华联集团有限公司	北京市通州区台湖镇政府大街新华联集团总部大楼10层	101116	208	89
4	无锡产业发展集团有限公司	江苏省无锡市县前西街168号	214031	232	101
5	万达控股集团有限公司	山东省东营市垦利县行政办公新区万达大厦	257500	233	102
6	杭州锦江集团有限公司	浙江省杭州市拱墅南路111号锦江大厦20-22楼	310005	254	114
7	江苏华西集团有限公司	江苏省无锡市江阴市华士镇华西新市村	214420	324	145
8	重庆化医控股（集团）公司	重庆市北部新区星光大道70号天王星A1座	401121	353	156
9	重庆机电控股（集团）公司	重庆市北部新区黄山大道中段60号	401123	476	231
10	苏州创元投资发展（集团）有限公司	江苏省苏州市工业园区苏桐路37号	215021		268
11	花园集团有限公司	浙江省东阳市南马镇花园工业区	322121		318
12	华立集团股份有限公司	浙江省杭州市余杭区五常大道181号华立科技园	310023		323
13	鲁丽集团有限公司	山东省潍坊市寿光市候镇政府驻地	262724		333
14	利时集团股份有限公司	浙江省宁波市鄞州区投资创业中心诚信路518号	315105		341
15	重庆市博赛矿业（集团）有限公司	重庆市渝中区邹容路131号世界贸易中心47楼	400010		345
16	安徽淮海实业发展集团有限公司	安徽省淮北市相山区人民中路278号	235000		387
17	致达控股集团有限公司	上海市静安区延平路121号29楼	200042		400
18	攀枝花钢城集团有限公司	四川省攀枝花市东区长寿路	617023		401
19	华盛江泉集团有限公司	山东省临沂市罗庄区双月湖西岸	276017		425
20	山东胜利明珠集团有限公司	山东省东营市垦利区经济技术开发区东首	257500		435
21	浙江航民实业集团有限公司	浙江省杭州市萧山区瓜沥镇航民村	311241		482

行业名次	企业名称	通讯地址	邮政编码	名次（1）	名次（3）
电网					
1	国家电网公司	北京市西城区西长安街86号	100031	1	1
2	中国南方电网有限责任公司	广东省广州市学城科翔路11号	510530	20	11
3	内蒙古电力（集团）有限责任公司	内蒙古呼和浩特市锡林南路218号	010020	252	97
4	广西桂东电力股份有限公司	广西贺州市平安西路12号	542899		428
水务					
1	北京控股集团有限公司	北京市朝阳区东三环北路38号院北京国际中心4号楼	100026	198	82
2	北京首都创业集团有限公司	北京市东城区朝阳门北大街6号首创大厦15层	100027	373	141
3	南昌市政公用投资控股有限责任公司	江西省南昌市青山湖区湖滨东路1399号	330039		202
4	湖北省交通投资集团有限公司	湖北省武汉市洪山区珞瑜路1077号东湖广场	430000		229
5	宁波华东物资城市场建设开发有限公司	浙江省宁波市江东县(区)世纪大道北段323号20层	315040		251
6	广西北部湾投资集团有限公司	广西南宁市中泰路11号北部湾大厦北楼1402	530029		254
7	天津城市基础设施建设投资集团有限公司	天津市和平区大沽北路161号城投大厦	300040		264
8	武汉市城市建设投资开发集团有限公司	湖北省武汉市洪山区团结大道1020号	430061		288
9	上海临港经济发展（集团）有限公司	上海市浦东新区新元南路555号	201306		336
10	广州市水务投资集团有限公司	广东省广州市天河区临江大道501号	510655		354
11	路通建设集团股份有限公司	山东省东营市东营区东城府前大街55号金融港G座	257000		369
12	深圳市水务(集团)有限公司	广东省深圳市深南中路1019号万德大厦	518031		387
13	天津市政建设集团有限公司	天津市河西区环岛西路4号别墅	300221		401
综合能源供应					
1	浙江省能源集团有限公司	浙江省杭州市天目山路152号	310007	224	89
2	云南省能源投资集团有限公司	北京市海淀区西直门外大街168号腾达大厦1006室	100044	250	96
3	北京能源集团有限责任公司	北京市朝阳区永安东里16号CBD国际大厦A区	100022	259	100
4	重庆市能源投资集团有限公司	重庆市渝北区洪湖西路12号	401121	378	143
5	福建省能源集团有限责任公司	福建省福州市省府路1号	350001	385	145
6	申能（集团）有限公司	上海市虹井路159号申能源中心	201103	412	152
7	新奥能源控股有限公司	河北省廊坊市经济技术开发区新源东道	065001	415	154
8	四川省能源投资集团有限责任公司	四川省成都市锦江区毕昇路468号创世纪大厦	610000	417	155
9	天津能源投资集团有限公司	天津市和平区马厂道142号增1号	300050	458	168

注：名次（3）为2017中国服务业企业500强中的名次。

续表

行业名次	企业名称	通讯地址	邮政编码	名次(1)	名次(3)
10	广州国资发展控股有限公司	广东省广州市天河区临江大道3号发展中心9楼	510623		184
11	山西省国新能源发展集团有限公司	山西省太原市长治路345号	030032		253
12	安徽省能源集团有限公司	安徽省合肥市马鞍山路76号能源大厦	230011		273
13	无锡市国联发展(集团)有限公司	江苏省无锡市滨湖区金融一街8号	214131		279
14	深圳能源集团股份有限公司	广东省深圳市深南中路2068号华能大厦33楼	518031		291
15	浙江海越股份有限公司	浙江省诸暨市西施大街59号海越大厦	311800		316
16	安徽国祯集团股份有限公司	安徽省合肥市高新技术开发区科学大道91号	230088		405
17	武汉市燃气热力集团有限公司	湖北省武汉市江汉区台北路225号	430015		441
18	四川华油集团有限责任公司	四川省成都市青羊区狮子巷55号	610017		454
19	上海大众公用事业(集团)股份有限公司	上海市徐汇区中山西路1515号8楼	200235		465
20	汉江水利水电(集团)有限责任公司	湖北省武汉市东西湖区航天路7号	430048		488
铁路运输					
1	中铁集装箱运输有限责任公司	北京市西城区鸭子桥路24号中铁商务大厦622房间	100055		483
公路运输					
1	浙江省交通投资集团有限公司	浙江省杭州市钱江新城五星路199号明珠国际商务中心	310020	172	69
2	山东高速集团有限公司	山东省济南市历下区龙奥北路8号	250098	257	99
3	甘肃省公路航空旅游投资集团有限公司	甘肃省兰州市城关区南昌路1716号	730030	266	103
4	广东省交通集团有限公司	广东省广州市珠江新城珠江东路32号利通广场	510623	339	132
5	四川省交通投资集团有限责任公司	四川省成都市武侯区二环路西一段90号四川交投大厦	610041	410	151
6	安徽省交通控股集团有限公司	安徽省合肥市望江西路520号	230088	497	174
7	四川高速公路建设开发总公司	四川省成都市二环路西一段90号高速大厦A1516	610041		221
8	江西省高速公路投资集团有限责任公司	江西省南昌市西湖区朝阳州中路367号	330025		266
9	重庆交通运输控股(集团)有限公司	重庆市北部新区高新园青松路33号	401121		283
10	天津市交通(集团)有限公司	天津市和平区营口道10号	300041		295
11	现代投资股份有限公司	湖南省长沙市芙蓉中路二段128号现代广场	410004		321
12	上海交运集团股份有限公司	上海市闸北区恒丰路288号10楼	200070		348
13	苏州汽车客运集团有限公司	江苏省苏州市金阊区留园路288号	215008		410
14	内蒙古高等级公路建设开发有限责任公司	内蒙古呼和浩特市新城区哲里木路9号	010051		413
15	上海强生控股股份有限公司	上海市静安区南京路920号强生南泰大厦1802室	200041		443
16	江西赣粤高速公路股份有限公司	江西省南昌市朝阳洲中路367号	330025		461
水上运输					
1	中国远洋海运集团有限公司	上海市虹口区东大名路670号	200080	85	40

续表

行业名次	企业名称	通讯地址	邮政编码	名次（1）	名次（3）
2	浙江中外运有限公司	浙江省宁波市海曙区解放南路69号	315010		362
3	广东省航运集团有限公司	广东省广州市越秀区八旗二马路48号广东航运大厦	510111		498
港口服务					
1	广西北部湾国际港务集团有限公司	广西南宁市青秀区金浦路33号30-32楼	530000	392	146
2	上海国际港务（集团）股份有限公司	上海市虹口区东大名路358号国际港务大厦	200080	456	166
3	天津港（集团）有限公司	天津市滨海新区（塘沽）津港路99号	300461		179
4	浙江省海港投资运营集团有限公司	浙江省宁波市鄞州区宁东路269号宁波环球航运广场	315040		200
5	日照港集团有限公司	山东省日照市黄海一路91号	276826		210
6	大连港集团有限公司	辽宁省大连市中山区港湾街1号	116001		212
7	厦门港务控股集团有限公司	福建省厦门市湖里区东渡路125之21/2楼	361013		259
8	河北港口集团有限公司	河北省秦皇岛市海港区海滨路35号	066002		308
9	广州港集团有限公司	广东省广州市越秀区沿江东路406号港口中心	510100		323
10	中国南山开发（集团）股份有限公司	广东省深圳市南山区赤湾石油大厦	518068		324
11	唐山港集团股份有限公司	河北省唐山市唐山海港经济开发区唐山港大厦	063611		411
航空运输					
1	海航集团有限公司	海南省海口市国兴大道7号海航大厦	570203	38	20
2	中国航空集团公司	北京市朝阳区霄云路36号国航大厦	100027	136	61
3	中国南方航空集团公司	广东省广州市机场路航云南街27号	510406	137	62
4	中国东方航空集团公司	上海市长宁区虹桥机场空港三路99号	200335	151	64
5	四川航空股份有限公司	四川省成都市双流国际机场四川航空大厦	610202		214
6	山东航空集团有限公司	山东省济南市二环东路5746号	240014		265
7	天津航空有限责任公司	天津市东丽区机场路1196号	300300		332
航空港及相关服务业					
1	上海机场（集团）有限公司	上海市虹桥机场迎宾二路200号	200335		281
2	厦门翔业集团有限公司	福建省厦门市思明区仙岳路396号翔业大厦17楼	361000		301
邮政					
1	中国邮政集团公司	北京市西城区金融街甲3号	100808	25	13
物流及供应链					
1	厦门建发集团有限公司	福建省厦门市思明区环岛东路1699号建发国际大厦43楼	361008	112	49
2	腾邦集团有限公司	广东省深圳市福田保税区桃花路9号腾邦集团大厦	518038	189	80
3	深圳市怡亚通供应链股份有限公司	北京市海淀区知春路盈都大厦A座11A	100191	261	101
4	深圳顺丰泰森控股（集团）有限公司	广东省深圳市南山区学府路软件产业基地一栋B座9楼	518000	265	102

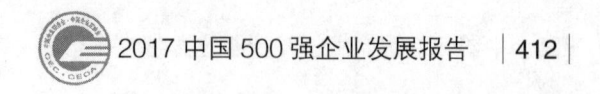

续表

行业名次	企业名称	通讯地址	邮政编码	名次（1）	名次（3）
5	深圳市飞马国际供应链股份有限公司	深圳市深南大道7008号阳光高尔夫大厦26楼	518040	285	112
6	河北省物流产业集团有限公司	河北省石家庄市中华北大街三号	050000	286	113
7	玖隆钢铁物流有限公司	江苏省张家港市锦丰镇兴业路2号玖隆大厦	215625	332	129
8	深圳市信利康供应链管理有限公司	深圳市福田区深南中路6011号NEO（A座）36楼	518048		181
9	深圳市富森供应链管理有限公司	深圳市福田区泰然工贸园201栋东座2楼	518000		194
10	山西能源交通投资有限公司	山西省太原市长风西街1号丽华大厦A座15-16层	030021		199
11	深圳市年富供应链有限公司	广东省深圳市福田区泰然八路泰然大厦C座25楼	518040		204
12	广西交通投资集团有限公司	广西南宁市民族大道146号三祺广场48楼	530028		228
13	德邦物流股份有限公司	上海市青浦区徐泾镇明珠路316号	201799		235
14	圆通速递股份有限公司	上海市青浦区华新镇华徐公路3029弄18号	201705		238
15	福建省交通运输集团有限责任公司	福建省福州市东水路18号交通综合大楼东楼21-23层	350001		293
16	申通快递股份有限公司	上海市青浦区重固镇北青公路6598弄25号	201706		314
17	浙江华瑞集团有限公司	浙江省杭州市萧山区建设一路66号华瑞中心一号楼28楼	311215		349
18	韵达控股股份有限公司	上海市青浦区盈港东路6679号	201700		371
19	重庆长安民生物流股份有限公司	重庆市渝北区金开大道1881号	401122		383
20	武汉商贸国有控股集团有限公司	湖北省武汉市解放大道1127号富商大厦8-9楼	430030		386
21	青海省物资产业集团总公司	青海省西宁市朝阳东路34-2号	810003		397
22	深圳市英捷迅实业发展有限公司	深圳市福田区深南大道与泰然九路交界东南本元大厦4A	518042		422
23	四川安吉物流集团有限公司	四川省宜宾市岷江西路150号	644007		455
24	深圳市九立供应链股份有限公司	深圳市罗湖区沿河北路1002号瑞思大厦A座17楼	518002		490
电信服务					
1	中国移动通信集团公司	北京市西城区金融大街29号	100033	11	7
2	中国电信集团公司	北京市西城区金融大街31号	100033	29	15
3	中国联合网络通信集团有限公司	北京市西城区金融大街21号中国联通大厦	100033	53	27
广播、电视服务					
1	华数数字电视传媒集团有限公司	中国杭州市滨江区长江路79号华数白马湖产业园	310052		373
2	广东省广播电视网络股份有限公司	广东省广州市珠江西路17号广晟国际大厦37层	510623		451
软件和信息技术（IT）					
1	三胞集团有限公司	江苏省南京市雨花台区软件大道68号	210012	124	55

续表

行业名次	企业名称	通讯地址	邮政编码	名次(1)	名次(3)
2	清华控股有限公司	北京市海淀区中关村东路1号院8号楼（科技大厦）A座25层	100084	163	66
3	北大方正集团有限公司	北京市海淀区成府路298号方正大厦	100871	184	79
4	浪潮集团有限公司	山东省济南市高新区浪潮路1036号	250101	210	85
5	神州数码集团股份有限公司	北京市海淀区上地9街9号数码科技广场	100085	350	135
6	东软集团股份有限公司	辽宁省沈阳市浑南新区新秀街2号东软软件园	110179		366
7	福建星网锐捷通讯股份有限公司	福建省福州市金山大道星网锐捷科技园19-22	350002		409
8	浙大网新科技股份有限公司	浙江省杭州市西湖区三墩镇西园一路18号浙大网新软件园A楼1501室	310030		494
互联网服务					
1	北京京东世纪贸易有限公司	北京市亦庄经济开发区科创十一街18号院京东大厦	100101	59	31
2	阿里巴巴集团控股有限公司	浙江省杭州市余杭区文一西路969号	311121	103	44
3	腾讯控股有限公司	广东省深圳市南山区高新科技园科技中一路腾讯大厦	518057	109	48
4	百度网络技术有限公司	北京海淀区上地十街10号百度大厦	100085	213	87
5	唯品会（中国）有限公司	广东省广州市荔湾区芳村花海街2号	510370	279	111
6	上海钢联电子商务股份有限公司	上海市宝山区园丰路68号	200444	346	134
7	上海找钢网信息科技股份有限公司	上海市杨浦区逸仙路同济晶度17层	200437	457	167
8	通鼎集团有限公司	江苏省苏州市吴江区震泽镇八都经济开发区小平大道8号	215233	472	170
9	乐视网络信息技术（北京）股份有限公司	北京市朝阳区姚家园路105号3号楼6184室	100025		198
10	上海东方明珠新媒体股份有限公司	中国上海市徐汇区宜山路757号	200233		209
11	同程网络科技股份有限公司	江苏省苏州工业园裕新路188号同程大厦	215123		215
12	深圳市朗华供应链服务有限公司	广东省深圳市福田区深南大道6021号喜年中心B座朗华大厦11楼	518040		244
13	鹏博士电信传媒集团股份有限公司	广东省深圳市福田区新洲十一街万基商务大厦	518048		338
14	上海东方电视购物有限公司	上海市杨浦区国定路400号	200433		360
15	广州华多网络科技有限公司	广东省广州市番禺区南村镇万博二路79号万博商务区万达广场北区B-1栋	511400		361
16	完美世界股份有限公司	北京市朝阳区北苑路86号完美世界大厦	100101		396
17	湖南新长海发展集团有限公司	湖南省长沙市经开区新长海数码中心	410100		468
18	网宿科技股份有限公司	上海市徐汇区斜土路2899号光启文化广场A幢5楼	200030		471
19	三只松鼠股份有限公司	安徽省芜湖市弋江区高新技术开发区久盛路8号	241000		472
能源矿产商贸					
1	中国华信能源有限公司	上海市徐汇区兴国路111号	200031	48	25

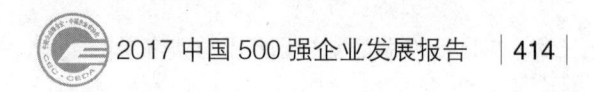

续表

行业名次	企业名称	通讯地址	邮政编码	名次(1)	名次(3)
2	中国航空油料集团公司	北京市海淀区马甸路2号桥冠城园中国航油大厦	100088	97	43
3	山西煤炭进出口集团有限公司	山西省太原市长风大街115号	030006	178	74
4	晋能集团有限公司	山西省太原市开化寺街82号	030002	211	86
5	珠海振戎公司	北京市朝阳区大屯里121号华悦国际公寓J座	100108	494	173
6	上海际大投资控股集团有限公司	上海市黄兴路1725号怡富商务广场9楼	200433		223
7	广州元亨能源有限公司	广州市越秀区东风东路850号锦城大厦1801室	510600		241
8	上海龙宇燃油股份有限公司	上海市浦东新区东方路710号25楼	200122		246
9	张家港保税区旭江贸易有限公司	江苏省苏州市张家港市锦丰镇永新路1号	215600		261
10	杭州东恒石油有限公司	浙江省杭州市下城区东新路580号	310014		262
11	天津恒运能源集团股份有限公司	天津市塘沽区海洋高新技术开发区金江路45号	300451		276
12	天津俊安煤焦化工有限公司	天津市滨海新区开发区洞庭路2号国际发展大厦22层	300457		303
13	泰德煤网股份有限公司	辽宁省大连市高新园区黄浦路537号	116023		417
14	福建裕华集团有限公司	福建省厦门市思明区鹭江道99号2502室	361000		420
化工医药商贸					
1	中国中化集团公司	北京市复兴门内大街28号凯晨世贸中心中座F11	100031	35	19
2	南通化工轻工股份有限公司	江苏省南通市南大街28号	226001		190
3	安徽省盐业总公司	安徽省合肥市胜利路1366号	230011		344
4	天津市长芦盐业集团有限公司	天津市和平区睦南道20号	300050		381
5	江阴市金桥化工有限公司	江苏省江阴市澄江中路118号国贸大厦10楼	214431		393
6	河南蓝天集团有限公司	河南省驻马店市解放路68号中原大厦17楼	463000		418
7	日出实业集团有限公司	浙江省宁波市鄞州县(区)天童南路588号宁波商会国贸中心A座42楼	315000		424
8	湖南省轻工盐业集团有限公司	湖南省长沙市芙蓉区建湘路519号	410005		464
机电商贸					
1	中国通用技术(集团)控股有限责任公司	北京丰台区西三环中路90号	100055	113	50
2	广东省广新控股集团有限公司	广东省广州市海珠区新港东路1000号	510308	267	104
3	广东省商贸控股集团有限公司	广东省广州市广州大道北680号	510500		329
4	广州佳都集团有限公司	广东省广州市天河软件园建中路66号佳都商务大厦东塔9楼	510665		412
5	国宏电气集团股份有限公司	浙江省宁波市宁海县(区)跃龙街道跃龙路169号	315600		453
6	上海金开利集团有限公司	上海市黄浦区西藏南路758号金开利广场5楼	200011		474

续表

行业名次	企业名称	通讯地址	邮政编码	名次（1）	名次（3）
生活消费品商贸					
1	广州轻工工贸集团有限公司	广东省广州市沿江西路147号	510120	320	122
2	江苏国泰国际集团有限公司	江苏省张家港市人民中路国泰大厦3009室	215600	326	125
3	浙江省国际贸易集团有限公司	浙江省杭州市中山北路308号	310003	399	148
4	江苏汇鸿国际集团股份有限公司	江苏省南京市秦淮区白下路91号汇鸿大厦	210001	448	162
5	安徽国贸集团控股有限公司	安徽省合肥市政务文化新区祁门路1779号	230071	450	163
6	广东省丝绸纺织集团有限公司	广东省广州市东风西路198号丝丽大厦	510180		180
7	太平鸟集团有限公司	浙江省宁波市环城西路南段826号	315011		208
8	新华锦集团	山东省青岛市崂山区松岭路127号11号楼	266101		217
9	武汉市金马凯旋家具投资有限公司	湖北省武汉市黄陂区汉口北大道21号金马凯旋集团大厦	430013		231
10	江苏省苏豪控股集团有限公司	江苏省南京市雨花台区软件大道48号A座519室	210012		239
11	红星美凯龙控股集团有限公司	上海市普陀区怒江北路598号红星世贸大厦10层	200333		243
12	人人乐连锁商业集团股份有限公司	广东省深圳市南山区前海路心语家园裙楼二层	518052		309
13	浙江凯喜雅国际股份有限公司	浙江省杭州市体育场路105号	310004		337
14	广州纺织工贸企业集团有限公司	广东省广州市越秀区东风中路438号广德大厦	510040		346
15	万事利集团有限公司	浙江省杭州市江干区天城路68号B幢17楼	310021		389
16	厦门市嘉晟对外贸易有限公司	福建省厦门市思明区塔埔东路165号1803单元	361008		400
17	上海丝绸集团股份有限公司	上海市吴兴路283号	200030		495
18	广州尚品宅配家居股份有限公司	广东省广州市天河区花城大道85号A座35/36楼	510000		496
农产品及食品批发					
1	中粮集团有限公司	北京市朝阳区朝阳门南大街8号中粮福临门大厦	100020	33	18
2	北京粮食集团有限责任公司	北京市朝阳区东三环中路16号京粮大厦	100022		176
3	安徽安粮控股股份有限公司	安徽省合肥市金寨路389-399号盛安广场	230061		225
4	新疆生产建设兵团棉麻公司	新疆乌鲁木齐市沙依巴克区西北路955号香江丽华酒店	830000		232
5	浙江省农村发展集团有限公司	浙江省杭州市武林路437号农发大厦	310006		300
6	厦门夏商集团有限公司	福建省厦门市厦禾路939号华商大厦18楼	361005		315
7	深圳市粮食集团有限公司	广东省深圳市福田区福虹路9号世贸广场A座13楼	518033		333
8	湖南粮食集团有限责任公司	湖南省长沙市开福区芙蓉北路1119号	410201		365
9	万向三农集团有限公司	浙江省杭州市萧山经济技术开发区	311215		432
10	江苏省粮食集团有限责任公司	江苏省南京市中山路338号苏粮国际大厦25-27楼	210008		435
11	宁波市绿顺集团股份有限公司	浙江省宁波市江东县（区）大戴街2号	315040		438

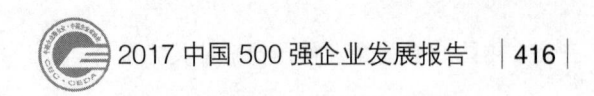

续表

行业名次	企业名称	通讯地址	邮政编码	名次（1）	名次（3）
12	新疆生产建设兵团第一师棉麻有限责任公司	新疆阿克苏地区阿拉尔市军垦大道西1099号质量技术监督局拐角楼	843300		469
13	深圳市鑫荣懋农产品股份有限公司	广东省深圳市罗湖区梅园路75号	518023		478
生产资料商贸					
1	天津物产集团有限公司	天津市和平区营口道四号	300041	28	14
2	物产中大集团股份有限公司	浙江省杭州市环城西路56号	310006	79	39
3	广东省广物控股集团有限公司	广东省广州市天河区珠江新城兴国路21号保利中达广场2号楼广物中心	510050	330	127
4	重庆对外经贸（集团）有限公司	重庆市北部新区高新园星光大道80号	401121		185
5	安徽辉隆农资集团	安徽省合肥市政务区祁门路1777号辉隆大厦	230022		245
6	厦门路桥工程物资有限公司	福建省厦门市海沧区海虹路5号	361026		257
7	浙江建华集团有限公司	浙江省杭州市沈半路2号	310015		260
8	黑龙江倍丰农业生产资料集团有限公司	黑龙江省哈尔滨市松北区新湾路88号	150028		270
9	佛山市顺德区乐从供销集团有限公司	广东省佛山市顺德区乐从镇跃进路供销大厦四楼	528315		318
10	厦门恒兴集团有限公司	福建省厦门市思明区鹭江道100号财富中心大厦42层	361001		320
11	常州市化工轻工材料总公司	江苏省常州市桃园路19号	213003		359
12	广东天禾农资股份有限公司	广州市越秀区东风东路709号	510080		425
13	湖北省农业生产资料集团有限公司	湖北省武汉市汉口建设大道737号广发银行大厦25楼	430014		466
金属品商贸					
1	上海均和集团有限公司	上海市陆家嘴环路166号未来资产大厦35层	200120	177	73
2	西安迈科金属国际集团有限公司	陕西省西安市高新区唐延路33号迈科国际大厦23层	710075	190	81
3	大汉控股集团有限公司	湖南省长沙市人民东路大汉建材城1栋	410000	451	164
4	华南物资集团有限公司	重庆市江北区红黄路1号1幢15-1	400020		234
5	青岛世纪瑞丰集团有限公司	山东省青岛市南区中山路43-60号	266001		248
6	上海闽路润贸易有限公司	上海市杨浦区国宾路36号万达广场B座11楼	200433		294
7	武汉联杰国际贸易有限公司	湖北省武汉市江岸区中山大道1628号平安金融中心1102-1104室	430000		317
8	上海展志实业集团有限责任公司	上海市杨浦区国宾路36号万达广场B座17层	200433		342
9	江苏大经集团有限公司	江苏省江阴市澄杨路268号	214422		358
10	江阴长三角钢铁集团有限公司	江苏省江阴市果园路9号	214400		385
11	上海福然德部件加工有限公司	上海市宝山区友谊路1518弄永景国际1号10-16F	201999		459
12	上海百润企业发展有限公司	上海市黄埔区中山南路891号7楼	200011		460
13	苏州裕景泰贸易有限公司	江苏省张家港市锦丰镇	215000		462

续表

行业名次	企业名称	通讯地址	邮政编码	名次（1）	名次（3）
14	重庆河东控股（集团）有限公司	重庆市南岸区丹龙路18号东原亲亲里7栋6楼	400060		479

综合商贸

行业名次	企业名称	通讯地址	邮政编码	名次（1）	名次（3）
1	厦门国贸控股有限公司	福建省厦门市湖滨南路388号国贸大厦38楼	361004	115	52
2	浙江省兴合集团有限责任公司	浙江省杭州市延安路312号	310006	180	76
3	远大物产集团有限公司	浙江省宁波市江东区惊驾路555号泰富广场A座12-15层	315040	199	83
4	上海纺织（集团）有限公司	上海市古北路989号	200336	276	108
5	中基宁波集团股份有限公司	浙江省宁波市鄞州区天童南路666号	315199	465	169
6	广西物资集团有限责任公司	广西南宁市东葛路78号	530022		193
7	东方国际（集团）有限公司	上海市娄山关路85号东方国际大厦A座23F	200336		195
8	北方国际集团有限公司	天津市和平区大理道68号	300050		263
9	浙江蓝天实业集团有限公司	浙江省绍兴柯桥笛扬路富丽华大酒店28层	312030		331
10	浙江万丰企业集团公司	浙江省杭州市萧山区城厢街道人民路51号	311203		403
11	宁波海田控股集团有限公司	浙江省宁波市江北区文教路72弄16号	315016		406
12	上海浦原对外经贸公司	上海市黄浦区北京东路444号	200001		467
13	嘉兴良友进出口集团股份有限公司	浙江省嘉兴市东升东路2500号良友大厦	314033		500

连锁超市及百货

行业名次	企业名称	通讯地址	邮政编码	名次（1）	名次（3）
1	大商集团有限公司	辽宁省大连市中山区青三街1号	116001	65	33
2	山东省商业集团有限公司	山东省济南市山师东路4号	250014	152	65
3	武汉商联（集团）股份有限公司	湖北省武汉市汉江区唐家墩路32号国资大厦B座	430015	173	70
4	百联集团有限公司	上海市黄浦区中山南路315号百联大厦13楼	200010	179	75
5	天津一商集团有限公司	天津市和平区唐山道54号	300040	247	94
6	永辉超市股份有限公司	福建省福州市鼓楼区湖头街120号	350001	306	117
7	重庆商社（集团）有限公司	重庆市渝中区青年路18号	400010	312	120
8	合肥百货大楼集团股份有限公司	安徽省合肥市长江西路689号拓基金座A座	230088	343	133
9	长春欧亚集团股份有限公司	吉林省长春市高新技术产业开发区飞跃路2686号	130011	364	138
10	石家庄北国人百集团有限责任公司	河北省石家庄市中山东路188号	50000	423	158
11	步步高投资集团股份有限公司	湖南省湘潭市韶山西路309号步步高大厦	411100	445	160
12	利群集团股份有限公司	山东省青岛市崂山区崂山路67号	266102		187
13	浙江省商业集团有限公司	浙江省杭州市惠民路56号	310002		201
14	银泰商业（集团）有限公司	浙江省杭州市下城区延安路528号标力大厦B座8F综合部	310006		216
15	淄博商厦股份有限公司	山东省淄博市张店区中心路125号	255000		226
16	大连金玛商城企业集团有限公司	辽宁省大连市金普新区金马路永德街1号	116600		236

续表

行业名次	企业名称	通讯地址	邮政编码	名次（1）	名次（3）
17	月星集团有限公司	上海市普陀区澳门路168号	200060		267
18	杭州联华华商集团有限公司	浙江省杭州市庆春路86号	310003		271
19	唐山百货大楼集团有限责任公司	河北省唐山市路北区新华东道125号	063000		304
20	河北省新合作控股集团有限公司	河北省石家庄市建设南大街21号付1号	050011		322
21	广州百货企业集团有限公司	广东省广州市越秀区西湖路12号23楼	510030		328
22	无锡商业大厦大东方股份有限公司	江苏省无锡市中山路343号	214001		334
23	山西美特好连锁超市股份有限公司	山西省太原市迎泽区南内环街179号	030012		370
24	湖南佳惠百货有限责任公司	湖南省怀化市鹤城区	418000		376
25	银川新华百货商业集团股份有限公司	宁夏银川市兴庆区解放西街2号老大楼写字楼7楼	750001		377
26	青岛利客来集团股份有限公司	山东省青岛市李沧区京口路58号	266100		399
27	青岛维客集团股份有限公司	山东省青岛市李沧区京口路86号	266100		404
28	武汉市汉商集团股份有限公司	湖北省武汉市汉阳大道134号	430050		416
29	杭州解百集团股份有限公司	浙江省杭州市解放路251号	310001		427
30	雄风集团有限公司	浙江省诸暨市陶朱街道诸三路100号	311800		429
31	深圳市恒波商业连锁股份有限公司	深圳市罗湖区洪湖二街新南滨大楼三/四楼	518020		440
32	重庆市新大兴实业（集团）有限公司	重庆市涪陵区鹅颈管1组新大兴大厦3楼	408000		444
33	江苏华地国际控股集团有限公司	江苏省无锡市县前东街1号金陵饭店26F	214005		450
34	湖北良品铺子食品有限公司	湖北省武汉市江汉区发展大道164号武汉科技大厦1806室	430300		481
35	河北保百集团有限公司	河北省保定市朝阳北大街916号	071051		487
汽车、摩托车零售					
1	中升集团控股有限公司	辽宁省大连市沙河口区河曲街20号	116021	209	84
2	庞大汽贸集团股份有限公司	河北省唐山市滦县火车站广场东侧庞大汽贸集团	063700	225	90
3	上海永达控股（集团）有限公司	上海市瑞金南路299号	200023	310	119
4	山东远通汽车贸易集团有限公司	山东省临沂市通达路319号	276002		213
5	利泰集团有限公司	广东省佛山市季华五路10号金融广场23楼	528000		222
6	万友汽车投资有限公司	重庆市渝中区瑞天路企业天地7号楼20楼	400043		224
7	浙江宝利德股份有限公司	浙江省杭州市西湖区求是路8号公元大厦南楼1001室	310013		240
8	润华集团股份有限公司	山东省济南市经十西路3999号润华汽车文化产业园	250117		252
9	河北省国和投资集团有限公司	河北省石家庄市北二环东路68号国际汽车园区东门	050033		278
10	蓝池集团有限公司	河北省邢台市桥西区邢州大道2332号	054000		297
11	广东鸿粤汽车销售集团有限公司	广东省广州市白云区白云大道北958号鸿粤集团大楼	510440		302

续表

行业名次	企业名称	通讯地址	邮政编码	名次（1）	名次（3）
12	重庆中汽西南汽车（集团）有限公司	重庆市经济技术开发区经开国金渝大道99号	401122		325
13	上海申华控股股份有限公司	上海市宁波路1号申华金融大厦24F	200002		340
14	宁波轿辰集团股份有限公司	浙江省宁波市高新区星海南路16号轿辰大厦	315040		372
15	湖南兰天集团有限公司	湖南省高新开发区岳麓西大道3599号雷锋街道兰天汽车文化园	410001		378
16	山西大昌汽车集团有限公司	山西省太原市平阳南路88号	030032		382
17	天津远大联合汽车贸易集团有限公司	天津港保税区海滨八路惠通陆华大厦1、3、5层	300134		384
18	广东新协力集团有限公司	广东省佛山区顺德区大良街道广珠公路新松路段	528300		419
19	重庆百事达汽车有限公司	重庆市渝北区松牌路521号百事达汽车	401147		433
家电及电子产品零售					
1	苏宁控股集团有限公司	江苏省南京市玄武区徐庄软件园苏宁大道1号	210042	31	17
2	国美电器有限公司	北京市朝阳区霄云路26号鹏润大厦B座18层	100016	91	42
3	深圳市爱施德股份有限公司	广东省深圳市南山区河西路3151号健兴科技大厦8楼	518055	309	118
4	天音通信有限公司	广东省深圳市深南中路1002号新闻大厦26层	518027	421	156
5	武汉工贸有限公司	湖北省武汉市硚口区解放大道855号工贸家电大厦	430023		426
6	常熟市交电家电有限责任公司	江苏省常熟市海虞金家浜路2号	215500		482
医药及医疗器材零售					
1	中国医药集团总公司	北京市海淀区知春路20号	100191	43	23
2	九州通医药集团股份有限公司	湖北省武汉市汉阳区龙阳大道特8号	430051	240	93
3	重庆医药（集团）股份有限公司	重庆市渝中区大同路1号	400010		205
4	浙江英特药业有限责任公司	浙江省杭州市滨江区江南大道96号中化大厦1107	310051		230
5	广西柳州医药股份有限公司	广西柳州市柳州区长风路4号	545000		368
6	鹭燕医药股份有限公司	福建省厦门市湖里区安岭路1004号	361006		379
7	大参林医药集团股份有限公司	广东省广州市荔湾区龙溪大道410号/410-1号	510000		394
8	老百姓大药房连锁股份有限公司	湖南省长沙经济技术（星沙）开元西路1号	410005		398
9	浙江省医药工业有限公司	浙江省杭州市莫干山路文北巷27号	310012		430
10	宁波医药股份有限公司	浙江省宁波市海曙县车轿街26号	315000		447
商业银行					
1	中国工商银行股份有限公司	北京市西城区复兴门内大街55号	100140	4	2
2	中国建设银行股份有限公司	北京市西城区金融大街25号	100033	6	3
3	中国农业银行股份有限公司	北京市东城区建国门内大街69号	100005	7	4
4	中国银行股份有限公司	北京市西城区复兴门内大街1号	100818	10	6
5	国家开发银行股份有限公司	北京市西城区复兴门内大街18号	100031	15	9

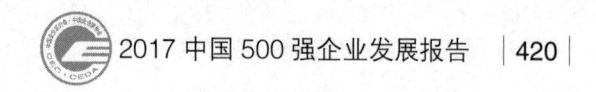

续表

行业名次	企业名称	通讯地址	邮政编码	名次（1）	名次（3）
6	交通银行股份有限公司	上海市银城中路188号32楼企业文化部	200120	39	21
7	招商银行股份有限公司	广东省深圳市深南大道7088号招商银行大厦45楼	518040	47	24
8	兴业银行股份有限公司	福建省福州市湖东路154号中山大厦A座	350003	50	26
9	上海浦东发展银行股份有限公司	上海市中山东一路12号	200002	54	28
10	中国民生银行股份有限公司	北京市中关村南大街1号友谊宾馆嘉宾楼	100873	55	29
11	华夏银行股份有限公司	北京市东城区建国门内大街22号华夏银行大厦	100005	147	63
12	北京银行	北京市西城区金融大街丙17号北京银行大厦	100033	175	72
13	渤海银行股份有限公司	天津市河东区海河东路218号	300012	331	128
14	盛京银行股份有限公司	辽宁省沈阳市沈河区北站路109号	110013	361	137
15	重庆农村商业银行股份有限公司	重庆市江北区洋河东路10号	400020	404	150
16	恒丰银行股份有限公司	山东省烟台市莱山区港城东大街289号南山世纪大厦A座	264008	454	165
17	上海农村商业银行股份有限公司	上海自由贸易试验区银城中路8号15-20楼、22-27楼	200120	499	175
18	广州农村商业银行股份有限公司	广东省广州市天河区珠江新城华夏路1号	510623		177
19	天津银行股份有限公司	天津市河西区友谊路15号	300201		182
20	北京农村商业银行股份有限公司	北京市西城区月坛南街1号院2号楼	100045		186
21	吉林银行股份有限公司	吉林省长春市东南湖大路1817号	130033		227
22	长沙银行股份有限公司	湖南省长沙市芙蓉中路1段433号	410005		237
23	天津农村商业银行股份有限公司	天津市河西区马场道59号国际经济贸易中心A座1-6层	300203		274
24	武汉农村商业银行股份有限公司	湖北省武汉市江岸区建设大道618号	430015		296
25	青岛银行股份有限公司	山东省青岛市香港中路68号青岛银行12楼办公室	266071		298
26	洛阳银行股份有限公司	河南省洛阳市洛阳新区开元大道与通济街交叉口	471023		307
27	青岛农村商业银行股份有限公司	山东省青岛市香港东路109号	266061		312
28	重庆银行股份有限公司	重庆市渝中区邹容路153号	040010		319
29	江西银行股份有限公司	江西省南昌市红谷滩新区金融大街699号	330038		335
30	桂林银行股份有限公司	广西桂林市中山南路76号	541002		343
31	无锡农村商业银行股份有限公司	江苏省无锡市金融二街9号	214125		434
32	九江银行股份有限公司	江西省九江市长虹大道619号	332000		439
33	汉口银行股份有限公司	湖北省武汉市建设大道933号	430015		442
34	宁波鄞州农村商业银行股份有限公司	浙江省宁波市鄞州县民惠西路88号	315000		446
35	柳州银行股份有限公司	广西壮族自治区柳州市中山西路12路	545001		448
36	齐商银行股份有限公司	山东省淄博市金晶大道105号	255025		475
37	江苏江阴农村商业银行股份有限公司	江苏省江阴市澄江中路1号	214431		476

续表

行业名次	企业名称	通讯地址	邮政编码	名次（1）	名次（3）
38	广西北部湾银行股份有限公司	广西壮族自治区南宁市青秀路10号	530023		477
39	重庆三峡银行股份有限公司	重庆市江北区江北城汇川门路99号东方国际广场	400000		480
40	江苏张家港农村商业银行股份有限公司	江苏省张家港市人民中路66号	215600		486
41	青海银行股份有限公司	青海省西宁市西关大街130号1号楼	810001		489
42	天津滨海农村商业银行股份有限公司	天津市自贸试验区（空港经济区）西三道158号金融中心一号楼	300308		499
保险业					
1	中国人寿保险（集团）公司	北京市西城区金融大街17号中国人寿中心	100033	12	8
2	中国人民保险集团股份有限公司	北京市西城区西长安街88号中国人保大厦	100031	23	12
3	安邦保险股份有限公司	北京市朝阳区建国门内大街6号	100022	30	16
4	中国太平洋保险（集团）股份有限公司	上海市浦东新区银城中路190号	200120	57	30
5	新华人寿保险股份有限公司	北京市朝阳区建国门外大街甲12号新华保险大厦	100022	114	51
6	富德生命人寿保险股份有限公司	广东省深圳市福田区益田路荣超商务中心A栋32层	518048	123	54
7	中国太平保险集团有限责任公司	香港铜锣湾新宁道8号中国太平大厦22楼	100023	126	57
8	泰康保险集团股份有限公司	北京市西城区复兴门内大街156号泰康人寿大厦	100031	127	58
9	阳光保险集团股份有限公司	北京市朝阳区朝外大街乙12号1号楼昆泰国际大厦28层	100020	182	77
10	前海人寿保险股份有限公司	广东省深圳市罗湖区宝安北路2088号深业物流大厦13楼	518023	335	130
11	中华联合保险控股股份有限公司	北京市西城区风声丰盛胡同20号丰铭国际大厦B座10层	100032	368	140
12	渤海人寿保险股份有限公司	天津市和平区南京路219号天津中心A座30层	300051		352
证券业					
1	海通证券股份有限公司	上海市黄浦区广东路689号	200001		178
2	兴华财富集团有限公司	河北省武安市上团城西	056310		197
3	广发证券股份有限公司	广东省广州市天河区天河北路183-187号大都会广场43楼	510075		203
4	中泰证券股份有限公司	山东省济南市市中区经七路86号	250001		350
多元化金融					
1	中国平安保险（集团）股份有限公司	广东省深圳市福田区益田路5033号平安金融中心	518033	8	5
2	中国中信集团有限公司	北京市朝阳区新源南路6号京城大厦	100004	40	22
3	中国光大集团股份有限公司	北京市西城区太平桥大街25号中国光大中心	100033	71	35
4	中国华融资产管理股份有限公司	北京市西城区金融大街8号中国华融大厦	100033	164	67
5	中国信达资产管理股份有限公司	北京市西城区闹市口大街9号院1号楼	100031	168	68

续表

行业名次	企业名称	通讯地址	邮政编码	名次（1）	名次（3）
6	武汉金融控股（集团）有限公司	湖北省武汉市长江日报路77号投资大厦	430015	356	136
7	中国万向控股有限公司	上海浦东新区陆家嘴西路99号万向大厦	200120		206
8	广州金融控股集团有限公司	广东省广州市天河区体育西路191号中石化大厦B塔26楼	510620		330
住宅地产					
1	绿地控股集团股份有限公司	上海市打浦路700号绿地总部大厦	200023	62	32
2	万科企业股份有限公司	深圳市盐田区大梅沙环梅路33号万科中心	518083	67	34
3	恒大集团有限公司	广东省广州市天河区黄埔大道78号恒大中心36楼	510620	75	37
4	碧桂园控股有限公司	广东省省佛山市顺德区北滘镇碧江大桥侧碧桂园集团	528312	107	47
5	银亿集团有限公司	浙江省宁波市江北区人民路132号27楼	315020	229	91
6	世茂房地产控股有限公司	上海市浦东新区银城中路68号时代金融中心大厦43层	200120	256	98
7	金地（集团）股份有限公司	广东省深圳市福田区福强路金地商业大楼	518048	272	105
8	龙湖地产有限公司	北京市朝阳区惠新东街4号富盛大厦2座7层	100029	273	106
9	华侨城集团公司	广东省深圳市南山区华侨城办公楼	518053	275	107
10	广州富力地产股份有限公司	广东省广州市新城华夏路10号富力中心45-54楼	510623	278	110
11	天津泰达投资控股有限公司	天津经济技术开发区盛达街9号	300457	291	114
12	卓尔控股有限公司	湖北省武汉市盘龙城经济开发区楚天大道特1号卓尔大厦	432200	294	115
13	雅居乐地产控股有限公司	广东省广州市天河区珠江新城江西路5号广州国际金融中心33楼	510623	321	123
14	重庆龙湖企业拓展有限公司	重庆市渝江区天山大道西段32号1幢	401123	329	126
15	四川蓝润实业集团有限公司	四川省成都市红星路三段1号IFS一号写字楼39楼	610000	367	139
16	福佳集团有限公司	辽宁省大连市沙河口区兴工街4号新天地广场A栋24楼	116021	374	142
17	弘阳集团有限公司	江苏省南京市大桥北路9号弘阳大厦	210031	394	147
18	北京江南投资集团有限公司	北京市朝阳区红坊路8号	100176	403	149
19	广州越秀集团有限公司	广东省广州市珠江新城珠江西路5号国金中心64-65楼	510623	414	153
20	北京首都开发控股（集团）有限公司	北京市东城区沙滩后街22号	100009	442	159
21	珠海华发集团有限公司	广东省珠海市拱北联安路9号	519020	446	161
22	世纪金源投资集团有限公司	北京市海淀区蓝晴路1号	100097	489	172
23	文一投资控股集团	安徽省合肥市瑶海区包公大道18号文一企业A座	231633		183

行业名次	企业名称	通讯地址	邮政编码	名次(1)	名次(3)
24	上海城投（集团）有限公司	上海市永嘉路18号	200020		188
25	天津房地产集团有限公司	天津市河西区宾水道增9号环渤海发展中心A座16-19层	300061		189
26	苏州金螳螂企业（集团）有限公司	江苏省苏州市姑苏区西环路888号	215004		207
27	天津亿联投资控股集团有限公司	天津市东丽区金钟河大街3699号	300240		233
28	天津住宅建设发展集团有限公司	天津市和平区马场道66号	300050		247
29	祥生实业集团有限公司	浙江省诸暨市苎萝东路195号祥生新世纪广场商务楼15层	311800		255
30	广州珠江实业集团有限公司	广东省广州市环市东路371-375号世界贸易中心大厦南塔28、29楼	510095		256
31	大华（集团）有限公司	上海市宝山区华灵路698号	200442		258
32	天津现代集团有限公司	天津市和平区滨江道219号利华佳商厦	300022		268
33	厦门禹洲集团股份有限公司	福建省厦门市湖滨西路55号禹洲广场	361003		269
34	西安高科（集团）公司	陕西省西安市高新区科技路33号高新国际商务中心34层	710075		285
35	上海三盛宏业投资（集团）有限责任公司	上海市黄浦区外马路974号三盛宏业大厦	200001		289
36	联发集团有限公司	福建省厦门市湖里大道31号	361006		292
37	广东珠江投资股份有限公司	广东省广州市珠江东路421号珠江投资大厦6楼	510623		327
38	厦门经济特区房地产开发集团有限公司	福建省厦门市思明区展鸿路81号特房波特曼财富中心A座51-53层	361000		339
39	广西云星集团有限公司	广西南宁市金湖路59号地王国际商务中心34层	530028		355
40	重庆华宇集团有限公司	重庆市渝北区泰山大道东段118号	401121		380
41	滨海投资集团股份有限公司	天津市滨海新区塘沽烟台道15号	300450		402
42	四川邦泰投资有限责任公司	四川省成都市高新区益州大道北段333号东方希望中心22楼	610000		407
43	天津贻成集团有限公司	天津市滨海新区塘沽河北路4862-1号	300451		421
44	中锐控股集团有限公司	上海市金钟路767-2号	200335		437
45	桂林彰泰实业集团有限公司	广西桂林市九岗岭康桥半岛1号公馆	541001		449
46	青岛银盛泰集团有限公司	青岛市城阳区正阳路196号国际商务港三层	266109		463
47	宁波联合集团股份有限公司	浙江省宁波市开发区东海路1号联合大厦	315803		484
48	厦门住宅建设集团有限公司	福建省厦门市思明区莲富大厦办公楼8/20楼	361009		485
49	宁波宁兴控股股份有限公司	浙江省宁波市中山西路138号天宁大厦26楼	315010		493
商业地产					
1	大连万达集团股份有限公司	北京市朝阳区建国路93号万达广场B座写字楼	100022	89	41
2	华夏幸福基业股份有限公司	北京市朝阳区东三环北路霞光里18号佳程	100027	277	109

续表

行业名次	企业名称	通讯地址	邮政编码	名次（1）	名次（3）
园区地产					
1	亿达集团有限公司	辽宁省大连市沙河口区东北路 99 号亿达广场	116021		374
2	武汉地产开发投资集团有限公司	湖北省武汉市江汉区新华路 25 号伟业大厦	430022		452
多元化投资					
1	阳光金融控股投资集团有限公司	福建省福州市台江区望龙 2 路 1 号福州国际金融中心	350005	104	45
2	厦门象屿集团有限公司	福建省厦门象屿路 99 号厦门国际航运中心 E 栋 11 楼	361006	130	59
3	国家开发投资公司	北京市西城区阜成门北大街 6 号— 6	100034	174	71
4	云南省建设投资控股集团有限公司	云南省昆明市经济技术开发区信息产业基地林溪路 188 号	650501	183	78
5	云南省投资控股集团有限公司	云南省昆明市官渡区拓东路 41 号澜沧江大厦	650011	219	88
6	广东省广晟资产经营有限公司	广东省广州市珠江新城珠江西路 17 号广晟国际大厦 50-58 楼	510623	319	121
7	重庆市金科投资控股（集团）有限责任公司	重庆市两江新区春兰三路地勘大厦 12 楼	400000	323	124
8	浙江前程投资股份有限公司	浙江省宁波市江东区 39 号前程大厦 C 座	315040	380	144
9	中运富通控股集团有限公司	上海市虹桥路 1452 号古北财富中心 15F	200366	486	171
10	国购投资有限公司	安徽省合肥市蜀山区肥西路 66 号汇金大厦 26 层	230031		192
11	广东粤合资产经营有限公司	广东省广州市海珠区滨江西路 128 号	510235		219
12	青海省投资集团有限公司	青海省西宁市城西区新宁路 36 号投资大厦	810008		242
13	广东粤海控股集团有限公司	广东省广州市天河区天河路 208 号粤海天河城大厦 45 楼	510620		249
14	宁波君安控股有限公司	浙江省宁波市高新县菁华路 58 号君安大厦 A 座	315000		250
15	广西铁路投资集团有限公司	广西南宁市青秀区金浦路 33 号港务大厦 27 层	530021		272
16	厦门海沧投资集团有限公司	福建省厦门市海沧区钟林路 8 号海投大厦	361026		299
17	源山投资控股有限公司	上海市虹口区曲阳路 910 号 15 楼	200437		310
18	广西农村投资集团有限公司	广西南宁市厢竹大道 30 号	530023		313
19	湖北能源集团股份有限公司	湖北省武汉市洪山区徐东大街 137 号	430077		326
20	广西西江开发投资集团有限公司	广西南宁市民族大道 100 号西江大厦	530022		345
21	广州中大控股有限公司	广东省广州市海珠区新港西路 135 号中大东南区 255 号 1 号楼	510275		367
22	江西省投资集团公司	江西省南昌市高新开发区火炬大街 539 号	330096		388
23	四川省开元集团有限公司	四川省成都市一环路南三段 47 号	610041		391
24	河南省国有资产控股运营集团有限公司	河南省郑州市郑东新区商务外环路 20 号 17 层	450018		392
25	天津大通投资集团有限公司	天津市和平区滨江道 1 号金谷大厦 35 层	300041		395
26	广州万力集团有限公司	广东省广州市广州大道中 988 号圣丰广场 41 楼	510620		408
27	青岛城市建设投资（集团）有限责任公司	山东省青岛市市南区澳门路 121 号甲	266071		415

续表

行业名次	企业名称	通讯地址	邮政编码	名次（1）	名次（3）
28	广西金融投资集团有限公司	广西南宁市金浦路22号名都大厦	530022		423
29	南宁威宁投资集团有限责任公司	广西南宁市锦春路15号威宁大厦	530021		436
30	盈峰投资控股集团有限公司	广东省佛山市顺德区北滘镇新城区BJ-A-8之八	528311		456
31	上海汉滨实业发展有限公司	上海市中山南路891号7楼	200011		457
32	青岛华通国有资本运营（集团）有限责任公司	山东省青岛市崂山区海口路东海路8号	266000		458
33	无锡市交通产业集团有限公司	江苏省无锡市运河东路100号	214031		497
商务中介服务					
1	北京蓝色光标品牌管理顾问股份有限公司	北京市朝阳区酒仙桥北路9号恒通国际创新园C9楼	100015		282
人力资源服务					
1	中国国际技术智力合作公司	北京市朝阳区光华路7号汉威大厦西区23层	100004	231	92
2	北京外企服务集团有限责任公司	北京市朝阳区西大望路15号外企大厦B座19层	100022	298	116
科技研发、规划设计					
1	银江科技集团有限公司	浙江省杭州市西湖科技园西园八路2号银江软件园G座	310030		347
2	上海龙旗科技股份有限公司	上海市徐汇区漕宝路401号1号楼	200233		353
3	中国成达工程有限公司	四川省成都市天府大道中段279号成达大厦	610041		431
4	中国海诚工程科技股份有限公司	上海市宝庆路21号	200031		470
5	福建发展集团有限公司	福建省福州市湖前路58号	350003		491
6	长江勘测规划设计研究院	湖北省武汉市汉口江岸区解放大道1863号	430010		492
国际经济合作（工程承包）					
1	中国江苏国际经济技术合作集团有限公司	江苏省南京市北京西路5号	210008		220
2	中国天津国际经济技术合作集团公司	天津市和平区睦南道103号	300050		375
旅游和餐饮					
1	中国旅游集团公司	北京市宣武区广安门内大街338号9层（香港干诺道中78-83号中旅集团大厦）	100053	248	95
2	北京首都旅游集团有限责任公司	北京市朝阳区雅宝路10号凯威大厦	100020	336	131
3	上海春秋国际旅行社（集团）有限公司	上海市长宁区空港一路528号2号楼	200335		275
4	开元旅业集团有限公司	浙江省杭州市萧山区市心中路818号	311202		290
5	中青旅控股股份有限公司	北京市东城区东直门南大街5号	100007		305
6	众信旅游集团股份有限公司	北京市朝阳区朝阳公园8号	100125		311
文化娱乐					
1	安徽新华发行（集团）控股有限公司	安徽省合肥市包河区北京路8号	230051	422	157
2	安徽出版集团有限责任公司	安徽省合肥市政务文化新区翡翠路1118号	230071		218
3	中文天地出版传媒股份有限公司	江西省南昌市红角洲新区学府大道299号	330038		277

续表

行业名次	企业名称	通讯地址	邮政编码	名次（1）	名次（3）
4	湖南省新华书店有限责任公司	湖南省长沙市五一大道826号新华大厦	410005		286
5	浙江出版联合集团有限公司	浙江省杭州市西湖区天目山路40号	310013		287
6	分众传媒信息技术股份有限公司	上海市江苏路369号兆丰大厦28层	200050		306
7	西安曲江文化产业投资（集团）有限公司	陕西省西安市雁塔南路292号曲江文化大厦	710061		356
8	中原出版传媒投资控股集团有限公司	河南省郑州市金水东路39号	450016		357
9	中国电影股份有限公司	北京市西城区北展北街7号华远企业号E座	100044		363
10	四川新华发行集团有限公司	四川省成都市人民南路一段86号城市之心10楼	610017		390
11	江西新华发行集团有限公司	江西省南昌市红谷滩新区红古南大道2799号	330038		473
综合服务业					
1	华润（集团）有限公司	广东省深圳市罗湖区深南东路5001号华润大厦28楼2801单元	518001	18	10
2	中国机械工业集团有限公司	北京市海淀区丹棱街3号A座	100080	72	36
3	中国保利集团公司	北京市东城区朝阳门北大街1号保利大厦28层	100010	77	38
4	雪松控股集团有限公司	广东省广州市珠江西路5号广州国际金融中心62层	510623	105	46
5	新疆广汇实业投资（集团）有限责任公司	乌鲁木齐市新华北路165号广汇中天广场32层	830002	116	53
6	上海东浩兰生国际服务贸易(集团)有限公司	上海市延安中路837号	200040	125	56
7	广西投资集团有限公司	广西南宁市青秀区民族大道109号广西投资大厦	530028	135	60
8	上海均瑶（集团）有限公司	上海市徐汇区肇嘉浜路789号均瑶国际广场37楼	200032		191
9	广东省广业集团有限公司	广东省广州市天河区金穗路1号32楼	510623		196
10	深圳华强集团有限公司	广东省深圳市深南中路华强路口华强集团1号楼	518031		211
11	广州岭南国际企业集团有限公司	广东省广州市流花路122号中国大酒店商业大厦4层	510015		280
12	广州海印实业集团有限公司	广东省广州市越秀区东华南路98号	510000		284
13	宁波滕头集团有限公司	浙江省奉化市萧王庙街道滕头村	315503		341
14	湖南九龙经贸集团有限公司	湖南省娄底市长青中街199号	417000		351
15	华茂集团股份有限公司	浙江省宁波市西门望春工业区龙嘘路125号	315175		364
16	新疆众和股份有限公司	新疆乌鲁木齐市高新区喀什东路18号	830013		414
17	苏州国信集团有限公司	江苏省太仓市文治路55号国信金融大厦	215411		445

后 记

一、《中国500强企业发展报告》是由中国企业联合会、中国企业家协会组织编写的全面记载和反映中国500强企业改革和发展的综合性大型年度报告。

二、为深入贯彻落实党的十八大及"十三五"规划纲要精神,引导我国大企业做强做优做大,不断提高国际竞争力,发展我国大型跨国公司,我会连续16年参照国际惯例推出了中国企业500强及其与世界企业500强的对比分析报告,连续13年推出了中国制造业企业500强、中国服务业企业500强及其分析报告,并连续7年推出了中国跨国公司100大及其分析报告。国务院领导多次作出批示,希望中国企业联合会继续把这方面的工作做好。2017中国企业500强、中国制造业企业500强、中国服务业企业500强、中国跨国公司100大的产生得到了各有关企联(企协)、企业家协会和相关企业的大力支持,在此深表感谢!

三、本报告为中国企业联合会、中国企业家协会的研究成果。各章的作者为:第一章:冯立果、李素云;第二章:刘兴国;第三章:高蕊;第四章:李建明;第五章:郝玉峰;第六章:冯立果;第七章:殷恒晨;第八章至第十三章:张德华、吴晓。全书由郝玉峰统稿,参加编辑工作的有:郝玉峰、缪荣、刘兴国、冯立果、高蕊、张德华、吴晓、杨润、孟红梅。

四、凡引用本报告研究数据、研究成果的,应注明引自"中国企业联合会《2017中国500强企业发展报告》",未经授权不得转载2017中国企业500强、2017中国制造业企业500强、2017中国服务业企业500强、2017中国跨国公司100大名单。

五、2018年我会将继续开展中国企业500强、中国制造业企业500强、中国服务业企业500强分析研究工作,出版《中国500强企业发展报告》,希望申报2018中国企业500强、2018中国制造业企业500强、2018中国服务业企业500强的企业,请与我会研究部联系,电话:010—

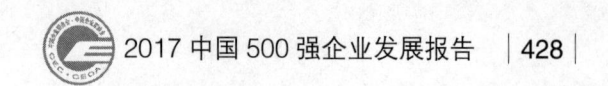

88512628、68701280、68431613、88413605；传真：010-68411739。

六、本报告得到了中国可持续发展工商理事会、中国企业管理科学基金会、中国黄金集团公司、协鑫集团有限公司、深圳市怡亚通供应链股份有限公司、清华控股有限公司、复旦管理学奖励基金会、全国工业和信息化科技成果转化联盟、赛迪顾问股份有限公司、德稻投资开发集团有限公司、麦斯特（中国）人力资源有限公司、万丰奥特控股集团有限公司、广东紫晶信息存储技术股份有限公司的大力支持，在此特别致谢！

由于时间仓促，本报告难免出现疏漏和不尽如人意之处，恳请经济界、企业界及其他各界人士提出宝贵意见和建议。

在本书即将出版之际，我们还要向一直负责本书出版的企业管理出版社表示感谢！

编者

二〇一七年八月

2017

2017中国企业500强
2017中国制造业企业500强
2017中国服务业企业500强

部分企业介绍

中国黄金集团公司
China National Gold Group Corporation

捍卫国家金融安全、引领产业转型升级、守护人民幸福生活

Safeguard national financial security, Lead the industry transformation and upgrading, Protect the people's happy life

上海黄金交易所综合类会员黄金实物交易量
Volume of Physical Gold Traded in Shanghai Gold Exchange as a Comprehensive Member

黄金投资产品市场占有率
Gold Investment Products Market Share

六项指标 国内第一
Ranks No.1 in 6 Indices in China's Gold Industry

- 黄金资源量 Gold Resource Base
- 矿产金产量 Mineral Gold Output
- 精炼金产量 Refined Gold Output
- 黄金选冶技术水平 Gold Refining and Smelting Technologies

综合实力展示

唯一央企：我国黄金行业唯一一家中央企业

会长单位：中国黄金协会会长单位

最高信用：获得目前全球黄金行业最高信用评级（BBB）

制定标准：全国黄金标准化技术委员会主任委员和秘书处的承担单位，制定和牵头制定的标准占全国黄金标准的90%以上

技术领先：拥有我国最先进的难处理金矿资源选冶技术——生物氧化提金技术、原矿沸腾焙烧技术、两段焙烧脱砷收砷技术

唯一资质：拥有黄金行业内唯一的国家级专业黄金研究机构和具有甲级资质的黄金设计机构

极品黄金：拥有我国最先进黄金精炼技术——99999高纯金精炼技术

首家上市：中金黄金股份有限公司（中金黄金，SH:600489）是国内第一家上市的黄金企业，被誉为"中国黄金第一股"

央企红筹：中国黄金国际资源有限公司（中金国际，TSX:CGG，HK:2099）是国内第一家在加拿大多伦多和中国香港两地上市的央企控股的红筹矿业公司

Comprehensive strength

China Gold is the only central state-owned enterprise in China's gold industry.

China Gold is the chairman member of China Gold Association.

China Gold has the highest credit rating in world's gold industry (BBB).

China Gold, as the director member and undertaker of Secretariat of China Gold Standardization Committee, sets 90% of standards and rules in China's gold industry.

China Gold owns the most advanced refining and smelting technologies in treating difficult gold ores----bio-oxidation gold extracting technology, raw ore boiling and roasting technology, two-part roasting arsenic removing and recovering technology.

China Gold has the only one national gold research institute and gold design institute of A qualification.

China Gold has the most advanced gold refining technology----99999 high purity gold refining technology.

China Gold has China's first public listed gold company, Zhongjin Gold Corporation Limited (Zhongjin Gold, SH: 600489) in China, which has the fame of China's First Gold Stock.

China Gold has China's first red chip mining company, China Gold International Resources Limited Company (China Gold International, TSX:CGG, HK:2099), listed in Toronto, Canada and Hong Kong.

协鑫集团有限公司

协鑫集团有限公司是以新能源、清洁能源产业为主，相关产业多元化发展的综合能源服务商，业务类型涵盖电力、光伏、油气、智慧城市、金融等五大领域；同时，协鑫集团积极拓展半导体材料、动力电池、新能源汽车、能源互联网等产业，旗下拥有保利协鑫、协鑫集成、协鑫新能源等多家上市公司，资产分布于中国内地31个省（市、自治区）和香港、台湾地区，以及非洲、北美、东南亚、欧洲等地，是全球领先的光伏材料制造商、中国领先的非公电力企业，光伏总装机规模位居全球第二位。位居2016年全球新能源500强排名第二，中国企业500强新能源行业排名第一。

Golden Concord Group Limited ("GCL")

Golden Concord Group Limited ("GCL") is an integrated energy service provider that specializes in clean energy, new energy, with diversified development of related industries. The businesses of GCL cover Power, PV, Oil & Gas, Green Smart City, and Finance. Meantime, it proactively deploys semiconductor material, power battery, new energy vehicle and Energy Internet. Holding several listed companies including GCL-Poly, GCL System Integration and GCL New Energy, etc., GCL's footprints have been across 31 provinces (cities and autonomous regions), Hong Kong, and Taiwan in China, as well as Africa, North America, Southeast Asia and Europe. As the world-leading PV material manufacturer and the prominent domestic non-public electric power enterprise, GCL has achieved the second position of installed capacity of PV power station in the world. Being the leading new energy enterprise among Top 500 Chinese enterprises in 2016, GCL has been ranking the second among Top 500 global new energy enterprises.

协鑫集团有限公司 Golden Concord Group Limited

苏州
地址：苏州市工业园区新庆路 28 号协鑫能源中心
Address: GCL Energy Center, No.28, Xinqing Road, SIP Suzhou, Jiangsu, China
电话 / Tel：86-512-6853-6900　传真 / Fax：86-512-6983-2396

上海
地址：上海市浦东新区世纪大道 100 号环球金融中心 68 楼
Address: 68/F Shanghai World Financial Center, No.100 Century Avenue, Pudong New Area, Shanghai, China
电话 / Tel：86-21-6857-9688　传真 / Fax：86-21-6877-8699

把**绿色**能源带进生活

BRINGING **GREEN** POWER TO LIFE

香港
地址：香港九龙柯士甸道西一号环球贸易广场 17 楼
Address : 17/F, International Commerce Centre,
1 Austin Road West, Kowloon, Hong Kong
电话 / Tel : 852-2526 8368　传真 / Fax : 852-2526 7638

中国华融资产管理股份有限公司
CHINA HUARONG ASSET MANAGEMENT CO., LTD.

2012年10月12日，中国华融资产管理股份有限公司揭牌

中国华融资产管理股份有限公司（股份代号：2799.HK，以下简称中国华融）成立于2012年9月28日，是经国务院批准，由财政部控股的国有大型非银行金融企业。公司前身为成立于1999年11月1日的中国华融资产管理公司，是中国四大金融资产管理公司之一。2015年10月30日，中国华融在香港联合交易所主板上市。

2012年10月12日，中国华融资产管理股份有限公司召开成立大会

2014年8月28日，中国华融资产管理股份有限公司引入战略投资者签约仪式

稳健 创新 和谐 发展

截至2016年年末，中国华融总资产达人民币14119.7亿元，较上年末增长62.9%，比2008年年末增长近43倍，保持中国最大金融资产管理公司地位；净资产人民币1500.8亿元，较上年末增长26.3%，比2008年年末增长近10倍；2016年实现净利润人民币231.1亿元，较上年增长36.3%，比2008年年末增长近68倍；平均股权回报率18.4%，股东回报良好。拨备比及拨备覆盖率分别达8.8%及444.35%；2016年全年缴纳各项税费139.5亿元，继续保持中国"资产规模最大、盈利能力最强、实现利润最多、股权回报最好、总市值最高、金融牌照齐全、品牌价值响亮"的国有大型金融资产管理公司地位，呈现出"国有经济焕发活力、国有资本功能放大、国有资产大幅保值增值"的良好局面。2017年8月，中国华融入选恒生综合大中型股指数成份股，这是中国华融继入选富时中国50指数、恒生中国H股金融行业指数、MSCI中国指数后，又一次入选香港资本市场重要指数，充分说明中国华融的投资价值和发展潜力得到广泛认同。

目前，中国华融服务网络遍及全国30个省、自治区、直辖市和香港、澳门特别行政区，设有31家分公司、2家营业部和30余家控股子公司，旗下拥有华融湘江银行股份有限公司、华融国际信托有限责任公司、华融证券股份有限公司、华融金融租赁股份有限公司、华融期货有限责任公司、华融消费金融股份有限公司、中国华融国际控股有限公司、华融融德资产管理有限公司、华融置业有限责任公司等多家平台公司，对外提供不良资产经营、资产管理、银行、证券、信托、金融租赁、投资、期货、消费金融、置业等全牌照、多功能、一揽子综合金融服务。

展望未来，中国华融将坚持"稳中求进、紧中求活、提质控险、协同发展"的主基调，紧紧围绕"调结构、促转型、补短板、防风险、提质量"五大中心任务，持续做强做优做大，努力打造"治理科学、管控有序、主业突出、综合经营、业绩优良"的一流资产管理公司，为国家、社会、股东、客户、企业、员工创造可持续增长价值。

2015年10月30日，赖小民董事长在香港联交所敲响中国华融"开市锣"

2015年10月30日，中国华融成功在香港联交所主板挂牌上市

总资产/亿元
截至2016年12月31日 总资产较2008年增长近43倍
14120
2008年 2009年 2010年 2011年 2012年 2013年 2014年 2015年 2016年

净资产/亿元
截至2016年12月31日 净资产较2008年增长近10倍
1501
2008年 2009年 2010年 2011年 2012年 2013年 2014年 2015年 2016年

净利润/亿元
2016年净利润较2008年增长近68倍
231
2008年 2009年 2010年 2011年 2012年 2013年 2014年 2015年 2016年

股权回报率
18.4%
2008年 2009年 2010年 2011年 2012年 2013年 2014年 2015年 2016年

中国华融2008——2016年经营业

广州医药集团有限公司
Guangzhou Pharmaceutical Holdings Limited

集团大楼

集团产品

集团简介

广州医药集团有限公司（以下简称广药集团）是广州市政府授权经营管理国有资产的国有独资公司，主要从事中西药品、大健康产品、医疗器械、生物医药、医疗服务等与医药整体相关的产品研制开发、生产销售以及医疗健康养生服务的提供，是广州市属第二大企业集团。

广药集团拥有上市公司"广州白云山医药集团股份有限公司"（香港H股、上海A股上市）及近30家成员企业，其中有12家中华老字号企业、10家百年企业、10件中国驰名商标，在全国医药企业中数量最多，包括品牌价值1080亿元的中国饮料第一品牌的"王老吉"，品牌价值283亿元的"白云山"，世界最长寿制药厂417年历史的"陈李济"等。广药集团"十二五"复合年增长率达22%，比"十一五"高8个百分点，比行业同期高5.4个百分点。2016年，集团实现销售收入878亿元，2017年有望突破千亿销售。集团连续多年在"全国制药工业百强榜"中荣登第1名，是全国最大的制药企业集团。

"十三五"，广药集团制定了销售收入从750亿元跨越增长至1500亿元的"倍增计划"，以"走出去"和"资本化"为战略实施路径，围绕科学管理、风险控制、创新驱动三条主线，推进"人才升级、资产升级、产业升级"三大升级，打造大南药、大健康、大商业、大医疗等四大板块，培育电子商务、资本财务、医疗器械等三大新业态，力争2020年，实现1500亿元销售收入，冲刺世界500强。

广药白云山 爱心满人间
合作济世·诚实奉献·勤奋创新

诺贝尔奖获得者、"伟哥之父"弗里德·穆拉德博士到广药集团现场指导药品研发工作,他被聘为广药研究总院院长

王老吉

广药集团旗下老字号"王老吉",研究通过药用植物的DNA条形码,来实现对任意来源的药材进行物种鉴定,简便实现中药材溯源鉴别,这项技术获得了2016年度中国国家科学技术进步二等奖,这是中国凉茶行业首家获此殊荣的品牌。

山东东明石化集团
SHANDONG DONGMING PETROCHEMICAL GROUP

董事局主席兼总裁　李湘平

　　山东东明石化集团始建于1987年，现有原油年一次加工能力1500万吨，员工6200人，总资产300亿元，是全国最大的地方民营炼油企业。

　　企业拥有燃料油进口资质、成品油批发资质；2015年在全国地方民营炼油企业中首家获得进口原油使用资质、原油非国营贸易进口资质，拥有原油进口允许量750万吨/年。自2007年起连续入围"中国企业500强"，排名连年跃升；位居2016年度"中国化工企业500强"第7位、2016年度"中国基础化学原料制造业百强企业"第1位、"中国石油和民营化工百强"第2位。

　　企业先后荣获"全国文明单位""中华环境友好企业""全国五一劳动奖状"、全国"守合同重信用"单位、"全国企业文化建设先进单位"等百余项国家、省部级荣誉称号。董事局主席兼总裁李湘平作为第十一、十二届全国人大代表，先后被授予"全国劳动模范""全国优秀企业家""全国企业优秀党委书记"等光荣称号。

　　未来一个时期，山东东明石化集团将紧紧抓住《山东半岛蓝色经济区发展规划》《中原经济区发展规划》《中原城市群发展规划》的国家战略发展机遇，继续加强与中国石油、韩国梨树化学、香港华润等国内外"世界500强"企业的战略合作，努力冲刺"以民族工业'强企梦'助推伟大'中国梦'、早日进军'世界500强'"的第三个发展目标，为区域经济腾飞做出新的、更大的贡献！

新华联集团总部大厦

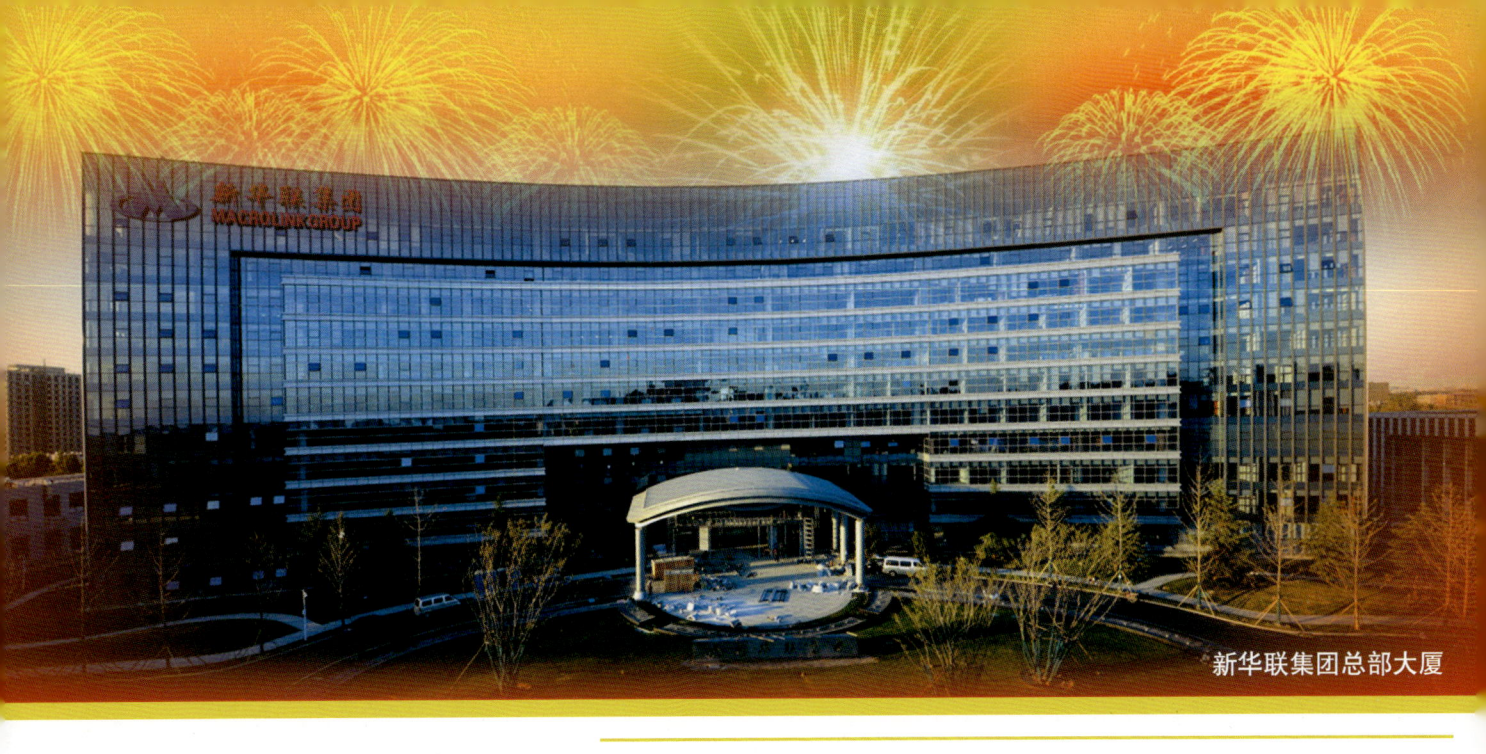

新华联集团
MACROLINK GROUP

董事局主席兼总裁　傅军

　　1990年10月，新华联集团沐浴着改革开放的春风，从零开始，多元发展，以敢为人先的创新精神和实业报国的宏伟梦想，在中国社会主义市场经济的舞台上纵横驰骋。历经27年的持续快速增长，新华联集团已发展成为涵盖文旅地产、矿业、石油、化工、金融与投资等多个产业的大型现代企业集团。目前，集团拥有全资、控股、参股企业90余家，拥有控股、参股上市公司9家。企业分布和主要业务遍及国内近30个省、市、自治区和40多个国家与地区，员工60000余人，年营业收入近800亿元，年纳税近40亿元，企业总资产在900亿元以上。

　　27年来，新华联集团成功创建了新华联房产、金六福酒、东岳制冷剂、华联陶瓷等一系列行业知名品牌，拥有14个中国驰名商标，各类发明专利在3000项以上，企业综合实力连续13年跻身中国企业500强和中国民营企业100强行列，并被国务院、中国企业联合会、全国工商联等评为"全国就业先进企业""中国优秀民营企业""全国企业文化建设先进单位"和"中国最具生命力企业100强"，成为中国民营企业的佼佼者。

长沙铜官古镇

内蒙和谊公司厂区

新华联石油富润油库

东岳化工厂区

山东大海集团

山东大海集团有限公司党委书记、董事长　刘福海

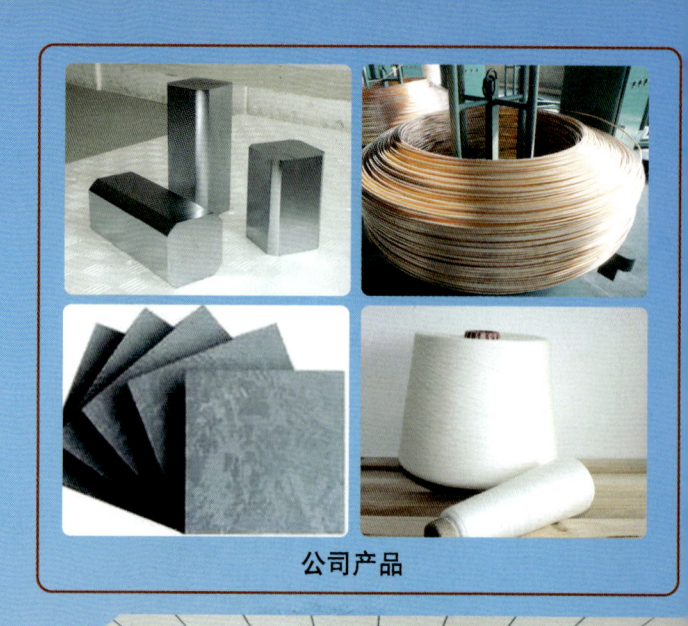

公司产品

▲太阳能电池组件生产车间

公司简介

　　山东大海集团始建于1988年，职工8000余人，是一个集"纺织、新能源、新材料、国际贸易"等循环经济产业为主导，跨行业、跨地区、国际化经营的综合性大型企业集团。

　　公司自2012年入选中国企业500强，2016年列第230位，位列中国民营企业500强第51位。先后荣获"全国出口创汇先进企业""中国质量万里行先进单位""全国民营企业创名牌重点企业""全国诚信守法企业""全国企业文化建设示范基地""中国驰名商标""中国名牌产品"等荣誉称号。

　　公司现有纺织、有色金属深加工、新能源、新材料等八大产业板块。大海纺织为全球纺织品优秀供应商，主营高档高支紧密纺纱和高档服装面料。大海新能源是山东省内最大的硅片生产商，是国内单纯生产硅片规模最大的企业之一，位列全国排名前三位。公司与必和必拓、日本三井、智利国营铜公司、路易达孚、杰拉德等世界500强企业建立了密切的业务合作关系。"大海牌"系列产品是山东省名牌产品，以其档次高、质量好、规格全的优势，覆盖美国、欧洲、智利、新加坡以及中国香港等30多个国家和地区。

▲公司厂房屋顶光伏电站

▲大海新能源太阳能多晶硅生产车间

集团介绍
GROUP PROFILE

　　正邦集团是农业产业化国家重点龙头企业，国家高新技术企业，集团设立了国家博士后科研工作站、院士工作站，拥有国家企业技术中心、省重点实验室、省工程技术研究中心等技术研发平台，承担了包括国家"863计划"重大科技项目在内的多项国家、省市科研项目。集团饲料生产、生猪繁育与养殖、农药生产、兽药生产、种鸭繁育均居全国前10强。正邦饲料获得中国名牌称号，正邦商标荣获中国驰名商标。旗下有现代农业、现代金融三大产业集团，在全国29个省（市、区）拥有480家分（子）公司、42800名员工，2016年总产值突破620亿元。集团总裁林印孙为第十二届全国人大代表、中国光彩事业促进会副会长、全国工商联执委、江西省工商联副主席。

　　正邦集团致力于打造生产、金融相互支撑的现代农业。生产环节，形成饲料、兽药、种猪、商品猪、肉食品加工全产业链，农药、油茶、香樟、水稻种植产业链。金融正在申报由正邦发起设立的江西首家民营银行，形成金融对产业发展的全程服务和全力支持。正邦集团决心成为中国最优秀的农牧企业之一，并且积极"走出去"发展，成为国际化公司。

热线电话：0791-86397495　地址：江西省南昌市艾溪湖一路569号

宁夏天元锰业有限公司

宁夏天元锰业有限公司董事长　贾天将

公司简介

宁夏天元锰业有限公司是一家跨国际、多领域、多元化的大型企业，是世界最大的电解金属锰生产企业，也是国家重点行业清洁生产示范企业。资产总额541.32亿元，职工两万多人。经过多年的发展，形成了以实体经济为根基、国际贸易为驱动、国际金融为提升的发展格局。在实体经济发展上，形成了以冶金、化工、新材料、新能源、建材、运输为一体的产业链；废水、废气、废渣综合利用的循环经济链；余热发电、供热的能源梯级利用链；园区绿化的生态链。在国际贸易上，收购了英属联合矿业公司，在英国成立贸易公司。在澳大利亚、加纳成立矿业公司，形成了矿石开采、物流配送等多

具有天元文化特色的"天元红"

余热发电项目中控室

化合车间

电解车间

压滤车间

领域、多元化的国际贸易体系。在国际金融上，以香港上市公司为平台，推进跨境经济合作；开展了金融助贷、融资租赁、资产管理等金融业务。被联合国环境规划基金会和两岸四地环保协会授予"杰出环境保护企业奖"，被国家工信部定为重点行业"清洁生产示范企业"，被国家工商总局评为"守合同、重信用"企业，被中国企业联合会和中国企业家协会评为"2016中国企业500强第349位""2016年中国制造业企业500强第170位"；被中国民营企业联合会评为"2016中国民营企业500强第109位""2016中国民营制造业企业500强第65位"。"天元锰业"牌商标被评为中国驰名商标。2016年，实现营业收入600.11亿元，实现利润26.04亿元，上缴税金11.69亿元。

"十三五"及今后，宁夏天元锰业有限公司以做大、做强锰产业，加快发展新兴战略产业，拓宽国际矿石贸易业，稳步推进金融服务业，"四轮驱动"为重点，围绕锰产业，发展中低微碳硅锰合金，延伸锰产业链，改造提升金属锰工艺装备，实现生产智能化；围绕高纯硫酸锰，推进锰酸锂、锂离子电池等项目实施，增强辐射带动力，打造西部锰酸锂生产基地；围绕高锰酸钾，发展石墨烯生产及石墨烯材料、超级电容等产品；围绕"一带一路"战略，进一步拓宽国际贸易，完善区域物流配送中心，实现物流配送快速化、功能集约化、服务系列化；围绕金融业，做大锰产业基金，拓宽金融助贷、融资租赁、资产管理、消费金融、商业保险等金融业务。形成以转型升级、产业创新为引领和国际矿石贸易、金融服务为支撑的经济体系和发展模式。力争到2020年，营业收入过千亿，利润过百亿。

深圳市怡亚通供应链股份有限公司

深圳市怡亚通供应链股份有限公司（以下简称怡亚通，股票代码：002183）作为正在推动中国流通商业变革的O2O供应链生态公司，专注于为各类企业、客户、增值服务商、商店以及它们的消费者提供有竞争力的供应链解决方案、生态产品和服务，并致力于构建一个无边界的共享共赢的商业世界，让生态圈所有参与者获得最经济、最大限度的成长。

目前，怡亚通有3万多名员工，网络遍布中国380个城市及全球10多个国家和地区，服务全世界100多家世界500强和2000多家国内外知名企业。怡亚通380战略运营以来，已有效覆盖150万家终端门店。

怡亚通作为中国供应链龙头企业以2016年营业收入583亿元业绩荣登"2017中国企业500强"第261位、"2017中国服务业企业500强"第101位两项榜单。

怡亚通正在打造一个以上下游客户的综合需求为中心，以物流为基础，供应链服务平台为载体，互联网为共享手段，聚合"分销+零售+金融服务+营销+增值服务"为一体的"供应链+互联网"商业生态圈。

怡亚通董事长兼CEO 周国辉

今天，怡亚通以"供应链+互联网"为核心，对整个商品流通行业进行全链条升级，构建O2O/B2B2C模式的新流通商业生态，打通品牌商、代理商与零售终端、消费者之间的壁垒，实现各方资源共享、利益共赢。

社区化
所有社区商店都能得到品牌直接支持开展促销活动。

共享化
所有参与者都成为赢利共同体。

扁平化
实现品牌商与终端商店及消费者之间互联互通。

怡亚通打造
新流通商业生态

天津泰达投资控股有限公司
TEDA INVESTMENT HOLDING CO., LTD

天津泰达投资控股有限公司(以下简称泰达控股)成立于1984年12月。2016年，主营业务收入510亿元，总资产3067亿元，主要经营领域为区域开发与房地产、公用事业、金融和现代服务业，拥有泰达集团、泰达建设等25家全资公司，北方信托、中非泰达等17家控股公司和泰达发展、北科泰达等27家参股公司，其中泰达股份、津滨发展、泰达物流、滨海投资等4家为上市公司。

愿景
成就泰达品牌，成为卓越企业，赢得社会尊重

使命
发挥泰达优势，服务区域开发

发展理念
坚持"创新、协调、绿色、开放、共享"五大发展理念，秉持"创新协同"核心理念

战略方针

一条主线：可持续发展

两个基点：资本运作与实业经营

三大优势：品牌与文化优势、资源优势、人才优势

四种平衡：平衡长期目标与短期目标，平衡外部机遇和公司能力，平衡追求盈利与承担社会责任，平衡资产与负债

五项举措：创新驱动，强化协同机制，完善投资管理流程，有效合理利用资本运作，加强总部佑护能力

以创新引领发展　以协同谋划全局

创新协同

"十三五"期间，泰达控股秉持"创新协同"的核心理念，将打造更多具有创新力、发展力的协同载体，助推公司持续健康发展，努力追求并在实现社会和谐方面担当重任，成就泰达品牌，成为卓越企业，赢得社会尊重。

[区域开发与房地产]
Regional Development and Real Estate

[公用事业]
Public Utilities

[金融业]
Financial Industry

[现代服务业]
Modern Service Industry

武汉金融控股（集团）有限公司
WUHAN FINANCIAL HOLDINGS(GROUP)CO., LTD

集团公司党委书记、董事长 马小援

集团公司总经理 谌赞雄

主要金融企业
Major Financial Enterprises

- 国通信托 GUOTONG TRUST
- 湖北金融租赁股份有限公司 HUBEI FINANCIAL LEASING CO., LTD
- 武汉信用集团 WUHAN CREDIT GROUP
- 武汉金融资产交易所 WUHAN FINANCIAL ASSETS EXCHANGE
- HXB 汉金所 www.hanxinbank.com
- 武汉金融超市 WUHAN FINANCIAL SUPERMARKET
- 长江金融 YANGTZE FINANCE
- 长江资产 CHANGJIANG ASSETS
- 湖北集成电路产业投资基金
- 武汉循环经济产业投资基金
- 汉口银行 HANKOU BANK
- 武汉农村商业银行 WUHAN RURAL COMMERCIAL BANK

筚路蓝缕 砥砺前行

公司简介
About Us

武汉金融控股（集团）有限公司，是武汉市属国有独资企业，原名武汉经济发展投资（集团）有限公司，2005年8月注册成立，2015年8月公司更名。2016年，集团总资产838亿元，净资产265亿元，实现营业收入398亿元、利润总额15.7亿元，主体信用等级AAA，成功迈入"中国企业500强"之列。

十余年来，集团保持战略定力，持续推动改革创新，成功从融资平台转型为产融结合型金融控股集团，形成了"1(金融)+3(新能源汽车、集成电路、石化)"的产业格局：拥有银行、信托、金融租赁、金融资产交易所、基金、金融资产管理、票据经纪、担保、小贷、互联网金融、典当等10余个金融业态、近30家金融企业；旗下新能源汽车产销全国排名进入前10；集团是国家集成电路基金管理公司的董事单位，湖北集成电路产业基金的牵头申办人；旗下的金澳科技是全国54家炼油企业之一。在所涉足行业里面，集团基本上都是行业领军或者区域龙头企业。

集团倾心培育了"立志高远""主动作为""保持劳动人民的朴素感情""信任员工""自我管理""踏实做事""热爱学习""身心健康""支持冒尖"等特色鲜明的企业文化，凝聚了正能量，营造了好风气，提升了软实力；倾心打造了一支以国务院津贴专家领衔、336名博硕士为核心的创业团队，这支团队是集团科学决策的支持系统、投资风险的识别系统、开拓市场的核心力量、未来发展的可靠保障。

新起点，新征程。集团将继续撸起袖子加油干，奋力实现"建立新体制(股权多元化、证券化)、创立新品牌(世界500强企业)、打造新业态(培育地方金融企业总部、全金融牌照)、支撑新产业(新能源汽车、集成电路、石油化工产值均过千亿大关)"新的四大战略目标，为我国金融事业、地方经济发展做出新的更大贡献。

地址：武汉市长江日报路77号
电话： 027-85565671

重点服务对象
Areas of Services

中小企业

新能源汽车

石油化工

集成电路

光滙石油 BRIGHTOIL

光汇云油品牌理念

光滙雲油 BRIGHTOIL ONLINE
以实体产业链在线服务亿万车主
线上低价储油，线下加油消费

光汇石油1992年创立于深圳，25年间成功打造了一个品牌，一个上市公司（股票代码：00933.HK），业务涵盖了油气田开采、远洋运输船队、海上供油、油品仓储、成品油批发零售等，现已成为国内民营石油行业的著名企业。

光汇石油全产业链图谱

构建石油全产业链+互联网生态

作为全球首个"石油产业链+互联网"能源电子商务平台，光汇云油依托光汇石油25年全产业链基础，将传统线下资源优势和互联网轻模式相结合是石油产业链上下游实体经济+互联网电商平台独创先付，具备互联网企业无法比拟的线下实体优势和灵活相应的线上决策机制，为用户的加油储油消费提供了坚实基础和资源保障。

用户通过光汇云油手机APP加油站，自主规划用油价格和行为，在低点时提前线上储油，锁定油价，线下全国加油站即时加油消费；也可到期兑现，享受油价上涨带来的增值红利。

光汇云油手机APP加油站现场应用场景图

光汇云油电商平台，已吸引了超过四百万车主用户注册并使用。光汇云油手机APP加油站，盘活了光汇石油线下实体重资产，更将光汇石油25年B端产业链集约优势，已最高效便捷的方式触达车主用户，打破石油垄断，让消费者真正体验到市场经济公平、公正、价格合理实惠。

光汇云油手机APP功能界面展示图

手机APP加油站

储油、加油、消费一手掌握　锁定油价　随时兑现

"储油惠民，方便百姓"，光汇云油已与太平洋保险、中国人保、工商银行、上海银行等多家知名银行和保险机构达成战略合作，并成功参股了微众银行、易安保险及招商局旗下招商局仁和人寿、招商局仁和财产保险等金融机构，全面构建以加油消费为核心的车主服务生态圈。

六大业务板块

CLR 蓝润

根植中国
致力于缔造全球领先的多元化集团

蓝润集团董事长　戴学斌

蓝润集团创立于2002年，是一家根植于中华大地，致力于在全球领域开展多元产业整合的大型企业集团，秉持"梦想成就卓越，合伙共享价值"的发展理念，业务范围覆盖30余个产业领域。目前，蓝润集团管理资产规模超千亿元，布局全国30余个重点城市，入榜中国企业500强、中国民营企业500强、中国服务业500强。

十余年来，蓝润集团始终保持与中国经济共振，坚定不移地走"实践中国机遇"的发展道路，将不同阶段的中国机遇转化为企业发展的动力。目前，蓝润依托"北、上、深、蓉"4大战略总部集群，深度协同京津冀、长三角、珠三角、成渝圈等国家经济高地和"一带一路"倡议，形成了聚焦消费升级领域，以客户需求为中心，构建以大地产、大商业、大住宿、大健康、大农业等为支柱产业的全国性多元化集团，创立了一套具有"智慧进化功能、自我内生成长"的蓝润"生态蓝"战略体系和"ECO+"平台生态系统，并聚焦以家庭为中心的B2F领域，推动以产业为根基、金融为支撑、投资为手段的IFI

CLR

成就中国蓝润
成都·深圳·上海·北京
Chengdu Shenzhen Beijing Shanghai

CHENGDU SHENZHEN SHANGHAI BEIJING

（Industry、Finance and Investment）产、融、投一体化进程，通过持续为客户、为员工、为企业、为社会，不断创造价值，搭建大循环生态体系。同时，蓝润集团一直积极投身中国社会和民生生态的改善，积极回馈社会，做一个负责任的企业公民。截至目前，蓝润集团累计公益慈善总投入逾1亿元，打造的"蓝润暖冬行""蓝润送爱回家""蓝润助学行"等明星公益和精准扶贫项目，获得了社会各界的广泛好评。同时，蓝润志愿者、蓝润公益基金池，将作为蓝润集团公益常态化，践行全球公民的重要平台。未来，蓝润集团将致力于持续探索中国商业生态和社会生态的创新与融合，围绕"一带一路"倡议，全力融入中华民族伟大复兴的经济浪潮中，努力成为最具鲜明产业特色、最具独特商业模式、最具内生增长动力的国际化一流集团。

北京江南
投资集团有限公司
BEIJING JIANGNAN INVESTMENT GROUP LIMITED

于全

江南投资集团董事长兼总裁：

政协河北省委员会委员
北京市朝阳区人民法院监督员
北京市朝阳区人大常委会城建委员
北京江南投资集团有限公司董事长

江南集团
JIANGNAN GROUP

集团简介：

北京江南投资集团有限公司，成立于2004年，注册资金5亿元，是一家以房地产开发为主，集投资管理、旅游度假、养老产业、房屋销售、物业管理、建筑设计、商业贸易、文化传媒于一体的跨行业、跨地区的投资管理集团。北京江南投资集团有限公司始终坚持"诚信为本，追求卓越"的企业宗旨，可持续地发展集团各项事业，先后成立并控股近20家经济实体企业，聚集了一批优秀的管理和技术人才，并于2015年和2016年连续两年跻身中国房地产开发企业100强。2017年，集团入选"中国企业500强"名单，标志着企业综合实力的显著提升。

北京江南投资集团有限公司通过对市场的准确把握和精耕细作，凭借雄厚的资本实力，储备了十多个的优质开发项目资源，项目遍布北京、环首都经济圈以及深圳等地。其中，江南府项目作为集团2016年的"开山之作"，开盘就受到市场追捧，销售业绩斐然，开盘当日即一举夺得北京销冠；"江南山水"项目已经成为北京高端地产项目的领袖，先后荣膺联合国"全球生态宜居国际社区最佳奖""中华建筑绿色低碳金奖""第六届中国国际地产周金紫荆花奖"等多个国际、国内大奖；2005年投资开发的"柏林山水"项目，以优异的品质开创了密云房地产开发项目的新纪元，受到了社会各界的一致热捧，创造了良好的社会效益和经济效益。

北京江南投资集团有限公司紧跟城市发展脉络，积极参与城市化建设，承建了多个旧城改造和旧村改造。集团将全面启动位于北京市四环的朝阳区小红门乡旧城改造项目，通过整体安置回迁、商品房开发、高档产业绿化配套提升、公共设施升级等，使旧城区实现功能完善，整洁有序，商业繁华，生态宜居。北京江南集团发展至今，始终以"专业化城市建设者"的开发理念自勉，未来将继续践行企业使命，为社会奉献越来越多的精品之作。

DEVELOP COURSE

发展历程：

2017年
北京江南投资集团有限公司跻身"中国企业500强"

2016年
北京江南投资集团有限公司蝉联"中国房地产开发企业100强"

2015年
北京江南投资集团有限公司跻身"中国房地产开发企业100强"

2014年
北京江南投资集团有限公司荣膺"中国房地产开发企业200强"

2010年
江南山水项目荣膺联合国人居署颁发的"全球生态宜居国际社区最佳奖"

2009年
北京江南投资集团有限公司，控股多家子公司

2004年
北京江南投资集团有限公司正式成立

JIANGNANGROUP

前海人寿保险股份有限公司
——2017中国企业500强、中国服务业企业500强

前海人寿保险股份有限公司（以下简称前海人寿）于2012年2月成立，是首家总部落户于中国（广东）自由贸易试验区（以下简称广东自贸区）深圳前海蛇口片区的全国性创新型金融保险企业。前海人寿以"为国人提供一流人寿保险服务，保障国人拥有体面而有尊严的生活"为使命，致力于成为结构合理、管理科学、运作规范、实力雄厚的国际一流综合金融服务集团，力打造"服务一流、价值一流"的杰出保险品牌。

前海人寿注册资本为人民币85亿元，成立了圳、广东、上海、江苏、四川、湖北及山东等二级构，超过百家三、四级机构。2016年全年实现保费入超过千亿元，总资产超过2000亿元。

前海人寿职场

成立以来，前海人寿秉承"合规稳健、专业创新"的经营理念，已发展成为广东自贸区深圳前海蛇口片区标企业和全国知名保险企业，在发展的同时，积极践行企业的社会责任，得到了客户、合作伙伴、市场和社会的高肯定和一致认可，荣获"最佳养老保险产品""最佳健康保险产品""最佳理财保险产品""客户最满意保险司""寿险先锋十强保险公司""最佳雇主""社会公益大奖""社会责任品牌"等多个奖项。

发展没有止境，前海人寿全体员工将持续艰苦奋斗、同心协力、砥砺前行，持续与客户、合作伙伴共享发展成果，共同为社会创造更大的价值，真诚回馈客户、回馈合作伙伴、回馈社会！

前海人寿部分获奖荣誉

能源

四川能投
SICHUAN ENERGY INVESTMENT

化工

四川省能源投资集团有限责任公司（以下简称四川能投）成立于2011年2月21日，注册资本93.16亿元。公司是四川省人民政府批准组建的国有资本投资公司，是四川推进能源基础设施建设、加快重大能源项目建设的重要主体。

四川能投成立以来，以"开发能源、服务社会、改善民生、推动发展"为企业使命，充分发挥省级产业性投资公司的优势，进行股权投资和资产经营管理，与省内外各市州县政府、国际和国内大中型企业、科研机构等建立了战略伙伴和项目合作关系，在传统能源、新能源、绿色能源领域得到快速发展，实现了存量资产的保值、增值和新增业务的快速发展。截至2016年年末，四川能投旗下共有下属公司224家，总资产突破1000亿元大关，净资产337亿元，本年实现营业收入342亿元，利润总额70.0亿元。荣登"中国能源企业和服务业企业500强"第104位、"2016四川企业100强"第30位，成功进入中国服务业500强企业行列。

四川能投在能源产业上坚持"做强电网、做大电源、做实燃气、开发新能源"的发展战略，已形成一大批优质项目。在巩固加快能源产业发展的基础上，形成了产业与金融"两翼齐飞"，能源、化工、现代服务业、战略性新兴产业"四轮驱动"的产业格局。

到2020年，四川能投力争进入中国企业前200强，实现总资产2000亿元，力争达到3000亿元的目标，力争电网、金融新能源等一批公司上市，成为国内具有影响力的大型综合能源企业。

战略性新兴产业

现代服务业

威高厂区全景图

WEGO 威高

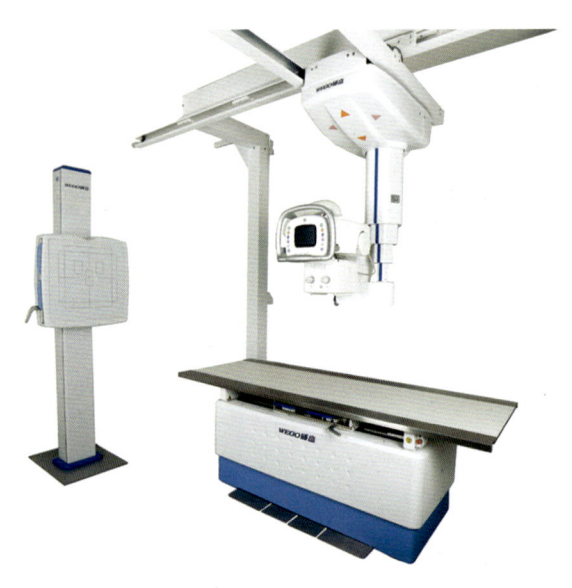

▲ 威高——数字化医用X射线摄影系统

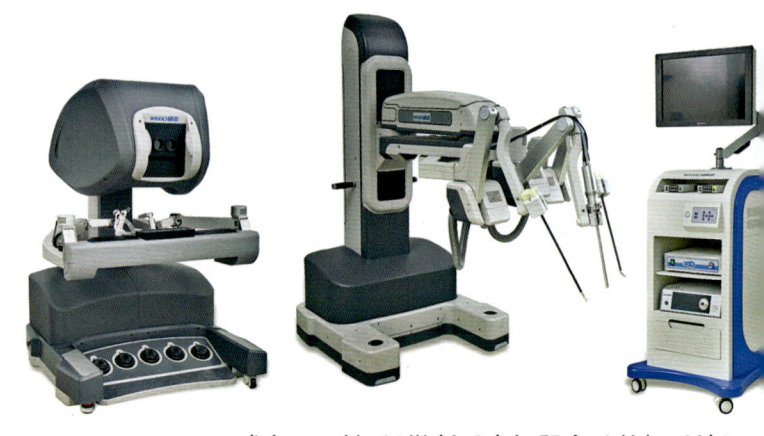

▲ 威高——妙手S微创手术机器人（整机系统）

　　威高集团有限公司始建于1988年，主营医疗器械和药品，下辖9大产业集团、50多个子公司，占地面积600多万平方米，系国家863产业化基地、国家火炬计划重点高新技术企业、行业排头兵企业、中国企业500强、"全国自主创新示范单位"、全国实施卓越绩效先进模式企业、获"全国五一劳动奖状""中国工业大奖""获山东省省长质量奖"等荣誉。公司坚持以技术创新引领行业进步，实施进口替代战略，建有国家级技术中心、国家工程实验室、院士工作站、博士后工作站等创新平台，同中国科学院、中国工程院、军事医学科学院等单位建立产学研联盟，研发国际先进技术，高科技产品达80%以上，30多种产品列入了国家计划项目，3个项目获国家科技奖。微创手术机器人获"国家优秀工业设计金奖"且为唯一概念奖。大力支持社会公益和慈善事业，累计捐款、捐物4亿多元。

▲ 威高展厅 　　▲ 威高——血液透析生产线—聚砜膜透析器（人工肾） 　　▲ 威高——骨科材料生产线 　　▲ 威高——透析机生产车间

安徽新华发行（集团）控股有限公司党委书记、董事长，
安徽新华传媒股份有限公司党委书记、董事长

皖新传媒 WANXIN MEDIA

善其身　济天下

安徽图书城改造 　　　三孝口 24h 书店：山东高考作文素材 　　　三孝口 24h 书店：全球首家共享书店

安徽新华发行（集团）控股有限公司（以下简称集团）是 2007 年 11 月，经中共安徽省委、安徽省人民政府批准成立的大型国有文化企业。集团控股的安徽新华传媒股份有限公司于 2010 年 1 月 18 日上市，是全国发行行业首家 A 股上市企业（股票简称：皖新传媒，股票代码：601801）。

集团业务范围包括出版物发行、物流服务、进出口业务、地产开发、广告影视传媒、酒店经营、融资租赁、电子商务等领域，已成为集文化消费、教育服务、现代物流、综合商贸、文化投资、类金融等产业于一体的大型企业集团。根据国家新闻出版广电总局发布的 2016 年《新闻出版产业分析报告》，集团总体经济规模连续三年保持全国同行第一。

当前，集团紧紧围绕"改革、创新、发展"主题，秉承"善其身、济天下"的核心价值观，通过"传统主业提升与转型、资本市场与实体经济两轮驱动"两大战略举措，用金融资本融合驱动产业成长，以文化教育为核心，推动集团从传统文化企业向数字化平台企业转型，成为人们终身学习教育的集成商和服务商。

以色列创新之旅启动仪式 　　　铜陵图书馆店：国内首个书店与图书馆的结合体

SHOKAI 首开

集团公司党委书记、董事长　潘利群　　　集团公司总经理　李　岩

　　北京首都开发控股（集团）有限公司（以下简称首开集团）是2005年10月由原"北京城市开发集团有限公司"和"北京天鸿集团公司"合并重组成立的北京市国有全资房地产企业集团，主营业务涉及"房地产开发经营、物业管理、土地一级开发、投资与资产管理"四个领域，业务范围覆盖北京、上海、广州、天津、厦门、香港、澳门等全国十几个省市和地区以及美国、英国、澳大利亚、加拿大四个国外市场。

　　在三十多年的发展历程中，首开集团承担并圆满完成了北京市"三区五片"等危房改造及望京新城等新城开发任务，先后开发了方庄、回龙观等多个保障性住房项目，以及国风、熙悦等商品房系列项目，并成为唯一参与了亚运村、大运村、奥运村"三村"建设的房地产开发企业。

　　当前，首开集团正把握供给侧结构性改革机遇，努力践行新发展理念，以"城市复兴"为己任，着力"打造全国房地产综合实力一流企业"，为实现"一流品牌，责任典范"企业愿景而不懈努力。

首开集团境外成功发行5亿美元债券
（图为首开集团路演团队）

首开集团第三届职工运动会

河南豫联能源集团有限责任公司

联系电话：0371-64569099
联系传真：0371-64569086
邮　　箱：bgs@yulian.com.cn
地　　址：河南省巩义市新华路31号
邮　　编：451200

▲河南豫联能源集团有限责任公司
　董事长、党委书记　贺怀钦

▲采用德国西马克"1+4"热连轧生产线

▲高精铝产品热轧卷

公司简介

河南豫联能源集团有限责任公司位于河南省巩义市，是国内率先实现全产业链的国际化高端铝合金新材料制造企业，也是河南省铝工业转型升级示范性企业。公司现有总资产265亿元、员工13000余人，拥有422万吨原煤、900MW发电机组、75万吨电解铝、18万吨炭素和100万吨铝精深加工的产业规模。控股子公司河南中孚实业股份有限公司于2002年在上交所挂牌上市。2016年，豫联集团实现销售收入321.5亿元，纳税4.79亿元。目前，公司核心转型升级高精铝项目已建成投产，该项目"国际一流、国内领先"，主要生产高性能铝合金板材、高性能铝箔坯料、高端棒材及线材、高纯铝、易拉罐制罐料等高端产品，产品已获得中国、美国、英国及挪威船级社认证和TS16949汽车板认证，取得了欧盟市场通行证，广泛应用于航空、航天、交通运输、电子、包装及建筑等领域。面向未来，豫联集团致力于绿色轻量化发展，着力打造国际铝合金领域知名品牌，努力实现新跨越、新发展。

国家认定 企业技术中心
国家发展改革委　科　技　部
财　政　部　海关总署　国家税务总局

▲公司技术中心被确定为"国家认定企业技术中心"

▼豫联工业园区

金澳科技（湖北）化工有限公司

金澳科技（湖北）化工有限公司（以下简称金澳科技）始建于1976年，于1997年12月由全国政协委员、中国企业联合会和中国企业家协会副会长、金澳控股集团董事局主席舒心先生整体收购潜江市石油化工厂后改制成立，是集生产、贸易、物流储运等于一体的集团化企业。目前，总占地面积约1300亩，总资产160多亿元人民币，年炼油一次加工能力730万吨，主要生产和销售95#、92#车用汽油，0#柴油，聚丙烯、精丙烯、丙烷、MTBE、液化气、石油焦、硫磺等。在册员工1260人，带动就业3600人。

金澳科技2017年获得国家发展和改革委员会批准的每年230万吨的进口原油使用权、国家商务部批准的每年230万吨原油非国营贸易进口允许量及进口资格。

金澳科技公司大门

舒心董事长在项目建设工地上

柴油加氢改质及配套制氢装置区

柴油蜡油混合加氢、汽油加氢、制氢装置区

常减压装置

催化裂化装置区

聚丙烯装置区

2016年金澳科技党委被中共中央授予"全国先进基层党组织"荣誉称号，2012年金澳科技被国务院授予"全国就业先进企业"荣誉称号。企业还先后获得"高新技术企业""最具环保社会责任企业""湖北省模范劳动关系和谐企业""湖北省纳税信用A级纳税人"等称号；取得AA+级银行信用认证和质量ISO9001、环保ISO14001、职业健康OHSAS18001三个体系认证。

金澳科技拥有重油催化、延迟焦化、柴油蜡油加氢、汽油加氢、柴油加氢改质、芳构化、制氢、硫磺回收等16套主体生产装置，并有配套的水、电、汽、风及80万立方米油品库容设施。所有装置均采用美国霍尼韦尔公司及浙江中控先进的DCS计算机系统自动化控制。拥有年吞吐量500万吨、5000吨级的长江石化专用码头和年吞吐量300万吨、1000吨级的汉江石化专用码头各1座。公司正在修建直达厂区、年吞吐量350万吨的货运铁路专用线，并正在规划建设荆州监利至潜江厂区的输油管道项目。

金澳科技产品销售区域主要是湖北、湖南、江西、重庆、贵州、河南、广东、广西等省市自治区。公司将进一步加强终端销售网络建设，计划后期建设或收购加油加气站600多座。

"十三五"期间，金澳科技将继续坚持绿色发展、循环发展和低碳发展的指导思想，以市场为导向，以能源化工为支柱，重点发展石油化工产业链，逐步形成"油头、化身、高化尾"的主干产业；延伸发展国际贸易、销售终端网络、仓储物流等产业；构建强势产业，打造核心品牌，增强主干产业对配套产业的带动能力，提升经济效益和社会效益，实现"以产业报国，为荣誉而战"的企业发展愿景。

金澳石化加油站

金澳科技鸟瞰图

价值引领　聚力创新

通鼎集团 TONGDING GROUP

简介 INTRODUCTION

通鼎集团有限公司（以下简称通鼎集团），聚焦国家信息通信产业的深度发展，坚持"一元为主、精准多元"的发展路线，以"光电线缆及配套、宽带接入、网络安全、大数据、物联网、酒店服务、资本投资、地产金融"8大版块业务为发展基点，紧紧抓住国家信息通信大发展的战略机遇，既强化创新驱动、保持传统光电线缆产业的业态常新，又深入布局互联网+、信息安全、大数据、云计算等新兴产业，乘势而上、顺势而为，全力打好提质增效攻坚战，企业规模、效益连年保持双快增长。2016年集团公司销售收入306亿元。集团拥有56家子公司，其中全资及控股公司25家，控股上市公司2家。

传统产业突出"规模+精品"，价值创新，有责任的经营

通鼎集团是全球首家光电线缆制造领域"六位一体"的产业领军企业，拥有光棒、光纤、光电缆、接入设备、仪器仪表、光电材料全产业链产品和自主核心技术，公司在预制棒制棒技术、特种光纤、网络安全等领域多次站到行业技术最高端。公司作为全球第二家、国内首家光纤光缆企业，推出的"保偏光子晶体光纤产品"，打破了国外技术壁垒，推进中国光子晶体有关产品进入全球领先行列。

通鼎集团有限公司
地址：江苏省苏州市吴江区震泽镇八都经济开发区小平大道8号
电话：0512-63878208　　传真：0512-63875658　　邮编：215233

棒纤缆及配套　宽带接入　大数据经营　互联网安全

在这里，
我们深耕细作；
在这里，
我们携手创造
更具价值的未来！

新兴产业着力"软硬结合"，高端聚合补位，可持续的发展

公司坚持"沿着数据做好连接与安全"，在宽带接入、大数据、网络安全、物联网、人工智能等新兴战略领域精心布局。信息安全类产品成功进入公安、国安系统，广泛应用于智慧城市、平安社区建设上。数据类产品打通了从数据采集、数据分析到数据应用和变现的全产业链渠道，应用于物联网领域的灯联网解决方案、动环监控系统解决方案、光纤传感定位系统解决方案等打通产业边界，构建协作共赢的产业生态圈。

聚焦科技创新，勇于担当，传承优势发展基因

通鼎集团在科技创新上突出"内生式增长"和"借智升级"双轮驱动，拥有院士工作站、博士后科研工作站、国家级企业技术中心等5个国家级、6个省级研发平台，与南京大学、国防科技大学、中国科学院上海技术物理研究所等20多个高校、研究院所，在光纤传感、新材料应用、边缘计算、网络安全、军民融合等方向开展产学研合作。目前公司拥有专利技术626项，国内注册商标36项，软件著作权68项，牵头及参与标准起草97项。

公司每年拿出利润的5%~10%，作为专项资金，常态化开展各种助学助困、救灾赈灾等社会公益活动。通鼎集团及董事长沈小平目前已累计向慈善机构和公益事业捐款超5亿元。公司于2016年12月被民政部授予第九届"中华慈善奖"提名奖，被授予江苏省最具爱心捐赠单位等荣誉。董事长沈小平连续4次获得民政部"中华慈善奖·最具爱心捐赠个人"称号，在2012年被评为"江苏省首善"，连续七年获评"苏州慈善第一人"。今年4月，被授予"全国十大慈善家"称号。

通容天下　鼎立久远

2016年3月，在中捷经贸合作圆桌会上，北京二商集团党委书记、董事长孙杰与LAPASAN s.r.o.股份有限公司法人代表Libor Kaiser签署《战略伙伴合作协议》。

2017年4月，北京二商集团党委书记、董事长孙杰在美国"哈佛中国论坛"上发表题为"传承东方美食，助推中国食品产业发展"的主旨演讲。

北京二商集团有限责任公司
BEIJING ER SHANG (GROUP) CO., LT

北京二商集团有限责任公司（以下简称北京二商集团）是以食品仓储与制造加工业、食品贸易与物流服务业、种植养殖及远洋捕捞业为主导产业，以科技、教育、信息、物业经营管理为支撑的大型食品产业集团。主要生产经营肉、蛋、菜、海鲜水产品及其制品和糖、烟、酒、茶、调味品、糕点、豆腐及其制品等22大类3万余种商品。

多年来，北京二商集团以"提升民生品质，引领健康生活"为企业使命，以建设"国际一流的都市型食品生产商、供应商、服务商"为企业愿景，秉承"点滴之间、卓越无限"的企业精神，在为首都市民提供安全、新鲜、营养、健康食品的同时，还承担着党和国家在京召开重要会议、举行重大活动的食品供应服务保障任务，中央和北京市两级政府重要商品的储备任务，在调控市场、应急救灾、确保社会稳定方面发挥着重要作用。集团产业规模位居首都国企食品产业前列，先后荣获"中国企业500强""中国制造业企业500强""中国食品行业十大品牌""中国食品行业十佳品牌""品牌中国金谱奖""中国品牌企业500强""中国最大500家企业集团""农业产业化国家重点龙头企业""全国企业文化建设优秀单位""全国五一劳动奖状""北京最具影响力十大企业"等荣誉称号，实现了传统老字号向现代知名品牌的成功转换。

作为大型国有企业和北京食品行业的"排头兵"，北京二商集团以先进的企业文化为引领，全力推动经济发展方式转变、经营模式创新，加快实施"走出去，引进来"品牌拓展战略和"立足北京，发展津晋冀，延伸环渤海，辐射全国，走向世界"的市场开发战略，利用产品、品牌、渠道、生产、制造、加工、技术、物流配送等资源优势，将国内外最具地域特色的产品汇聚于二商平台上，让北京二商集团真正成为健康消费倡导者、安全食品提供者、优质品牌集聚者、基地平台建设者、产业资源整合者、现代物流引领者、行业标准制定者、核心技术领导者，加快从区域性企业向全国知名企业转型并向国际化经营发展，不断从北京二商集团走向中国二商，建成中国食品产业强势集团，努力争创中国食品产业核心集团。

北京二商食品工业基地

北京二商集团旗下老字号及知名品牌

北京二商集团企业使命 　　　　北京二商集团企业精神 　　　　北京二商集团广告语

创新金属 Innovation Metal

创新成就未来

　　山东创新金属位于山东邹平国家级经济技术开发区内，始建于2002年，是一家生产经营高端变形、铸造、压延铝合金、铝板、带、箔、铝线缆、电工圆铝杆、汽车铝轮毂，并涉足商贸、物流等领域的大型现代化综合企业。公司目前拥有十个工业园，下辖创新金属、创新板材、创辉新材料、元旺电工、创新精密、创丰新材料、创源金属、创新北海、山东六丰等十几家子公司。国内规模最大的铝合金材料生产基地，产品广泛应用于航空、交通运输、工业产品、电子产品、建筑等领域。公司先后荣获"中国企业500强""中国民营500强""中国制造业500强""山东百强私营企业""高新技术企业""诚信民营企业"等诸多荣誉称号，并连续多年被金融部门评定为AAA级信用企业。未来五年的发展目标和发展方向：力争到"十三五"末实现销售收入达到1000亿元；将企业打造成世界一流的铝合金材料研发商和制造商。

　　目前，公司配置了具有国际领先水平的生产设备，引进了高端专业人才，积极推行了信息化和精细化管理。企业已通过ISO9001：2008及ISO/TS16949：2009质量管理体系、ISO14001：2004环境管理体系以及QC080000：2012有害物质过程管理体系认证。公司坚持"科技兴企"的道路，注重自主知识产权开发，成立了山东创新合金研究院，承担"山东省高强高韧铝合金新材料工程研究中心"和"山东省企业技术中心"的研发工作,并与中南大学合作成立了硕士研究生培养基地。

　　在今后的发展道路上，创新金属将以"争当行业领军、打造百年企业"为总体目标，以"五大发展理念"为引领，继续发挥好资源、规模、技术、人才、品牌等优势，为客户提供更优质的产品与服务，合作共赢，共铸辉煌！

　　Founded in 2002, headquartered in the National Economic and Technology Development Zone of Zouping, Shandong, Shandong Innovation Metal ("the Company") is a comprehensive company in fields of deformation and casting aluminum alloy, aluminum sheet, strip, foil, aluminum cable, car wheel hub, casting steel and casting iron products, along with trade and logistics. Composed of 10 industrial production areas including Innovation metal, Creative Sheet, Chuanghui New Materials, Yuanwang Electric, Innovation Precision, Chuangfeng New Material, chuangyuan Metal, Innovation Beihai and Shandong Liufeng etc. The products of the Company are widely used in many fields such as aerospace, transportation, industrial and electronic products and construction areas. Innovation has been in honored with China's Top 500 Enterprises, China Top 500 Private Enterprises, China Top 500 Manufacturers, Shandong Top 100 Private Enterprises, High and New Tech Enterprise and Credible Private Enterprise. And the Company is awarded as AAA Grade Credit Enterprise by financial department for years. The development aim and direction for the next five years: Striving to achieve an annual sales revenue of 100 billion by the end of 13th Five-Year Plan; Building the company into a world-class manufacturer in researching, developing and manufacturing aluminum alloy materials.

　　At present, the Company has been equipped with internationally advanced equipment and has attracted professional talents and adopted informatization and delicacy management method. So far, Innovation has got certificate of quality management system like ISO9001:2008, ISO/TS16949:2009, environmental management system ISO14001:2004 and hazardous substances process management QC080000:2012. The company insists the strategy of science and technology development enterprise and pays high attention to develop independent intellectual property rights. The specially built research center Shandong Innovation Alloy Research Institute also plays the role of Shandong Research Center in New Material Engineering of High Strength and Tenacity Aluminum Alloy and Provincial Enterprise Technology Center of Shandong. Besides, the company has become a master cultivation base in cooperation with Central South University.

　　In future development, an overarching goal of becoming the industry leader and creating a century enterprise is defined, and guiding by the 'Five Concepts for Development', the Company will take the advantages of resource, scale, technology, talent and brand to serve customers with better products and service so as to achieve mutual benefit and glorious success.

产品设备 Product Equipment

领导关怀 Leadership Concern

中国有色金属工业协会会长陈全训
与创新金属董事长崔立新合影

创新金属董事长崔立新
出席 2017 上海铝展

国际铝业协会秘书长罗恩耐普
莅临企业参观访问

东旭集团
TUNGHSU GROUP

助推产业转型升级
东旭高端装备制造迈入"2.0"时代

▲ 图为李兆廷董事长在"2016十大经济年度人物"颁奖现场

东旭集团有限公司（以下简称东旭，TUNGHSU GROUP），1997年在石家庄以高科技装备制造产业起步，历经二十年不懈努力，逐渐发展成为以光电显示、新能源、环保、生态农业、金融为核心的大型多元化企业集团，拥有三家上市公司（东旭光电000413、东旭蓝天000040、嘉麟杰002486）和200余家全资及控股子公司。

东旭业务涵盖成套装备制造、新产品研发、高科技产品生产、新型产业投资、新能源开发应用等多个领域。产品、服务主要有TFT-LCD玻璃基板、高铝盖板玻璃、石墨烯材料、新能源汽车、蓝宝石材料、偏光片、彩色滤光片、光学膜；电站项目开发、EPC、电站运营维护、光伏组件制造、能源环保、地产等。

秉承"感恩做人、敬业做事"的核心企业理念，东旭以振兴民族产业为己任，通过多年自主研发，成功突破国外技术封锁，开发出拥有自主知识产权的平板显示玻璃基板整套工艺及制造技术，建成了国内第一条TFT-LCD液晶玻璃基板生产线，填补了国内空白，并迅速实现产业化规模化，先后在全国多地投资建设了涵盖全世代玻璃基板生产线及石墨烯、蓝宝石、偏光片、彩色滤光片等研发生产基地，成为全球重要的同时拥有溢流法和浮法生产工艺的平板显示玻璃基板生产企业。2017年3月，东旭光电打通"石墨烯材料-石墨烯包覆磷酸铁锂正极材料-石墨烯基锂离子电池-新能源汽车"的产业链闭环路径，正式跨入新能源汽车蓝海市场。

芜湖东旭光电科技有限公司6代TFT-LCD液晶玻璃基板生产线 　　液晶玻璃基板生产线 　　生产现场 　　液晶玻璃基板生产线

同时，东旭新能源产业先后在多地建设了以电站项目开发、EPC、电站运营维护、光伏组件制造为核心的新能源产业基地，在光伏发电业务的基础上整合上中下游资源，逐步在可再生能源、智慧能源、清洁能源、洁能材料、环保、地产等多领域布局，以"新能源＋环保"业务与PPP模式相结合，构建多元生态圈的"大蓝天"版图。除此之外，东旭利用环境、生物及人之间的能量转换和生物之间共生、互养规律，本着取之自然、回报社会的原则，将项目地资源结构与传统农业精华和现代科技成果相结合，采用全球领先的生态农业模式，构建一业为主、综合发展、多级转换、良性循环的高效生态农业系统，实现生态养殖、食品加工、清洁能源、有机肥料、订单农业、生态种植的良性循环，形成经济、生态、社会三大效益的协调统一。

作为东旭产业快速发展的基石，东旭高端装备制造在传统CRT、TFT-LCD设备国产化替代的基础上，依托于自身的技术创新，产、学、研结合的创新模式，成功迈入"东旭高端装备制造2.0时代"，具备符合《智能制造产业"十二五"发展规划》《工业4.0》《机器人产业发展规划（2016-2020年）》等发展战略产业高端智能装备研发、设计、生产制造、安装调试和技术服务的成套工程能力，使东旭旗下上市公司东旭光电成为国内唯一一家具有全套液晶玻璃基板生产工艺及装备制造能力的企业，也是国内最大的玻璃基板和玻璃基板装备供应商。与此同时，公司积极推进产业链延伸战略，加速高端装备制造向下游产业延伸，不断推进平板显示产业装备制造国产化。目前，东旭高端装备制造业务已涵盖光电显示、新能源汽车、智能物流与仓储、智能机器人应用、环保、医疗、生态农业等行业成套产线、关键装备和软件系统的设计、研发、生产制造、安装调试及技术服务、市政公用工程实施、机电工程施工、电子与智能化施工、城市与道路照明工程施工等。

未来，东旭高端装备制造业将处于东旭产业链的核心环节，成为带动整个集团产业发展升级的重要引擎，为东旭产业集群发展提供重要的支撑基础。

东旭集团石家庄旭新光电科技有限公司

机器视觉 　　传输 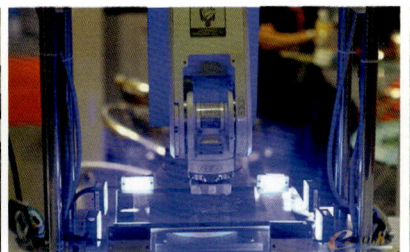　　机器视觉 　　高端装备

HUMON 恒邦集团

企业价值观：黄金品质　诚实守信　竭诚奉献
企 业 精 神：遵守规则　勤奋务实　创新发展

烟台恒邦集团（以下简称恒邦集团）创建于1988年，是以黄金、化工生产经营为主业的综合性企业。经过多年奋力拼搏与创新发展，经营范围已由黄金、化工生产拓展到制造、商贸服务、地产开发等多个行业和领域。2016年实现主营业务收入190亿元，被评为"中国制造业企业500强""山东企业100强""山东民营企业实力百强"。

集团主导产品及年生产能力：黄金40吨，白银500吨，电解铜25万吨，硫酸100万吨，磷铵及各种复合肥料40万吨，润滑油系列产品6万吨，选矿药剂3万吨，各类耐腐蚀泵5000台，印刷品12万色令，塑料桶20万只，塑料编制品5000吨，白酒2000吨，热电发电能力1.2万千瓦，供热能力180吨/小时。黄金采选配套能力5500吨/日，目前的采选能力及黄金产量均居全国黄金行业前列。

集团旗下目前拥有两家上市公司，分别为山东恒邦冶炼股份有限公司（以下简称恒邦股份，股票代码：002237）和烟台恒邦物流股份有限公司（以下简称恒邦物流股份公司，股票代码：836969）。2016年，恒邦股份位居中国黄金冶炼十大企业排行榜第一名；冶炼新技术获国家科技进步二等奖；是山东省博士后创新实践基地。被评为"中国上市公司500强""中国黄金销售收入十大企业""中国黄金经济效益十佳企业""上市公司金牛100强"；恒邦物流股份公司是"国家AAAA级物流企业""新三板创新品牌价值100强企业""山东省物流与采购行业综合实力50强企业"。

恒邦人秉承"以人为本，永续发展"的企业理念，发扬"遵守规则、勤奋务实、创新发展"的企业精神和"黄金品质、诚实守信、竭诚奉献"的价值观，致力于把恒邦集团建设成为一个体制健全、管理科学、技术先进、环境优美、蓬勃发展的现代化企业集团。企业在发展的同时，积极投身公益事业。先后用于社会教育、群众文化、医疗卫生事业及支持帮扶、扶贫救灾、爱心助残、社区建设等5亿余元。

恒邦集团竭诚欢迎国内外同仁合作、指导，共创恒久伟业。

地址：烟台市牟平区北关大街628号
邮编：264100
电话：0535-4266538　3396291
传真：0535-4265968

银翔集团

重庆银翔实业集团有限公司（以下简称银翔集团）创建于1997年，是一家集摩托车、汽车、发动机及汽车零部件研发、制造、销售，以及房地产开发、商业投资、家居流通及金融投资为一体的多元化大型科工贸综合性集团。银翔集团总资产逾350亿元，现有员工2.5万人。2016年集团总产值达到250亿元，实现年销售总收入280亿元；综合上缴各项税金7.2亿元。

银翔集团始终坚持"工业为本，其他多产业齐头并进"的发展战略。旗下的银翔工业致力于推动世界摩托、汽车制造业的产业进步，产品已远销中东、北美、欧洲各国。且联合世界500强美国科勒公司、韩国晓星株式会社、中国北汽集团等国内外知名企业先后成立了科勒银翔、银翔晓星、北汽银翔等多家控股和参股企业。

自1997年以来，20年发展砥砺，激流勇进，载誉前行。银翔集团被多次评为"重庆工业50强""重庆企业100强""市级企业技术中心""国家级高新技术企业""中国著名品牌"等诸多荣誉称号。

银翔集团立足重庆，拓展全国、辐射海外，多角度为人民铸造了安居乐行的生活服务。

银翔摩托 　　北汽银翔 　　比速汽车

银翔地产 　　银翔家居城 　　银翔教育

山东恒源石油化工股份有限公司
Shandong Hengyuan Petrochemical Company Limited

▶ 企业简介 Company profile

山东恒源石油化工股份有限公司是一家以石油化工为主业，集石油炼制与后续化工为一体的国有控股大型企业，历经40余年开拓发展，已成长为蕴藏着巨大发展潜质的现代化、国际化石油化工企业，连续跻身"山东企业100强""中国化工企业500强""中国制造业企业500强""中国民营外贸500强"。

企业境内公司占地1800亩，在岗员工1700余人，一次加工能力350万吨/年，是省级安全标准化达标企业，已获批国家发改委350万吨/年进口原油使用权，拥有主体生产装置十余套，汽柴油、液化气等产品十几种。

作为中国地炼第一起海外并购案及国家"一带一路"项目的成功典范，2016年2月企业完成51%股权并购。现境外公司位于波德申，是马来西亚上市炼油公司，主营成品油炼化和制造，产品包括汽柴油、燃料油、航空煤油、混合芳烃等，生产能力15.6万桶/日。

2016年企业境内外公司主营收入合计288亿元。

未来5年，企业将通过迁企入园契机，着力调整产品布局，重点延长化工链条，高起点、高标准打造技术先进、配套完善、生态安全、环境友好的特色、高端、新型精品产业园区；通过内外联动，做好全球化战略布局，全力打造一流专业化、国际化炼油公司。

鲲翼搏伟业，志达竞风流！公司董事长、总经理王有德诚携有志之士，同策同力，共拓宏图！

原油公司：0534-4435818　　销售公司：0534-4434666
E-mail:hysh@hyshjt.com　　传真：0534-4225918　　地址：山东省德州市临邑县恒源路111号

把握变化未来

恒源（马来西亚）炼油有限公司
Hengyuan Refining Company Berhad

山东恒源石油化工股份有限公司并购壳牌马来西亚炼油有限公司股权签约仪式现场

Stock Code:4324   Add:Batu1,Jalan Pantai,71000 Port Dickson,Negeri Sembilan,Malaysia

成就现代企业

华北集团

  天津华北集团有限公司（以下简称华北集团）创立于1999年，是一家多元化复合型产业集团。作为天津民营企业一面光辉旗帜，企业从有色金属行业深度发展、壮大，到多元化拓展工业园区建设、房地产、金融投资、物流等多项领域，其中铜材产业已发展成为华北地区最大的铜材生产基地，成为中国铜材行业中一颗璀璨的明星。

  华北集团坚持实业为先，多元发展。集团形成以铜产业为基础，以线缆业、金融业、地产业、现代物流为支柱的"一基四线"产业格局，如今华北集团正在把辉煌的历史与战略转型的现实熔铸在一起，全力续写着崭新的篇章。集团现拥有20余家子公司，科研人员、高级工程师、高级技师等员工数千余人，资产总额突破100亿元，年营业额达200亿元、累计上缴国家税金20亿元，拥有核心专利技术近300余项。

  强烈的民族使命感，是弘扬华北精神的不竭动力，华北集团在发展中不断壮大，但并没有忘记社会责任，积极参加赈灾捐款、社会助残、助学、敬老、体育、公安、交通、消防等公益慈善捐助事业，累计为公益事业捐款捐物达数亿元，受到社会广泛赞誉，被评为天津市慈善之星企业。

  在未来，华北集团将站在全新的高度，以放眼世界的宽广视野、高瞻远瞩、高屋建瓴；以多元化全面发展接驳世界先进制造领域和超前技术领域；以集团企业领跑者和不断进取勇于开拓的精神风貌，以实现终极的多方共赢、共创鼎盛的价值情怀，以感恩和回报社会的虔诚之心开启崭新的发展篇章！

宏兴钢铁
HONGXING IRON & STEEL

董事长　王占宏先生

企业简介

秦皇岛宏兴钢铁有限公司（以下简称宏兴钢铁）成立于2002年，是一家综合性民营钢铁企业。公司位于秦皇岛西部经济开发区昌黎循环经济产业园内，注册资本金22亿元，在册职工5000余人。经过十余年的发展，现公司已发展成为集制氧、烧结、球团、炼铁、炼钢、轧钢为一体的大型民营钢铁联合企业、河北省百强企业、全国制造业500强企业。

公司现主营产品为碳素钢坯、热轧带钢、低碳热轧圆盘条、热轧光圆钢筋、热轧带肋钢筋。2016年公司实现营业收入84.91亿元；工业总产值85亿元；利润总额52818.8万元；上缴国家税金3.22亿元，为地方经济发展、财政税收做出了巨大贡献，较好的带动了地方经济绿色发展。

宏兴钢铁秉承"务实、奋进、诚信、高效"的企业宗旨和"以人为本、科学发展、回报社会、共建和谐"的经营理念，坚决贯彻落实国家钢铁产业发展政策，走出了一条独具特色的"绿色钢铁"可持续发展道路。展望未来，奋发向上的宏兴人将继续以创新为驱动，绿色为底线，激发企业内部活力，全面提升企业精益管理水平，履行企业社会职责，朝着宏兴基业长青和"百年前进"的愿景奋进，努力让宏兴的形象更加靓丽，综合竞争能力更加突显，为地方经济的发展做出更大贡献。

宏兴钢铁办公楼 　　宏兴钢铁生产厂区 　　宏兴俱乐部、宏兴体育馆

宏兴钢铁生活区 　　宏兴钢铁捐资1400万元兴建的宏兴实验小学

CVTE
Dream·Future

CVTE第一产业园　　　　CVTE第二产业园　　　　CVTE第三产业园

广州视源电子科技股份有限公司（以下简称视源股份，股票代码：002841）成立于2005年12月，注册资本为40350万元，旗下拥有多家业务子公司。公司总部设在广州市黄埔区，并在上海、深圳、香港和海外设有技术服务中心。视源股份（CVTE）于2017年1月19日，在深圳证券交易所中小板上市。

起家业务——液晶显示主控板卡技术

视源股份（CVTE）以液晶显示主控板卡技术起家，为全球各大电视机品牌提供覆盖产品设计、技术研发、供应链服务的电视主板卡解决方案。作为全球领先的液晶显示主控板卡供应商，视源股份的液晶显示主控板卡销量在全球占比实现了2013-2016年连续4年的稳定增长；2015 年和 2016 年,其液晶电视主控板卡分别占各期全球出货的液晶电视所使用的主控板卡数量的比例为 23.36%和 28.95% 。

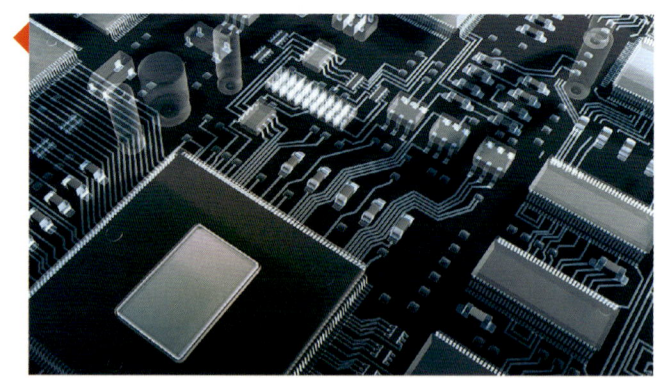

教育服务品牌——希沃seewo

通过对液晶显示核心驱动技术不断地投入研究与创新，视源股份（CVTE）将在主力业务上积累多年的的众多尖端技术，创造性地延展应用到智能交互平板上。2009年创立的信息化教育服务品牌希沃seewo，近年来发展迅速，前景可期；其中希沃交互智能平板的销售收入，在最近三年年均复合增长率高达93.86%。截至2016年，希沃在全国已有超过1000个合作服务网点、覆盖719个城市。

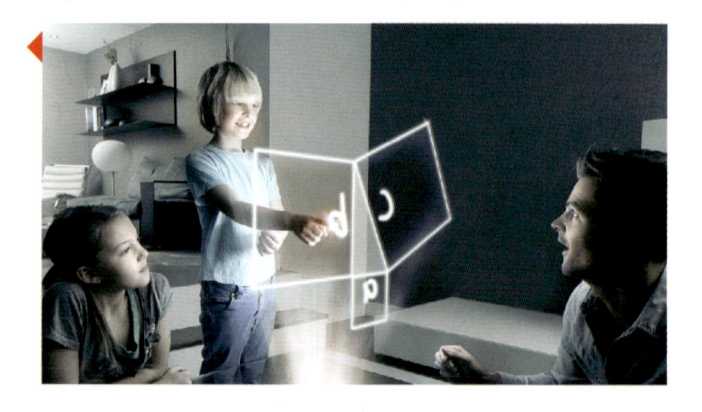

企业服务品牌——MAXHUB高效的会议平台

依托于雄厚的液晶显示主控技术实力,加之在交互智能平板市场的多年打拼积累,视源股份(CVTE)进一步拓展技术,瞄准全球预超6700万间会议室的巨大蓝海市场,研发出为高效会议而生的MAXHUB。

不断延伸和丰富产品结构

视源股份(CVTE)始终致力于提升电子产品更加丰富与高效的信息沟通体验,依托在显示驱动、信号处理、电源管理、人机交互、应用开发、系统集成等技术领域的开发经验,面向应用层面进行资源整合与产品开发,通过技术创新不断延伸和丰富产品结构,产品已广泛应用于消费电子领域和商用电子领域。

注重研发和创新

视源股份(CVTE)作为高科技企业,对研发和创新的投入亦是重点,设立CVTE中央研究院,拥有国际先进的EMC实验室(投资千万)、全球电视信号实验室、电性能实验室及高低温环境实验室等多个综合实验室。同时,公司十分重视对核心技术的保护,截至2017年6月已获得专利1467项、著作权260项。

通过多年的努力,视源股份(CVTE)目前已获得高新技术企业、国家知识产权优势企业、广东省第一批战略性新兴产业骨干培育企业、广东省创新型企业、广东省工程技术研究开发中心及中国制造业企业500强等资质认证,同时也是海关认定的AA类报关企业。

CVTE
Dream·Future

广州视源电子科技股份有限公司
股票代码:002841

安徽国祯集团股份有限公司
ANHUI GUOZHEN GROUP CO.,LTD.

产业报国 · 奉献社会

安徽国祯集团股份有限公司（以下简称国祯集团）经过23年拼搏奋斗，已形成了涵盖环保节能、清洁能源、生态循环、健康管理、环境修复、环境卫生、文化教育七大产业的多元化、大型集团公司，2016年国祯集团营业收入近60亿元，总资产近120亿元，拥有管理技术人才近3800人。连续4年跨入中国服务业企业500强，连续5年跨入安徽省100强企业行列。

集团董事局主席李炜先生

国祯环保

服务版图扩展至欧洲、美洲和非洲，在全国运营污水处理项目达百余项，日处理市镇污水规模累计近400万吨、工业废水20余万吨。三次入选"中国水业十大影响力企业"，2016年入选英国传媒分析公司发布的"全球Top 40水务公司"，荣获中国水网2016年度"中国水业最具投资价值上市公司"及慧聪水工业网"2016年度卓越影响力品牌"。股票代码300388。

国祯环保一站式六维服务

国祯环保承建的安徽省首家全地埋式PPP项目——合肥清溪路净水厂

国祯燃气

阜阳市唯一一家同时具备城市管道燃气经营及管道工程安装资质的燃气企业。独家承办了国家"西气东输"阜阳段工程。现已建成天然气门站1座、母站1座、释放站4座、汽车加气站12座、管道1300公里，年销售天然气1.2亿立方，年销售成品油3500万升。

国祯天然气加气母站

国祯生态

综合利用秸秆、农林废弃物等生物质资源，开发、引进国际领先的生物质能利用技术，将生物质作为原料，生产"热、电、生态肥料"三大产品，打造绿色生态、废弃物循环利用的现代化生物质热电企业。

即将竣工的亳州国祯生物质热电联产项目

国祯生态肥料用于试验田

国祯健康

顺应大健康产业发展趋势，以"防疾病、抗衰老、养身心"为核心任务，打造全面系统的国祯健康养生服务体系，为高端人群提供一站式健康管理服务，成为国内顶尖的全生命周期健康管理机构和生活服务商。

国祯健康大厦

国祯修复

专业从事土壤地下水修复，业务方向涵盖工业污染场地、农田耕地、矿山、非正规垃圾填埋场等，提供土壤及地下水场地环境调查、风险评估、修复方案设计、修复工程施工、跟踪监测及后期评估全方位的技术解决方案和全过程服务。

国祯集团开发的合肥"国祯广场"项目

国祯环卫

主要从事城乡环卫项目投资、运营管理、技术开发与支持及末端处理。公司秉承"大环卫、一体化"思路，利用先进技术对生活垃圾进行减量化、无害化处理，应用互联网+思维进行环卫管理，形成环卫"一站式"服务。

国祯智能环卫基地

国祯教育

国祯教育以 0~15 岁的幼童和青少年为教育产业板块的主线，创立集科学早教、启蒙幼教、特色小学、精品初中、国际高中为一体，打造独具国祯特色的高端教育模式，致力于培养具有深厚中华文化底蕴及高瞻国际视野型人才。

国祯集团将继续坚持"社会的需求就是企业发展方向"的经营理念，弘扬"诚信、勤俭、竞争、创新"的国祯精神，逐步实现从产品型企业到服务型企业的战略转型，向"改善生态环境和全民身心健康"的目标奋勇前进！

安徽国祯集团股份有限公司
ANHUI GUOZHEN GROUP CO.,LTD.

0551-65329170 / 65329027

同程大厦

同程旅游

同程旅游CEO吴志祥

一、公司基本情况

同程网络科技股份有限公司（以下简称同程旅游）是一个多元化旅游企业集团，创立于2004年，总部设在中国苏州，目前已在全国近200个城市设立了服务网点，并在华北、华南、华东、华西、华中、东北设有区域运营中心，在日本、韩国、泰国等海外设有分（子）公司。同程旅游的高速成长和创新的商业模式赢得了业界的广泛认可，2014年获得腾讯、携程等机构逾20亿元的投资；2015年7月，又获得万达、腾讯、中信资本等超过60亿元人民币的战略投资。

同程旅游是国家高新技术企业、商务部首批电子商务示范企业，已连续多年入选"中国旅游集团20强"，2016年位列中国旅游企业集团第5位。

新的十年，同程旅游以"休闲旅游第一名"为战略目标，在发展机票、火车票、酒店、金融等业务外，积极布局境外游、国内游、周边游等业务板块，目前在中国景点门票预订市场和邮轮领域处于领先位置。同程旅游旗下运营同程旅游网和同程旅游手机客户端，2016年服务人次近3亿，让更多人享受旅游的乐趣是同程旅游的使命。

二、公司最近三年重大发展动态

2014年2月，获得腾讯等5亿元战略投资

2014年4月，获得携程2.2亿美元战略投资

2014年底，进入中国在线旅游无线三强之列

2015年7月，获得万达等60亿元战略投资

2015年下半年，全面启动线下布局，开始向线上+线下转型

2016年9月，成立同程百旅会，以社群化运营模式进军中老年旅游市场

三、公司战略升级经验总结

作为一家互联网服务业领域的创业企业，同程旅游为应对瞬息万变的行业发展趋势，历经多次战略升级。从最初由B2B全面转型为B2C到由传统互联网企业向移动互联网企业的转型升级，再到由在线旅游向线上、线下融合发展，这三次重大战略升级奠定了公司当前的市场地位和良好的发展势头，其中的经验可以总结为以下三点：

1. 具备足够的前瞻意识，充分把握行业发展大趋势，选好方向，选对"跑道"。

2. 团队始终保持创业精神，在转型关键时期能够高效执行公司的战略部署。

3. 坚持"打样试错"方法论。面对新的发展方向存在的不确定性，通过小范围打样试错，反复复盘总结，并将其中的成功经验迅速大范围推广落实，以尽可能避开转型过程中的"陷阱"，从而降低转型成本。

同程旅游工作场景

广西贵港钢铁集团有限公司

集团董事长、总经理 蒋耀生

　　广西贵港钢铁集团有限公司（以下简称贵钢集团）成立于2003年3月，其前身是始建于1958年的广西贵县钢铁厂，有60年钢铁产品生产历史，是一家集炼铁、炼钢、轧钢于一体的民营钢铁企业。企业的装备水平高，炼铁1080m³高炉、炼钢120吨转炉及轧钢系统等装备均达到国内1000万吨级钢铁企业的装备水平。公司现具备年产450万吨钢生产能力，是广西贵港市骨干企业、广西强优工业企业、广西优秀企业、广西100强企业，是国家工信部钢铁行业规范条件企业。

生产许可证

1080m³高炉

120吨转炉

棒线冷床

起点更高
目标更远

JuneYao 均瑶

无锡商业大厦　　上海均瑶国际广场　　爱建集团

均瑶集团是以实业投资为主的现代服务业企业，创始于1991年7月。现已形成航空运输、金融服务、现代消费、教育服务、科技创新五大业务板块，旗下有3家A股上市公司，员工15000多人。

航空运输以上海主运营基地的吉祥航空（603885.SH）为核心。吉祥航空于2006年9月实现首航，2015年5月在上交所主板上市。截至2016年，共引进65架全新空客（波音）飞机，开通了国内外90多条航线，年运载乘客1300万人次。2014年12月，由吉祥航空投资控股的低成本航空公司九元航空以广州白云国际机场为主营基地实现首航。

金融服务以爱建集团与华瑞银行互为业务依托，初步形成金融生态圈。爱建集团（600643.SH）现已涵盖信托、租赁、资管、产投、财富管理、证券等机构，华瑞银行是由均瑶集团主发起，在自贸区创立的全国首批、上海首家民营银行，2016年成为中国首批试点投贷联动银行。

现代消费由大东方、均瑶食品、均瑶如意文化、均瑶地产组成业务板块，其中的核心企业大东方（600327.SH）是江苏省百货零售的龙头企业，也是无锡市首家上市的商贸流通企业集团。均瑶食品依托味动力系列产品的品牌营销，为消费者提供安全、健康的优质产品。均瑶如意文化是国内顶级的品牌特许经营商，是北京2008年奥运会特许经营商和零售商，中国2010年上海世博会首批高级赞助商，现与上海迪士尼开发授权系列产品。

教育服务由世外教育集团旗下的上海市世界外国语小学、中学为实体。依托世外中小学优质的教育资源，助力优质教育输出，已与上海浦东、宝山、嘉定、浙江杭州、宁波、莫干山等地签订合作办学协议，在上海徐汇、青浦、金山、临港等地托管五所学校，集团化办学、多元化办学在沪浙两省八地落户。

科技创新由均邦新材料和风寻科技组成。配合上海科创中心建设，均邦新材料采用颠覆性领先技术，致力于纳米陶瓷合金的应用推广、产品开发、技术支持和市场销售，创尖端材料、促国强民富。风寻科技积极参与智慧城市建设，承担了免费公共Wi-Fi"i-Shanghai""i-Guangdong"的建设和运营。同时，提出"超·爱上海"高品质公共无线网络的建设构想，主打国际领先的公共Wi-Fi接入水准，为用户提供更高质量的无线网络服务。

吉祥航空　　百年老店　　上海华瑞银行

世外小学　　世外中学　　味动力

内蒙古高等级公路建设开发有限责任公司
INNER MONGOLIA HIGN-GRADE HIGH WAY CONSTRUCTION AND DEVELOPMENT CO., LTD.

栉风沐雨谋发展
砥砺前行赋华章
——奋进中的内蒙古高等级公路建设开发有限责任公司

▲ 总经理 黄永刚

▲ 党委书记 明 宏

祖国正北方，亮丽内蒙古。作为内蒙古自治区高速公路建设、融资、运营主体的内蒙古高等级公路建设开发有限责任公司（以下简称内蒙古高路公司）成立于2004年8月，是自治区政府特许经营的大型国有独资企业。十多年来，在自治区交通运输厅的正确领导下，公司七次获得"内蒙古百姓口碑金奖单位"，连续3年荣膺"中国服务业企业500强"，为服务自治区经济社会发展，打造祖国北疆亮丽风景线做出了突出贡献。

公司以"突出主业、多元经营、集团发展"的战略定位，累计完成公路建设投资近千亿元，建成了全区第一条双向八车道和双向六车道高速公路；开展筹融资规模近两千亿元，为金融机构支持内蒙古经济建设起到了示范引领作用；以服务业500强的标准，不断深化"品质服务"理念，延伸服务内涵、提高服务品质，得到了社会各界的广泛认可。在突出公路建设、融资、运营主业的基础上，大力推进多元经营，协同推进集团化发展。目前，公司已拥有8个区域分公司、3个建设分公司、15个全资子公司、1个参股公司、2个控股公司等

▲ 公司与工商银行内蒙古分行签署600亿元"十三五"金融合作协议

▲ 体现蒙元文化风格的G6京藏高速公路哈素海服务区

▲ 由公司承建的G7京新高速十八台跨京包铁路转体桥被誉为"内蒙古第一转"

▲ 道路保畅机械化除雪作业

▲ 高速公路ETC联网收费系统全面建成——公司所辖高速公路ETC车道主线覆盖率达100%

共50个部门和单位的大型企业，涉足公路工程施工、服务区开发、公路检测、广告传媒、汽车租赁、小额贷款、投资、生态、科技、交通科研、大数据、新能源、餐饮、物业、油品销售等16个业态，资产规模实现了大幅良性扩张。

奋进中的内蒙古高路公司将紧紧抓住自治区"十三五"重大战略机遇期和发展黄金期，按照"七网同建、七业同兴"的战略部署，提升站位、拓宽视野、放大格局，奋力推进"突出主业、多元经营、集团发展"战略，走出一条质量更高、效益更好、结构更优、后劲更足、优势充分释放的发展路子，为内蒙古深入实施开放带动战略助推"一带一路"建设，把内蒙古建设成为我国向北开放的重要窗口和桥头堡做出新的更大的贡献。

由公司建成的内蒙古第一条双向8车道高速公路——G6京藏高速公路呼包段

佛山市顺德区乐从供销集团有限公司

集团简介

佛山市顺德区乐从供销集团有限公司（以下简称乐从供销集团）是一家集商业、农业、工业、房地产业、旅游酒店业、投资担保、电商物流于一体的多元化、大型综合发展的集团公司，2016年企业经营总额96.4亿元，税利3.5亿元。

在商业领域，拥有盈乐商业物业公司、石油公司等公司。

在农业方面，拥有台山农场、海业水产公司、家乐食品公司、食品加工基地及高要、高明两个大型现代化的万头猪场，在高要、高明、江西等地建有生物能有机肥料生产基地。

在工业方面，拥有广乐厂、西江酒厂等，广乐厂被授予"广东省高新技术企业"称号，"广乐"牌被认定为"广东省著名商标""广东省名牌产品"。

在房产物管行业，拥有顺德乐添房产公司，高要、江西乐添房产公司。

旅游酒店服务业方面，拥有顺德中国旅行社、荔园酒家、荔豪园酒家、小布乐渡假村、乐苑酒店、高要新世界酒店、富都酒店等产业，逐步形成了集旅游、餐饮、酒店业于一体的发展模式。

在专业市场建设方面，中欧电商城是公司打造的一个以跨境及本地特色电商为主，集电商、海淘、展示、人才培训、青年创业、产业孵化、购物、休闲、公寓、酒店为一体的体验式大型综合体。

投资担保业方面，拥有华融、华威、华友等投资担保、典当、资产管理等公司，其中华融投资担保公司注册资本1.03亿元，可担保授信额度高达8亿元，是中小企业、农户创业的好帮手。

乐从供销集团以诚信守法为本，乐于公益，积极参与当地慈善事业，多年来累计捐款超千万元，获得"广东省高新技术企业""广东省百强民营企业""广东省农业龙头企业""广东省大型骨干企业""佛山脊梁企业"等荣誉称号。

云星集团
筑造优美生活

中国房地产开发企业100强

中国房地产开发企业区域运营10强

传承工匠精神，建造绿色精工好房子

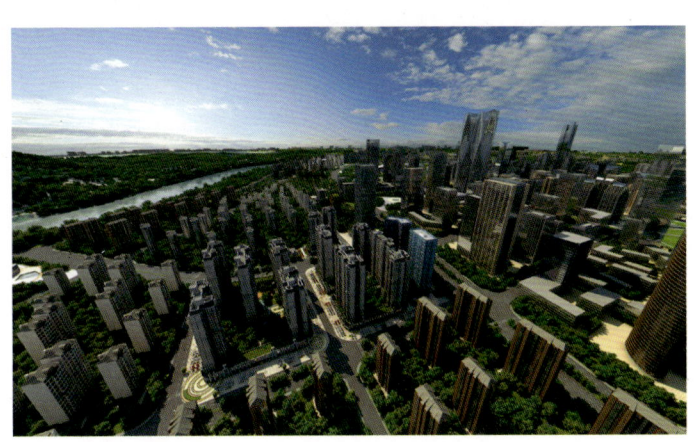

云星集团成立于1993年，经过24年的稳健持续发展，集团下属有30多家子公司，现有员工3600多人，项目分布于广州、南宁、福州、赣州、成都、长沙、深圳、天津、郑州、清远、淮安等城市，实现跨区域、多地区发展，形成了包含房地产开发、施工建设、商业贸易、物业管理等多环节为一体的综合性房地产服务体系。多年来连续荣获"中国知名品牌房地产开发企业""中国房地产开发企业100强""中国房地产开发企业区域运营10强""中国服务业企业500强"，并连续多年荣获"广西企业100强""广西民营企业50强""广西服务业企业50强"等荣誉。

成为让同行尊敬、让社会尊敬、让消费者尊敬的企业，成为充满温情和社会担当的企业一直是云星集团的经营追求；云星集团的经营核心是为业主提供绿色的建筑，创建美好的社区，享受幸福的生活。坚持为老百姓建造精工好房子是云星集团这二十多年一直在坚持做的事情，开发的住宅产品以中小户型普通住宅为主，改善型住宅为辅，42%的户型面积为90平方米以下的刚需型产品，为刚性需求人群提供了优质、性价比高的产品，让每一个业主都能安居乐业。

云星集团始终秉承工匠精神，对管理精益求精，致力于打造"精工房子，绿色社区"，在绿色创新上不断投入科研经费，培养专业设计人才，将绿色理念引入到设计、采购、建造、服务等多个环节，同时从材料供应源头做好把关，以绿化环保为前提，大规模使用节能环保建材。

作为负责任的企业公民，云星集团积极回馈社会关怀，自觉践行社会责任，多年来持续广施善行，慷慨解囊，积极参与扶贫济困、修桥铺路、希望工程、助学助残、农村用水工程改造、赈灾捐款等公益事业，向社会传递云星集团负责任、有担当、充满爱心的企业正能量。

渤海人寿 BOHAI LIFE

渤海人寿董事长 汤 亮

渤海人寿保险股份有限公司（以下简称渤海人寿）成立于2014年12月，是首家总部落户天津自贸区的专业寿险公司，主要股东由渤海金控投资股份有限公司、天津天保控股有限公司等现代企业构成，注册资本金130亿元。

渤海人寿秉持"诚信、业绩、创新"的经营理念，充分把握中国保险业发展和天津要建成全国金融创新运营示范区的历史机遇，以股东强大的产业资源和先进的IT技术为依托，积极探索和创建E时代金融环境下的多元化业务发展模式，开辟创新型互联网保险公司发展空间，力争在创新能力、盈利能力和服务品质方面构建自身的品牌特色与实力。

4008-667-668
全国统一客服热线

遵循保险行业"保险姓保"的经营宗旨,渤海人寿积极履行保险保障职能,强化风险保障型和长期储蓄型业务的发展,充分运用互联网创新科技,不断完善产品体系、优化客户体验、提升服务品质,为客户提供更加专业、多元、高效、便捷的保险保障服务。截至2016年年底,渤海人寿资产总额294.50亿元,全年规模保费185.27亿元,净利润达到6835.81万元,累计提供就业岗位1228个。公司投资收益稳健增长,成立以来连续3年实现盈利,累计上缴税收超过1.9亿元,服务客户数逾50万人,为社会提供总计保额过千亿元的保险保障,先后获得中国保险创新大奖之"新锐保险品牌""天津港保税区百强企业""天津服务业企业80强"、京东金融之"最佳创新典范奖"、寿险先锋榜之"最具成长性保险公司"、2016中国保险"年度服务创新"项目、2017中国保险风云榜"公共关系与品牌建设优秀保险公司"等荣誉称号。

"和万物、惠众生、应时变、逐高远"——渤海人寿以"爱护生命、普惠众生"为己任,持"创新求变、志存高远"的企业精神,立志成为"享有影响力、创新型、长期储蓄与风险保障并重的保险领导者"。

主要产品

| 渤海人寿优选定期寿险 | 渤海e家终身重大疾病保险 | 渤海人寿福鑫双足年金保险(C款) |  渤海人寿福慧双足年金保险(D款) |

九江银行
BANK OF JIUJIANG
区域银行 中国智慧

九江银行成立于世纪之交的2000年，由当时地方的八家城市信用社组建而成，成立之初资产总额仅有7亿元。经过17年艰苦卓绝的奋斗，目前资产总额已突破2500亿元，实现了350多倍的增长，平均不到两年翻一番，连续三年纳税突破10亿元，纳税总额为九江市本土企业第一。

目前，九江银行董事会由11名董事构成：股东董事4名，独立董事4名，执行董事3名。监事会由5名监事构成。全行在岗员工3030人，平均年龄28岁，大学以上文化程度占99%，硕士研究生学历298人。下辖13家分行（其中省外分行2家：广州、合肥，省内分行10家，另赣江新区分行正在筹建中），传统支行（含村镇银行）184家，社区支行和小微支行101家，6个事业部管理机构（小微企业金融管理总部、金融市场管理总部、票据中心、贸易金融部、金融股权管理部、汽车金融事业部），设立金融市场部上海、北京、深圳业务代表处，先后设立了中山小榄、北京大兴等18家村镇银行。17年来九江银行坚持不断优化股东结构，先后引进兴业银行，北京汽车集团等战略投资者，提升品牌形象。并自2007年起，连续8年被中国银监会评定为最佳级别2C级行（良好银行），从2015年开始连续两年被中国银监会评定为最佳级别2B级行（优良银行），为江西省银行业法人金融机构最早也是最多评定该级别的银行。

九江银行坚持"扎根九江、立足江西、辐射全国"的区域市场定位，实现以长江中游经济带、京九沿线为"黄金十字架"，以广州、合肥为两翼，崛起于宁汉之间的区域性商业银行，现已发展成为江西红色土地走出去的一块金融品牌。

桂林银行 GUILIN BANK

好山水　好银行

公司简介

　　桂林银行成立于1997年，是一家具有独立法人资格的股份制城市商业银行，目前已在广西设立分支机构72家、社区支行124家，在广西壮族自治区内和广东深圳控股设立了村镇银行7家。桂林银行以"走出去"发展为有力推动，以"中小企业伙伴银行、市民银行"为市场定位，以社区金融、旅游金融、小微金融、"三农"金融为经营特色，秉持"以客户需求为导向、为客户创造价值；您的烦恼，我帮解决；开放、分享"三大发展理念和"围绕核心企业发展供应链金融，围绕创新发展小微金融、围绕大数据发展消费金融"三大商业模式，努力打造"服务领先的银行、最具创新力的银行、最具竞争力的银行"实现了健康、快速发展。截至2017年6月末，桂林银行及其控股村镇银行并表后资产总额近2000亿元，1~6月实现经营利润近16亿元，上缴各类税金8.17亿元。桂林银行在英国《银行家》杂志发布的"2017全球银行1000强"榜单中，一级资本列第545位、资产列第434位、净利润列第383位；被中国银监会授予"全国银行业金融机构小微企业金融服务先进单位"；被中国银行业协会授予2016年度中国银行业理财机构"最佳创新奖"和"最佳城商行奖"；2017年，经中诚信国际信用评定委员会审定，桂林银行主体信用等级由AA调升至AA+，评级展望调为稳定，金融债券信用等级由AA调升至AA+。

桂林银行推出特色"旗袍银行"

客户经理走访企业

客户经理向客户介绍桂林银行边贸融资产品

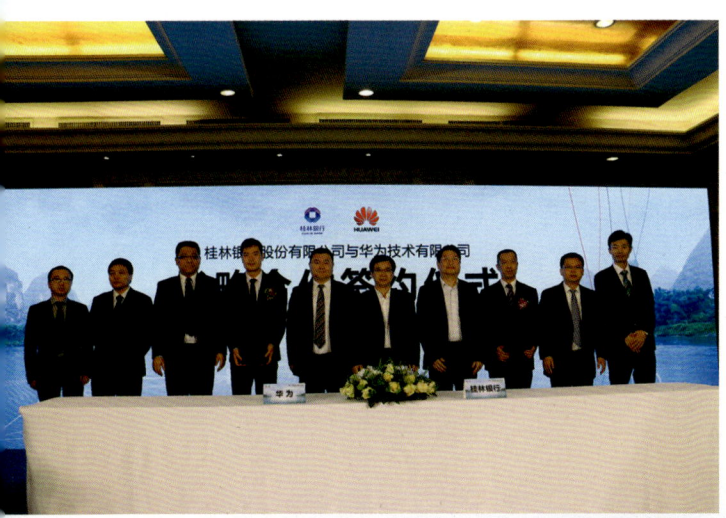

桂林银行与华为技术有限公司签订战略合作协议，就信息化规划建设、金融服务创新等方面开展深度合作

桂林银行与广西北部湾银行、柳州银行合作成立八桂金融合作平台，实现资源共享、优势互补

百润企业
Bairun Enterprise

总经理　　　　　　　　　　　　　　　　　　　　　　　　　　　　　　　公司大楼

公司简介

一、基本情况

上海百润企业发展有限公司（以下简称百润企业）成立于2012年3月，注册资本人民币6000万元。公司以有色金属及特殊钢产业链上的贸易、供应链营销为主，以贸易服务为基础，实现贸易与资本运营相结合，为公司和上下游合作伙伴实现资本价值的最大化服务。

二、公司发展沿革

百润企业主营的电解镍业务从2008年开始启动，由首先设立的温州百润投资公司做起，当年累计进口总额达2.14亿人民币。2009年公司销售额达15亿元人民币，进口总额达10亿元人民币，缴纳海关增值税及其他税收近1.8亿元人民币。成为中国境内电解镍前三名的分销商。经过数年跨越式发展，2012年年初在中国的经济中心上海成立了上海百润企业发展有限公司，各项业务更有了长足的进步。至2016年年末，百润旗下的温州百润投资、百润金属各自已经连续5年获得"温州市百强企业"的称号，并获得纳税百强企业的地区排名，受到当地政府的大力表彰和嘉奖。2015年和2016年上海百润公司也获得了"上海市民营企业100强"的荣誉。

三、社会公益

百润企业在获得商业盈利的基础上，在为地方经济创造效益，为公司内部员工提供良好发展机遇的基础上，不忘回报社会，承担企业的社会责任。百润企业投入人民币500万元，在温州发起创立了百润基金，并获得民政部批准，成为独立的社会公益基金，用于社会公益事业。主要扶助教育事业和社会救灾扶贫事业，到2016年年末，已累计捐助人民币1100多万元。百润企业的股东陈谦泉等也多次以个人名义参与或组织医疗、扶贫等志愿工作团队到西藏、四川等地区做社会援助及慈善工作。

四、百润企业的发展及未来规划

百润企业发展有限公司及主要负责人、业务人员长期从事有色金属行业和其他大宗商品的国内贸易及国际贸易，依托广泛的业务渠道和上下游客户关系，营业情况非常稳定。公司在资金运营、风险控制、业务渠道、团队建设等方面积累了较丰富的经验，相对于行业同类企业有较明显的优势。公司将在现有的贸易产业链上，发挥多年积累的优势，不断挖掘潜力，开拓新兴业务模式，整合产业链，全方位与行业内主要公司开展深度合作，创造盈利增长模式，与员工、客户、合作伙伴共享企业发展成果，不断创造新的经济效益和社会效益。

半年度会议 　　　　　　　　　团队合影 　　　　　　　　　与华谊集团合作照

上海汉滨实业有限公司

基本情况

上海汉滨实业有限公司当前主要以进口销售金属镍、镍铁、氢氧化镍、铬矿石、锰矿石等有色金属和特殊钢产业的原材料产品等为主。同时兼营一定量的化工产品代理业务，并为客户提供贸易供应链融资服务。公司成立于2013年12月，注册地位于上海市宝山区。公司设立以后，凭借股东和主要管理人员多年来在行业内的经验和广泛的客户关系，与行业内多家大型企业开展长期稳定的合作。并展开多种经营模式的深度合作。同时，我们加强与国内主要原料厂家沟通，建立新型战略合作关系，稳定国内原料供货主渠道，争取最大限度的供应量。

▲学习交流

▲商务谈判

公司未来发展

综上所述，我公司对本行业的发展前景和市场潜力是非常有信心的。我们将不断努力，在现有的贸易产业链基础上，发挥多年积累的优势，不断挖掘潜力，开拓新兴业务模式，整合产业链，全方位与行业内主要公司开展深度合作，创造盈利增长模式，与员工、客户、合作伙伴共享企业发展成果，不断创造新的经济效益和社会效益。

公司盈利模式

我公司主要销售终端为大型工厂用户，都具有生产和结算价格稳定，付款履约信用良好的特点，不在一般贸易市场上倒货买卖，相比一般贸易公司具有明显的优势和抗风险能力。在国内我们与上海金属网和上海有色金属网，在国外，我们与伦敦商品期货交易所市场建立了联动制，及时报价，敏捷捕捉市场信息，快速做出正确购销决策。公司内部有完善的业务审批流程、法律及市场风险分析和控制流程，最大限度规避风险并争取利益最大化。

▲工作环境